Aus dem Programm Huber
Psychologie Lehrbuch

Wissenschaftlicher Beirat:
Prof. Dr. Dieter Frey, München
Prof. Dr. Kurt Pawlik, Hamburg
Prof. Dr. Meinrad Perrez, Freiburg (Schweiz)
Prof. Dr. Hans Spada, Freiburg i. Br.

August Flammer
Françoise Alsaker

Entwicklungspsychologie der Adoleszenz

Die Erschließung innerer
und äußerer Welten im Jugendalter

Verlag Hans Huber
Bern · Göttingen · Toronto · Seattle

Adresse der Autoren:
Prof. Dr. August Flammer
Prof. Dr. Françoise D. Alsaker
Institut für Psychologie der Universität Bern
Unitobler
Muesmattstr. 45
CH-3000 Bern 9

Fotos auf dem Umschlag und im Inhalt: Françoise D. Alsaker und August Flammer

Die Deutsche Bibliothek – CIP-Einheitsaufnahme

Flammer, August:
Entwicklungspsychologie der Adoleszenz : die Erschließung innerer und äußerer
Welten im Jugendalter / August Flammer und Françoise Alsaker. – 1. Aufl. –
Bern ; Göttingen ; Toronto ; Seattle : Huber, 2001
   (Aus dem Programm Huber: Psychologie-Lehrbuch)
   ISBN 3-456-83572-8

1. Auflage 2002
© 2002 by Verlag Hans Huber, Bern

Anregungen und Zuschriften bitte an:
Verlag Hans Huber
Länggass-Strasse 76
CH-3000 Bern 9
Tel: 0041 (0)31 300 4500
Fax: 0041 (0)31 300 4593
E-Mail: verlag@hanshuber.com
Internet: http://Verlag.HansHuber.com

Lektorat: Dr. Peter Stehlin
Herstellung: Peter E. Wüthrich
Satz, Druck und buchbinderische Verarbeitung: KONKORDIA GmbH, Bühl · Das Medienunternehmen
Printed in Germany

Dieses Werk, einschließlich aller seiner Teile, ist urheberrechtlich geschützt. Jede Verwertung außerhalb der engen Grenzen des Urheberrechtes ist ohne Zustimmung des Verlages unzulässig und strafbar. Das gilt insbesondere für Vervielfältigungen, Übersetzungen, Mikroverfilmungen sowie die Einspeicherung und Verarbeitung in elektronischen Systemen.

Inhaltsverzeichnis

Vorwort	13

Teil I
Annäherungen 15

1. Wer sind die Jugendlichen? 17
1.1 Definition durch zeitliche Abgrenzung 18
1.1.1 Die öffentliche Meinung 18
1.1.2 Die Meinung der Jugendlichen selbst 18
1.1.3 Wissenschaftliche Vorschläge 20
1.2 Definition durch inhaltliche Beschreibung 22
1.2.1 Alltagsvorstellungen 22
1.2.2 Definition durch theoriebezogene Kennzeichnung 23
1.2.3 Jugend zwischen Kindheit und Erwachsenenalter 23
1.3 Definition durch gesellschaftliche Organisation 25
1.4 Zur Konstruktion der Adoleszenz in der Geschichte 25
1.5 Jugend als Reichtum, Jugend als Belastung 29
1.6 Integration und begriffliche Festlegungen 34
1.7 Ausblick 35

2. Die gesellschaftliche Konstruktion der Jugend 37
2.1 Jugend als Funktion von Gesellschaft 38
2.2 Soziologische Jugendtheorien 39
2.2.1 Jugend als Teil der Gesellschaft 39
2.2.2 Jugend als Übergang zwischen Kindheit und Erwachsenenwelt 40
2.2.2.1 Exkurs: Kontinuierliche und diskontinuierliche Sozialisation 42
2.2.3 Jugend als Generation, die ihre Vorgängergeneration ersetzt 43
2.2.3.1 Jugend in Generationenkonflikten 44
2.2.3.2 Jugend und Beschleunigung der gesellschaftlichen Entwicklung 45
2.2.4 Jugend als Vorkämpferin der Geschichte 46
2.2.4.1 Jugend als Filter der Kultur 46

2.2.4.2	Jugendkonflikte als Ausdruck der Veränderungen	48
2.2.4.3	Jugend, die den herrschaftsfreien Diskurs durchsetzt	48
2.2.4.4	Exkurs: Die Idylle von der friedlich ihre Privilegien genießenden Südsee-Jugend	50
2.2.5	Abgeschriebene Jugend?	51
2.3	Ausblick	53

3. Adoleszenz und ihre kontextuellen Entwicklungsaufgaben 55

3.1	Konzept	56
3.2	Kataloge von Entwicklungsaufgaben	56
3.2.1	USA in den 40er-Jahren	57
3.2.2	Neuere Versionen	57
3.3	Normative und non-normative Entwicklungsaufgaben	59
3.4	Bewältigung von Entwicklungsaufgaben	63
3.5	Wer ist an der Lösung von Entwicklungsaufgaben interessiert?	65
3.6	Ausblick	68

Teil II
Zentrale Entwicklungsprozesse 69

4. Pubertätsentwicklung 71

4.1	Die somatische Entwicklung	72
4.1.1	Körperliche Erscheinung	72
4.1.2	Hormonale Entwicklung	73
4.1.3	Zeitpunkt des Pubertätseintritts	76
4.1.3.1	Individuelle Unterschiede	76
4.1.3.2	Säkulare Akzeleration	76
4.1.3.3	Soziokulturelle Unterschiede	78
4.1.4	Messmethoden	79
4.2	Psychosoziale Aspekte der Pubertät	80
4.2.1	Auswirkungen des relativen pubertären Status	81
4.2.2	Die Gleichaltrigen	82
4.2.3	Die Familie	83
4.2.4	Zufriedenheit mit dem Körper	83
4.2.5	Gewichts- und Esssorgen	85
4.2.6	Somatische Beschwerden	87
4.2.7	Selbstwert und internalisierende Probleme	87
4.2.8	Externalisierende Probleme	88
4.2.9	Langzeiteffekte	90
4.3	Ausblick	91

5. Autonomieentwicklung und Ablösungsprozesse 93

5.1	Abhängigkeit und Autonomie von der Geburt bis zum Tod	94
5.2	Autonomiebereiche	95
5.2.1	Geforderte Autonomie	95
5.2.2	Freiräume	96

5.3	Wege zur Autonomie	97
5.3.1	Lernen und Kognitionen	99
5.3.2	Psychoanalytische Phasenmodelle	100
5.3.2.1	Phasen der adoleszenten Ablösung nach Sigmund Freud und Anna Freud	100
5.3.2.2	Phasen der adoleszenten Ablösung nach Peter Blos	102
5.3.3	Systemische Prozesse	104
5.3.3.1	Ablösung als Veränderung des Familiensystems	104
5.3.3.2	Hinderliche und förderliche Familienstrukturen	106
5.4	Neudefinition der Rollen in der Familie	107
5.4.1	Autonomie als Herausforderung für die Eltern	107
5.4.2	Emotionale Aspekte	108
5.4.3	Der «richtige» Zeitpunkt	110
5.5	Ausblick	116

6. Kognitive Entwicklung: Prozesse und Inhalte ... 117

6.1	Jugendliche Testintelligenz	118
6.1.1	Erreicht die Intelligenzentwicklung in der Adoleszenz ihren Abschluss?	118
6.1.2	Die psychometrische Differenzierungshypothese	118
6.1.3	Die Veränderung der durchschnittlichen Intelligenz der Jugendlichen im 20. Jahrhundert	119
6.2	Formale Denkoperationen	120
6.2.1	Operationen mit Zeichen	121
6.2.2	Operationen mit Möglichkeiten	122
6.2.3	Kombinatorik	122
6.2.4	Deduktives Schlussfolgern	124
6.2.5	Proportionalität	124
6.2.6	Formale Denkoperationen und jugendlicher Egozentrismus	125
6.2.7	Formale Operationen und Gehirnentwicklung	126
6.2.8	Formale Operationen als diskrete Stufe?	126
6.3	Die Entwicklung des Gedächtnisses in der Adoleszenz	127
6.3.1	Kapazität oder Arbeitsgedächtnis	127
6.3.2	Verarbeitungsgeschwindigkeit	128
6.3.3	Hemmungseffizienz	128
6.3.4	Gedächtnisstrategien	128
6.3.5	Gedächtnis und Wissen	131
6.4	Bevorzugte Inhalte	133
6.4.1	Interessen	133
6.4.2	Meinungen und Werte	134
6.4.3	Das moralische Urteil Jugendlicher	136
6.5	Die Zukunftsperspektiven Jugendlicher	137
6.6	Ausblick	139

7. Selbstkonzept und Identität ... 141

7.1	Selbstkonzept: Modelle	143
7.1.1	Selbstkonzept und Selbstwert	143
7.1.2	Sozialkognitive Modelle	143
7.1.3	Kognitive Modelle	144

7.1.4	Das Selbstkonzept nach Rosenberg	145
7.1.4.1	Das Konzept des aktuellen Selbst	145
7.1.4.2	Das Konzept des erwünschten Selbst	146
7.1.4.3	Das Konzept des sich darstellenden Selbst	146
7.1.5	Die unterschiedlichen Bereiche (Facetten) des Selbstkonzepts	147
7.1.6	Arbeitsdefinition von Selbstkonzept	148
7.1.7	Funktionalität des Selbstkonzepts: Gesunde und maladaptive Selbstbewertungen	148
7.2	Selbstkonzept: Ausgewählte Befunde	149
7.2.1	Geschlechtsunterschiede	149
7.2.2	Das Körperbild	150
7.2.3	Selbstwert und schulische Leistungen	151
7.2.4	Zugehörigkeit zu einer Minorität	151
7.2.5	Beziehungen zu Gleichaltrigen	152
7.2.6	Stabilität und Veränderungen	153
7.2.6.1	Zunehmende Differenzierung	154
7.2.6.2	Normative Veränderungen des Selbstwerts	154
7.2.6.3	Interindividuelle Stabilität der Selbstbeurteilung über die Zeit	155
7.2.6.4	Wahrgenommene Stabilität des Selbstkonzepts	156
7.3	Identität	156
7.3.1	Identität in Abgrenzung zum Selbstkonzept	156
7.3.2	Identität im Werke von E. H. Erikson	157
7.3.3	James Marcias Modell	160
7.3.3.1	Die vier Identitätstypen	160
7.3.3.2	Entwicklung und Stabilität	162
7.3.4	Neuere Ansätze	163
7.4	Ausblick	165

Teil III
Lebenswelten ... 167

8. Adoleszente und ihre Familie ... 169

8.1	Familie als Ort primärer Geborgenheit	170
8.1.1	Familie: modern, postmodern	170
8.1.2	Jugendliche in ihrer Familie: Geborgenheit oder Kampf mit den Eltern?	172
8.1.2.1	Das Sturm-und-Drang-Vorurteil	172
8.1.2.2	Konfliktanlässe	173
8.1.2.3	Bedingungen von Konflikten mit den Eltern	174
8.1.2.4	Wirkungen chronischer Konflikte mit den Eltern	175
8.1.3	Familiäre Werte, oder: Die Eltern als heimliche Modelle	176
8.2	Veränderungen der familiären Interaktionen im Lauf der Adoleszenzentwicklung	178
8.2.1	Jugendliche und Eltern im Gespräch: Von der Asymmetrie zu immer mehr Symmetrie	179
8.2.2	Geschlechtsunterschiede	181
8.2.3	Elterliches Erziehungsverhalten	183
8.3	Scheidung, Einelternfamilien, neu zusammengesetzte Familien	186

8.3.1	Kinder und Jugendliche geschiedener Eltern	186
8.3.2	Neu zusammengesetzte Familien	189
8.4	Mütterliche Erwerbstätigkeit	191
8.5	Ausblick	192

9. Soziale Beziehungen unter Gleichaltrigen 193

9.1	Bedeutung der Peers für die Entwicklung in der Adoleszenz	194
9.1.1	Beziehungen zu Gleichaltrigen als Entwicklungsaufgabe	195
9.1.2	Soziale Kompetenzen	195
9.1.2.1	Konfliktlösungsstrategien	196
9.1.2.2	Grenzen setzen	196
9.1.2.3	Sensibilität und Perspektivenübernahme	197
9.1.3	Identitätsbildung	197
9.1.4	Die Kehrseite der Peer-Beziehungen	198
9.1.4.1	Soziale Isolation	198
9.1.4.2	Gruppendruck und Gruppenselektion	198
9.2	Freundschaft und Intimität	199
9.2.1	Merkmale von Freundschaften	200
9.2.2	Geschlechtsunterschiede in Freundschaften	202
9.2.3	Bedeutung der Freundschaft für die Entwicklung in der Adoleszenz	203
9.2.4	Intimität	204
9.2.5	Die Kehrseiten der Freundschaft	205
9.2.5.1	Wenn keine beste Freundin oder kein bester Freund vorhanden ist	205
9.2.5.2	Wenn Beziehung und Intimität ausgenutzt werden	205
9.3	Liebesbeziehung und Sexualität	206
9.3.1	Der soziokulturelle Kontext	206
9.3.2	Sexuelle Orientierung	207
9.3.3	Die ersten Liebesbeziehungen (romantische Beziehungen)	208
9.3.4	Sexualverhalten	211
9.3.4.1	Die Rolle der Hormone und der körperlichen Reifung	211
9.3.4.2	Die Rolle des soziokulturellen Umfelds	211
9.3.4.3	Vom Händehalten bis zum Geschlechtsverkehr	213
9.3.5	Unterschiede zwischen den Geschlechtern	216
9.3.6	Sexualität als Risikoverhalten	217
9.3.6.1	Junges Alter und wenig Selbstvertrauen	218
9.3.6.2	Wenig Wissen und Kommunikation	218
9.3.6.3	Ungeplantes Sexualverhalten	218
9.3.6.4	Partnerwechsel	219
9.3.6.5	Alkohol und andere Drogen	219
9.4	Ausblick	219

10. Jugendliche in der Schule 223

10.1	Die Sekundarstufe, ein Geschenk an die Jugend oder ein Geschenk an die Gesellschaft?	224
10.1.1	Die obligatorische Volksschule	224
10.1.2	Sekundarstufen I und II	224
10.1.3	Schuldauer und «gestreckte Jugendzeit»	225

10.1.4	Schule als Auftragnehmerin für gesellschaftliche Anliegen	226
10.1.5	Schülerleben im gesellschaftlichen Abseits?	227
10.2	Schule als Lern- und Lebenswelt	229
10.2.1	Die Schulgröße	229
10.2.2	Der Tagesablauf von Schülerinnen und Schülern	230
10.2.3	Schulfreude und Schulstress	233
10.3	Schulisches Lernen	235
10.3.1	Abstraktes Denken	235
10.3.2	Interessen	236
10.3.3	Präferenzen, Wahlen und Zulassung	237
10.3.4	Übergänge in weiterführende Schulen	238
10.3.5	Teufelskreise	239
10.4	Schule als Ort sozialen Lernens	240
10.4.1	Jugendliche als junge Staatsbürger	240
10.4.2	Freundschaften und Feindschaften in der Schule	240
10.5	Ausblick	241

11. Arbeit und Beruf . . . 243

11.1	Übergänge von der Schule ins Arbeitsleben	244
11.1.1	Vielfalt der Wege	244
11.1.2	Das duale Berufsbildungssystem	245
11.2	Teilzeitarbeit neben der Schule	247
11.3	Berufswahl	253
11.3.1	Berufseignung	253
11.3.2	Berufsinteressen	253
11.3.3	Berufsangebot	256
11.3.4	Berufsberatung	256
11.4	Berufsbildung	259
11.4.1	Berufsausbildung am Arbeitsplatz	259
11.4.2	Berufsschule	260
11.4.3	Persönlichkeitsentwicklung durch Berufsausbildung	261
11.5	Berufsausübung	262
11.6	Jugendarbeitslosigkeit	262
11.7	Ausblick	263

Teil IV
Problemverhalten . . . 265

12. Internalisierende Probleme: Depression und Essstörungen . . . 267

12.1	Depression	269
12.1.1	Phänomenologie und diagnostische Klassifikation	269
12.1.2	Epidemiologie und Komorbidität	271
12.1.3	Geschlechts- und Altersunterschiede	272
12.1.4	Risikofaktoren	273
12.1.4.1	Biologische und genetische Faktoren	273
12.1.4.2	Temperament	273

12.1.4.3	Familie	274
12.1.4.4	Die Gleichaltrigen	274
12.1.4.5	Kognitive Faktoren	275
12.1.4.6	Frühe negative Erfahrungen und Lebensereignisse	275
12.1.4.7	Erklärungsansätze zur Entstehung depressiver Störungen in der Adoleszenz	276
12.1.5	Verlauf und Stabilität	277
12.1.6	Ein integratives Entwicklungsmodell der Depression	278
12.2	Essprobleme und Essstörungen	279
12.2.1	Anorexia nervosa	280
12.2.1.1	Phänomenologie und diagnostische Klassifikation	280
12.2.1.2	Begleiterscheinungen	281
12.2.1.3	Epidemiologie	282
12.2.1.4	Prognose und Langzeitverlauf	282
12.2.2	Bulimia nervosa	283
12.2.2.1	Phänomenologie und diagnostische Klassifikation	283
12.2.2.2	Begleiterscheinungen	284
12.2.2.3	Epidemiologie	284
12.2.2.4	Prognose und Langzeitverlauf	285
12.2.3	Risikofaktoren für Anorexie und Bulimie	285
12.2.3.1	Soziokulturelle Faktoren – Die Schönheitsideale der westlichen Kultur	285
12.2.3.2	Familiäre Faktoren	286
12.2.3.3	Persönlichkeitsmerkmale	287
12.2.3.4	Genetische und physiologische Faktoren	287
12.2.3.5	Kritische Lebensereignisse	287
12.2.3.6	Interaktion vieler Faktoren	288
12.2.4	Normative Essprobleme – Diäthalten	288
12.2.4.1	Prävalenz	288
12.2.4.2	Prädiktoren	291
12.2.4.3	Der Übergang zu Essstörungen	291
12.3	Ausblick	292

13. Externalisierendes Problemverhalten ... 293

13.1	Aggressives Verhalten	295
13.1.1	Unterschiedliche Ausdrucksformen der Aggression in der Adoleszenz	296
13.1.1.1	Direkte, indirekte und relationale Aggression	296
13.1.1.2	Mobbing	296
13.1.1.3	Hooliganismus	297
13.1.2	Geschlechtsunterschiede	298
13.1.3	Altersunterschiede	300
13.1.4	Stabilität	300
13.2	Delinquentes Verhalten	301
13.2.1	Strafrecht	301
13.2.2	Prävalenzraten	302
13.2.3	Antisoziale Laufbahnen	304
13.2.4	Vorübergehendes Verhalten	305
13.3	Risikofaktoren	306
13.3.1	Soziale Bedingungen	307

13.3.2	Frühe neuropsychologische Störungen	308
13.3.3	Genetische und biologische Faktoren	308
13.3.4	Schulversagen und Intelligenz	309
13.3.5	Familie	309
13.3.6	Beeinflussung durch die Gleichaltrigen	311
13.3.7	Selbstverstärkung und falsche Attributionen	312
13.3.8	Intergenerationale Einflüsse	312
13.4	Konsum von legalen und illegalen Drogen	314
13.4.1	Experimentieren mit weichen Drogen	314
13.4.2	Technodrogen – Life-Style-Drogen	317
13.4.3	Der Übergang zu harten Drogen	317
13.4.4	Alkoholkonsum	318
13.4.5	Risikofaktoren	320
13.4.6	Prävention	321
13.5	Ausblick	323

14. Suizid und Unfälle (Andreas Dick) 325

14.1	Suizid	326
14.1.1	Epidemiologie	326
14.1.2	Risikofaktoren	327
14.1.2.1	Depressionen	327
14.1.2.2	Verhaltensprobleme, Aggressionen und Impulsivität	327
14.1.2.3	Psychoaktive Substanzen	328
14.1.2.4	Problematische Beziehungen in Familie und Partnerschaft	329
14.1.2.5	Sozialer Wandel und Isolation	330
14.1.2.6	Suizidversuche von Angehörigen und Bekannten	330
14.1.2.7	Verfügbarkeit von Schusswaffen	331
14.1.2.8	Vorangehende Suizidversuche	331
14.1.3	Therapie und Prävention	331
14.2	Unfälle	335
14.2.1	Epidemiologie	335
14.2.2	Risikofaktoren	337
14.2.2.1	Zugang zu Fahrzeugen	337
14.2.2.2	Risikoreiches Fahrverhalten, Missachtung von Sicherheitsmaßnahmen	337
14.2.2.3	Alkohol	338
14.2.2.4	Erfahrung und kognitiver Entwicklungsstand	339
14.2.2.5	Persönlichkeit und Einstellungen	339
14.2.2.6	Der Einfluss der Gleichaltrigen	340
14.2.2.7	Psychische Störungen und Parasuizid	340
14.2.3	Unfallprävention im Jugendalter	340
14.3	Ausblick	342

Literaturverzeichnis 343

Personenverzeichnis 395

Sachwortverzeichnis 409

Vorwort

Die Jugend genießt in allen Kulturen besondere Aufmerksamkeit. Man möchte sie steuern, erziehen und gesund erhalten, und man möchte sich und sie von Abwegen und schweren Konfrontationen frei halten. Jugend ist auch immer attraktiv. Viele versuchen ein Leben lang jugendlich zu sein. Erwachsene wollen ihre Jugend behalten, Kinder möchten sie bald erreichen.

Dieses Buch basiert auf dem aktuellen wissenschaftlichen Kenntnisstand der Entwicklungspsychologie der Adoleszenz. Dank intensiver Forschungsanstrengungen der letzten Jahrzehnte ist dieser erfreulich weit gediehen und gestattet uns, in manchen Bereichen sehr präzise Aussagen zu machen, auch wenn noch viele Fragen offen bleiben.

Ein gründliches Verständnis der Entwicklungspsychologie der Adoleszenz erfordert den Einbezug sehr verschiedener Bereiche und Theorien. Entsprechend haben wir das Buch in 14 Kapitel gegliedert. Diese Kapitel entstanden aus der umfassenden Sicht, die sowohl die zentralen Entwicklungsprozesse als auch Lebenswelten der Jugendlichen als auch problematische Entwicklungsverläufe einschließt.

Das Buch ist aus unserem Unterricht an Psychologiestudentinnen und -studenten entstanden und hat in Skriptform bereits mehrere Entwicklungsstadien durchlaufen. Entsprechend dürfen wir beanspruchen, dass es sich bereits recht gut bewährt hat, jedenfalls in unserem Unterricht. Wir sind gespannt zu hören, ob Kolleginnen und Kollegen damit arbeiten wollen und welche Erfahrungen sie damit machen.

Dieses Buch ist Ergebnis einer intensiven Zusammenarbeit, zunächst zwischen der Autorin und dem Autor, dann aber auch mit vielen wissenschaftlichen und technischen Helfern. Sodann sind wir Andreas Dick dafür, dass er das Kapitel 14 in seine Verantwortung nahm, dankbar.

Folgende Teilnehmerinnen und Teilnehmer haben den Text innerhalb eines Redaktionsseminars kommentiert: Catherine Ackermann, Fabienne Amstad, Brigitte Anliker, Adrian Baumgartner, Linda Dammarco, Urs Egloff, Peter Gärtl, Nicole Guélat, Sandra Habegger, Alexandra Hagen, Stefan Hamann, Rachel Hippenmeyer, Sara Imfeld, Chantal Jacot, Claudia Jchle, Iris Kelterborn, Stéphanie Kubat, Yuka Nakamura, Denise Rebmann, Christa Rothenbühler-Morgenthaler, Rolf Schindler, Bettina Schirmer, Luc Schwartz, Bettina Siegfried, Leila Maria Soravia, Margrit Starkl, Ingrid Stucki, Özgür Tamcan, Antonella Terranova, Mara Tiberini, Simone Tschopp, Anne Wehren, und Monika Zürcher.

Zusätzlich zur Mitarbeit im Redaktionsseminar halfen uns folgende Assistentinnen und Assistenten in einzelnen Phasen wirksam bei der Materialbeschaffung: Nathalie Bider, Marianne Kauer, David Schmid, Christina

Zingg und insbesondere Irmgard Oswald und Brigitta Schaffner. Marianne Kauer hat schließlich alle Figuren des Buches in eine ansprechende Endform gebracht. Auch hier sagen wir allen Dank.

Die umfassendste Hilfe erfuhren wir durch Brigitta Schaffner. Sie hat den gesamten Text in mehreren Durchgängen redaktionell betreut. Dabei kam uns nicht nur ihre wissenschaftliche Kompetenz, sondern auch ihre kompromisslose Exaktheit zugute.

Von Verlagsseite erlebten wir in allen Etappen der Buchentstehung eine von Sympathie getragene Zusammenarbeit. Wir danken Peter E. Wüthrich und Peter Stehlin dafür.

Nun soll also unser Buch den Weg zu Leserinnen und Lesern gehen. Wir denken in erster Linie an Studierende des Fachs Psychologie, freuen uns aber, wenn auch Kolleginnen und Kollegen sowie Studierende und Fachleute aus der Pädagogik, der Psychiatrie, der Schule und der Sozialarbeit darin Information holen. Wir nehmen gerne Kommentare, Kritik und Vorschläge entgegen.

Bern, Juni 2001
August Flammer und Françoise D. Alsaker

Teil I
Annäherungen

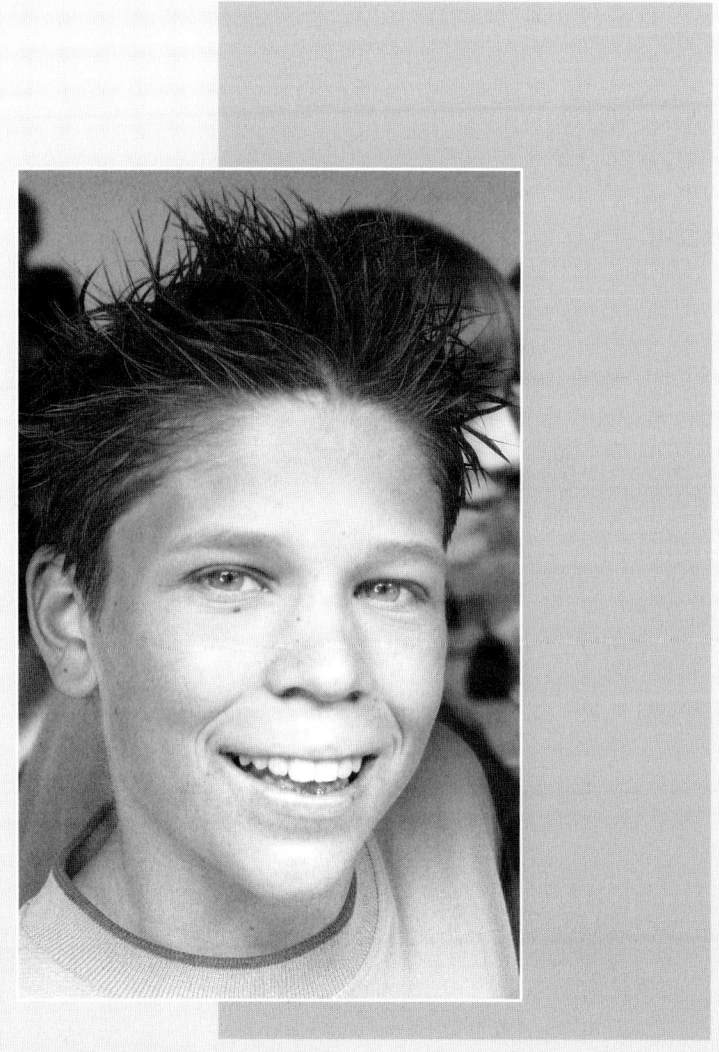

1. Wer sind die Jugendlichen?

Wenn von Jugendlichen die Rede ist, wissen alle, wer gemeint ist. Man denkt etwa an 14-Jährige oder auch an 17-Jährige. Es kommen Stichwörter in den Sinn wie Disco, erste Liebe, Kinder, die nicht mehr eigentlich Kinder sind, bzw. Erwachsene, die noch nicht eigentlich erwachsen sind, Berufslehre, auffällige Kleidung.

Sind aber 21-Jährige auch noch Jugendliche? Und sind 11-Jährige schon Jugendliche? Das sei individuell verschieden, sagt man. Ja, aber woran sind die Jugendlichen dann erkennbar und wie von Kindern und von Erwachsenen abgrenzbar?

Wie die meisten wissenschaftlichen Gegenstände oder Themen lässt sich der Begriff Jugendliche durch Abgrenzung oder durch inhaltliche Festlegung definieren.

1.1 Definition durch zeitliche Abgrenzung

Im Fall von Entwicklungsstufen sind Definitionen durch Abgrenzung willkommen, weil sie Eindeutigkeit vermitteln.

1.1.1 Die öffentliche Meinung

Eine Zeitungsmeldung aus dem Tagesanzeiger vom 20. Juli 1991, leicht gekürzt:

> Die Zürcher Kantonalbank bietet seit letztem Sommer «Erwachsenen ab 14» für ihr Taschengeld oder ihren Nebenerwerb gratis Privatkonto und EC-Karte an. Das Angebot richtet sich an die Jugendlichen direkt; eine Einwilligung der Eltern ist nicht nötig. Einzige Voraussetzung für den Bezug der Karte ist, dass die 14-Jährigen regelmäßig Taschengeld von mindestens 100 Franken im Monat beziehen. Das Angebot empörte ein Zürcher Ehepaar, das seine eben 14-jährige Tochter noch nicht reif genug für diese Art von Bankverbindungen hielt. Es wollte der Bank gerichtlich untersagen lassen, seiner Tochter diese Dienstleistung zur Verfügung zu stellen …
> Materiell sieht das Gericht keine finanziellen Gefahren für die Eltern wegen der EC-Karte ihres Kindes. Soweit unmündige Kinder Rechtsgeschäfte führten, verpflichteten sie grundsätzlich nur sich selbst und hafteten einzig mit dem freien Kindsvermögen. Ebensowenig sieht es eine Widerrechtlichkeit oder einen Eingriff in die elterliche Gewalt.

Zwar hat das Gericht in diesem Fall nicht 14-Jährige als Erwachsene definiert, wohl aber für diesen speziellen Fall den Umgang mit 14-Jährigen wie mit Erwachsenen legitimiert. Oder müsste man sagen: Was früher erwachsenentypisch war, ist es jetzt nicht mehr?

Die deutlichste Festlegung von Altersgrenzen finden wir im Strafrecht (vgl. Kap. 13.2.1). Wie Figur 1–1 zeigt, variieren aber die Auffassungen von Land zu Land.

Interessanterweise sind die wenigen bestehenden exakten Altersfestlegungen für die Erlangung von Erwachsenenrechten sogar innerhalb der Länder je nach Bereich unterschiedlich (z. B. Recht auf Ausübung der Religionsfreiheit, Heiratsrecht ohne Zustimmung der Eltern, Autoführerschein, Stimm- und Wahlrecht). Offensichtlich wird man in verschiedenen Lebensbereichen zu unterschiedlichen Zeiten erwachsen.

Für viele praktische Belange werden jene Schülerinnen und Schüler, die nicht mehr die Grundschule (= die ersten sechs Klassen) besuchen, sowie die Lehrlinge als Jugendliche bezeichnet. Oft aber dienen ad hoc Definitionen bestimmten Interessen. Die Wirtschaft hat zum Beispiel Interesse, Schülerinnen und Schüler bereits als (jugendliche) Erwachsene anzusprechen (s. Beispiel mit der EC-Karte). In der Politik besteht manchmal die Tendenz, sogar Erwachsene zwischen 20 und 35 als Jugendliche zu verharmlosen (z. B. als jugendliche Randalierer); andererseits ist in den letzten Jahren das Alter der politischen Mündigkeit vielerorts von 20 oder 21 Jahren auf 18 Jahre herabgesetzt worden.

1.1.2 Die Meinung der Jugendlichen selbst

Von älteren Menschen hört man oft die Meinung, dass man so alt sei, wie man sich fühle. Natürlich determiniert das subjektive Erleben des eigenen Alters resp. der Zugehörigkeit zu einer Altersgruppe sehr stark das eigene Handeln und Auftreten. Dieses ist aber teilweise durch soziale Normen bestimmt und, wie Marini (1984a) meint, durch die Modellwirkung von ausgewählten Vorgängerinnen und Vorgängern,

1. Wer sind die Jugendlichen?

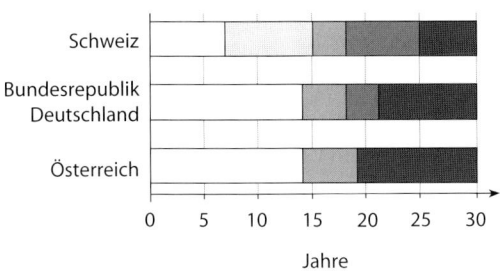

- ☐ Kinder (schuldunfähig)
- ☐ Kinder
- ▫ Jugendliche
- ▪ Junge Erwachsene (CH) resp. Heranwachsende (BRD)
- ■ Erwachsene

Figur 1–1: Strafrechtliche Jugenddefinitionen (Altersbalken bis 30 Jahre ausgeführt)

die ihrerseits als Jugendliche resp. junge Erwachsene bezeichnet werden oder wurden (Beispiel: Das Mädchen X aus der Nachbarschaft ist eine Jugendliche und geht in die Disco. Daraus folgt: Wenn ich in die Disco gehe, bin ich auch eine Jugendliche).

In einer Befragung von 83 Berner Studierenden zum Beginn ihres Psychologiestudiums 1994 wollten wir wissen, wie sie spontan den normalen Lebenslauf einteilen würden, sofern er in zwei, drei, vier oder fünf Teile zu gliedern wäre.

Die Aufgabe, den Lebenslauf in zwei Teile zu gliedern, ergab bei den meisten Studierenden eine Phase, die man großzügig mit Kindheit und Jugend bezeichnen, und eine, die als Erwachsenenalter gelten könnte (Figur 1–2). Der Median der Unterteilungsangaben betrug 25 Jahre, d. h. dass die Hälfte der Befragten die erste Phase maximal bis zum 25. Altersjahr ansetzte. Der Modus lag bei 20 Jahren, d. h. dass diese Alterszahl am häufigsten genannt wurde.

In der Dreiteilung ergab sich weniger Konkordanz. Etwa die Hälfte der Befragten ließ die erste Phase bis zum 18. Lebensjahr dauern (= Median; Modus = 20), schloss also das Jugendalter wahrscheinlich mit ein. Dafür wurde bei dieser Teilung das Alter deutlicher ausgegliedert (Median = 50; Modus = 60).

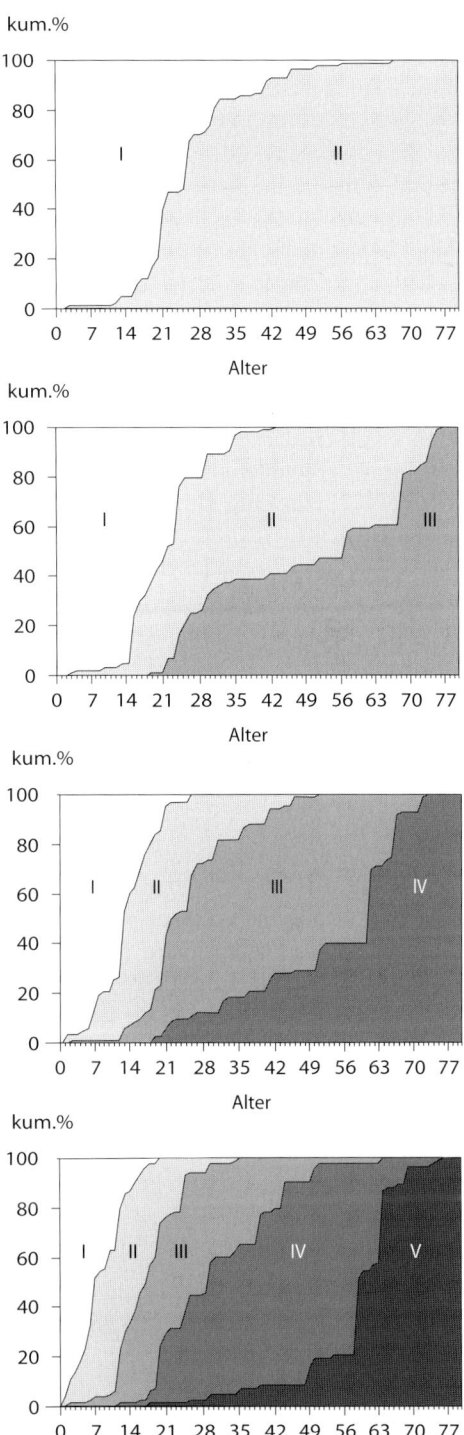

Figur 1–2: Grenzziehungen zwischen Lebensphasen (Zweiteilung, Dreiteilung, Vierteilung, Fünfteilung)

Erst die Vierteilung brachte eine ziemlich deutliche Ausgliederung des Jugendalters, nämlich die zehn Jahre zwischen 12 und 22 (Median-Folge = 12, 22 und 60; Modi = 12, 20 und 60). Die Tatsache, dass die Studienanfängerinnen und -anfänger typischerweise um die 20 sind, mag einen Einfluss gehabt haben.

Die Fünfereinteilung erscheint wieder weniger deutlich zu sein, wahrscheinlich weil die meisten Befragten nur Kindheit, Jugendalter, Erwachsenenalter und Alter unterschieden; die Mediane betrugen 7, 18, 30 und 60 Jahre, die Modi 7, 12, 20 und 60 Jahre.

Der Vergleich der Selbstdefinition Jugendlicher mit der Fremddefinition Erwachsener bei Bamber (1973) erbrachte Anzeichen einer möglichen interessanten Spannung. In der Beschreibung von Kindern, Jugendlichen und Erwachsenen fanden sich bei den 14- und 15-Jährigen aus Nordirland mehr Überlappung zwischen Jugendlichen und Erwachsenen als zwischen Kindern und Jugendlichen, während die jungen Erwachsenen (23-Jährige) mehr Ähnlichkeit zwischen Kindern und Jugendlichen sahen als zwischen Jugendlichen und Erwachsenen. Die älteren Versuchspersonen fanden denn auch die Adoleszenz als die am wenigsten attraktive Entwicklungsstufe von allen dreien, während die Jugendlichen die Kindheit als am wenigsten attraktiv einstuften. Vergleichbare Befunde von Mann (1965) und Speltini (1988) legen die Interpretation nahe, dass jene, die die Adoleszenz mit Kindheit verbinden, darüber negativer denken als jene (jungen!) Menschen, die zwischen Kindern und Adoleszenten deutlich unterscheiden.

Arnett (1994) befragte amerikanische College-Studierende im Alter zwischen 18 und 21 Jahren zum Übergang vom Jugendalter ins Erwachsenenalter. 27 % hielten sich für erwachsen, 10 % nicht, und 63 % fühlten sich in mancher Beziehung erwachsen und in mancher noch nicht. Als wichtigste Kriterien des Erwachsenseins empfanden sie selbst die Bereitschaft, Verantwortung für die Konsequenzen des eigenen Handelns zu übernehmen (92 %), Standpunkte und Werte unabhängig von Eltern und anderen einflussreichen Personen einzunehmen (80 %) und eine symmetrische Beziehung («as an equal adult») zu den eigenen Eltern zu erreichen (72 %). Nur geringe Zustimmung fanden hingegen Kriterien wie Ausbildungsabschluss, Heirat, Elternschaft oder Berufstätigkeit, wodurch sich diese jungen Erwachsenen von geläufigen Sichtweisen in traditionellen Kulturen deutlich unterschieden (z. B. Hogan & Astone, 1986, zit. nach Arnett, 1994, S. 222). In einer Untersuchung mit dem gleichen Fragebogen an einer 21- bis 28-jährigen amerikanischen Stichprobe fand Arnett (1996) sehr ähnliche Angaben. Allerdings betonten sie mehr als die jüngeren Befragten der ersten Stichprobe die finanzielle Unabhängigkeit (73 %), vermutlich deshalb, weil die meisten diese unterdessen besaßen und schätzten.

Insgesamt legen diese Befunde nahe, bei der Definition von Adoleszenz nicht nach eindeutigen und generellen Grenzen zu suchen. Vielmehr werden junge Menschen bereichsspezifisch erwachsen oder teilerwachsen (vgl. auch Arnett & Taber, 1994). In je mehr Lebensbereichen sie erwachsen sind, desto eher werden sie insgesamt als erwachsen bezeichnet.

1.1.3 Wissenschaftliche Vorschläge

Auch in der Wissenschaft sind die Meinungen über den Beginn und das Ende der Adoleszenz nicht einheitlich. Auf feste Alterszahlen haben sich nur wenige Autorinnen und Autoren festgelegt. Um den interindividuellen Unterschieden, die sich in allen Lebens- und Entwicklungsprozessen zeigen, Rechnung zu tragen, sind in der Entwicklungspsychologie Kriterien vorzuziehen, die sich auf die tatsächlichen Lebenssituationen und die individuellen Kompetenzen beziehen und nicht starr mit dem Lebensalter korreliert sind.

Allerdings sind die Lebenssituationen der Jugendlichen in vielen Kulturen an die Schulstrukturen gebunden. Die Übertritte in die Sekundarschule, in die Berufslehre oder in das Gymnasium verändern die Lebenssituation und die Selbstdefinition wie die Fremddefinition markant. Da die meisten öffentlichen Schulsysteme auf Jahrgangsklassen basieren, wird so gesellschaftlich ein Alterseffekt auf die Entwicklung geschaffen (Petersen, 1988, S. 586).[1]

Als Untergrenze der Adoleszenz wird von vielen Autorinnen und Autoren der Beginn der Pubertät genannt, wenn auch dieser Beginn im strengen Sinn nicht leicht operationalisiert werden kann (vgl. Kap. 4), so wählt man in der Forschung mit Mädchen gerne den Zeitpunkt der ersten Monatsblutung (= Menarche). Bei Jungen ist das schwieriger; der erste Samenerguss (= Spermarche) ist schlecht erfragbar, und der Stimmbruch setzt meist nicht genügend abrupt ein, um Zeitmessungen zu erlauben. In der psychologischen Forschung behilft man sich deshalb häufig mit Kriterien der sog. sekundären Geschlechtsmerkmale (z. B. Körperformen oder Schamhaarentwicklung; vgl. Kap. 4).

Für den Abschluss des Jugendalters ist ein biologisches Kriterium nicht auszumachen. Entscheidender scheinen Kriterien wie der Abschluss der Erstberufsausbildung oder die soziale und materielle Unabhängigkeit von den Eltern zu sein.

Sind dann Studierende zu den Jugendlichen oder zu den Erwachsenen zu zählen? Je nach Studienordnung, Stipendiengesetzen und Wohnmarkt dürfte die Antwort unterschiedlich ausfallen.

In neuester Zeit werden älteren Jugendlichen immer mehr erwachsene Tätigkeiten zugestanden resp. zugemutet (z. B. sexuelles, politisches, konsumatorisches Verhalten). Dadurch ist eine Stufe der Postadoleszenz entstanden, auf der die Menschen psychologisch, sozial und politisch erwachsen sind und nur noch ökonomisch von den Erwachsenen abhängig sind («postadolescents are adults except for the fact that they are economically dependent on others»; Buchmann, 1989, S. 84). Darum haben ältere Studien über die Erreichung von erwachsenentypischen Eigenschaften und deren zeitliche Abfolge heute nur noch historischen Wert. So berichtete beispielsweise Marini (1984b), dass über 40 % von etwa 8000 in den fünfziger Jahren erfassten amerikanischen Jugendlichen durch die Ereignisreihenfolge Schulabschluss–Vollzeitberufstätigkeit–Heirat–Elternschaft gingen. Die neuesten Zahlen liegen wesentlich tiefer (Arnett, 2000a; Chisholm & Hurrelmann, 1995).

Wir meinen, dass ein und derselbe junge Mensch in gewissen Beziehungen als Jugendlicher und in anderen als Erwachsener zu verstehen ist. Man kann zum Beispiel sozial-emotional von den Eltern praktisch unabhängig resp. erwachsen sein, ökonomisch aber noch abhängig, also gewissermaßen ein Jugendlicher sein. Das Umgekehrte ist auch möglich, nämlich ökonomische Unabhängigkeit, Berufstätigkeit als beruflich ausgebildete Person, aber dennoch eine Angewiesenheit auf den täglichen emotionalen Halt im Elternhaus. Als Kennzeichen des Erwachsenenstatus betrachten wir vor allem soziale und ökonomische Unabhängigkeit. Die ökonomische Unabhängigkeit kann auf eigener Arbeit, staatlichen Stipendien, auf einer die Eigenständigkeit ermöglichenden Invalidenrente oder einer ausgehandelten und festen Vereinbarung mit zahlenden Eltern beruhen. Soziale und emotionale Unabhängigkeit ist natürlich immer relativ. Sie ist aber bei durchschnittlichen Erwachsenen doch eindeutig stärker als bei durchschnittlichen Jugendlichen.

Nach diesen Kriterien dauert das Jugendalter (von der Pubertät bis zum Erreichen des so definierten Erwachsenenstatus) in vielen Fällen ein ganzes Jahrzehnt und mehr. Während dieser Zeit finden aber so viele Veränderungen statt, dass es ratsam erscheint, das Jugendalter zu gliedern. Auch dafür sind Vorschläge eingebracht worden, die keine vollständige Übereinstimmung zeigen (Tab. 1–1).

Außer bei Remplein scheint sich die Vertikalgliederung der Schule widerzuspiegeln: Grundschule bis Klasse 6, Sekundarstufe I, Sekundarstufe II resp. Berufslehre, Eintritt ins Studium oder ins Erwerbsleben. Das ist insofern nicht

---

[1] So glaubte beispielsweise Rutter (1991, S. 17) festzustellen, dass der Zeitpunkt, zu dem Jugendliche anfangen, mit gegengeschlechtlichen Freunden auszugehen (sog. dating), in den USA mehr an das chronologische Lebensalter gebunden ist als in Europa, wo die Pubertät einen größeren Einfluss auf diesen Zeitpunkt habe. Das ist plausibel, wenn man an die Rituale der formalen Festlichkeiten und der Graduierungs-Feiern denkt, die an amerikanischen High Schools begangen werden.

Tabelle 1-1: Binnengliederung des Jugendalters[a]

Steinberg (1989, S. 5)	Frühe Adoleszenz		11. – 14. Lj.
	Mittlere Adoleszenz		15. – 18. Lj.
	Späte Adoleszenz (= «youth»)		18. – 21. Lj.
Elliott und Feldman (1990, S. 2)	Frühe Adoleszenz		10. – 14. Lj.
	Mittlere Adoleszenz		15. – 17. Lj.
	Späte Adoleszenz		18. – 25. Lj.
Ewert (1983, S. 13–16)	Adoleszenz 10. – 21. Lj.	Vorpubertät[b]	10. – 12. Lj.
		Pubertät (= Transeszenz[c])	12. – 14. Lj.
		Frühe Adoleszenz	14. – 18. Lj.
		Späte Adoleszenz	18. – 21. Lj.
	Junge Erwachsene		21. – 25. Lj.
Remplein (1963, S. 28)		Jungen	Mädchen
	Jugendalter	12. – 21. Lj.	10 1/2 – 20. Lj.
	Vorpubertät	12. – 14. Lj.	10 1/2 – 13. Lj.
	Pubertät	14. – 16. Lj.	13. – 15 1/2 Lj.
	Jugendkrise	16. – 17. Lj.	15 1/2 – 16 1/2 Lj.
	Adoleszenz	17. – 21. Lj.	16 1/2 – 20. Lj.

a Für weitere und ältere Angaben aus der deutschsprachigen Literatur vergleiche Bergius (1959).
b Ältere deutsche Bezeichnungen für Teilphasen der Adoleszenz sind «Flegeljahre» (bes. für Knaben zwischen 12 und 15 Jahren; Muchow, 1963), «negative Phase» (Vorpubertät bei Mädchen; Hetzer, 1927, S. 92).
c Der Terminus «Transeszenz» wurde ursprünglich von Eichhorn (1966, zit. nach Ewert, 1983, S. 14–15) vorgeschlagen.

oberflächlich, als sich in der Vertikalstruktur der Schule durchaus auch langfristige Erfahrungen über die optimale Altersgruppierung niedergeschlagen haben könnten (vgl. Leontjew, 1959, dt. 1980).

Bemerkenswert ist, dass die Pubertät als Beginn der Adoleszenz in der wissenschaftlichen Psychologie meistens früher angesetzt wird als es die oberflächliche Beobachtung nahe legt, aber auch als es soziologischen Konzeptionen entspricht. So setzt beispielsweise der Soziologe Bernhard Schäfers (1998, S. 22) die «pubertäre Phase» bei den 13- bis 18-Jährigen an.

Schließlich ist zu beachten, dass gewisse «jugendliche» Charakteristika heute für viele so lange gelten, dass sie auch noch das frühe Erwachsenenleben kennzeichnen, zum Beispiel Ausbildung, soziale Mobilität oder vorläufige und begrenzt geplante kinderlose Phase in der Partnerschaft. Gewisse Autoren haben deshalb vorgeschlagen, die Adoleszenz zu entlasten und dafür eine Phase für junge Erwachsene vorzusehen («young adulthood» nach Chamberlain, 1986, und Lanz, 2000; «emerging adulthood» nach Arnett, 2000b).

1.2 Definition durch inhaltliche Beschreibung

Wenn Altersgrenzen wenig geeignet sind für die Definition der Adoleszenz, dann sind inhaltliche Beschreibungen gefragt. Inhaltliche Definitionen sind zwar meistens unbestimmter, aber dafür reichhaltiger. Man könnte den typischen Jugendlichen oder die typische Jugendliche beschreiben. Genau das tut die wissenschaftliche Literatur, und genau das ist auch der weitere Inhalt dieses Buches. Dabei ist allerdings Vorsicht geboten, denn die Population der Jugendlichen ist sehr heterogen.

1.2.1 Alltagsvorstellungen

Im Jahre 1996 befragten wir 47 junge Psychologiestudierende, die sich für einen Kurs über

Adoleszenzpsychologie eingeschrieben hatten, welche charakteristischen Stichworte für sie zur Adoleszenz gehörten. Die häufigsten Stichworte waren Ablösung (26), Identität (24), heterosexuelle Interessen/Freundschaft (20), Eltern/Konflikte (18), Berufswahl (17), Rebellion/Revolution (11), Sexualität (11), Verliebtheit (11), Gleichaltrige (9), Körper/Veränderungen (9), Zukunft (9), freier Ausgang (7), Minderwertigkeitsgefühle (7), Pubertät (7), neue Werte (7), Autonomie (7), Träumen (7).

In einer Befragung von Jugendlichen nach ihrem Verständnis der Jugendphase fand Endepohls (1995), dass sie diese Entwicklungsphase als wenig normiert, wenig krisenhaft und sogar attraktiv empfanden; attraktiv insbesondere deshalb, weil sie ihnen mehr Handlungsfreiheit als die Kindheit lies.

Die Jugendlichen leben immer auch in einer historischen und kulturellen Situation. Lee Robins hat 1992 in einem Vortrag die besonderen Umstände und Probleme, mit denen heutige Jugendliche zurechtkommen müssen, eindrücklich auf den Punkt gebracht. Sie nannte Drogen, Selbstmord und Mord, frühe Sexualität, frühe Elternschaft (USA), Scheidung der Eltern, Wiederverheiratung der Eltern, Stellenmangel für ungelernte Arbeiterinnen und Arbeiter, Stellenmangel für Hochschulabsolventinnen und -absolventen, Aufhebung der traditionellen Frauenrolle als Alternative zu Arbeit und Karriere, sinkende Lebensqualität, Mangel an Ausbildungsplätzen und Numerus clausus.

1.2.2 Definition durch theoriebezogene Kennzeichnung

Es gibt spezielle psychologische Adoleszenztheorien. Wir stellen hier eine klassische Theorie etwas ausführlicher dar, nämlich die von Kurt Lewin. Andere werden uns in diesem Buch später noch ausführlicher beschäftigen. Wir erwähnen sie an dieser Stelle nur kurz:

- Gewisse kognitive Entwicklungstheorien konzentrieren sich zum Beispiel auf die sog. formalen Operationen des geistigen Funktionierens (Kap. 6) und beschreiben die typischen neuen Denkmöglichkeiten Jugendlicher.
- Die Psychoanalyse ortet in der Adoleszenz eine erneute Auseinandersetzung mit der Ödipus-Spannung und versteht Adoleszenz damit als Lebensphase der Findung einer psycho-sexuellen Identität und einer neuen Position gegenüber der Elterngeneration (Kap. 5).
- Entwicklungsaufgabentheorien gehen von spezifischen Aufgaben aus, welche die Gesellschaft, aber auch die körperliche Reifung an die jungen Menschen stellen. Dadurch rücken das Erlernen eines Berufs, das Erlangen größerer Selbständigkeit und der Aufbau einer partnerschaftlichen Beziehung zu einem gegengeschlechtlichen Menschen ins Zentrum (Kap. 3).
- Verschiedene Identitätstheorien erkennen in der Adoleszenz einen Höhepunkt der Auseinandersetzung mit der eigenen Identität (Kap. 7).

Diese Zugänge zu einer Definition der Adoleszenz sind zwar alle nur perspektivisch und darum einseitig, insgesamt aber die aussichtsreichsten, weil sie spezifische Aussagen über die Jugendlichen bieten.[2]

1.2.3 Jugend zwischen Kindheit und Erwachsenenalter

Kurt Lewin (1963) nahm an, dass Menschen sich in voneinander deutlich unterscheidbaren sog. Lebensräumen befinden. Seine Grundthese zur Jugendpsychologie war die, dass Übergänge von einem Lebensraum in den nächsten be-

---

[2] Definitionen sollten ja möglichst homogene logische Klassen von Elementen ergeben (hier: von Individuen und deren Kontext), über die etwas Einheitliches ausgesagt werden kann. Das erreicht man am besten mit einem hermeneutik-ähnlichen Zirkel: Provisorische Abgrenzung (= operationale Definition) → gezielte und freie Beobachtung der Realität → Interpretation der Beobachtungen → provisorische Neudefinition → weitere gezielte und freie Beobachtungen → etc.

stimmte Verhaltenskonsequenzen haben und dass die Adoleszenz eine solche Übergangsphase darstellt. Zunächst ist Adoleszenz ein Wechsel in der Gruppenzugehörigkeit, darum auch «soziale Lokomotion» (Lewin, 1963, S. 173) genannt. Weil Jugendliche fast nicht mehr Kinder, aber auch noch nicht ganz Erwachsene sind, entsteht eine unklare (Zu-)Ordnung. In gewissen Bereichen sollten sie sich wie Kinder verhalten (z. B. eine elterliche Entschuldigung für Absenz in der Schule beibringen), in anderen Bereichen sollten sie Verantwortung wie Erwachsene übernehmen (z. B. im Umgang mit gegengeschlechtlichen Partnern oder mit Geld).

«Der Wechsel von der Kinder- zur Erwachsenengruppe ist ein Übertritt zu einem mehr oder weniger unbekannten Ort» (Lewin, 1963, S. 174).[3] Die neuen Regionen sind «kognitiv (noch) unstrukturiert» (S. 175); es ist nicht eindeutig, zu welchen Zielen die neuartigen Handlungen führen. Daraus resultiert eine große Unsicherheit des Verhaltens, die desto größer ist, «je mehr das Individuum zuvor von der Erwachsenenwelt ferngehalten und über sie im Dunkeln belassen» (S. 175) worden ist.

Die körperlichen Veränderungen, insbesondere die sexuelle Reifung, bringen ebenfalls Veränderungen in den Lebensraum und damit weitere Unsicherheiten sowie ungenügende Kontrolle («sowohl zu aggressivem wie zu hoch empfindlichem Verhalten»; S. 176).

«Eine Periode radikaler Veränderung ist naturgemäß eine Periode größerer Plastizität» (Lewin, 1963, S. 176). Dadurch sind Jugendliche nach Lewin leicht verführbar und je nachdem ebenso leicht in links-extremen wie rechts-extremen Gruppierungen zu finden. Dies gilt für Gruppierungen, die von den Kirchen vehement Abstand nehmen, ebenso wie für die (neu-)religiösen Bewegungen.

Solche Übergänge aktualisieren auch die Zeitdimension. Plötzlich wird Planung längerfristig aktuell, wobei sich die Differenzierung zwischen Realität und Irrealität aufdrängt. Die längerfristige Planung wird aber erschwert durch uneindeutige Orientierungsangebote Erwachsener. Diese raten nämlich zu sehr Widersprüchlichem: Sie «zollen dem Helden Lob, der verwirklichte, was unmöglich schien, und gleichzeitig predigen sie die Moral, ‹mit beiden Beinen auf dem Boden der Tatsachen zu bleiben›» (Lewin, 1963, S. 178). Überdies offeriert die Erwachsenenwelt eine ganze Palette gegenseitig unvereinbarer religiöser, politischer und beruflicher Werte.

Der Übergang von der Kindheit ins Erwachsenenleben vollzieht sich nach Lewin in unserer Kultur relativ langsam; das heißt, dass Jugendliche lange in einem Zwischenstadium verbleiben, sie werden zu «Randpersönlichkeiten». Randpersönlichkeiten sind affektiv, instabil und empfindlich. Überdies tragen sie «eine typische Abneigung gegenüber den weniger privilegierten Angehörigen ihrer eigenen Gruppe zur Schau» (Lewin, 1963, S. 180), beispielsweise gegenüber den noch jüngeren, den «jugendmodisch» Zurückgebliebenen, denen, die nicht ganz mitkommen.

Vermutlich sehen noch heute viele Leute die Jugend auf der Schnittstelle zwischen Kindheit und Erwachsenenalter. Dass sich deswegen die Jugendlichen in unserer Gesellschaft tatsächlich marginal empfinden, kann aber nicht behauptet werden. So ist zum Beispiel Oerter (1985, S. 107) in einer Untersuchung über die Auffassungen der Jugendlichen zu Arbeit und Beruf zum Schluss gekommen, dass «die Marginalposition, in der sich die Jugendlichen befinden sollen, für die meisten der untersuchten berufstätigen Jugendlichen nicht existiert, da sie sich durch ihre Teilhabe am gesellschaftlichen Arbeitsprozess und der damit verbundenen Übernahme von Verantwortung als Mitglieder der Erwachsenengesellschaft fühlen». Wie sehr sich allerdings alle Jugendlichen am gesellschaftlichen Arbeitsprozess beteiligt fühlen, ist dennoch eine offene Frage (z. B. arbeitslose Jugendliche und jene, die noch mit 20 ausschließlich zur Schule gehen).

Die Zusammenfassung, die Lewin selbst gab, zeigt seine Theorie in einer Systematik, die trotz

---

3 Aus dieser Formulierung wird ersichtlich, dass Lewin den Lebenslauf vor allem in Kindheit und Erwachsenenleben eingeteilt sah; die Jugendlichen befinden sich also dazwischen.

ihrer Einfachheit von den meisten Jugendtheorien nicht erreicht wird (Lewin, 1963, S. 181):

a) Die Grundtatsache über die allgemeine Situation des Jugendlichen lässt sich als der Ort einer Person während der Lokomotion von einer Region zu einer anderen darstellen. Das umfasst erstens die Ausweitung des Lebensraums (geographisch, sozial und in der Zeitperspektive) und zweitens die kognitiv unstrukturierte Eigenart der neuen Situation.
b) In einem etwas spezifischeren Sinn hat der Jugendliche einen sozialen Ort «zwischen» dem Erwachsenen und dem Kind, ähnlich der Randpersönlichkeit einer nichtprivilegierten Minoritätsgruppe.
c) Bei der Adoleszenz sind noch spezifischere Bedingungen wie die neuen Erfahrungen mit dem eigenen Körper, beteiligt. Sie lassen sich darstellen als die verwirrende Wandlung einer zentralen Region des bestehenden Lebensraums.

Begrifflich lässt sich aus dieser Darstellung Folgendes ableiten:

I. Scheu, Empfindlichkeit und Aggressivität des Jugendlichen infolge der Unklarheit und Instabilität des Grundes (folgen aus a, b und c).
II. Ein mehr oder weniger anhaltender Konflikt zwischen den verschiedenen Haltungen, Werten, Ideologien und Lebensstilen (folgt aus b).
III. Affektive Gespanntheit, die aus diesen Konflikten hervorgeht (folgt aus a, b und c).
IV. Die Bereitschaft, extremen Haltungen und Handlungen zu folgen und einen radikalen Positionswechsel zu vollziehen (folgt aus a, b und c).
V. Das «Jugendlichen-Verhalten» sollte nur dann in Erscheinung treten, wenn die Struktur und Dynamik des Feldes so sind, wie sie in a, b und c dargestellt wurden. Das Ausmaß und der besondere Typus des Verhaltens sollten vom Grad der Verwirklichung dieser Struktur und von der Stärke der in Konflikt stehenden Kräfte abhängen. Wichtig ist vor allen Dingen die Größe des Unterschieds und der Trennung zwischen Erwachsenen und Kindern, die für eine bestimmte Kultur charakteristisch sind; und ferner das Ausmaß, in dem sich der betreffende Jugendliche selbst in der Stellung der Randpersönlichkeit vorfindet. Nach der Feldtheorie hängt das augenblickliche Verhalten von allen Teilen des Feldes ab. Es geht daraus hervor, dass der Grad der Instabilität eines Jugendlichen auch weitgehend von Bedingungen wie der allgemeinen Stabilität beziehungsweise Instabilität des betreffenden Individuums beeinflusst wird.

1.3 Definition durch gesellschaftliche Organisation

Das Zitat zur EC-Karte in Kapitel 1.1, aber auch die Ausführungen zum Strafrecht haben gezeigt, dass die Definition von Adoleszenz auch von öffentlichem Interesse ist. Die Gesellschaft hat Erwartungen an die Jugendlichen, etwa dass sie einen Beruf lernen oder dass sie konsumieren. Vor allem Kulturvergleiche und historische Studien legen nahe, die Definition oder die Auffassung von Adoleszenz in Abhängigkeit von gesellschaftlichen Strukturen zu sehen. Wir wollen im Kapitel 2 ausführlich auf diese Zusammenhänge eingehen.

1.4 Zur Konstruktion der Adoleszenz in der Geschichte

Vermutlich wurde zur Beschreibung von Jugendlichen zu allen Zeiten besonders das wahrgenommen, was sie von den Erwachsenen unterscheidet. Die Beschreibungen beziehen sich manchmal auf Störungen, welche die jugendlichen Lebensweisen in den Rhythmus des Erwachsenenlebens bringen, manchmal auf mehr oder weniger verdeckten Neid über ihre Vitalität und Lebensfreude, meistens aber auf die Erwartungen an die Jugend als der Generation, die sich bereitmacht, Verantwortung für die gesamte Gesellschaft zu übernehmen.

Von gewissen Kulturen sind Initiationsriten bekannt, durch die die Kinder (bereits pubertierend oder noch nicht), manchmal schon im Alter von 10 oder 12 Jahren, innert Wochen zu Erwachsenen gemacht werden, indem sie deren Rechte und Pflichten übernehmen müssen (Eisenstadt, 1956, dt. 1966; Knepler, 1969; van Gennep, 1909, dt. 1986). Diese Riten vermitteln Erwachsenenwissen und verlangen Mut und

Schmerztoleranz, gestatten aber innert kurzer Zeit den Zugang zur Erwachsenenverantwortung. Anstelle von Fähigkeiten, die über eine längere Lernzeit hinweg zu erwerben sind (sog. F-Kompetenzen; z. B. abgeschlossene Berufsausbildung), werden Berechtigungen zugesprochen (sog. B-Kompetenzen; z. B. Heirat, Stimmfähigkeit, Vertragsfähigkeit; vgl. Flammer, 1991, S. 89). Eine Studie von Bjornsen (1998) zeigte an jungen amerikanischen Erwachsenen, dass viele sehr eindeutige Ereignisse erinnern, durch die sie sich erwachsen oder deutlich «erwachsener» fühlten, beispielsweise Eintritt ins College, Kauf eines eigenen Autos, Aussagen der Eltern, dass sie nun erwachsen seien/werden (z. B. vor wichtigen Entscheidungen, bei der Übernahme wesentlicher finanzieller Eigenverantwortung).

Aus der europäischen Geschichte sind bereits vom griechischen Philosophen Platon (427–347) spezifische Vorschläge für die Erziehung der Jugendlichen überliefert. Während Kinder mit Gymnastik (für den Körper) und Musik (für die Seele) zu erziehen seien, schlug er für die Jugendlichen Mathematik und wissenschaftliche Studien vor, damit sie ihre Kritikfähigkeit üben könnten. Im Übrigen sollten Kinder und Jugendliche vom 6. Lebensjahr an in getrennten Geschlechtergruppen erzogen werden und bis zum 18. Lebensjahr keinen Wein kriegen: «Feuer sollte nicht auf Feuer geschüttet werden» (Platon, zit. nach Muuss, 1996, S. 3, Übers. A. F.).

Der Platon-Schüler Aristoteles (384–322) unterschied für junge Menschen drei Entwicklungsphasen von je sieben Jahren. In der dritten Phase, der Adoleszenz, sollten das Wählen und der Umgang mit Freiheit gelernt werden. Ähnlich wie das spätere humanistische Gymnasium empfahl schon Aristoteles für Adoleszente vor allem formale Unterrichtsgegenstände, nämlich Mathematik, Musiktheorie und Geometrie; diese würden nicht nur das abstrakte Denken schulen, sondern hätten auch den Vorteil, dass sie weniger Lebenserfahrung verlangten als etwa die Philosophie oder die Physik.

Nach Aristoteles haben junge Männer[4] starke Leidenschaften, die sie uneinsichtig zu befriedigen suchen («sie sind wechselhaft und unbeständig bei ihren Begierden, die zwar sehr stürmisch sind, aber auch schnell vergehen»; Aristoteles: Rhetorik, zit. nach Muuss, 1988, S. 8, Übers. A. F.). Sie haben aber auch ein empfindliches Selbstwert- und Gerechtigkeitsgefühl sowie aufgrund ihrer eigenen Unschuld eine Blindheit gegenüber der Bosheit der Mitmenschen («sie ertragen ... es nicht, geringschätzig angesehen zu werden, und sie werden unwillig, wenn sie das Gefühl haben, ungerecht behandelt zu werden» (Aristoteles: Rhetorik, zit. nach Muuss, 1988, S. 8, Übers. A. F.). – Das tönt sehr modern und ist gut beobachtet; einzig der Hinweis darauf, «dass die Begierden schnell vergehen» vermittelt den Eindruck des Herunterspielens jugendlicher Anliegen.

> Die Jugendlichen sind ihrem Charakter nach zu Begierde disponiert ... Und sie sind so disponiert, dass sie von den leiblichen Begierden am ehesten der Geschlechtslust anhängen und darin unbeherrscht sind ... Aber hinsichtlich ihrer Begierden sind sie leicht wandelbar ... Aufgrund ihres Ehrgeizes können sie es nicht ertragen, gering geachtet zu werden, sondern sie geraten in Empörung, wenn sie sich ungerecht behandelt glauben ... Ferner sind sie nicht schlecht gesinnt, sondern gutmütig, weil sie noch nicht viel Schlechtigkeit gesehen haben. Auch sind sie leichtgläubig, weil sie noch nicht häufig getäuscht worden sind ... Ferner lieben sie mehr als die anderen Lebensalter ihre Freunde und Genossen ... Alle ihre Fehler aber liegen ... im Bereich des Übermaßes und der übertriebenen Heftigkeit ... Auch sind sie zum Mitleid disponiert, weil sie alle für besser und rechtschaffener halten, als sie es wirklich sind; denn sie messen ihre Mitmenschen nach der eigenen Unschuld. Daher nehmen sie an, dass sie unverdientermaßen leiden. (Aristoteles: Rhetorik, zit. nach Schäfers, 1998, S. 46–47)

Wer den Ton in diesem Aristoteles-Zitat etwas herablassend findet, mag ihn vergleichen mit einem Zitat moderner Jugend-Wissenschaftler:

> Teenagers are maddeningly self-centered, yet capable of impressive feats of altruism. Their attention wanders like a butterfly, yet they can spend hours concentrating on seemingly pointless involvements. They are often lazy and rude, yet, when you

---

4 Wenn Aristoteles die Geschlechter differenzierte, stand meistens das männliche im Vordergrund.

least expect it, they can be loving and helpful. – This unpredictability, this shifting from black to white and from hot to cold is what adolescence is all about … Without this period of trials and errors, the adult would grow up to be just a larger copy of the child it had been earlier. (Csikszentmihalyi & Larson, 1984)

Eine Zeit lang glaubten die Historiker, dass es bis zum Ende des Mittelalters kein eigentliches Konzept von Kindheit und Adoleszenz gab, sondern dass Kinder und Jugendliche einfach als noch nicht ganz fertige Erwachsene angesehen wurden (Ariès, 1960, dt. 1992). Das trifft vermutlich nicht zu; DeMause (1977) kam in seinen historischen Studien zum Schluss, dass sich die Eltern-Kind-Beziehung im Verlauf der Geschichte verbesserte. Pollock (1983) schloss aus ihren Quellen, dass Kinder zu allen Zeiten als solche erkannt und mehr oder weniger geliebt, gepflegt und gefördert wurden.

Dennoch scheint man sich im Mittelalter wenig um die Entwicklung des Individuums gekümmert zu haben (Ariès, 1960, dt. 1992). Muuss (1988, S. 9–10) vermutet als Grund dafür die dominierende Auffassung der Erschaffung des Menschen in seiner Ganzheit (der dann nur noch quantitativ zu wachsen habe). Wir denken, dass das auch mit der damaligen Auffassung über den Weltlauf zu tun hat. Bis zur Renaissance wurde Geschichte eigentlich nie als ein fortschreitendes Werden und Verändern gedacht, sondern als ein Fluktuieren oder dann im Mittelalter als Abfolge Schöpfung–Sündenfall–Erlösung–Warten–Heimholung (Bloch, 1977, zit. nach Valentin, 1991, S. 16). In einer solchen Auffassung ist beispielsweise auch kein Platz für das Verständnis von Generationen als Erneuerungs- und Entwicklungsmotoren der Gesellschaft (Kap. 2).

Hornstein (1966) und Mühlmann (1975, S. 80; beide zit. nach Ewert, 1983, S. 11) vertraten die Meinung, dass das Aufblühen der europäischen Städte seit dem zwölften Jahrhundert als Konsequenz die stärkere Ausgrenzung des Jugendalters brachte. Die komplexeren Wirtschaftsformen der Städte, die Verwaltung von Handelsunternehmungen und die Wahrung und Mehrung des Familienbesitzes verlangten Kenntnisse und Erfahrungen, die über Jahre hinweg gezielt zu erwerben waren. Man muss wohl annehmen, dass die dadurch ausgegrenzte Jugendzeit nicht für alle in gleichem Maße galt, sondern dass es sozio-ökonomische Differenzen gab (Gillis, 1974, dt. 1980). Solche Unterschiede gibt es noch heute; vgl. den Begriff der «verkürzten Pubertät», den Lazarsfeld (1931b, zit. nach Ewert, 1983, S. 11) für jugendliche Arbeiter verwendete (vgl. auch Gillis, 1974, dt. 1980).

Später wurde die Entwicklung des Individuums oft als Stufenfolge verstanden. So vertrat auch Comenius (1657, dt. 1954, S. 88) eine Entwicklungstheorie mit vier Stufen. Diese entsprachen temperamentsmäßig und bezüglich ihrer Lern- und Leistungsfähigkeiten den Jahreszeiten: Knabenalter = Frühling, Jugend = Sommer, Mannesalter = Herbst, Greisenalter = Winter. Während Comenius den «Knaben» zuerst die Mutterschule auf den Knien der Mutter (sensu-motorisches Lernen im Zentrum) und dann die Muttersprachenschule (Muttersprache, soziale Gewohnheiten, Religion und Gedächtnis im Zentrum) empfahl, sollten nach ihm in der Jugend die Verstandeskräfte geschult werden, und zwar anhand der Fächer Latein, Grammatik, Naturphilosophie, Mathematik, Ethik, Dialektik und Rhetorik. Erst der Universitätsausbildung waren das Reisen und die Willensbildung zugedacht.

Gillis (1974, dt. 1980, S. 31) kam in seiner historischen Jugendstudie zum Schluss, dass im vorindustriellen Europa (bis zur Mitte des 18. Jahrhunderts; keine allgemeine Volksschule) Jugend eine lang gestreckte Lebensphase der Teilabhängigkeit war. Bereits mit etwa zehn Jahren wurden die meisten Kinder in fremde Familien gegeben (während man manchmal auch Kinder anderer Familien aufnahm). Dort hatten sie zu arbeiten resp. gleichzeitig das Arbeiten zu lernen. Mit ungefähr 14 Jahren wurden sie oft formell Lehrlinge oder Studierende, aber sie blieben abhängig und wurden als Knaben, garçons, boys, Jungfrauen, filles und girls behandelt, bis sie verheiratet waren (wenn es überhaupt so weit kam). Selbst die Kinder der Reichen und Mächtigen blieben in ausgeprägt abhängigen Stellungen. Beispielsweise waren

Studenten in Oxford bis in die Mitte des 18. Jahrhunderts körperlichen Züchtigungen ausgesetzt.

So hatten die Jugendlichen (wie wir sie heute nennen) oft nicht mehr die Schonungsrechte der Kinder, aber auch noch nicht die Privilegien der Erwachsenen. Etwas anders war das allerdings bei Königskindern, wie Gillis (1974, dt. 1980, S. 24) unter Berufung auf Hunt (1970, S. 180) schrieb:

> Der spätere französische König Ludwig XIII wurde schon an seinem fünften Geburtstag mit dem Gewand eines Erwachsenen bekleidet, und man sagte ihm: «Monsieur, nun wurde die Knabenkappe von Euch genommen, Ihr seid jetzt kein Kind mehr; jetzt fangt an, ein Mann zu werden.»

Rousseau (1762, dt. 1975) sah die Entwicklung in fünf ungleich großen Abschnitten ablaufen, die je durch zentrale Lernaufgaben gekennzeichnet waren: (1) Umgang mit Lust und Unbehagen sowie Sensumotorik, (2) Spiel, Sport, Gedächtnis, (3) Verstand und Urteil, (4) Gefühl und Sittlichkeit, (5) Wille. Uns interessieren hier der dritte und der vierte Lebensabschnitt. Der dritte war vom 12. bis zum 15. Lebensjahr angesetzt; in diesem Alter sollten Schüler Robinson Crusoe lesen und sich mit Natur, Astronomie und Kunst beschäftigen. Im vierten Abschnitt (15. bis 20. Lebensjahr) erlebt der Mensch nach Rousseau eine zweite Geburt, indem er vom bloßen Menschen zum «Geschlechtswesen» wird.

Die Einführung der allgemeinen Schulpflicht und die zunehmende staatliche Regelung der Berufsausbildung im 19. Jahrhundert schob immer deutlicher eine Jugendphase (Berufsausbildung) zwischen die Kindheit (endend mit der obligatorischen Schulpflicht) und den Erwachsenenstatus (Heirat).

Dabei haben sich auch die Bezeichnungen gewandelt. Man bezeichnete die Noch-nicht-Erwachsenen häufig (und gelegentlich bis heute) als Minderjährige (franz. les mineurs). In der Literatur zwischen 1770 und 1920 war fast nur von Jünglingen die Rede, und erst seit dem späten 19. Jahrhundert spricht man von Jugendlichen (vgl. Roth, 1983). Der Wechsel der Termini ging selbstverständlich mit einer Veränderung des Begriffs einher. Jünglinge wurden beschrieben, wie sie sein sollten; gemeint waren in jedem Fall nur die wenigen des gebildeten Bürgertums und natürlich nur die männlichen. Als Jugendliche wurden zwischen 1888 und 1911 im Deutschen Kaiserreich jene bezeichnet, die straffällig geworden waren, nicht ordentlich arbeiteten oder sonst wie untauglich und unbrauchbar waren. Ab 1911 aber unternahm das Kaiserreich große Anstrengungen in der sog. Jugendpflege und unterstützte alle Vereine und (Fort)-Bildungsinstitutionen, welche die «neuen Jugendlichen» zu verlässlichen Bürgern und Soldaten heranbilden sollten im Kampf gegen die bedrohliche Sozialdemokratie. Das war die Erfindung des positiven Konzepts. Jugendliche, wie es Roth (1983) anschaulich und ausführlich belegt.

Die konkreten Erscheinungsformen von Jugend sind zwar immer auch im gesellschaftlichen Kontext zu verstehen, aber die Jugendlichen selbst bleiben dabei nicht passiv. Darum werden sie den Erwachsenen gelegentlich auch unbequem. Eine typische Bewegung der eigenen jugendlichen Lebensgestaltung war die sog. Wandervogel-Bewegung in Deutschland um die Wende zum 20. Jahrhundert. Die Jugendlichen definierten sich selbst als eigenständig und selbstverantwortlich und zogen «aus grauer Städte Mauern» über Land (Giesecke, 1981; Oelkers, 1991).

Stanley Hall hat 1904 die erste wissenschaftlich-psychologische Monographie zur Adoleszenz geschrieben (Hall, 1904; White, 1992). Unter dem Einfluss von Darwin und Haeckel formulierte er die sog. psychogenetische Rekapitulationstheorie, wonach die individuelle psychische Entwicklung (Ontogenese) die Entstehung der Art (Phylogenese) wiederholt. Nach Hall verläuft die Entwicklung in vier Phasen: Die frühe Kindheit (erste vier Jahre) wiederholt die tierische Entwicklung; im Vordergrund stehen Sensorik und Motorik. Die Kindheit (4. bis 8. Lebensjahr) entspricht der Zeit der Jäger und Sammler, die «Voradoleszenz» (8. bis 12. Lebensjahr) dem «Leben der Wilden vor mehreren Tausend Jahren» (Übung und Drill im Vordergrund). Die Adoleszenz (13. bis 22./25. Lebensjahr) entspricht der «Sturm-und-Drang-Periode», welche die deutsche Literatur gegen Ende des 18. Jahrhunderts zum Ausdruck brachte. Nach Hall stehen da Idealismus, Leidenschaft, starke Gefühlsäußerungen, Leiden, rasche Stimmungswechsel, Opferbereitschaft, Verführbarkeit, Neugierde etc. im Vordergrund (Muuss, 1996, S. 17).

Noch im 19. Jahrhundert setzte man sich auf unseren Breitengraden in Europa mit der Kinderarbeit resp. ihrem Verbot auseinander; da gab es wenig Zeit für Jugend oder aber eine andere Jugend. Und die gut gemeinten Vorschläge waren bedenklich geschlechtsspezifisch:

> Gebt den Jungen eine gute Ausbildung und einen Start ins Leben und versorgt die Mädchen mit jährlich einhundertfünfzig Pfund Stirling, wenn sie heiraten oder wenn Ihr selbst sterbt, und Ihr habt Eure Pflicht an Euren Kindern erfüllt. Bei solch einem Einkommen werden die Mädchen weder verhungern noch einem Heiratsschwindler auf den Leim gehen. (J. E. Panton, 1889, zit. nach Gillis, 1974, dt. 1980, S. 109)

Auf nichteuropäischen Kontinenten ist anstrengende und vollzeitige Kinderarbeit noch heute geläufig. Entwicklungshelferinnen und -helfer klagen nicht nur über gesundheitliche Schäden und psychische und soziale Ausnutzung, sondern auch über massiv reduzierte Bildungschancen, besonders bei Mädchen.

Seit mehr als 100 Jahren lässt sich beobachten, dass die (biologische) Pubertät bei immer tieferem Lebensalter einsetzt (vgl. Kap. 4). Aber die Jugendzeit wird nicht desto rascher abgeschlossen. Diese Verlängerung hat mit den Anforderungen zu tun, welche die Gesellschaft an ihre erwachsenen Mitglieder stellt (Berufsausbildung als typischer Ausdruck dafür), aber auch mit den kollektiv entwickelten Vorstellungen der Gesellschaft über das Jugendalter; Jugend ist eine gesellschaftliche Konstruktion (Youniss, 1983).

Die Ideenentwicklung der europäischen Geschichte führt uns zu einer möglichen funktionalen Definition von Adoleszenz als Lebenszeit der spezifischen Vorbereitung auf die Aufgaben des Erwachsenenlebens. Diese Definition ist zwar auf die Definition von Erwachsenen bezogen, sagt aber doch mehr aus als die Definition Lewins (1963), der die Idee der Durchgangs- oder Zwischenstufe zwischen Kindheit und Erwachsenenalter ins Zentrum stellte. Die funktionale Definition der Adoleszenz als Lernzeit gibt dieser Lebensphase eine Aufgabe, sozusagen einen Inhalt. Aus diesem Verständnis der Adoleszenz als Vorbereitung auf das Erwachsenenleben in der europäischen und amerikanischen Moderne ergeben sich eine ganze Reihe von neuen Attributen, wie die Tabelle 1–2 zeigt.

Chisholm und Hurrelmann haben 1995 aus verschiedenen Datenquellen die historischen Lebenslaufveränderungen von Kindern und Jugendlichen im Lauf der letzten hundert Jahre zusammengestellt (Figur 1–3). Offensichtlich werden heute gewisse Statusmarkierungen früher erreicht als 1890 (z. B. Schuleintritt, Partizipation an der Jugendkultur, Eingehen von Heirat oder fester Partnerschaft), andere hingegen später (Abschluss der obligatorischen Schulzeit und Eintritt ins Erwerbsleben).

1.5 Jugend als Reichtum, Jugend als Belastung

In den sog. entwickelten Ländern liegt die Reproduktionsrate tiefer, als was zur nummerischen Erhaltung der Bevölkerung nötig wäre. Diese Sorge führt auch viele Menschen in weniger entwickelten Ländern zum Widerstand gegen die Geburtenregelung.

Bezogen auf die gesamte Menschheit – wenn man so rechnen könnte – bräuchten wir alle keine Angst zu haben, sind doch aktuell etwa zwei Drittel der Weltbevölkerung weniger als 30 Jahre alt (Braungart & Braungart, 1989). Die Proportionen sind aber von Land zu Land sehr unterschiedlich, wie die Figuren 1–4 und 1–5 für die beiden ersten Altersdekaden demonstrieren.

In einigen Ländern macht die erste Altersdekade ein Viertel der Population aus. Dabei ist bedenklich, wenn auch nicht überraschend, dass der Jugendindex durchaus mit anderen entwicklungsbelastenden Faktoren korreliert ist, beispielsweise mit geringem Bruttosozialprodukt (r = –.50), mit einem tiefen Demokratisierungsindex (errechnet aus Parteiwett-

Tabelle 1–2: Die Lebensphase Adoleszenz in der Vormoderne und Moderne (aus Fend, 1997, S. 43–46, adaptiert)

	Vormoderne	Moderne
Dauer der Lebensphase Jugend	kurz Biologischer Eintritt der Jugendphase zwischen 15 und 18 Eintritt ins Arbeitsleben kontinuierlich aus der Kindheit heraus	lang Biologischer Beginn zwischen 11 und 14 Eintritt ins Arbeitsleben mit 17 bis 30, je nach Ausbildungsgang
Sozialisationskontexte	Altersgemischte Gruppen Enger Kontakt zwischen den Generationen Erfahrung der überlebensnotwendigen körperlichen Arbeit	Lern- und Leistungserfahrungen in schulischen Institutionen Mehrere getrennte Mitgliedschaften in verschiedenen Bezugsgruppen Gleichaltrigengruppe als soziales Lernfeld Medien als Übermittlungsinstanzen eines warenartigen Angebotes von Leitbildern
Erziehungsziele	Fleiß, Bescheidenheit, Bedürfnislosigkeit, Sparsamkeit, Zufriedenheit, Charakterstärke Übereinstimmung mit den Ansichten und Haltungen der Eltern, Einordnung in die vorgegebene soziale und weltanschauliche Ordnung Moralische Unterscheidungsfähigkeit zwischen Gut und Böse	Kompetenzen, Leistungsfähigkeit, Flexibilität Eigenständige Meinung, Fähigkeit zur Eigeninitiative und selbstverantwortlichen Lebensgestaltung Autonomes Gewissen Ethische Reflexionsfähigkeit
Erziehungsmittel und Erziehungsformen	Erziehung durch die Dorf- und Lebensgemeinschaften Erziehung durch vorgelebtes Leben Erziehung durch klare Sanktionsverhältnisse	Methodisch-systematische Ausbildung, geplante Erfahrungen und Lebensräume Erziehung durch Belehrung und Überzeugungsarbeit Erziehung durch Beziehungsaufbau und durch Aushandlung und Austausch von Emotionen
Umgebende soziale Kontrolle	Klare Autoritätsverhältnisse Familie als Überlebenseinheit Kirche als Vermittlungsinstanz von Sinnorientierungen	Kontrolle durch den Markt, Kontrolle durch die Vorgabe von Bedingungen für erwünschte Güter und Belohnungen (Ausbildungsvorleistungen, Geld)
Leitbilder gelungenen und misslungenen Lebens	Gottesfürchtiges Leben, jenseitige Perspektive Entbehrungsreiches, aber aufrechtes Leben	Erfüllte Biographie im Sinne des «schönen und erfolgreichen Lebens» Erfolg und Karriere

bewerb und Wahlbeteiligung; $r = -.42$), mit geringer physischer Lebensqualität (gebildet aus Kindersterblichkeit, Lebenserwartung und Alphabetisierung; $r = -.54$), mit tiefen öffentlichen Ausgaben für das Erziehungswesen ($r = -.41$), mit geringem Anteil der Bevölkerung, die eine Schule der Sekundarstufe besucht ($r = -.59$), und auch mit einem tiefen Urbanisierungsindex ($r = -.50$) (Braungart & Braungart, 1989, S. 116–119).

1. Wer sind die Jugendlichen? **31**

Figur 1–3: Durchschnittliche Statusmarkierungen im historischen Vergleich (nach Chisholm & Hurrelmann, 1995, S. 134)

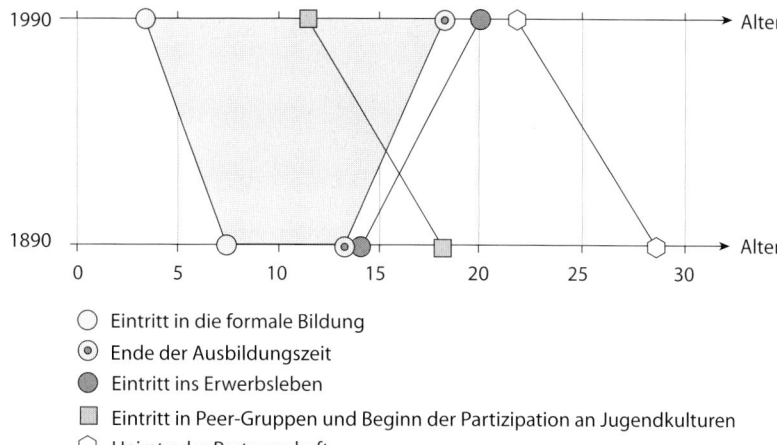

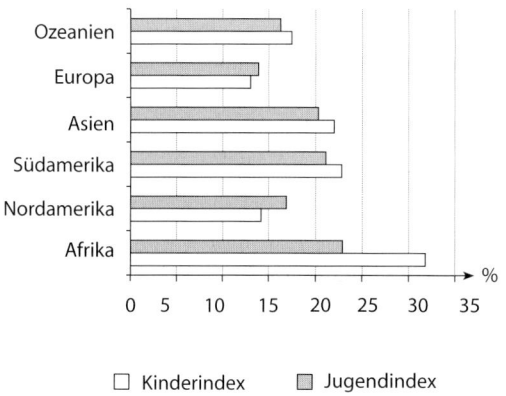

Figur 1–4: Kinder- und Jugendindex in den Kontinenten. Prozentualer Anteil Kinder (0- bis 9-jährig) und Jugendliche (10- bis 19-jährig) an der Gesamtbevölkerung (nach Zahlen aus United Nations, 1996)

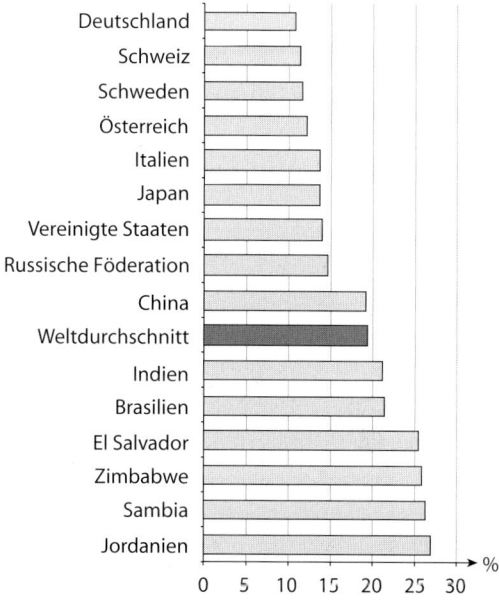

Figur 1–5: Jugendindex. Prozentualer Anteil Jugendliche (10- bis 19-jährig) an der Gesamtbevölkerung in ausgewählten Ländern (nach Zahlen aus United Nations, 1996)

Die Gesamtbevölkerung der meisten europäischen Staaten hat sich in diesem Jahrhundert beinahe verdoppelt. Die Altersverteilung hat sich aber grundlegend verändert (für die Schweiz s. Figur 1–6; die deutschen und die österreichischen Proportionen liegen – unter Absehung der Kriegsverluste – in der gleichen Größenordnung). Der Anteil der Kinder und Jugendlichen ist drastisch gesunken. Der Anteil der älteren Leute hat stetig zugenommen, einerseits aufgrund der kleineren Sterblichkeit, andererseits aufgrund der geringen Reproduktionsraten (Neury, 1985). Das bringt enorme Probleme für die Rentenversorgung, aber auch für die Krankenkassen, da die alten Leute den größten Anteil an Langzeitpatienten stellen. Bei aller Belastung der Volkswirtschaften ist aber der Rückgang der Reproduktionsraten für den Erhalt der natürlichen Ressourcen unseres Globus auch ein Vorteil, weil er das Wachstum der Gesamtbevöl-

1. Wer sind die Jugendlichen? **33**

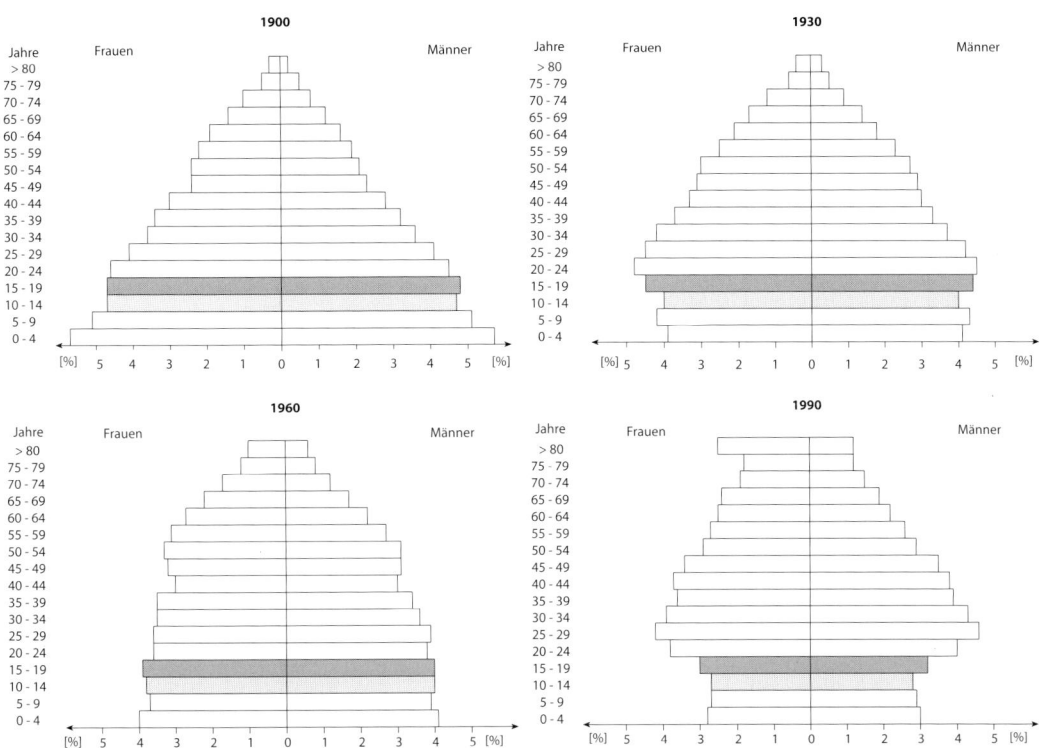

Figur 1-6: Aufbau der schweizerischen Bevölkerungspyramide 1900, 1930, 1960, 1990 (Daten vom schweizerischen Bundesamt für Statistik zur Verfügung gestellt.)

kerung unseres Globus aufhält. In den weniger entwickelten Ländern gibt es unter anderem Widerstände gegen die Geburtenregelung, weil die Eltern fürchten, dass ihre (materielle und soziale) Altersversorgung durch ihre Kinder nicht mehr gesichert werden könne.

Die Lebenserwartung in den westlichen Ländern stieg von 1881 bis 1990 kontinuierlich an. Die Figur 1-7 zeigt die Lebenserwartungen der letzten hundert Jahre für neugeborene, einjährige und zwanzigjährige Schweizerinnen und Schweizer. Sie ist nicht nur insgesamt stark angewachsen, sondern hat auch eine strukturelle Änderung erfahren. Am Ende des 19. Jahrhunderts lag die durchschnittliche Lebenserwartung der Einjährigen infolge hoher Säuglingssterblichkeit wesentlich höher als jene der Neugeborenen. Zum Ende des 20. Jahrhunderts ist die Säuglingssterblichkeit statistisch vernachlässigbar.

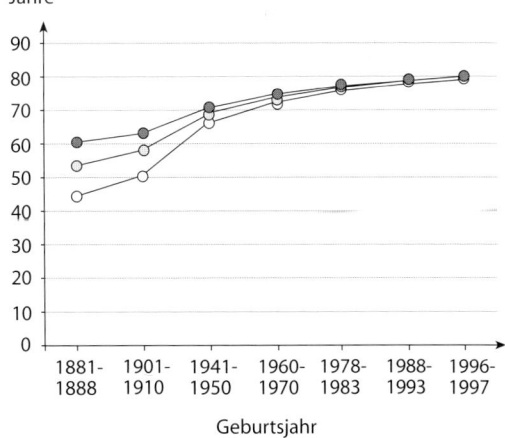

Figur 1-7: Gesamtlebenserwartungen 1881 bis 1997 für Neugeborene und für Menschen, die das erste resp. zwanzigste Lebensjahr überlebt hatten; Durchschnitt für männliche und weibliche Bevölkerung (nach Zahlen des Bundesamtes für Statistik, 1981, 1991, 1998)

1.6 Integration und begriffliche Festlegungen

Definitionen sind nicht Selbstzweck. Sie sind dazu da, gebraucht zu werden, zum Beispiel für die treffende Beschreibung der von der Definition erfassten Phänomene oder für die Erklärung gewisser Zusammenhänge oder für die Zuweisung von bestimmten Funktionen. Definitionen erfüllen also Interessen.

Wer von Adoleszenz redet, kann das aus vielen Perspektiven und verschiedenen Interessen tun. Strafrichter interessieren sich für die Zurechnungsfähigkeit und Resozialisierungschancen, welche sie für Jugendliche anders als für Erwachsene und anders als für Kinder ansetzen. Lehrpersonen und Bildungspolitiker interessieren sich u. a. für Lernkapazitäten und Fähigkeiten zur selbstverantwortlichen Wahl von Ausbildungswegen und Fächern; Sozialpolitiker interessieren sich u. a. für Gefährdung und Schutzwürdigkeit, aber auch für die sozialen Kosten und die sozialen Leistungen. Je nach Interesse wird die Definition breiter oder schmaler, höher oder tiefer oder aber nur quantitativ ausfallen (Beispiel Jugendindex). Auf jeden Fall ist von der Wissenschaft nicht zu erwarten, dass sie eine einzige und für alle und immer verbindliche Definition herausarbeitet.

Für die Ausführungen in diesem Buch treffen wir folgende begriffliche und terminologische Festlegungen:

- Die generelle Entwicklungsstufe nennen wir *Adoleszenz*. Den synonymen Terminus des Jugendalters verwenden wir selten, weil wir die Vorstellung vermeiden möchten, Entwicklung und Entwicklungsstufen seien durch das Lebensalter bestimmt. Die Menschen dieser Entwicklungsstufe bezeichnen wir als *Jugendliche*, seltener synonym als Adoleszente. Der Ausdruck *Jugend* kommt nur zum Einsatz, wenn aus gesellschaftlicher Sicht ein Gegensatz zu Alter oder zu Erwachsensein hergestellt werden soll, etwa in dem Sinn, dass sich die Gesellschaft in Auseinandersetzungen mit der jungen oder nachrückenden Generation verändert oder regeneriert. Jugend meint «Nachkommenschaft» (jeglichen Alters), oft aber auch ein Lebensgefühl, das durch Zukunftsorientierung und Vitalität gekennzeichnet ist.
- Die Adoleszenz beginnt (individuell unterschiedlich) mit dem Einsetzen der Pubertät (= biologisch-geschlechtliche Reifung) und endet (ebenfalls individuell unterschiedlich) mit dem Erreichen einer relativ autonomen Lebenssituation, wie wir sie für Erwachsene hierzulande als typisch oder normal annehmen. «Die Adoleszenz beginnt in der Biologie und endet in der Kultur» (Herbert, 1987, dt. 1989, S. 15). Solche Abschlusskriterien werden in verschiedenen Kulturen und zu verschiedenen historischen Zeiten unterschiedlich konkretisiert und führen darum immer wieder zu anderen durchschnittlichen Dauern der Adoleszenz (Eisenstadt, 1956, dt. 1966). Zum Erwachsensein gehören insbesondere eine gewisse emotional-soziale Unabhängigkeit von Eltern und Autoritätspersonen und eine (immer wieder neu zu definierende) ökonomische Selbständigkeit. Kriterien, die nicht nach dem Alles-oder-Nichts-Prinzip, sondern graduell erreicht werden (Jugendliche werden teilerwachsen).
- Feinere Unterscheidungen innerhalb der Adoleszenzstufe kennzeichnen wir mit den Ausdrücken frühe, mittlere und späte Adoleszenz. Die *frühe Adoleszenz* (ca. 10 bis 13) ist gekennzeichnet durch die Pubertät. Die *mittlere Adoleszenz* (ca. 14 bis 16) ist am deutlichsten gekennzeichnet durch das geläufige adoleszente Erscheinungsbild (jugendlicher Lebensstil, Kleider, Frisur). Die *späte Adoleszenz* (ca. 17 bis 20) zeigt Übergangsphänomene zum Erwachsenenstatus (Berufsorientierung, erste Freundschaften mit Perspektiven auf Lebenspartnerschaft, erste Übernahme von ökonomischer Verantwortung).
- Altersangaben verwenden wir nur für die operationalisierte Kennzeichnung einer Untersuchungsstichprobe, gelegentlich als vereinfachte Charakterisierung der zur Sprache stehenden Subgruppe. Die Altersbindungen der Entwicklung sind von Individuum zu Individuum verschieden und unterscheiden

sich vor allem auch je nach Berufsausbildungsweg und Geschlecht.

1.7 Ausblick

Manche Leserinnen und Leser, die sich für Entwicklungspsychologie der Adoleszenz interessieren, mögen es als zu akademisch empfunden haben, zuerst mit einem ganzen Kapitel über die Definition der Adoleszenz konfrontiert zu werden. Wir hoffen, dass im Lauf der Lektüre verständlich geworden ist, dass verschiedene Definitionen gerechtfertigt werden können, dass man aber in der Kommunikation wissen muss, welche jeweils gemeint ist.

2. Die gesellschaftliche Konstruktion der Jugend

Die Diskussion über die Definition von Jugend hat gezeigt, dass die Abgrenzung der Adoleszenzphase im menschlichen Leben einigermaßen willkürlich ist und oft präjudiziert, was man darüber erst herausfinden möchte.

2.1 Jugend als Funktion von Gesellschaft

Das Unterkapitel 1.4 zur Geschichte lies sichtbar werden, dass das Verständnis der Adoleszenz mit dem Verständnis der Gesellschaft und des Lebens überhaupt zusammenhängt. Eine technologische Gesellschaft, die an ihre Mitglieder hohe Lernansprüche stellt, muss für dieses Lernen mehr Zeit zur Verfügung stellen als eine einfache Agrargesellschaft. Wenn die technologische Gesellschaft glaubt, solches Lernen sei vorwiegend vor der Übernahme größerer gesellschaftlicher Verantwortung zu leisten, muss sie eine entsprechende Jugendzeit vorsehen; wenn sie andererseits glaubt, dieses Lernen müsse permanent stattfinden, weil die Technologie auch permanent erneuert wird, kann sie sich eine kürzere Jugendzeit leisten, muss aber von ihren Mitgliedern lebenslang mehr Lernbereitschaft verlangen.

Auch ökonomische Krisen oder Kriege schaffen in einer Gesellschaft sehr spezifische Notwendigkeiten. Sogar diese können recht abrupt zu unterschiedlichen Jugenddefinitionen oder besser zu unterschiedlichen Funktionszuweisungen an die Jugend führen. Ob die Jugend diese Funktionszuweisungen dann auch übernimmt, ist damit nicht bestimmt. Es ist nicht einmal eindeutig, ob die gesellschaftliche Wahrnehmung der Jugend in solchen Gesellschaften mehr der Realität oder mehr der Erwartung entspricht. Solche Fragen lässt jedenfalls die interessante Studie von Enright, Levy, Harris und Lapsley (1987) offen.

Enright und Mitarbeitende (1987) untersuchten für die relativ kurze Zeit von 1894 bis 1945 die Artikel über Jugendliche aus zwei damals führenden amerikanischen Zeitschriften *(Pedagogical Seminary* und *Journal of Genetic Psychology)* auf ihre Grundannahmen über Adoleszenz. Dabei verglichen sie folgende Epochen:

- Depression am Ende des 19. Jahrhunderts: 1894 – 1898
- 1. Weltkrieg (nur US-Beteiligung): Juni 1917 – September 1918
- Die große Depression: 1933 – 1935
- 2. Weltkrieg: Mitte 1943 – Juni 1945

Nach den Resultaten dieser Studie zu schließen, lässt man zu Zeiten von Arbeitskräftemangel (Kriege) die Jugendzeit früher enden und erwartet von der Jugend mehr produktive Arbeitsleistung (Tab. 2–1). Bei Arbeitslosigkeit dagegen, schickt man die Jugend in die Schule. Leider enthält diese Studie keine vergleichbaren Erhebungen aus den weniger turbulenten Zeiten zwischen diesen Krisen.

Dieses Kapitel setzt sich mit ausgewählten soziologischen Jugendtheorien auseinander. Wir meinen, dass die soziologische Perspektive die Jugend in interessanter Weise charakterisiert resp. definiert.[5]

Aus soziologischer Sicht wird die Jugend in Funktion der Gesellschaft verstanden, zu der sie gehört. Die Jugenddefinition hängt davon ab, wie sich diese Gesellschaft selbst versteht, wie sie sich organisiert, welche Rolle sie der Jugend zuordnet, wie sie sich mit ihr auseinander setzt und wie sie die Nicht-Jugend versteht. Wer im soziologischen Sinne über Jugend spricht, spricht nicht nur von der Jugend, sondern gleichzeitig auch von der Gesellschaft, zu der die Jugend gehört. Die Gesellschaft definiert und determiniert die Jugend und in Abhängigkeit davon sich selbst. Im Folgenden erfassen wir Jugend allerdings nicht im direkten Sinn, wie die Gesellschaft sie versteht, sondern wie Soziologen (ihre) Gesellschaft verstehen und welche Jugenddefinition dieses Verständnis impliziert.

---

5 Im soziologischen Kontext besteht oft Anlass, von Jugend statt von Adoleszenz zu sprechen, weil häufig der Aspekt der Nachkommenschaft der neuen und ablösenden Generationen im Zentrum steht und nicht der Aspekt der entwicklungspsychologischen Prozesse dieser Entwicklungsphase.

Tabelle 2–1: Häufigkeit von wissenschaftlichen Artikeln über Jugendliche nach identifizierbaren Grundannahmen geordnet (aus Enright et al., 1987)

	Depression Ende 19. Jh.	1. Weltkrieg	Depression der 30er Jahre	2. Weltkrieg
Jugendliche stehen unter besonderem Stress	37	6	13	22
Jugendliche sind wie Kinder	19	0	22	4
Jugendliche sind wie Erwachsene	7	56	4	35
Jugendliche sollten arbeiten wie Erwachsene	0	50	0	4
Jugendliche sollten ihre Ansprüche der Gesellschaft unterordnen	0	37	0	9
Adoleszenz ist mit 16 Jahren abgeschlossen	7	44	0	22
Erziehung sollte das Erwachsenwerden beschleunigen	0	31	0	0

2.2 Soziologische Jugendtheorien

Wir teilen die für unsere Darstellung ausgewählten soziologischen Theorien in vier Typen mit zunehmender funktionaler Verflechtung zwischen Jugend und Gesellschaft ein:

(1) Jugend als (einfacher) Teil der Gesellschaft, als Nutzer von ökologischen Jugendnischen (Vertreter: Arthur Pearl).
(2) Jugend als Übergang zwischen Kindheit und Erwachsenenwelt, typischerweise strukturfunktionalistisch und relativ geschichtslos als Sozialisierungsaufgabe gesehen (Vertreter: Shmuel N. Eisenstadt).
(3) Jugend als Generation, die ihre Vorgängergeneration ersetzt, typischerweise historisch gesehen; Geschichte als Ablösung der Generationen (Vertreter: Karl Mannheim, Helmut Schelsky, Bernd Buchhofer et al., Margaret Mead).
(4) Jugend als Vorkämpferin der Geschichte; Jugend als Erneuererin. Man könnte diese Sicht auch als konfliktorientiert bezeichnen (Vertreter: Margaret Mead, Friedrich Tenbruck, Leopold Rosenmayr, Rainer Döbert/Gertrud Nunner-Winkler).

Abschließend wird in Kapitel 2.2.5 eine Auffassung dargestellt, nach welcher der gesellschaftliche Bedarf an Jugend sogar fraglich ist.

2.2.1 Jugend als Teil der Gesellschaft

Diese soziologische Sichtweise wurde von Arthur Pearl (1981) vertreten. Er sagte, er beschreibe die Jugendlichen so, wie sich diese innerhalb ihrer Gesellschaft wahrnähmen. Er verwendet ein Beschreibungssystem, das aus zwei Dimensionen besteht, nämlich aus Lebenswerten («costs and benefits») und ökologischen Nischen («arenas»). Die Gesellschaft schafft solche Arenen und bietet sie zur Nutzung an. Wer Jugendarenen nutzt, ist ein Jugendlicher oder eine Jugendliche: «Here adolescence is regarded as an ever-changing context that requires decisions in which options and gratifications are uniquely restricted. Adolescence is seen less as a stage than as a circumstance» (Pearl, 1981, S. 293).

Als Lebenswerte oder Gratifikationen schlug Pearl Sicherheit, Komfort, Sinn, Zugehörigkeit, Kompetenz, Nützlichkeit, Hoffnung, (freudige) Aufregung und Kreativität vor. Sie gelten nach Pearl für alle Menschen und alle Altersstufen, auch wenn die einzelnen Menschen sie individuell unterschiedlich gewichten: «One reason young people appear to behave so unreasonably is that those who judge them operate with very different phenomenological orientations than do the persons they judge» (Pearl, 1981, S. 294).

Natürlich ist die Aufzählung dieser Lebenswerte für die heutige Zeit nicht vollständig. Wir würden zum Beispiel Anregung (Wissenserwerb/Erfahrung), den empfundenen Selbstwert, körperliche Fitness und subjektives Wohlbefinden dazu nehmen.

Die zentrale Behauptung Pearls ist, dass Jugendliche (wie alle Menschen) bestimmte Werte oder Gratifikationen suchen, und zwar eben in bestimmten Lebensarenen, die für sie bereitstehen. Als besondere Lebensarenen für die Jugendlichen nennt er Schule, Sport, Gemeinschaft Gleichaltriger, Nischen illegaler Handlungen, Zuhause, Straße, Arbeitsplatz, gängige Kultur, Clubs, Kirche und Drogen. Wir könnten heute auch Disco, Video-Sessions, Computerspiele oder Musizieren und andere dazunehmen.

Wenn man alle formulierten Lebenswerte mit allen formulierten Lebensarenen kreuzt, ergeben sich interessante Gratifikationsmuster. Während Jugendliche mit Schulerfolg in der Schule Sicherheit und Zugehörigkeit etc. finden, ist die Schularena für delinquente Jugendliche keine typische Quelle von solchen positiven Erfahrungen; dafür kann ihnen das Zusammensein mit anderen delinquenten Jugendlichen die Erfahrung von Sinn und Kompetenz vermitteln.

Dieses Beschreibungssystem ist nur deskriptiv und erklärt nicht, warum die Gesellschaft gerade diese Arenen zur Verfügung stellt und warum die Jugendlichen daraus gerade diese Befriedigung gewinnen. Andererseits ist dieses Beschreibungssystem eine starke Illustration der Definition von Jugend durch die Gesellschaft.

2.2.2 Jugend als Übergang zwischen Kindheit und Erwachsenenwelt

Die Jugendtheorie von Shmuel N. Eisenstadt (1956, dt. 1966) steht in der Tradition des sog. Struktur-Funktionalismus, welcher auf den amerikanischen Soziologen Talcott Parsons zurückgeht. Nach dessen Auffassung ist die Gesellschaft ein System von Untersystemen, letztlich von Positionen und Rollen. Nach Griese (1982, S. 112) können entsprechend dieser Auffassung «soziale Systeme verstanden werden als Handlungssysteme, bestehend aus einer Vielzahl von Akteuren, die in einer abgrenzbaren Situation miteinander interagieren und dabei ein Höchstmaß an Anerkennung und Befriedigung anstreben».

Systeme streben Selbsterhaltung an und regulieren sich damit selbst. Das Verständnis von Gesellschaft als System impliziert, dass die Gesellschaft zwei Hauptinteressen verfolgt, nämlich Gleichgewicht und Fortbestand. Diesen Hauptinteressen haben alle Subsysteme zu dienen, das ist ihre Funktion.

Der Name Struktur-Funktionalismus deutet an, dass in der Betrachtung und Analyse die Struktur vorausgeht und dass daraus die Funktionen der Teile abgeleitet werden. Die Struktur entspricht der Momentaufnahme eines Systems; man hat deshalb den Struktur-Funktionalismus auch als statisch und geschichtslos bezeichnet. Eisenstadt verstand logischerweise auch die Jugend völlig in Funktion des gesellschaftlichen Interesses an Gleichgewicht und Fortbestehen:

> Eine der wichtigsten Aufgaben, denen sich jede Gesellschaft und jedes Gesellschaftssystem gegenübergestellt sehen, ist es, die Fortdauer der eigenen Struktur, Normen, Werte usw. zu sichern, eine Fortdauer trotz der sich ständig durch Todesfälle und Geburten ändernden Zusammensetzung. Aus diesem Grund ist der Weg des Individuums durch verschiedene Altersstufen nicht nur seine private Angelegenheit, sondern er hat zugleich eine entscheidende Bedeutung für das gesamte soziale System. ... Deswegen ... ist [der Einzelne] auch verpflichtet, ... einen gewissen Grad der Beständigkeit des sozialen Systems zu sichern. (Eisenstadt, 1956, dt. 1966, S. 17)

Nun hat aber auch das Individuum Bedürfnisse. Seine Überlebensbedingungen sind genauso wichtig, weil die Gesellschaft ohne das Individuum ja auch nicht Bestand hat. Aber nur in der Konvergenz individueller und gesellschaftlicher Interessen ist nach Eisenstadt das gemeinsame Überleben garantiert.

Die individuelle Existenz wird wesentlich durch Sozialisation gewährleistet, zunächst durch die *Primärsozialisation* in der Familie. Wenn das Kind fortpflanzungsfähig und selbständig überlebensfähig wird, wird die *sekundäre Sozialisation*, d. h. die Integration in die Gesamtgesellschaft, fällig.

Die sekundäre Sozialisation ist problemlos, wenn «das allgemeine Normensystem einer Gesellschaft mit dem der Familie übereinstimmt, … denn das Individuum kann seinen vollen Mitgliedstatus innerhalb des sozialen Systems durch Verhaltensmuster erreichen, die es in der Familiengruppe erworben hat» (Eisenstadt, 1956, dt. 1966, S. 37). Gesellschaften, in denen diese Bedingung erfüllt ist, nennt Eisenstadt *partikularistisch* oder nicht-universalistisch. In diesen Gesellschaften gibt es oft Initiationsriten, die weniger im Lernen neuen Verhaltens bestehen als in der kognitiven und affektiven Zuteilung von Pflichten und Rechten (Schäfers, 1998; s. Kap. 1). Wir haben in unserer Gesellschaft gewisse Überbleibsel solcher Initiationsriten. Sie vermögen die sekundäre Sozialisation offensichtlich nicht zu ersetzen (Beispiele: Konfirmation, Gesellentaufe, Debütantinnenball und Graduierung in den angelsächsischen Ländern; Delaney, 1995; Klosinski, 1991; Muuss, 1980).

Unsere modernen Gesellschaften sind *universalistisch* oder pluralistisch. Hier ist das in der Familie erworbene Verhaltensrepertoire für die gesellschaftliche Integration nicht nur nicht ausreichend, es ist teilweise sogar dysfunktional (Beispiel: Die Vertraulichkeit und Intimität im Familienleben ist nicht auf das Geschäftsleben übertragbar). Es gibt also viel zu lernen, die sekundäre Sozialisation wird zeitintensiv. Nach der Auffassung von Eisenstadt entsteht ein relativ lange andauernder Übergangsstatus (Jugend), der Bindungslosigkeit und (emotionale und kognitive) Unsicherheit mit sich bringt.

Und genau hier finden die Jugendlichen mithilfe der Gesellschaft eine bedeutsame Zwischenlösung, nämlich den intensivierten Zusammenschluss mit der Gleichaltrigengruppe oder der Peer-Gruppe. Die Normen der Peer-Gruppe sind nicht mehr die der Familie, aber sie sind auch noch nicht in der vollen Härte und Konsequenz die der universalistischen Gesellschaft. Beispielsweise gibt es in der Gleichaltrigengruppe keine prinzipielle Hierarchie, sondern a priori Gleichheit, und es gibt noch wenig Heterogenität der Interessen, Bedürfnisse und Emotionen, sondern große emotionale Gemeinsamkeiten. Die Gleichaltrigen sind alle in der gleichen Lage: eben der Nestwärme entsprungen, unsicher, auf neue Erfahrungen ausgerichtet, verletzlich.

Universalistische Gesellschaften bestehen aus Rollenträgern und nicht aus spezifischen Individuen, d. h. die Individuen sind in ihren Rollen ersetzbar (vgl. Stellenantritt und -kündigung, Pensionierung, die Konzepte Vorgängerin, Nachfolger, Lehrstuhlinhaberin, Leiter der Division Pharma etc.). Das gilt nicht für die Familie. Die Mutter ist nicht einfach ersetzbar, und sie zählt weit mehr, als dass sie einfach die Mutterrolle erfüllt, sie zählt primär als einmalige Person. Auch jedes Kind ist in der Familie einmalig. Die sekundäre Sozialisation verlangt darum von den Jugendlichen und den jungen Erwachsenen gewaltige Umstellungen.

> Unter diesen Bedingungen, so nehmen wir an, entwickelt das Individuum Bedürfnisdispositionen für eine neue Art von Interaktion mit anderen Individuen, die ihm den Übergang erleichtern… Unter allen Arten von Beziehungen genügen wahrscheinlich nur die mit Altersgenossen, mit Mitgliedern altershomogener Gruppen diesen Typen von Bedürfnisdispositionen. Diese Beziehungen … haben eine inhärente Tendenz zur Solidarität (a) wegen einer gemeinsamen Definition von Lebensraum und Schicksal und (b) wegen gemeinsamer emotionaler Spannungen und Erfahrungen während der Zeit des Übergangs. (Eisenstadt, 1956, dt. 1966, S. 39–40)
>
> Dieses «Bedürfnis» nach Zusammenschluss unter Gleichaltrigen muss nichts Biologisches an sich haben; es ist nach Eisenstadt einfach die typischerweise gewählte Lösung des Übergangsproblems, eine «kollektiv organisierte Statuspassage». (Döbert & Nunner-Winkler, 1975, S. 16)

Unter Verwendung eines umfangreichen ethnologischen Materials beschrieb Eisenstadt (1956, dt. 1966) verschiedenartigste Formen von altershomogenen Gruppen und ihre Einpassung in die jeweiligen gesellschaftlichen Strukturen.

Der Reiz von Eisenstadts Jugendtheorie liegt darin, dass sie einfach und geschlossen ist sowie eine einleuchtende Erklärung dafür bietet, warum einfache Kulturen Initiationsriten und komplexe moderne Kulturen ein Jugendphänomen haben. Auch legt diese Theorie eine ganzheitliche Sicht der Gesellschaft nahe und versteht die Jugend systemisch integriert.

Auf der anderen Seite erklärt Eisenstadts Theorie vieles nicht und anderes in fraglicher Weise. Beispielsweise ist das gesellschaftliche Interesse an Gleichgewicht und Fortbestand wenig eindeutig beschrieben. Soll Gleichgewicht entspannte «Ruhe und Ordnung» bedeuten oder kann es auch anregende und veränderungsinduzierende Spannung enthalten, sofern sie wenigstens die Gesellschaft nicht zerfallen lässt? Ist das Gleichgewicht etwa in Paris 1968 oder in Zürich 1980 zerfallen? Oder waren das einfach dramatische Phasen eines Fließgleichgewichts? Was ist dann Ungleichgewicht? Und was heißt Fortbestehen oder Erhaltung? Unveränderte Erhaltung oder Erhaltung in Entwicklung? Hat die französische Gesellschaft 1789 zu existieren aufgehört und wurde sie durch eine neue ersetzt? Oder ist sie durch eine dramatische Wandlung gegangen?

Wir meinen, dass es auch in partikularistischen Gesellschaften Peer-Gruppen gibt, vielleicht als Kriegerhorden, als Spielgruppen oder als Gruppen der Hochzeitskleidnäherinnen, die vermutlich viel mehr gemeinsame Aufregung haben als nur die Konzentration auf die Kleider.

Überdies beobachten wir, dass die Jugend nicht nur in die Gesellschaft hinein sozialisiert wird, sondern dass sie auch neue Normen in die Gesellschaft einbringt, dass sie sie herausfordert und zur Weiterentwicklung anregt. Auch die Jugend macht Geschichte.

2.2.2.1 Exkurs: Kontinuierliche und diskontinuierliche Sozialisation

In einer etwas anderen Form hatte Ruth Benedict (1938) die Unterscheidung zwischen partikularistischen und universalistischen Gesellschaften vorausgedacht. Ruth Benedict war eine Schülerin von Franz Boas, der im Gegensatz zu Darwin und Hall (1904) die kulturelle Bedingtheit menschlichen Verhaltens betonte. Benedict sammelte Befunde zur Stützung der Kulturrelativismus-These und fand sie u. a. bei den Cheyenne-Indianern, die sie mit weißen Amerikanern verglich. Dabei fiel ihr auf, dass bei den Cheyenne-Indianern, aber auch auf Samoa oder bei den Manus (Mead, 1930, dt. 1970) die Jugendsozialisation kontinuierlicher verlief als in den USA. Nach Ruth Benedict ist kontinuierliche Sozialisation gekennzeichnet durch fließende Übergänge, beispielsweise vom Spiel zur Arbeit, von Abhängigkeit zu Unabhängigkeit oder von Sorglosigkeit zu Selbstverantwortung. In den von ihr untersuchten sog. primitiven Kulturen[6] hatten schon kleine Mädchen Pflichten in der Betreuung von jüngeren Geschwistern oder bei der Herstellung von Mahlzeiten; junge Knaben wurden schon bald an der Jagd oder an der Instandhaltung des Hauses beteiligt, während wir bei uns eher gewohnt sind, Kinder sorglos spielen zu lassen, sie für Wohnung und Essen keine Verantwortung tragen zu lassen, ja ihnen sogar Erwerbstätigkeit außer Haus zu verbieten. Schlagartig aber, etwa nach Schulabschluss, beim Eintritt in die Berufslehre, beim Auszug aus der elterlichen Wohnung oder bei der Heirat, wechseln Rollen, Pflichten und Rechte; plötzlich darf resp. sollte man das Stimmrecht ausüben, Geld verdienen, ein Auto fahren, sexuell aktiv sein und dafür Verantwortung tragen.

Nach Ruth Benedict ist eine solche diskontinuierliche Sozialisation anspruchsvoller und subjektiv konfliktreicher, weil man plötzlich muss, was man vorher nicht durfte, weil plötzlich Schuld und Versagen an neue Verhaltensweisen gebunden sind. Da ist sehr viel und rasch umzulernen und dazuzulernen (Benedict, 1938).

---

6 Die ältere ethnologische Literatur brauchte den Begriff «primitiv» relativ unbedenklich. Heute hat das Wort einen pejorativen Beigeschmack. Es gibt aber keinen guten alternativen Ausdruck und zwar vor allem deshalb, weil die damit zu bezeichnenden Kulturen ihrerseits sehr unterschiedlich sind. Für die hier interessierende Perspektive ist ihnen gemeinsam, dass sie noch keine Hochtechnologie kannten. Hochtechnologie produziert u. a. Komplexität in den Lebenszusammenhängen. Um diese sog. primitiven Kulturen davon abzugrenzen, nennen wir sie hier – auch nicht so unproblematisch – einfache Kulturen.

Diese Auffassung kontrastiert mit der Auffassung, dass in sog. einfachen Kulturen, die nach Benedict wohl als kontinuierliche bezeichnet werden müssen, der Übergang zum Erwachsenenleben durch Übergangsriten geregelt wird. Möglicherweise lässt sich dieser Widerspruch dadurch aufheben, dass Benedict Alltagspflichten und -rechte besprochen hat, während mit Übergangsriten andere Rechte und Pflichten vermittelt werden, wie zum Beispiel Familiengründung, Eigentumsbesitz oder Teilnahme an Kriegen.

Im Übrigen lohnt sich eine romantische Verherrlichung sog. kontinuierlicher Sozialisation für unsere Verhältnisse nicht, da beim technologischen Stand moderner Kulturen so viel Anspruchsvolles zu lernen ist, wie es nur über geplante Aufbaustufen geleistet werden kann (Beispiele: Berufsausbildung verlangt beträchtliche schulische Vor-Kenntnisse; was in höheren Schulen gelernt wird, kann nicht beliebig vorweggenommen werden).

2.2.3 Jugend als Generation, die ihre Vorgängergeneration ersetzt

Die Vertreter dieser Auffassungen verstehen Jugend als Generation. Das Konzept der Generation hatte eine wesentliche Prägung durch Karl Mannheim (1928) erfahren. Vor ihm wurden Generationen entweder «biologisch-statistisch» oder «romantisch-historisch» verstanden. Die biologisch-statistische Auffassung nahm an, dass entsprechend dem Reproduktionszyklus ungefähr alle 30 Jahre ein Generationswechsel stattfindet. Nach dem romantisch-historischen Verständnis wurde Generation als Klasse gleichartiger historischer Determination verstanden, als Gleichartigkeit der Erfahrung. Seit Mannheim steht die Soziologie näher bei der zweiten Auffassung, konzentriert sich aber mehr auf Einstellungen und Motive. Griese (1982, S. 81) definierte Generation wie folgt: «Mit Generation bezeichnet man heute in der Soziologie die Summe aller ungefähr Gleichaltrigen eines Kulturkreises, die auf Grund ihrer gemeinsamen historisch-gesellschaftlichen Situation über ähnliche Einstellungen, Motive, Orientierungen und Vorstellungen verfügen». Alter und Geburtsdatum determinieren Generationen, indem sie gleichartige Erfahrungen und Anlässe für Auseinandersetzungen vermitteln.[7]

Mannheim schrieb den Generationen zwei zentrale psychologische Eigenschaften zu:

- Die gemeinsamen Erinnerungen einer Generation sind weniger durch tradierte Inhalte geprägt als durch solche, die in aktiver Auseinandersetzung erworben wurden, d. h., Generationen sind durch ihre Zeit geprägt.
- Die wirksamen Ideen und Werte einer Generation sind insbesondere jene, die in der Jugendzeit aktiv erworben wurden, und weniger jene, die in späteren Jahren dazukamen («Prädominanz der ersten Eindrücke»); das trägt wesentlich zur Identität von Generationen bei.

Nach Mannheim entstehen Generationenprobleme dadurch, dass die Heranwachsenden ab etwa 17 Jahren (sic!) beginnen, das rezeptiv Gelernte zu reflektieren und in Frage zu stellen, an dem selbst Erlebten zu messen und gegebenenfalls zu bekämpfen, «während die alte Generation bei ihrer früheren Neuorientierung verharrt» (Mannheim, 1928, Nachdruck 1965, S. 42). «Das Absterben früherer Generationen dient im sozialen Geschehen dem nötigen Vergessen» (S. 38). Allerdings entschärft Mannheim diese dramatische Anlage, indem er betont, dass sich die Generationen gegenseitig beeinflussen und dass sog. Zwischengenerationen die biologische Generationsdifferenzierung auflockern und damit für Kontinuität im Generationswechsel sorgen. – Der von Mannheim vorgeschlagene

---

7 Die Entwicklungspsychologie verwendet anstelle des Generationenkonzepts häufiger das Kohortenkonzept. Kohorten werden noch deutlicher als Gleichaltrige mit gleichen historischen Lebensschicksalen verstanden (im Einzelnen kann es sich statt um das gleiche Geburtsalter auch um das gleiche Amtsalter oder um das gleiche Ausbildungsalter etc. handeln). Im Gegensatz zum Kohortenbegriff ist der Begriff der Peers ahistorisch: Er fasst einfach jene zusammen, die gleich alt sind, ohne Anspruch auf vergleichbare Biographien.

Generationenbegriff dient den nachfolgenden Theorien als Ausgangspunkt.

2.2.3.1 Jugend in Generationenkonflikten

Buchhofer, Friedrichs und Lüdtke (1970) gingen vom immer rascheren sozialen Wandel aus. Dieser Wandel führt zu immer drastischeren Sozialisationsunterschieden zwischen den Generationen und damit potentiell zu Generationenkonflikten. Buchhofer und Mitarbeitende unterschieden drei Typen von Generationenkonflikten:

- Konflikte aus dem Informationsgefälle oder Eltern-Kind-Konflikte: Erwachsene haben mehr Information als Jugendliche und damit mehr Handlungskompetenz. Diese einfachen Konflikte ergeben sich vor allem in stabilen, sog. einfachen Gesellschaften, treten aber in bestimmten Bereichen auch in modernen Gesellschaften auf.
- Konflikte über die Gültigkeit einzelner Inhalte und Werte: Die älteren Generationen haben mehr Information als die jüngeren, aber die jüngeren Generationen haben handlungsrelevantere, weil neuere Information als die älteren. Die älteren Generationen pochen auf Erfahrung und die jüngeren auf Reformen.
- Konflikte aus der Diskrepanz zwischen Informationsvorsprung und Sanktionsgewalt: Die älteren Generationen haben Macht und Besitz, Recht auf Sanktionen; die jüngeren Generationen haben einen Vorsprung an relevanter Information. Die jüngeren haben Information und Kraft zur Gestaltung; die älteren haben das Privileg der Evaluation und Sanktionierung.

Wenn Generationenkonflikte tatsächlich so zu erklären sind, dann ist zu ihrer Milderung entweder die Aufnahme handlungsrelevanten Wissens während des ganzen Lebens zu steigern oder die Macht neu zu verteilen. In beiden Richtungen sind heute Bewegungen im Gange: Die sog. permanente Weiterbildung, die Zunahme von Berufswechseln und des Umlernens im Laufe des Erwachsenenlebens gehen in die erste Richtung, die Einführung von Alters- und Amtszeitbeschränkungen geht in die zweite Richtung, ebenso wie die Entwicklung, dass besonders im Bereich der Hightechindustrie immer mehr junge Leute auch wirtschaftlich das Sagen bekommen (allerdings ist in den meisten Wirtschaftsbereichen Kapital für die Eroberung von Marktpositionen heute wichtiger denn je; und das Kapital liegt selten bei den Jungen).

Der Ansatz von Buchhofer und Mitarbeitenden ruft allerdings nach einer Erweiterung in der Spezifikation der Information, die solche sozialen Gefälle mitbestimmt. Der Vorsprung in wirtschaftlicher und technischer Information liegt sicher meist bei den jungen Leuten über zwanzig, die groß-organisatorische und die politische Erfahrung findet sich jedoch stärker bei den Menschen der zweiten Lebenshälfte. Aber auch da ist eine Relativierung fällig: Erfahrung mit der Komplexität der Welt zu haben ist eines, mit der Komplexität der Welt aber auch effizient umzugehen, ein anderes.

Griese (1982, S. 95) zog die Schlussfolgerung, dass, bezogen auf den Gesamtfortschritt der Gesellschaft, «gerade die mittlere Generation, nicht die Jugend, ... innovatorisch auf die Gesellschaft und ihre Subsysteme einwirkt, denn zur Innovation und Durchsetzung derselben bedarf es Wissen, Erfahrung, Kompetenzen und Macht, also Kriterien, die nicht jugendtypisch sind». Im Übrigen kritisierte Griese (1982, S. 96) treffend die unzulässige Pauschalisierung, die entsteht, wenn man nur den Generationen anlastet, was oft mit anderen Interessen- und wirtschaftlich-politischen Machtgruppen in einer Gesellschaft verknüpft ist. Die Polarisierung zwischen Jugendlichen und Erwachsenen hat oft nicht nur wenig Erklärungswert, sondern wirkt auch blockierend, etikettierend und angstmachend. Manche Nöte teilen Jugendliche und junge Erwachsene mit verschiedenen anderen Gruppierungen der Bevölkerung, zum Beispiel dass sie oft nicht ernst genommen werden, dass sie zu wenig wirtschaftliche Kompetenzen erhalten, dass ihre Kraft und Kreativität häufig nicht gefragt sind, dass sie zu oft nach den Anweisungen anderer handeln müssen. Nur geben nicht alle dem Malaise den gleichen Ausdruck.

Ausführlich mit dem Begriff Generation hat auch Helmut Schelsky gearbeitet. Ähnlich wie Eisenstadt betonte er die Jugend als Übergangsphase, und zwar als Übergang «von der eigenständiger gebliebenen sozialen Rolle des Kindes und der heute weitgehend als sozial generell und endgültig gedachten Rolle des Erwachsenen» (Schelsky, 1963, S. 17). Er verstand die Jugendgenerationen in ihrer zeitgeschichtlich-politischen Situation. So hat nach Schelsky die Jugend zwar von den Erwachsenen zu lernen, diesen aber auch vieles zu geben. Die Jugend sei so etwas wie der Spiegel der gesellschaftlichen Verhältnisse. Schelsky (1963) hatte verschiedene historische Jugendgenerationen studiert, die sich in ihrer jugendlichen Desorientierung und Verhaltensunsicherheit zu bestimmten gemeinsamen Weltanschauungen gefunden hatten:

- die Generation der Jugendbewegung um die Jahrhundertwende,
- die Generation der politischen Jugend während des Dritten Reiches,
- die skeptische Generation der Nachkriegszeit.

Wie würde Schelsky die nachfolgenden Generationen charakterisieren? Wir meinen, dass wir heute die Nachkriegsgeneration eher als die optimistische und aufbruchorientierte bezeichnen würden, wahrscheinlich gefolgt von der kritischen (68er), von der ökologisch-besorgten (70er/80er Jahre) und vielleicht von der zukunftsunsicheren, auf Konsum und individuelle Wohlbefindensoptimierung orientierten Generation (90er Jahre).

2.2.3.2 Jugend und Beschleunigung der gesellschaftlichen Entwicklung

Ihrerseits am Konzept der Generationenkonflikte anknüpfend, bot Margaret Mead (1970, dt. 1971) eine interessante Typologie der Generationenverhältnisse in Abhängigkeit von der Geschwindigkeit an, mit der neue Information produziert und rezipiert wird. Diese zeigte sich ihr besonders augenfällig im Kulturvergleich. In ihrem Spätwerk «Der Konflikt der Generationen. Jugend ohne Vorbild» (1970, dt. 1971) unterschied sie drei Kategorien von Kulturen, nämlich:

In *postfigurativen Kulturen* geht kaum oder nur unmerklich ein historischer Wandel vor. Sie werden deshalb auch statische Kulturen genannt. Sie sind meistens schriftlos. Das tradierte Wissen wird von Ältesten oder Gurus verwaltet und weitergegeben. Diese Kulturen sind meistens Drei-Generationen-Kulturen, in denen die ältere Generation das Verhalten der jüngeren bestimmt und so maximale Kontinuität sicherstellt. Identitätsprobleme der Nachwachsenden kommen nicht auf, keine Zweifel und auch keine Reflexion über kulturelle Einrichtungen. Biologische Reife gestattet auch soziale Reife, die meistens durch Initiationsriten auch moralisch und praktisch zuerkannt wird.

Kofigurative Kulturen sind solche, in denen die Mitglieder der Gesellschaft ihr Verhalten nach dem Vorbild der Zeitgenossen ausrichten. Die Erwachsenen nehmen mit (oder parallel zu) den Jugendlichen an der Entwicklung der Gesellschaft teil. Kofigurative Kulturen zeigen sich besonders deutlich bei der Einführung neuer Technologien, nach Naturkatastrophen, Revolutionen, Völkerwanderungen oder einschneidenden religiösen Veränderungen. In solchen Gesellschaften kann allenfalls eine Kluft zwischen der Eltern- und der Großelterngeneration entstehen, wenn letztere die Veränderungen nicht mehr oder zögerlicher mitmacht. Solche Kulturen sind meist gekennzeichnet durch Zwei-Generationen-Familien; die Großeltern sind abwesend. Mead glaubte, dass in Zentraleuropa solche Kulturen zu Beginn des 20. Jahrhunderts anzutreffen waren.

Präfigurative Kulturen entsprechen zeitgenössischen westlichen Kulturen, zum Beispiel in Europa und in den USA. Sie sind geprägt durch sehr rasche technologisch-wissenschaftliche Veränderungen, etwa durch Computertechnik, Weltraumtechnik, rasch ändernde ökologische Situationen, weltumfassende Verkehrs- und Kommunikationssysteme etc. In solchen Kulturen kommt gemäß Mead ein großer Teil der Elterngeneration kaum noch mit oder doch langsamer als ihre Kindergeneration, deren Slogan heißt: «Die Zukunft ist jetzt». Das führt zu Unsicherheit und Vorbildlosigkeit bei der Jugend und zu massiven Generationenkonflikten. Mead beschrieb drei Typen von Verhaltenskonsequenzen auf Seiten der Jugendlichen: (a) aktiv-agitatorisch (Versuch, das System zu verändern), (b) passiv-resistent (Verweigerung von Kooperation in der Schule oder am Arbeitsplatz; Aussteigen), (c) passiv-integriert (gleichgültiges Sich-Unterwerfen unter die geltenden Regeln).

Die präfigurative Kultur entspricht der Idee, dass die Jugend Künderin oder Vorkämpferin der Zukunft sei. Nach Meads theoretischem Ansatz könnte der Grund darin liegen, dass dank weltweiter Kommunikation Fortschritte, besonders technologische, sehr rasch Allgemeingut und bereits wieder Voraussetzung für weitere Fortschritte sind. Dadurch wird der Lernbedarf so groß, dass die älteren Mitglieder einer Gesellschaft weniger leicht mitkommen als die jüngeren, nicht einfach weil die älteren weniger lernfähig wären, sondern weil sie vergleichsweise weniger vital sind (z. B. gemessen am Arbeits- resp. Lernzeitanteil am 24-Stunden-Tag) und weil sie durch viele bereits eingegangene soziale und berufliche Verpflichtungen für das Umlernen weniger disponibel und motiviert sind. Dennoch ist das Ceterum-censeo von Lüscher (1997, S. 43) zu bedenken:

> Wenn nämlich die Computer-«Generationen» in immer kürzeren Intervallen aufeinander folgen, dann veraltet nicht nur das Wissen der über 50-Jährigen rasch, sondern ebenso dasjenige der Jüngeren. Es ist also nicht einzusehen, warum Älteren die Chance genommen werden soll, ihre Kenntnisse zu erneuern, jedenfalls in den kommenden Jahrzehnten, wenn auch die meisten Grundlagenkenntnisse haben.

2.2.4 Jugend als Vorkämpferin der Geschichte

Im Alltag weit verbreitet ist die Ansicht, dass die Jugend die Zukunft ankündige. Das zeigt ein geläufiges, im politischen Kontext etwas zynisches Sprichwort: «Wer die Jugend hat, hat die Zukunft» (Tenbruck, 1965a, S. 17).

2.2.4.1 Jugend als Filter der Kultur

Friedrich Tenbruck (1965a) bezeichnete die Jugend als einen Filter, «durch den die Kultur einer Gesellschaft ständig passieren muss, und sie ist deshalb auch eine geschichtliche Drehscheibe, auf der die Zukunft einer Gesellschaft neu eingestellt wird» (S. 18). Damit wird Jugend sowohl zum Jungbrunnen wie auch zum Spiegel der Gesellschaft. Ähnlich wie Eisenstadt unterscheidet Tenbruck einfache von komplexen Gesellschaften, wobei Jugend für ihn ein Phänomen der komplexen Gesellschaft ist. «Jugend ... ist das Ergebnis einer verzögerten Eingliederung in die erwachsenen Rollen» (S. 65).

Während nach Eisenstadt der Zusammenschluss von altersgleichen Jugendlichen instrumentell der Integration in die Gesellschaft dienen soll, versteht Tenbruck die jugendliche(n) Teilkultur(en) als Alternative(n): «Man identifiziert sich mit der Gesamtgesellschaft nur indirekt und bedingt, nämlich über die eigene Gruppe, der man primär verpflichtet bleibt. Man fühlt sich deshalb auch dort unter sich, wo die soziale Organisation den Austausch mit der restlichen Gesellschaft vorschreibt» (Tenbruck, 1965b, S. 88), zum Beispiel in der Schule. Die Aussöhnung mit der Gesamtgesellschaft findet dennoch statt, allerdings nicht ohne Spuren zu hinterlassen.

Im Zentrum von Tenbrucks (1965a, S. 53 ff.) Analyse stehen fünf sog. Tatsachen, welche die moderne Jugend kennzeichnen und die teils in Ursache-Wirkungs-Verknüpfungen erscheinen und teils mit anderen Tatsachen korrelieren:

- Verlängerung der Jugendspanne (bedingt durch die akzelerierte Reifung und die Notwendigkeit einer verlängerten Sozialisationsphase aufgrund der immer komplexer werdenden Gesellschaft) → verzögerte und erschwerte Integration (schlägt sich z. B. in der notwendig gewordenen speziellen Rechtssprechung für Jugendliche nieder).

- Labilisierung und Formenzerfall («Gestaltlosigkeit») → Radikalisierung → Zunahme an Kriminalität, Vandalismus, Rauschgiftsucht und Krawallfreudigkeit, aber auch Verzögerungen und Gefährdung in der emotional-moralischen Entwicklung.
- Entwicklung von jugendlichen Teilkulturen, derer sich die Jugendlichen auch hinlänglich bewusst sind.
- Diese Jugendkulturen (und ihre Bedeutung) erscheinen nicht nur für die Jugendlichen attraktiv, sondern teilweise auch für die Erwachsenen. Dadurch ergebe sich eine sog. Puerilisierung der Gesamtkultur. Jung sein, jung bleiben scheint das Lebensziel vieler Erwachsener zu sein. Die Werbung hat sich längst darauf eingerichtet. Alter ist keine Lebensaufgabe, höchstens eine Phase, die man jugendlich bestehen soll.
- Auffallende Konvergenz der Jugendkulturen in allen industrialisierten Ländern. Die generelle Sozialisierungssituation ist sehr ähnlich, Lösungsideen sind blitzschnell weltweit kommuniziert, die Unterhaltungs- und die Konsumindustrie operieren weltweit.

Ist die Jugend wirklich Vorkämpferin der Geschichte, bringt sie die Zukunft? Woher hat oder kennt sie denn die Zukunft? Nach Tenbruck ist diese Zukunft nicht sehr klar definiert. Auch stellt sie nicht einen neuen bleibenden Zustand dar:

> In diesem Sinne nun ist die Jugend in der modernen Gesellschaft nicht nur die moderne Jugend, sondern auch die Jugend vor der Modernität. Sie ist das nicht nur deshalb, weil sie in der Folge der jugendlichen Generationen die erste ist, welche in der vollen Offenheit der Gesellschaft aufwächst. Sie ist es gerade auch deshalb, weil auch diese Situation sie nicht endgültig und vollständig determiniert: weil es auch hier ein Stück Freiheit gibt, mit dem sie die Situation so oder so übernehmen kann. ... Tatsächlich finden sich unter den Jugendlichen genügend Formen des Protestes und Zeichen der Unzufriedenheit, mit denen sie sich von der Modernität, in die die Gesellschaft sie hineinversetzt und die sie in ihnen erzeugt, abzusetzen versuchen. (Tenbruck, 1965a, S. 110–111)

Es ist denn sicher auch kein Zeichen gesellschaftlicher Gesundheit, wenn eine Jugend sich von ihrem Sosein mit dem Hinweis auf die Gesellschaft entlastet.... Als mindestens ebenso bedenklich muss es deshalb gelten, wenn sie [= die Gesellschaft; A. F.] mit der ständigen Frage, was die Jugend ist und mit sich macht, dieser Jugend eine permanente Entscheidungssituation ansinnt, wodurch sie sich nur selbst von der Frage entlastet, in welche Situation sie diese Jugend stellt.... Wenn die Gesellschaft nicht weiß, welche Rolle sie der Jugend, jenseits dieser und jener einzelnen Anforderungen, abverlangen will ..., wenn sie die Jugend dem Tohuwabohu der Modernität auszusetzen gewillt ist ..., dann sinkt die Frage nach der Jugend zu einem Rätselspiel in einer verkehrten Welt ab. Und gerade dieser Verkehrung zeigen sich die Wissenschaften von der Jugend willfährig, wenn sie ihren Gegenstand als ein isoliertes Objekt sehen ... anstatt zu fragen, in welche allgemeine Situation die Gesellschaft die Jugend hineinstellt. (Tenbruck, 1965a, S. 112–113)

Die generelle Argumentationslinie Tenbrucks ist also die, dass die Gesellschaft ihre Jugend in bestimmte Situationen und Rollen drängt und an ihrer Reaktion absehen kann, wohin die gesellschaftliche Entwicklung führt. Warum soll das dem Verhalten der Jugend entnommen werden können? An dieser Stelle müsste eine psychologische Analyse einsetzen. Wir denken, es hat damit zu tun, dass sich die Jugendlichen im Drang und in ihrer gesellschaftlichen Aufgabe, selbständig zu werden, zunächst vor allem vom Bestehenden ablösen wollen oder müssen. Weil sie das nicht wahllos und blind tun, wehren sie sich vor allem gegen Ansprüche, Formen und Gewohnheiten, die in ihren Augen dysfunktional und lästig geworden sind. Sie tun das wesentlich leichter als die Erwachsenen, weil sie darin noch nicht investiert haben. Weder haben sie das Abzulehnende erfunden oder aufgebaut, noch sind sie durch bisherige Praxis kompromittiert. Sie haben weniger zu verlieren, sich selbst nicht zu verraten.

Man darf bei der Prozessanalyse ruhig noch dazunehmen, dass die Jugendlichen ganz einfach mehr Energie aufbringen als die Erwachsenen, und trotzdem besitzen sie weniger gesellschaftliche Macht. Die Jugendlichen haben auch die längere Zukunft vor sich als die Erwachsenen; ihnen geht es um ihr ganzes Leben, an dessen Zukunft sie unverbraucht herangehen (sie haben nichts zu verlieren und alles zu gewinnen). Darum sind sie durchaus konstruktiv, wo sie für Aufbau eine Chance sehen. Deshalb könnte eine einfache Formel folgende sein: Die Erwachsenen produzieren die Ausgangslage, Probleme und Spannungen für weitere Entwicklungen; die Jugend leitet die nächsten Schritte ein.

2.2.4.2 Jugendkonflikte als Ausdruck der Veränderungen

Leopold Rosenmayr (1971, 1972a) ist ein sog. Konflikttheoretiker (vgl. Griese, 1982, S. 152–155). Konflikte und Revolten sind für ihn Anzeichen des sozialen Wandels. Subkulturelle Jugendgruppen sind danach beides, Initiatoren und Auslöser von gesellschaftlichen Wandlungsprozessen, die sich oft in Generationenkonflikten anzeigen, aber sie können auch Folgen gesellschaftlicher Strukturkonflikte sein. In Perioden schnellen Wandels werden nämlich erlernte Verhaltensmuster rascher obsolet und unbrauchbar. Darauf ist vor allem die Jugend hoch empfindlich, und es «lässt sich zeigen, dass der Vorgang und die Art dessen, was als Revolte empfunden und ausgelegt werden kann, auf schon erfolgten oder sich anbahnenden, zum Teil noch latenten Veränderungen der Industriegesellschaft aufbaut und als Reaktion auf bestimmte ... ökonomische und technologische Faktoren gewertet werden muss» (Rosenmayr, 1972a, S. 220). Ein prominentes Beispiel stellte sich kurz nach Rosenmayrs Publikation ein, nämlich die ökologisch engagierte und zum Teil revoltierende Jugend der 80er Jahre.

Weltweit sah Rosenmayr (1972b) eine bis heute aktuelle Reihe von gesellschaftlichen Problemen, auf die besonders die Jugend reagiere und deren Lösung – nach der Erwartung Rosenmayrs – am ehesten von der Jugend erwartet werden könne:

- Zerfall der Familien,
- rasche Urbanisierung und Landflucht,
- hohes Ausmaß an schulischem Versagen,
- untauglicher Versuch, die Berufsausbildung vom Arbeitsplatz in die Schule zu verlagern,
- Schwierigkeiten junger Frauen, ihrem unterprivilegierten Status zu entkommen,
- Passivität der städtischen Massen,
- großer Anteil junger Leute an der Bevölkerung der Dritten Welt.

Das alles sind Probleme, auf die die jungen Leute mehr oder weniger stark reagieren, indem zum Beispiel vor allem junge Frauen die berufliche Gleichstellung erkämpfen oder vor allem junge Leute neue Formen von familienähnlichen Gemeinschaftsformen realisieren. Dass sich diese Reaktionen als Jugendkonflikte darstellen, ist aus heutiger Sicht nicht mehr so eindeutig. Ist vielleicht die Jugend brav und zahm geworden und leistet sie der Gesellschaft den geschuldeten (Widerstands-)Dienst nicht mehr? Es könnte auch sein, dass der gesamten Gesellschaft der rasche kulturelle und vor allem technologische Wandel derart zur Selbstverständlichkeit geworden ist, dass die Älteren den Jüngeren das Feld zu mutigem Aufbruch kampflos überlassen. Gewisse Beobachtungen weisen jedenfalls darauf hin: Gesucht sind selbständige Jungunternehmer, die etwas Neues versuchen (Stichworte: Technoparks, Startkapital) und Kenner, ja Freaks der neuesten Kommunikationstechnologien. Wir muten den Jungen nicht ohne Stolz kommunikationstechnologische Neuerungen in atemberaubendem Tempo zu und profitieren selbst raschest möglich davon. Unter solchen Bedingungen muss die Jugend gar nicht für Veränderungen kämpfen, sondern kann sie einfach einleiten.

2.2.4.3 Jugend, die den herrschaftsfreien Diskurs durchsetzt

Rainer Döbert und Gertrud Nunner-Winkler (1975) vertraten die Auffassung, dass wir in spätkapitalistischen Gesellschaften leben, die ihrer Überwindung entgegengehen und welche die Jugendkrise in besonderer Weise nähren und dadurch die Basis für eine neue Ordnung entwickeln helfen. Sie sahen Individuen und Gesellschaften in einer irreversiblen Entwicklung, die sie mit Begriffen aus psychologischen Theorien von Kohlberg, Habermas, Freud, Piaget, Erikson

u. a. skizzierten. (Vorläufiger) Zielpunkt dieser Entwicklung sei die sog. kommunikative Kompetenz, nämlich die «Fähigkeit, sich situationsadäquat und dennoch prinzipiengeleitet flexibel verhalten zu können» (Döbert & Nunner-Winkler, 1975, S. 28).

Diese beiden Elemente, die Prinzipiengeleitetheit und der situationsadäquate Umgang mit Rollenkonflikten, entsprechen der höchsten Stufe moralischer Entwicklung nach Kohlbergs Theorie des moralischen Urteils (Kohlberg, Levine & Hewer, 1983; Flammer, 1996). Dadurch wird «Verlässlichkeit der Interaktionspartner» (Döbert & Nunner-Winkler, 1975, S. 28) garantiert und dennoch Sturheit vermieden. «Das kann nur dadurch geschehen, dass die Kontroverse als solche thematisiert wird … [und] Diskurssituationen geschaffen werden, die … zumindest tendenziell herrschaftsfreie Kommunikation ermöglichen» (S. 29–30).

Nun sind in unseren abendländischen Gesellschaften wesentliche dieser Ansprüche seit der französischen Revolution deklarierte Grundrechte aller Bürger: Gleichheit, Freiheit und Brüderlichkeit. Nur wurden sie bislang erst mehr oder weniger gut eingehalten. Sie werden laut Döbert und Nunner-Winkler durch ein weiteres Prinzip unserer Gesellschaft, nämlich das der materiellen Wohlfahrtsmaximierung auf der Basis des Leistungsprinzips, in starkem Maß konkurrenziert und darum auf sog. Formalismen reduziert (Chancengleichheit statt Gleichheit).

Dieser Kompromiss wird heute kritisch, weil ein Niveau an materieller Wohlfahrt erreicht worden ist, auf dem die Bürger kein Interesse mehr an weiterer Wohlfahrtsmaximierung haben. Dafür werden bisher vernachlässigte Bedürfnisse artikuliert, oder in der Sprache der Autoren:

> Die tendenzielle Aufhebung der Maskierungsfähigkeit der Wohlfahrtsthematik bringt eine Reihe von vernachlässigten Bedürfnisdimensionen zum Bewusstsein: … übergreifenden Sinnzusammenhang, … Fragen nach dem Sinn von Krankheit, Leben und Tod, … Fragen nach dem Verhältnis des Menschen zum Transzendenten, zur Natur … Solange die Konkurrenz möglicher Prinzipien … noch nicht zugunsten eines einzigen, nämlich des Prinzips wissenschaftlicher Beweisführung entschieden war, konnten sich Reste traditioneller Weltbilder … noch erhalten und die Defizite des bürgerlichen Weltbildes kompensieren. (Döbert & Nunner-Winkler, 1975, S. 57)

Und hier setzt nun die Erklärung aktueller Jugendphänomene ein: «In spätkapitalistischen Gesellschaften ist … ein psychosoziales Moratorium in der Frühadoleszenz (13–16) für fast alle Gruppen selbstverständlich geworden. Zudem hat sich die Phase der Freistellung zeitlich ausgedehnt (in Extremfällen bis 30) und wird auch breiteren Bevölkerungsschichten zugänglich» (S. 61). Für diese Zwischenzeit halte die Gesellschaft wie nie zuvor ein Bildungsangebot bereit; und Döbert und Nunner-Winkler glauben, dass «die gezielte Förderung kognitiver Fähigkeiten die Wahrscheinlichkeit» erhöhe, «dass überlieferte Traditionen in ihrer Brüchigkeit durchsichtig werden» (S. 61). Dazu komme die Liberalisierung der Erziehungspraktiken und damit eine stärkere Betonung des Individuums und seiner Bedürfnisse. Zusammengefasst: Die Gesellschaft bietet selbst drei Voraussetzungen für ihre Erneuerung durch die Jugendlichen an, nämlich Zeit (Moratorium), Ausbildung und ermutigende Erziehungspraktiken.

Döbert und Nunner-Winkler stellten allerdings fest, dass diese so ausgelösten Jugendkrisen bei den Lehrlingen mit dem Beginn ihrer Ausbildung biographisch meistens jäh unterbrochen würden, weil für sie der Freiraum nicht mehr weiter bestehe; der so beschriebene Aufbruch werde weitgehend von den intellektuellen Jugendlichen getragen. Dem entsprechen nicht nur der hochintellektuelle Stil der Abhandlung von Döbert und Nunner-Winkler, sondern auch ihre Ausrichtung auf die letztlich wissenschaftliche Regelung sozialer Konflikte. Das ist natürlich ein sehr hoher – vermutlich zu hoher – Anspruch auf die friedliche und endlos geduldige Diskursbereitschaft der Wissenschaftlerinnen und Wissenschaftler, aber auch auf die Macht und die gesellschaftliche Gestaltungskraft wissenschaftlicher Einsicht.

Welche sind aber die neuen Wege zu denen die Jugend führt? Welche sind die neuen Werte? Döbert und Nunner-Winkler machten dazu an zwei Orten explizite Angaben. Auf Seite 59 nannten sie unter Berufung auf Döbert (1973) «einige der die Entwicklung von Weltbildern charakterisierenden Trends», die durch eine «innere Entwicklungslogik» bestimmt und irreversibel seien:

- Expansion des Profanbereichs gegenüber der sakralen Sphäre,
- Tendenz von weitgehender Heteronomie zu zunehmender Autonomie des Menschen,
- Übergang vom Stammespartikularismus zu universalistischen und zugleich individualistischen Orientierungen,
- zunehmende Reflexivität des Glaubensmodus, ablesbar an der Sequenz: Mythos als unmittelbar gelebtes Orientierungssystem → Lehre → Offenbarungsreligion → Vernunftreligion → Ideologie. (Döbert & Nunner-Winkler, 1975, S. 16)

Der zweite Ort sind die Wertorientierungsitems, welche die Autoren in einer Voruntersuchung zu ihrer Theorie verwendeten. Sie unterschieden traditionalistische und posttraditionalistische Orientierungen. Die ersteren repräsentieren außengeleitete Verhaltenssteuerung, minutiöse Regelkonformität, Erwerbsorientierung und «privatistischen Familismus der bürgerlichen Gesellschaft»; Beispiele von entsprechenden Untersuchungsitems sind:

- Ich habe für meine Familie getan, was immer man nur tun kann.
- Ich habe viel Geld verdient und bin in meinem Beruf weit gekommen (und habe Ansehen genossen).
- Ich habe an dem Platz, an den ich gestellt wurde, immer meine Pflicht getan.
- Ich habe ein anständiges Leben geführt. (Döbert & Nunner-Winkler, 1975, S. 151)

Die posttraditionalistischen Orientierungen werden gekennzeichnet als «kontemplativ-ästhetische Orientierungen und semantische Überschüsse der institutionalisierten Orientierungen»; Beispiele von entsprechenden Untersuchungsitems sind:

- Ich habe mich selbst verstehen gelernt.
- Ich habe das Wesen der Natur und des Menschen verstehen gelernt.
- Ich habe mitgeholfen, die Gesellschaft so zu verändern, dass das Leben lebenswerter geworden ist.
- Ich habe in meinem Leben versucht, neue Formen eines solidarischen Zusammenlebens mit anderen zu verwirklichen.
- Ich habe mich an den schönen Dingen des Lebens erfreut. (Döbert & Nunner-Winkler, 1975, S. 150–151).

Nach der Auffassung von Döbert und Nunner-Winkler ist ihre Jugendtheorie nur anwendbar auf jene, die eine starke Jugendkrise durchlaufen. Sehr viele Jugendliche entsprechen wie die Erwachsenen durchaus der «bürgerlichen Modalpersönlichkeit»; diese sind nicht Künder oder Vorkämpfer einer neuen Gesellschaftsordnung, sondern Wahrer der bestehenden.

Die Botschaft von Döbert und Nunner-Winkler ist doppelt, nämlich zum einen die Forderung nach einer gerechteren, aufgeklärteren und demokratisch funktionierenden Gesellschaft und zum anderen die Erwartung, dass diese Entwicklung von der Jugend getragen wird. Wir vermuten, dass die Bereitschaft, sich für eine in dieser Weise solidarischere und rationaler entscheidende Gesellschaft einzusetzen nur sehr locker ans Lebensalter gebunden ist. Aber man könnte natürlich jene, die sich für eine bessere Gesellschaft einsetzen, im Sinne der Ablösung der alten Werte als die Jungen bezeichnen.

2.2.4.4 Exkurs: Die Idylle von der friedlich ihre Privilegien genießenden Südsee-Jugend

Im völligen Kontrast zu den eben dargestellten Auffassungen resp. Gesellschaften stehen Margaret Meads (1928, 1930) Schilderungen der Jugendlichen auf Samoa in den 20er Jahren.

Margaret Mead war wie Ruth Benedict eine Schülerin von Franz Boas, von dem sie das Anliegen übernahm, zu belegen, dass es wenigstens eine Kultur gibt, in der die menschliche Entwicklung in einem wesentlichen Aspekt vom typischen westlichen Bild abweicht. Und sie fand diese auf Samoa, genau genommen in Ta'u, einer kleinen Insel bei Samoa mit damals etwa

600 Einwohnerinnen und Einwohnern. Laut den Interviews, die sie mit Hilfe von Übersetzerinnen mit adoleszenten Mädchen auf einer amerikanischen Medizinstation durchführte, fand sie, dass diese Mädchen ungleich den westlichen Mädchen in der Pubertät keine Sturm-und-Drang-Zeit durchlebten, sondern auch in diesem Alter sehr friedlich mit den anderen Mädchen, den Jungen und der älteren Generation zusammenlebten (Mead, 1928, dt. 1970). Es gab freie Liebe und keine (länger dauernde) Eifersucht, keine Scham- und Schuldgefühle, aber auch keine sozialen Sanktionen für sexuelles Experimentieren.

Margaret Mead beschrieb Kindheit und Jugend der Mädchen von Samoa als einen kontinuierlichen Prozess. Ihrer Meinung nach wurden die Kinder dort ernster genommen als in den westlichen Zivilisationen, indem ihnen früh Verantwortung übertragen wurde, zum Beispiel bei der Betreuung von Kleinkindern und bei der Arbeit auf dem Feld. Im Gegensatz zu den Verhältnissen in unserer Gesellschaft hatten sie häufig Gelegenheit, Geburt und Tod mitzuerleben, ebenso wie sexuelle Aktivitäten. Sexuelle Interessen wurden nicht unterdrückt. «Perversionen, Homosexualität, Promiskuität … sind in Samoa relativ harmlos; sie werden als einfaches Spiel betrachtet» (Muuss, 1968, dt. 1971, S. 64).

Neuere Untersuchungen zur gegenwärtigen Lage und zu den damaligen Quellen haben aber gezeigt, dass sich Margaret Mead sehr wahrscheinlich getäuscht hat. Ihre Informantinnen (Mädchen und junge Frauen) haben ihr möglicherweise zur eigenen Belustigung ihre Fantasien statt ihre Erfahrungen mitgeteilt; auch hat Margaret Mead ihre Befunde später nie mehr am Ort zu replizieren versucht (Cinetel Production, 1987; Compas, Howell, Phares, Williams & Ledoux, 1989; Freeman, 1983). Die Gegenbefunde von Freeman (1983) stammen allerdings von der viel größeren Hauptinsel Samoa und wurden auch viel später erhoben, nämlich in den sechziger Jahren. Nuancierte Überlegungen zu den Wenn und Abers der Mead/Freeman-Kontroverse finden sich in Côté (1992, 1994), bei Muuss (1996, S. 109–111) und in einer Sondernummer des Journal of Youth and Adolescence (Côté, 2000).

2.2.5 Abgeschriebene Jugend?

James S. Coleman (1994) glaubte, dass sich unsere Gesellschaften im Lauf ihrer Geschichte auf eine Phase familiären Desinteresses ihrer eigenen Jugend hinbewegen. Er unterschied drei Phasen:

Phase 1: *Ökonomische Ausbeutung der Kinder.* So lange die Familien ihre ganze Kraft für das materielle Überleben einsetzen mussten, dienten ihnen auch ihre eigenen Kinder bald als willkommene Hilfen und Arbeitskräfte. Häufig lebten diese Familien von der Arbeit auf dem Lande; sie konsumierten fast nur, was sie selbst produzierten. Kinder konsumierten wenig; darum lohnte es sich, viele Kinder zu haben. Was die Kinder zu lernen hatten, lernten sie ebenfalls durch ihre Mithilfe in Haushalt und Landarbeit; mehr, zum Beispiel teure Schulen, war nicht nötig. Die Familien waren Mehrgenerationenfamilien. Die Enge der Zusammenarbeit bedeutete nach Coleman die Investition von viel «sozialem Kapital»; die praktische Autarkie der Familie gestattete dafür die Investition von wenig «finanziellem Kapital».

Phase 2: *Kinder als Investition für die Zukunft.* Die gesellschaftliche Stufe des Handwerks und der Industrie bedingte Arbeitsteilung, Gütertransport und Handel. Die Menschen arbeiteten und arbeiten spezialisiert zu Hause oder als Angestellte außer Haus, sie leben in Zweigenerationenfamilien. Die Kinder sind für die unmittelbare Beschaffung der Lebensmittel nicht nötig, im Hinblick auf die neuen Wohn- und Arbeitsverhältnisse aber allenfalls als Altersreserve, teilweise materiell, oft aber psychisch und gesellschaftlich, indem sie die Familienehre durch ihre Karriere und ihren Erfolg aufrechterhalten oder mehren und den Familiennamen weiterführen. Das bedingt Ausbildung, insbesondere solche, welche die Familie nicht selbst geben kann; auch die Ausbildung wird arbeitsteilig betrieben, die Kinder gehen außer Haus

zur Schule. Da Bildung viel Geld kostet, werden kleinere Kinderzahlen bevorzugt. In der Phase 2 investieren die Familien nach Coleman darum mehr «finanzielles Kapital», aber etwas weniger «soziales Kapital» als in Phase 1.

Phase 3: *Kinder werden irrelevant für die Zukunft.* In hochindustrialisierten und reichen Gesellschaften wird die Produktion und die Verteilung von Gütern von großen Unternehmungen und Körperschaften getragen. Familien sind für die Produktion und die Verteilung von Gütern nicht relevant, allenfalls noch für deren Konsum. Weil die Familie unwichtig wird, zerfällt sie leichter beim Auftreten von Schwierigkeiten; die Individuen und ihre aktuellen Bezugspersonen sind sich selbst die wichtigsten Partner. Familien, Familienehre, Familiennamen und ihr Überdauern in der Geschichte sind keine Themen mehr, insbesondere entfällt die Funktion der Kinder hierfür; Kinder werden überflüssig. Zwar sind in dieser Phase mehr denn je Schulen und immer raffiniertere Ausbildungsmethoden verfügbar, aber den Eltern und ihren Kindern und Jugendlichen fehlen die langfristige Perspektive für die Investition in die eigene Bildung, der Ehrgeiz und die Motivation. Während die Schulen auf Stufe 1 weitgehend fehlen und auf Stufe 2 wegen der hohen Kosten die Bildungsnachfrage kaum decken können, werden sie auf Stufe 3 mit Desinteresse, Disziplinlosigkeit, Absentismus und Präferenzen für Aktivitäten mit unmittelbarem Lustgewinn konfrontiert. Die Investition von «finanziellem Kapital» ist zwar maximal, jene von «sozialem Kapital» jedoch minimal.

Diese Entwicklung ist für das Überleben der Gesellschaft nach der Auffassung von Coleman fatal, weil dadurch tatsächlich wenig gelernt und an der Aufrechterhaltung und erst recht an der Fortentwicklung der Gesellschaft nicht genügend gearbeitet wird. Er bezog sich dabei auf die wiederholten Befunde der letzten Jahrzehnte, wonach die hochindustrialisierten Vereinigten Staaten im internationalen Vergleich relativ schwache Schulleistungen von Kindern und Jugendlichen ausweisen, dafür je länger desto mehr Drogenkonsum und Schulabsentismus, aber auch Vandalismus und Delinquenz zu verzeichnen haben. Die Lösung sah Coleman darin, die Initiative und die Finanzierung der Ausbildung an kleinere und direkter interessierte Gruppen in der Bevölkerung zu übertragen, wie zum Beispiel an Städte, Quartiere, Berufsgattungen oder Firmen. Wenn diese die «Eigentumsrechte» («property rights») wieder zurückerhielten, würden sie wieder Motivation wecken und Disziplin durchsetzen.

Diese Theorie ist in ihrer Deskription der Situation bemerkenswert, aber sie betrachtet die Jugend doch sehr funktionalistisch und wird dadurch sehr pessimistisch. Vielleicht ist die Tradierung der Familie mit ihren je spezifischen Werten und Prestigeattributen nicht die entscheidende Leistung, die von der neuen Generation erwartet werden muss. Wenn schon eine funktionalistische Betrachtung gewählt wird, dann sollte die Funktion vielleicht im Dienste der Gesellschaft und weniger der eigenen Familie stehen. Möglicherweise mausert sich die gegenwärtig abflauende individualistische Selbstverwirklichungsphase («subito!») zu einer Phase globaler Verantwortung für Menschheit und Kosmos (Herzog, 1991) und zu einer Phase der mutigeren Kreativität durch geringere Verpflichtung an familiäre Traditionen.

2.3 Ausblick

Als Autoren dieses Buches setzen wir auf keine dieser Theorien ausschließlich. Wir haben zu jeder am geeigneten Ort unsere Vorbehalte ausgedrückt, glauben aber, dass jede dieser Theorien einen bedeutsamen Aspekt zum soziologischen Verständnis der Jugend thematisiert.

Wie immer man die Rolle resp. den Ort der Jugend in der Gesellschaft versteht, man weist sich selbst auch eine Rolle oder einen Ort zu. Wenn man beispielsweise die gesellschaftlichen Neuerungen von der Jugend erwartet, gehört man entweder selbst nicht zur Jugend und ist dann dispensiert vom aktiven Beitrag zur weiteren Entwicklung der Gesellschaft oder man zählt sich – ungeachtet des chronologischen Lebensalters – selbst auch zur Jugend der Gesellschaft. Oder: Wenn die Jugend den Prüfstand der kulturellen Entwicklung darstellt (Filter), dann wird man entweder geprüft oder man hat selbst Privileg und Pflicht zur Kritik. Aber das lässt doch viele Nuancen aus.

3. Adoleszenz und ihre kontextuellen Entwicklungsaufgaben

Das erste Kapitel dieses Buches grenzte den Gegenstand mehr oder weniger technisch ein, das zweite Kapitel begriff Adoleszenz aus einem Gesamtverständnis der Gesellschaft. Mit dem dritten Kapitel versuchen wir das Phänomen der Adoleszenz in seiner alltäglichen Eingebundenheit in den sozialen Kontext zu verstehen. Jugendliche – wie im Übrigen auch Erwachsene – haben bestimmte Freiheitsgrade, ihr Leben zu gestalten, aber sie leben auch innerhalb eines Rahmens, der ihre Entwicklung mitbestimmt. Dieser Rahmen ist historisch und kulturell einmalig, aber auch durch individuelle Gegebenheiten bedingt. Jugendliche «dürfen», Jugendliche «müssen» – aber Jugendliche «wollen» auch. In der wissenschaftlichen Literatur der Adoleszenz hat sich der Begriff der Entwicklungsaufgabe für die Beschreibung dieser Dynamik eingebürgert.

3.1 Konzept

Der Terminus «Entwicklungsaufgaben» (engl. developmental task, hier oft mit EA abgekürzt) ist durch den amerikanischen Pädagogen *Robert Havighurst* (1948, 1956)[8] etabliert worden, der damit den Erzieherinnen und Erziehern, besonders den Eltern, Wegweiser für ihre Arbeit geben wollte. Das Konzept war aber nicht nur pragmatisch gedacht, sondern auch als Schlüssel für das Verständnis glücklicher oder erfolgreicher Entwicklung in der Vernetzung von körperlichen und sozialen Bedingungen mit persönlichen Anliegen und Zielen.

> Eine «Entwicklungsaufgabe» ist eine Aufgabe, die in oder zumindest ungefähr zu einem bestimmten Lebensabschnitt des Individuums entsteht, deren erfolgreiche Bewältigung zu dessen Glück und Erfolg bei späteren Aufgaben führt, während ein Misslingen zu Unglücklichsein, zu Missbilligung durch die Gesellschaft und zu Schwierigkeiten mit späteren Aufgaben führt.... Die Entwicklungsaufgaben einer bestimmten Gruppe haben ihren Ursprung in drei Quellen: (1) körperliche Entwicklung, (2) kultureller Druck (die Erwartungen der Gesellschaft), und (3) individuelle Wünsche und Werte. (Havighurst, 1956, S. 215, aus der Übersetzung von Dreher & Dreher, 1985a, S. 30).

Dieses Konzept impliziert eine grundsätzlich interessante Entwicklungsauffassung, denn:

- Es lenkt die Aufmerksamkeit auf den Umstand, dass der konkrete Verlauf der Entwicklung, insbesondere der Adoleszenz, u. a. eine Funktion sozialer und persönlicher Erwartungen und sozialer Institutionen ist.
- Es weist darauf hin, dass Entwicklung nicht automatisch abläuft, sondern teilweise geleistet werden muss. Jugendliche müssen Entwicklungsaufgaben erkennen, annehmen und aktiv bewältigen.
- Da eine Aufgabenlösung gelingen oder misslingen kann, ist Entwicklung nach diesem Verständnis abhängig von den vorausgehenden Entwicklungsleistungen.[9]

3.2 Kataloge von Entwicklungsaufgaben

Herauszufinden, welche EA für bestimmte Jugendliche wirklich relevant sind, heißt, diese Jugendlichen besser zu verstehen. Da die Entwicklungsaufgaben sich auch im Lauf der individuellen Entwicklung verändern, zeigen sie auch Spezifisches für jede Entwicklungsstufe auf. Sich auf die je neuen Entwicklungsaufgaben einzustellen, verlangt individuelle Flexibilität und ist offensichtlich eine Bedingung für eine sog. gelungene Entwicklung (Asendorpf & van Aken, 1991).

Entwicklungsaufgaben können sich für die gleiche Entwicklungsstufe im Laufe der Zeit verändern, genauso wie sie in verschiedenen Kulturen unterschiedlich sein können. Das Studium bewährter Entwicklungsaufgabenkataloge ermöglicht deshalb auch interessante Einblicke in historische Epochen und in verschiedene Kulturen.

---

8 Havighurst selbst hatte das Konzept aus Schriften von Tryon (1939), Zachry (1940), Blos (1941) und Frank (1944) übernommen (vgl. Dreher & Dreher, 1985a, S. 30).

9 Natürlich ist das Konzept der Entwicklungsaufgaben nicht nur auf die Adoleszenz anwendbar; hier aber konzentrieren wir uns auf die Adoleszenz.

3.2.1 USA in den 40er Jahren

Havighurst (1952, S. 33–71) hat für die Jugendlichen von 12 bis 18 Jahren folgende Liste von zehn Entwicklungsaufgaben vorgeschlagen:

a) Entwicklung neuer und reiferer Beziehungen mit den Gleichaltrigen beider Geschlechter,
b) Erwerb einer maskulinen oder femininen sozialen Rolle,
c) Seinen eigenen Körper akzeptieren und wirksam einsetzen,
d) Erreichung emotionaler Unabhängigkeit von Eltern und anderen Erwachsenen,
e) Erwerb ökonomischer Unabhängigkeit,
f) Berufswahl und Berufsausbildung,
g) Vorbereitung auf Heirat und Familie,
h) Erwerb von Begriffen und intellektuellen Fähigkeiten zur Ausübung der bürgerlichen Pflichten und Rechte,
i) Anstreben und Entfaltung sozialverantwortlichen Verhaltens,
j) Aneignung von Werten und einem ethischen System als Leitlinie eigenen Verhaltens.

Nach Havighurst sind die EA teilweise biologisch fundiert resp. veranlasst (z. B. c) und damit universell, teilweise gesellschaftlich (z. B. e) und damit kulturrelativ, teilweise aber auch individuell-subjektiv (z. B. d).

Es wurde nie empirisch geprüft, ob dieser Katalog wirklich die zentralen EA und diese erschöpfend repräsentiert. Aber sie wurden von den damaligen Forscherinnen und Forschern nicht in Frage gestellt und dürften deshalb die Situation der amerikanischen Jugendlichen zur Zeit Havighursts gut repräsentieren. Es erhebt sich aber die Frage, ob die gleichen EA bis heute Geltung haben.

3.2.2 Neuere Versionen

Sofern EA u. a. gesellschaftlich bedingt sind, schlagen sich in ihnen sowohl zeitlich-historische Wandlungen der gesellschaftlichen Organisation als auch interkulturelle Differenzen nieder. Genau das belegt die Untersuchung von Eva und Michael Dreher (1985b) an Schülerinnen und Schülern der 9. und 10. Klassen in München. Nach der Beurteilung dieser Stichprobe waren einige Entwicklungsaufgaben für sie gar nicht wichtig, beispielsweise jene der Ehevorbereitung und der ökonomischen Unabhängigkeit, dafür drängten sich neue resp. spezieller formulierte auf, z. B.:

- Aufnahme und Aufbau intimer Beziehungen,
- Entwicklung einer Identität,
- Aufbau einer Zukunftsperspektive,
- Entwicklung der eigenen Persönlichkeit, bes. Selbständigkeit, Selbstsicherheit und Selbstkontrolle.

Mit etwas geringerer Häufigkeit wurden zusätzlich genannt:

- Aufbau sozialer Kompetenzen, bes. Toleranz, Abbau von Vorurteilen, Konfliktlösungskompetenzen;
- Kritische Haltung gegenüber der Gesellschaft, bes. in den Bereichen Umweltschutz und Friedenssicherung;
- Verständnis für komplexe Zusammenhänge in Politik und Wirtschaft.

Die neuen Aufgaben sind sowohl enger als auch weiter. Enger sind sie, weil sie mehr auf ein subjektiv glückliches Leben ohne präzise Vorgaben, auf Persönlichkeitsentwicklung, persönliche Identität und intime Beziehungen gerichtet sind. Weiter sind sie, weil sie mehr auf die Verantwortung für das globale und würdige Überleben der gesamten Menschheit (Umwelt, Friede) Bezug nehmen, aber auch auf das Durchschauen der vorgegebenen gesellschaftlichen Strukturen und das Distanznehmen von gesellschaftlichen Selbstverständlichkeiten.

Die Münchner Untersuchung hat auch bedeutsame Geschlechtsunterschiede in der Wichtigkeitsbeurteilung der erwähnten EA ergeben. So fanden die Mädchen die Aneignung und Klärung von Werten, den Umgang mit ihrem eigenen Körper und die Ablösung von den Eltern wichtiger als die Jungen; die Jungen hingegen fanden die Aufgaben, die sich auf die Geschlechtsrolle und die Aufnahme von intimen Beziehungen bezogen, wichtiger als die Mädchen.

Nur wenige Jahre später hat Siegfried (1987) eine Untersuchung an 14- bis 16-jährigen Berner Jugendlichen vorgelegt, in der er zusätzlich deren Eltern danach befragte, wie wichtig sie die ausgewählten Entwicklungsaufgaben für ihre jugendlichen Kinder einstuften (leider ohne Geschlechterdifferenzierung). Aus beiden Befragungen bildete er Kategorien nach höchster, mittlerer und geringster Wichtigkeit (Tab. 3–1).

Wie der Tabelle 3–1 entnommen werden kann, waren die aufgeführten Entwicklungsaufgaben den Jugendlichen nach ihren eigenen Angaben im Allgemeinen wichtiger als den Eltern. Die Rangordnung war aber vergleichbar, mit Ausnahme der Entwicklungsaufgabe «Intimität», welche die Eltern für ihre 14- bis 16-jährigen Kinder noch nicht als aktuell betrachteten. Das könnte auf einen elterlichen Wunsch oder auf die Übertragung der zu ihrer eigenen Jugendzeit geltenden Normen auf ihre Kinder zurückzuführen sein.

Während die Aufforderung, zusätzliche EA zu nennen, bei den Jugendlichen dieser Untersuchung auf wenig Widerhall stieß, nannten die Eltern auffallend häufig eine EA «Umgang mit der Freizeit».

Im Vergleich der Regionen (sehr ländliche vs. städtische) erwiesen sich die Wichtigkeitsbeurteilungen der Landjugendlichen in den EA Identität, Gleichaltrige und Ablösung höher als die der Stadtjugendlichen; bei den Eltern der beiden Gruppen ergaben sich keine Unterschiede.

Befragt zum aktuellen Stand der Bewältigung der EA, gaben sich die Stadtschülerinnen und -schüler weiter fortgeschritten als die Landschülerinnen und -schüler. Bei den Eltern sah es gerade umgekehrt aus: Die Landeltern sahen ihre jugendlichen Kinder weiter fortgeschritten als die Stadteltern die ihren, beide jedoch weniger als die betroffenen Jugendlichen selbst. Überdies glaubten die Stadteltern von sich durchwegs, mehr direkte eigene Kontrolle über die Entwicklung ihrer Jugendlichen zu haben als die Landeltern. Das verspricht einige Spannung in den Stadtfamilien: Die Eltern könnten versuchen, auf die Bewältigung von vermeintlich neu auftretenden Entwicklungsaufgaben Einfluss zu nehmen, wenn die Kinder selbst schon mitten in der Auseinandersetzung sind und vielleicht schon Entscheidungen getroffen haben.

In der Pilotstudie von Schwaller (1991) an 591 14- bis 16-jährigen Deutsch sprechenden Jugendlichen aus Freiburg (Schweiz) drängten sich zwei weitere Entwicklungsaufgaben auf, nämlich:

- EA Sozialkompetenz: «Den Mitmenschen gegenüber tolerant, vorurteilsfrei sein und ihnen wenn nötig helfend zur Seite stehen».
- EA Sozialengagement: «Sich um aktuelle Probleme wie z. B. Friedenssicherung, Umweltverschmutzung, Drogen, Kriminalität, Arbeitslosigkeit usw. kümmern». (Schwaller, 1991, S. 82)

Laut Schwallers Befragung beschäftigten sich diese Jugendlichen am meisten mit den EA Beruf, Gleichaltrige, Sozialkompetenz, Zukunft und Identität und deutlich am wenigsten mit den EA Partnerschaft und Familie. Mit mehreren EA waren die Mädchen nach eigenen Angaben mehr beschäftigt als die Jungen, nämlich mit den EA Gleichaltrige, Körper, Intimität und Ablösung.

Tabelle 3–1: Wichtigkeitsbeurteilung von jugendlichen Entwicklungsaufgaben durch Jugendliche und durch deren Eltern (aus Siegfried, 1987, S. 78 und 84)

	Aus der Sicht der Jugendlichen	**Aus der Sicht der Eltern**
Höchste Wichtigkeit	Beruf, Selbst, Gleichaltrige	—
Mittlere Wichtigkeit	Werte, Körper, Zukunft, Intimität, Ablösung	Beruf, Selbst, Gleichaltrige, Werte, Körper, Zukunft, Ablösung
Geringste Wichtigkeit	Partnerschaft und Familie	Partnerschaft und Familie
noch nicht wichtig	—	Intimität

Schwaller befragte die Eltern nicht direkt, sondern fragte die Jugendlichen, wie sehr ihre Eltern erwarteten, dass sie sich mit den einzelnen EA auseinander setzen würden. Damit wollte er feststellen, ob die Jugendlichen sich in der Erfüllung von EA an die (wahrgenommenen) Erwartungen der Eltern halten oder nicht. Die Ergebnisse zeigten deutliche Abweichungen. Die Jugendlichen vermuteten nämlich, dass ihre Eltern von ihnen mit folgenden EA mehr Auseinandersetzung erwarteten, als sie es taten: Beruf, Sozialkompetenz, Körper, Sozialengagement und Rolle. Andererseits glaubten sie, dass sie sich mit folgenden EA mehr beschäftigten, als die Eltern es erwarteten: Gleichaltrige, Intimität und Ablösung.

Henneberger und Deister (1996) unterwarfen die Wichtigkeitsbeurteilungen von 132 18-jährigen Schülerinnen einer Faktorenanalyse und erhielten zwei orthogonale Faktoren, nämlich «Orientierung» (Erweiterung der Kompetenzen, Zukunftsplanung, Verantwortungsübernahme, Wertesystem aufbauen, Identität etc.) und «Partnerschaft» (Kontakte haben, Sexualität, festen Partner haben, Aussehen pflegen, Vorbereitung auf eigene Familie).

Schließlich weist eine neue Studie auf interessante kulturelle Differenzen hin. Schleyer-Lindenmann (1997) verglich 16-jährige Jugendliche in Marseille und in Frankfurt am Main. Ausgehend von ihrer Analyse der nationalen Wertepräferenzen fand sie ihre Hypothese bestätigt, dass die französischen Jugendlichen mehr als die deutschen auf Schulleistungen, Berufsvorbereitung und Gesundheit Wert legten (besonders die Mädchen), während die deutschen Jugendlichen persönliche Autonomie und Pflege von Freundschaften mehr betonten. In beiden Städten untersuchte sie auch Jugendliche von immigrierten muslimischen Eltern, nämlich Nordafrikanerinnen und Nordafrikaner in Marseille und Türkinnen und Türken in Frankfurt am Main. Diese Jugendlichen waren in Europa geboren und hatten ihr ganzes bisheriges Leben dort verbracht. Auch sie mussten die subjektive Wichtigkeit von EA beurteilen. Ihre Urteile unterschieden sich gegenseitig deutlich, waren aber doch auch nicht identisch mit jenen der französischen resp. deutschen Jugendlichen. Entsprechend der offiziellen Einwanderungspolitik der beiden Länder (Assimilation in Frankreich, Integration in Deutschland) näherten sich die Wertpräferenzen der immigrierten Jugendlichen denjenigen der Jugendlichen ihrer Wahlheimat in Marseille deutlicher als in Frankfurt am Main. Auch zeigte sich, dass Jugendliche aus Familien mit autoritativem («volontaire») Erziehungsstil Schule und Beruf für wichtiger hielten als Jugendliche aus Familien mit mehr liberalem («faible») Erziehungsstil.

3.3 Normative und non-normative Entwicklungsaufgaben

Es gibt Entwicklungsaufgaben, die für alle Menschen einer bestimmten Kultur auf einem bestimmten Entwicklungsniveau gelten. Diese nennen wir normativ. Damit ist nicht gemeint, dass sie für alle gelten müssen, sondern nur, dass es ein Faktum ist, dass sie aktuell für alle gelten.[10] Andere Entwicklungsaufgaben stellen sich nur wenigen oder dann zu sehr unterschiedlichen Zeitpunkten. Wir nennen diese non-normative EA. Beispielsweise ergeben sich non-normative EA aus mehr oder weniger unvermittelt auftretenden kritischen Lebensereignissen.

Kritische Lebensereignisse (KLE) sind Ereignisse, welche die bisherige Lebensführung zu neuen Anpassungen herausfordern (vgl. Datan & Ginsberg, 1975; Filipp, 1981, 1982; Hautzinger, 1984; Riegel, 1975). Sie stellen oder aktuali-

---

10 In der Entwicklungspsychologie bezeichnen wir mit normativ, was dem statistischen Durchschnitt in einem bestimmten Alter und einer bestimmten Lebenssituation entspricht, eben das, was normalerweise abläuft, was als Normalfall verstanden wird. Norm meint also nicht Vorschrift, auch wenn das allzu leicht so verstanden wird, etwa in der entwicklungspsychologischen Populärliteratur (Petersen, 1988, S. 584). Diese Tendenz, normativ mit gut und wünschbar zu verwechseln, griff auch die Studie von Grob, Flammer und Rhyn (1995) auf, indem sie zeigen konnte, dass gewisse Normabweichungen von vielen als ungünstig oder riskant beurteilt wurden.

sieren Entwicklungsaufgaben. Es gibt auch hier normative und non-normative KLE. Non-normative KLE in der Adoleszenz sind etwa der Tod eines Elternteils oder die Aufnahme ins nationale Kader einer populären Spitzensportart. Normative KLE in der Adoleszenz sind zum Beispiel der Schulabschluss oder das Sichtbarwerden sekundärer Geschlechtsmerkmale.

Normative KLE sind leichter zu bewältigen, weil sie aufgrund sozialen Wissens vorhersagbar sind. Man kann sich auf sie vorbereiten, und allfällige Schwierigkeiten erscheinen der Mitwelt als normal. Sie führen seltener zu Versagen und häufiger zu einem Entwicklungsfortschritt. Non-normative KLE kommen meistens überraschend und erzeugen entsprechend schwierige Ansprüche resp. EA.

In einer Berner Längsschnittuntersuchung zur Kontrollmeinung wurden Jugendliche 1988 u. a. nach sog. bedeutsamen Lebensereignissen der letzten zwei Jahre gefragt. Die Formulierung «bedeutsame Lebensereignisse» schloss die KLE ein, war aber umfassender. Die Tabelle 3–2 gibt eine zusammenfassende und geordnete Liste der Nennungen und ermöglicht einen guten Einblick in den Alltag Jugendlicher (allerdings erst ab 14 Jahren).

Auch Dreher und Dreher (1991) befragten Jugendliche zwischen 13 und 20 Jahren danach, ob es im vorausgehenden Jahr Ereignisse gegeben habe, die für ihre Entwicklung wichtig waren. Die Antworten ergaben zunächst interessante Geschlechtsunterschiede: Mädchen nannten häufiger als Jungen Partnerschaft/Freundschaft sowie Eltern/Familie, Jungen häufiger als Mädchen Freizeitaktivitäten und «neue Freiheiten» (gemeint sind die Herabsetzung des Mündigkeitsalters und des Mindestalters für den Erwerb des Führerscheins).

Die Autoren ordneten die Beschreibung dieser Ereignisse schließlich in drei Kategorien ein, nämlich «Erlebnisse» (= einmalige, beeindruckende Ereignisse, welche die Lebenssituation nicht oder nicht schlagartig ändern, jedenfalls nicht ausdrücklich Auseinandersetzungen einleiten), «Widerfahrnisse» (= Ereignisse, mit denen man sich auseinander setzen muss) und «Aktivitäten» (= eigene Handlungen, die gewichtige Konsequenzen haben). Unter den genannten wichtigen Ereignissen waren nur sehr wenige (harmlose) «Erlebnisse» (2 %), die meisten waren «Widerfahrnisse» (besonders bei den Mädchen: 75 % im Gegensatz zu 62 % bei den Jungen) und viele auch «Aktivitäten» (besonders bei den Jungen: 35 % im Gegensatz zu 25 % bei den Mädchen). Insgesamt fiel der Modus (= zahlreichste Nennung) der Widerfahrnisse in die Bereiche «Partnerschaft/Freundschaft» und «existenzielle Beeinträchtigungen», während der Modus der Aktivitäten in den Bereichen «Neue Freiheiten», «Eigenständigkeit» und «Freizeitaktivitäten» vorkam. Zusammenfassend stellten Dreher und Dreher (1991, S. 32) fest:

> Obwohl für beide Geschlechter Entwicklungsrelevanz vorrangig im Kontext von Peergruppe und Freundschaftsbeziehungen erfahren wird, thematisieren männliche Jugendliche diese eindeutig in Verbindung mit Zunahme an Eigenständigkeit, Selbstgestaltung im Leistungsbereich und Erweiterung des Handlungsspielraumes. Bei weiblichen Jugendlichen resultiert Entwicklungsrelevanz mehr aus der Beziehung zu Personen und der Einbindung in Gegebenheiten.

Die Einsicht, dass einschneidende Lebensereignisse die weitere Entwicklung vorantreiben, ja zum Besseren wenden können, ist relativ neu. Früher richtete man die Aufmerksamkeit vor allem auf frühkindliche Ereignisse, die nach psychoanalytischer Auffassung die ganze weitere Entwicklung nachteilig spuren (z. B. früher Mutterverlust, traumatische Erfahrung bei Ankunft eines jüngeren Geschwisters, überfordernde Reinlichkeitserziehung – vgl. z. B. Freud, 1938).

Viele dieser schwierigen Erfahrungen sind sowohl schmerzhaft als auch entwicklungsbehindernd. Aber sie sind es nach heutiger Einsicht nicht unbedingt, sondern oft nur in Abhängigkeit davon, wie das Ereignis verarbeitet wird und welche persönlichen und sozialen Ressourcen dabei verfügbar sind (für eine Übersicht s. Fend, 1998). Schicksalsschläge können auch zu Herausforderungen werden; Menschen, die sich trotz oder gerade infolge widerlicher Lebensumstände günstig entwickeln, nennt man *resilient*

Tabelle 3–2: Bedeutsame Lebensereignisse, genannt von 14- bis 19-jährigen Jugendlichen (adaptiert aus Flammer, Grob, Lüthi & Kaiser, 1989, S. 97; Häufigkeiten aus Grob, 1991, S. 53)

Bereich	Teilbereich	Beispiele	Nennungen	%
persönlich	Aussehen	Ich bekam viele schöne Kleider. Zufriedener geworden mit meinem Äußeren.	11	0.5
	Gesundheitszustand	Fuß verstaucht am Sonntagabend. Meine erste Periode.	38	1.8
	Leistungserfahrung	Gutes Zeugnis. Habe durch meine Leistungen die Lehrstelle erhalten, die ich mir erwünscht habe. Prüfung zum Militärpiloten geschafft.	358	16.8
	Persönlichkeit	Habe anders gelernt zu denken und zu handeln. Ich lernte mich und andere besser kennen.	188	8.8
	Geld	Ferienjob – erstmals 900 Fr. verdient. Mein erster Monatslohn. Auto gekauft. Höhere Lohnklasse.	66	3.1
	Freizeiterlebnisse	Paris besucht. Skiferien zwischen Weihnachten und Neujahr. Abschlusstheater in der Schule. Berge.	283	13.2
	Feste	Mein 15. Geburtstag. Weihnachtsabend.	54	2.5
	übrige		12	0.6
	Summe		1010	47.3
interpersonal	Autoritäten	Gute Lehrstelle gefunden; gutes Verhältnis zur Chefin. Streit mit Mathematiklehrer. Berufsberatung. Ergebnisse des Tests.	14	0.7
	Familie und Verwandtschaft	Letztes Jahr vor Weihnachten haben sich meine Eltern getrennt. Ich habe besseren Kontakt zu meinen Eltern. Schwester hat geheiratet. Mein Bruder reiste nach Amerika. Angst um Stelle meines Vaters.	163	7.6
	Leiterfunktion	Blauringleiterin geworden. Lagerleitung einer 34-köpfigen Gruppe.	14	0.7
	Freundschaften	Neuer Freund. Eine neue Beziehung mit einem Mädchen hielt nicht lange. Besserung der Beziehungen in der Klasse. Keine Freundin. Ich trennte meinen Freund von mir (sic).	394	18.4
	Übrige Erwachsene	Ich habe tolle Leute kennen gelernt. Todesfall. Dass ich ältere und kranke Leute pflegen durfte.	69	3.2
	übrige		30	1.5
	Summe		684	32.0
gesellschaftlich	Ausbildung und Arbeit	Mein Eintritt in die Lehre. Habe die Lehrstelle gewechselt. Ins Gymnasium gekommen. Gute Ausbildung. Schnupperlehre.	414	19.4
	Politik in Gemeinde	Engagierte mich in der Kirchengemeinde sehr. Hausbesetzung in Genf. Eröffnung einer Disco. Landdienst völlig negativ.	10	0.5
	Gesellschaft allgemein	Kriege. AIDS. Ja zu Bahn 2000. Flugzeugabsturz. Tschernobyl. Waldsterben.	18	0.8
	Summe		442	20.7
	Total		2136	100.0

(Block & Block, 1980). Andererseits hat die Forschung der letzten Jahre gezeigt, dass weniger die spektakulären Ereignisse als die Häufung unscheinbarer ungünstiger Ereignisse (sog. daily hassles) sowie chronische Belastungen die Entwicklung ungünstig beeinflussen (Abele & Becker, 1991; Grob, Stetsenko, Sabatier & Botcheva, 1999; Lazarus & Folkman, 1984; Siddique & D'Arcy, 1984).

Die Häufung ungünstiger Erfahrungen beeinträchtigt das Wohlbefinden und den Selbstwert und erhöht die depressiven Neigungen von Jugendlichen (unpublizierte Daten aus der Studie von Grob & Flammer, 1997, an 14- bis 19-jährigen Schweizer Jugendlichen). Dabei waren die meisten Zusammenhänge nicht linear, d. h. ein bis drei ungünstige Ereignisse im Befragungsbereich der vorausgehenden drei Monate haben wenig ungünstigen Einfluss auf die positive Lebenseinstellung, den Selbstwert, die depressive Stimmung, die Zufriedenheit und das subjektive Wohlbefinden, eine größere Anzahl aber wirkt sich deutlich ungünstig aus.

3.4 Bewältigung von Entwicklungsaufgaben

In den Studien von Dreher und Dreher (1985b) sowie von Schwaller (1991) wurden die Versuchsteilnehmerinnen und -teilnehmer u. a. auch danach gefragt, ob sie glaubten, die Entwicklungsaufgaben selbst lösen zu können resp. woher sie Hilfe entgegennähmen. Weitaus am häufigsten nannten die Befragten «eigene Aktivität». Erst in zweiter Linie kreuzten sie «Inanspruchnahme von Hilfe» an, entweder der Eltern (am ehesten für die EA Beruf und die EA Zukunft), der Gleichaltrigen (am ehesten für die EA Intimität), übriger Erwachsener (am ehesten für die EA Sozialengagement) und der Medien (am ehesten für die EA Sozialengagement) (Schwaller, 1991, S. 147).

Entwicklungsaufgaben sind Herausforderungen, die gelegentlich schwierig zu lösen sind. Es braucht dazu den Willen und die Bereitschaft, sich mit den sich stellenden Problemen auseinander zu setzen, sowie die Kenntnis von Wegen, wie diese Probleme gelöst werden können. In der Fachliteratur wird in diesem Zusammenhang von Bewältigungsstrategien, oder etwas amerikanisiert, von Coping-Strategien gesprochen. Von diesen Strategien gibt es viele, und sie dienen nicht ausschließlich der Bewältigung von Entwicklungsaufgaben. Man kann sie nach folgenden Gesichtspunkten ordnen:

- Problembezogenes vs. emotionsbezogenes Coping. Diese Unterscheidung stammt von Lazarus und Folkman (1984). Problembezogenes Coping umfasst Strategien wie Problemanalyse, Informationsbeschaffung oder Handlungsplanung, während emotionsbezogenes Coping Strategien wie Sich-Beruhigen oder Sich-Ablenken umfasst.
- Coping vs. defending (Haan, 1974, 1977). Defending wird von Haan verstanden als Nicht-Coping, d. h. als nicht eigentliche Problembewältigung, sondern Absicherung gegen Schäden oder Verletzungen. Letzteres ist teilweise überlappend mit emotionsbezogenem Coping.
- Internale Bewältigung vs. aktive Bewältigung unter Nutzung sozialer Ressourcen vs. problemmeidendes Verhalten (Seiffge-Krenke, 1989; vgl. auch Kavsek, 1992). Internale Bewältigung umfasst kognitive, interpretative und emotionale Bewältigungsformen, die im Gegensatz zu aktiven Bewältigungsformen und problemmeidendem Verhalten nicht direkt äußerlich sichtbar sind.
- Aktive und aufgabenorientierte Problemlösungen vs. kognitive Umbewertungen vs. Vermeidung und Ablenkung (Flammer, Neuenschwander & Grob, 1995). Kognitive Umbewertungen können beispielsweise in einer Herabstufung der Bedeutung des Problems oder in der Betonung von Vorteilen der Nichtbewältigung sein. Vermeidung und Ablenkung sind Strategien des «Aus-dem-Felde-Gehens».

Natürlich sind nicht alle Bewältigungsstrategien in jedem Fall gleich wirksam; lösbare Aufgaben werden am besten mit aktiven und durchdachten Strategien angegangen. Kognitive Umbewertungen, insbesondere nach Misserfolg, sind auf jeden Fall angemessen, wenn die vorherige Bewertung nicht adäquat war. Manchmal werden Aufgaben oder Situationen auch vorschnell kognitiv uminterpretiert (z. B. als unlösbar oder als sinnlos) oder umbewertet (z. B. als unwichtig oder nutzlos), entweder um Anstrengungen von vornherein zu vermeiden oder um nach einem Misserfolg den subjektiven Verlust gering zu halten. Vermeidung und Ablenkung können durchaus selbstschützend sein, nur tragen sie zur Lösung der Aufgabe nichts bei.

Menschen haben subjektive Präferenzen für bestimmte Bewältigungsstrategien. Bei großen Schwierigkeiten suchen weibliche Adoleszente und Erwachsene im Durchschnitt häufiger mitmenschliche Anteilnahme und Unterstützung und geben sich auch mehr der bloßen Hoffnung auf Besserung hin, während männliche Jugendliche in einigen Studien häufiger lautes oder hartes Ausagieren (hartes Arbeiten, Sport) als ihre Bewältigungsstrategien nannten (z. B. Frydenberg & Lewis, 1991; Hoffman, Levy-Shiff, Sohlberg & Zarizki, 1992).

Diese Bewältigungsstrategien sind nicht nur für die Lösung von Entwicklungsaufgaben und aktuellen Belastungen durch besondere Lebensereignisse bedeutsam, sie haben in der Folge auch einen Einfluss auf das Wohlbefinden der Jugendlichen. Die Figur 3–1 kann diese Wirkung zwar nicht belegen, zeigt aber Zusammenhänge, die mit der Annahme solcher Wirkungen vereinbar sind. Untersucht wurden 14- bis 16-jährige Jugendliche mit mehr oder weniger aktueller, subjektiv wahrgenommener Belastung. Je mehr die stark belasteten Jugendlichen gewohnt waren, Probleme aktiv anzugehen und selbst zu lösen versuchten, desto höher war ihre positive Lebenseinstellung.[11] Dieser Zusammenhang ergab sich aber nur, wenn die aktuelle Belastung hoch war; war die aktuelle Belastung tief, dann war die positive Lebenseinstellung in jedem Fall hoch. Dann hatte das Ausmaß des handlungsorientierten Bewältigungsstils keinen Zusammenhang mit der positiven Lebenseinstellung (Figur 3–1a). Auch das Ausmaß, mit dem die Jugendlichen in schwierigen Lebenslagen Unterstützung von den Eltern suchten, war positiv korreliert mit positiver Lebenseinstellung und

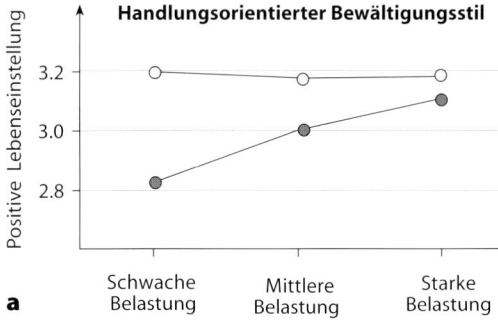

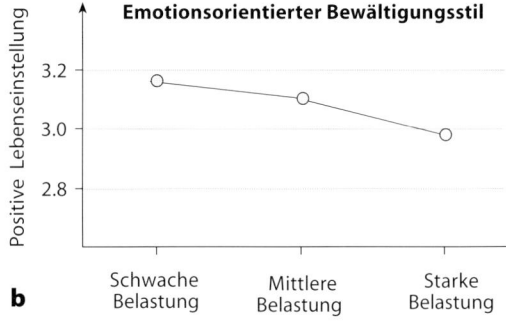

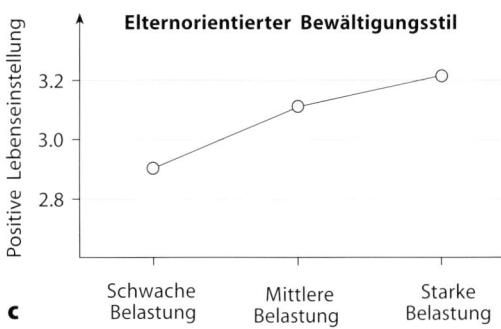

Figur 3–1: Chronische Belastung, Bewältigungsstil und Reaktionsgewohnheiten im Zusammenhang mit positiver Lebenseinstellung (aus Grob & Bodmer, 1992, adaptiert)

das unabhängig vom Ausmaß der aktuellen Belastung (Figur 3–1b). Schließlich bestand ein negativer Zusammenhang zwischen positiver Lebenseinstellung und der Gewohnheit, in

---

11 Positive Lebenseinstellung war in dieser Untersuchung ein zentraler Faktor des Wohlbefindens.

Schwierigkeiten seinen Emotionen freien Lauf zu lassen und beispielsweise zu weinen und das wiederum unabhängig von der aktuellen Belastung (Figur 3–1c). Der meistversprechende Umgang mit hoher Belastung ist also der handlungsorientierte Bewältigungsstil. Die anderen beiden Bewältigungsstile (man würde in dieser Untersuchung besser von Reaktionsgewohnheiten sprechen) stehen mit Wohlbefinden zwar in einem Zusammenhang, sind aber offensichtlich unabhängig von aktueller Belastung. Es gibt Probleme, die man einfach nicht «bewältigen» kann; die Frage ist dann nur, wie man mit ihnen «zurecht kommt».

3.5 Wer ist an der Lösung von Entwicklungsaufgaben interessiert?

Havighurst (1948) hat mit der Wahl des Ausdrucks Entwicklungs*aufgabe* einen theoretischen Anspruch an das Verständnis von Entwicklung gestellt, von dem gar nicht sicher ist, dass er eingelöst wird. Überdies suggeriert der Begriff der Aufgabe eine aufgabenstellende Instanz. Man sollte also erwarten, dass eine Entwicklungsaufgabe von einem Aufgabensteller gestellt und von einer sich entwickelnden Person als Aufgabe verstanden resp. übernommen und gelöst oder dann explizit verweigert wird. Schließlich muss sie Entwicklung bewirken, sonst ist sie entwicklungsirrelevant. Flammer (1992; Flammer & Avramakis, 1992) hat in einer theoretischen Analyse vorgeschlagen, den Aufgabensteller dadurch zu identifizieren, dass er zum «Ergebnis» der Aufgabenlösung resp. bereits zum Lösungsverlauf evaluativ Stellung nimmt, zum Beispiel lobend, anerkennend oder strafend, verachtend etc. Flammer unterschied drei mögliche Auftraggeber und drei mögliche Adressaten. Die Auftraggeber sind die Gesellschaft, die jeweilige Bezugsgruppe resp. bestimmten Bezugspersonen und die Person selbst. Die drei Adressaten sind entweder alle Menschen einer bestimmen Kultur oder alle Menschen einer logischen Klasse aus dieser Kultur oder ein einzelnes, ausgewähltes Individuum.

Daraus ergeben sich neun mögliche Konstellationen, von denen sechs von besonderem Interesse sind (vgl. Tab. 3–3).

Wenn die genannten Instanzen wirklich als Auftraggeber in Frage kommen, ist anzunehmen, dass sie die Erfüllung der Entwicklungsaufgaben irgendwie überwachen und sanktionieren. In der Tabelle 3–4 sind erste Hypothesen zu solchen Reaktionen aufgelistet. Diese sind einstweilen auf drei Aufgabentypen beschränkt und berücksichtigen drei mögliche Lösungsformen, nämlich die erwartungsgemäße Lösung, die Nichtlösung (entweder mit der Attribution «will nicht» oder der Attribution «kann nicht») und die verspätete Lösung.[12] Weitere Lösungsformen wären etwa die «schlechte Lösung» und die verfrühte oder vorzeitige Lösung.

Wie die Tabelle 3–4 zeigt, werden nicht für alle Kombinationen spezifische evaluative Reaktionen erwartet. So sollte nicht erwartet werden, dass die sog. Gesellschaft oder eine Bezugsgruppe evaluativ reagieren, wenn jemand eine subjektive Entwicklungsaufgabe nicht oder verspätet löst, zum Beispiel ein berühmter Pianist zu werden. Wenn hingegen jemand eine eingeschränkt normative oder gar eine individuelle Entwicklungsaufgabe erfolgreich löst, mag das der Umgebung auffallen und dennoch evaluative Reaktionen von Seiten der sog. Gesellschaft und der Bezugsgruppe resp. Bezugspersonen auslösen.

Ob sich die inhaltlichen Spezifikationen der unterstellten Reaktionen halten lassen, oder ob sie noch erweitert werden müssen, ist nicht abschließend geprüft. Einige empirische Untersuchungen bestätigen diesbezügliche Erwartungen. Grob und Mitarbeitende (1995) konfron-

---

12 Natürlich beanspruchen wir mit dieser theoretischen Erweiterung nicht absolute interkulturelle Universalität. So zählen etwa die Tuareg, ein nomadischer Stamm im Niger, laut Spittler (1990) ihre Lebensjahre nicht; darum soll es bei ihnen auch keine Verspätungen und keine Verfrühungen, kein vorzeitiges Altern, keine späte Pubertät etc. geben. Ob nicht auch die Tuareg in krassen Fällen feststellen, dass zwei im gleichen Sommer geborene Kinder oder zwei ehemalige Spielkameraden später ungleich «weit» sind?

Tabelle 3-3: Aufgabensteller und Adressaten von Entwicklungsaufgaben (nach Flammer, 1992, S. 121)

Aufgabensteller	Adressat		
	alle	eine augewählte Klasse	ein einzelnes Individuum
Gesellschaft, «man»	normative EA	eingeschränkt normative EA	individuell normative EA
Bezugsgruppe, Bezugsperson		eingeschränkt normative EA	individuell normative EA
Person selbst			subjektive EA

Tabelle 3-4: Evaluative Reaktionen auf Lösungen von Entwicklungsaufgaben, differenziert nach Aufgabentypen, Lösungstypen und Evaluationsinstanz (S = subjektive Evaluationsinstanz; B = Bezugsgruppe oder Bezugsperson; G = Gesellschaft); adaptiert nach Flammer (1992, S. 123)

Lösung	Aufgabentyp		
	normativ	eingeschränkt normativ	individuell
erwartungsgemäß	S: Befriedigung B: Befriedigung G: Zulassung, offizielle Anerkennung	S: Befriedigung, Stolz B: Stolz G: Respekt	S: Befriedigung, Stolz B: Stolz G: Bewunderung
nicht oder noch nicht («will nicht»)	S: Protest, Verachtung, neurotische Reaktion B: Verwirrung, Ärger, Scham G: Ausgrenzung	S: Protest, Verachtung, neurotische Reaktion B: Verachtung, Ärger, Scham G: –	S: Ignorieren, Rationalisierung, Verdrängung B: Bedauern G: –
nicht oder noch nicht («kann nicht»)	S: Beeinträchtigung des Selbstwerts, Trauer, Kompensation B: Mitleid, Hilfe, (Scham) G: Mitleid, Hilfe	S: Beeinträchtigung des Selbstwerts, Trauer, Kompensation B: Mitleid, (Hilfe) G: –	S: Beeinträchtigung des Selbstwerts, Trauer, Kompensation B: Bedauern G: –
verspätet, aber gelöst	S: Erleichterung B: Erleichterung G: (Erleichterung)	S: Erleichterung B: Erleichterung, Freude G: –	S: Erleichterung B: Erleichterung, Freude G: –

tierten erwachsene Versuchspersonen mit Berichten über junge Männer, welche die eine oder die andere von zwei Entwicklungsaufgaben, nämlich Berufswahl/-ausbildung und soziale Ablösung von den Eltern entweder erwartungsgemäß oder nicht oder doch verspätet lösten. Beispielsweise wurde für die nicht selbst verschuldete verspätete Lösung der Autonomie-Entwicklungsaufgabe ein 31-jähriger Mario beschrieben, der unter epileptischen Anfällen litt, welche medikamentös immer noch nicht unter Kontrolle waren, und der deshalb bei seinen Eltern wohnte. Ein Beispiel einer verfrühten Lösung handelte von einem 10-jährigen Reto, der bereits einen Lehrvertrag als Elektroinstallateur abgeschlossen hatte und in der Freizeit regelmäßig als Hilfsarbeiter in der späteren Lehrfirma aushalf. Die befragten erwachsenen Versuchspersonen sollten angeben, wie sehr die Beschreibung bei ihnen bestimmte evaluative Reaktionen auslöste und welche Zukunftsprognose sie stellen würden.

- *Erwartungsgemäße Lösungen* erbrachten die meisten Zustimmungen zu den Aussagen «liegt im Alter des Üblichen», «macht einen guten Eindruck» und «wird in seinem Leben wahrscheinlich gut zurecht kommen». Die dadurch ausgelösten Emotionen waren «Achtung», mit Distanz gefolgt von «Freude» und «Befriedigung».
- Wer die Aufgabe *verfrüht* löste, bewirkte Emotionen wie «Überraschung», «Angst», «Ablehnung» und «Bewunderung». Solches Verhalten wurde als «nicht der Norm entsprechend» beurteilt. Die Zukunft wurde zwiespältig beurteilt, nämlich als «wahrscheinlich gut, aber mit hohem Risiko belastet». Dabei war eine statistische Interaktion zu beobachten, indem die verfrühte Lösung der Berufswahlaufgabe eher positiv und die verfrühte Lösung der Autonomieaufgabe fast durchweg negativ beurteilt wurde.
- Die *verspätete Aufgabenlösung* wurde als «nicht-normgemäß», als «sehr riskant» und «mit schlechter Zukunftsaussicht» beurteilt; die ausgelösten Emotionen waren vornehmlich «Ablehnung», «Mitleid» und «Ärger». Die *verspätete, aber nicht selbst verschuldete Aufgabenlösung* hingegen beurteilten die erwachsenen Versuchspersonen als «nicht-normgemäß», als «einigermaßen riskant» und «mit schlechter Zukunftsaussicht». Unter den ausgelösten Emotionen überwog bei weitem «Mitleid».
- Personen, die sich selbst eher für non-konformistisch hielten, beurteilten die Jugendlichen, die sich der Lösung einer Entwicklungsaufgabe widersetzten, etwas positiver als Personen, die sich selbst für eher konformistisch hielten. Auch darin mag sich andeuten, dass Entwicklungsaufgabenstellung und ihre Durchsetzung historische Veränderungen erfahren können.

Berger, Grob und Flammer (1999) konnten zeigen, dass Erwachsene die Lösung von Entwicklungsaufgaben durch weibliche Jugendliche (wieder Vorgabe von Szenarien) positiver beurteilten, wenn die Lösung geschlechtsrollenkonform war, als wenn sie es nicht war. Allerdings waren die Erwachsenen, die selbst weniger geschlechtsrollenkonform waren, auch im Urteil der Entwicklungsaufgabenlösungen weiblicher Jugendlicher großzügiger.

Damit ist mit zwei ersten Studien belegt, dass potentielle Träger der öffentlichen Meinung zum Lösungsmodus von normativen Entwicklungsaufgaben evaluativ Stellung beziehen. Natürlich sind explizit nur Urteile und spontane Emotionen erhoben worden; es darf aber angenommen werden, dass diese Emotionen eine begründende und motivierende Grundlage für konkretes Handeln darstellen, mithin, dass gesellschaftliche Sanktionen von der erwarteten Art wahrscheinlich sind.

Da viele Erwartungen an die Entwicklungsschritte von Kindern und Jugendlichen kulturspezifisch sind, muss damit gerechnet werden, dass Jugendliche aus Immigrantenfamilien gelegentlich widersprüchlichen Erwartungen (Herkunftsfamilie vs. Gesellschaft des Gastgeberlands) ausgesetzt sind. Das kann zu innerpsychischen Spannungen und Konflikten mit den Eltern führen (Sue & Sue, 1990). So berichteten zum Beispiel Jugendliche asiatischer Herkunft in den USA über mehr Konflikte mit Eltern in Fragen von Unabhängigkeit und Hauspflichten als Jugendliche von europäischen Einwanderern (Copeland, Hwang & Brody, 1996, zit. nach Juang, Lerner, McKinney & von Eye, 1999, S. 1025).

Schließlich ist darauf hinzuweisen, dass gewisse Entwicklungsaufgaben deutlich in objektive gesellschaftliche Strukturen eingebaut sind. Wer zum Beispiel langfristig wirklich nicht imstande ist, seinen Lebensunterhalt zu verdienen (und auch nicht entsprechende Reserven hat), wird als arbeitslose Person oder allenfalls als Sozialfall kategorisiert und hat Anrecht auf öffentliche Unterstützung.

Flammer (1991) hat in diesem Kontext B-Kompetenzen von F-Kompetenzen unterschieden. F-Kompetenzen sind Fähigkeiten im üblichen Sinn, B-Kompetenzen sind Berechtigungen (im alltagssprachlichen Sinn von Kompetenz). Unsere Gesellschaft vergibt viele B-Kompetenzen, beispielsweise als Berufsdiplome, akademische Titel oder Wählbarkeitszeugnisse.

Die meisten von ihnen sind aber an den nachgewiesenen Erwerb von F-Kompetenzen gebunden, mithin an die Lösung bestimmter Entwicklungsaufgaben wie Berufslehre etc. Im genannten Aufsatz werden zwei Thesen beschrieben und belegt, die zeigen, wie viel Wert die Gesellschaft auf die Lösung von EA tatsächlich legt:

- These 1: Initiationsrituale vermitteln B-Kompetenzen; die Lösung von Entwicklungsaufgaben vermittelt F-Kompetenzen. In dem Ausmaß, als der Zugang zum Erwachsenenstatus F-Kompetenzen voraussetzt, werden Initiationsrituale durch Entwicklungsaufgaben ersetzt.
- These 2: Moderne Industriegesellschaften arrangieren und überwachen die Bewältigung von Entwicklungsaufgaben mit gleichem Interesse, wie traditionelle Gesellschaften die Durchführung von Initiationsritualen arrangieren und überwachen (vgl. Birket-Smith, 1941, dt. 1946; Mitterauer, 1988; Muuss, 1980).

Zur Klärung des Aufgabencharakters der EA sind Studien fällig, welche die Selbstwahrnehmung der Aufgabenlösenden betreffen. Spüren sie dabei so etwas wie eine Pflicht? Erleben sie sich als Versagerinnen oder Versager, wenn sie diese Aufgaben nicht erfüllen? Sind sie stolz auf erwartungsgemäße oder gar verfrühte Lösungen? Unterscheiden sich diese Reaktionen bei normativen, eingeschränkt normativen und individuellen EA?

Die Differenzierung nach Auftraggeber und Adressaten von Entwicklungsaufgaben könnte in Zukunft noch an Bedeutung gewinnen, da die biografischen Wahlmöglichkeiten (Schulen, Berufe, Arbeitsformen, Formen des sozialen Zusammenlebens, Abbau von Geschlechtsstereotypen) ihrerseits vielfältiger werden und dadurch immer weniger Entwicklungsaufgaben normativ sind (Kohli, 1986).

3.6 Ausblick

Das Konzept der Entwicklungsaufgaben ist sehr gut geeignet, die Vernetzung der gesellschaftlichen, der biologischen und der subjektiven Bedingungen der Entwicklung darzustellen. Mit den gesellschaftlichen Bedingungen kommt deutlich auch die spezielle kulturelle und historische Einbettung der individuellen Entwicklung in den Blick. Die je aktuellen Entwicklungsaufgaben sind geradezu Indikatoren der aktuellen Sozialisationssituation.

Die biologischen Bedingungen bringen insbesondere in der Adoleszenz unumgängliche (beglückende und einschränkende) Umstände ins Spiel. Neben den normativen Veränderungen der Pubertät fallen für einzelne Jugendliche zusätzlich jene Aspekte ins Gewicht, die sie von der Mehrheit unterscheiden (z. B. Aussehen, Gesundheit, Begabungen).

Die subjektiven Seiten der Entwicklungsaufgaben sind doppelt bedeutsam, nämlich als subjektive Zielsetzungen, Anliegen und Ängste und als individuelle Anstrengungen zur Meisterung der von außen und der selbst gestellten Herausforderungen. Entwicklung ist in der Adoleszenz (und im Erwachsenenalter) zu einem großen Teil dem einzelnen Individuum anheim gestellt. Es gibt Freiräume in der Zielwahl und Freiräume in der Gestaltung des eigenen Weges zu diesen Zielen.

Teil II
Zentrale Entwicklungsprozesse

4. Pubertätsentwicklung

Die Pubertät umfasst die Gesamtheit der körperlichen Entwicklung im Kontext der Erlangung der Geschlechtsreife. Nach den ersten zwei Lebensjahren verläuft die körperliche Entwicklung nie mehr so dramatisch wie in der Adoleszenz. Diese Entwicklung verändert die persönliche Situation des heranwachsenden Menschen, indem er seinen Körper und die Reaktionen anderer auf ihn auf ganz neue Art erfährt und diese neuen Erfahrungen in das bestehende Selbstkonzept integrieren muss. Die Pubertätsentwicklung ist äußerst privat und jedoch gleichzeitig öffentlich, in dem Sinn, dass sie von der Umgebung häufig mit Interesse mitverfolgt wird. So beobachten Eltern, Lehrpersonen und Gleichaltrige (die Peers)[13] die Veränderungen verhältnismäßig aufmerksam und reagieren entsprechend auf sie. In diesem Kapitel wollen wir zeigen, dass Pubertät sowohl ein biologisches, ein psychologisches, ein soziales als auch ein kulturelles Ereignis ist.

4.1 Die somatische Entwicklung[14]

Somatisch (= körperlich) gesehen, besteht Pubertät in hormonalen, physiologischen und morphologischen Veränderungen, die alle im Dienste der Reifung des reproduktiven Systems zusammenwirken. Wir wollen mit den sichtbaren Veränderungen, d. h. mit der körperlichen Erscheinung, anfangen. Danach besprechen wir die hormonalen Prozesse, den Zeitpunkt des Auftretens der ersten pubertären Veränderungen sowie verschiedene Messmethoden zur Feststellung der Pubertätsreifung im Rahmen der Entwicklungsforschung.

4.1.1 Körperliche Erscheinung

Während Mädchen und Jungen sich vor der Pubertät körperlich etwa gleich entwickeln (z. B. bezüglich Größe und Kraft), ändert sich dies mit der Pubertät drastisch. Die ersten Zeichen der Pubertätsentwicklung treten bei Mädchen durchschnittlich etwas früher auf, und auch der Verlauf der somatischen Änderungen ist in beiden Geschlechtern unterschiedlich. Beiden gemeinsam ist der Wachstumsspurt, der sowohl bei Mädchen wie bei Jungen die Harmonie der Gesamterscheinung durcheinander bringt. Das Längenwachstum erfolgt nämlich nicht gleichmäßig über den ganzen Körper verteilt. Typischerweise geraten zuerst die Gliedmaßen (Hände und Füße, dann Arme und Beine) in den Wachstumsspurt. Dadurch geht die kindliche Körperform verloren, ohne dass bereits die Proportionen des erwachsenen Körpers sichtbar werden. Viele Jugendliche, insbesondere Jungen, sehen vorübergehend schlacksig aus und benehmen sich teilweise entsprechend unbeholfen.

Bei den Jungen erscheinen die körperlichen Veränderungen in einer ziemlich geordneten Reihenfolge, typischerweise wie folgt: (1) Wachstum von Hoden und Hodensack, Erscheinen der ersten Schamhaare (zuerst spärlich, relativ hell und gestreckt, später dichter, dunkler und gekraust), (2) Peniswachstum, erste Gesichtshaare und Muskelwachstum, (3) erster Samenerguss, (4) Wachstumsspurt, Achselhaare und Stimmbruch. Veränderungen ergeben sich auch in der Haut, indem sie rauher wird und mehr Talg absondert, wodurch Akne und ein starker Körpergeruch entstehen können. Oft wächst in dieser Zeit auch die männliche Brust (Volumen, Warze, Warzenhof), was den Betroffenen gelegentlich Angst macht und Sorge bereitet; normalerweise bilden sich diese Veränderungen wieder zurück.

Bei den Mädchen ist die Entwicklungsabfolge der sichtbaren Geschlechtsmerkmale weniger einheitlich. Sie beginnt im Allgemeinen mit der Erhebung der Brust und dem Erscheinen von Schamhaaren (mit Veränderungen wie bei den Jungen); die Brustentwicklung durchläuft unabhängig vom Volumen der Brust verschiedene

---

13 Unter «peers» versteht man im Englischen die mehr oder weniger Gleichaltrigen, die sich im aktuellen Umfeld der Zielperson (hier: der oder des Jugendlichen) befinden. Dieser Ausdruck ist in der Literatur so breit eingeführt, dass er auch im Deutschen verwendet wird.

14 Wir danken Mirjam Delange Alsaker, die uns beim Verfassen dieses Abschnitts unterstützt und die die Figur 4–1 beigetragen hat.

Formstadien. Dazu kommt eine Veränderung in der Verteilung des Körperfetts, wodurch der typische mädchenhafte Körper allmählich in eine Frauenfigur übergeht. Analog zu den Jungen erfolgen dann Veränderungen an den Genitalien (Vergrößerung von Uterus, Vagina, Schamlippen und Klitoris), und ungefähr gleichzeitig ist das Längenwachstum vollendet. Relativ spät in diesem Verlauf erfolgt die Menarche (= erste Menstruation); die Empfängnisfähigkeit setzt dann bei einigen Mädchen bald ein, bei anderen jedoch erst lange Zeit danach. Mit der Menarche ist das Längenwachstum der Mädchen im Wesentlichen abgeschlossen; nur selten erfolgt nachher noch ein Wachstum von mehr als 4 %. Das heißt, dass eine eventuelle Behandlung von Wachstumsproblemen vor der Menarche geschehen muss. Solche Behandlungen sind im Übrigen heute sehr umstritten und kommen nur in sehr seltenen Fällen zur Anwendung.

In der Literatur wird immer wieder darauf hingewiesen, dass Jungen sich anderthalb bis zwei Jahre später entwickeln als Mädchen. Dabei ist aber zu beachten, dass die ersten Veränderungen der sichtbaren Geschlechtsmerkmale bei Jungen (Genitalien) nur wenige Monate nach den ersten Veränderungen bei Mädchen (Brust) eintreten (Finkelstein, 1980, S. 65). Weil aber die ersten Veränderungen bei Jungen, im Gegensatz zu Mädchen, für andere nicht direkt sichtbar sind und weil bei Mädchen der Wachstumsspurt relativ früh und bei Jungen relativ spät in ihrer körperlichen Entwicklung eintritt, erscheint der zeitliche Entwicklungsunterschied zwischen Jungen und Mädchen als viel größer, als er tatsächlich ist. Das späte Erscheinen von öffentlich sichtbaren und hörbaren männlichen Merkmalen (Gesichtshaare, Stimmbruch) verstärkt diesen Eindruck überdies. So kommt es, dass die 12- bis 14-jährigen Mädchen die gleichaltrigen Jungen in der Länge häufig überholen.

In der Pubertät werden die Körperproportionen in mancher Beziehung verändert. Während in der Kindheit Mädchen etwa gleich viel Muskulatur und nur wenig mehr Fett haben als Jungen, setzen die jungen Männer in der Pubertät wesentlich mehr Muskulatur an als junge Frauen, während diese mehr an Körperfett zulegen (Garn & Clark, 1976). Am Ende der Pubertät beträgt das Muskel-Fett-Verhältnis bei jungen Männern etwa 3:1 und bei jungen Frauen etwa 5:4 (Steinberg, 1989, S. 28). Dies bewirkt unter anderem, dass die Mädchen in der Pubertät im Allgemeinen eine relative Einbuße ihrer Körperkraft erleben. Dieser Unterschied ist biologisch bedingt und überdies sinnvoll, da ein gewisser Teil der Östrogenproduktion bei Frauen als Umwandlung anderer Hormone in der Unterhautfettlage geschieht.

Diese Unterschiede rechtfertigen, dass Frauen und Männer Sportwettkämpfe in getrennten Kategorien betreiben. Andererseits kann dieser Unterschied der Muskelkraft durch gezieltes individuelles körperliches Training durchaus reduziert werden (Brooks-Gunn & Warren, 1985b; Schölmerich, 1996).

4.1.2 Hormonale Entwicklung

Die Veränderungen, die wir oben angesprochen haben, sind Wirkungen von hormonalen Umstellungen vor und während der Pubertät. Die primäre Funktion des hormonalen Systems ist es, die Aktivitäten verschiedener körperlicher Systeme zu koordinieren. Hormone werden in Drüsen produziert und im Blut durch den ganzen Körper transportiert. Es sind hochspezialisierte Substanzen, die sozusagen als Boten zwischen den endokrinen Drüsen und anderen Organen dienen. Sie regulieren die Funktion der Zielorgane (Endometrium, Brust, Haut etc.), indem sie gewisse Organe und Zellen zur Aktivität anregen und andere bremsen. Bestimmte Hormone regulieren beispielsweise die Verdauung, andere regulieren die Herzaktivität.

In unserem Kontext interessieren die Geschlechtshormone. Der primäre Mechanismus, der die Interaktion zwischen den Drüsen und den Organen reguliert, ist der sog. negative Rückkoppelungsmechanismus. Dies bedeutet, dass eine hohe Konzentration einer gewissen Substanz im Blut die Produktion dieser Substanz reduziert. Nehmen wir ein Beispiel: Luteinisierungshormone (LH) stimulieren die Produktion des männlichen Hormons Testosteron. Wenn die Konzentration von Testosteron

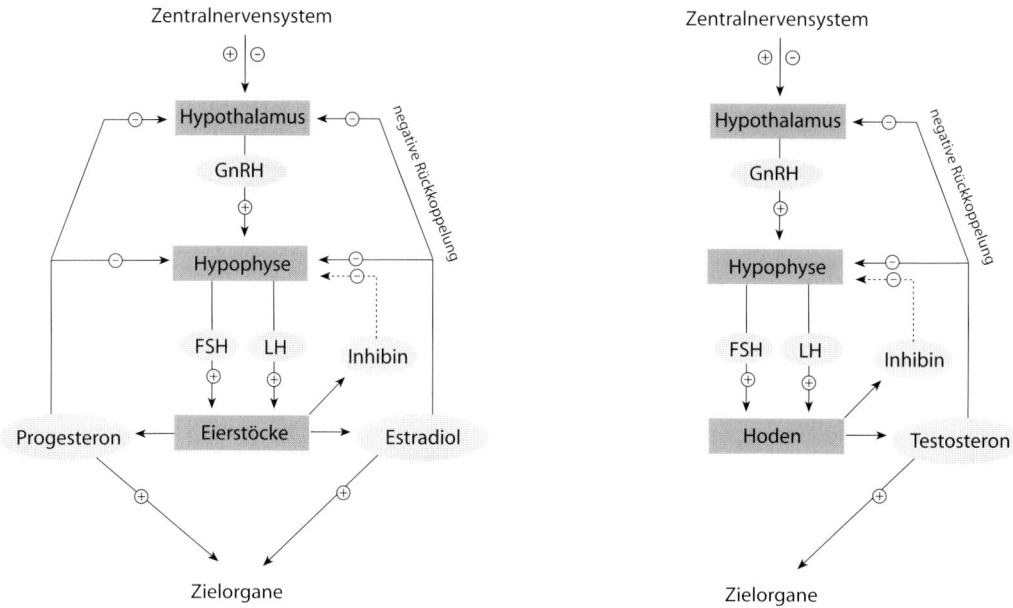

Figur 4–1: Die zentralen hormonalen Prozesse der Pubertätsentwicklung bei Frauen und Männern (GnRH = gonadotropic releasing hormone, FSH = follikelstimulierendes Hormon, LH = Luteinisierungshormon)

im Blut ein gewisses Niveau erreicht, hemmt Testosteron die weitere Produktion von LH. Überdies produzieren auch die sog. Zielorgane chemische Substanzen, die auf endokrine Drüsen einwirken und deren hormonale Produktion regulieren. Figur 4–1 entnehmen wir auch, dass Eierstöcke und Hoden eine chemische Substanz (Inhibin) produzieren, die direkt auf die Hypophyse einwirkt und die weitere Produktion von FSH (= follikelstimulierendes Hormon) und LH hemmt.

Geschlechtshormone sind spezifische Hormone, die von den nicht sichtbaren (= primären) Geschlechtsorganen produziert werden. Diese internen Geschlechtsorgane heißen Gonaden. Das sind bei den Frauen die Ovarien und bei den Männern die Testikel. Die Geschlechtshormone sind u. a. für die Entwicklung der sichtbaren (= sekundären) Geschlechtsmerkmale verantwortlich.

Es gibt männliche und weibliche Geschlechtshormone. Auf jeder Entwicklungsstufe vor der Pubertät produziert der Körper beide Typen von Hormonen in ungefähr demselben Maß, sowohl bei Mädchen wie bei Jungen. Mit der Pubertät ändern sich Mengen und Proportionen, und die Unterschiede zwischen den Geschlechtern werden größer. Von den männlichen Hormonen, den Testosteronen, weiß man, dass ihre Anteile in der Blutbahn während der männlichen Pubertät etwa 18-mal höher werden als vor der Pubertät; von einem der weiblichen Geschlechtshormone, dem Estradiol, ist bekannt, dass seine Konzentration bei den pubertierenden Mädchen auf das Achtfache ansteigt (Nottelmann et al., 1987). Es gibt dabei allerdings große interindividuelle Unterschiede, die teilweise auf Faktoren vor der Pubertät zurückgeführt werden können (Susman, Dorn & Chrousos, 1991).

Bereits einige Jahre vor der Reifung der Gonaden steigern die sog. adrenalen Drüsen ihre Aktivität. Vor der Pubertät wird die Produktion von GnRH (gonadotropic releasing hormone) im Hypothalamus aber durch Mechanismen, die man heute noch nicht vollständig versteht, gehemmt. Es scheint, dass die generelle Reifung des Zentralnervensystems diese Hemmung aufhebt, so dass der Hypothalamus anfängt, die Hypophyse zu aktivieren, und dies schon vor dem eigentlichen Beginn der Pubertät. Diese Mechanismen sind in der Figur 4–1 dargestellt.

Die Hypophyse sondert in geschlechtsspezifischen Proportionen das Luteinisierungshormon (LH) und das follikelstimulierende Hormon (FSH) ab, welche ihrerseits Hoden und Eierstöcke wachsen lassen und diese veranlassen, die eigentlichen Geschlechtshormone, nämlich die Gruppen der Androgene und der Östrogene, zu produzieren. Diese bewirken die Produktion und Reifung der Eier bei den Mädchen und der Samen bei den Jungen sowie das Wachstum und die Aufrechterhaltung der sekundären Geschlechtsmerkmale.

Eine Zeit lang glaubte man, man könnte den Beginn der Pubertät am einfachsten und eindeutig endokrin definieren, nämlich mit dem Beginn der besonderen Hormonproduktion. Neuere Untersuchungen haben aber gezeigt, dass, gemessen am Körpergewicht, der größte Ausstoß von Sexualhormonen kurz vor der Geburt stattfindet und dass nach einem praktischen Stillstand in den ersten Lebensjahren etwa im siebten Lebensjahr ein neuer Schub einsetzt. Die Reifung der adrenalen Drüsen setzt schon zwischen sechs und acht Jahren ein, und die Reifung der Gonaden rund um das neunte oder zehnte Lebensjahr (Susman et al., 1987). Interessanterweise entwickeln sich die sekundären Geschlechtsmerkmale erst zwei bis fünf Jahre später. Es scheint auch eine gewisse Unabhängigkeit der hormonalen (androgenen resp. östrogenen) Systeme zu geben (Nadler, Wallis, Roth-Meyer, Cooper & Baulieu, 1987), so dass die hormonalen Messungen das Erscheinen der sekundären Geschlechtsveränderungen nur schlecht vorherzusagen gestatten.

Die Geschlechtshormone bewirken möglicherweise nicht nur die Entwicklung und Aufrechterhaltung der Geschlechtsfunktionen und -merkmale, sondern beeinflussen auch das subjektive Befinden und das Verhalten. Richards und Larson (1993) fanden erhöhte emotionale Schwankungen bei Mädchen, deren Körper sich gerade in starker sichtbarer Veränderung befand. Es gibt eine gewisse Evidenz für einen Zusammenhang zwischen Hormonen, Emotionen und Verhalten bei Erwachsenen. Dramatische Episoden, wie periodische Psychosen und depressive Stimmungen, konnten mit hormonalen Variationen im Laufe des menstrualen Zykluses in Verbindung gebracht werden (Berlin, Bergey & Money, 1985; Parry, 1989). Da emotionale Zustände aber immer auch durch die aktuelle Lebenssituation und ihre subjektive Interpretation beeinflusst werden, sind hormonale Einflüsse auf das subjektive Befinden und das aktuelle Verhalten nur schwer genau auszumachen, aber doch wahrscheinlich (Brooks-Gunn & Warren, 1989; Inoff-Germain et al., 1988). Die ganze innerliche Physiologie gerät gelegentlich in ein so starkes Ungleichgewicht, dass die subjektive Befindlichkeit dadurch beeinträchtigt wird.

Susman und Mitarbeitende (1985) berichteten über gesteigerte Traurigkeit bei pubertierenden Mädchen mit erhöhten Testosteronspiegeln. Bei Jungen war so ein Effekt nur schwach oder gar nicht replizierbar. Ein erhöhter Hormonspiegel erwies sich auch nicht als guter Prädiktor von späteren emotionalen Problemen (Susman et al., 1991). Mehrere Studien konnten bei jungen Männern eine Verbindung zwischen Testosteronspiegel und Formen von aggressiven Motiven (Inoff-Germain et al., 1988; Olweus, Mattson, Schalling & Low, 1980, 1988) und Dominanzstreben (Udry & Talbert, 1988) nachweisen. Entsprechende Zusammenhänge sind bei Mädchen nicht gefunden worden. Letzteres könnte auch methodologisch bedingt sein, da menstruelle Hormonschwankungen reliable Hormonspiegelmessungen sehr erschweren. Überhaupt scheinen Stimmungsschwankungen weniger durch das absolute Niveau von Hormonkonzentrationen beeinflusst zu sein als durch Schwankungen dieser Konzentration (Buchanan, Eccles & Becker, 1992).

Im Allgemeinen haben Sexualhormone bei den Jungen einen stärkeren Einfluss auf die sexuelle Motivation als bei den Mädchen. Das Testosteronniveau hängt bei Jungen mit der Häufigkeit sexueller Erregung, mit sexuellen Fantasien, Onanieren, sexuellen Träumen und mit der Häufigkeit sexueller Aktivität zusammen (Udry, Billy, Morris, Groff & Raj, 1985; Udry & Billy, 1987). Bei den Mädchen scheint es auch einen korrelativen Zusammenhang zwischen dem Testosteronniveau und der sexuellen Motivation und dem Onanieren zu geben, aber nicht damit, ob sie Geschlechtsverkehr haben. Hormonale Dispositionen führen nicht automatisch zu entsprechendem Verhalten.

Zusammenfassend müssen wir feststellen, dass der große Forschungsaufwand zu den Zusammenhängen zwischen dem Hormonhaushalt, der emotionalen Befindlichkeit und dem Verhalten von pubertierenden Jugendlichen wenig verlässliche Erkenntnisse gebracht hat. Die Zusammenhänge sind meistens schwach und sehr inkonsistent. Die Ergebnisse einer Studie von Halpern und Udry (1992) zur Variation von Hormonspiegelbestimmungen in verschiedenen Laboratorien sollten uns für die Lektüre von Studien über hormonale Einflüsse kritisch stimmen. Diese Autoren haben nämlich zeigen können, dass die Korrelationen zwischen dem Testosteronniveau (gemessen in verschiedenen Laboratorien) und der pubertären Reifung je nach Laboratorium zwischen –.62 und .41 variierten. Diese Autoren konnten auch keine verlässlichen Angaben dazu machen, welche Messung die geeignetste wäre.

4.1.3 Zeitpunkt des Pubertätseintritts

Schülerinnen und Schüler der Grundschulklassen bieten meistens ein körperlich ziemlich ausgeglichenes Gruppenbild. Mit der Pubertät zerfällt dieses Bild. Dann treten starke Unterschiede zwischen den Geschlechtern, innerhalb der Geschlechter und zwischen Rassen auf. Weil diese Unterschiede für das Erleben und die weitere Entwicklung der Betroffenen sehr bedeutsam sind, und weil sich darin möglicherweise externe Einflüsse auf die Entwicklung kundtun, verdienen diese Unterschiede unsere besondere Aufmerksamkeit.

4.1.3.1 Individuelle Unterschiede

Der Zeitpunkt des Eintretens der ersten Merkmale der pubertären Reifung variiert nicht nur zwischen, sondern auch innerhalb der beiden Geschlechter. Tanner (1972) schrieb, dass die Normalvariation zwischen Individuen vier bis fünf Jahre beträgt. Konkret heißt das, dass die ersten Veränderungen bei einem Mädchen schon mit 8 und bei einem anderen Mädchen erst mit 13 Jahren zu beobachten sein können. Dazu kommt, dass auch der Verlauf der Entwicklung zwischen Individuen variiert. Zum Beispiel kann die Zeit zwischen den ersten und letzten pubertären Veränderungen in Mädchen zwischen anderthalb bis sechs Jahren variieren (Tanner, 1972).

Wann die pubertären hormonalen Umstellungen anlaufen und die Entwicklung der sekundären Geschlechtsmerkmale einsetzt, scheint weitgehend, aber nicht vollständig, durch ererbte körpereigene Gesetze bestimmt zu werden (Marshall, 1978, S. 163). Reichhaltige Ernährung beschleunigt diesen Zeitpunkt; chronische Krankheiten, Stress und massive sportliche Betätigung schieben ihn hingegen hinaus.

4.1.3.2 Säkulare Akzeleration

Beginnen wir mit Veränderungen, die sich im Laufe der neueren Geschichte ergeben haben. In Europa und den USA ist der Zeitpunkt der Menarche innerhalb der letzten 120 Jahre stetig gesunken, etwa vom 17. bis zum 13. Lebensjahr (Tanner, 1989). Durchschnittlich reiften die untersuchten Mädchen in diesem Zeitraum von Generation zu Generation (als Intervall von 30 Jahren gerechnet) je etwa 10 Monate früher.

Laut biologischen Belegen liegen die Gründe für diese historische Veränderung oder säkulare Akzeleration (saeculum = Jahrhundert) offensichtlich in den verbesserten Aufwachs- und Lebensbedingungen, insbesondere in der vielfältigeren und reichhaltigeren (und ausreichenden) Ernährung, wahrscheinlich auch in geringeren gesundheitlichen Belastungen dank medizinischer und hygienischer Fortschritte. Man darf annehmen, dass die Wirkung dieser reifungsbeschleunigenden Faktoren heute weitgehend ausgeschöpft ist und die Akzeleration nicht mehr spürbar weitergeht. Ob dem auch so ist, müssen neue nationale Erhebungen zeigen.

Es muss jedoch beachtet werden, dass die verfügbaren Daten zur säkularen Akzeleration nur die Menarche betreffen. Die Menarche gehört zu den letzten pubertären Veränderungen im Entwicklungsverlauf und kann nach kürzerer oder längerer Zeit nach den ersten Veränderungen auftreten (siehe oben). Die Frage bleibt deshalb offen, ob die übrigen pubertären Prozesse heute ebenfalls früher einsetzen als am Anfang des 20. Jahrhunderts. Man weiß heute, dass die Menarche erst dann eintritt, wenn ein minimales Körpergewicht erreicht ist (Adams, Gullota & Markstrom-Adams, 1994). Starke Unterernährung oder übertriebene sportliche Aktivität führen ja bekanntlich auch zum Unterbruch der menstruellen Blutung. Die früher weniger ausreichende Ernährung könnte also vor allem den Zeitpunkt der Menarche und nicht die gesamte Pubertät beeinflusst haben.

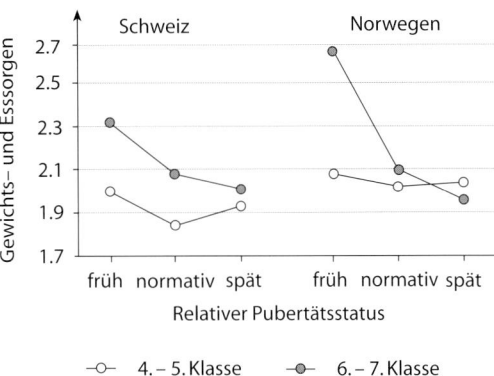

Figur 4–2: Sorgen über Gewicht und Essen im Verhältnis zum relativen Pubertätsstatus bei Mädchen (nach Alsaker, 1997b, S. 139)

Die Frage ist nun, inwieweit die nachgewiesene säkulare Akzeleration die Situation der Jugendlichen im Laufe der Zeit verändert hat. Auf der einen Seite könnte man behaupten, dass diese Akzeleration ihre Kindheit um ein gutes Viertel gekürzt hat. Auf der anderen Seite verließen Jugendliche die Schule am Anfang des 20. Jahrhunderts mit ungefähr 14 Jahren und wurden in die Arbeitswelt entlassen. Ihre Kindheit war dann auch nicht sehr lang.

Heute werden Jugendliche geschlechtsreif, lange bevor sie als Erwachsene betrachtet werden. Diese Asynchronie schafft möglicherweise Spannungen, und Moffitt (1993a) behauptete, dass darin ein Grund für häufigere jugendliche Delinquenz liegt (siehe Kap. 13). Dies bedeutet jedoch nicht, dass die Situation der Jugendlichen früher besser war. Der Figur 4–2 können wir entnehmen, dass jugendliche Mädchen, die um 1920 geboren wurden, die Menarche im Durchschnitt über die Länder zu einem Zeitpunkt erlebten, wo die meisten die Schule verließen, um in die Arbeitswelt einzutreten. Das heißt, dass viele von ihnen die Pubertät noch nicht hinter sich hatten, als sie die Erwachsenenwelt mit ihren Anforderungen betraten. Alsaker (1995b) sprach in diesem Zusammenhang von einer «umgekehrten Asynchronie» im Vergleich zur Asynchronie, welche die heutigen Jugendlichen erleben und lies die Frage offen, ob die eine Asynchronie schwerwiegender als die andere ist.

Wichtiger als die Asynchronie des Erwachsenwerdens könnte die neue Synchronie gewisser Ereignisse sein. Heute müssen sich bereits jüngere Schülerinnen mit den inneren und äußeren Veränderungen der Pubertät auseinander setzen. In Ländern, in denen schon um das 12. Lebensjahr herum Schullaufbahnentscheidungen getroffen werden, die wesentlich auf die aktuelle schulische Leistungsfähigkeit abstellen, können viele Jugendliche durch die Auseinandersetzung mit der Pubertätsentwicklung im entscheidenden Moment benachteiligt sein. Auch treffen für viele Jugendliche mit dem Eintritt in die Sekundarstufe I neue und meist wesentlich gesteigerte schulische Anforderungen mit den Herausforderungen der Pubertät zusammen (vgl. Eccles, Lord & Buchanan, 1996; Simmons, Blyth, van Cleave & Bush, 1979). Petersen, Sarigiani und Kennedy (1991) verwendeten als Maß größter pubertärer Umstellungen den Zeitpunkt des stärksten Wachstumsspurts und fanden bei amerikanischen Jugendlichen, dass 43 % der Mädchen innerhalb von sechs Monaten vorher oder nachher auch den Schulwechsel von der Grundschule in die Sekundarschule (High School) über sich ergehen lassen mussten. Bei den Jungen waren nur 12 % von dieser zeitlichen Koinzidenz betroffen. Die regressionsanalytische Untersuchung der möglichen Ursachen für depressive Verstimmungen zeigte dann, dass diese höhere Koinzidenz bei den Mädchen als Erklärung dafür ausreichte, dass die Mädchen im Durchschnitt häufiger emotional verstimmt waren als die Jungen.

Im Zusammenhang mit der körperlichen Akzeleration stellt sich automatisch die Frage, ob diese auch von einer intellektuellen und/oder einer sozialen Entwicklungsakzeleration begleitet sei. Leider gibt es dafür kaum verlässliche Daten. Es ist bekannt, dass die Leistungen in den meisten der untersuchten Intelligenzfaktoren im Laufe des 20. Jahrhunderts zugenommen haben (vgl. Kap. 6). Während positive Korrelationen zwischen individueller Frühpubertät und der Zunahme kognitiver Leistungen gemeldet worden sind (Kohen-Raz, 1974; Tanner, 1972). Trotzdem ist natürlich der Zusammenhang der kognitiven Entwicklung mit dem chronologischen Alter größer als mit der pubertären Entwicklung (Petersen & Crockett, 1986).

Was die soziale Reife und die Persönlichkeitsreife betrifft, möchten wir auf die gesteigerte Komplexität des modernen Lebens mit den vielen Wahlmöglichkeiten resp. der Notwendigkeit von Wahlentscheidungen hinweisen. Die Jugendlichen müssen zurechtkommen mit einer größeren kulturellen Vielfalt und Meinungsvielfalt, mit einem breiten und oft aufdringlichen Freizeit-, Konsum- und Reiseangebot, mit Drogen und mit einer großzügigeren Sexualmoral etc. Immerhin kommt die Mehrheit der Jugendlichen damit gut zurecht und würde niemals verdienen, als überfordert eingestuft zu werden.

4.1.3.3 Soziokulturelle Unterschiede

Die Faktoren, welche die säkulare Akzeleration bewirkt haben, sind vermutlich nicht in allen Ländern in gleicher Stärke vorhanden und vielleicht auch innerhalb gleicher Länder unterschiedlich ausgeprägt.

Die reifungsakzelerierenden Faktoren sind sehr wahrscheinlich in hoch industrialisierten Ländern stärker als in weniger industrialisierten Ländern. Die Zahlen von Eveleth und Tanner (1976) bestätigen diese Erwartung. Die Darstellung dieser Autoren legt aber auch genetische Unterschiede nahe.

Im Folgenden beziehen wir uns der Einfachheit halber und weil die entsprechenden Messungen reliabler sind, auf den Menarchezeitpunkt.

In Europa sind die Unterschiede zwischen den Ländern relativ gering; die Südeuropäerinnen, insbesondere die Italienerinnen, reifen etwas früher (12.5)[15] und die Nordeuropäerinnen etwas später (bis 13.4). Diese Unterschiede zwischen Mädchen verschiedener europäischer Herkunft zeigen sich auch bei den Einwanderinnen in Australien (Eveleth & Tanner, 1976, S. 213 und 217). Amerikanerinnen mit europäischer Herkunft erreichen die Menarche leicht früher als die Europäerinnen in Europa.

Nach der gleichen Quelle sind die Chinesinnen und die Japanerinnen ungefähr so früh reif wie die Europäerinnen (Durchschnittswerte um 13.0), die Melanesierinnen auf Neuguinea dagegen wesentlich später (zwischen 15.5 und 18.4, je nach Lebensbedingungen). Während Afrikanerinnen verhältnismäßig spät reifen (z. B. 13.4 in Uganda und 14.1 in Nigeria), pubertieren die Afroamerikanerinnen relativ früh (12.5).

Es gibt in fast allen Ländern beträchtliche Unterschiede zwischen den Landmädchen und den Stadtmädchen. Erstere reifen später als Letztere. Noch größere Unterschiede werden aus den Vergleichen zwischen Mädchen aus unterschiedlichen ökonomischen Bedingungen gemeldet. In Indien beträgt beispielsweise der Menarchemittelwert der reichen Inderinnen 12.8 und derjenige der armen Inderinnen 14.5; die entsprechenden Zahlen der Melanesierinnen auf Neuguinea sind 15.5 und 18.4 (Eveleth & Tanner, 1976, S. 217). Auch in Europa sind die Unterschiede, die durch ökonomische Schichtdifferenzen bedingt sind, auf fünf bis sechs Monate zu veranschlagen (Brundtland & Walløe, 1976; Eveleth & Tanner, 1976, S. 245). Laut Ewert (1983, S. 73) ergaben sich für die Menarche um 1900 Werte von 16.38 Jahren für den «Bauernstand», 13.92 für den «Mittelstand» und 12.92 für den «Ersten Stand».

Eveleth und Tanner (1976, S. 244) haben auch Unterschiede in Abhängigkeit der Familiengröße gefunden: Mädchen aus kinderreichen

---

15 Für das ganze Buch gilt, dass bei Jahresangaben ein Punkt von Dezimalen gefolgt wird; einem Strichpunkt folgen Monate; d. h. 12.5 = 12;6.

Familien pubertieren leicht später als Mädchen aus kinderarmen Familien.

4.1.4 Messmethoden

Für wissenschaftliche Untersuchungen über den Zeitpunkt, den Verlauf und die Dauer der Pubertät sind objektive Kriterien wichtig, aber nicht leicht auszumachen und nicht leicht anzuwenden. Infrage kommen Körpergröße, Gewicht, Körperfett, Knochenalter, aber vor allem sekundäre Geschlechtsmerkmale wie Brustentwicklung, Körperform, Schamhaare, Menarche, Penis, Hoden und Hodensack. Eine Schwierigkeit bei der Bestimmung des pubertären Status liegt darin, dass die Reihenfolge der Reifung der verschiedenen Merkmale zwischen Individuen variiert (Brooks-Gunn & Warren, 1985a).

Das grundlegende Problem der Messung der pubertären Entwicklung besteht aber darin, dass die reliabelsten und validesten Methoden einen gewissen Eingriff in die Intimsphäre der Jugendlichen verlangen. Im Folgenden präsentieren wir eine Übersicht über die geläufigsten Methoden zur Messung der pubertären Entwicklung.

Die einfachste Methode, die je verwendet wurde, war die globale Beobachtung von bekleideten Jugendlichen in ihrer natürlichen Umgebung. Folgende Kriterien wurden dabei verwendet: Gesichtsbehaarung, Brustentwicklung, körperliche Proportionen und Bewegungskoordination (z. B. Papini & Clark, 1989; Steinberg, 1981). Es ist klar, dass diese Methode zwar leicht anwendbar, aber doch wenig reliabel ist. Sie kommt nur infrage, wenn eine grobe Approximation des Pubertätsstands ausreicht.

Globale Selbsteinschätzungen oder globale Einschätzungen durch Eltern sind eine weitere Möglichkeit der Messung des Pubertätsstands. Diese Maße wurden zum Beispiel in einer Studie von Alsaker (1992b) verwendet, in der man aus Gründen der Akzeptanz der Studie in den Schulen keine intimen Fragen stellen durfte. Die Jugendlichen bekamen eine kurze Beschreibung der üblichen körperlichen Veränderungen in der Pubertät und wurden gebeten anzukreuzen, ob sie solche Veränderungen schon festgestellt hätten und seit wann («seit zwei Jahren», «seit einem Jahr», etc.). Zur Steigerung der Reliabilität wurden die gleichen Fragen auch den Eltern vorgelegt.

Simmons und Blyth (1987) haben über mehrere Jahre objektive Messungen der Körperlänge verwendet und daraus das Alter des schnellsten Längenwachstums berechnet.

Medizinische Beobachtungen an unbekleideten Jugendlichen mithilfe der sog. Tanner-Kriterien sind wahrscheinlich die validesten Messungen. Hier werden bei Mädchen Brüste und Schambehaarung je in fünf Stadien der Entwicklung dargestellt und wörtlich erklärt. Solche Messungen werden aber selten verwendet, da der Aufwand und die Kosten hoch sind und weil die Situation für viele Jugendliche als unangenehm empfunden wird. Dieselben Kriterien und Zeichnungen können allerdings den Jugendlichen zur Selbsteinschätzung oder ihren Eltern gegeben werden. Die Unterschiede zwischen den verschiedenen Stadien der Penis- oder der Brustentwicklung sind allerdings für eine ungeübte Person auch an sich selbst nicht ohne weiteres auszumachen. Die Angaben, die Mütter über die Entwicklung der Brüste ihrer Töchter machen, scheinen jedoch zufrieden stellend mit ärztlichen Beobachtungen zu korrelieren (Brooks-Gunn, Warren, Rosso & Gargiulo, 1987).

Da die pubertäre Entwicklung zudem mit der Ossifikation (= Knochenverdichtung) in Verbindung steht (Behrman, Kliegman, Nelson & Vaughan, 1992), kommen auch Röntgenaufnahmen des Handgelenks infrage. Dies ist allerdings höchstens in medizinischen Kontexten gerechtfertigt.

In einigen Studien ist die Konzentration gewisser Geschlechtshormone gemessen worden (Susman et al., 1985). Auch wenn dank neuer Methoden diese Art von Messung technisch einfacher geworden ist, legen die lockeren Zusammenhänge mit anderen Pubertätserscheinungen, wie wir sie oben diskutiert haben, Vorsicht bei der Verwendung solcher Messungen nahe.

Am einfachsten und reliabelsten sind Angaben zum Alter der Menarche zu gewinnen (so zum Beispiel in der großen Studie von Stattin &

Magnusson, 1990). Diese sagen allerdings nur etwas darüber aus, ob die pubertäre Entwicklung so gut wie abgeschlossen ist oder nicht, und ermöglichen keine Statusbestimmung vor der Menarche.

Die Methode, die heute wohl am meisten verwendet wird, wurde von Petersen und Mitarbeitenden entwickelt (Petersen, Crockett, Richards & Boxer, 1988) und läuft unter der Bezeichnung «Pubertal Development Scale» (PDS). Die Jugendlichen werden schriftlich nach der Entwicklung spezifischer Merkmale – Brustentwicklung, Schamhaare, Gesichtsbehaarung, Stimmbruch – und dem Eintreten der Menarche befragt. Jede Frage beantworten sie durch Ankreuzen von Kategorien wie «es hat noch nicht angefangen», «es hat gerade angefangen», etc. Solche spezifische Selbsteinschätzungen haben hohe Validität gezeigt (wenn auch keine vollständige Übereinstimmung verschiedener Quellen vorliegt; Brooks-Gunn et al., 1987).

Schwierige Messverhältnisse gehören eben zum Gegenstand der Untersuchung: Pubertät ist eine sehr private Sache, auch wenn sie in groben Zügen von anderen mitverfolgt werden kann. In vielen Untersuchungen braucht man aber nicht unbedingt so exakte Instrumente. Und die Frage stellt sich sowieso, ob gewisse äußere, d. h. «öffentliche» Merkmale für die psychosoziale Anpassung nicht wichtiger sind als die Merkmale, die nur von medizinischem Personal beobachtet werden können (Alsaker, 1995b).

Eine wichtige weitere Unterscheidung ist die zwischen dem absoluten pubertären Status und dem relativen pubertären Status. Der relative Status bezieht sich auf das chronologische Alter oder auf den Entwicklungsstand der gleichaltrigen resp. in der gleichen Schulklasse befindlichen Jugendlichen. Der relative pubertäre Status wird in der englischsprachigen Literatur mit Timing bezeichnet. Die übliche Bestimmung des relativen Status basiert auf der Standardisierung der Messwerte über viele gleichaltrige Jugendliche, natürlich getrennt nach Geschlechtern. Oft bezeichnet man dann Jugendliche, die eine Standardabweichung über dem Durchschnitt ihrer Gleichaltrigen liegen, als Frühentwickler; diejenigen, die eine Standardabweichung unter dem Durchschnitt liegen, werden Spätentwickler genannt.

Es gibt gute Gründe, neben dem objektiven Timing ein subjektiv wahrgenommenes Timing zu definieren. Es hat sich nämlich gezeigt, dass die Wirkungen von Früh- und Spätpubertät, die wir unten besprechen werden, ebenso sehr vom subjektiven Timing beeinflusst sind wie vom objektiven (Buchanan, 1991). Die eigene Wahrnehmung des Timings stimmt im Übrigen nur mäßig mit der objektiven relativen Entwicklung der Jugendlichen überein. In zwei Studien (Alsaker, 1992b; Stattin & Magnusson, 1990) zeigte sich, dass ungefähr 60 % der Jugendlichen, die als Spätentwickler oder Frühentwickler kategorisiert worden waren, sich selbst als «genauso weit entwickelt wie die allermeisten» einschätzten.

4.2 Psychosoziale Aspekte der Pubertät

Die Pubertät wird von den Jugendlichen recht unterschiedlich erlebt. Während manche auf die erwachsen werdenden Körperformen stolz sind, beobachten andere die Veränderungen mit Misstrauen und Angst, und wieder andere machen sich zunächst wenig Gedanken über diese Veränderungen. Sehr viel hängt dabei von den Reaktionen der Umwelt und von den herrschenden Schönheitsnormen ab. So sind viele Mädchen betrübt darüber, dass sie nach ihrer Vorstellung nicht genügend schlank sind, während Jungen mit ihrem Aussehen zufriedener sind, allenfalls noch kräftiger und größer sein möchten (Crockett & Petersen, 1987; Duke-Duncan, Ritter, Dornbusch, Groß & Carlsmith, 1985; Paxton et al., 1991; Tobin-Richards, Boxer & Petersen, 1983).

Das Erleben der Pubertät hängt natürlich auch vom Grad der Informiertheit über die zu erwartenden Veränderungen ab (Ruble & Brooks-Gunn, 1982) sowie davon, ob die Eltern zu diesen Veränderungen positiv stehen. Insbesondere gegenüber der Menarche haben sogar manche Mütter ambivalente Gefühle. Die Reaktionen auf die erste Menstruation sind sehr unterschiedlich. Manche Mädchen erschrecken, dass sie bereits eintritt, viele werden verunsichert, andere erwarten sie ungeduldig, einige sind stolz, einzelne fühlen sich mit einer neuen Aufgabe belastet, viele teilen die Neuigkeit ihrer Mutter und der engsten Freundin mit (Brooks-Gunn & Ruble, 1982; Greif & Ulman, 1982; Rierdan & Koff, 1985; Ruble & Brooks-Gunn, 1982). Die Erfahrung der ersten Ejakulation (Spermarche) ist für die meisten Jungen weniger einschneidend, sie wird vermutlich überwiegend als positiv erlebt. Jungen scheinen übrigens kaum mit jemandem darüber zu sprechen (Gaddis & Brooks-Gunn, 1985), möglicherweise, weil sie oft mit Onanie verbunden ist.

Im Folgenden konzentrieren wir uns vor allem auf die Auswirkungen des individuellen Timings, da die meisten Befunde zu psychosozialen Variablen im Zusammenhang mit Timing gefunden worden sind. Bevor wir uns den vielen Studien widmen, möchten wir kurz die theoretischen Modelle ansprechen, die bei der Interpretation solcher Befunde verwendet werden.

4.2.1 Auswirkungen des relativen pubertären Status

Für den Zusammenhang zwischen Timing und psychosozialem Befinden gibt es unterschiedliche Hypothesen und Denkmodelle.

Die *Stufenabschlusshypothese* (stage termination hypothesis) besagt, dass die Jugendlichen eine gewisse Zeit brauchen, um die Entwicklungsaufgaben zu lösen, die zu spezifischen Entwicklungsstufen gehören. Wenn die Zeit zu knapp wird, zum Beispiel weil eine nächste Entwicklungsstufe zu früh fällig wird, kann die vorausgehende Stufe nicht genügend verarbeitet werden. Angewandt auf den Fall der frühen Pubertätsreifung wird nach diesem Modell die Entwicklung auf der vorausgehenden Stufe gehemmt resp. gestört (Petersen & Taylor, 1980). Diese Hypothese besagt, dass eine frühe Reifung sowohl bei Mädchen als auch bei Jungen nachteilig ist. Empirische Unterstützung dafür liegt aber bislang nicht vor.

Die *Devianz-Hypothese* (auch Hypothese der sozialen Uhr oder Off-Time-Hypothese genannt) geht davon aus, dass ein non-normatives Timing an sich problematisch ist, weil es die Jugendlichen einer abweichenden resp. devianten Kategorie zuordnet. Nach dieser Hypothese sind spätreife und frühreife Mädchen und Jungen benachteiligt (Brim & Ryff, 1980). Diese Hypothese muss allerdings in Erwartung einer Interaktion zwischen Reifung, Geschlecht und Altersgruppe differenziert werden. Man dürfte zum Beispiel erwarten, dass sich besonders ungünstige Effekte bei Mädchen ergeben, die früh pubertieren, weil sie die allerersten ihrer Altersgruppe sind, die sich verändern. Analog dazu sollte man stärkere negative Effekte bei spät reifenden Jungen finden (Eichorn, 1975).

Lerner (1985) hat eine *Passungshypothese* formuliert (goodness of fit), die auf der Annahme aufbaut, dass Personen und Kontexte je ihre eigenen Charakteristika haben, die besser oder schlechter zusammenpassen. Schlechte Passung führt zu schlechtem subjektivem Befinden. Das heißt zum Beispiel, dass Mädchen, die sich normativ entwickeln, die besten Chancen haben, mit sich zufrieden zu sein. Wenn sie sich aber in einem Kontext befinden, in dem präpubertäre körperliche Erscheinungen vorherrschen, kann auch ihre Situation unbefriedigend sein. Dies ist in einer Studie von Brooks-Gunn und Warren (1985b) eindrücklich demonstriert worden. Sie konnten zeigen, dass unter Tänzerinnen nicht nur die frühreifen Mädchen, sondern auch die normativ reifenden Mädchen mit ihrem Körper unzufriedener waren als die spät reifenden.

Blyth, Simmons und Zakin (1985) formulierten die allgemeine Hypothese, dass die Zufriedenheit mit der Pubertät bei Mädchen wesentlich vom Schlankheitsideal unserer westlichen Kulturen abhängt. Wir nennen das die *Schlankheitsideal-Hypothese*. Nach dieser Hypothese sollten alle Mädchen, die sich durch die Pubertätsveränderungen vom Schlankheitsideal entfernen, unzufrieden sein. Diese Hypothese ist nicht direkt an das Timing gebunden, es ist jedoch klar, dass früh reifende Mädchen als erste erleben, dass ihr Körper weniger schlank ist und somit am meisten darunter leiden könnten. Diese Hypothese hat empirische Unterstützung bekommen (z. B. Alsaker, 1992b).

Simmons und Blyth (1987) schlugen auch die Hypothese vor, dass das Zusammentreffen von mehreren Anforderungen (z. B. Pubertätsentwicklung und Schulwechsel) Stress produziert. Wir nennen das die *Kumulationshypothese*. Die oben genannten Ergebnisse (UnterKap. 4.1.3.2) aus der Studie von Petersen und Mitarbeitenden (1991) stützen diese Hypothese.

Basierend auf dem Modell der Entwicklungsaufgaben von Havighurst (1972) und den weiteren Formulierungen von Flammer (Flammer & Avramakis, 1992) stellte Alsaker (1996b) die Hypothese auf, dass früh und spät reifende Jugendliche *zusätzlich* zu der normativen Aufgabe der Pubertät auch mit timing-gebundenen non-normativen Aufgaben konfrontiert sind (= Kumulation von normativen und non-normativen Aufgaben) und dass diese zusätzlichen non-normativen Aufgaben für die Frühreifen und die Spätreifen unterschiedlich sind.

Aufgrund verschiedener Befunde ist auch die Hypothese formuliert worden, dass frühes Timing vor allem problematisch ist, wenn Jugendliche Peers mit abweichendem Verhalten haben (Caspi, Lynam, Moffitt & Silva, 1993; Stattin & Magnusson, 1990). Diese Hypothese gilt allerdings primär für die Erklärung von externalisierendem Problemverhalten (siehe später in diesem Kapitel).

Eine weitere Hypothese, die empirische Unterstützung bekam, wurde von Caspi und Moffitt (1991) formuliert, nämlich die *Akzentuierungshypothese*. Diese Hypothese besagt, dass die Probleme, die in der Pubertät und speziell bei abweichendem Timing entstehen, nicht ein direktes Resultat der Pubertät sind, sondern dass die empfundene Belastung Probleme akzentuiert, die bereits existierten.

Die Pubertät ist bei weitem nicht die einzige Einflussgröße auf das Verhalten und das Befinden der Jugendlichen. Das ist wohl der Grund dafür, dass relativ wenige Studien konsistente Zusammenhänge zwischen der körperlichen Entwicklung resp. dem Timing und der psychosozialen Anpassung gefunden haben.

Auch Unterschiede in den Messinstrumenten und Stichproben spielen da mit (Alsaker, 1995b). Die fehlende deutliche Konsistenz der Ergebnisse ist jedoch wahrscheinlich eher als ein Merkmal der Pubertät denn als ein Resultat schwacher Methodologie zu betrachten (Alsaker, 2000a). Angesichts der enormen Spannweite der individuellen Unterschiede vor und nach der Pubertät ist es beinahe naiv zu denken, dass die Pubertätsentwicklung einen einheitlichen Einfluss auf eine Mehrheit von Jugendlichen haben könnte und somit zu gleichen Änderungen in ihrer Befindlichkeit oder in ihrem Verhalten führen sollte. Überdies sind die körperlichen Veränderungen zwar die deutlichsten, jedoch nicht die einzigen Veränderungen, die Jugendliche zu diesem Zeitpunkt erleben. Schließlich ist anzunehmen, dass alle Veränderungen zum Zeitpunkt der Pubertät mit einander interagieren und dass verschiedene Konstellationen von biologischen Veränderungen, von individuellen Merkmalen, von kognitiver und sozialer Entwicklung und von sozio-kulturellen Kontexten, sehr unterschiedliche Auswirkungen zeitigen können.

Ganz allgemein wirken sich bei Mädchen Frühentwicklung und bei Jungen Spätentwicklung ungünstig aus. In den folgenden Abschnitten fassen wir die heute zugängliche Empirie zusammen.

4.2.2 Die Gleichaltrigen

Weil die Gleichaltrigen in der Adoleszenz generell eine wichtige Rolle spielen und weil die meisten mit denselben (normativen) Entwicklungsaufgaben der Pubertät konfrontiert sind, kann man erwarten, dass sie sich bei der Lösung dieser Entwicklungsaufgaben gegenseitig unterstützen. Man kann auch annehmen, dass die gleichzeitige Reifung die Jugendlichen einander näher bringen kann; sie teilen Geheimnisse, sie haben ein Gefühl der Zusammengehörigkeit, sie sitzen eben «im selben Boot». Der pubertäre Reifungsprozess kann aber das Gegenteil bewirken, wenn er verschoben auftritt. Zwei bisher enge Freundinnen können durch sehr unterschiedliches Pubertätstiming plötzlich in ganz verschiedene Welten versetzt werden; die eine ist bereits eine junge Frau mit verändertem Status unter den Peers, mit verändertem Selbstbild und

Interessen, während die andere noch ein kleines Mädchen ist.

Ältere Studien haben gezeigt, dass frühreife Mädchen sich von sozialen Kontakten zurückziehen (Peskin, 1973), von ihren Klassenkameradinnen gelegentlich isoliert werden (Faust, 1960), dass aber viele von ihnen beliebter sind als die übrigen Mädchen (Jones & Mussen, 1958), insbesondere bei Jungen, die etwas älter sind (Simmons, Blyth & McKinney, 1983). Das kann Probleme mit sich bringen, von denen die übrigen Mädchen noch nicht betroffen sind, zum Beispiel im Zusammenhang mit dem Erlebnis der erotischen Attraktivität und Entscheidungen bezüglich angemessenem Verhalten gegenüber werbenden und zudringlichen älteren Jungen. Es kann auch vorkommen, dass diese älteren Jungen sich bereits in der Arbeitswelt befinden, wodurch die Passung für betroffene Mädchen nur durch sehr starke An-Passung zu erreichen ist (Stattin & Magnusson, 1990; mehr zu dieser Studie unten).

Insgesamt aber sind keine Auswirkungen des Timings auf die Anzahl der Freunde (Stattin & Magnusson, 1990; Susman et al., 1985), auf die wahrgenommene Akzeptanz (Simmons & Blyth, 1987) oder auf die tatsächliche Beliebtheit/Unbeliebtheit (Silbereisen, Petersen, Albrecht & Kracke, 1989) nachgewiesen worden.

4.2.3 Die Familie

Paikoff und Brooks-Gunn (1991) haben die Literatur zum Thema Pubertät und Familie durchgekämmt und eine sehr lesenswerte Übersicht verfasst. Diese führte sie zur allgemeinen Feststellung, dass die sichtbaren körperlichen Veränderungen einen Signalwert haben – sowohl für die betroffenen Jugendlichen als auch für ihre Eltern und die Peers – und bestimmte Erwartungen nahe legen. Zwei Studien haben Veränderungen in der Mutter-Tochter-Beziehung (Greif & Ulman, 1982) resp. eine Verschlechterung der Beziehung (Hill, Holmbeck, Marlow, Green & Lynch, 1985a, 1985b) nachgewiesen, allerdings vor allem bei bereits fortgeschrittener Pubertätsentwicklung. Andere Studien haben vermehrte Konflikte und weniger Nähe in der Beziehung der Mädchen zu beiden Eltern nachgewiesen (Crockett & Petersen, 1987; Steinberg, 1987a, 1988).

Eine entsprechende Entwicklung scheint sich bei Jungen etwas früher im Verlauf der Reifung zu ereignen und zwar auch in Form von Konflikten und vermindertem affektivem Austausch (Papini & Clark, 1989; Papini, Datan, & McCluskey-Fawcett, 1988).

Studien zur Wirkung des Timings auf die familiären Beziehungen zeigen inkonsistente Befunde. Einige berichten von mehr Konflikten zwischen früh pubertierenden Mädchen und ihren Eltern (Hill et al., 1985a, 1985b), andere von weniger Konflikten (Paikoff, Brooks-Gunn & Warren, 1991). Bei früh pubertierenden Jungen sind die Beziehungen zu den Eltern im Allgemeinen positiv (Savin-Williams & Small, 1986; Simmons & Blyth, 1987). Im Gegensatz dazu sind sie bei Spätentwicklern oft weniger gut (Clausen, 1975; Jones & Mussen, 1958).

4.2.4 Zufriedenheit mit dem Körper

Für Jungen bringt die Frühentwicklung durchaus einige Vorteile, besonders gegenüber ihren gleichaltrigen Kameradinnen und Kameraden. Groß und kräftig zu sein, männlich auszusehen, ist in diesem Alter allemal attraktiv (Duke-Duncan et al., 1985; Kracke, 1993; Richards & Larson, 1993), auch in den Augen der Mädchen. Das gilt vor allem innerhalb der eigenen Schulklasse, da die frühreifen Jungen gegenüber den gleichaltrigen Mädchen wegen deren generellem Pubertätsvorsprung wenigstens weniger kindlich erscheinen. Ungünstig ist die Rolle der spät reifen Jungen: Sie sind körperlich kleiner und schwächer als ihre Kameraden und mit ihrem Körper auch weniger zufrieden (Alsaker, 1992b). In einer Untersuchung an türkischen Jugendlichen zwischen 11 und 18 Jahren fand Çok (1990), dass frühreife männliche Jugendliche mit ihrem körperlichen Aussehen im Durchschnitt zufriedener waren als ihre normativ und spät reifenden Kameraden.

Ganz allgemein steht Zufriedenheit mit dem Körper bei pubertierenden Jungen meist mit der Körpergröße und der Muskelmasse und bei

Mädchen mit einem schlanken Aussehen in Verbindung. Frühreife Jungen sind im Allgemeinen sportlicher als die übrigen Jungen (Jones, 1965; Jones & Bayley, 1950; Savin-Williams, 1979). Im Vergleich zu ihren Mitschülern halten sie sich für attraktiver (Tobin-Richards, Boxer et al., 1983) und sind mit ihrem Körper und mit ihrem Aussehen zufriedener (Blyth et al., 1981; Çok, 1990; Simmons & Blyth, 1987).

Frühreif zu sein ist für Mädchen eindeutig weniger von Vorteil als für Jungen. Resultate aus der Schweiz und aus Norwegen zeigen, dass die frühreifen schweizerischen Mädchen der vierten und fünften Klasse mit ihrem Körper tendenziell weniger zufrieden waren als die spätreifen Mädchen (Alsaker, 1997b). In der norwegischen Stichprobe waren es die frühreifen Mädchen der sechsten und siebten Klasse, die mit ihrem Körper weniger zufrieden waren als die anderen. Der Unterschied war allerdings nicht mehr signifikant, wenn die Unzufriedenheit mit dem Körpergewicht aus der Analyse auspartialisiert wurde. Das heißt, dass die Unzufriedenheit mit dem Körper sehr stark von der Unzufriedenheit mit dem Gewicht abhängt.

Die Zufriedenheit resp. Unzufriedenheit kann allerdings vom sozialen Kontext stark beeinflusst werden. So stellten Tobin-Richards, Petersen und Boxer (1983, zit. nach Petersen, 1985, S. 215) fest, dass der Klassengeist oder der Schulgeist diese Zufriedenheit beeinflusst. In einer der untersuchten Schulen fanden sie, dass praktisch alle pubertierenden Mädchen mit ihrem Gewicht zufrieden waren, während in einer anderen Schule praktisch alle pubertierenden Mädchen mit ihrem Gewicht unzufrieden waren.

Pubertierende Mädchen leiden aber tatsächlich häufig unter der Gewichtszunahme, welche die Pubertät begleitet (Richards & Larson, 1993). Die normale Pubertätsentwicklung läuft dem Schlankheitsideal unserer Gesellschaft zuwider. Wenn allgemein die Mädchen gelegentlich Angst haben, ihre neuen volleren Formen gingen über die ästhetischen Normen hinaus, sind frühreife Mädchen davon noch mehr betroffen (Duke-Duncan et al., 1985; Stattin & Magnusson, 1990). Es scheint sogar, dass frühreife Mädchen in einem noch höheren Maße von der Gewichtszunahme in der Pubertät betroffen sind. Tanner (1962, dt. 1962) berichtete nämlich, dass Mädchen, die sich sehr früh entwickelten, kleiner und schwerer waren als normativ reifende Mädchen auf demselben pubertären Entwicklungsstand.[16] Ein erhöhtes relatives Gewicht bei den frühreifen Mädchen ist auch in der genannten norwegischen Stichprobe gezeigt worden (Alsaker, 1997b). Dementsprechend fühlten sich 44 % der frühreifen norwegischen Mädchen zu dick, während die Zahlen bei den anderen Reifungsgruppen ungefähr bei 20 % lagen. Einen entsprechenden Unterschied gab es auch in der Schweiz, er war aber weniger ausgeprägt.

Vergleiche zwischen Stichproben aus verschiedenen Ländern haben unerwartete Unterschiede in der Interaktion zwischen Alter und Timing gezeigt. Zwei nordamerikanische Studien haben eine Zunahme der Unzufriedenheit der frühreifen Mädchen mit dem Alter gezeigt (6. bis 8. Klasse in der Studie von Petersen & Crockett, 1985; 6. bis 10. Klasse bei Simmons & Blyth, 1987), während genau das Gegenteil in zwei norwegischen Studien gefunden wurde (4. bis 9. Klasse, Alsaker, 1992b, 1997b). Wir haben keine Erklärung für diesen (replizierten!) Unterschied.

Bei den Befunden zur allgemeinen Zufriedenheit mit den Pubertätsveränderungen sollte man allerdings beachten, dass den Jungen meistens Fragen über Ereignisse oder Eigenschaften gestellt wurden, die in unserer Kultur hoch geschätzt werden (Muskeln, Größe, Stärke etc.), während die Mädchen häufiger Fragen nach möglichen negativen Erfahrungen erhielten.

Des Weiteren ist es eben eine Tatsache, dass viele jüngere Frauen Menstruationsprobleme erleben (engl. dysmenorrhea; Coupey & Ahlstrom, 1989), und es ist deshalb auch nicht er-

---

16 Cairns und Cairns (1994) haben sogar von einem Zusammenhang zwischen Frühentwicklung bei Mädchen und einem weniger attraktiven Aussehen berichtet (laut eigenen Einschätzungen und Einschätzungen der Peers). Dieser Befund ist der einzige dieser Art, der uns bekannt ist.

staunlich, dass viele Mädchen, auch schon vor der Menarche, eine negative Einstellung zu diesem Ereignis haben. Man weiß zudem, dass die Erwartungen von Menstruationsproblemen oft sozial übertragen werden, was die Voraussetzungen für die Erfahrungen und ihre Interpretation nicht verbessert (McGrory, 1990). Dadurch sind Pubertätsveränderungen für Mädchen oft doppelt belastend, nämlich durch die unerwünschte Gewichtszunahme und das Eintreten der monatlichen Blutung, die tatsächliche und vermeintliche Beschwerden mit sich bringt.

Durch die Forschung bislang nur ungenügend untersucht sind Beobachtungen der Pädiatrie, wonach sich auch Jungen oft viele besorgte Fragen zu ihrer körperlichen Entwicklung stellen (z. B. zur Form und Größe ihrer Geschlechtsorgane) und über einige normale Ereignisse beunruhigt sind (z. B. Veränderungen der Brustform, nächtlicher Samenerguss). Im Übrigen könnte es sein, dass die Kosmetikindustrie dank ihrer Entdeckung des männlichen Körpers als neue Marktnische die heutige Befundlage durcheinander bringen könnte. So haben zwei Studien von Künzli-Hämmerli (1995) und Speltini (1996) herausgefunden, dass pubertierende Jungen das Wachstum von Körperhaaren als lästig empfanden. Dies entspricht durchaus dem aufkommenden Modell des haarlosen männlichen Brustkastens in der aktuellen Werbung.

4.2.5 Gewichts- und Esssorgen

Wenn die frühreifen Mädchen mit der Gewichtszunahme so unzufrieden sind, muss man sich Folgefragen stellen: Verhalten sie sich dementsprechend und führen sie vielleicht vermehrt Diäten durch? Sind sie eventuell so besorgt, dass sie in Gefahr geraten, Essstörungen zu entwickeln?

Befunde aus einer nordamerikanischen (Brooks-Gunn, Attie, Burrow, Rosso & Warren, 1989) und aus einer norwegischen Stichprobe (Alsaker, 1997b) zeigten klar, dass früh pubertierende Mädchen sich mehr Gedanken über ihr Gewicht und ihr Essverhalten machten als ihre normativ oder spät reifenden Kolleginnen. Dies galt in Norwegen erst für die 6.- und 7.-Klässlerinnen und nicht für die jüngeren Mädchen.

Der Figur 4–2 (rechts) entnehmen wir einen durchschnittlichen Wert von 2.7 für diese Mädchen (die Zahl 1 entspricht der Aussage «keine Sorgen», während 4 «vielen und häufigen Sorgen» entspricht). Wenn man bedenkt, dass dieser Wert einen Durchschnitt aus fünf Fragen zu diesem Thema darstellt, heißt das, dass diese Mädchen sich recht viele Sorgen über ihr Gewicht und ihr Essverhalten machen. In einer schweizerischen Stichprobe, die im selben Projekt wie die norwegische untersucht wurde, waren die Unterschiede zwischen den Reifungsgruppen zwar nur tendenziell signifikant, zeigten aber genau in die gleiche Richtung (Figur 4–2, links). Bei den Jungen ergaben sich gar keine solchen Effekte.

Dem Kummer über das Gewicht entsprechend, versuchen die frühreifen und die normativ reifen Mädchen in den USA öfter abzunehmen als die spätreifen (Brooks-Gunn et al., 1989). In einer norwegischen Stichprobe (Alsaker, 1997b) berichteten die jüngsten (4. und 5. Klasse) frühreifen Mädchen öfter als andere davon, dass sie abzunehmen versuchten, obwohl sie noch keine klaren Sorgen über ihr Gewicht und Essverhalten entwickelt hatten. Die erhöhte Tendenz der früh reifenden Mädchen, abnehmen zu wollen, war auch unter den 6.- und 7.-Klässlerinnen zu finden. Bei den Schweizer Mädchen fand Alsaker (1997b) zwar eine hohe Tendenz zum Diätverhalten, aber keinen Zusammenhang mit dem Timing. Das bedeutet, dass Diäthalten für junge Frauen zur allgemeinen Norm zu werden droht. Angesichts der Ergebnisse, dass frühes Diätverhalten mit späteren Essstörungen in Verbindung steht (Patton, 1988), sind dies keine trivialen Ergebnisse (vgl. Kap. 12).

Bei Jungen findet man keine ähnlichen Resultate. Obwohl Alsaker (1997b) Unterschiede bei den norwegischen Jungen in Bezug auf ihr relatives Gewicht zeigen konnte – die frühreifen Jungen waren schwerer als die normativreifen und diese wiederum schwerer als die spätreifen –, fühlten sich diese frühreifen Jungen nicht zu dick. Diese Empfindung entspricht der geschlechtstypischen Entwicklung, die als solche sozial hoch geschätzt ist.

4.2.6 Somatische Beschwerden

Aus drei Studien ist belegt, dass frühreife Mädchen unter mehr somatischen oder psychosomatischen Beschwerden leiden als ihre normativreifen und spätreifen Kolleginnen (Alsaker, 1997b; Aro & Taipale, 1987; Stattin & Magnusson, 1990). Aro und Taipale (1987) fanden, dass sowohl das frühe Timing als auch das Fortschreiten der Reifung Beschwerden mit sich brachten. Die norwegisch-schweizerische Studie (Alsaker, 1997b) zeigte einen Effekt der Frühreife bei Mädchen und Jungen in beiden Ländern (Figur 4–3a und 4–3b). Die frühreifen Jugendlichen berichteten von bis zu zweimal so vielen Beschwerden wie die anderen Jugendlichen. Als Beschwerde wurde nur gezählt, was «oft» oder «sehr oft» vorkam (aus einer Liste von 36 Beschwerden).

Dieses Resultat geht mit dem Befund einher, dass frühreife Mädchen und Jungen öfter sagten, dass sie den Eindruck hätten, sich mehr mit ihrem Körper zu beschäftigen als andere Jugendliche. Offensichtlich bringt die verfrühte Entwicklung eine stärkere Aufmerksamkeit auf den eigenen Körper mit sich, aber auch wenn diese erhöhte Aufmerksamkeit auf den eigenen Körper in den Analysen kontrolliert wurde, ergab sich ein Effekt des relativen Pubertätsstatus. Das heißt, dass die erhöhten Beschwerden nicht nur ein Effekt der erhöhten Aufmerksamkeit auf den eigenen Körper waren. Es könnte sein, dass die Pubertätsreifung an sich körperliche Beschwerden wie Muskel- oder Gelenkschmerzen (Wachstumssymptome) oder Bauchschmerzen bei Mädchen hervorruft. Nachanalysen der Daten aus der norwegisch-schweizerischen Studie zeigten tatsächlich einen solchen Zusammenhang bei Mädchen beider Länder und bei den norwegischen Jungen.

Zu vergleichbaren Befunden kamen auch Aro und Taipale (1987). Auf der einen Seite hatten frühreife Mädchen signifikant mehr psychosomatische Beschwerden als die anderen, und auf der anderen Seite nahm die Anzahl der Symptome mit dem Alter und der fortschreitenden Reifung zu.

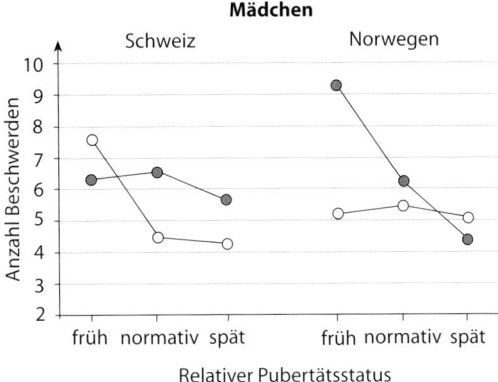

Figur 4–3a: Anzahl Beschwerden im Verhältnis zum relativen Pubertätsstatus bei Mädchen (nach Alsaker, 1997b, S. 140)

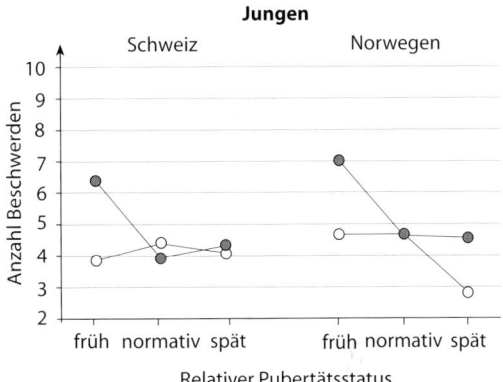

Figur 4–3b: Anzahl Beschwerden im Verhältnis zum relativen Pubertätsstatus bei Jungen (nach Alsaker, 1997b, S. 141)

4.2.7 Selbstwert und internalisierende Probleme

Dass das Aussehen in der Adoleszenz bei der generellen Selbstbeurteilung eine große Rolle spielt, ist mehrfach angesprochen worden (Alsaker, 1992b; Secord & Jourard, 1953; Tobin-Richards, Boxer et al., 1983; vgl. Kap. 7). Deshalb könnte man annehmen, dass frühreife Mädchen, die mit ihrem Körper im Allgemeinen weniger zufrieden sind, auch einen tieferen Selbstwert haben. Verschiedene Studien sind allerdings zu unterschiedlichen Resultaten gekommen. Wichtig scheint zu sein, ob die frühreifen Mädchen sich als solche wahrnehmen. Alsaker (1992b) hat zum Beispiel gezeigt, dass Mädchen, die sich selbst als frühreif im Verhältnis zu ihren Klassenkameradinnen bezeichnen, einen tieferen Selbstwert haben als andere. Es gab aber keinen solchen Effekt der Frühreife, wenn Mädchen gleichen Alters (sogar von derselben Schulklasse) aufgrund ihrer Pubertätsentwicklung anhand objektiver Kriterien als früh entwickelt kategorisiert wurden. Frühreife beeinflusst den Selbstwert also nur, wenn sie – wirklich oder vermeintlich – subjektiv wahrgenommen wird.

Frühreife ist bei Jungen in früheren Studien oft positiv aufgefallen. Sie wurden als populärer, aber auch als selbstsicherer eingeschätzt, und sie übernahmen häufiger eine Führungsrolle als die übrigen Jungen (Jones, 1965; Jones & Bayley, 1950; Savin-Williams, 1979). Im Gegensatz dazu gelten spätreife Jungen in den Augen ihrer Kameraden oft als unsicher, verletzlich, übertrieben freundlich und geschwätzig (Savin-Williams, 1979). In dieser Beziehung haben es die spätreifen Mädchen natürlich besser, obwohl sie analog zu den spätreifen Jungen gelegentlich darunter leiden, weniger ernst genommen zu werden als ihre fortgeschritteneren Kameradinnen. Petersen (1985) hat gefunden, dass sowohl die früh als auch die spät pubertierenden Mädchen während der Pubertät mit sich selbst weniger zufrieden waren als normativ reifende Mädchen. Offensichtlich wollten sie einfach lieber nicht auffallen.

Kracke (1993) meldete entgegen früheren Befunden auch bei früh entwickelten männlichen Jugendlichen unter 15 Jahren eine Tendenz zur Selbstabwertung, die erst nach dem 15. Lebensjahr wieder ausgeglichen wurde. «Zwischen 13 und 14 Jahren scheint ... die Ähnlichkeit mit den Gleichaltrigen wichtiger für den Selbstwert zu sein als körperliche Vorteile, die mit einem schnelleren Entwicklungstempo verbunden sind» (Kracke, 1993, S. 125–126). Bei spät entwickelten Jungen fand Kracke wie andere Studien mehr Selbstwertprobleme.

Klarer sind die Befunde zur Internalisierung von Problemen. Es ist bekannt, dass depressive Symptome in der Adoleszenz – verglichen mit der Kindheit – vermehrt vorkommen (Harrington, 1993). Die Frage liegt deshalb nahe, ob die Pubertät an sich dabei eine Rolle spielt. Es gibt eine gewisse Evidenz dafür, dass Depression bei Mädchen mit der pubertären Entwicklung zusammenhängen könnte (Rutter, 1986). Die körperliche Entwicklung korreliert zum Beispiel mit negativer Verstimmung und ihrer Intensität (Buchanan, 1991). Die meisten Resultate zeigen jedoch eher einen Effekt der Frühreife. Frühreife Mädchen berichten zum Beispiel von mehr depressiven Gefühlen und Traurigkeit als gleichaltrige normativ und spät reifende Mädchen (Alsaker, 1992b; Brooks-Gunn & Warren, 1985b; Stattin & Magnusson, 1990; Susman et al., 1985). In der Schweiz-Norwegen-Studie hatten die norwegischen frühreifen Mädchen der mittleren Altersstufe und die frühreifen Jungen aller Altersstufen höhere Depressionswerte als die anderen. Bei den schweizerischen Mädchen und den norwegischen Jungen war der Effekt nicht signifikant.

Anderen Studien zufolge ist die Befundlage bei den Jungen nicht eindeutig. Die einen fanden bei frühreifen Jungen weniger Traurigkeit (Crockett & Petersen, 1987; Susman et al., 1985), die anderen mehr Depression (Alsaker, 1992b; Susman et al. 1991) und noch andere überhaupt keine Unterschiede (Petersen & Crockett, 1985).

Mit anderen Worten, Frühreife ist für die Mädchen ein zusätzliches Risiko für internalisierende Probleme. Bei Jungen ist dies weniger klar; und doch gibt es genug Evidenz, um sagen zu können, dass die Frühreifung auch bei ihnen individuell differenziert angegangen werden sollte. Es gibt anscheinend Jungen, für welche Frühreifung eine Belastung darstellt.

4.2.8 Externalisierende Probleme

Früh entwickelte Mädchen sind anfälliger für Problemverhalten in der Schule (Simmons & Blyth, 1987; Stattin & Magnusson, 1990; vgl.

auch Ehrhardt et al., 1984). Man kann sich fragen, ob die Diskrepanz zwischen ihrer körperlichen Reifung und den Erwartungen, die sie in ihrem Umfeld auslösen, zu groß ist. Dies könnte zu Langeweile, Ungeduld oder entsprechend mehr Konflikten führen, was allerdings nicht bewiesen worden ist (Alsaker, 1997b; Duke-Duncan et al., 1985).

Die Befunde des Forscherteams um Stattin und Magnusson (Magnusson, Stattin & Allen, 1986; Stattin & Magnusson, 1990) zeigen allerdings ein klares Bild: Frühreife Mädchen weisen vermehrt kleinere Rechts- oder Normverletzungen auf. Vierzehnjährige frühreife Mädchen tranken zum Beispiel mehr Alkohol als ihre Mitschülerinnen. 63 % dieser Mädchen waren in diesem Alter schon einmal betrunken gewesen, während dies nur bei 29 % der Spätentwicklerinnen der Fall war. Es scheint jedoch, dass die später pubertierenden Jugendlichen diese Probleme durchaus noch nachholen und dass langfristig gewisse Unterschiede wieder ausgeglichen werden. Als dieselben Mädchen 16 Jahre alt waren, war der Unterschied nämlich wie in der Studie von Aro und Taipale (1987) verschwunden. Und auch zehn Jahre später tranken sie nicht mehr als andere.

Magnusson und Mitarbeitende (1986) berichteten von einer ganzen Palette von Normverletzungen frühreifer Mädchen; neben dem frühen Genuss von Alkohol gehörten auch der Konsum von Haschisch und härteren Drogen dazu sowie diverse Formen von Provokationen und Diebstahl. Als sie 26 Jahre alt waren, figurierten sie nur wenig häufiger als andere in der Kriminalstatistik. Daraus kann geschlossen werden, dass ihr normbrechendes Verhalten einen Übergangscharakter hatte (siehe Kap. 13; vgl. auch Duke-Duncan et al., 1985).

Die Studie von Magnusson und Mitarbeitenden (1986) belegt auch, dass gewisse Probleme der früh pubertierenden Mädchen durch das jeweilige Lebensumfeld bedingt sind. Sie zeigte, dass beispielsweise Gesetzesverstöße frühreifer Mädchen nur dann häufiger vorkamen als bei ihren Kolleginnen, wenn sie den Umgang mit älteren Freundinnen oder Freunden pflegten, nicht jedoch, wenn unter ihren engeren Freun-

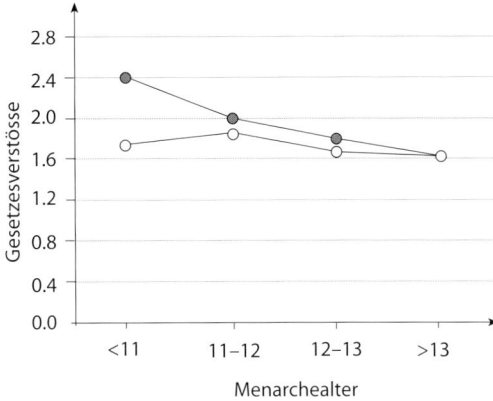

Figur 4-4: Gesetzesverstöße in Abhängigkeit von Menarchealter und Alter der Freundinnen und Freunde (nach Magnusson, Stattin & Allen, 1985, S. 274)

dinnen und Freunden keine älteren waren (vgl. Figur 4-4). Frühreife Mädchen hatten allerdings Kontakte zu älteren Jungen, und diese Freunde waren auch toleranter gegenüber normverletzendem Verhalten. Auch Silbereisen und Mitarbeitende (1989) fanden, dass frühreife Mädchen mehr Kontakt zu devianten Peers hatten. In sozialen Umgebungen, in denen Kontakte mit Älteren gar nicht möglich waren, waren frühreife Mädchen nicht devianter als andere (Henneberger & Deister, 1996). Es ist noch zu beachten, dass die Frühreife in besonderem Maße bereits existierende Probleme akzentuiert (Caspi & Moffitt, 1991).

Früh entwickelte Jungen sind anfälliger für Problemverhalten in der Schule und für kleinere Rechtsverletzungen als ihre Alterskameraden (Duke-Duncan et al., 1985; Petersen & Crockett, 1985). Weil sie häufiger ausgehen, trinken sie im Durchschnitt auch mehr Alkohol (Kracke, 1993). Die Jungen, die ihren Wachstumsschub noch vor sich haben, gehen weniger aus. Wenn sie aber ausgehen und mittrinken, trinken sie meistens auch mehr Alkohol als die anderen (Kracke, 1993). Anderson und Magnusson (1990) fanden sogar, dass diese Spätentwickler im Hinblick auf spätere Alkoholprobleme stärker gefährdet sind. Ähnliches gilt für das Rauchen: Wenige der Spätentwickler rauchen, aber wenn sie rauchen, rauchen sie mehr als ihre Alterskameraden.

4.2.9 Langzeiteffekte

Leider gibt es bis jetzt wenig Forschung zu den Langzeitwirkungen von individueller Akzeleration und Retardation. Zwei immer wieder verwendete Datensätze stammen aus der Berkeley Guidance Study (Peskin, 1967, 1973) und aus der Oakland Growth Study (Clausen, 1975; Jones, 1957, 1965; Jones & Bailey, 1950; Mussen & Jones, 1957). In der Berkeley-Studie wurden 180 Kinder und Jugendliche der Jahrgänge 1928 und 1929 wiederholt beobachtet und befragt. Die Studie dauerte bis zum Ende des Zweiten Weltkriegs. Die Oakland-Studie setzte 1930/1931 ein. Dort wurden 145 Kinder bis ins Erwachsenenalter untersucht.[17]

Jones (1957) sowie Mussen und Jones (1957) fanden, dass frühreife männliche Jugendliche mit 17 Jahren selbstsicherer und unabhängiger waren als ihre Altersgenossen. Mit 33 Jahren waren sie zwar dominierender, aber auch konformer als ihre Altersgenossen (siehe Clausen, 1975). Dieser letzte Befund ist in einer neueren Studie von Ewert (1984) repliziert worden. Es zeigte sich allerdings, dass auf der Basis von retrospektiven Fremdbefragungen unter vielen Variablen nur eine signifikant war: Ehemals akzelerierte Jungen wurden als 18-Jährige als überdurchschnittlich dominant beschrieben («in Gesprächen gibt er oft den Ton an und lässt andere nur wenig zu Wort kommen; er hat einen starken Einfluss auf Entscheidungen, die im Freundes- und Schülerkreis getroffen werden; er übernimmt Verantwortung»; Ewert, 1984, S. 7; vgl. auch Clausen, 1975).

Die ehemals spätreifen männlichen Jugendlichen waren mit 33 Jahren selbstsicherer, unabhängiger, beruflich erfolgreicher und sozial kompetenter als ihre Altersgenossen (Jones, 1957; Mussen & Jones, 1957). Sie wiesen aber ein negativeres Selbstkonzept auf, fühlten sich oft zurückgewiesen und dominiert und waren gegenüber ihren Eltern noch rebellischer als ihre Alterskollegen (vgl. auch Clausen, 1975). Und Resultate der beiden kalifornischen Längsschnittstudien weisen darauf hin, dass ehemals spätreife Männer höhere Neurose-Werte aufwiesen als ihre Alterskollegen (Jones, 1965). Clausen (1975) fand negative Effekte für spätreife Jungen nur in der Arbeiterschicht, nicht aber in der Mittelschicht. In der Untersuchung von Jones (1965) an den unterdessen 38-jährigen Versuchspersonen erschienen die ehemals frühreifen Jungen überdies als rigider, moralistischer und humorloser, während die ehemals spätreifen Jungen als spielerisch-kreativer, sensibler und toleranter gegenüber unklaren Situationen, bezeichnet werden konnten.

Für die ehemals frühreifen Mädchen aus der Berkeley Guidance Study fand Peskin (1973), dass sie mit den Anforderungen des Lebens besser zurecht kamen als die ehemals spätreifen Mädchen. Peskin (1973) konnte darüber hinaus aufzeigen, dass die ehemals früh pubertierenden Frauen den ehemals spätreifen Männern ähnlich waren. Livson und Peskin (1980) glauben, dass die je schwierigere Lebenssituation der spätreifen Jungen und der frühreifen Mädchen diese in günstiger Weise gefordert habe und so späte Früchte trug. Die Notwendigkeit, sich früh durchsetzen zu müssen hat sich allerdings in der späteren schwedischen Studie von Magnusson und Mitarbeitende (1986; Stattin & Magnusson, 1990) nicht als so positiv erwiesen. Diese Autoren fanden nämlich, dass frühreife schwedische Mädchen ihre stark negative Einstellung zur Schule größtenteils beibehielten, einen relativ tiefen Ausbildungsstand erreichten und auch als Erwachsene wenig Interesse am Lernen zeigten. Die Erklärung für den tieferen Ausbildungsstand könnte darin liegen, dass viele dieser Mädchen relativ früh heirateten und Kinder gebaren, was zum Zeitpunkt der Untersuchung (Ende der

---

17 Diese Studien haben etwas verschiedene Resultate erzeugt. Man sollte auch bedenken, dass sie in den 40er-Jahren durchgeführt wurden. Zusammenhänge, die damals gültig waren, könnten wegen der Veränderungen der Lebenssituation der Jugendlichen und der gesellschaftlichen Normen und wegen veränderter Einstellungen zur Früh- und Spätreife heute an Gültigkeit eingebüßt haben.

sechziger Jahre) nicht vereinbar mit einer weiteren Ausbildung war.

4.3 Ausblick

Abschließend möchten wir behaupten, dass die Pubertätsentwicklung für einige Jugendliche tatsächlich eine Belastung darstellt, dass dies aber deutlich mit der frühen Reifung verbunden ist und auch stark vom sozialen und kulturellen Kontext abhängt. Versuchen wir das heutige Wissen über die Pubertät zusammenzufassen, können wir sagen, dass es zwischen Mädchen und Jungen in Bezug auf ihre Reaktionen auf die Veränderungen Unterschiede gibt. Die Tatsache, dass gemäß einigen Autoren die Frühreife bei Jungen auch mit depressiven Gefühlen und mit somatischen Beschwerden verbunden sein kann, ist möglicherweise ein Zeichen dafür, dass nicht alles so einfach ist, wie einige Studien es haben zeigen wollen.

Auch wenn die körperlichen Veränderungen sehr prägnant sind, darf man nicht vergessen, dass sie (speziell wegen des säkularen Trends) in einer Lebensphase vorkommen, in der sich auch viele andere Dinge ändern. Darum sind nicht alle Beobachtungen auch gleich auf die körperlichen Veränderungen zurückzuführen.

Auf der anderen Seite werden pubertäre Reifungsfaktoren oft übersehen, zum Beispiel in Studien, die nur den Einfluss von sozialen oder schulischen Faktoren auf das Verhalten oder das Befinden von Jugendlichen ansprechen. Typisch dafür sind etwa Untersuchungen über antisoziales Verhalten, Alkoholkonsum, Lebensstil, Schulleistungen und -motivation. Die Studien von Magnusson und Mitarbeitern (z. B. Stattin & Magnusson, 1990) haben klar gezeigt, dass biologische und soziale Faktoren sich nicht gegenseitig ausschließen, sondern interagieren.

Zum Schluss sei darauf hingewiesen, dass die meisten Unterschiede zwischen früh-, normativ- und spätreifen Jugendlichen, auch wenn sie statistisch signifikant sind und wiederholt gefunden werden, oft nur klein sind. Dieses ist wichtig, weil es vermutlich den Umstand kennzeichnet, dass die Pubertät ein Problem für einige Jugendliche ist, doch im Allgemeinen einen relativ unproblematischen Verlauf nimmt. Dazu kommt noch, dass Probleme, wenn es sie gibt, nicht einheitlich zu sein brauchen. Man hat zum Beispiel gefunden, dass frühreife Mädchen zu einem negativen Selbstbild, depressiven Gefühlen, Essstörungen, einem erhöhten Alkoholkonsum, weniger Schulmotivation etc. neigen. Nun sind es aber nur einige Mädchen, die einige dieser Probleme bekommen. Ob und welche Probleme sie zeigen, hängt mit vielen anderen Variablen zusammen (Persönlichkeit, sozialer Kontext etc). Das heißt wiederum, dass man keine generellen Erwartungen zu den Reaktionen von Jugendlichen auf ihre Pubertätsentwicklung haben kann. Allerdings wäre es ratsam, sehr früh sowohl Jugendlichen als auch Eltern und Lehrpersonen angemessene Information zu vermitteln, nämlich (1) zu den enormen individuellen Unterschieden des Zeitpunkts und des Tempos der körperlichen Reife, (2) zur Normativität der Gewichtszunahme und der Gefahr von strengen Diäten, (3) zu den Schwierigkeiten, die früh und spät reifende Jugendliche erleben können, (4) zu der Gefahr, den abweichenden Pubertätsstatus durch unerwünschtes Erwachsenenverhalten kompensieren zu wollen, (5) zu der plötzlichen Attraktivität junger früh reifender Mädchen für ältere Jungen und (6) zur Wichtigkeit eines verständnisvollen und unterstützenden sozialen Umfelds.

5. Autonomieentwicklung und Ablösungsprozesse

> «Welche Tragik liegt doch in der Mutterschaft! Diese zärtliche Liebe zu den Kleinen …, dann die Anspannung und Sorge, um die Kinder gesund aufwachsen zu lassen; darauf das Bemühen, sie zu bilden, Kummer und Aufregung, wenn sie faul sind und man eine leere, tatenlose Zukunft vor ihnen sieht – und dann die Entfremdung, die Vorwürfe, Flegeleien von seiten der Kinder, und eine Art Verzweiflung, dass das ganze Leben, die ganze Jugend, die ganzen Mühen umsonst waren»
>
> *(Tolstaja, 1898, dt. 1986, S. 59–60).*

5.1 Abhängigkeit und Autonomie von der Geburt bis zum Tod

Wie die sukzessive gegenseitige Ablösung von Eltern und Kindern in der Adoleszenz vor sich geht, ist weitgehend kulturell bestimmt, dass sie aber stattfindet, ist eine Naturnotwendigkeit. Die Spezies Mensch erhält sich wie fast alle Lebewesen über die Generationenablösung. Die neue Generation entsteht aus der Vorgängergeneration, löst sie ab, ersetzt sie, wird selbständig und gibt wieder einer neuen Generation das Leben.

Die Spannung zwischen Autonomie und Abhängigkeit beherrscht den ganzen Lebenslauf, allerdings in immer veränderten Formen (Baltes & Silverberg, 1994; Flammer, 1999). Autonomiegewinn im Sinne der biologischen und der physischen Distanzierung von den Eltern, aber auch im Sinne des Verlassens früherer Sicherheiten, ist vom Beginn des Lebens an beobachtbar. Menschen ergreifen Initiativen, versuchen neue und eigene Wege zu gehen und nehmen immer wieder Distanz von lieb gewordenen Personen, Plätzen, Rollen, Aufgaben, Wohnungen etc. und wissen, dass sie letztlich ganz allein einmal aus dem Leben scheiden werden.

Erikson (1959, 1982) hat diesen Spannungsbogen mit der Abfolge von acht Lebensthemen, die nacheinander aktuell werden und Stellungnahmen fordern, beschrieben. Diese Themen sind als Polaritäten formuliert, beispielsweise Spannung zwischen Autonomie und Zweifel, zwischen Initiative und Schuldgefühl, zwischen sog. Werksinn und Minderwertigkeitsgefühl, zwischen Intimität und Isolation und zwischen Integrität und Verzweiflung (vgl. Flammer, 1996). Für Piaget (1947, 1964, 1975) ist die gesamte kognitive Entwicklung durch fortschreitende «Dezentrierung» gekennzeichnet, d. h. durch Befreiung von eigenen engen Perspektiven und von einfachen Erklärungsmustern. Das Denken wird immer eigenständiger und gleichzeitig immer umfassender. Dies ermöglicht dem Menschen, auch solches Denken zu verstehen, das er selbst ablehnt.

Wer von Autonomie der Jugendlichen redet, meint auch Ablösung von den Eltern. Wir meinen allerdings, dass der Begriff der Ablösung nicht sehr glücklich gewählt ist, denn die Verbindung bleibt in irgendeiner Form immer bestehen. Sie verändert sich aber, sie wird neu gestaltet und definiert. Ablösung suggeriert nicht nur fälschlicherweise, dass nachher «abgelöst» sei, sondern auch noch, dass die Generationen sich nur voneinander weg bewegen können. So genannte Ablösung gestattet jedoch manchmal auch ein Wieder-näher-Kommen. Ablösungskonflikte sind manchmal wie Flurbereinigungen; sie machen den Weg frei für neue Nähe. So gesehen, geht es nicht so sehr um die Ablösung als um das Ringen um die richtige Nähe oder Distanz und das oft auf einer neuen Ebene.

Es gibt im Lebenslauf immer wieder markante Übergänge, zum Beispiel Geburt, Abstillen, Gehen lernen resp. Weggehen lernen, das Auftreten des ersten Selbstbewusstseins und des ersten Sich-selbst-Durchsetzens, Eintritt in den Kindergarten, in die Schule, Spitalaufenthalte, Ferien außerhalb der Familie, enge Freunde, Liebschaften, Gründung einer eigenen Familie, später die Übernahme der Sorge für die alternden Eltern und der Tod der Eltern (vgl. Greene & Boxer, 1986). Und noch nach dem Tod der Eltern setzen wir uns mit ihnen auseinander, wir stellen beispielsweise fest, dass wir genau wie der Vater reagieren oder uns mit einer Einstellung oder einer Handlung der Mutter immer noch nicht versöhnen können. Gefühle wie Liebe,

Schuld, Trauer, Dankbarkeit, Verehrung, Wut oder Scham binden uns weiterhin an unsere Eltern (vgl. Blustein, Walbridge, Friedlander & Palladino, 1991; Halpern, 1976, dt. 1978). Spätestens dann, wenn unsere eigenen Kinder sich von uns ablösen, werden wir feststellen, dass nicht nur die Kinder sich von den Eltern ablösen, sondern auch die Eltern von den Kindern, was meistens schwieriger und schmerzvoller ist.

Mal geschieht Distanzierung lustvoll, mal ist sie schmerzhaft. Distanznehmen ohne Absicherung führt zu Isolation und Einsamkeit. Diese Spannung macht die Aufregung von immer neuen Autonomieschritten aus, was man gut im Vorschulalter und in der Adoleszenz beobachten kann. Die Eltern sind auch zu Zeiten wichtig, in denen sie abgelehnt werden (vgl. Storch, 1994). Andererseits wertet die zunehmende Distanzierung vom Elternhaus die Beziehungen zu Gleichaltrigen auf (Montemayor, 1982; Steinberg & Silverberg, 1986). Selbständigkeit spielt sich nie im luftleeren Raum ab, sie ist nie Freiheit von allen Bedingtheiten. Sie wird psychologisch nur realisiert, indem man Bedingtheiten (sog. Kontingenzen) in seinen Dienst nimmt. Letztlich ist Unabhängigkeit ein souveräner Umgang mit Abhängigkeiten (M. M. Baltes, 1995; Flammer, 1999).

Wenn im hohen Alter die Distanzierung oder gar der Verlust von Freunden, Arbeitskollegen und Familienmitgliedern notgedrungen voranschreitet, besteht eine der großen Herausforderungen darin, dennoch eine emotionale Sicherheit zu behalten. Erikson (1982, dt. 1988) hat deshalb von der Dynamik zwischen Integrität und Verzweiflung am Ende des Lebens geschrieben.

Autonomie kann viele psychologische Prozesse in verschiedensten Lebenssituationen kennzeichnen. Im Folgenden gehen wir zunächst auf einige wichtige Autonomiebereiche von Jugendlichen ein. Sodann werden wir die Autonomieschritte im familiären Bereich ausführlicher besprechen.

5.2 Autonomiebereiche

Da die Autonomiebereiche in der Adoleszenz vernetzt sind, ergeben sich viele Überschneidungen. Schneewind und Braun (1988) unterschieden beispielsweise vier Bereiche jugendlicher «Ablösungsaktivitäten», nämlich Freundschaft/Partnerschaft, Bewegungsfreiheit, Lebensführung und Vergnügen. Die Bereiche korrelierten gegenseitig derart hoch, dass die Autoren den Plan aufgaben, für jeden Bereich einen Fragebogen mit separatem Testwert zu erstellen. Wir illustrieren im Folgenden die Vielfalt der zunehmenden Autonomie Jugendlicher an ausgewählten Lebensfeldern, von denen die meisten sowohl Autonomie gestatten als auch fordern.

5.2.1 Geforderte Autonomie

Tageszeiteinteilung: Die meisten Eltern und die meisten Lehrpersonen erwarten von Jugendlichen, dass sie selbst ihre Tageszeiten auf Schule, Schulweg, Hausaufgaben, Sport, übrige Freizeitbeschäftigungen und Schlaf angemessen verteilen. Oft haben sie beispielsweise auf einen bestimmten Tag Schulprüfungen vorzubereiten oder einen schriftlichen Bericht vorzulegen; es ist dann an ihnen, ihre Zeit so einzuteilen, dass sie damit rechtzeitig bereit sind. Bekanntlich gelingt diese Aufgabe nicht allen auf Anhieb.

Konsum: Jugendliche haben mehr Geld zur persönlichen Verfügung als Kinder, müssen damit aber auch mehr Bedürfnisse abdecken (kleine Schulunkosten, Kino, Disco, manchmal auch Kleider etc.). Es können nicht alle Jugendlichen gleich gut damit umgehen; es gibt solche, die sich Reserven ansparen, und solche, die sich immer wieder aushelfen lassen müssen.

Chancen, Verlockungen und Risiken: Die Möglichkeiten sind zwar nicht gleichmäßig verteilt, aber es gibt davon heute mehr denn je, zum Beispiel Reisen, fremde Menschen kennen lernen, vielfältige Sportmöglichkeiten und Musizieren. Den Jugendlichen in westlichen Kulturen bieten sich Gelegenheiten, mehr oder weniger gefährliche Drogen zu konsumieren. Mit gewissen Drogen machen sie sich sogar strafbar, bei anderen müssen sie ihre eigene Form des Verzichts oder des angemessenen Umgangs finden. Jugendliche, die sich auf intime Freundschaften oder sexuelle

Beziehungen einlassen, haben schwierige Wahlen und Entscheidungen zu treffen, in denen sie weitgehend auf sich selbst gestellt sind.

Mobilität: Jugendliche lieben Bewegung und Tempo. Es steht ihnen je nach ökonomischen Möglichkeiten und Alter ein großes Angebot zur Verfügung: Rollbrett, Moped, Auto, Interrail, ja gar Billigflüge. Das ist aufregend, aber nicht ohne Implikationen: Eine Reise quer durch Europa kostet nicht nur Geld, sie verlangt auch Suche von und Entscheidungen für Übernachtungsmöglichkeiten, Umgang mit Reisepartnern, die nicht immer die gleichen Präferenzen haben, etc.

Kultur und Medien: Die meisten Jugendlichen mögen zeitgenössische Jugendmusik, reisen zu Festivals, besitzen Hi-Fi-Anlagen, schauen aber auch gerne TV. Sie wählen Musikstile und TV-Programme, und sie werden konfrontiert mit Lust, Grausamkeit, Zerstörung, Idealismus, Solidarität etc.

Identität: Je mehr die Jugendlichen über sich selbst nachdenken und je vielfältiger die soziale Welt außerhalb der Familie ist, desto drängender wird die Frage, wer man denn selbst wirklich ist oder sein möchte. Auch die soziale Umgebung drängt die Jugendlichen zum Bezug von Positionen, zum Anschluss an bestimmte Gruppen oder zur Distanz von bestimmten Gruppen und Lebensstilen. Eine eigene Identität zu entwickeln ist lustvoll und manchmal schmerzhaft.

Privatsphäre: Die Pflege der Privatsphäre ist zwar nicht gefordert, unter den neuen Lebensumständen aber doch unausweichlich. Viel mehr als Kinder geben Jugendliche ihrem Schlafzimmer eine persönliche Note. Sie benutzen das Badezimmer gerne allein und ungestört, sie teilen ihre Gefühle nicht mehr immer offen mit, sie verstecken die Briefe, die sie erhalten, möchten mal ausgehen, ohne zu sagen, mit wem sie gehen, etc.

5.2.2 Freiräume

Persönliche Kontrolle im psychologischen Sinn besteht in der Möglichkeit, etwas nach eigenen Vorstellungen zu verändern (Flammer, 1990). Kontrolle zu haben, ist die Voraussetzung dafür, dass man tatsächlich Kontrolle ausübt. Und Kontrollausübung ist eine Art, Autonomie wahrzunehmen. Autonomie wird dann vor allem als Selbstbestimmung und weniger als Unabhängigkeit von anderen Menschen verstanden.

Im Rahmen der sog. Berner-Jugend-Längsschnittstudie wurde die jugendliche Wahrnehmung von eigener Kontrolle in verschiedenen zentralen Lebensbereichen untersucht. Es zeigte sich, dass Schweizer Jugendliche im Alter zwischen 14 und 19 Jahren zwar relativ viel, aber doch sehr unterschiedlich viel Kontrolle zu haben glauben. Die meisten Jugendlichen gaben an, in wichtigen Bereichen einen wesentlichen Anteil an Kontrolle zu haben (Figur 5–1). Es ist auch nachvollziehbar, dass sich eine größere Zahl in umfassenden Umweltbelangen hilflos erlebte (hier das Beispiel des Waldsterbens; diese Zahlen stammen aus dem Jahr 1990). Bemerkenswert, aber aus dem System verständlich ist, dass der Bereich Schule bzw. das, was dort zu lernen ist, mehr als alle anderen Bereiche den Eindruck von persönlicher Hilflosigkeit auslöste.

Die meisten der befragten Jugendlichen waren überzeugt, ihre persönliche Kontrolle über wichtige Lebensbereiche würde in den nächsten Jahren noch zunehmen. Das gilt laut Figur 5–2 für fast alle Bereiche, insbesondere für schulischen Lernstoff, Umweltprobleme (Waldsterben), Jugendpolitik (Jugendtreff), Regelung von Konflikten mit den Eltern und Verfügbarkeit von Geld. Das ist wohl ein berechtigter Optimismus. Optimismus zeigte sich auch darin, dass auf die Frage, ob sie glauben, mehr oder weniger oder gleich viel Kontrolle zu haben wie die Gleichaltrigen, der Durchschnitt überzeugt war, *über*durchschnittlich viel Kontrolle zu haben (vgl. auch Flammer, 1990, S. 98–99; Taylor, 1989). Nur im Bereich der Jugendpolitik (Jugendtreff) waren die Jugendlichen anderer Meinung.

Schließlich wurden die gleichen Jugendlichen befragt, wer nach ihrer Meinung in den genannten Bereichen am meisten, am zweitmeisten etc.

Einfluss oder Kontrolle habe. In den meisten Bereichen (es wurden immer konkrete Beispiele vorgegeben) hielten sie sich selbst für die Hauptkontrolleure. Abweichungen ergaben sich in den Bereichen Umweltprobleme (Reihenfolge: 1. Gesellschaft, 2. Gleichaltrige, 3. Institutionen, 4. Autoritäten, 5. «ich selbst»), Jugendpolitik (Beispiel: Einrichtung eines Jugendtreffs; Reihenfolge: 1. Institutionen, 2. Autoritäten ≈ Gleichaltrige ≈ Gesellschaft, 5. «ich selbst») und schulischer Lernstoff (1. Institutionen, 2. Autoritäten, 3. «ich selbst», 4. Gesellschaft, 5. Gleichaltrige).

5.3 Wege zur Autonomie

Bis jetzt haben wir darüber gesprochen, in welchen Lebensbereichen Autonomie von den Jugendlichen gefordert resp. gewährt wird. Jetzt stellt sich die Frage, wie die Jugendlichen Autonomie erwerben.

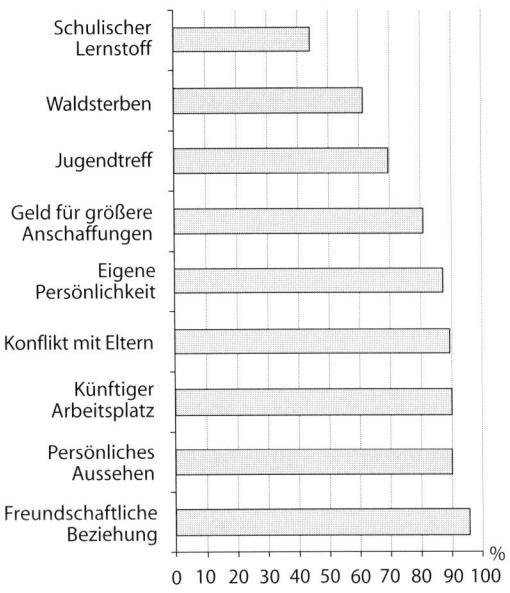

Figur 5–1: Anzahl Jugendlicher in Prozent, die glauben, in den genannten Bereichen Kontrolle zu haben (nach Zahlen von Grob, Flammer & Neuenschwander, 1992, S. 74)

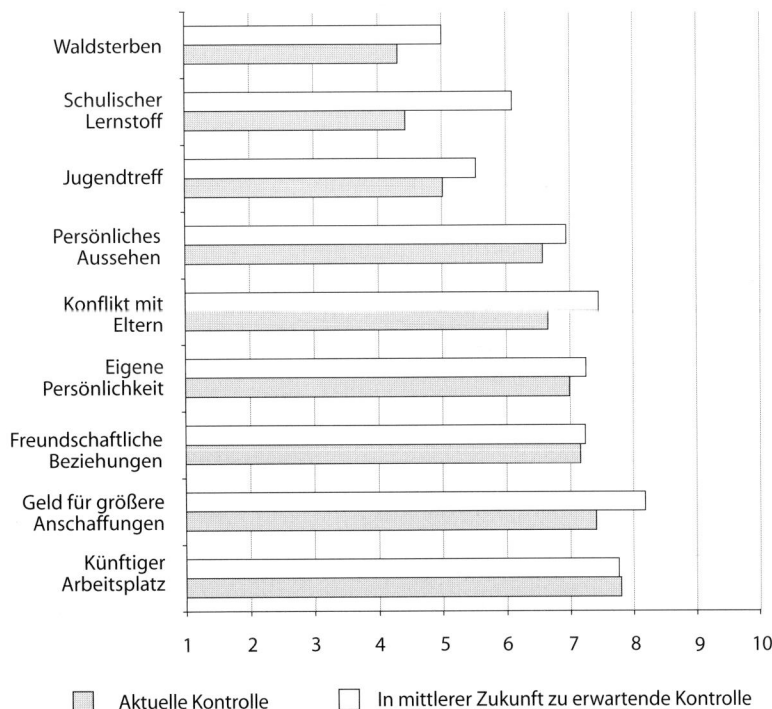

Figur 5–2: Beurteilung der aktuellen und der in mittlerer Zukunft zu erwartenden Kontrolle; Skala von 1 bis 10 (nach Zahlen von Grob, Flammer & Neuenschwander, 1992, S. 75 und 76) (Geschlechter gleichgewichtig gemittelt).

5.3.1 Lernen und Kognitionen

Der wichtigste Lernprozess besteht im *Versuchen und Riskieren* bzw. in «Trial-and-Error». Autonomie muss geübt werden. Schon das Versuchen selbst stellt meistens ein Stück lustvoller Autonomie dar. Das Ergebnis kann auch einmal ungünstig sein; die Jugendlichen sind bereit, recht viel einzustecken und zu riskieren, zum Beispiel um sich vor anderen nicht zu blamieren.

Als zweitwichtigster Faktor ist das *Lernen an Modellen* zu nennen. Jugendliche beobachten oder hören, was andere machen und wie sie es tun. Das können ältere Geschwister, Kolleginnen oder Kollegen, gelegentlich auch Erwachsene sein. Häufig werden erstmalige Schritte zusammen mit anderen gemacht, die schon etwas Erfahrung haben, beispielsweise zum ersten Mal in die Disco gehen. Gerade wegen der großen Wirkung von Freunden sorgen sich Eltern oft darum, was für Freunde ihre jugendlichen Kinder haben. Mit gewissen Freunden ergeben sich Gelegenheiten und Anreize, Musik zu machen, mit anderen Freunden fangen sie zu rauchen an, mit wieder anderen wird Sport aktuell. In manchen Situationen lernt man nicht nur mitzumachen und nachzuahmen, sondern auch, sich komplementär zu verhalten. Eine besondere Situation wirkungsvollen Lernens ist die Verliebtheit.

Aber auch die Jugendlichen wissen, dass gewisse Risiken sehr groß und nur auf lange Sicht abzuschätzen sind. Sie suchen darum durchaus das *Gespräch über Möglichkeiten und Pläne*, sehr häufig natürlich mit Gleichaltrigen, aber auch mit Erwachsenen, sofern diese nicht einfach belehrend auftreten. Da das Selbständigwerden mit viel Unsicherheit verbunden ist, hilft es den Jugendlichen, wenn sie von Personen, die sie für wichtig halten, Vertrauen spüren. Welche Rolle die soziale Unterstützung bei der Autonomieerarbeitung spielt, wird uns in späteren Kapiteln nochmals beschäftigen.

Eine andere Hilfe im Erwerb von Selbständigkeit besteht im Aneignen von Wissen und effizienter werdendem Denken. Autonomie verlangt *Wissen* über Möglichkeiten, Alternativen, Zusammenhänge, mögliche Folgen etc. Wissen basiert auf Welterfahrung, nämlich selbst erlebte, mitgeteilte, gelesene, aus den Medien entnommene und im Diskurs erarbeitete. Wissen verlangt und ermöglicht *Reflexion* über Verlässlichkeit, Wahrscheinlichkeiten und Zusammenhänge. Und genau die Fähigkeit zur Reflexion entwickelt sich im Laufe der Adoleszenz bei den meisten Jugendlichen beschleunigt (Kap. 6).

Mit Wissen und Denken verknüpft und ihrerseits ein wichtiger Ausdruck von Autonomie ist die *subjektive Moralität*. In der Auseinandersetzung mit Widersprüchen, aber auch in der sozialen Auseinandersetzung mit anderen Menschen unterschiedlicher Meinungen und Weltbilder wird das moralische Denken differenzierter und grundsätzlicher. Das ist an sich ein Gewinn und fördert seinerseits die Autonomie in vielen Lebensbereichen: Überzeugungen zu haben, sie vor sich und anderen gut begründen zu können, persönliche moralische Urteile prinzipiell und nicht nur ad hoc zu erarbeiten, gibt Sicherheit und Selbständigkeit, auch in schwierigen Entscheidungen.

Die sozusagen logische Notwendigkeit, dass die Lockerung einer Bindung nur auf der Basis minimaler Sicherheit möglich ist, hat Ausubel (1954, dt. 1968, S. 170–202) mit einem ziemlich formalen Modell ausgedrückt. Für ihn bestehen die Prozesse der Ablösung der Jugendlichen in einer Reihe von Bindungs- und Lösungsprozessen, die sich im Leben mehrfach wiederholen und die auch bereits in der Kindheit durchlaufen worden sind. Diese Prozesse laufen in der Adoleszenz über drei Stufen: (a) Abbau der Satellitenbeziehung durch Bildung einer neuen. Gemeint ist die Ersetzung der Eltern durch neue Autoritäten/Vorbilder, etwa in einer Pfadfinderhierarchie, durch Musik- und Filmidole oder durch religiöse Führer. (b) Abbau der Satellitenbeziehung durch Aufbau eines primären Status. Gemeint ist der Erwerb von schätzenswerten persönlichen Qualitäten, von intellektuellen, sportlichen oder gar sexuellen Kompetenzen, Erfahrungen und Prestige. Anders gesagt: der Aufbau eines Selbstwertgefühls. (c) Abbau der Satellitenbeziehung durch die exploratorische Orientierung. Gemeint ist selbständiges Denken, Forschen oder Ausprobieren, Herausfinden, wie die Welt wirklich ist, letztlich das

Engagement für eine Person, eine Sache oder eine Idee.

Im Modell von Ausubel wird deutlich, dass Ablösung immer relativ ist. Bestehende Beziehungen werden stets durch neue ersetzt. Allerdings sind die neuen Bezugspersonen immer weniger Autoritäten, sondern zunehmend Ebenbürtige, Berufskollegen, Geschlechtspartner. An die Stelle von Personen treten gelegentlich Ideen, moralische Normen, Ideale oder Gott.

Das Modell von Ausubel ist offen für eine Entwicklung, die zu seiner Zeit noch weniger im Zentrum der wissenschaftlichen Entwicklungspsychologie stand als heute, nämlich die Verlagerung der Bindung von den Eltern auf Partnerinnen und Partner der eigenen Generation, zunächst auf Kameraden, dann auf Geliebte und schließlich auf Lebenspartner.

Da Autonomie immer gleichzeitig Produkt und Mittel der Entwicklung ist, hat zum Beispiel Hagestad (1979, zit. nach Greene & Boxer, 1986, S. 140) die zunehmende Distanzierung von den Eltern als gute Voraussetzung für Beziehungsklärung bezeichnet, indem sie eine «demilitarisierte Zone» ermögliche und so unter Umständen die neue «Grenzbereinigung» erleichtere.

5.3.2 Psychoanalytische Phasenmodelle

Die Psychoanalyse[18] hat sich ausführlich mit der sog. Ablösung von den Eltern beschäftigt und dafür differenzierte Phasenmodelle vorgeschlagen.

5.3.2.1 Phasen der adoleszenten Ablösung nach Sigmund Freud und Anna Freud

Nach der psychoanalytischen Auffassung folgt die Adoleszenz – S. Freud (1904/5) sprach von Pubertät – auf die Latenzphase, die ihrerseits eingeleitet worden ist durch die Überwindung der Ödipus-Situation resp. die Identifikation mit dem gleichgeschlechtlichen Elternteil. Das Entscheidende der Pubertät ist die plötzliche Steigerung der Libido-Produktion, die das bisherige Abwehrdispositiv gefährdet und eine «zwei-te ödipale Phase» einleitet. Wegen der unterdessen standfest gewordenen Inzestschranke bleiben die entsprechenden Ansprüche allerdings entweder unbewusst oder sie verschieben sich auf reife Frauen als Liebesobjekte für junge Männer oder auf ältere Männer als Liebesobjekte für junge Frauen. Der Ödipus-Komplex wird auch diesmal durch Identifikation mit dem gleichgeschlechtlichen Elternteil bewältigt, wobei Loch (1987, S. 36–37) auf eine bemerkenswerte Komplikation hinwies, die er in der psychoanalytischen Praxis bestätigt sah: Wenn die Mutter (z. B. als allein erziehender Elternteil) «im Namen des Vaters» die Repräsentation der Autorität und des Gesetzes zuhanden des Über-Ichs übernehmen muss, dann fällt ihr auch die Rolle der Idealfunktion des Vaters zu.

> Wenn nun aber die Mutter bzw. die Beziehung zu ihr die Ideal-Funktion vertritt, besteht die Gefahr, dass die Ideal-Funktion mit der Primär-Funktion der Mutter und also auch mit der Form einer prägenitalen Triebbefriedigung verlötet bleibt. Das aber erschwert die Lösung von der primären Mutter, dem primären Triebobjekt, die ja in der Pubertät endgültig – mehr oder weniger endgültig – zu vollbringen ist. (Loch, 1987, S. 37)

Während Sigmund Freud die Pubertät zugunsten der frühkindlichen Sexualentwicklung eher vernachlässigt hatte, setzte sich seine Tochter *Anna Freud* ausführlicher mit der Pubertät auseinander (A. Freud, 1936, dt. 1936). Auch für sie wird die Pubertät durch die (vorprogrammierte) gesteigerte Libidoproduktion ausgelöst. Und diese führt in jedem Fall zu einem schweren Ungleichgewicht zwischen dem Ich und den Es-Ansprüchen.

Anna Freud unterschied zwei Phasen der Pubertät, die «Früh-Pubeszenz» und die «eigentliche Pubertät». Die «Früh-Pubeszenz» ist gekennzeichnet durch einen schlecht kontrollierten quantitativen Triebüberschuss (A. Freud, 1958, 1969), der sich in Aggression, Unordent-

---

18 Hier werden die elementaren Begriffe der Psychoanalyse vorausgesetzt. Als kurze und einfache Einführungsliteratur können S. Freud (1917, 1938), Flammer (1996, Kap. 5) und Kutter (1989) genannt werden.

lichkeit, Brutalität, exhibitionistischen Tendenzen, aber auch in Gehorsam, Anpassung, Missstimmung und Empfindlichkeit äußert. Die «eigentliche Pubertät» führt zu einer qualitativen Differenzierung und Spezifizierung der Triebe, aber auch zu einem zweiten Ödipuskomplex mit Kastrationsangst bzw. Penisneid.

Während die erste Ödipus-Situation via Identifikation mit dem gleichgeschlechtlichen Elternteil überwunden wurde, geschieht die Meisterung der zweiten Ödipus-Situation ihrer Meinung nach mit verschiedenartigen Abwehrmitteln, insbesondere mithilfe von Intellektualisierung, Sublimierung, Projektion, Reaktionsbildung und Askese (wovon die Anorexie eine Extremform sein kann).

Da die Auslösung der Adoleszenz für Anna Freud wie für ihren Vater durch biologische Prozesse bedingt ist, betrachtete sie deren unmittelbare Folgen, insbesondere die emotionalen Unregelmäßigkeiten, als unvermeidbar, das Ausmaß und die jeweilige Art der adoleszenten Schwierigkeiten aber nur als teilweise vorhersagbar (A. Freud, 1958). So sei die Auseinandersetzung mit den Eltern desto heftiger, je inniger die Verbindung im ersten Lebensjahr gewesen sei.

In ihrer Darstellung von 1969 schlug Anna Freud eine prototypische Phasentheorie der Adoleszenz mit vier Phasen vor:

(1) Triebveränderungen. Die Triebe erfahren zuerst eine quantitative Veränderung (gesteigerte Libido-Produktion) und später auch eine qualitative (Unterordnung der Triebziele unter den Primat der Genitalität).
(2) Veränderungen der Ich-Organisation. Die Triebveränderungen verlangen nach intensivierten und neuen Abwehrmaßnahmen, insbesondere mehr Verdrängung, Reaktionsbildung, Projektion und Identifikation, Intellektualisierung und Sublimierung.
(3) Veränderungen der Objektbeziehungen. Die definitive Lösung der ödipalen Bindungen verlangt eine stärkere Ablösung von den Eltern, sei es durch Ignorieren, durch Revolte oder durch Auszug.
(4) Neue Ideale und soziale Beziehungen. Die Eltern müssen ersetzt werden, gelegentlich durch Autoritäten im Alter der Eltern, oft durch Gruppen von Gleichaltrigen, zu Zeiten aber auch durch soziale oder geistige Bewegungen und Ideale.

Dieses Modell leitet bis heute die Interpretationen und Erwartungen vieler. Auch wenn einige Relativierungen vorgenommen werden, ist es noch heute heuristisch wertvoll. Damit meinen wir, dass das Modell Hypothesen für den Einzelfall anbieten kann, die dann vielleicht zutreffen, vielleicht aber auch nicht. So ist beispielsweise die Distanzierung von den Eltern in den meisten Fällen bei weitem nicht so radikal, wie Sigmund und Anna Freud das für die Phase 4 annahmen.

Nach Zimbardo und Gerrig (1996, dt. 1999, S. 493) ist es vor allem die Psychoanalyse, die den Hall'schen Mythos des «Sturm und Drang» der Adoleszenz aufrechterhalten und verbreitet hat (Hall, 1904). Wer da aber was von wem übernommen hat, wäre näher zu prüfen, weilte doch Freud im Jahre 1909 als Gast bei Stanley Hall in den USA zu Besuch. Hall scheint früh Freud gelesen zu haben.

Auch die Phase 3 scheint uns einseitig beschrieben zu sein: Zu den Modalitäten des Ignorierens, der Revolte und des Auszugs kommen doch auch Modalitäten der Neudefinition der Rollen und Beziehungen. Da S. Freud biologisch dachte, müsste man seinen Triebbegriff mit modernen Hormontheorien verbinden können (Phase 1). Das ist natürlich nur pauschal möglich (s. Kap. 4). Dennoch wissen wir heute, dass zusätzlich zu den Hormonen auch Anreize, Erinnerungen, Erfahrungen, ja sogar Kosten-Nutzen-Überlegungen die «Triebwünsche» bedingen.

Es gibt einige Untersuchungen zum Zusammenhang zwischen der hormonalen Entwicklung und dem Verhältnis zu den Eltern. Während Trautner (1972a) zum Beispiel bei Mädchen zwischen 10 und 14 Jahren keinen Zusammenhang zwischen der individuellen Abnahme der Elternzentriertheit und der biologischen Reife feststellen konnte, fanden andere solche Zusammenhänge, wenn auch in geringer Ausprägung (Holmbeck & Hill, 1991; Paikoff & Brooks-Gunn, 1991). Insgesamt scheint die Beziehung zu den Eltern während der Zeit raschen

Autonomiegewinns nur zu einem sehr geringen Maß mit biologischen Faktoren zusammenzuhängen (vgl. auch Schiambergs, 1969, interkulturelle Studie).

5.3.2.2 Phasen der adoleszenten Ablösung nach Peter Blos

Peter Blos (1962, 1979) hat die Freudsche Auffassung der adoleszenten Ablösung in wesentlichen Teilen differenziert. Aber auch er vertrat die Idee des Wiederauflebens des Ödipus-Komplexes in der Adoleszenz; auch für ihn war Adoleszenz in erster Linie eine psychosexuelle Angelegenheit; auch für ihn war Regression für eine «normale Entwicklung» in der Adoleszenz notwendig (1979, S. 153). Hingegen betonte er, dass die Pubertätsentwicklung nicht gelingen könne, «if it is not complemented by the emergence of a distinct social role, a sense of purpose and of fitting in, which jointly secure a solid anchorage in the human community» (Blos, 1979, S. 118–119). Damit fügte Blos der psychosexuellen eine psychosoziale Komponente der Pubertätsentwicklung bei (vgl. auch Erikson, 1959, dt. 1977).

Blos hat eine Unterteilung in sechs Phasen vorgenommen, nämlich die folgenden:

(1) **Latenz**. Für Blos war die Latenz nicht einfach eine ruhige Zwischenzeit in der psychosexuellen Entwicklung, in der nichts passiert und die eigentlich ausfallen könnte, sondern eine notwendige Ausgangslage für die Pubertät. Über die Selbsterfahrung im Entdecken, Lernen und Gestalten dient sie vor allem dem Aufbau einer differenzierten Ich-Struktur, ohne die später die starken Triebe der Adoleszenz den Menschen völlig überwältigen würden. In der Latenzzeit wachsen auch Selbstwert und Selbstachtung. Es ergibt sich eine konsolidierte Erfahrung der relativen Unabhängigkeit von den Eltern.

(2) **Präadoleszenz.** Die Präadoleszenz wird ausgelöst durch die Zunahme der Triebproduktion. Die Folgen daraus sind für Knaben und Mädchen aber verschieden (wobei Blos – durchaus in psychoanalytischer Tradition – über Knaben fassbarere und nachvollziehbarere Aussagen machte als über Mädchen; vgl. die feministische Kritik an der Psychoanalyse, z. B. von Kestler, 1978).

Der Junge erschrickt über seine «phallischen» Ansprüche an seine «archaische» Mutter und reagiert mit der Ablehnung gegenüber allen Frauen und Mädchen und mit der Zuwendung zu Männern und Jungen (gleichgeschlechtliche Jugendgruppen, Banden; sog. prägenitale Homosexualität). Die plötzlich vermehrte Triebproduktion erschüttert das ganze innerseelische Gleichgewicht. Es kommen neben den phallischen plötzlich auch wieder starke orale und anale Wünsche auf. Die analen drücken sich beispielsweise im Vergnügen an schmutzigen Wörtern, onomatopoetischen (= lautnachahmenden) Lärmproduktionen, sadistischen Aktivitäten aus; die oralen finden ein Stück weit eine Abfuhr im gesteigerten Appetit, in Geschwätzigkeit etc. Allerdings betonte Blos immer wieder, dass der Junge Angst habe vor Passivität, die ihn an orale Wünsche gegenüber seiner Mutter erinnere; folglich stürze er sich in vielerlei Aktivitäten, zeige einen großen Bewegungsdrang und betreibe leidenschaftlich gern Sport, spiele mit Kriegsspielzeug etc.

Das Mädchen findet mit seinen ödipalen Wünschen gegenüber seiner Mutter den Weg besser. Es verdrängt sie natürlich auch, aber es versucht gleich die weibliche Rolle und (im Gegensatz zum Jungen) eine heterosexuelle Orientierung zu übernehmen, und zwar gegenüber gleichaltrigen Jungen wie auch gegenüber dem Vater und anderen Männern. Es interessiert sich für sein Aussehen und entwickelt Charme. Blos (1979, S. 112) zitiert ein 14-jähriges Mädchen, das zehn boyfriends habe: «I have to do this; if I didn't have so many boyfriends they would say I am a lesbian».

Blos glaubte, dass diese Geschlechtsdifferenzen auch am typischen delinquenten Verhalten sichtbar würden: Während Jungen aggressive Akte und Vandalenakte vollführten und gegen Autoritäten anrennen würden, gingen Mädchen auf (hetero-)sexuelle Abenteuer ein. Mädchen gerieten gelegentlich in inzestuöse Beziehungen mit ihrem Vater, was zwischen Mutter und Sohn kaum vorkomme.

Für die These der Wiederbelebung der Ödipus-Situation sind bis heute allerdings nur wenige empirische Belege bekannt (alle für Jungen, keine für Mädchen und deren angebliche Elektra-Situation). Peskin (1973) unterschied «streng ödipale» Jungen (die Mutter schenkte dem Jungen im Alter zwischen 3 und 5 mehr Liebe als dem Vater) von «normal ödipalen» Jungen (die Mutter schenkte dem Jungen zwischen 3 und 5 gleichviel Liebe wie dem Vater) und fand, dass «streng ödipale» Jungen sich zu Beginn der Pubertät brüsker und stärker gegen emotionale Abhängigkeit von den Eltern wehrten als «normal ödipale» Jungen. Auch konnten sie mit dem Einsetzen der Pubertät deutlich weniger gut Träume erinnern als vorher, was für stärkere Verdrängung spreche. Ähnliche Zusammenhänge mit der Abwendung von der Mutter hatte anscheinend Peskin schon 1963 (zit. nach Livson & Peskin, 1980, S. 76) gefunden. Steinberg (1978, zit. nach Livson & Peskin, 1980, S. 76) soll in Studien über Entscheidungsprozesse in der Familie generell erhöhte Konflikte zwischen männlichen Jugendlichen und ihren Müttern nachgewiesen haben, zum Beispiel stärkere als zwischen Töchtern und Müttern.

(3) **Frühe Adoleszenz.** Der Übergang zur dritten Stufe besteht nach Blos im Wechsel von der quantitativ gesteigerten Triebproduktion zu einer qualitativen Triebumstellung. Diese Verschiebung resultiert in einer zunehmenden Dominanz der Genitalität über die anderen Triebansprüche, die nun auch beim Jungen eine heterosexuelle Orientierung herbeiführt. Dadurch wird das Über-Ich persönlicher, weil es seine Anlehnung an die Eltern lockern kann. Das bewirkt eine Distanzierung von den Eltern.[19]

Die Distanzierung von den Eltern wird anfänglich u. a. durch Stellungnahmen gegen die Eltern und durch Einstellungen und Handlungen gesichert, die den Normen der Eltern widersprechen. Dadurch tun die Jugendlichen häufig Dinge, welche sie als solche gar nicht wünschen. Während der Lockerung der starken Eltern-Identifikation sucht der oder die Jugendliche intensive externe Freundschaften, allerdings zunächst mit Vorzug gleichgeschlechtliche.

Ohne das Stichwort des Double-bind (vgl. Watzlawick, Beavin & Jackson, 1974) zu verwenden, schilderte Blos (1979) plastisch diese Zwickmühle, die auch als eine Basis für die große Labilität der Jugendlichen dieses Alters genommen werden kann:

> Ein älterer Jugendlicher war erstaunt über die Tatsache, dass er sowohl das, was er gerne tat, als auch das, was er nicht gerne tat, gleichermaßen vernachlässigte. Das Letztere konnte er leicht verstehen, aber das Erste machte keinen Sinn. Ein vorbewusster Gedanke, welcher die Aktivität oder deren Wahl begleitete, wurde ihm bewusst. Er fragte sich: «Würde meine Mutter das, was ich tue, gut finden; würde sie wollen, dass ich es tue?» Der bejahende Gedanke verdarb automatisch die Freude an der Aktivität, auch wenn es eine angenehme war. In dieser Sackgasse wurde er gänzlich untätig; er versuchte, die dauernde geistige Anwesenheit seiner Mutter und ihren Einfluss auf seine Entscheidungen und Handlungen zu ignorieren. Er führte sich sein Dilemma immer wieder vor Augen, indem er sagte: «Wenn ich weiß, dass meine Mutter möchte, dass ich das tue, was ich tun will – nämlich wenn wir beide dasselbe wollen – dann werde ich verlegen und unterbreche, was ich gerade tue». (Blos, 1979, S. 150–151, Übers. U. Peter).

(4) **Eigentliche Adoleszenz.** Jetzt dominiert die heterosexuelle Objektwahl. Die Ödipus-Situation ist praktisch überwunden. Immerhin: Gegengeschlechtliche Freunde gleichen oft dem Vater oder der Mutter. Die zunehmende Abwendung von den elterlichen Identifikationsfiguren führt zu einer neuen Entdeckung des eigenen Ichs, einem adoleszenten Narzissmus: Selbst-Absorption, Empfindlichkeit, Über-Ernstnehmen seiner selbst, Bildung von Ich-Idealen. Durch diese Aufmerksamkeitskonzentration auf sich selbst entdecken sich die Jugendlichen tatsächlich selbst. Sie lernen nach Blos die eigene Erlebnisfähigkeit und so nach und nach die Bereiche des Schönen in der Natur und in der Kunst kennen.

Die Konzentration auf sich selbst äußert sich in weiteren bekannten Erscheinungen wie Tagebuchschreiben, Pflege seines Aussehens, Ver-

---

[19] Blos (1979, S. 137) sprach von «mastery or resolution of the positive and negative Ödipus complex».

liebtheit mit starkem narzisstischem Einschlag, Tagträumen, Zukunftsplänen mit hohen Ansprüchen und ohne Kompromisse, Ausprobieren besonderer eigener Fähigkeiten (z. B. im künstlerischen Bereich oder im sozialen Bereich, z. B. als Jugendgruppenleiterin oder Jugendgruppenleiter).

(5) **Späte Adoleszenz.** Diese und die sechste Phase werden von Blos nur noch kurz beschrieben. Im Zentrum der fünften Phase steht die Identitätsfindung. Die Jugendlichen gelangen sukzessive zu einer realistischeren Selbsteinschätzung und zu einer Akzeptierung ihrer selbst. Dadurch stabilisieren sich auch ihre Stimmungen.

(6) **Postadoleszenz.** Diese Phase ist gekennzeichnet durch die Aufnahme fester neuer Beziehungen. Im Zentrum stehen künftige Lebenspartner, Beruf und künftige Elternschaft.

Insgesamt sind die kritischen Überlegungen, die wir zu Freuds Auffassungen dargelegt haben, auch auf Blos'-Theorie anwendbar. Vieles ist eben nicht eindeutig operationalisierbar und deshalb nicht genau prüfbar. Sofern man jedoch die Phasen nicht in einer notwendigen Abfolge versteht, sondern die Theorie als eine Darstellung von Möglichkeiten auffasst, ist sie noch heute heuristisch wertvoll.

5.3.3 Systemische Prozesse

Menschen leben immer in sozialen Systemen, Jugendliche beispielsweise in Familien, in Schulklassen, in Jugendgruppen. Zudem haben sie meistens besondere Beziehungen zu Einzelpersonen, zum Beispiel zur Großmutter, zur Freundin oder zu einem Pfarrer. Veränderungen im Autonomieanspruch implizieren immer auch Veränderungen im betreffenden sozialen System.

5.3.3.1 Ablösung als Veränderung des Familiensystems

In einer Familie sind sehr viele Gewohnheiten, Rollen, Erwartungen, Empfindlichkeiten, Bequemlichkeiten, Redeweisen, Feste, «Klagelieder» etc. aufeinander abgestimmt. Wenn ein Familienmitglied krank ist oder vorübergehend fehlt oder um eine neue Rolle ringt, dann betrifft das auch immer alle anderen Familienmitglieder. Es entstehen neue Möglichkeiten, und gewisse alte Gewohnheiten werden obsolet.

Meistens befinden sich Familiensysteme in einem eingespielten Gleichgewicht. Diese Gleichgewichte mögen durchaus Unzufriedenheit oder Leiden einschließen, aber auf eine Art hat jedes Familienmitglied einen Teilgewinn davon und wenn es nur der ist, dass einem dadurch die Unsicherheit einer Veränderung erspart bleibt. Solche Gleichgewichte werden prekäre Gleichgewichte genannt (Flammer, 1996, S. 226–227). Beispiel: Ein bettnässendes Kind erwirkt durch sein Leiden die besondere Sorge der Mutter, die ihrerseits darunter leidet, aber dafür desto unentbehrlicher ist.

Familien, in denen es allen Mitgliedern wohl ist, passen sich neuen Bedingungen leichter an und ändern dadurch ihre Gleichgewichtsform, während sich die Familien in prekären Gleichgewichten zulasten eines Mitglieds oder aller Mitglieder gegen Veränderungen sträuben. Oft verkrampfen sie sich gar in einer wenig komfortablen Lage und geraten in einen immer mehr defensiven Kommunikationsstil (Alexander, 1973). Solches gilt auch für Familien, deren adoleszente Kinder neue Rollen anstreben, neue Gewohnheiten und Ansichten von draußen in die Familie tragen, neue Freunde haben oder bei Gelegenheit sogar ausziehen wollen.

Die beiden Elternteile mögen beispielsweise schwierige Aspekte ihrer Beziehung im unausgesprochenen gegenseitigen Einverständnis bisher nicht zur Sprache gebracht haben; die gemeinsame Sorge um die Kinder, erst recht wenn ein «Sorgenkind» dabei war, hat ihnen dazu auch «keine Zeit» gelassen. Der drohende Auszug eines Familienmitglieds öffnet nun aber einen Leerraum, in dem gewisse Probleme nicht mehr verdeckt bleiben können. Selvini, Bosculo, Cecchin und Prata (1975, dt. 1978), Minuchin (1976, dt. 1977), Haley (1980, dt. 1981), Stierlin (1974, dt. 1975) und andere haben eindrückliche Fälle beschrieben, wie Jugendliche ihre Unentbehrlichkeit gespürt und sich für die weitere Tabuisierung von ehelichen Spannungen «geopfert» haben, indem sie einfach nicht aus der elterlichen Wohnung auszogen. Nun können die meisten Jugendlichen hier nicht eine beliebige Wahl treffen; es sind ja in vielen Kulturen wie der unsrigen die gesellschaftlichen und allgemein geteilten Erwartungen, dass ein gesunder junger Mensch, wenn er eine feste neue Partnerschaft eingeht, seine Familie verlässt.

Aber es muss durchaus nicht immer an dem oder der Jugendlichen sein, der Familie den Krankheitsdienst zu erweisen. Es ist auch denkbar, dass ein Elternteil krank wird und dadurch die Ablösungskandidatin dazu bewegt, nicht auszuziehen.

Solche Fälle kennen wir nicht nur in spektakulärer Form aus familientherapeutischen Fallbeschreibungen, sondern auch aus Beobachtungen alltäglicher Situationen. Relativ häufig scheint uns diese Situation auf dem Lande vorzukommen, insbesondere bei Bauern, wo der familieneigene Betrieb nur allzu leicht die Notwendigkeit der Geschlossenheit der Familie demonstriert. Manche dieser Fälle lösen sich erst durch einschneidende Ereignisse wie Todesfall oder Aufgabe des Heimwesens etc.

Der häufigste Fall ist dennoch der, dass Eltern und Jugendliche sich darauf einstellen, dass sie sukzessiv mehr Distanz nehmen und bei Gelegenheit in eine neue Beziehung eintreten.

Manche Eltern treten zwar explizit, aber dennoch nur halbherzig in diesen Ablösungsprozess ein. Eine Mutter kann beispielsweise einen Jugendlichen, der eine Reise antritt, so raffiniert mit allem «Nötigen» versorgen, dass er sich tatsächlich nicht zutraut, die Reise ohne Hilfe anzutreten. Dann hilft vielleicht auch ihr Appell, dass er selbständig werde, nicht.[20] In der Fachliteratur hat sich für solche Maßnahmen das Stichwort der paradoxen Anweisung durchgesetzt. Prominente Beispiele sind Appelle wie «Werde selbständig!» oder «Sei spontan!» Ist man's, ist man's nicht; ist man's nicht, ist's eh falsch.

Wenn man die Paradoxie solcher Aufforderungen erkennt, kann man als Erzieher recht unsicher werden im Umgang mit seinen Ansprüchen an die Selbständigkeit seiner heranwachsenden Kinder. Haley (1980, dt. 1981) empfahl den Eltern für diesen Fall mehr Vertrauen in den spontanen Willen der Jugendlichen zur Selbständigkeit, hielt sie aber gleichzeitig dazu an, ihre Elternrolle ruhig und klar weiterzuspielen. Selbständig machen kann man ein Kind im engsten Sinn des Wortes nicht, das muss es selbst tun; aber die Eltern können dafür Voraussetzungen schaffen.

Stierlin (1974, dt. 1975) hat mit Blick auf beobachtbare Psychopathologien drei Beziehungsmodi unterschieden, mit denen die Eltern die Ablösung ihrer Kinder beträchtlich erschweren können: (a) Binden resp. nicht loslassen, zum Beispiel durch Krankheit, mit geschäftlichen Argumenten, mit regressiver Verwöhnung, Schuldinduktion. (b) Delegieren resp. vermeintlich loslassen oder versehen mit Aufträgen. Diese können beispielsweise der versteckten Erwartung der Eltern an die Kinder entsprechen, stellvertretend ihre eigenen verpassten Chancen nachzuholen. Solche Eltern können sich dann vom Lebenswandel ihrer Kinder distanzieren und ihn dennoch identifikatorisch auskosten. Sie können sich auch gegenüber Bekannten damit brüsten und auf jeden Fall ihrem Leben zu neuer Dynamik verhelfen. (c) Ausstoßen resp. die Bindung versagen. Diese Situation produziert nach Stierlin die verwahrlosten Ausreißer, die oft vorzeitig eine beschränkte Autonomie erreichen und dann stagnieren.

Nach den Beobachtungen von Willi (1987, S. 55) sind es oft Jugendliche, die schon als Kinder im Schatten ihrer Geschwister standen, die dann sog. Delegationsaufgaben übernehmen. Er meint, dass diese Jugendlichen nicht gelernt hätten, sich im Kreise von Gleichaltrigen durchzusetzen, und dann eine besondere Angst zeigten, sich aus der Familie herauszulösen.

---

20 Eine Mutter hat dem einen Autor dieses Buches vor vielen Jahren einmal geklagt, dass ihr 19-jähriger Sohn in der Nachbarstadt ein Zimmer nehmen möchte, obwohl er mit dem Zug so leicht täglich nach Hause kommen könnte. Das könne auch gar nicht gut herauskommen, «da er ja noch sooo unselbständig sei!».

Weniger ausgeprägt systemisch, aber doch mit ausdrücklichem Bezug auf familiäre Interaktionen haben Grotevant und Cooper (1986) vorgeschlagen, die Individuation, wie sie sie nennen, nach vier Interaktionsdimensionen zu differenzieren, nämlich Selbstdurchsetzung (engl. self-assertion), Zugänglichkeit (permeability), Wechselseitigkeit (mutuality) und Distinktheit (separateness). Diese Autoren vertreten wie wir die These, dass Individuation weder Trennung noch einfache Kontinuität darstellt, sondern eine Neuaushandlung der Beziehungen zu den beiden Eltern, insbesondere eine Verstärkung auf allen der genannten vier Dimensionen. Das wird aus den verbalen Definitionen deutlich (Grotevant & Cooper, 1985, 1986):

- Selbstdurchsetzung: sich über den eigenen Standpunkt Rechenschaft geben und die Verantwortung für seine klare Darstellung übernehmen. – Das bedeutet, dass Jugendliche Ansichten und Werte, immer mehr selbst durchdenken und angstfrei vertreten lernen, auch wenn sie Abweichungen von den Eltern darstellen.
- Zugänglichkeit: auf die Standpunkte anderer eingehen (anerkennen, fragen, einverstanden sein, fair Stellung nehmen, auf Wünsche eingehen). – Das bedeutet, dass Jugendliche Standpunkte und Argumente der Eltern zu verstehen versuchen, bei ihrer allfälligen Abweichung bleiben oder sich bei besserer Einsicht korrigieren lernen.
- Wechselseitigkeit: Sensibilität und Respekt für andere Standpunkte zeigen (Vorschläge zurückhaltend vorbringen, Kompromisse suchen, auf Gefühle anderer eingehen, auf Fragen antworten). – Das bedeutet, dass Jugendliche lernen, ihre abweichenden Standpunkte nicht in harter Konfrontation einzunehmen und auszudrücken, sondern entweder vertretbare Kompromisse zu suchen oder unterschiedliche Auffassungen respektvoll gelten zu lassen. Dabei geht es auch darum, dass abgelehnte Standpunkte nicht die Abwertung oder Ablehnung von Personen implizieren.
- Distinktheit: Unterschiedlichkeit zum Ausdruck bringen (Mut zur Aufforderung oder Bitte haben, Mut zur Nichtübereinstimmung haben). – Das bedeutet, dass Jugendliche lernen, nicht nur unterschiedliche Standpunkte zu haben und nicht nur Kompromisse und ein faires Zusammenleben zu suchen, sondern dass sie auch nicht kuschen oder in unnötige Heimlichkeiten ausweichen.

Grotevant und Cooper (1986) haben in einer empirischen Studie mehrere positive Zusammenhänge zwischen der Ausprägung auf diesen vier Dimensionen und dem Grad der sog. Explorationsorientierung gefunden. Diese Explorationsorientierung erfasste Breite und Tiefe der Fragen zu identitätsrelevanten Bereichen wie Beruf, Religion, Politik, Freundschaft, Intimität und Geschlechtsrolle.

5.3.3.2 Hinderliche und förderliche Familienstrukturen

Man muss annehmen, dass die Beziehungen zwischen Eltern und Kindern in Kleinfamilien und erst recht in Zwei-Generationen-Familien anders, vielleicht intensiver und vor allem mehr beansprucht sind als in Großfamilien und in Drei-Generationen-Familien. Klinische Beobachtungen (Lempp, 1982; Stierlin, 1982) lassen darin die Ursache für eine verstärkte Ablösungsproblematik vermuten. Im Fall von Schwierigkeiten oder im Fall der Verunsicherung bei der Annahme von neuen Rollen der Jugendlichen, stehen beispielsweise in Familien mit wenigen Kindern nur wenige Familienmitglieder zur Bildung eines emotionalen Auffangnetzes zur Verfügung. Dazu können Schuldgefühle der Jugendlichen kommen. Proulx und Koulack (1987) konnten allerdings die Hypothese, dass Jugendliche aus Eineltern-Familien sich schwerer tun, das Elternhaus zu verlassen, mit einer Fragebogenuntersuchung an jungen kanadischen Studierenden nicht verifizieren. Nach der Studie von Dornbusch und Mitarbeitenden (1985) verhalten sich Jugendliche aus Eineltern-Familien selbständiger und fällen mehr selbständige Entscheide als Jugendliche in Zweieltern-Familien. Goldscheider und Goldscheider (1989) sowie Mitchell, Wister und

Burch (1989) haben eine Tendenz festgestellt, dass Kinder aus Stieffamilien (und aus Ein-Eltern-Familien) im Durchschnitt etwas früher ausziehen. Auf der anderen Seite des Kontinuums sieht es übrigens ähnlich aus: Es gibt Befunde, dass Jugendliche aus sehr kinderreichen Familien früher als Jugendliche aus Familien mit wenig Kindern ausziehen (Bianchi, 1987, zit. nach Papastefanou, 1992, S. 221; Goldscheider & DaVanzo, 1989). Vielleicht spielt da der verfügbare Wohnraum eine Rolle, vielleicht auch die relative Armut oder die Notwendigkeit, sich selbst zu unterhalten.

Für die Eltern ist der Auszug des einzigen Kindes ebenfalls ein einschneidendes Erlebnis. Man hat deshalb in letzter Zeit viel vom Risiko der «Empty nest»-Situation gesprochen. Die Literaturübersicht von Fahrenberg (1986) hat gezeigt, dass die «Empty nest»-Situation zwar für einige Mütter und Väter tatsächlich beschwerlich, wenn nicht gar Anlass für depressive Phasen ist, für viele aber durchaus auch Erleichterung und Chance für den Aufbruch in eine neue und erfreuliche Lebensphase ist (vgl. auch Harkins, 1978). Es ist wahrscheinlich, dass das Problem des «Empty nest» mit der raschen Zunahme der außerhäuslichen Erwerbstätigkeit der Frauen in Zukunft an Bedeutung verlieren wird.

Auch die Auflösung und die Rekombination von Familien haben ihren spezifischen Einfluss auf das sog. Ablösungsgeschehen. Sessa und Steinberg (1991) unterschieden in Abhängigkeit vom Zeitpunkt in der Entwicklung des Kindes oder des Jugendlichen, zu dem die Veränderung der Familienstruktur erfolgte, zwei verschiedene Prozesstypen. Der erste besteht in der «Ankurbelung des Autonomieprozesses»; dies ist vor allem zu erwarten, wenn Scheidung oder Wiederverheiratung während der Adoleszenz stattfinden. Dann kann die Restrukturierung der Familie die De-Idealisierung der Eltern beschleunigen wie auch das differenzierte Verständnis wecken, dass Eltern sowohl Eltern als auch Menschen mit eigenen Wünschen und Bedürfnissen sind. Diese beschleunigte Distanzierung kann sich günstig oder ungünstig auswirken. Wenn der oder die Jugendliche bereits eine gewisse persönliche Stärke gefunden hat und nicht gleichzeitig von verschiedenen anderen schwierigen Entwicklungsaufgaben bedrängt wird, kann eine gesunde, wenn auch etwas beschleunigte Selbständigkeitsentwicklung angestoßen werden. Wenn aber die genannten Bedingungen ungünstig sind, kann es zu Überforderung, zur Flucht aus der Familie und zu überstürzter Zufluchtsuche bei gegengeschlechtlichen Freunden oder bei Gruppen mit Risikoverhalten führen.

Der zweite Prozesstyp nach Sessa und Steinberg (1991) besteht in der intensivierten Einbindung in die familiären Beziehungen. Er tritt häufiger auf, wenn die Scheidung während der Kindheit passiert oder wenn die Scheidung einen Elternteil derart isoliert oder belastet, dass er beim Kind Kompensation durch engere Beziehung sucht. Dann bekommt das Kind innerhalb der Familie neue Pflichten und Rollen, welche die zunehmende Differenzierung bzw. Ablösung innerhalb der Familie geradezu verbieten. Es kann dann aber sein, dass eine neue Partnerschaft, besonders der Mutter, für das Kind eine Entlastung bringt (Hetherington, 1990, zit. nach Sessa & Steinberg, 1991). Offensichtlich haben Mädchen aus Einelternfamilien und insbesondere aus Stieffamilien die Tendenz, früher als üblich aus dem Elternhaus auszuziehen (Cooney & Mortimer, 1999).

5.4 Neudefinition der Rollen in der Familie

Menschen sind immer gleichzeitig Individuen und Kinder von Eltern. Beide Rollen ändern sich aber im Laufe des Lebens mehrmals. Das ist mitunter – wie gesagt – schmerzvoll.

5.4.1 Autonomie als Herausforderung für die Eltern

In der breiten Bevölkerung wird die sog. Ablösung der jugendlichen Kinder oft als Problem bezeichnet und erwartet. Da das Problem anscheinend durch die Jugendlichen produziert wird, ist es in der unreflektierten Vorstellung der Erwachsenen auch deren Problem. Interessanterweise betrachten aber die Jugendlichen die Ablösung vom Elternhaus als eine ihrer weniger wichtigen Entwicklungsaufgaben (Dreher & Dreher, 1985c).

Diese Entwicklungsaufgabe resp. die Suche nach einer neuen Art der Beziehung ist nicht nur eine Aufgabe der Jugendlichen, sondern gleichzeitig auch ihrer Eltern. Gewiss freuen sich die Eltern, dass sie schon «so große Kinder» haben. Diese Freude ist aber nicht ungetrübt, sondern bei manchen Eltern vermischt mit

- der Angst, in dieser schwierigen Zeit zu wenig Kontrolle zu haben und die Kinder zum Beispiel nicht vor Abwegen bewahren zu können,
- der Angst, in dieser kritischen Zeit die Quittung für frühere Erziehungsfehler einstecken zu müssen,
- der Spannung, ob die Kinder in Studium oder Beruf ihre hohen Erwartungen erfüllen,
- dem zwiespältigen Erlebnis, dass die Kinder groß, stark, schön und attraktiv werden, während die Eltern selbst eher auf der absteigenden Linie der Vitalität stehen,
- der Erfahrung, dass sie, die Eltern, definitiv nicht mehr zu den Jungen, sondern bereits zu den Älteren gehören, und dass erst noch die heutigen Jungen vieles ganz anders machen, als sie es zu ihrer Zeit taten oder tun mussten.

Der psychoanalytisch orientierte Familientherapeut Stierlin (1974, dt. 1975, S. 36–37) formulierte die Situation der Eltern einmal so:

> Sie haben ihren Platz in der Gesellschaft, oft sogar großen Einfluss, aber ihre Lebenskurve weist nach unten, während die ihrer Kinder im Aufsteigen ist. Während die aggressiven und libidinösen Triebwünsche in ihren Kindern erwachen, fühlen die Eltern, dass ihre eigenen Triebwünsche schwächer werden. Was ihre libidinösen Triebwünsche z. B. angeht, können sie wie Prousts Swann … zu dem Schluss kommen, dass in dieser Lebensphase die Liebe auf einem eingefahrenen Gleis abzulaufen scheint; … sie rollt nicht mehr aus sich selbst nach ihren eigenen unbekannten und schicksalsbedingten Gesetzen in unserem staunend und passiv davon betroffenen Herzen ab. Wir helfen nach, wir nehmen durch Hinzuziehen der Erinnerung und durch Suggestion Fälschungen daran vor. Wenn wir eines ihrer Symptome wiedererkennen, erinnern wir uns an andere und erwecken sie selbst zum Leben in uns.… Es ist oft schwierig zu entscheiden …, ob Ausbrüche der Leidenschaft der Entwicklung einer Person dienen oder ihrer Selbsttäuschung, ob sie richtige, vitalisierende Handlungen darstellen oder törichte Unternehmungen, mit denen man sich selbst an der Nase herumführt.

Der Auszug der Kinder fällt für manche Eltern in eine Zeit geringer gewordener ehelicher Zufriedenheit (Kidwell, Fischer, Dunham & Baranowski, 1983; Silverberg & Steinberg, 1987; Steinberg & Silverberg, 1986; Ullrich, 1999; Walker, 1977). Das kann mit der Dauer der Ehe zu tun haben und muss nicht den Kindern und ihrem Weggang angelastet werden. Allerdings hängen Umstrukturierungen der Familie und in vielen Fällen auch Veränderungen der beruflichen Arbeitssituation der Mutter mit dem Auszug zusammen, sowohl zeitlich als auch gegenseitig ursächlich. Eine Studie von Silverberg und Steinberg (1990; vgl. auch Silverberg, 1996) zeigte, dass eine Belastung durch den Autonomiegewinn der jugendlichen Kinder vor allem bei einem Elternteil auftraten, der kein oder ein geringes außerhäusliches berufliches Engagement hatte.

In gewisser Beziehung ist die moderne Kleinfamilie autonomiefreundlicher, weil sie beiden Elternteilen gestattet, außer Haus beruflich tätig zu sein. Dadurch wird der Auszug der Kinder oder des Kindes weniger einschneidend. Andererseits genießen insbesondere Einzelkinder wesentlich mehr Aufmerksamkeit von den Eltern, so dass sie in der Adoleszenz Mühe haben können, sich in einer raueren Realität durchzusetzen und sich selbst so anzunehmen, wie sie sich nach Abzug der elterlichen «Vergötterung» erleben (Ziehe, 1975). Ziehe sprach von einem durch die Eltern aufgebauten kindlichen Ich-Ideal, das in der neuen sozialen Situation weder vor sich selbst noch vor den Gleichaltrigen durchgehalten werden kann.

5.4.2 Emotionale Aspekte

Den Jugendlichen öffnen sich in der Adoleszenz neue Wege. Diese sind aber oft noch undeutlich sichtbar, sie produzieren Unsicherheit, ja Angst. Darum ist das Verhalten der Jugendlichen oft schwankend und sprunghaft, manchmal aber auch stur an Prinzipien orientiert. Sie können bestimmte Ansichten dogmatisch vertreten oder gute und schlechte Seiten an sich selbst und an Mitmenschen extrem übertreiben. Vor allem gegenüber ihren Eltern können die Jugendlichen gleichzeitig borstig und anhänglich sein. Nur allzu leicht übersehen dann die Eltern, wie sehr ihre Tochter oder ihr Sohn trotz des rauen Tons, trotz der übertriebenen oder gar unfairen Kritik auf sie hört. Jugendliche können ohne weiteres eine elterliche Ermahnung verbal abschlagen und sich dann doch daran halten (z. B. sich doch wärmer anziehen zum Ausgehen) oder einen Familienwert mit klugen Argumenten ins Wanken bringen und dann doch aufrechterhalten (z. B. Geld für die verspätete Rückfahrt von der Disco erbitten und dann doch zu Fuß heim zu gehen, um das Geld zu sparen).

Solche Verhaltensweisen und Positionen machen den Eltern Mühe und oft auch Angst («unsere Tochter gerät auf die schiefe Bahn»). Die Infragestellung der eigenen Autorität und andererseits die intensiven Freundschaften mit familienexternen Personen können wehtun («ihre Freundin weiß viel mehr über meine Tochter als ich»).

Um die versteckte Ambivalenz der Jugendlichen in ihren Aussagen und Anschuldigungen zu wissen, kann den Eltern ihre Erziehungsarbeit erleichtern. Zum einen müssen sie sich nicht selbst jedes Mal als wirklich abgelehnt und fundamental kritisiert fühlen, zum anderen gelingt es ihnen leichter, bestimmt zu sein, ohne immer gleich den Angriffston der Jugendlichen zu übernehmen und damit Zwistigkeiten eskalieren zu lassen. Mit einer ruhigen und beschreibenden Äußerung bewirken Eltern bei ihren Jugendlichen ohnehin mehr als mit Wertungen; und Bitten haben manchmal mehr Wirkung als Befehle (Engelkamp, Crott & Hellkamp, 1982). Es ist eine schwierige Erziehungsaufgabe, die Ambivalenz zwischen den Polen Aufbruch und Rückversicherung bzw. zwischen Lösung und Bindung zu verstehen und das jugendliche Verhalten entsprechend zu relativieren, aber dennoch ernst zu nehmen und nicht einfach distanziert zu klassifizieren («das wird sich wieder legen»). Unter anderem verlangt diese Aufgabe eine einigermaßen klare eigene Position. Und gerade das ist in Zeiten großer gesellschaftlicher Umbrüche (z. B. Wertewandel, Wertepluralisierung) nicht selbstverständlich.

Jugendliche stehen den Werten der Herkunftsfamilie meistens nicht mit totaler Ablehnung gegenüber, auch ignorieren sie sie nicht einfach. Manche setzen sich mit den familiären Werten (mit der «Familiengeschichte») gründlich auseinander (Willi, 1987, S. 57–59). Deshalb führt die intensive Auseinandersetzung mit den Eltern in den meisten Fällen nicht zu chronischem lautem Streiten und zu Dauerspannungen in der Familie (Montemayor, 1983; Smetana, 1995). Befragt, wie sie denn mit ihren eigenen Kindern künftig umgehen würden, antworteten immerhin 72 % der in der neuen Shell-Studie befragten Jugendlichen, dass sie es etwa so halten würden wie ihre eigenen Eltern (Fuchs-Heinritz, 2000, S. 59). Dem entspricht, dass die sog. Ablösung weniger eine emotionale Distanzierung darstellt als eine Neugestaltung der normalerweise ein Leben lang bestehenden emotionalen Beziehungen (vgl. Steinberg, 1990; Troll & Bengston, 1982), allenfalls um (relative) emotionale Unabhängigkeit (Papastefanou, 1992). Bei allem Ringen um mehr Unabhängigkeit ist eine vertrauensvolle Bindung an die Eltern, das Gefühl, dass man sich gegenseitig wichtig und immer wieder willkommen ist, eine wichtige Voraussetzung für das seelische Gleichgewicht und Wohlbefinden (vgl. z. B. die Untersuchung an 16- bis 20-Jährigen von Armsden & Greenberg, 1987). Larson und Richards (1991) fanden bei Jungen zwischen der fünften und siebten Klasse zwar eine gewisse emotionale Abkühlung gegenüber ihren Eltern; diese verschwand aber bis zur neunten Klasse. Die gleiche Gefühlssenke fanden sie jedoch nicht gegenüber Fremden, vielmehr stellten sie dort eine regelmäßige Zunahme fest. Es gibt auch mehrere Studien, die auf Seiten der jungen Erwachsenen nach dem Auszug aus der elterlichen Wohnung eine stärkere emotionale Zuneigung zu den Eltern zeigten als vorher (Greene & Boxer, 1986, S. 130). In einer Untersuchung von Fuhrmann und Holmbeck (1995) zeigte sich andererseits, dass bei konfliktintensiven und stressvollen Familienbeziehungen eine emotionale Distanzierung günstige Wirkungen auf die Persönlichkeitsentwicklung hatte.

Moore (1987) befragte Jugendliche, was für sie denn Selbständigwerden bedeute. Nur wenige machten Aussagen, die auf eine emotionale Loslösung von den Eltern hinweisen. Allerdings hatten jene, die emotionale Loslösung betonten, mehr als die anderen das Gefühl, ihre Eltern verlassen zu haben bzw. von ihnen verlassen worden zu sein. Die männlichen Jugendlichen unter ihnen fühlten sich überdies einsamer und hatten einen tieferen Selbstwert. Das war bei Mädchen nicht so. Vielleicht sind Mädchen zunächst mehr emotional gebunden und ist für sie eine gewisse emotionale Distanzierung gerade deshalb leichter erträglich, während Jungen weniger «Reserve» haben.

Im Fall der emotionalen Differenzierung wird auch eine kulturelle Bedingtheit sichtbar. In afro-amerikanischen Familien scheint emotionale Distanzierung fast immer von persönlichen Schwierigkeiten begleitet zu sein (Fuhrmann & Holmbeck, 1995). Bei asiatischen Jugendlichen ist offensichtlich mindestens der zeitliche Ablauf der zunehmenden Autonomie von den Eltern gegenüber westlichen Jugendlichen verzögert, und das auch, wenn sie stark westliche Werte vertreten (vgl. die Studie von Deeds, Stewart, Bond und Westrick, 1998, in Hongkong).

5.4.3 Der «richtige» Zeitpunkt

Es ist ein Gemeinplatz, dass Eltern durch restriktives Erziehungsverhalten ihre Jugendlichen in Entwicklungsnot bringen können; diese machen dann nicht oder nicht zur angemessenen Zeit wichtige Erfahrungen im selbständigen Umgang mit Gleichaltrigen, mit gegengeschlechtlichen Freunden und Freundinnen, mit Geld, mit Risiko etc. Sie können dadurch längerfristig gehemmt oder aber auf die Jagd nach (oft nicht wirklich gelingender) Kompensation getrieben werden. Darum bemühen sich viele Eltern, nicht altmodisch restriktiv zu sein und ihren jugendlichen Kindern allenfalls mehr zu gönnen, als ihnen selbst gegönnt war. Auch wollen «aufgeklärte» Eltern manchmal ihre Kinder möglichst früh selbständig machen. Viele amerikanische Eltern sind anscheinend unglücklich, wenn ihr Sohn oder ihre Tochter am heimatlichen College studieren und erst noch zu Hause wohnen will (Schuhmann, 1992; Wilen, 1979, zit. nach Greene & Boxer, 1986).

So richtig oder doch begreiflich die Gegenreaktion zur Überbehütungstendenz ist, so kann doch der Auszug aus dem Elternhaus zum Nachteil der Kinder verfrüht sein (vgl. Dornbusch et al., 1985; Dornbusch, Ritter, Chen & Mont-Reynaud, 1989, zit. nach Feldman & Wood, 1994, S. 47; Irwin & Vaughan, 1988, S. 12). Das zeigten auch Stattin und Magnusson (1996) in ihrer Längsschnittuntersuchung an schwedischen Mädchen. Jene Mädchen, die das Elternhaus überdurchschnittlich früh verließen, hatten nicht nur schon als Kinder schlechtere Beziehungen zu ihren Müttern, sondern zeigten auch in der Adoleszenz vermehrt Problemverhalten (Konsum von Alkohol und anderen Drogen, schlechte Schulleistungen). Diese waren es auch, die früher als andere eine Familie gründeten. Das muss allerdings nicht heißen, dass der frühe Auszug Ursache dieser Verhaltensweisen ist. Vielleicht war er ein weiterer Ausdruck einer unbefriedigenden Familiensituation und ob die Verhinderung des frühen Auszugs die Kette risikohafter Verhaltensweisen hätte unterbrechen können, ist nicht sicher.

In der unten näher beschriebenen Studie von Feldman und Wood (1994) erhoben die beiden Autorinnen den durch die männlichen Jugendlichen wahrgenommenen Erziehungsstil, die elterlichen Vorstellungen betreffend die Gewährung von Privilegien und die Übertragung von Verantwortung und – vier Jahre später – das Verhalten dieser Jugendlichen. Sie fanden, dass Mütter, welche Verantwortungen und Pflichten spät zu übertragen vorsahen, von den Söhnen als streng, ja abweisend und gelegentlich als inkonsistent wahrgenommen wurden; bei den Vätern wurde ein solcher Zusammenhang nur im

Fall der späten Gewährung von Privilegien festgestellt. Vier Jahre später aber zeigten die Söhne jener Väter, die damals Privilegien spät zu gewähren vorgesehen hatten, bessere Schulleistungen, höhere Anstrengungen für die Schule und weniger Problemverhalten (Betrügen in der Schule, Vandalismus, Konsum von Alkohol und anderen Drogen, Auseinandersetzung mit der Polizei und Teilnahme an Geld-Glücksspielen). Man kann überrascht sein, dass die mütterlichen Vorstellungen über Privilegienzeitpunkte differentiell weniger bedeutsam sind als die der Väter. Ob das auch für Mädchen gilt, ist unseres Wissens nicht untersucht. Ein interessanter Zusatzbefund, den die Autorinnen nicht näher belegen, aber in der Ergebnisdiskussion nennen, ist der, dass die väterlichen Vorstellungen über die Gewährung von Privilegien, so wie sie vier Jahre später gemessen wurden, die Korrelationen mit der jugendlichen Wahrnehmung von Strenge und Ablehnung nicht wieder zeigten. Vielleicht haben bis dann die Väter ihre Vorstellungen und ihre Praxis den neuen Gegebenheiten angepasst. Vielleicht aber haben die Söhne bis dann diese väterlichen Werte bereits übernommen.

Offensichtlich hängen diese Verläufe von historisch-kulturellen Normen sowie von ökonomischen Bedingungen ab. Es gab beispielsweise im sozialistischen Osteuropa Länder, in denen nicht einmal für alle verheirateten jungen Menschen Wohnungen zur Verfügung standen. In den westeuropäischen Ländern hat das Wohnraumangebot in den letzten Jahrzehnten gewaltig zugenommen. Während in Westdeutschland im Jahr 1964 8 % der 18- bis 20-Jährigen außerhalb des Elternhauses wohnten, waren es 1981 25 %; für die 21- und die 24-Jährigen waren es 22 % bzw. 55 % (Hurrelmann, 1989b, S. 15). Unterdessen behalten wieder mehr Jugendliche ihren Wohnsitz bei den Eltern, trotz erhöhtem Wohnraumangebot (Goldscheider & Goldscheider, 1999). Das betrifft vor allem die studierenden Jugendlichen. Man spricht vom hohen Komfort im «Hotel Mama». Ein Vergleich der letzten Jahrzehnte zeigt beispielsweise für die Schweiz, dass die Kohorte mit Geburtsjahr 1945 bis 1949 früher als die nachfolgenden aus dem Elternhaus auszog und dass die jüngste Kohorte (Geburtsjahr 1970 bis 1979) im Durchschnitt am längsten im Elternhaus verweilte.[21] Im Allgemeinen bleiben südeuropäische und osteuropäische Jugendliche resp. junge Erwachsene länger im Elternhaus wohnen als die übrigen europäischen Jugendlichen resp. jungen Erwachsenen (Chisholm & Hurrelmann, 1995, Figur 5–3).

Es gibt bestimmt nicht einen einzigen richtigen Zeitpunkt für den Auszug der Jugendlichen aus der elterlichen Wohnung. Wichtig ist vielmehr, dass sukzessive Schritte zu mehr Autonomie gewährt und gewagt werden. Gewisse Untersuchungsbefunde können das etwas erhellen. Sullivan und Sullivan (1980) wiesen zum Beispiel nach, dass Jugendliche zwischen 17 und 19 Jahren, die für den College-Besuch von zu Hause auszogen und in ein Internat eintreten mussten, gegenüber ihren Eltern innerhalb eines Jahres sowohl mehr innere Unabhängigkeit als auch mehr Zuneigung erlangten als jene, die das College von zu Hause aus besuchten. Ähnliche Befunde meldeten Anderson (1990), Aseltine und Gore (1993), Dubas and Petersen (1996), Flanagan, Schulenberg und Fuligni (1991, zit. nach Papastefanou, 1992, S. 222) und Hoffman (1984) sowie indirekt Pipp, Shaver, Jennings, Lamborn und Fischer (1985). Mayseless und Hai (1998) fanden die gleichen Effekte bei israelischen Rekruten, die mit 18 Jahren in einen dreijährigen Militärdienst eintraten: Das Verhältnis zu den Eltern wurde nach der Wahrnehmung der Rekruten drei Monate nach Dienstantritt wärmer und weniger konfliktreich als drei Monate vor Dienstantritt. Gleichzeitig korrelierten diese Veränderungen mit Maßen des Zurechtfindens im Militär positiv.

Schneewind und Braun (1988) haben Studierende verschiedener Fachrichtungen im Durchschnittsalter von 23.6 Jahren befragt, wann ihnen ihre Eltern bestimmte Autonomieprivilegien erlaubt hatten resp. wann sie sich tatsächlich nahmen. Darüber hinaus sollte jede befragte Person angeben, wann sie später eigenen Kindern diese Freiheiten gewähren würde. Die Ergebnisse in Tabelle 5–1 zeigen, dass sich die

---

21 Schweizerisches Bundesamt für Statistik: www.statistik.admin.ch.

ehemaligen Jugendlichen nach ihren eigenen Erinnerungen recht gut an die elterlichen Entscheidungen hielten. Nur in sehr wenigen und harmlosen Fällen nahmen sie sich Freiheiten ohne die Erlaubnis ihrer Eltern (z. B. Zeitpunkt der Hausaufgabenbearbeitung). In manchen Fällen realisierten sie Erlaubtes erst mit Verzögerung, beispielsweise eine feste Partnerin/einen festen Partner haben, mit ihr/ihm allein in den Urlaub fahren oder in ein Pop-Konzert gehen. Fast durchs Band hatten die befragten Studierenden vor, ihren eigenen zukünftigen Kindern viele dieser Freiheiten früher zu gewähren, als sie sie selbst genossen hatten. – Ist es so, dass junge Erwachsene ihren künftigen Kindern mehr Freiheit zuzugestehen bereit sind, als sie es später als Eltern tatsächlich tun? Der vorliegende Befund könnte ebenso gut einen historischen Trend darstellen, indem diese um 1960 geborenen Studierenden den erlebten raschen sozialen Wandel weiter in ihre Zukunft hinein extrapolierten.

Eine ähnliche Untersuchung haben Feldman und Wood (1994) in den USA durchgeführt. Sie befragten Eltern von kalifornischen Jungen im sechsten Schuljahr darüber, in welchem Alter sie ihren Kindern voraussichtlich gewisse Privilegien geben und Verantwortungen zumuten würden (Tab. 5–2).

Obwohl die Studien von Feldman und Wood (1994) und von Schneewind und Braun (1988) nicht ganz vergleichbar sind, weil die befragten Personen und die Fragen nicht gleich ausgewählt wurden, ergeben sich doch interessante Parallelen.[22] In beiden Kulturen werden Privilegien wie Frisurwahl, Kleiderwahl, Wochenendaktivität früh gewährt, wesentlich später dagegen Aktivitäten im Rahmen heterosexueller Freundschaften. Deutliche Unterschiede zugunsten der deutschen Stichprobe gibt es in Bezug auf Alkoholgenuss, Ausbleiben am Abend und Ansehen von Filmen und Videos. Über 85 % der befragten amerikanischen Eltern waren der Ansicht, dass sie Rauchen nie zugestehen würden, und mehr als ein Drittel war entschlossen, Biertrinken, Ausgang mit den Eltern nicht bekannten Freunden und abendlichen Ausgang ohne Zeitlimite während des ganzen zweiten Lebensjahrzehnts ihrer jugendlichen Kinder zu verbieten.

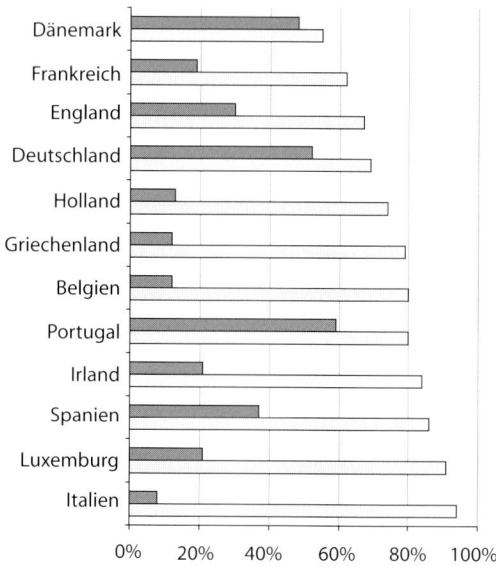

Figur 5–3: Jugendliche zwischen 15 und 24, die bei ihren Eltern wohnen (nach Chisholm & Hurrelmann, 1995, S. 139)

Die Münchner Eltern scheinen großzügiger zu sein als die kalifornischen. Dass die amerikanischen Eltern in den Bereichen Alkohol und Nikotin zurückhaltend sind, lässt sich der rechtlichen Prohibition solchen Konsums in den USA und der entsprechenden Tradition zuschreiben. Nicht unseren Stereotypen von den USA entspricht hingegen, dass amerikanische Eltern auch bei TV, Video und Filmen relativ zurückhaltend sind.

Nur wenige Unterschiede zwischen Vätern und Müttern sind als signifikant ausgewiesen. Es

---

22 Leider gibt es in der Entwicklungspsychologie viele solche schwer vergleichbaren Studien zu mehr oder weniger gleichen Fragestellungen. Das hat mit der dezentralen Forschungsplanung zu tun und zum Teil damit, dass unser Fach viele empirische Studien den studentischen Abschlussarbeiten verdankt, die unbezahlt geleistet werden und dafür mehr den jeweiligen Interessen und individuellen Möglichkeiten entsprechen.

Tabelle 5-1: Zeitpunkte für jugendliche autonome Aktivitäten (erlaubt = von den eigenen Eltern erlaubt; faktisch = tatsächlich vollzogen; zugestanden = für mögliche eigene Kinder in Zukunft in Aussicht genommen). Antworten von Münchner Studierenden (Schneewind & Braun, 1988, S. 54–55; hier neu geordnet nach Zeitpunkt der Realisierung)

	Erlaubte autonome Aktivitäten	Faktische autonome Aktivitäten	Zugestandene autonome Aktivitäten
Freundschaft/Partnerschaft			
12. Ab welchem Alter verlangten Deine Eltern keine Begründung mehr für Deine Zeiteinteilung (z. B. wann Du Hausaufgaben machst)?	13.7	12.9	12.5
9. Ab welchem Alter überließen es Deine Eltern Dir, wann Du ins Bett gehst?	15.0	14.6	13.7
13. Ab welchem Alter durftest Du das Wochenende nach eigener Wahl verbringen?	15.0	15.1	13.4
2. Ab welchem Alter durftest Du Dich mit einer Person des anderen Geschlechts allein treffen (ab der Pubertät)?	14.4	15.2	13.3
4. Ab welchem Alter erlaubten es Dir Deine Eltern, allein oder mit Freunden in Urlaub zu fahren?	15.9	15.8	15.1
10. Ab welchem Alter wurde es Dir freigestellt, wie oft Du Dich bei räumlichen Trennungen meldest (z. B. aus dem Urlaub anrufen?)	16.8	16.2	15.3
14. Ab welchem Alter ließen Dich Deine Eltern größere Einkäufe allein machen (Mofa, Fahrrad, Plattenspieler usw.)?	15.3	16.3	14.8
8. Ab welchem Alter erlaubten Dir Deine Eltern, über Nacht wegzubleiben (ab der Pubertät)?	16.6	16.3	15.6
11. Ab welchem Alter durftest Du selbst bestimmen, wie oft Du abends weggehst?	16.7	16.4	16.0
7. Ab welchem Alter warst Du nicht mehr verpflichtet, genau zu sagen, wo Du hingehst?	17.2	17.7	15.9
5. Ab welchem Alter wurde es akzeptiert, dass Du sexuelle Beziehungen eingehst?	18.2	18.0	15.9
1. Ab welchem Alter wurde es akzeptiert, dass Du einen festen Partner/eine feste Partnerin hast?	16.8	18.2	15.6
6. Ab welchem Alter erlaubten es Dir Deine Eltern, allein mit Deinem Partner in Urlaub zu fahren?	17.9	19.3	16.5
3. Ab wann wurde es akzeptiert, wenn Dein Partner in Deinem Zimmer übernachtete?	19.5	19.9	16.5
Lebensführung			
15. Ab welchem Alter ließen Dich Deine Eltern Deine Haarlänge und Frisur selbst bestimmen?	12.7	12.8	9.3
17. Ab welchem Alter überließen Deine Eltern Dir die Verantwortung für schulische Angelegenheiten (Noten, Disziplin)?	13.7	13.1	13.6
18. Ab welchem Alter ließen Dich Deine Eltern Deine Kleidung frei wählen?	13.5	13.8	10.2

Tabelle 5-1: (Fortsetzung)

	Erlaubte autonome Aktivitäten	Faktische autonome Aktivitäten	Zugestandene autonome Aktivitäten
19. Ab welchem Alter war es Deinen Eltern recht, wenn Du Dir das Essen ab und zu oder regelmäßig selbst gekocht hast?	15.1	15.5	12.6
16. Wann erlaubten Dir Deine Eltern, selbst Geld zu verdienen?	15.1[a]	16.1[b]	14.3
Vergnügungen			
23. Ab welchem Alter ließen Dich Deine Eltern Kino- und Fernsehfilme selbst aussuchen?	13.3	13.7	12.2
24. Ab welchem Alter durftest Du alkoholische Getränke zu Dir nehmen?	13.9	14.7	15.2
20. Ab welchem Alter durftest Du beliebig lange fernsehen (wenn es andere nicht störte)?	15.4	15.0	15.1
21. Ab welchem Alter durftest Du einen Tanzkurs oder eine Tanzveranstaltung besuchen?	14.8	15.9	13.8
22. Ab welchem Alter durftest Du in ein Popkonzert gehen?	15.1	17.1	14.3
Durchschnitt	15.5	15.8	14.2

[a] Im Original steht 1.51. Das muss ein Druckfehler sein.
[b] Im Original steht 1.61. Das muss ein Druckfehler sein.

fällt aber auf, dass die Väter nach ihren Aussagen fast in allen Fällen die Autonomieprivilegien später erteilen als die Mütter. Die wenigen Ausnahmen betreffen Bereiche, denen sie vielleicht selbst etwas mehr zugetan sind als die Mütter, nämlich TV, Video, Film, bezahlte Arbeit und Ausgang.

Ob und wann die Eltern Autonomie gewähren bzw. gar verlangen, kann den Wünschen und Ansprüchen der Jugendlichen entsprechen oder auch nicht. Bekanntlich entzünden sich gerade aus solchen Nicht-Übereinstimmungen Konflikte zwischen Jugendlichen und Eltern. Ein besonderes Spannungspotential ergibt sich daraus in Immigrantenfamilien. So hat eine Befragung von ungefähr 20-jährigen Jugendlichen asiatischer Einwanderungsfamilien nach den USA ergeben, dass diese in 17 Autonomiebereichen wünschten, die Eltern hätten ihnen früher mehr Freiheit gewährt, als sie es getan hatten (in 14 Bereichen war der Unterschied statistisch signifikant; Juang, Lerner, McKinney & von Eye, 1999). Das Ausmaß der Diskrepanz zwischen (mindestens retrospektiven) Erwartungen und tatsächlichen Erfahrungen korrelierte negativ mit Selbstwert und emotionaler Nähe zu den Eltern, aber positiv mit Depressionsneigung und Verhaltensproblemen.

In Kapitel 1 wurde deutlich, dass der Abschluss der Adoleszenz nur schwer zu bestimmen ist. Das ist unter anderem dadurch bedingt, dass junge Menschen in gewissen Lebensbereichen heute relativ früh und in anderen Lebensbereichen relativ spät erwachsen werden. Man könnte erwarten, dass dadurch der Prozess des Autonomiegewinns in günstiger Weise zeitlich gestreckt wird; es ist aber möglich, dass dadurch auch der Prozess der neuen Identitätsfindung länger dauert und den Autonomiegewinn lange in einer unklaren Zwischenphase hängen lässt. Relativ früh werden den Jugendlichen unserer Kultur berufliche Entscheidungen, Verfügung über Geld, Konsumentscheidungen, sexuelle Partner-

Tabelle 5–2: Elterliche Vorstellungen über den Zeitpunkt der Übertragung von Verantwortungen und der Gewährung von Privilegien an ihre 13- bis 18-jährigen Söhne (nach Feldman & Wood, 1994, S. 54)

	% «nie»		Mittelwert[a]		
	Mütter	Väter	Mütter	Väter	t-Tests
Aufgaben / Verantwortungen					
Das eigene Zimmer sauber halten	7.5	4.0	11.9	12.0	n.s.
Aufgaben im Haushalt ohne Überwachung ausführen	4.3	2.7	12.8	12.5	n.s.
Für Prüfungen lernen, ohne daran erinnert werden zu müssen	3.3	1.3	13.1	13.0	n.s.
Privilegien					
Eigene Frisur wählen, auch wenn Sie Ihnen missfällt	2.1	6.6	13.6	14.3	1.85*
An Parties mit Jungen und Mädchen teilnehmen	5.4	1.3	13.9	14.2	n.s.
Eigene Bücher und Hefte zum Lesen wählen	2.2	3.9	14.0	14.3	n.s.
Entscheiden, wie das selbstverdiente Geld ausgegeben wird	1.1	2.6	14.0	14.3	n.s.
Allein zu Hause bleiben anstatt mit der Familie ausgehen	2.1	7.9	14.5	15.0	n.s.
Allein entscheiden, welche Kleider gekauft werden	23.7	26.7	14.6	14.8	n.s.
Lieber etwas mit Freunden als mit der Familie unternehmen	2.2	3.9	15.1	15.7	2.13*
Entscheiden, welche Kleider zur Schule anziehen, auch wenn es Ihnen missfällt	7.5	10.7	15.3	15.5	n.s.
Die eigenen Freunde wählen, auch wenn Sie sie missbilligen	13.7	13.2	15.3	16.1	2.09*
Mit Mädchen ausgehen	0.0	1.3	16.0	15.3	3.17**
Einen regelmäßigen Teilzeitjob annehmen	0.0	2.6	16.3	16.0	n.s.
Zum Rockkonzert gehen	6.6	8.5	16.6	16.7	n.s.
Kaffee trinken	15.4	13.2	16.5	16.6	n.s.
So viel fernsehen wie er will	16.1	13.2	16.6	15.8	2.06*
Alle Fernsehsendungen, Filme oder Videos schauen, die er will	9.5	6.7	16.9	16.3	1.96*
Einige Tage mit Freunden weggehen, ohne Erwachsene	10.8	10.5	17.7	17.7	n.s.
Bier trinken	35.8	40.8	17.8	17.8	n.s.
Mit Freunden ausgehen, ohne dass Sie wissen, wo er ist	47.9	38.2	16.9	16.9	n.s.
Nicht zu einer bestimmten Zeit vom Ausgang nach Hause kommen müssen	35.9	39.5	18.0	18.0	n.s.
Zigaretten rauchen	86.0	85.5	16.8	17.6	n.s.

[a] Mittelwerte sind ohne die Versuchspersonen berechnet, die «nie» angaben.
*p < .05.   **p < .01.

beziehungen zugestanden resp. zugemutet, wirkliche materielle Unabhängigkeit oder eine definitive Berufsidentität und berufliche Integration wird aber insbesondere der studierenden Jugend erst wesentlich später ermöglicht (Vaskovics, 1989). Es ist nicht einmal so, dass sich heute klare neue normative Abläufe eingespielt haben; noch mehr als früher sind individuelle, deregulierte Sequenzen möglich (Kohli, 1985, 1986).

Der Autonomieprozess wird dadurch länger. Er wird aber auch bedroht von wechselnden Inkonsistenzen. Selbständig wohnende junge Erwachsene sind manchmal wie Jugendliche auf die finanzielle elterliche Unterstützung angewiesen; arbeitslos gewordene junge Erwachsene kehren plötzlich wieder ins Elternhaus zurück; allein erziehende junge Mütter sind gelegentlich vorübergehend darauf angewiesen, wieder im Elternhaus leben zu können. Daraus entstehen Identitätsprobleme, aber auch neue Anforderungen an die Aushandlung der Beziehungen, die nicht nur für die jungen Erwachsenen, sondern auch für die Eltern beträchtliche Erschwerungen darstellen und die leider oft zu Spannungen und tatsächlich zu emotionaler Distanzierung führen können, die für die weitere Entwicklung der Bezugspersonen beider Generationen nicht günstig ist.

5.5 Ausblick

Sich immer wieder von Menschen und Dingen zu lösen, entspricht dem normalen Lebenslauf. Da die psychischen und physischen Kapazitäten beschränkt sind, können wir auf neue Menschen und Dinge manchmal nur eingehen, wenn wir uns von anderen frei machen. Auch wenn das normal ist, kann es schmerzhaft sein.

Viele Loslösungen sind schmerzhaft, zum Beispiel die Trennung von Ehegatten, das Sterben, das Auswandern in ein fremdes Land. Dass «Ablösung» traditionellerweise zum Thema der Adoleszenz gehört, hat damit zu tun, dass alle Menschen dieser Situation begegnen, und weist darauf hin, dass in der Adoleszenz ein großer sozialer Schritt erfolgt und dass dieser für die Beteiligten sehr schwierig sein kann. Die Eltern sind oft stärker betroffen als die Jugendlichen. Und es ist nicht so, dass Distanznehmen entweder geschieht oder nicht geschieht, sondern dass es mehr oder weniger gelungen vollzogen wird und entsprechende langfristige Folgen haben kann.

6. Kognitive Entwicklung: Prozesse und Inhalte

Von den Jugendlichen wird im Allgemeinen erwartet, dass sie nicht nur gründlicher und umfassender, sondern auch kritischer, womöglich sogar anders denken als Kinder. Darauf ist auch die Schule weitgehend ausgerichtet: Neue Fächer, die in inhaltlicher wie formaler Hinsicht höhere Anforderungen stellen, werden in den Kanon aufgenommen.

Wir wollen die Thematik dieses Kapitels unter vier Perspektiven oder theoretischen Traditionen besprechen, nämlich einer (etwas älteren) psychometrischen (Intelligenztests), einer strukturgenetischen (in der Theorielinie Jean Piagets), einer informationsverarbeitungstheoretischen (Gedächtnis- und Denkprozesse) und einer inhaltsbezogenen (was Jugendliche denken und was sie interessiert). Schließlich wollen wir das Denken Jugendlicher über ihre eigene Zukunft ansprechen.

6.1 Jugendliche Testintelligenz

Über das, was Intelligenz ist, kann man sich endlos streiten. Konstrukteure von Intelligenztests müssen sich für eine Definition entscheiden, die sie dann operationalisieren. Schließlich wird im praktischen Gebrauch Intelligenz mit dem, was der Test misst, gleich gesetzt. Das ist trotz aller Kritik nicht abwegig, wenn bei der Konstruktion von Intelligenztests darauf geachtet wird, jene Leistungen zu erfassen, die in unserem Leben die zentralen und wichtigsten sind.

6.1.1 Erreicht die Intelligenzentwicklung in der Adoleszenz ihren Abschluss?

Die empirische Forschung lässt keine Zweifel daran, dass die gemessene Intelligenz, besonders im Zusammenhang mit abstraktem Denken, während der Adoleszenz zunimmt (Keating & Clark, 1980; Martorano, 1977; Petersen, 1983). Dabei wird unter Intelligenzentwicklung die quantitative Zunahme der Intelligenztestleistungen verstanden.

Da aber in der Mitte des 20. Jahrhunderts berichtet wurde, dass Personen des mittleren und höheren Erwachsenenalters im Durchschnitt eine geringere Intelligenz aufwiesen als jüngere Erwachsene (Wechsler, 1964), stellte sich die Frage, bis wann die Intelligenz anwachse resp. wann ihr Wachstum abflache. Diese Befunde waren auch deshalb bedeutend, weil bei einer Abflachung der Intelligenzzunahme die ältere Definition des Intelligenzquotienten (IQ) als Quotient «Intelligenzalter/Lebensalter» spätestens im Jugendalter nicht mehr haltbar war.[23]

In den 60er Jahren erbrachten Längsschnittstudien dann den Nachweis, dass die vorher gefundene Intelligenzabnahme ab ungefähr 25 Jahren ein Artefakt ist, bedingt durch die Tatsache, dass in Querschnittstudien die älteren Menschen, die früher geboren waren, möglicherweise eine weniger gute Schulbildung und auch hernach weniger Lernchancen hatten (Schaie & Labouvie-Vief, 1974). Es handelt sich also um Kohortendifferenzen und nicht um individuelle Entwicklungseffekte. Es gilt heute als gesichert, dass die Intelligenz bis ins Alter – wenn auch verlangsamt – zunimmt, jedenfalls in jenen Leistungsbereichen, welche auch im Erwachsenenalter weiter geübt wurden, zum Beispiel im Berufsleben (Baltes, 1993; Flammer, 1977; Schleicher, 1973).

6.1.2 Die psychometrische Differenzierungshypothese

Intelligenztests bestehen typischerweise aus mehreren Skalen, die sich gegenseitig teilweise überschneiden. Mit der sog. Faktorenanalyse kann man prüfen, wie viele Skalen nötig wären, wenn sie sich nicht überschneiden würden. Diese Anzahl dient als Ausdruck dafür, wie differenziert die gemessene Intelligenz wirklich ist. Dadurch

---

23 Der bekannte Kramer-Test (Kramer, 1959) enthält beispielsweise Aufgaben nur bis zum 14. Lebensjahr. Es ist unklar, ob das im Hinblick auf die damalige Literatur so ist oder wegen der Schwierigkeit, mit diesem Verfahren bei älteren Jugendlichen die nötigen teststatistischen Kriterien einzuhalten. Ein IQ > 100 kann mit dem Kramer-Test somit ab 14 Jahren bereits nicht mehr diagnostiziert werden.

ergibt sich auch die Möglichkeit zu sehen, ob sich die Testleistungen im Laufe der Entwicklung differenzieren, d. h. qualitativ ausfalten, wie das in Entwicklungstheorien wiederholt postuliert worden ist (Werner, 1926; vgl. Flammer, 1996).

Eine solche faktorenanalytische Differenzierungshypothese der Intelligenz wurde erstmals von Garrett, Bryan und Perl (1935) formuliert. Die Hypothese löste eine Reihe von Untersuchungen und methodologischen Diskussionen aus (vgl. eine Übersicht in Flammer, 1970, S. 127–130; Flammer, 1975a, S. 138–195) und führte bis heute nicht zu einer klaren Entscheidung. Die faktorenanalytische Befundlage ist hochgradig widersprüchlich (Mandl & Zimmermann, 1976).[24]

Mit einem anderen Zugang, nämlich mit experimentellen Untersuchungen kann aber gezeigt werden, dass Jugendliche mit zunehmendem Alter im Allgemeinen mehr Gesichtspunkte berücksichtigen, wenn sie ein schwieriges Problem beurteilen müssen. So lies Lewis (1981a) Jugendliche des achten, zehnten und zwölften Schuljahrs die Entscheidung über einen komplizierten möglichen medizinischen Eingriff beurteilen. Die Nennung einer bestimmten Vielzahl von Risiken erfolgte bei 46 % der jüngsten, bei 50 % der mittleren und bei 83 % der ältesten Jugendlichen. Die Möglichkeit, einen externen Experten hinzuzuziehen, wurde von 21 % resp. 46 % resp. 62 % der Jugendlichen genannt, und Überlegungen über weitere Folgen in der Zukunft wurden von 11 % resp. 25 % resp. 42 % angestellt. Ähnliche Befunde haben Weithorn und Campell (1982) berichtet.

6.1.3 Die Veränderung der durchschnittlichen Intelligenz der Jugendlichen im 20. Jahrhundert

Schon vor Jahrzehnten wurde festgestellt, dass die Anwendung von älteren Intelligenztestnormen zur altersrelativen Überschätzung von individuellen Leistungen führt (Flammer, 1972; Flammer, App & de Pretto, 1977). Die bestehenden Intelligenztestaufgaben wurden mit der Zeit immer besser gelöst. Flynn (1987) fand vergleichbare Zunahmen an Intelligenztestwerten in Australien, Belgien, Deutschland, Frankreich, Großbritannien, Japan, Kanada, Neuseeland, den Niederlanden, Norwegen, den USA, Österreich und der Schweiz.

Wie die Tabelle 6–1 exemplarisch zeigt, sind die durchschnittlichen Leistungen in beiden Teilen des Intelligenztests HAWIK (Hamburg-Wechsler-Intelligenztest für Kinder) seit 1954 beträchtlich angestiegen und dies insbesondere im Handlungsteil, etwas weniger im verbalen Teil. Diese Zunahme zeigte sich in vielen anderen Untersuchungen mit unterschiedlichen Tests ebenfalls, nicht aber bei eigentlichen Schultests (Flynn, 1987; Schallberger, 1991; Stoll & Schallberger, 1992).

Eine Eichung des Prüfsystems für Schul- und Bildungsberatung (PSB) in den Jahren 1981 und 1991 brachte Erhöhungen vor allem in den Bereichen Denkfähigkeit, Raumvorstellung, Gliederungsfähigkeit sowie Wahrnehmungstempo, während verbale Subtestleistungen (Allgemeinbildung, Worteinfall, Ratefähigkeit) konstant blieben und Addieren nur leicht anstieg (vgl. Stoll & Schallberger, 1992).

In neuester Zeit hat man den Eindruck, dass nicht nur die verbalen Schulleistungen, sondern auch die arithmetischen Fähigkeiten im Durchschnitt abnehmen. Letzteres könnte auf den Siegeszug des Taschenrechners zurückgehen. Girod, Dupont und Weiss (1987) prüften 1975 und 1984 schriftlich die Leistungen von Schweizer Rekruten und setzten dabei Aufgaben von der folgenden Art ein:

> Jemand geht mit Fr. 225.– einkaufen. Er kauft drei Objekte, nämlich Objekt A zu Fr. 17.35, Objekt B zu Fr. 67.40 und Objekt C zu Fr. 23.25. Wieviel Prozent der ursprünglichen Summe bleiben ihm, um andere Einkäufe zu machen? (nach Girod et al., 1987, S. 346)

---

24 Vermutlich eignet sich die Faktorenanalyse deshalb nicht, die Frage der Differenzierung durch Entwicklung schlüssig zu entscheiden, weil die Faktorenzahl technisch auch von der Variationsbreite der einzelnen Variablen (Merz & Kalveram, 1965) und diese wiederum von der Skalierung und dem Entwicklungsverlauf abhängt; der Entwicklungsverlauf wiederum lässt sich nicht unabhängig von der gewählten Skalierung beurteilen (vgl. auch Mandl & Zimmermann, 1976).

Tabelle 6–1: Durchschnittliche IQ-Werte nach den HAWIK-Normen von 1954 (aus Flynn, 1987, S. 182)

Stichprobe	Alter in Jahren	N	Untersuchungsjahr	Verbaler IQ	Handlungs-IQ	Gesamt-IQ
Eichstichprobe (Westdeutschland; Priester, 1958)	6–15	1 500	1954	100	100	100
Zürich, Schweiz (Schallberger, 1985)	9 und 12	300	1977	108	120	115
Westdeutschland (Tewes, 1983)	7–15	1 898	1981	111	125	120
Solothurn, Schweiz (Schallberger, 1985)	7–9	120	1984	107	122	116

Im Jahr 1975 lösten über die Hälfte aller Rekruten die Aufgabe richtig, 1984 waren es weniger als 30 %. Konnten 1975 etwas über 13 % die einfache Addition der drei Zahlen nicht richtig lösen, waren es 1984 über ein Viertel aller Rekruten. Dies dürfte kaum an der allgemeinen Motivation gelegen haben, erbrachten die Rekruten 1984 doch sehr gute Leistungen in den logischen Tests.

Diese Resultate lassen verschiedene Interpretationen zu: Einerseits erscheint die extreme Position, die Intelligenz sei vorwiegend ein Produkt von Erbeinflüssen, übertrieben, denn in so kurzer Zeit dürfte sich das Erbgut nicht derart stark verändert haben. Andererseits ist zu fragen, weshalb die Intelligenzleistungen steigen, die Schulleistungen aber sinken resp. warum die auf traditionelle Bildungsinhalte bezogenen Leistungen gleich bleiben oder gar sinken, während «bildungsfreie» Inhalte zu besseren Leistungen führen. Stoll und Schallberger (1992) zogen mehrere Erklärungen in Erwägung, unter anderen:

- Zunehmende Vertrautheit mit Leistungstests
- Verbesserung des Schulsystems, was eine breitere Förderung der intellektuellen Leistungsfähigkeit bewirkt. – Dieses Argument erklärt allerdings nicht, warum die Schulleistungen im engeren Sinn von dieser Zunahme nicht erfasst werden.
- Die Verbesserung der alltäglichen, außerschulischen Lebens- und Entwicklungsbedingungen, insbesondere durch ein größeres Informationsangebot (Medien, Bücher) und höhere Ansprüche im Alltag (z. B. Verwendung von Graphiken, öffentliche Diskussionen von volkswirtschaftlichen Zusammenhängen etc.).

Es könnte sein, dass die Schule heute wesentliche kognitive Leistungen besser fördert als früher und dass mehr traditionelle Schulleistungen heute eine geringere Aufmerksamkeit genießen als früher.

6.2 Formale Denkoperationen

Das Konzept der formalen Denkoperationen stammt von Jean Piaget (1947, 1973; Inhelder & Piaget, 1955, dt. 1977; Einführungen finden sich in Buggle, 1985; Ewert, 1983, S. 90–113; Flammer, 1996; und Montada, 1995). Die kognitive Entwicklung verläuft nach Piaget über qualitativ unterscheidbare Stufen, welche der Reihe nach heißen: sensu-motorische Stufe, prä-operatorische Stufe, konkret-operatorische Stufe (oder beide zusammen: konkrete Stufe), formaloperatorische Stufe. Die letzte Stufe setzt nach Piaget mit etwa 10 oder 11 Jahren ein, kann aber auch stark verspätet oder niemals eintreten. Für die Erwachsenen hatte Piaget keine besondere zusätzliche Stufe der kognitiven Entwicklung vorgesehen.

6.2.1 Operationen mit Zeichen

Während konkrete Denkoperationen nach Piagets Definition auf Vorstellungen (Symbolen) von konkreten Einzeldingen bezogen sind, kommen die formalen Operationen mit Zeichen allein aus. Zeichen haben nichts mit dem Bezeichneten gemeinsam, sie ähneln ihm nicht (oder nicht notwendigerweise) und sind nicht Teile des Bezeichneten; sie sind dem Bezeichneten *willkürlich* zugeordnet, können neu zugeordnet oder auch mehreren Bezeichneten gleichzeitig zugeordnet werden. Ein klassisches Beispiel stellen die Zahlen dar. Eine Fünf kann Mengen verschiedener Gegenstände oder verschiedener Ereignisse darstellen, sie kann aber auch die Länge in cm oder in km etc. repräsentieren.

Durch die Befreiung der Zeichen vom Bezeichneten gelingt es den Jugendlichen (jedenfalls besser als den Kindern), zwingende Schlussfolgerungen zu ziehen oder einzusehen.

Wir wollen das an einem Beispiel, dem Beweis für einen geometrischen Lehrsatz, durchdenken, zunächst empirisch (konkret-operational), dann formal oder aussagenlogisch. Zu beweisen sei der Satz «Die Winkelsumme im Dreieck ist 180°». Auf der Primarschulstufe geht die Lehrperson zum Beispiel konkret-operatorisch vor, indem sie die Ecken eines Papierdreiecks gegeneinander faltet, wie in Figur 6–1 dargestellt. Dadurch kommen die Ecken aneinander zu liegen und decken den ganzen gestreckten 180°-Winkel ab.

In der Sekundarschule gilt solches Falten schon nicht mehr als Beweis. Anspruchsvollere Denkerinnen und Denker fragen sich, ob sich denn die Winkel im Beispiel nicht auch zufällig auf einen gestreckten Winkel haben auffalten lassen; überdies lässt sich ja solches Falten nicht absolut exakt durchführen. Darum verwendet man in der Sekundarschule die Kombination von akzeptierten Sätzen, im konkreten Fall Sätze über gleiche Gegenwinkel beim Schnitt zweier Parallelen durch eine dritte nicht parallele Gerade, etwa so: Gegeben sei ein Dreieck mit den Winkeln α, β und γ (Figur 6–2). Die Gerade g sei parallel zur Geraden c. Aus diesen Festlegungen lässt sich folgern:

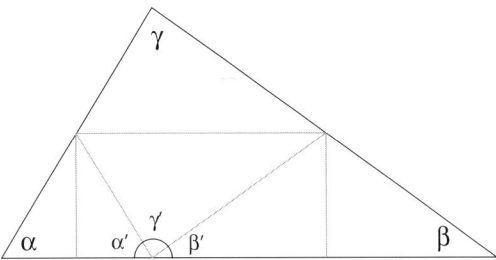

Figur 6–1: Konkret-operatorischer Beweis dafür, dass die Winkelsumme im Dreieck 180° beträgt

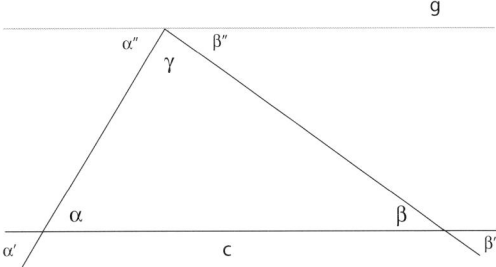

Figur 6–2: Formal(-operatorisch)er Beweis dafür, dass die Winkelsumme im Dreieck 180° beträgt

$$\alpha = \alpha'' \quad \text{(Scheitelwinkel)}$$
$$\alpha' = \alpha'' \quad \text{(Stufenwinkel)}$$
$$\beta = \beta' \quad \text{(Scheitelwinkel)}$$
$$\beta' = \beta' \quad \text{(Stufenwinkel)}$$

Und daraus folgt:

$$\alpha'' + \gamma + \beta'' = 180° \text{ (w. z. B. w.)}.$$

Andere Beispiele liefert die Algebra, die mathematische Operationen ohne Bezug auf ihre Anwendung ermöglicht.

Zeichen sind natürlich nicht immer so einfach. Es können auch abstrakte Begriffe sein wie «Gegenseitigkeit» oder «Omnipotenz». Da auch Wörter Zeichen sind, gestattet der Umgang mit Zeichen qua Zeichen auch leicht Aussagen über Aussagen und zum Beispiel die formale Kritik eines Satzes. Dieses formale und grundsätzliche Durchdenken eines Sachverhalts ermöglicht überdies mehr logische Kritik. Das Denken gewinnt somit gewaltig an Leistungsfähigkeit.

Der Umgang mit Zeichen kann aber auch zu falschen Lösungen führen. Das hängt von der Zeichenbildung ab und von den Regeln, die man im Umgang mit ihnen anwendet. So hörte jemand von uns kürzlich im Bus einem Stück eines Gesprächs unter zwei jungen Gymnasiastinnen zu. Die eine sagte, zwischen den Himmelskörpern sei nichts. Da fand ihre Freundin, es sei eben doch etwas da, nämlich so etwas wie ein Loch. Und ein Loch sei ja auch nicht nichts. Darauf meinte die erste, ein Loch sei eben nichts, nur rundherum sei beim Loch etwas, worauf die zweite weiter spekulierte: Wenn zwischen den Himmelskörpern nichts wäre, müssten sie ja direkt nebeneinander liegen. – Ihre Logik war möglicherweise die, dass Raum etwas sei und ein Loch nichts.

6.2.2 Operationen mit Möglichkeiten

Zeichen und Bezeichnetes können einander wie gesagt beliebig zugeordnet werden. Dadurch kann auf der Zeichenebene realisiert werden, was auf der Bezeichnetenebene nur möglich oder sogar unmöglich ist. Das kann am folgenden Beispiel sichtbar werden:
a, b und c seien nicht leere Mengen und alle repräsentieren Menschen; a = die Menge der männlichen, b = die Menge der weiblichen, und c überschneide sich weder mit a noch mit b. Daraus folgt, dass die Menschenrasse drei Geschlechter aufweist. Ein von Ewert (1983, S. 91) inspiriertes Beispiel ist: Wenn Bern östlich von Zürich und Genf östlich von Bern lägen, dann wäre Genf die östlichste der drei genannten Schweizer Städte. Das ist logisch richtig, trifft aber natürlich nicht zu, weil die Konditionalsätze nicht zutreffen.

Das Denken mit Möglichkeiten, insbesondere mit idealen Zuständen, wird auch deutlich, wenn Jugendliche aufgrund ihres Verständnisses der vollständigen Kombinationen von Faktoren «Störfaktoren» ausschalten können und so zum Beispiel ein Wissen vom perfekten Kreis haben (obwohl es diesen in der Realität genau genommen nie gibt). Analoges gilt für die Vorstellung einer absolut geraden ballistischen Kurve, wenn es weder Reibung noch irgendwelche Ablenkkräfte gäbe (einmal abgesehen davon, dass der Raum durch Masse gekrümmt ist – Relativitätstheorie).

Utopien sind tatsächlich unter Jugendlichen (aber auch schon bei Kindern) sehr oft anzutreffen, übrigens häufig auf sie selbst bezogen, beispielsweise «Wenn ich ein Filmstar wäre …» oder «Wenn ich die erstgeborene Tochter der Königin Elisabeth II wäre …» etc. Der Umgang mit solchen Möglichkeiten gibt dem Denken nicht nur Spielraum, sondern kann zur Entdeckung von Möglichkeiten führen, die sich schließlich doch realisieren lassen; das Denken wird kreativ. Diese neuen Möglichkeiten begründen mitunter auch die Radikalität des jugendlichen Denkens und die Bereitschaft, sich für eine Überzeugung hartnäckig einzusetzen.

6.2.3 Kombinatorik

Als wichtige neue Leistung der formalen Operationen hat Piaget die Fähigkeit zur erschöpfenden Kombinatorik erkannt. Er hat das an berühmt gewordenen Beispielen wie dem Experiment zur Bestimmung des Faktors der Pendelschwingungsfrequenz oder dem Experiment zur richtigen Mischung farbloser Flüssigkeiten für die Herstellung einer gelben Flüssigkeit gezeigt.

Wenn beispielsweise empirisch herausgefunden werden soll, ob die Schwingungsfrequenz eines Pendels vom Gewicht des Anhängers (G), von der Höhe des Anfangsausschlags (H), von der Länge des Pendels (L) oder vom Material des Pendels (M) oder von einer bestimmten Kombination dieser Faktoren abhängt, dann ergeben sich daraus so viele experimentelle Möglichkeiten, dass das konkret-operatorische Kind leicht die Übersicht verliert und typischerweise nicht alle möglichen Kombinationen durchspielt. So kann es zu Fehlschlüssen kommen. Wer aber mit Zeichen umzugehen gewohnt ist, erhält leichter Übersicht über die möglichen Kombinationen und ist so imstande festzustellen, ob er oder sie alle Kombinationen geprüft hat oder nicht. Schlussfolgerungen werden verlässlicher. Diese Kombinationen kann man sprachlich oder zur besseren Übersicht tabellarisch festhalten (Tab. 6–2).[25]

---

[25] Wir denken, dass sich Psychologiestudierende die Ansprüche solcher Aufgaben gut vorstellen können, geht es hier doch um das Prinzip der isolierenden Variation der unabhängigen Variablen, das im psychologischen Grundstudium im Rahmen der (faktoriellen) Versuchsplanung gelernt wird.

Tabelle 6–2: Erschöpfende Kombination der vier Pendelvariablen, Gewicht des Anhängers (1 = schwer, 0 = leicht), Höhe des Anfangsausschlags (1 = hoch, 0 = tief), Länge des Pendels (1 = lang, 0 = kurz) und Material des Pendels (1 = Material 1, 0 = Material 2) und Ergebnis (1 = hohe Schwingungsfrequenz, 0 = tiefe Schwingungsfrequenz)

Gewicht	Höhe	Länge	Material	Ergebnis	Gewicht	Höhe	Länge	Material	Ergebnis
1	1	1	1	0	0	1	1	1	0
1	1	1	0	0	0	1	1	0	0
1	1	0	1	1	0	1	0	1	1
1	1	0	0	1	0	1	0	0	1
1	0	1	1	0	0	0	1	1	0
1	0	1	0	0	0	0	1	0	0
1	0	0	1	1	0	0	0	1	1
1	0	0	0	1	0	0	0	0	1

Entgegen gelegentlich gehörten Meinungen folgt aus diesen Überlegungen nicht, dass «präformale» Kinder (Typ: Grundschülerin und Grundschüler) nicht Hypothesen aufstellen könnten, sondern nur dass sie anspruchsvolle Hypothesen nicht verlässlich, d. h. erschöpfend prüfen können. Es fehlt ihnen die Übersicht über die Variationen der möglichen Faktoren; sie fehlt ihnen, sofern sie nicht über ein so elegantes Zeichensystem verfügen. Wenn allerdings die Faktorenzahl sehr klein ist, ist die Übersicht auch ohne Zeichensystem möglich. Wenn beispielsweise die Frage zu prüfen ist, ob die Kerzenflamme zum Brennen Luft braucht oder nicht (= ein Faktor), ist das auch ohne formale Kombinatorik prüfbar.

Die Kombinatorik ist auch bei komplexeren Fragen nur nötig, wenn die zu untersuchende Realität nicht schon in geeigneter Ordnung vorliegt resp. präsentiert wird. Wenn beispielsweise eine Lehrperson einer Gruppe von Viertklässlern alle 16 Pendel-Bedingungen experimentell und an der Wandtafel systematisch vorgibt, sind wahrscheinlich auch diese Kinder imstande, alle durchzugehen und sich vor Fehlschlüssen zu wappnen.

Aber auch das Wundermittel der Kombinatorik kann die nötige Übersicht nur bis zu einem gewissen Komplexitätsgrad liefern. Prinzipiell lässt sich zwar auch eine Kombinatorik mit zwanzig Faktoren, von denen jeder zehn Ausprägungsgrade hat, aufstellen. Aber das ergäbe doch stolze 10^{20} (zehn hoch zwanzig) Kombinationen.[26] Und wenn es – wie in der psychologischen Wissenschaft – darum geht, das Verhalten eines Menschen zu verstehen, entsteht die Frage, wie viele Faktoren zum Verständnis menschlichen Verhaltens und Erlebens überhaupt in Betracht kommen. Und wie viele Ausprägungen sind je Faktor zu beachten? Die Anzahl Ausprägungen je Faktor kommt ja in vielen Fällen nur durch kognitive Polychtomisierung zustande (wie viele Ausprägungen hat z. B. der Faktor «sich sozial akzeptiert fühlen»?).[27]

---

[26] Wenn eine einzelne Prüfung fünf Sekunden dauern würde, würde die Gesamtprüfung durch eine Person mehr Arbeitszeit beanspruchen als die gesamte Menschheit alt ist, nämlich etwa hundert Milliarden Arbeitsjahre. In der angewandten Physik soll es Gleichungssysteme mit bis zu einer Million Gleichungen geben, zum Beispiel zur Bestimmung der Belastung auf einem Helikopter-Rotorblatt; das schaffen innert nützlicher Frist nur vektorielle Supercomputer.

[27] In Wirklichkeit ist alles noch komplexer: Meistens ist es ja nicht ein einzelner Faktor, der mit einer bestimmten Ausprägung genau und allein den gesuchten Effekt hat, sondern mehrere Faktoren in gewissen Ausprägungsbereichen und unter bestimmten Kombinationen mit anderen Faktoren, wobei mehrere Kombinationskomplexe kompensatorisch wirksam sein können.

Mit anderen Worten: Auch das formal-analytische Denken stößt an Grenzen der Realitätsbewältigung. Wie kommt man da weiter? Mit so etwas wie Intuition? Sie besteht möglicherweise darin, dass wir mit bereits erworbenen oder angeborenen Schemata selektiv wahrnehmen, gruppieren, profilieren und uns von Schlüsselerfahrungen leiten lassen (Perrig, 1990).

6.2.4 Deduktives Schlussfolgern

Piaget beanspruchte, dass logisch zwingende Schlussfolgerungen formale Operationen voraussetzen. Deshalb sollten nach ihm erst formal-operatorische Jugendliche und nicht schon Kinder Syllogismen (= logischer Schluss vom Allgemeinen auf das Besondere) systematisch lösen können. Er dachte dabei allerdings nur an die formale und nicht an die materielle Richtigkeit von Syllogismen (vgl. zwei Beispiele in Tab. 6–3).

Bereits in den 60er Jahren wurde aber empirisch nachgewiesen, dass auch Elementarschulkinder Syllogismen lösen können (z. B. Hill, 1961, zit. nach Ewert, 1983, S. 104; O'Brian & Shapiro, 1968). Insbesondere konnte gezeigt werden, dass es einfachere und schwierigere Syllogismen gibt (Ewert, 1983, S. 104). Schulkinder erkennen zum Beispiel verlässlich die Richtigkeit des sog. Modus ponens und des Modus tollens, aber meistens nicht formal, sondern weil diese Modi ihrer Erfahrung entsprechen. Aber sie erkennen viel weniger leicht, dass Syllogismen wie diejenigen in Tabelle 6–4 falsch sind. Dass diese falsch sind, ergibt sich vermutlich für die meisten Leserinnen und Leser aus dem Wissen, dass man eine Straße auch nässen kann, indem man einen Kübel Wasser ausschüttet. Auch Erwachsene halten sich da meistens nicht an die formale Logik des Syllogismus.

Schon eher an die formale Logik muss man sich jedoch bei kontrafaktischen, aber dennoch richtigen Beispielen halten (Tab. 6–5).

Weil Syllogismen logisch zwingend sind, können unentdeckt falsche Syllogismen die Jugendlichen (und Erwachsenen) verwirren, wenn sie einen unmöglichen oder unwahrscheinlichen Zustand vorhersagen. Wer gerne Verwirrungen löst, mag den folgenden scheinbaren Syllogismus überdenken: (a) Keine Katze hat zwei Schwänze; (b) eine Katze hat einen Schwanz mehr als keine Katze; (c) folglich hat eine Katze drei Schwänze.

6.2.5 Proportionalität

Piaget war aufgefallen, dass für viele logische Leistungen die Handhabung der direkten und umgekehrten Proportionalität nötig ist. Beispiele: Balkenwaage, Mischung von Farben, Mischung von Medikamenten, Einkaufen für eine bestimmte Anzahl Personen. Wir meinen, dass dies auch die Schule früh erkannt hat. Sie sprach statt von Proportionalität lange Zeit einfach vom «Dreisatz», und dieser wird bekanntlich bereits in der Grundschule eingeführt. Darum mag es erst recht überraschen, dass Piaget für die Handhabung der Proportionalität formale Operationen forderte (und formale Operationen ja den Grundschülern absprach).

Es ist aber zu beachten, dass der Dreisatz auch dann zu richtigen Lösungen führen kann, wenn man ihn mechanisch und ohne Verständnis anwendet (Steiner & Stöcklin, 1991). Eine klassische Demonstration, wie verschiedene Strategien zu unterschiedlichen Lösungsansätzen führen, ist die folgende (Inhelder & Piaget, 1955, dt. 1977): Man legt einem Kind drei Holzstücke A, B und C mit den Längen 5, 10 und 15 cm vor und erklärt ihm, dass diese Holzstücke Fische darstellen und dass es diese mit Perlen füttern soll; der 10 cm lange Fisch fresse doppelt so viel wie der 5 cm lange Fisch, der 15 cm lange dreimal so viel wie der 5 cm lange etc. Nun sollte das Kind herausfinden, wie viel Futter (Perlen) es den Fischen A und C geben soll, wenn der Fisch B vier Perlen fresse, oder wie viele Perlen es den Fischen A und B geben soll, wenn der Fisch C neun Perlen fresse. Vorschulkinder erkennen meistens nur einen ordinalen Zusammenhang; der Fisch B erhält einfach mehr als A und der Fisch C mehr als B. Junge Schülerinnen und Schüler verwenden oft ganzzahlige Reihen wie 3, 4, 5 oder 7, 8, 9. Noch weiter entwickelte Kinder verwenden Reihen mit größeren Intervallen, zum Beispiel 5, 7, 9. Die Kinder erkennen auf jeden Fall, dass die Unterschiede zwischen A und B und zwischen B

Tabelle 6–3: Syllogismen (modus ponens und modus tollens)[a]

formal	Beispiel
Modus ponens: A → B A Ergo: B	Wenn es regnet, ist die Straße nass. Es regnet. Ergo: Die Straße ist nass.
Modus tollens: A → B - B Ergo: - A	Wenn es regnet, ist die Straße nass. Die Straße ist nicht nass. Ergo: Es regnet nicht.

[a] Festlegung: Die Straße in diesem Beispiel liegt unter freiem Himmel.

Tabelle 6–4: Zwei invalide Schlussformen (unzulässige Implikationen)

Wenn es regnet, ist die Straße nass. Es regnet nicht. Ergo: Die Straße ist nicht nass (falsche Schlussfolgerung)	Wenn es regnet, ist die Straße nass. Die Straße ist nass. Ergo: Es regnet (falsche Schlussfolgerung)

Tabelle 6–5: Kontrafaktische Syllogismen

Modus ponens	Modus tollens
Alle gehörnten Lebewesen haben drei Beine. Die Kuh ist ein gehörntes Lebewesen. Ergo: Die Kuh hat drei Beine (formal richtig).	Alle gehörnten Lebewesen haben drei Beine. Die Ziege hat nicht drei Beine. Ergo: Die Ziege ist kein gehörntes Lebewesen (formal richtig).

und C gleich sein sollen. Erst gegen Ende des ersten Lebensjahrzehnts gelangen die Kinder zu Lösungen im Sinne der Proportionalität; dann werden Antworten möglich wie: «Ich teile durch drei und bekomme so viel, wie A frisst, das macht 3, dann verdopple ich für B, das macht 6».

Man muss heute durchaus bezweifeln, dass die Proportionalität wirklich zwingend formale Operationen beansprucht und dass die formalen Operationen ein so einheitliches System ausmachen, dass es stufenartig plötzlich als Ganzes auftritt (Martorano, 1977; Suarez, 1977).

6.2.6 Formale Denkoperationen und jugendlicher Egozentrismus

David Elkind (1967, 1985) hat die interessante Hypothese vorgeschlagen, dass der noch ungelenke Umgang mit den neu erworbenen formalen Operationen das oft beobachtete Phänomen des überstarken jugendlichen Selbstbezugs erklären könnte. Dieser Selbstbezug zeigt sich nach Elkind in zwei Formen, nämlich darin, dass Jugendliche sich so erleben und verhalten, als stünden sie vor einem Publikum auf der Bühne («imaginary audience»), und dass Jugendliche sich als völlig anders als alle anderen glauben («personal fable»). Das Erlebnis dieser Einzigartigkeit würde sie auch mehr als Menschen anderer Entwicklungsstufen dazu veranlassen, Tagebuch zu schreiben. Tagebücher sind ganz privat und werden oft dennoch für eine mögliche spätere Leserschaft geschrieben.

Diese besondere Beachtung ihrer selbst wird nach Elkind durch die enorm gesteigerte Fähigkeit, Perspektiven zu wechseln und dementsprechend auch sich selbst leichter von außen zu betrachten, ermöglicht. Die Erklärung mit den formalen Operationen blieb allerdings nicht unbestritten (Lapsley, 1985; Lapsley & Murphy, 1985). Jahnke und Blanchard-Fields (1993) fanden bei Jugendlichen zwischen 11 und 21 Jahren keinen Zusammenhang der formalen Operationen und der Fähigkeit zur sozialen Perspektivenübernahme mit einem Maß für das imaginäre Publikum. Für ein Maß der sog. «personal fable» hingegen fanden sie Zusammenhänge, die aber alle mit der Fähigkeit zur sozialen Perspektivenübernahme erklärt werden konnten. Da aber die Elkind-Hypothese eine umgekehrte U-Kurve unterstellt – der Egozentrismus nimmt erst zu und dann wieder ab –, ist sie schwer zu falsifizieren.

6.2.7 Formale Operationen und Gehirnentwicklung

Epstein (1974) hatte die Hypothese aufgestellt, dass das Hirnwachstum in Schüben verlaufe und dass die Schübe zeitlich mit dem Erreichen einer neuen Piaget-Stufe verbunden seien. Diese Hypothese konnte in mehreren Untersuchungen nicht verifiziert werden (vgl. Keating, 1990, S. 62). Thatcher, Walker und Giudice (1987) spezifizierten die Hypothese dahingehend, dass das differentielle Wachstum der beiden Hirnhemisphären mit Piaget-Stufen korreliert sei. Die empirischen Ergebnisse scheinen bisher aber auch für diese Hypothese nur vage zu sein (vgl. Keating, 1990, S. 63).

Überhaupt muss auch hier festgehalten werden, dass die Entwicklung des Denkens im Allgemeinen durch Erfahrungen, Auseinandersetzungen in der sozialen Interaktion und somit durch kulturspezifische Einflüsse gefördert wird (Burbules & Linn, 1988; Dimant & Bearison, 1991; Perret-Clermont & Schubauer-Leoni, 1989).

6.2.8 Formale Operationen als diskrete Stufe?

Die Stufentheorie von Piaget wird heute noch sehr breit rezipiert, auch wenn einige ihrer ursprünglichen Ansprüche der empirischen Prüfung nicht standgehalten haben (vgl. Flammer, 1996). So trifft es offensichtlich nicht zu, dass ein Kind sozusagen plötzlich und dann gleich in allen Lebens- und Denkbereichen mit den Mitteln einer neuen Stufe operiert. Insbesondere sind es die formalen Operationen, die dem Anspruch nicht gerecht werden, das spezifisch jugendliche Denken darzustellen.

Auch Kinder, selbst Vorschulkinder, sind gelegentlich zu erstaunlichen Denkleistungen fähig, insbesondere wenn man ihnen geeignete Denkinstrumente zur Verfügung stellt. Es hat sich gezeigt, dass formale Operationen nicht zwingend erst in der Adoleszenz erreicht werden, und erst recht nicht, dass die Übergänge von Stufe zu Stufe abrupt seien (Bartsch, 1993; Sodian, 1995). Umgekehrt ist auch nach Piagets Auffassung das Denken Jugendlicher wie auch Erwachsener nicht notwendigerweise an formale Operationen gebunden. Zudem müssen starke interindividuelle Differenzen zugestanden werden.

Die Theorie der formalen Operationen ist aber attraktiv, weil sie sehr präzis definiert ist, nämlich über die mathematische sog. INRC-Gruppe (Identität, Negation, Reziprozität, Korrelation), die wir hier allerdings nicht näher besprechen (Ascher, 1984; Kesselring, 1999, S. 143–145). Sie ist relativ schwer zu verstehen und als formales System auch von professionellen Mathematikern nicht unwidersprochen geblieben (vgl. Referenzen bei Ewert, 1983, S. 110). Was dieses Operationssystem leisten soll, ist die Bereitstellung eines logischen Denkrahmens, in dem alle vorausgehenden konkreten Operationen systematisch resp. reversibel verbunden werden. Dieser Rahmen ermöglicht ein Denken zweiter Ordnung, wenn man das Denken über die Dinge (konkrete Operationen) als Denken erster Ordnung bezeichnet.

Wir haben hier nur den zentralen Aspekt des Umgangs mit Zeichen herausgegriffen. Diese Art von Abstraktion erlaubt eine enorme Steigerung der Denkmöglichkeiten und deckt dennoch nur einen kleinen Teil des adoleszenten und erwachsenen Denkens ab. Das haben wir am Beispiel der Kombinatorik demonstriert. Es gibt einfache kombinatorische Leistungen, die auch schon von Kindern erbracht werden, und schwierige, die auch viele Erwachsene nicht meistern. Auch der Zusammenhang mit dem sog. adoleszenten Egozentrismus konnte empirisch nicht erhärtet werden.

6.3 Die Entwicklung des Gedächtnisses in der Adoleszenz

In den letzten drei Jahrzehnten sind menschliches Denken und das Gedächtnis analog zu Prozessen konzipiert worden, wie sie im Computer ablaufen: Kognition als Informationsverarbeitung (Newell & Simon, 1972). Der Informationsverarbeitungsansatz hat sich auch in der Entwicklungspsychologie bewährt, vor allem bei der Beschreibung der Entwicklung von Gedächtnisprozessen, allerdings bisher unter weitgehender Vernachlässigung der Adoleszenz (vgl. Fitzgerald, 1991; Schumann-Hengsteler, 1996). In vielen Studien werden lediglich Gedächtnisleistungen von Kindern mit solchen von Erwachsenen verglichen. Im Folgenden werden mit Bezug auf Jugendliche Forschungsbefunde zur Gedächtnisspanne, zur Verarbeitungsgeschwindigkeit, zur Hemmungseffizienz und zum strategischen Umgang mit dem Gedächtnis dargestellt.

6.3.1 Kapazität oder Arbeitsgedächtnis

Die Gedächtnisspanne (gemessen als Anzahl Wörter oder Zahlen, die aus einer unmittelbar vorher vorgegebenen Liste reproduziert werden können) dient als Indikator der Kapazität des Arbeitsgedächtnisses. Man nimmt heute an, dass das Arbeitsgedächtnis dazu dient, die im Denken unmittelbar zu bearbeitenden Inhalte bereitzuhalten und gleichzeitig Raum zu lassen für die Denkprozesse. Erwiesenermaßen kann man desto komplexere Denkprozesse bewältigen, je größer das Arbeitsgedächtnis ist (Baddeley, 1990). Aufgrund vieler empirischer Befunde nimmt die Kapazität des Arbeitsgedächtnisses resp. die Gedächtnisspanne während der Kindheit und auch noch in der Adoleszenz zu (Figur 6–3). Damit ist eine Basis für verbesserte Denk-

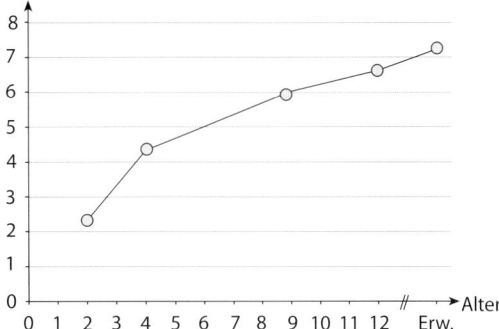

Figur 6–3: Entwicklung der Gedächtnisspanne (digit span) (Durchschnitt aus vielen Studien; nach Dempster, 1981, S. 66)

leistungen gegeben. Beispielsweise sollten dann komplexere Probleme gelöst werden können.

Ist diese Vergrößerung der Kapazität biologisch determiniert? Um diese Frage zu klären, führte Lipps Birch (1978) folgendes Experiment durch: Sie ließ 8- und 13-jährige Kinder zwei Aufgaben zur gleichen Zeit ausführen, wobei die 8-jährigen in zwei Gruppen aufgeteilt wurden: Die Experimentalgruppe erhielt vorher für jede der beiden Aufgaben ein Training, so dass die Leistungen der jüngeren Kinder an die Leistungen der 13-jährigen angeglichen wurden. Die Kontrollgruppe erhielt kein Training. Wenn die Entwicklung der Gedächtniskapazität biologisch determiniert ist, dann sollten die 8-Jährigen bei der gleichzeitigen Ausführung der Aufgaben schlechter sein als die 13-Jährigen – unabhängig von der Beherrschung der Einzelaufgabe. Tatsächlich zeigten aber die trainierten 8-Jährigen die gleiche Doppelaufgaben-Leistung wie die 13-Jährigen, während die Kontrollgruppe deutlich schlechter war. Dies ist ein Hinweis darauf, dass die tatsächlich verfügbare Gedächtniskapazität von anderen Faktoren als der biologischen Reifung mitdeterminiert wird.

Case, Kurland und Goldberg (1982) nahmen zum Beispiel an, die Gesamtkapazität des Arbeitsgedächtnisspeichers bleibe über das Leben unverändert, allerdings sei diese Gesamtkapazität zweigeteilt, nämlich in eine Verarbeitungskapazität und eine Speicherkapazität. Was für die Verarbeitung gebraucht werde, stehe für die

Speicherung nicht zur Verfügung. Sie konnten in ihren Experimenten zeigen, dass die Verarbeitungskapazität mit zunehmendem Alter effizienter genutzt wird und dass diese höhere Effizienz linear mit der Speicherkapazität zusammenhängt. Höhere Verarbeitungseffizienz führt demnach zur Vergrößerung der (verbleibenden) Speicherkapazität (vgl. auch Case 1985, S. 350–383).

6.3.2 Verarbeitungsgeschwindigkeit

Nicht notwendigerweise kapazitätsvergrößernd, aber doch leistungssteigernd ist der Umstand, dass die kognitive Verarbeitungsgeschwindigkeit im Laufe der Kindheit und der Adoleszenz stetig zunimmt.

Nach dem seit Jahren bewährten Arbeitsgedächtnismodell von Baddeley (1990) beruht ein Teil der Gedächtnisverarbeitungskapazität in der Leistung einer artikulatorischen oder phonologischen Schlaufe, in der aufzubewahrende Elemente durch mentales Hersagen oder Repetieren festgehalten werden. Je schneller dieses mentale Repetieren abläuft, desto mehr kann diese Schlaufe fassen. Nach Kail (1991a; Kail & Park, 1994) und Hale (1990) nimmt die Verarbeitungskapazität resp. die Verarbeitungsgeschwindigkeit mindestens bis zum 16. Lebensjahr zu. Allerdings flacht die Zunahme im zweiten Lebensjahrzehnt beträchtlich ab, wie Kail (1991b) anhand einer Nachanalyse von 72 Studien belegen konnte. Figur 6–4 illustriert das an einer Studie von Kail (1991a, S. 265).

Es erscheint plausibel, dass die Steigerung der Verarbeitungsgeschwindigkeit bis in die Adoleszenz durch biologische Reifung mitbedingt ist, beispielsweise durch die weiter fortschreitende Myelinisierung der Nervenbahnen (vgl. Schumann-Hengsteler, 1996, S. 82).

6.3.3 Hemmungseffizienz

Wer Störreize ausblenden, Unwichtiges ignorieren und störende Sorgen zurückstellen kann, ist im Allgemeinen effizienter im Denken. Auch in dieser Beziehung scheint die Entwicklung mindestens bis in die Adoleszenz hinein günstig zu verlaufen. Die sog. Hemmungseffizienz nimmt nach empirischen Studien auch noch im zweiten Lebensjahrzehnt zu (für Übersichten vgl. Dempster, 1993; Reuter, 1995, zit. nach Schumann-Hengsteler, 1996, S. 83). Gemessen wird die Hemmungseffizienz häufig mit dem bekannten Stroop-Test, in dem man zum Beispiel das Wort «rot» in blauer Farbe geschrieben vorgibt und die Person so rasch wie möglich die Farbe der Schrift nennen sollte.

6.3.4 Gedächtnisstrategien

Da es in vielen Fällen gute und weniger gute Denkwege oder -methoden gibt, kann der Denkerfolg durch eine geeignete Strategieanwendung gesteigert werden. Unter Umständen sind solche Strategien geplant einsetzbar. Gedächtnisleistungen (Behalten, Wiedergeben) lassen sich ebenfalls durch geeignete Strategien verbessern. Indirekt kommen dann auch Gedächtnisstrategien dem Denken zugute.

Solche Verarbeitungsstrategien betreffen beispielsweise beim Lesen von geschriebenem Text sowohl die Aufnahme und Kodierung von Information (Verwertung von Titelinformation, von Inhaltsverzeichnissen, der Abschnittbildung, Aufbau von Erwartungen und Fragen an den Text, Eselsbrücken, Generierung visueller Vorstellungen, Suchen nach Zusammenhängen, Zeitaufteilung, Aufschreiben geeigneter Notizen, Unterstreichungen, Anmerkungen, Inferenzen etc.) als auch das Abrufen (Wahl der Abrufkriterien, Rückerinnern an die Lernumstände, sinnvolles Rekonstruieren, geordnetes Wiedergeben etc.). Solche Strategien sind besonders wirksam bei sinnreichem und bei komplexem resp. diskursivem Material (vgl. Chi, 1983a, 1983b; Chi & Koeske, 1983; Flammer & Kintsch, 1982; Kirby, 1982; Oerter & Schuster, 1982), erstaunlicherweise aber durchaus auch bei einfachen Gedächtnisleistungen wie dem Listenlernen und dem Paarassoziationslernen.

Mehr noch als die bisherigen gedächtnisförderlichen Faktoren entwickeln sich resp. entwickeln die Menschen Gedächtnisstrategien (Chi, 1976; Dempster & Rohwer, 1983; Leal, 1987; Waters, 1982). Kinder (und vor allem lernbehin-

Figur 6–4: Durchschnittsgeschwindigkeit in Sekunden resp. Millisekunden für die Aufgaben (a) «Linien in Figuren übertragen», (b) «Figuren vergleichen» und (c) «Mentale Addition» (nach Kail, 1991a, S. 265)

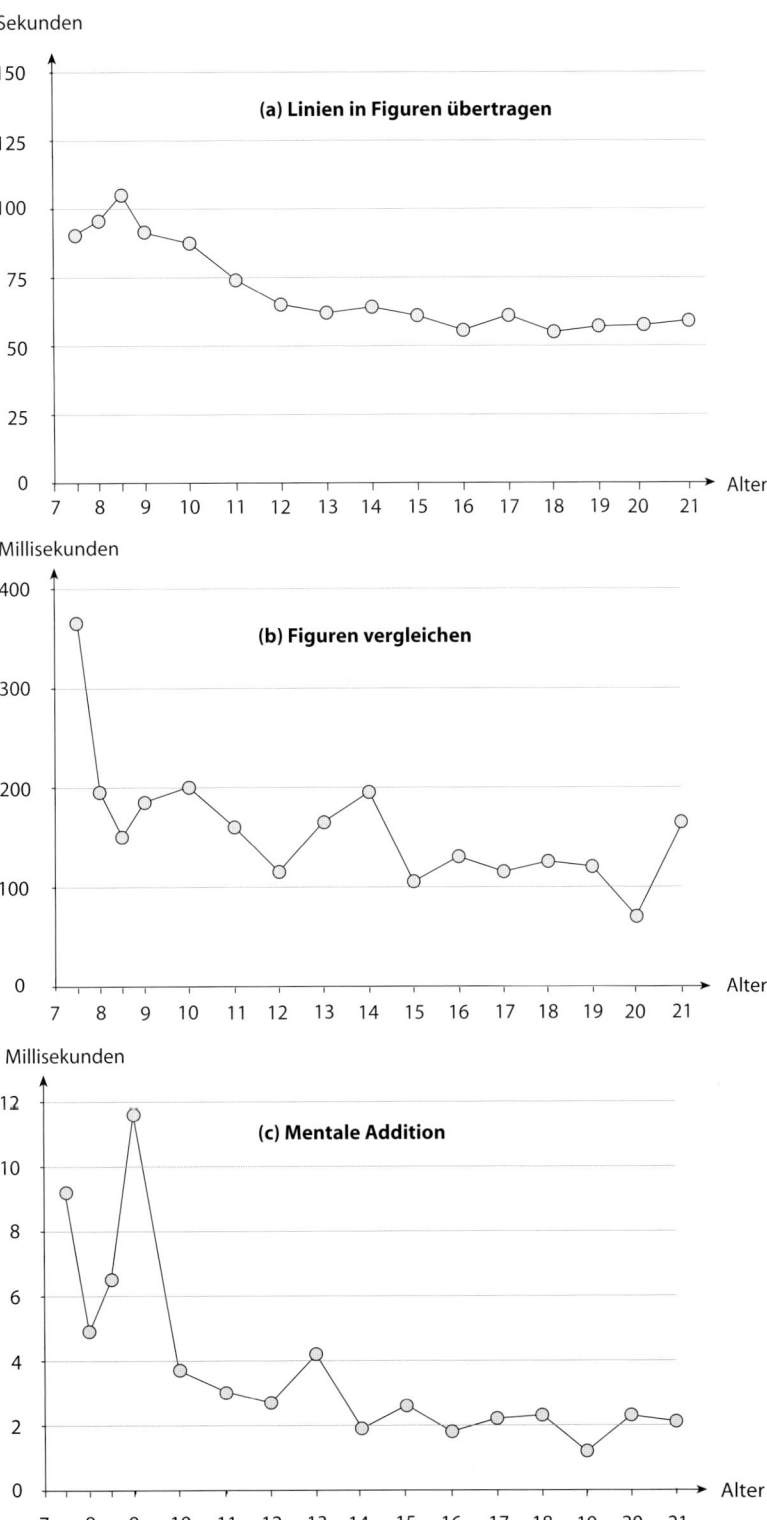

derte Kinder) leiden oft unter gedächtnisstrategischen Defiziten (vgl. die Übersicht von Kail & Hagen, 1977; Kobasigawa, 1977).

Bailyn und Krulee (1983) demonstrierten, dass College-Studierende mehr aus geordneten Texten und Wortlisten behielten als aus ungeordneten; dieser Vorteil war bei Kindern im fünften Schuljahr noch nicht festzustellen. Appel und Mitarbeitende (1972) zeigten, dass ältere Kinder und Jugendliche mehr Bilder in Erinnerung rufen konnten, wenn sie in der Instruktion darauf hingewiesen wurden, dass sie später aus dem Gedächtnis wiedergegeben werden mussten, als wenn sie lediglich aufgefordert wurden, die Bilder anzuschauen; sie kodierten anders, setzten also speziell geeignete Strategien ein. Bei den Vorschulkindern zeigten sich hingegen keine Unterschiede in der Anzahl erinnerter Bilder, d. h. Wahrnehmung und Memorieren sind in diesem Alter noch undifferenziert.

Brown und Campione (1978) gaben Kindern und Jugendlichen verschiedener Altersstufen Texte zum Lesen und Behalten. Diese Texte waren auf ungefähr 50 Karten geschrieben. Die Probanden hatten beim Lesen die Möglichkeit, 12 der Karten herauszunehmen (Merkkarten), um sich anhand dieser Karten des gesamten Textes besser zu erinnern. Sie waren im 5., 7./8. und 11./12. Schuljahr sowie schon auf der Universität (College). Es wird niemanden überraschen, dass die Versuchspersonen im ersten Durchgang mit Vorzug jene Karten auswählten, welche die wichtigste Information der Geschichte enthielten. Man kann erfreut sein, dass das schon den 5.-Klässlern, wenn auch etwas weniger gut, gelang. Nach dieser Wahl hatten die Probanden wie abgemacht den Text wiederzugeben und konnten dazu die Merkkarten benützen.

Wer selbst so einen Versuch mit einem nicht allzu schwierigen Text durchführt, wird merken, dass man die wichtigsten Informationsteile auch ohne die Merkkarten erinnert hätte. Hatten die Probanden das auch gemerkt? Ohne Hinweis darauf erhielten sie im Experiment von Brown und Campione (1978) einen zweiten Text, mit dem sie in gleicher Weise umgehen konnten. Wir können also vorhersagen, dass die oben gemachte Einsicht dazu führen würde, dass die Versuchspersonen nun Merkkarten mit weniger wichtigen Inhalten auswählen würden. Die Resultate sind in Figur 6–5 dargestellt.

Die Universitätsstudierenden gingen tatsächlich so vor, wie wir es vorhergesagt haben, nicht aber die jüngeren Probanden! Interessant ist, dass der Versuch noch fortgesetzt wurde, auch wenn die Autoren nur noch ausgewählte Ergebnisse der älteren Versuchsgruppen mitteilten: Beim dritten Durchgang hatten dann auch die Probanden der zweitältesten Versuchsgruppe den strategischen Trick gemerkt (Figur 6–6).

In einem anderen Experiment gaben Howe und Ceci (1978) 25 schwarz-weiße Zeichnungen von bekannten Gegenständen vor, die sich einerseits geographisch (Wilder Westen, Orient, Wüste, Alpen, Nordpol) und andererseits alltags-taxonomisch (Reise, Tiere, Menschen, Kleider, Häuser) einteilen ließen. Die Items mussten beim Vorzeigen ausdrücklich zuerst vollständig nach dem einen und danach vollständig nach dem anderen Kriterium geordnet werden. Bei der freien Wiedergabe zeigte sich dann, dass die älteren Kinder (10 Jahre alt) von der Möglichkeit Gebrauch machten, durch Wechsel der Kategorisierung allfällig vergessene Items noch zu erinnern, was die jüngeren (7 und 5 Jahre alt) nicht oder kaum taten. Entsprechend besser waren die Erinnerungsleistungen der älteren. Wenn man aber allen Kindern die Kategorien ausdrücklich als Erinnerungshilfen vorgab, verschwanden die Unterschiede in den Erinnerungsleistungen fast vollständig (vgl. auch Borland, Flammer & Wearing, 1987).

Diese Befunde sind verträglich mit einem Scherenmodell der Gedächtnisentwicklung: Offensichtlich merken sich kleine Kinder neue Inhalte außerordentlich leicht, zum Beispiel gesprochene Wörter im Spracherwerbsalter. Mit der Zeit lässt die Merkfähigkeit nach (ältere Menschen haben ausgesprochen Mühe mit gänzlich neuen Inhalten und Wörtern). Das verhindert aber nicht, dass im Laufe der Entwicklung das inhaltliche und das strategische Wissen dauernd ansteigt und ebenso die Erfahrung im Umgang mit dem Gedächtnis. Auch wenn man langsamer lernt, lernt man. Durch solches Wissen und solche strategische Erfahrung kann die Verminderung der elementaren Merkfähigkeit wettgemacht werden; es erfolgt eine immer bessere Nutzung der Gedächtnisprozesse. Je nach Inhaltsbereich steigt darum die «Netto-Gedächtnisleistung» selbst im Erwachsenenleben noch lange an.

Wahrscheinlich haben die Jugendlichen das Alter der «reinen Merkfähigkeit» bereits überschritten (Beispiel: Intonation einer Fremdsprache lernen). Der Erwerb von Zusammenhangswissen wird aber weiterhin effizienter.

In den letzten Jahren ist das *Metagedächtnis*, d. h. das Wissen der Menschen über ihr eigenes Gedächtnis, zu einem großen Thema geworden (Flavell & Wellman, 1977; Wellman, 1983). Im Gefolge der Entdeckung, dass auch der «Mann auf der Straße» etwas von Psychologie versteht, d. h. ein Alltagspsychologe ist, hat man nun auch ihm die sog. kognitive Wende zugesprochen: Auch er denkt über seine Kognitionen nach und gewinnt aus solchen Einsichten neue strategische Erkenntnisse. – Es überrascht nicht, dass Jugendliche für metakognitive Information und Instruktion besonders zugänglich sind und daraus auch verbesserte Lern-, Behaltens- und Abrufstrategien ableiten können (Keating, 1990, S. 75–76; Leal, 1987; Schneider, 1989). Das wird durch die formalen Operationen besonders erleichtert.

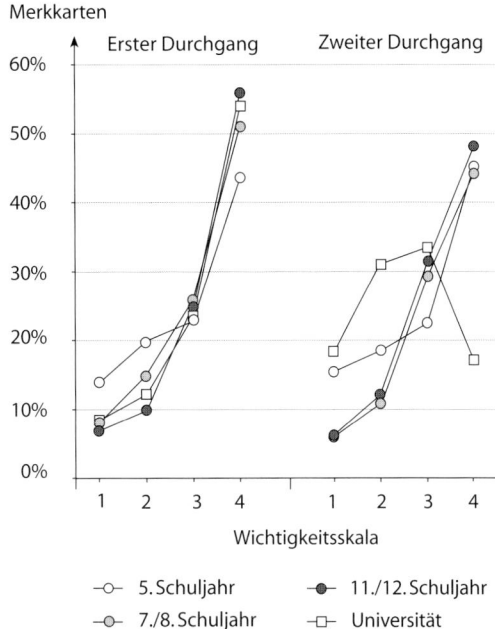

Figur 6–5: Verteilung der Merkkarten über der Wichtigkeitsskala (1 = unwichtig; 4 = wichtig), bezogen auf den gesamten Text; erster und zweiter Durchgang (aus Brown & Campione, 1978, S. 381)

6.3.5 Gedächtnis und Wissen

In der Regel erbringen Erwachsene und Jugendliche bessere Gedächtnisleistungen als Kinder.

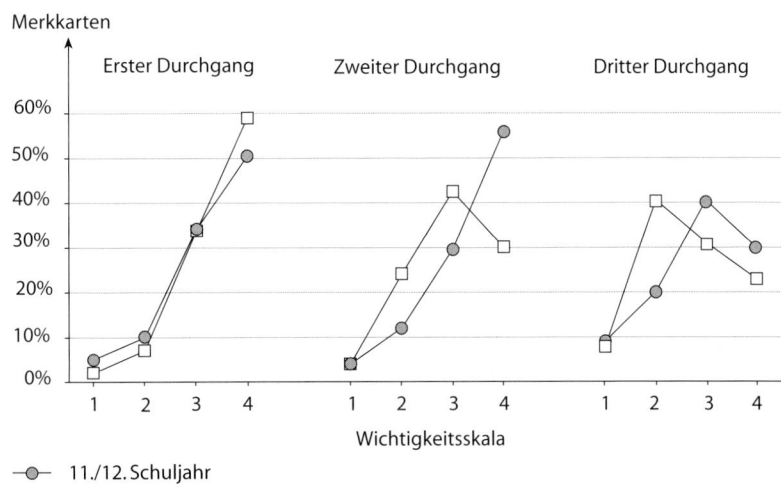

Figur 6–6: Verteilung der Merkkarten über der Wichtigkeitsskala (1 = unwichtig; 4 = wichtig), bezogen auf den gesamten Text; erster, zweiter und dritter Durchgang (aus Brown & Campione, 1978, S. 382)

Wie Ausnahmen von dieser Regel zustande kommen, zeigte Chi (1978; vgl. auch Kail, 1989, dt. 1992): Sie bat Kinder, die gute Schachspieler waren, und Erwachsene, die nicht Schach spielen konnten, Figurenmuster auf dem Schachbrett ins Gedächtnis einzuprägen. Diese Figurenmuster waren sinnvoll angeordnet, d. h. so wie sie in einem Schachspiel vorkommen können. Tatsächlich behielten die schachspielenden Kinder mehr Figuren als die erwachsenen Nichtspieler im Gedächtnis. Dies zeigt, dass bereichsspezifisches Wissen die Gedächtnisleistung verbessert.[28]

Bjorklund und seine Mitarbeiter haben die Rolle des Wissens für die Gedächtnisentwicklung erforscht und herausgefunden, dass die altersmäßige Entwicklung der Behaltensleistung und der Organisationsstrategien von der Entwicklung des bereichsspezifischen Wissens abhängt (vgl. Muir-Broaddus & Bjorklund, 1990). Mit der Entwicklung bereichsspezifischen Wissens ist sowohl die Menge des Wissens gemeint, die ein Leben lang kontinuierlich ansteigt (Kail & Nippold, 1984), als auch die Art der Organisation des Wissens. Mit steigendem Alter entstehen mehr und qualitativ andere Verknüpfungen zwischen den einzelnen Wissensteilen (vgl. Experiment von Bjorklund & deMarchena, 1984).

Kail und Nippold (1984) untersuchten Abrufprozesse aus dem semantischen Gedächtnis, indem sie 8-, 12- und 21-jährige Personen alle Exemplare einer Kategorie (z. B. Tiere, Möbel), die ihnen in den Sinn kamen, abrufen ließen. Sie gewährten ihnen dafür sieben Minuten Zeit. Es zeigte sich, dass mit dem Alter mehr Exemplare abgerufen werden konnten. Aber die typische Kurve des Abrufs während der sieben Minuten blieb über alle Altersstufen die gleiche: Am Anfang konnten viele Exemplare abgerufen werden, dann flachte die Kurve ab. Alle Altersgruppen riefen zuerst die typischsten Exemplare ab, dann folgten die weniger typischen. Die Autoren schlossen daraus, dass sich der Inhalt des semantischen Gedächtnisses mit dem Alter vergrößert, die Mechanismen des Abrufens aber gleich bleiben. Bjorklund und deMarchena (1984) gingen der Frage nach, inwiefern sich die Organisation des Wissens mit dem Alter ändert. Sie gaben den 7-jährigen Schülerinnen und Schülern Bilder und den 10- und 13-jährigen Wörter, die sie sortieren mussten. Die möglichen Gruppierungen (Begriffe) waren so ausgewählt, dass ihre Elemente entweder kategorial oder assoziativ verbunden werden konnten. Im Beispiel der vier Wörter Kopf, Füße, Hut und Schuhe lassen sich Kopf und Füße als Körperteile und Hut und Schuhe als Kleidungsstücke kategorial miteinander verbinden. Kopf und Hut wie auch Füße und Schuhe lassen sich jedoch auch assoziativ miteinander verbinden (Hut auf dem Kopf, Schuhe an den Füßen).

Das Experiment zeigte nun, dass vor allem die jüngsten Kinder vorwiegend nach assoziativen Kriterien gruppierten, die älteren Kinder vermehrt auch nach Kategorien (ein seit Olver & Hornsby, 1966, bekannter Befund). Die ältesten Kinder hatten aber bessere Behaltensleistungen als die jüngeren, das heißt, dass kategoriale Organisation möglicherweise zu besseren Behaltensleistungen als assoziative führt. Zu beachten ist allerdings, dass die jüngsten Kinder, die nach assoziativen Kriterien sortierten, Bilder erhielten, die älteren aber Wörter. Es wäre zu kontrollieren, ob nicht Bilder an sich zu mehr assoziativer Gruppenbildung führen.

Zusammenfassend lässt sich sagen, dass sowohl die Menge als auch die Art als auch die Organisation des Wissens einen großen Einfluss auf die Gedächtnisleistungen haben. Und diese sind eine unabdingbare Basis für die Denkprozesse. Wissen erwirbt man im Laufe der Zeit. Darum ist es sehr plausibel, dass Jugendliche bessere Denkleistungen zustande bringen als Kinder. Die Erwachsenen übertreffen ihrerseits die Jugendlichen, mindestens in den Bereichen, in denen sie beruflich oder aus anderen Gründen geistig aktiv sind.

---

28 Auch Metagedächtnis ist Wissen. Hier ist aber die Rede von Wissen über die einzuprägenden oder erinnerten Inhalte selbst (Sachgebiet, Begriffe usw.); das Metagedächtnis beinhaltet Wissen über Gedächtnisprozesse und -bedingungen.

6.4 Bevorzugte Inhalte

Kognitionen sind Prozesse (Denk- und Gedächtnisprozesse) und werden immer auf Inhalte angewendet. Das ist in der Vergangenheit oft übersehen worden. So hat Piaget erst später (eigentlich als Notbehelf) die inhaltsgebundenen horizontalen Verschiebungen («décalages horizontaux») eingeführt. Und so sind auch die Versuche in der ersten Hälfte unseres Jahrhunderts gescheitert, *die* Lerntheorie oder *den* Lernprozess (für alle Inhalte) zu finden. Die Differentielle Lernpsychologie hat sich um die letzte Jahrhundertmitte damit abfinden müssen, neben sog. Prozessfaktoren auch sog. Inhaltsfaktoren anzuerkennen (vgl. Falmagne & Gonsalves, 1995; Flammer, 1975b; Thomas & Schillig, 1996).

In den letzten Jahren wird weiterhin die Vernachlässigung der Emotionen wegen des Vorherrschens der sog. kognitiven Psychologie bedauert. Wir meinen, dass das damit zusammenhängt, dass kognitive Psychologie meistens auf kognitive Prozesse reduziert wird und nicht auch die Inhalte der Kognitionen einschließt. Emotionen entstehen nach unserer Auffassung aus der wertenden Begegnung mit Inhalten (Menschen, Landschaften, Geräten, Büchern etc.). Sie drücken Betroffenheit aus (Ulich, 1982). Darum möchten wir in diesem Kapitel auch über emotionale Aspekte sprechen (Flammer, 1987).

Bislang wurden Inhalte vor allem in der Interessenspsychologie abgehandelt. Darauf wollen wir uns beziehen. Überdies entwickeln Jugendliche zu vielen dieser Inhalte bestimmte Meinungen. Wir unterscheiden darum im Folgenden Interessen von Meinungen und Werten.

6.4.1 Interessen[29]

Aus der Alltagsbeobachtung wissen wir, dass Jugendliche andere Interessen haben als Kinder und Erwachsene. Vergleichsstudien sind allerdings rar (z. B. Strzoda & Zinnecker, 1996; siehe unten). Die verfügbaren Studien bestehen fast ausschließlich aus Befragungen von Jugendlichen.

Die Mehrheit der Jugendlichen hat ein ausgesprochenes Interesse an geselligem Zusammensein (Dybowski & Hartwig, 1996), an Musik hören (Fitzgerald, Joseph, Hayes & O'Regan, 1995; Strzoda, 1996), aber auch an Sport, und zwar an Klassikern wie Fußball und an Trendsportarten wie Inlineskating, sowie an Medien, wobei audiovisuelle Medien den Printmedien vorgezogen werden (van Eimeren & Maier-Lesch, 1997). Zentral sind zudem Themen zur konkreten Lebensplanung und zu möglichen persönlichen Gefährdungen wie beispielsweise Arbeitslosigkeit und Drogen (Schmidt, 1995), zum eigenen Selbst und zu sozialpsychologischen Zusammenhängen (Fend, 1990, 1994; Palmonari, 1993; Todt, 1978).

Die Interessen unterscheiden sich zum Teil nach Geschlecht, Alter und Bildung. Von den Mädchen wird beispielsweise berichtet, dass sie mehr als die Jungen an Partys und Discos sowie an der Unterhaltung mit Freundinnen und Freunden (Fitzgerald et al., 1995) und am Lesen interessiert sind (Fischer, 1992; Fischer & Stein, 1985; Mittmann, 1981). Unter den Bücherpräferenzen von Mädchen fanden sich in einer Studie von Lange (1997) vor allem Liebes- und Frauenromane, historische Romane, Klassiker und Lyrik. Jungen zogen hingegen auf Spannung angelegte Bücher (z. B. Thriller, Science Fiction) vor (vgl. Mittmann, 1981). Mit zunehmendem Alter steigt auch bei Jungen das Interesse an anspruchsvoller Lektüre wie Klassik, Lyrik und Zeitgeschichte. Bei älteren männlichen und weiblichen Jugendlichen und jungen Erwachsenen mit höherer Schulbildung gleicht sich die Leseintensität gemäß Gilges (1992) an.

Als weiterer Geschlechtsunterschied fällt auf, dass Jungen mehr als Mädchen für Sport (Fischer, 1992; Fischer & Stein, 1985; Fitzgerald et al., 1995), für Motorfahrzeuge (Fischer & Stein, 1985) sowie für Computer (Bannert & Arbinger, 1996) und Technik (Fritzsche, 1997) zu begeistern sind.

Für allgemein-kulturelle (Fitzgerald et al., 1995) und (partei-)politische Fragen (Marques, 1991; Palmonari & Rubini, 1993; van Eimeren &

---

29 In den Kapiteln 6.4.1 und 6.4.2 waren uns Beiträge von Brigitta Schaffner sehr hilfreich.

Maier-Lesch, 1997) sind sowohl von den männlichen als auch von den weiblichen Jugendlichen nur wenige zu haben. Dies drückt sich zum Beispiel darin aus, dass Politik-, Wissenschafts- und Kultursendungen bei den Jugendlichen auf wenig Interesse stoßen (Lange, 1997; van Eimeren & Maier-Lesch, 1997). Da sind allerdings Differenzierungen nötig: Zum einen findet internationale Politik bei Jugendlichen mehr Zuspruch als Gemeinde- und Bundespolitik (Lange, 1997; Marques, 1991). Zum anderen nimmt das Politikinteresse mit zunehmendem Alter (Fischer, 1992, 1997; Fischer & Stein, 1985; Marques, 1991; Pickel, 1996; Schmidt, 1995; van Eimeren & Maier-Lesch, 1997) und höherem Bildungsniveau zu (Bretscher, Krebs & Padrutt, 1976; Fischer & Stein, 1985; Schmidt, 1995; van Eimeren & Maier-Lesch, 1997).

Man könnte meinen, in der Adoleszenz würden einfach die Interessen vielfältiger. Kommen wirklich nur neue dazu oder nehmen auch welche ab? Strzoda und Zinnecker (1996) gingen dieser Frage anhand einiger ausgewählter Hobbys nach. Sie verglichen die Angaben von den 10- bis 13-jährigen Kindern, die sie selbst untersucht hatten, mit den Daten von 13- bis 29-jährigen Jugendlichen und jungen Erwachsenen (Fischer, 1992). Vor allem Kinder und Präadoleszente gaben den Computer als Hobby an, während das Lesen für diese Gruppen von untergeordneter Bedeutung war. Letzteres war häufiger bei jungen Erwachsenen zu finden (ein eventueller Kohorteneffekt kann bei solchen zeitgleichen Untersuchungen nie ausgeschlossen werden). Für Jugendliche zwischen dem 13. und 16. Lebensjahr zeigte sich eine deutliche Präferenz für Musik hören. Strzoda und Zinnecker (1996, S. 55) sehen darin ein Bedürfnis nach «Stilbildung, Gruppenintegration und Identitätsfindung».

6.4.2 Meinungen und Werte

Was die Jugendlichen über sich und die Welt denken, besteht meistens nicht nur aus Feststellungen, sondern ist durchzogen von Stellungnahmen. Stellungnahmen und persönliche Präferenzen haben einen Einfluss darauf, womit man sich überhaupt beschäftigt und worüber man sich Wissen aneignet. Im Gegenzug provoziert Wissen oft Stellungnahmen und persönliche Präferenzen. Solche Präferenzen variieren über Zeitpunkte und Inhalte hinweg nicht beliebig, sondern weisen zusammenhängende Muster auf. Die gemeinsamen Nenner solcher Muster nennen wir Werte, zum Beispiel Solidarität, Unterhaltung oder Gesundheit. Jugendliche vertreten teilweise andere Werte als Kinder und Erwachsene. Ihr Werteprofil ist natürlich auch abhängig von kulturellen Einbettungen und historischen Veränderungen.

Leider sind uns sehr wenige Studien zu Meinungen und Werten Jugendlicher bekannt. Zudem sind die Studien vielfach aufgrund sehr unterschiedlicher abgefragter Werte und Werteskalen nicht vergleichbar. Eine weitere Schwierigkeit liegt darin, dass die in der theoretischen Wertedebatte vorgeschlagenen Gegensatzpaare (z. B. materialistische Werte vs. postmaterialistische Werte) in Untersuchungen nicht so deutlich bestätigt werden konnten wie angenommen (Münchmeier, 1997, hohe Korrelationen der Wertorientierungen).

Um die Übersicht über die inkonsistente Datenlage etwas zu erleichtern, orientieren wir uns im Folgenden an der von Lange (1997) vorgeschlagenen Einteilung. Der Autor unterscheidet persönliche und gesellschaftsbezogene Werte. Es liegt am Jugendlichen selbst, die persönlichen Werte zu realisieren. Dementsprechend werden Erfolg und Misserfolg auch ihm zugerechnet. Die Realisierung gesellschaftlicher Werte hingegen verlangt zusätzlich Dritte als Handelnde (z. B. Staat, Wirtschaft, Parteien). Gesellschaftsbezogene Werte beinhalten somit auch stets Forderungen an andere.

In Bezug auf die *persönlichen Werte* lautet eine zentrale These der theoretischen Wertewandeldiskussion dahin gehend, dass es einen Trend zur Abnahme von Pflicht- und Akzeptanzwerten und zur Zunahme von Selbstentfaltungswerten gibt (Gille, 1995). In der Studie von Lange (1997) an 15- bis 20-jährigen Jugendlichen konnte dieser Trend bestätigt werden. Die von ihm befragten Jugendlichen gewichteten Selbstentfaltungswerte wie Selbständigkeit und Humor deutlich stärker als traditionelle Pflicht-

und Akzeptanzwerte wie Pünktlichkeit, Anpassungsbereitschaft, gute Manieren, Fleiß, Bescheidenheit, Disziplin und Ordnung. Auch in der Untersuchung von Gille (1995) an Jugendlichen und jungen Erwachsenen zogen die Befragten die Selbstentfaltungswerte den konventionellen und traditionellen Werten vor (vgl. auch Emnid, 1995). Verschiedentlich konnte zudem aufgezeigt werden, dass für die Jugendlichen mit zunehmender Höhe der Schulbildung die Bedeutung der Selbstentfaltungswerte steigt (Lange, 1997; Noack & Kracke, 1995).

Werte wie Freundschaft, Liebe und Treue (Lange, 1997; vgl. auch Emnid, 1995) sowie Partnerschaft und Familie (Institut für empirische Psychologie, 1995) haben bei Jugendlichen weiterhin Konjunktur. Aufgrund der Tatsache, dass in den 90er Jahren in diesem Bereich keine Veränderungen stattgefunden haben, widerspricht Lange (1997) der vielfach geäußerten Meinung einer steigenden Tendenz zur Individualisierung. Deutlich niedriger bewertet werden hingegen die Werte im Zusammenhang mit Gott und Heimat. Im beruflichen Bereich wurden in der Lange-Studie von den Jugendlichen vor allem die Identifikation mit dem Beruf sowie Arbeitsplatzsicherheit als wichtige Werte eingestuft. Mit der Berufstätigkeit verbundene Gratifikationen wie Einkommen und Ansehen waren hingegen weniger dominierend. Die letztgenannten Werte wurden stärker von den männlichen Jugendlichen vertreten.

Im Bereich der *gesellschaftlichen Werte* konnte von Lange (1997) auch eine weitere These der Wertewandeldebatte bestätigt werden, und zwar die Dominanz postmaterialistischer gegenüber materialistischen Wertorientierungen. Ganz oben in der Hierarchie der postmaterialistischen Werte standen dabei der Schutz der freien Meinungsäußerung sowie die Sicherung der Mitspracherechte am Arbeitsplatz und bei öffentlichen Entscheidungen. Als materialistisch bezeichnete Werte wie hohes Wirtschaftswachstum, staatliche Ordnung und starke Verteidigungskräfte wurden erheblich geringer geschätzt (vgl. auch van Snippenburg & Vettehen, 1992). In verschiedenen Studien konnte aufgezeigt werden, dass Jugendliche mit höherem Bildungsgrad postmaterialistische Werte zu einem größeren Ausmaß vertraten als Jugendliche mit geringerer Bildung (Lange, 1997; van Snippenburg & Vettehen, 1992).

Als eine weitere Untergruppe gesellschaftlicher Werte untersuchte Lange (1997) sozialpolitische Anliegen der Jugendlichen. Themen wie Gleichberechtigung der Geschlechter, Verringerung der Armut sowie Integration der Ausländer erwiesen sich dabei als wichtig. Die Bedeutung von sozialpolitischen Anliegen kristallisierte sich auch in der Befundzusammenfassung der deutschen Shell-Studie von 1992 heraus (Fischer, 1992). Die im Rahmen dieser Untersuchung befragten Jugendlichen stuften den Wert «Eine Welt in Frieden» aus einer Auswahl von 18 Werten als am wichtigsten ein. In einer groß angelegten Studie in Deutschland an 2402 Jugendlichen und jungen Erwachsenen im Alter von 14 bis 24 Jahren zeigte sich außerdem, dass die Einschätzung der Wichtigkeit gesellschaftlichen und sozialen Engagements vom Alter, Geschlecht und Bildungsgrad der Jugendlichen abhängt (Institut für empirische Psychologie, 1995). So stuften ältere Jugendliche, Jugendliche mit höherer Bildung sowie weibliche Jugendliche gesellschaftliches und soziales Engagement als wichtiger ein als alle anderen Gruppen.

Die Einstellung Jugendlicher zur ausländischen Bevölkerung wurde als ein wichtiger Aspekt des sozialpolitischen Bereichs verschiedentlich thematisiert. In der deutschen Untersuchung des Instituts für empirische Psychologie (1995) unterstützten viele Jugendliche die Aussage, dass sie es gut fänden, dass in Deutschland verschiedene Kulturen zusammenkommen (74 %), dass die Ausländer das Wahlrecht erhalten sollten (69 %) und dass es den Ausländern leichter möglich sein sollte, die deutsche Staatsbürgerschaft zu erhalten (55 %). Andererseits fanden immerhin 44 % derselben Jugendlichen, dass es «genug» Ausländer in Deutschland gibt. In der Studie von Noack und Kracke (1995) wiesen vor allem diejenigen Jugendlichen eine positive Einstellung zu Ausländern auf, die hohe Selbstverwirklichungswerte vertraten. Je traditioneller die Jugendlichen orientiert waren, desto weniger Sympathie zeigten sie für Ausländer

(Beispiel: «Es gibt zu viele ausländische Schüler in deutschen Schulklassen»).

Aus einzelnen Untersuchungen ergibt sich schließlich auch, dass die heutigen (deutschen) Jugendlichen mehr als früher und mehr als die Erwachsenen Selbstentfaltungswerte und postmaterialistische Werte und weniger traditionelle Pflicht- und Akzeptanzwerte sowie materialistische Werte vertreten (Bertram, 1994a; Gille, 1995). Bei allen Unterschieden zu den Erwachsenen ergaben sich bei Bertram (1994a) trotzdem positive Korrelationen zwischen den Werten der (postadoleszenten) Jugendlichen und den älteren Generationen der gleichen Familie. Merten (1994) kam in einer Literaturübersicht zum Schluss, dass sich deutsche Jugendliche und junge Erwachsene durchaus im «gängigen Spektrum bürgerlicher Wertorientierungen» (S. 236) bewegen.

6.4.3 Das moralische Urteil Jugendlicher

Weil wir in diesem Kapitel nicht nur über Denkprozesse reden wollen, sondern auch über Denkinhalte, ist hier auch der Ort für das moralbezogene Denken. Das trifft umso mehr zu, als sich bedeutsame Autoren dieses Gebiets vorwiegend auf die spezifischen Prozessstrukturen beim moralbezogenen Denken konzentriert haben.

Die berühmteste und soweit bewährteste Theorie zur Entwicklung des moralbezogenen Denkens – oder des moralischen Urteils / moral judgement – stammt von Lawrence Kohlberg (1998; Kohlberg, Levine & Hewer, 1983). Nach Kohlberg entwickelt sich das moralische Urteil über sechs Stufen, je zwei sog. präkonventionelle (1. Orientierung an Strafe und Gehorsam, 2. naiver instrumenteller Hedonismus), konventionelle (3. Orientierung an der Gruppenperspektive, 4. Orientierung an der Gesellschaftsperspektive) und postkonventionelle (5. Orientierung am sozialen Kontrakt, 6. Orientierung an universellen ethischen Prinzipien). Jugendliche finden sich mehrheitlich auf Stufe 3, teilweise schon auf Stufe 4 (Colby & Kohlberg, 1987, S. 101). Das ist adoleszenzpsychologisch nachvollziehbar: Die Gruppe ist auf dieser Entwicklungsstufe tatsächlich sehr wichtig (Stufe 3); Jugendliche bemühen sich aber auch stark um weitere, prinzipiellere Perspektiven (Stufe 4).

Die Höhe der Stufenzuweisung für das moralische Urteil garantiert aber nicht eo ipso ein besseres moralisches Handeln. Man kann sowohl für das Recht als auch für das Unrecht primitiver oder raffinierter argumentieren. Überdies handeln Menschen bekanntlich nicht immer nach ihren Überzeugungen, wenn unterschiedliche Interessen auf dem Spiel stehen.

Die Theorie von Kohlberg unterstellt, dass Menschen, die sich auf einer bestimmten Argumentationsstufe befinden, alle moralischen Probleme auf dieser Stufe lösen (Inhaltsunabhängigkeit). Des Weiteren unterstellt sie, dass alle Menschen aller Kulturen die gleiche Stufenfolge durchlaufen, soweit sie sie überhaupt erklimmen (Universalität). Beide Ansprüche sind kritisiert und mindestens zum Teil widerlegt worden (für eine Übersicht siehe Flammer, 1996). Solche Befunde sind in unserem Zusammenhang dann von besonderem Interesse, wenn sie mit der spezifischen Lebenssituation der Jugendlichen zusammenhängen.

Wark und Krebs (1996) konfrontierten junge Studierende mit moralischen Dilemmata, von denen sie einige selbst schon erlebt hatten, andere aber nicht. Im ersten Fall war das moralische Urteil nach der Strukturstufentheorie von Kohlberg tiefer als im zweiten Fall. Ähnliche Befunde melden Teo, Becker und Edelstein (1995). Persönliche Involviertheit steht offensichtlich einer umfassenden Übersicht im Weg.

Teo und Mitarbeitende (1995) fanden bei den 10- bis 36-jährigen Versuchspersonen, die auf tiefer Ebene argumentierten, noch tiefere Argumentations-Strukturwerte, wenn es um die Einhaltung moralischer Ansprüche von Autoritäten ging, als wenn kein Zusammenhang mit Autoritäten bestand. Das mag ein Ausdruck eines rebellischen Strebens nach Autonomie sein.

Im Allgemeinen zeigen delinquierende Jugendliche tiefere Stufen moralischen Argumentierens (Addad & Leslau, 1990; Bartek, Krebs & Taylor, 1993). Dieser Befund wurde aber nicht in allen Studien bestätigt (Dell & Jurkovic, 1978; Hudgins & Prentice, 1973). Es kann eben durchaus sein, dass gewisse gesetzliche Bestimmungen, beispielsweise den Straßenverkehr oder weiche Drogen betreffend, für einige Jugendliche gar keine moralischen Vergehen darstellen (vgl. auch Jurkovic, 1980).

Schonert-Reichl (1999) fand bei 12-jährigen Jungen und Mädchen einen positiven Zusammenhang der Stufe des moralischen Urteils mit «Führerstatus» und der Zahl enger Freunde resp. Freundinnen. Nur bei Mädchen zeigte sich ein positiver Zusammenhang auch mit prosozialem Verhalten, bei den Jungen hingegen in dieser Studie ein positiver (!) Zusammenhang mit antisozialem Verhalten (z. B. Plagen und Stören). Dieser Befund entspricht der Beobachtung, dass in Schulklassen Kinder (besonders Jungen), die andere plagen, oft ein hohes Ansehen haben und auch clever genug sind, die Menge auf ihre Seite zu ziehen (Alsaker, in Bearbeitung). Nach der gleichen Studie von Schonert-Reichl (1999) hatten Jungen, die berichteten, soziale Konflikte meistens rasch zu lösen, tiefere Stufenwerte als Jungen, die angaben, um Konfliktlösungen länger zu ringen.

Insgesamt ist das moralische Denken Jugendlicher zunächst stark gruppengebunden und wird zunehmend prinzipienorientierter. Allerdings garantiert ein hohes moralisches Urteil nicht auch entsprechendes Handeln; ja in der Konfrontation mit persönlichen moralischen Dilemmata werden gar im moralischen Urteil Kompromisse eingegangen. Ein hohes Niveau des moralischen Urteils wird vermutlich auch von Gleichaltrigen geschätzt, so wie es im Allgemeinen prosozialem Verhalten zugrunde liegt (vgl. Literaturübersicht von Mwamwenda, 1992).

6.5 Die Zukunftsperspektiven Jugendlicher

Zu den Kognitionen der Jugendlichen gehört auch ihr Denken über Vergangenheit, Gegenwart und Zukunft, mithin ihre Autobiographie und ihre Lebensplanung. Verschiedene Untersuchungen haben erforscht, welche wichtigen Ereignisse die Jugendlichen über welche zeitlichen Distanzen hinweg erwarten, planen, erhoffen oder befürchten und mit welcher Genauigkeit, Differenziertheit und Sicherheit sie ihre Angaben machen. Einige ausgewählte Ergebnisse (zu einem großen Teil der Übersicht von Nurmi, 1991, entnommen) sind die folgenden:

- Spontane Aussagen Jugendlicher über die eigene Zukunft betreffen am häufigsten die Themen Schule/Ausbildung und Beruf. Hierin sind auch keine nennenswerten kulturellen Unterschiede gefunden worden. In zweiter Priorität erscheinen die Themen Freizeit, Partnerschaft und materielle Aspekte des Lebens.
- Befragt nach Sorgen und Befürchtungen kommen zum Teil wieder die gleichen Themen in den Vordergrund, nämlich Ausbildungserfolg und Finden einer Anstellung, in zweiter Linie die Gesundheit der Eltern und die Möglichkeit einer Scheidung der Eltern. An dritter Stelle folgen Befürchtungen mehr gesellschaftlicher und globaler Art, beispielsweise Angst vor einem nuklearen Krieg.
- Die Inhalte der Zukunftsperspektiven entsprechen in starkem Maße traditionellen Geschlechtsrollen (vgl. Greene & Wheatley, 1992; Trommsdorff, 1986, S. 125).
- Das Denken über die eigene Zukunft reicht bei Jugendlichen im Allgemeinen nur bis etwa in die Mitte des dritten Lebensjahrzehnts und zwar praktisch unabhängig vom Alter der Jugendlichen, offensichtlich weil sie alle nicht tief ins Erwachsenenleben hineinsehen (vgl. auch Nurmi, 1984). Immerhin sind die Vorstellungen der älteren etwas differenzierter und präziser. Überraschenderweise aber fanden Shanan und Kedar (1980), dass Adoleszente und junge Erwachsene den gesamten Lebenslauf differenzierter sehen als Menschen in der zweiten Lebenshälfte. Nach einer Studie von Bitti (1993) hat sich die Zeitspanne der überblickten Zukunft Jugendlicher von 1968 bis 1988 verkürzt. Die zunehmende Deregulierung der Lebensläufe scheint sich bei den Jugendlichen als geringere Prädiktibilität ihrer Zukunft niederzuschlagen.
- Unter den kurzfristig erwarteten Ereignissen befinden sich möglicherweise mehr wünschbare als unter den längerfristig erwarteten

Ereignissen; das jedenfalls fand Schwaiger (1991) bei österreichischen Gymnasiasten und Universitätsstudierenden.
- Sozial und ökonomisch weniger bevorteilte Jugendliche haben einen kürzeren Zukunftshorizont und berichten im Allgemeinen weniger differenziert über geplante und zu erwartende Ereignisse (Lamm, Schmidt & Trommsdorff, 1976; Nurmi, 1984).
- Die erwarteten Zeitpunkte der Realisierung der vorhergesagten Ereignisse entsprechen im Wesentlichen normativen Vorstellungen des Entwicklungsverlaufs, nämlich der Reihe nach: Schulabschluss/Berufsausbildung, Stellenfindung, Heirat/Leben in fester Partnerschaft, Geldverdienen für ein angemessenes Auskommen.
- Drogenabhängige sehen weniger weit in die Zukunft als Nicht-Drogenabhängige, dafür geben sie für befürchtete Ereignisse höhere Wahrscheinlichkeiten an (Trommsdorff, 1986, S. 127).
- Im Laufe des zweiten Lebensjahrzehnts nimmt das Interesse am zukünftigen Beruf, an der Ausbildung und an der künftigen Familiengründung zu, das Interesse an Freizeitaktivitäten nimmt hingegen ab.
- Laut älteren Befunden sind ausgedehnte und gut strukturierte Zukunftsvorstellungen mit psychischem Wohlbefinden positiv korreliert (vgl. Referenzen bei Trommsdorff, 1983, S. 381).
- Zukunftsperspektiven sind im Allgemeinen desto attraktiver, je mehr die zu erwartenden Ereignisse und Veränderungen unter der Kontrolle der jeweiligen Individuen stehen.
- 14- bis 16-jährige Jugendliche aus Westeuropa sind mehr auf Ausbildung und Berufskarriere, aber auch auf Freizeitvergnügen ausgerichtet als mittel- und osteuropäische Jugendliche, welche ihrerseits häufiger hoffen, berühmt und reich zu werden, aber auch häufiger daran denken, später für ihre Eltern Verantwortung zu übernehmen (Nurmi, Liiceanu & Liberska, 1999).

Offensichtlich denken Jugendliche über ihre Zukunft recht differenziert nach. Sie haben Vorstellungen, Erwartungen und Befürchtungen. Es ist sehr wahrscheinlich, wenn auch unseres Wissens nicht untersucht, dass ihre Gedanken mehr in der Zukunft weilen als in der Vergangenheit. In gewissem Sinn entspricht das der Auffassung, dass Jugendliche sich in einem Übergang ins Erwachsenenleben befinden und sich selbst so wahrnehmen.

6.6 Ausblick

Denken besteht darin, mit Begriffen umzugehen. Diese Begriffe bilden externe und subjektive Realitäten ab, repräsentieren also im weiten Sinn eine Weltsicht. Jugendliches Denken emanzipiert sich vom kindlichen Denken und leitet über zum erwachsenentypischen Denken und zur erwachsenentypischen Weltsicht.

Jugendliche denken im Allgemeinen komplexer und effizienter als Kinder. Sie zeigen Zunahmen in Intelligenzleistungen sowie in den verschiedenen Kognitionsfaktoren, die dazu beitragen. Es gibt jedoch keine Anhaltspunkte, dass sie prinzipiell anders denken. Die Übergänge sind fließend: Der einfache Umgang mit Zeichen, mit Proportionen oder mit Gedächtnisstrategien ist auch Kindern möglich; und es gibt kognitive Leistungen, denen auch die meisten Jugendlichen nicht gewachsen sind. Die sog. formalen Operationen sind darum nicht das Spezifikum jugendlichen Denkens.

Die Güte kognitiver Leistungen hängt nicht nur von der Qualität der Prozesse ab, sondern auch von der Verfügbarkeit von kognitiven Inhalten, d. h. von Wissen. Dieses befindet sich in der Adoleszenz in einem fortschreitenden Wachstum. Aber auch die aktuelle Verfügbarkeit von Inhalten nimmt zu, bedingt durch die wachsende Arbeitsgedächtniskapazität.

Zwar denken Jugendliche nicht prinzipiell anders, aber sie unterscheiden sich deutlich von den Kindern. Sie interessieren sich für ihre sich ausweitende Welt, sowohl für die soziale wie die sachliche als auch für ihre eigene innerliche. In dieser Beziehung schicken sie sich auch kognitiv an, die Erwachsenenwelt zu erkunden, zunächst natürlich jugendtypisch.

7. Selbstkonzept und Identität

Die Entwicklungstheorie von Robert Kegan (1982) baut auf der Annahme auf, dass die zentrale Aufgabe eines jeden Organismus darin besteht, Ordnung zu schaffen. Für den Menschen heißt das, dass er bestrebt ist, dem was er tut und erlebt, Bedeutung zu verleihen und diese Bedeutungen zu organisieren. So hält er es auch im Verständnis seiner selbst.

Selbst, Selbstkonzept, Selbstwert und Identität gehören zu den meist verwendeten und diskutierten Begriffen in der Literatur zur Adoleszenz. Im Jahre 1982 zählte Rosenberg (1986) ungefähr 7000 Studien zu Selbstkonzept und Selbstwert. William James schrieb 1890, dass das Selbstkonzept alles sei, was eine Person «ihres» nennen kann. So breit wird es heute kaum noch definiert. Allerdings werden besonders Identität und Selbst sowohl im wissenschaftlichen wie im alltäglichen Sprachgebrauch so vielfältig verwendet und oft so vage definiert, dass die Bedeutung dieser Begriffe nicht ohne weiteres klar ist. Greenwald (1982) schrieb zum Beispiel Folgendes über den Gebrauch des Begriffs Selbst: «Self is a very popular term in psychology, but it is at times an embarrassment. The embarrassment is the difficulty of saying just what is meant by this widely and frequently used term» (S. 152).

Susan Harter (1983) zog dann auch den ziemlich entmutigenden Schluss, dass «Selbst» oft mehr als Präfix denn als Begriff mit eigenem Inhalt verwendet wird (wie z. B. Selbstkonzept, Selbstbild, Selbstwert, Selbst-Reflexion, Selbst-Aufmerksamkeit, Selbstbehauptung, Selbstgespräch, Selbstkonsistenz, Selbstkontrolle, Selbstkritik, Selbstfindung, Selbsterkenntnis, etc.). Noch komplizierter wird es dadurch, dass die Bezeichnungen Selbst, Selbstkonzept (samt Selbstwert) und Identität aus verschiedenen Traditionen stammen und deshalb kaum einander gegenüber gestellt werden können. Inwieweit sie sich überschneiden oder definitorisch und funktional von einander abgegrenzt sind, ist deswegen schwer zu eruieren.

Nun werden wir in diesem Kapitel trotz allem Modelle des Selbstkonzepts und der Identität präsentieren und diskutieren, die einen zentralen Platz in der Theoriebildung und der empirischen Forschung einnehmen.

Selbstkonzept und Identität besitzen gerade in der Entwicklung der Adoleszenz eine Sonderstellung. Die Adoleszenz beinhaltet zahlreiche Veränderungen, die nicht ohne Auswirkungen auf die Selbst-Repräsentation bleiben. Dennoch muss betont werden, dass Identität und Selbstkonzept nicht erst in dieser Lebensphase entstehen. Die Adoleszenz als eine Phase der Übergänge führt zu Neuorientierungen und damit manchmal auch zur Desorientierung. Einige der Übergänge, die einen Einfluss auf Selbstkonzept und Identität haben, werden im Folgenden kurz angesprochen.

Als Erstes bringt die pubertäre Reifung (Kap. 4) eine Reihe von körperlichen Veränderungen mit sich, welche die Selbstrepräsentationen der Jugendlichen strapazieren. Sie müssen zum Beispiel ihr Körperbild dem reiferen Körper anpassen, sie müssen lernen, mit neuen Reaktionen der Umgebung fertig zu werden, sie müssen sich mit Stereotypen der Geschlechterrollen auseinander setzen, sie müssen auch die ersten Entscheidungen bezüglich ihres sexuellen Verhaltens treffen.

Auch die kognitive Entwicklung fordert Umstellungen der Selbstrepräsentationen. Jugendliche sind in einer Phase, in der sie zunehmend abstrakter denken können und sich der Relativität von Aussagen über die Wirklichkeit und sich selbst bewusst werden. Es ist auch eine Alltagsbeobachtung, dass sich Jugendliche mehr als zuvor damit beschäftigen, wer sie wirklich sind, woher sie kommen und wie andere Menschen sie wahrnehmen. Verschiedene Autoren haben darauf hingewiesen, dass die Jugendlichen in ihrem Verstehen von psychologischen Zusammenhängen sehr rasche Fortschritte machen. Sie erwerben ein psychologisches Vokabular sowie eine erhöhte Sensibilität, Bewusstheit und Differenziertheit zunächst gegenüber sich selbst, dann aber auch gegenüber ihrer Umwelt (vgl. Ewert, 1983). Dies verstärkt ihre Fähigkeit, das Feedback der Umgebung wahrzunehmen und sich selbst im Verhältnis zu anderen zu definieren. Allerdings müssen die Adoleszenten auch lernen, mit diesen neuen Fähigkeiten und Möglichkeiten adäquat umzugehen (Harter, 1999), weil beispielsweise die erhöhte Selbstaufmerksamkeit im ungünstigen Falle zu übertriebener Selbstkritik oder gar Selbstabwertung führen kann.

Eine weitere große Herausforderung erwächst aus den Neudefinitionen und Umstrukturierungen der sozialen Beziehungen zu Erwachsenen wie auch zu Gleichaltrigen (Palmonari, Pombeni & Kirchler, 1992). Diese mehrfachen Veränderungen der Sozialbeziehungen wirken sich auch auf die Auswahl der Referenzgruppen und somit auf das Spiegelbild aus, das die Jugendlichen von ihrer sozialen Umgebung vermittelt bekommen.

In den westlichen pluralistischen Gesellschaften müssen sich junge Menschen auch mit einer Reihe von Verhaltensentscheidungen auseinander setzen. Zum Beispiel kann die Entscheidung für oder gegen den Einstieg ins Rauchen ein wichtiger Schritt für die Selbstdarstellung oder für das Gefühl der Zugehörigkeit zu einer bestimmten Gruppe bedeuten und auch damit das Selbstkonzept beeinflussen. Andererseits hängt die Entscheidung für oder gegen ein Verhalten, das einen Hauch von Erwachsenenidentität vermittelt, auch vom bereits existierenden Selbstkonzept ab (vgl. Kap. 13).

Weitere wichtige Schritte sind die schulischen und berufsbezogenen Entscheidungen. Diese sind meistens eine logische Folge der bisherigen Schullaufbahn, hängen aber auch von den Vorstellungen über die eigenen Fähigkeiten ab. Für das zukünftige (erwachsene) Selbstkonzept sind sie von höchster Relevanz.

Die vielen Ereignisse, die in dieser Periode auftreten, haben nicht alle die gleiche Relevanz für sämtliche Jugendliche. Daher kann man nicht erwarten, dass alle ihre Selbsteinschätzungen gleichermaßen oder gleichzeitig ändern. Selbstkonzeptänderungen bedeuten aber nicht notwendigerweise persönliche Krisen. Studien an der Normalpopulation weisen keine normativen Selbstwertkrisen bei Jugendlichen auf (Offer, Ostrov & Howard, 1984).

7.1 Selbstkonzept: Modelle

Es gibt leider keine umfassenden Modelle oder Theorien der Entwicklung des Selbstkonzeptes in der Adoleszenz (Harter, 1983; Petersen, 1988). Im Folgenden werden jedoch jene Modelle präsentiert, welche die theoretische Grundlage vieler Studien zum Selbstkonzept in der Adoleszenz bildeten.

7.1.1 Selbstkonzept und Selbstwert

Selbstkonzept wird oft als eine beschreibende Dimension konzipiert (Beane & Lipka, 1980), während man den Begriff Selbstwert für das Ergebnis evaluativer Prozesse reserviert (Brisset, 1972). James (1890/1950) definierte den Selbstwert als Quotient aus Leistungen und Aspirationen. Andere Autoren haben den Selbstwert als Einstellung gegenüber sich selbst definiert (Burns, 1979; Rosenberg, 1965, 1979).

Obwohl man Selbstkonzept und Selbstwert theoretisch klar voneinander trennen kann, ist das empirisch eine komplizierte Sache. Autoren, die das Selbstkonzept erforschen, fragen meistens nach Einschätzungen und Bewertungen des Selbst (z. B. Lewis, Bentley & Sawyer, 1980), oder sie sprechen einfach von positivem oder negativem Selbstkonzept (z. B. Burns, 1979). Es gibt wenig Forschung, die sich direkt mit Selbstbeschreibungen und den Vorstellungen über das Selbst beschäftigt hat. Selbstkonzept und Selbstwert werden, trotz aller Bemühungen, sie zu differenzieren, meistens implizit synonym verwendet. Das hat eine gewisse Berechtigung, weil Selbstbeschreibungen selten neutral sind (sog. cold cognitions; Zajonc, 1980). Meistens haben unsere Selbstbeschreibungen klare evaluative Komponenten und liegen nahe bei Selbsteinschätzungen. Rosenberg (1979) geht noch weiter und meint, dass der Mensch kaum in der Lage ist, etwas wahrzunehmen, ohne es zu bewerten. Dies impliziert, dass alle Selbstwahrnehmungen auch Selbstbewertungen sind (Lapsley & Quintana, 1985). Letzteres Postulat bildet die Grundlage für die Begriffsbildung des Selbstkonzept in diesem Kapitel.

7.1.2 Sozialkognitive Modelle

Schon Ende des 19. Jahrhunderts beschrieb Baldwin (1897/1995) die Entwicklung des Selbstkonzepts als einen grundsätzlich sozialen Prozess. Die Komplementarität der Vorstellungen von «ego» (ich) und «alter» (der/die andere) und die Notwendigkeit einer sozialen Interaktion für die Entwicklung des Selbstkonzepts sind Ideen, die wir auch in der heutigen Literatur finden.

Bei den sozialkognitiven Ansätzen spielt die Wahrnehmung, die andere von einem haben, eine zentrale Rolle. Sehr vereinfacht ausgedrückt, könnte man sagen: Ich nehme mich so wahr, wie ich meine wahrzunehmen, dass andere mich wahrnehmen. Cooley (1902/1968) hat dafür den Terminus des «looking-glass-self» geprägt.

Diese Metapher wurde von G. H. Mead (1934, dt. 1973) weiterentwickelt. Mead meinte, dass der Mensch nur indirekt zu Selbstwahrnehmungen kommt, nämlich über die wahrgenommenen Reaktionen anderer Menschen. Das Kind sieht sich selbst anfänglich durch die Perspektive seiner wichtigsten Bezugspersonen. Durch Erfahrungen mit verschiedenen Menschen entwickelt es nach und nach eine Vorstellung vom sog. generalisierten Anderen, welche ihm hilft, eigene Handlungen und Eigenschaften zu interpretieren. Dieses Stadium der Selbstwahrnehmung setzt voraus, dass der junge Mensch dazu fähig ist, die Perspektiven von verschiedenen anderen Menschen in eine Art Mittelwert umzuwandeln. Dies könnte ein Prozess sein, der gerade in der Adoleszenz besonders wichtig ist.

Ein ähnlicher Prozess ist der soziale Vergleich (Leahy & Shirk, 1985), der in der Adoleszenz besonders ausgeprägt ist. Empirische Studien hierzu unterstützen Meads Theorie bis zu einem gewissen Grad. Sie haben gezeigt, dass die Bewertung von eigenen Eigenschaften oder Leistungen bei jüngeren Adoleszenten mehr von der Wahrnehmung der Leistungen anderer abhängt, als es bei Kindern der Fall ist (Ruble, Boggiano, Feldman & Loebl, 1980). Auf der anderen Seite gibt es Forschungsergebnisse, wonach die Selbstwahrnehmungen in späteren Phasen der Adoleszenz weniger von der Meinung anderer abhängig sind (Leahy & Shirk, 1985; Rosenberg, 1979). Insgesamt kann man aufgrund der Literatur die Schlussfolgerung ziehen, dass die Adoleszenz, und speziell die Frühadoleszenz, eine Periode ist, in der die Meinung anderer von höchster Wichtigkeit für das Selbstkonzept ist (vgl. Hart, 1988).

Aufgrund der sozialkognitiven Modelle kann man behaupten, dass die Wichtigkeit eines Ereignisses für das Selbstkonzept davon abhängt, (1) ob soziale Vergleichsprozesse aktiviert werden, (2) welche Interpretationen wichtige Bezugspersonen (darunter auch enge Freunde und andere Gleichaltrige) nahe legen, und (3) welche Freiheit der Interpretation es in der sozialen Umgebung und Kultur gibt, in der man lebt. Das heißt, dass wir die Entwicklung des Selbstkonzepts in der Adoleszenz nur unter Einbezug des sozio-kulturellen Kontextes verstehen können.

7.1.3 Kognitive Modelle

Im Gegensatz zu den vorher dargestellten Ansätzen sagen die kognitiven Modelle wenig über die Art der Prozesse aus, wie das Selbstkonzept gebildet wird, d. h., wie ein Mensch zu Meinungen über sich selbst kommt. Gemeinsam ist ihnen, dass das Selbstkonzept als ein komplexes personspezifisches Schema betrachtet wird, das eine organisierende Funktion hat. Die Konzeptualisierung von Epstein (1973, 1985) ist in dieser Beziehung zentral und besagt, dass die Essenz der Persönlichkeit eine implizite Theorie ist, die eine Person über sich selbst und die Welt konstruiert. Dieser Selbsttheorie des Individuums legt er die wissenschaftliche Theorie als Modell zugrunde und postuliert, dass sie die gleichen Kriterien zu erfüllen habe: Gute wissenschaftliche Theorien und Selbsttheorien sollen umfassend («extensiv») und zugleich sparsam, überprüfbar und nützlich sein und sich mit den Erfahrungen differenzieren und erweitern. Zudem sollen sie empirische Validität (Übereinstimmung von Empirie und Theorie) und innere Konsistenz (innere Widerspruchsfreiheit) aufweisen.

Nach Epstein ist die Essenz der Selbsttheorie «to optimize the pleasure/pain balance over the course of a lifetime ... to facilitate the maintenance of self-esteem, (and to) organize the data of experience in a manner that can be coped with effectively» (Epstein, 1973, S. 407).

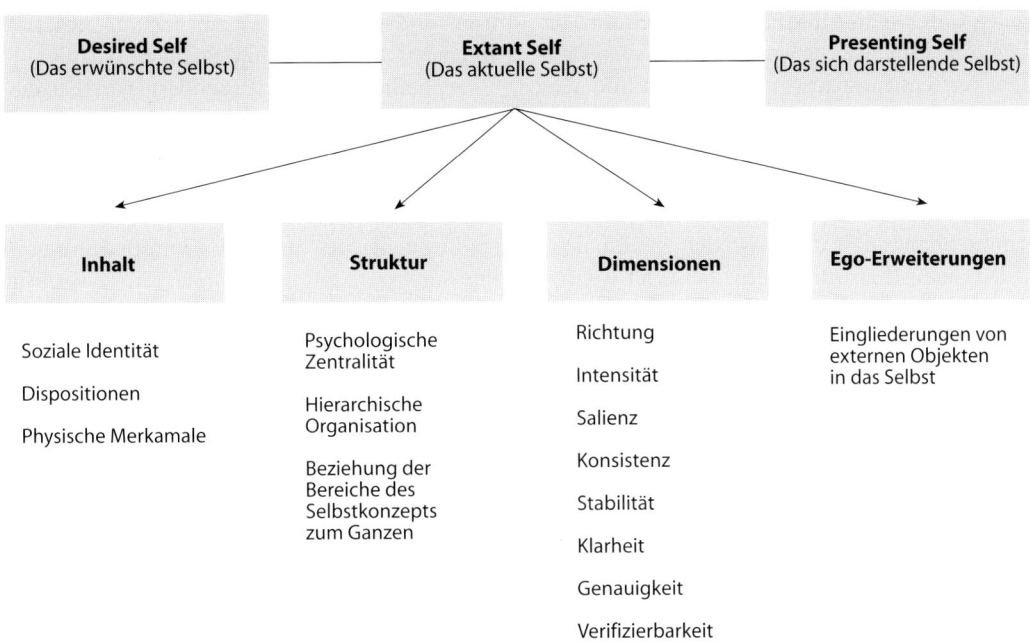

Figur 7–1: Der Aufbau des Selbstkonzepts nach Rosenberg (1979)

Dieses Modell kann gerade für die Entwicklung des Selbstkonzeptes in der Adoleszenz als interessanter Ansatz dienen. Dies ist bisher nicht getan worden, doch wäre es höchst relevant zu fragen, ob sich Vorstellungen und Einschätzungen, die Jugendliche über sich selbst haben, hinsichtlich der oben beschriebenen Eigenschaften verändern. Zum Beispiel: Gewinnen eigene Einschätzungen an Validität? Passt sich das Selbstkonzept den vielen neuen Erfahrungen tatsächlich an?

7.1.4 Das Selbstkonzept nach Rosenberg

Auch wenn Rosenbergs Konzeptualisierung die Entwicklung des Selbstkonzepts in der Adoleszenz nicht explizit anspricht, haben er und seine Mitarbeiterin Roberta Simmons (vgl. Simmons & Blyth, 1987) den Fokus in empirischen Studien immer auf Jugendliche gerichtet. Seine sehr detaillierte Konzeptualisierung ist in seinem Buch von 1979 beschrieben; hier werden nur die Hauptelemente dargestellt. Seine Arbeitsdefinition ist allerdings relativ vage. Sie erinnert an James' Definition und lautet folgendermaßen: «the totality of the individual's thoughts and feelings having reference to himself as an object» (S. 7).

Rosenberg unterteilt das Selbstkonzept in drei Bereiche: (1) das Konzept des aktuellen Selbst («extant self»), d. h. wie eine Person sich selbst wahrnimmt, das, was wir hier üblicherweise Selbstkonzept oder Selbstbild nennen, (2) das Konzept des erwünschten Selbst («desired self»), d. h. wie eine Person sich selbst gern sehen möchte und (3) das Konzept des sich darstellenden Selbst («presenting self»), d. h. wie eine Person sich anderen gegenüber darstellt. Eine Übersicht über seine Konzeptualisierung gibt Figur 7–1.

7.1.4.1 Das Konzept des aktuellen Selbst

Rosenberg hat vorgeschlagen, das aktuelle Selbstkonzept in Bezug auf Inhalt, Struktur und Dimensionen zu beschreiben.

Unter dem Stichwort des *Inhalts* beschreibt er zuerst die sog. soziale Identität. Damit meint er die sozialen Merkmale oder Kategorien, mit denen andere uns beschreiben können. Darunter fallen Geschlecht, Alter, ethnische Herkunft, Religion, Familienstatus etc. Unter sozialer Identität versteht er auch soziale Etiketten und alles, was eine Person von anderen unterscheidet. Typische Fragen, die man sich in diesem Kontext stellt, sind: Was für Rollen habe ich, welches ist mein Status? Rosenberg betont in diesem Zusammenhang, dass diese sozialen Merkmale in jeder Gesellschaft und Kultur bewertet werden, was bewirkt, dass die Selbstbewertung auch vom jeweiligen öffentlichen Prestige dieser Elemente abhängig ist.

Die zweite wichtige Kategorie von Elementen, die den Inhalt des Selbstkonzepts ausmachen, sind Dispositionen. Rosenberg meint damit abstrakte Kategorien, die eine Person anwendet, um die eigenen Handlungen, Einstellungen, Eigenschaften, Werte etc. zu organisieren. Typische Fragen hierzu sind: Was für ein Mensch bin ich «von innen gesehen»? Bin ich loyal, bin ich konservativ, bin ich generös etc.?

Die letzte Kategorie der Inhalte in Rosenbergs Darstellung besteht aus physischen Merkmalen. Sie entspricht bei anderen Autoren dem Körperbild.

Mit *Struktur* sind die Beziehungen zwischen den Komponenten des Selbstkonzepts gemeint. Das Selbstkonzept ist nicht eine einfache Ansammlung von Vorstellungen und Meinungen, sondern diese sind nach bestimmten Mustern organisiert. Nicht nur die Elemente, auch die Beziehungen zwischen diesen Elementen bilden das Selbstkonzept. Im Zusammenhang mit der Struktur hat Rosenberg besonders die Begriffe der Zentralität (oder Wichtigkeit) und der hierarchischen Organisation der verschiedenen Elemente des Selbstkonzepts betont. Einige Elemente sind wichtiger und einige sind spezifischer als andere. Eine entscheidende Frage ist, wie die Beziehungen zwischen den Elementen und dem Ganzen aussehen und ob sie sich in verschiedenen Phasen des Lebens ändern. Es ist zum Beispiel anzunehmen, dass die Einschätzung des eigenen Körpers in der Adoleszenz für die globale Selbstbeurteilung zentraler wird.

Was Rosenberg als *Dimensionen* des Selbstkonzepts beschreibt, entspricht in vielem dem geläufigen Begriff der Einstellungen. Hier sind unter anderem die Richtung (positiv – negativ), Intensität, Konsistenz und Stabilität wichtig.

Schließlich spricht Rosenberg von Ego-Erweiterungen als möglichen Elementen des Selbstkonzepts. Damit sind Sachen oder Personen gemeint, die wir in unsere Selbstbeschreibung miteinbeziehen. Diese Ego-Erweiterungen sind wenig erforscht, obwohl ihre Bedeutung in der Adoleszenz oft betont wird. Ein Beispiel für eine solche Studie ist die von Greene und Adams-Price (1990), die Identifikationen Jugendlicher mit berühmten Personen untersucht haben.

7.1.4.2 Das Konzept des erwünschten Selbst

Die meisten Autoren unterscheiden lediglich zwischen dem aktuellen Selbstkonzept und dem Idealselbst. Rosenberg macht eine weitere Differenzierung, indem er das erwünschte Selbstkonzept in drei Unterkategorien differenziert. Die erste ist das Idealselbst («idealized image»), welches idealisierte Vorstellungen beinhaltet, die zumeist unerreichbar sind und daher oft Stress, übertriebene Selbstkritik und Verletzbarkeit mit sich bringen. Dem gegenüber steht das verpflichtete Selbstkonzept («committed image»), welches aus wünschenswerten und gleichzeitig realistischen Vorstellungen über sich selbst besteht. Das moralische Selbstbild («moral image») ist die dritte Unterkategorie des erwünschten Selbstkonzepts und umfasst «that of what we feel we must, ought, or should be» (Rosenberg, 1979, S. 42).

7.1.4.3 Das Konzept des sich darstellenden Selbst

Ob bewusst oder nicht, die Meinung anderer beschäftigt uns immer in einem gewissen Ausmaß. Das führt dazu, dass wir uns damit auseinander setzen, wie wir auftreten, wie wir auf andere wirken und was für ein Bild wir von uns präsentieren wollen. Dieser Teil des Selbstkonzepts ist in hohem Maße situationsabhängig und eng mit den verschiedenen Rollen verbunden, die wir in unterschiedlichen Kontexten einnehmen.

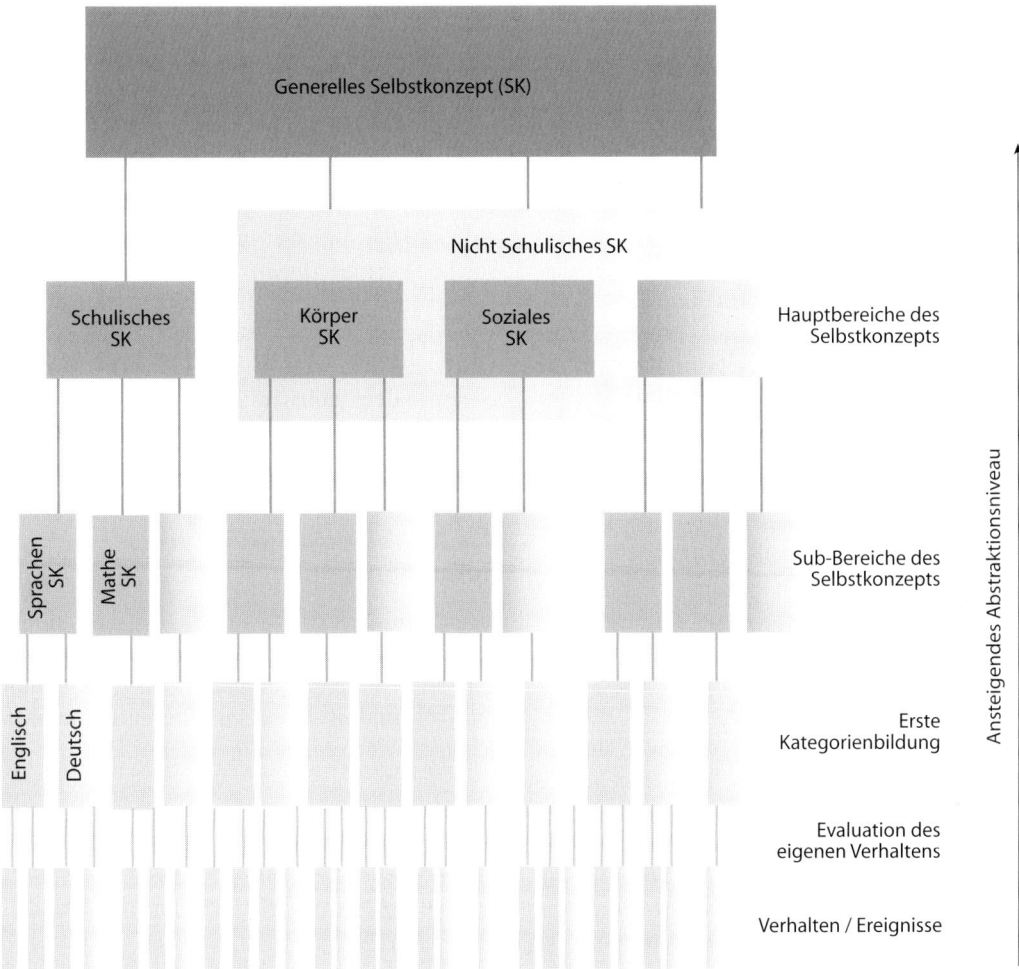

Figur 7–2: Beispiele möglicher Facetten und Bereiche des Selbstkonzepts (nach Shavelson et al., 1976)

7.1.5 Die unterschiedlichen Bereiche (Facetten) des Selbstkonzepts

Shavelson und seine Kollegen (Shavelson & Bolus, 1982; Shavelson, Hubner & Stanton, 1976; Shavelson & Marsh, 1986) haben ein hierarchisches Modell des Selbstkonzepts entwickelt, welches aus mehreren «Dimensionen» besteht. Das Wort Dimension wird bei diesen Autoren im Sinne von Bereich oder Facette gebraucht und nicht in der Bedeutung Rosenbergs. Die Ansicht, dass das Selbstkonzept aus mehreren bereichsspezifischen Selbstkonzepten besteht, ist heute allgemein akzeptiert (vgl. Harter, 1982, 1983).

Diese entsprechen verschiedenen Handlungsgebieten und schließen Kategorien wie wahrgenommene Schulkompetenz, soziale und sportliche Kompetenz und Aussehen ein. Dazu kommt eine eigene Kategorie für die globale Selbstwahrnehmung, d. h. generelle Meinungen, die wir über uns selbst als Person haben, relativ unabhängig von spezifischen Handlungen oder Kompetenzen.

Shavelson und seine Kollegen (1976) platzieren das globale («generelle» in Shavelsons Terminologie) Selbstkonzept an die Spitze der Pyramide der hierarchisch organisierten Selbstkonzeptbereiche (Figur 7–2). Das Modell besagt, dass eine Person konkrete Ereignisse erlebt, die zu spezifischen Selbstbewertungen führen. Diese werden in übergeordnete Kategorien zusammengefasst, welche ihrerseits weniger spezifische Selbstkonzeptkategorien bilden, die schließlich alle zur Konstruktion des globalen Selbstkonzepts beitragen.

An der Basis des Modells stehen konkrete Ereignisse, wie zum Beispiel schulische, soziale oder gesundheitliche Erfahrungen, die in irgendeiner Form für die Kompetenzmeinung relevant sind. Sie bilden die Grundlage für die erste Kategorienbildung des Selbstkonzepts. Eine Jugendliche erlebt zum Beispiel vermehrt kleine Erfolge im Englischunterricht, und so entsteht bei ihr die Meinung, dass sie allgemein ganz gut im Englischen ist. Diese ersten Kategorisierungen werden weiter gruppiert (gut in Fremdsprachen, gut in Sprachen überhaupt etc.), bis sie die Hauptbereiche des Selbstkonzepts (in unserem Beispiel das schulische Selbstkonzept) und zum Schluss das generelle Selbstkonzept bilden.

Dieses Modell ist durch seinen einfachen hierarchischen Aufbau sehr ansprechend. Es entspricht unseren Vorstellungen von Begriffsbildung, ist aber einseitig auf die Schule ausgerichtet und deshalb nur in seiner Struktur von allgemeinem Interesse. Überdies ist gerade die strenge und unidirektionale Hierarchie (von Ereignissen über Subkategorien zum generellen Selbstkonzept) problematisch. Wir behaupten, dass das globale Selbstkonzept durchaus auch einen Einfluss auf die spezifischen Bereiche haben kann, und dass es sich nicht unbedingt aufgrund aller Bereiche gleichermaßen entwickelt. Es gibt zum Beispiel Evidenz dafür, dass das Körperbild in der Adoleszenz viel enger mit globalen Selbstbewertungen zusammenhängt als die akademische Dimension (vgl. Alsaker, 1990, 1992b; Harter, 1999) und deshalb einen zentralen Platz in einem solchen Modell verdient. Zudem ist auch die Behauptung zu einfach, dass sich positive Erfahrungen in einem Schulfach (in unserem Beispiel Englisch) ohne weiteres auf Fachgebiete und allgemeine Schulkompetenz generalisieren lassen. Wie soll man zum Beispiel mit der Erfahrung umgehen, dass man zwar in Sprachen gut, aber in Mathematik nicht erfolgreich ist? Weiter kann die Struktur des Selbstkonzepts von einer Person zur anderen unterschiedlich sein, und das Beziehungsmuster zwischen den verschiedenen Bereichen kann sich im Laufe des Lebens ändern. Wie bereits angedeutet, wäre es in diesem Zusammenhang eine wichtige Aufgabe zu untersuchen, inwieweit solche Veränderungen in der Struktur des Selbstkonzepts während der Adoleszenz stattfinden, ob sich beispielsweise die Beziehung zwischen der Schulkompetenz oder dem Körperbild und dem globalen Selbstkonzept verändert oder ob einige Bereiche in der Adoleszenz eine dominante Rolle einnehmen.

7.1.6 Arbeitsdefinition von Selbstkonzept

Den Argumenten folgend, die bis jetzt aufgeführt wurden, d. h. Integration von Bewertungen und Beschreibungen, Bereichspezifizität und Wichtigkeit des sozio-kulturellen Umfelds, schlagen wir folgende Arbeitsdefinition vor:

> Das Selbstkonzept ist eine Organisation von hauptsächlich evaluativen Vorstellungen und Überzeugungen, die eine Person von sich selbst hat. Diese Überzeugungen berühren sowohl individuelle Charakteristika (z. B. physische Merkmale, Dispositionen) und Handlungen als auch Gefühle und Gedanken und werden in hohem Maß aufgrund von Interaktionen mit anderen Menschen in einem bestimmten sozio-kulturellen Kontext gebildet. Sie sind um verschiedene Facetten herum organisiert, die in Beziehung zueinander stehen. Das Selbstkonzept spielt eine wichtige Rolle bei der Selektion, Verarbeitung und Interpretation von Information.

7.1.7 Funktionalität des Selbstkonzepts: Gesunde und maladaptive Selbstbewertungen

Es wird in der Literatur gelegentlich behauptet, dass die positive Selbstbewertung von vielen Jugendlichen (und Erwachsenen) das Resultat von Abwehrmechanismen sei. Diese Hypothese hat auch empirische Unterstützung erhalten (Fitch, 1970; Wylie, 1961). Deshalb haben mehrere Autoren dafür argumentiert, dass man echte (gesunde) positive Selbstbewertung von übertrieben positiver Selbstbewertung trennen sollte (Burns, 1979; Coopersmith, 1967; Epstein, 1985). Es gibt aber auch Evidenz dafür, dass viele Menschen eine konstant negative Selbstbewertung haben (vgl. Fitch, 1970). Deshalb kann man ebenso gut behaupten, dass viele Menschen auch unter einer übertrieben negativen Selbstbewertung leiden.

In beiden Fällen beruht die Selbstbewertung auf verzerrten Selbst-Wahrnehmungen. Deshalb muss man die Frage stellen, wann solche Wahrnehmungen adaptiv resp. maladaptiv sind. Diese Frage ist nicht leicht zu beantworten. Was in der Psychoanalyse als Pathologie interpretiert wird, wurde von Lecky (1945) als eine gesunde Bemühung, die eigene Identität aufrechtzuerhalten, verstanden (Rosenberg, 1979, S. 59).

So wie es für depressive Personen bekannt ist (Brewin, 1988), kann es aber auch sein, dass Menschen mit einem tiefen Selbstwert eine realistischere Einschätzung von sich und ihren eigenen Leistungen haben als andere. Eine leichte subjektive Verschönerung der Wirklichkeit scheint daher adaptiv zu sein (Taylor & Brown, 1988; vgl. auch Colvin & Block, 1994). Allerdings kann eine zu unrealistische Wahrnehmung keine Grundlage für wirksame Handlungen sein und allgemein die Eigenentwicklung bremsen. Deshalb sollte man die Thematik der echten und falschen Bewertung in der Adoleszenz eher durch die Frage nach der Funktionalität der Selbstbewertung ersetzen (vgl. Cairns & Cairns, 1988). In der Adoleszenz, in welcher der Wunsch nach Konformität so hoch und der soziale Vergleich so zentral ist (Hart, 1988), scheint die Behauptung legitim, dass eine leicht verfälschte Wahrnehmung in Richtung «ich bin wie die anderen» eine adaptive Funktion hat. Am wichtigsten scheint uns aber die Frage, wie Jugendliche zu verzerrten negativen Selbstwahrnehmungen kommen und wie man auf diesen Prozess einwirken kann, um zu verhindern, dass sie ihre ganze Lebensplanung auf einer falschen negativen Interpretation der eigenen Handlungsmöglichkeiten aufbauen.

7.2 Selbstkonzept: Ausgewählte Befunde

7.2.1 Geschlechtsunterschiede

Die Selbstrepräsentationen von Jugendlichen sind zu einem großen Anteil geschlechtsspezifisch. Damit sind sowohl geschlechtsspezifische Stereotype gemeint, die schon ab den ersten Lebensjahren gewonnen werden, als auch die spätere Identifikation mit einer Geschlechtsrolle. Beide unterliegen gegenwärtig sehr raschen gesellschaftlichen Wandlungsprozessen, sowohl die der jungen Frauen wie auch die der jungen Männer. Empirische Befunde sind daher als kulturhistorisch zu verstehen.

Die Befunde, die im Kapitel über pubertäre Reifung besprochen wurden, geben deutliche Hinweise darauf, dass viele Mädchen unter den heutigen Schlankheitsidealen der westlichen Welt leiden. Die Normen bezüglich Attraktivität sind so deutlich, dass sowohl bei 8-Jährigen als auch bei 11- oder 17-Jährigen Einigkeit über diese Normen herrscht (Cavior & Lombardi, 1973). Das Problem dabei ist, dass diese Normen weit von der körperlichen Realität heranwachsender Mädchen entfernt sind (Faust, 1983), indem sie ein Schlankheitsideal und Körperproportionen (z. B. lange Beine oder schmale Hüften) betonen, die eher dem Körper von vorpubertären Mädchen oder gar niemandem entsprechen. Befunde aus vielen Studien vermitteln eine klare Botschaft: Junge Frauen sind besorgter über ihren Körper als junge Männer.

Eine australische Studie von Paxton und Mitarbeitenden (1991) hat zum Beispiel gezeigt, dass zwei Drittel einer Stichprobe von 11- bis 14-jährigen Mädchen die Überzeugung äußerten, sie wären glücklicher, wenn sie dünner wären. Dieser Wunsch scheint oft unabhängig vom tatsächlichen Körpergewicht zu sein (Duke-Duncan, Ritter, Dornbusch, Gross & Carlsmith, 1985). Das Wichtigste ist nicht das Gewicht an sich, sondern die wahrgenommene Figur, d. h. inwiefern ein Mädchen sich als dünner oder dicker als andere einschätzt. Ungefähr ein Drittel der australischen Mädchen, die ein durchschnittlich normales Gewicht hatten, nahmen sich selbst als übergewichtig wahr.

Was den globalen Selbstwert betrifft, zogen Maccoby und Jacklin (1974) aus früheren Studien den Schluss, dass es keine Unterschiede zwischen Mädchen und Knaben gibt. Wylie (1979) kam zu derselben Schlussfolgerung, nachdem sie 47 Studien genauer untersucht hatte. Trotzdem stimmen ihre Aussagen mit den vielen Studien, die später durchgeführt wurden, nicht überein. In den meisten neueren Studien wurde nämlich deutlich und konsistent gezeigt, dass Jungen im Durchschnitt einen höheren Selbstwert haben als Mädchen (siehe dazu Alsaker & Olweus, 1992; O'Malley & Bachman, 1979; Simmons & Blyth, 1987). Dabei ist zu betonen, dass diese leicht höhere Selbstbewertung bei den Jungen lediglich etwa ein Zehntel der Standardabweichung beträgt und deshalb bei kleineren Stichproben nicht signifikant ist. Nähere Analysen haben jedoch gezeigt, dass dieser kleine Unterschied zwischen den Mittelwerten dennoch gewichtig sein kann, da er darauf zurückzuführen ist, dass Mädchen in den negativsten Kategorien der Selbstbewertungsinstrumente überrepräsentiert waren (Alsaker & Olweus, 1992).

7.2.2 Das Körperbild

Das Körperbild ist eine besonders wichtige Facette des Selbstkonzepts in der Adoleszenz. Wie bereits im Kapitel 4 (Pubertät) angesprochen, verlangen die körperlichen Veränderungen eine Anpassung der Repräsentationen der eigenen Erscheinung. Gleichzeitig beschäftigen sich die Adoleszenten mit den ersten Gefühlen der Verliebtheit und Gedanken um ihre Attraktivität. Sie sind auch vermehrt das auserwählte Zielpublikum der Modeindustrie und erfahren aus etlichen Quellen, wie sie idealerweise aussehen sollten.

Wie wichtig die Einschätzung der eigenen Erscheinung ist, konnten Secord und Jourard (1953) schon vor 50 Jahren zeigen. Sowohl bei Erwachsenen als auch bei weiblichen Jugendlichen fanden sie, dass die persönliche generelle Zufriedenheit positiv mit der Wahrnehmung der körperlichen Erscheinung korrelierte. Dies wurde in späteren Studien bestätigt. So hat eine Untersuchung von Musa und Roach (1973) an amerikanischen Jugendlichen gezeigt, dass die Bewertung der eigenen Erscheinung mit dem allgemeinen Wohlbefinden korreliert, signifikant allerdings nur bei Mädchen: jene, die ihre Erscheinung als weniger gut beurteilten, fühlten sich weniger wohl in ihrer persönlichen und sozialen Situation als jene, die ihre Erscheinung als mindestens ebenbürtig mit dem Aussehen der meisten anderen empfanden. Ungefähr die Hälfte der Jugendlichen bezeichneten ihre Erscheinung als durchschnittlich oder besser. Gut die Hälfte der Knaben würden gerne Verbesserungen erreichen (Reihenfolge: Kleider, Gesicht, Haare, Gewicht); bei den Mädchen waren es fast 9 von 10 (Reihenfolge: Haare, Gewicht, Kleider, Figur). Interessanterweise konnte Harter (1990) anhand von verschiedenen Studien zeigen, dass das Körperbild nicht nur in der Adoleszenz die wichtigste Facette des Selbstkonzepts für den globalen Selbstwert darstellt, sondern dass es auch im Erwachsenenalter so bleibt (die ältesten Probanden in ihren Untersuchungen waren 50 Jahre alt).

Die Zufriedenheit mit dem eigenen Körper wird von vielen sozio-kulturellen Faktoren beeinflusst. Wie oben erwähnt, herrscht in westlichen industrialisierten Ländern ein klares Schlankheitsideal für Frauen vor. Dies wird in einer Studie von Cohn und Mitarbeitenden (1987) sehr illustrativ dokumentiert. Ungefähr gleich viele Mädchen wie Jungen im Alter zwischen 10.5 und 15 Jahren wurden mit Hilfe von Körpersilhouetten zu ihrer Körperwahrnehmung und -einstellung befragt. Die Jugendlichen sollten eine Silhouette aussuchen, die ihrer aktuellen körperlichen Erscheinung entsprach, eine, die ihrem Ideal entsprach, und eine, die dem Ideal des anderen Geschlechts entsprechen sollte. Die Mädchen wünschten sich durchgehend, dünner zu sein, während die Idealfiguren der Jungen kräftiger waren als die Figur, die sie als ihre aktuelle bezeichneten. Interessanterweise war die eigene Idealfigur bei beiden Geschlechtern weiter entfernt vom aktuellen Körperbild als jene, die sie als Ideal für das andere Geschlecht auswählen. Dementsprechend glauben die Mädchen, dass ein für Jungen attraktives Mädchen (Ideal) viel dünner sei als die Figur, welche die Jungen dann tatsächlich als Idealmädchen auswählen. Ein entsprechendes Resultat (in umgekehrter Richtung) zeigte sich auch bei den Jungen.

Heranwachsende Menschen kommen kaum darum herum, sich mit der jeweiligen Idealfigur auseinander zu setzen. Sowohl ihre Gleichaltrigen als auch ihre erwachsenen Bezugspersonen orientieren sich an dieser Körpernorm und dienen somit als evaluative Spiegel. Dass Kinder und Jugendliche das Aussehen ihrer Gleichaltrigen wahrnehmen und bewerten, konnte zum Beispiel Lerner (1982) zeigen. Er fand, dass die Bewertung der körperlichen Attraktivität auf die allgemeinere Bewertung der Person generalisiert wird und ein entsprechend freundliches oder weniger freundliches Verhalten nach sich zieht. Auf diese Art und Weise spielt das Aussehen eine wichtige Rolle für die soziale Akzeptanz und hat über diesen Umweg wiederum einen beträchtlichen Einfluss auf das Selbstbild und den Selbstwert von Jugendlichen.

Da man aber keine generellen Veränderungen der Selbstbewertung (Mittelwertvergleiche) in den Jahren der größten körperlichen Veränderungen findet, kann man nicht sagen, dass die pubertäre Entwicklung an sich eine positive oder negative Einwirkung auf den Selbstwert hat. Dabei ist zu beachten, dass sich die Pubertätsentwicklung nicht bei allen gleichzeitig vollzieht (vgl. Kap. 4). Deshalb sollte man eher nach dem altersrelativen Eintritt der Veränderungen, d. h. dem pubertalen Timing, und deren Effekt auf das Selbstkonzept fragen. Resultate auf diesem Gebiet sind allerdings nicht besonders konsistent, und die meisten Studien zeigen keine Effekte (z. B. Brooks-Gunn & Ruble, 1983; Garwood & Allen, 1979; McGrory, 1990; Simmons & Blyth, 1987). Wichtiger als die objektive Früh- oder Spätreife ist, bei Mädchen auf jeden Fall, die Wahrnehmung der eigenen Reife im Verhältnis zu Gleichaltrigen (Alsaker, 1992b; vgl. auch Kap. 4). Mädchen, die sich als deutlich früher entwickelt als andere gleichaltrige Mädchen betrachteten, hatten einen tieferen Selbstwert.

7.2.3 Selbstwert und schulische Leistungen

Es ist wiederholt gezeigt worden, dass zwar das fähigkeitsbezogene Selbstkonzept eng mit den konkreten Schulleistungen korreliert, nicht aber der globale Selbstwert, oder jedenfalls in viel geringerem Maße (Alsaker, 1989; Harter, 1982; Wylie, 1979). Dieses Ergebnis widerspiegelt die Tatsache, dass der globale Selbstwert mit sehr vielen Faktoren zusammenhängt, von denen Schulleistungen nur einen repräsentieren. Es ist aber auch möglich, dass man in Gesellschaften, in welchen die Wichtigkeit der Schulleistungen äußerst hoch eingeschätzt wird (z. B. in Japan oder Frankreich), zu anderen Ergebnissen kommen würde. Intuitiv wäre zu erwarten, dass Schulleistungen oder das schulische Selbstkonzept nur dann auf das globale Selbstkonzept einwirken, wenn sie als wichtig bewertet werden. Diese Vermutung leuchtet ein und klingt beinahe banal und konnte dennoch keine empirische Unterstützung finden (Alsaker, 1989; Marsh, 1986).

Um dieses Paradox zu verstehen, muss man auch den sog. Discounting-Effekt oder Abwertungseffekt in Betracht ziehen (Tesser & Campbell, 1983). Dieser besagt, dass Schüler und Schülerinnen, die sich als weniger fähig beurteilen, der Schule weniger Wichtigkeit beimessen. Auf diese Weise können sie eine relativ positive Selbstbewertung behalten. Dieser Effekt wurde empirisch nachgewiesen (Alsaker, 1989) und war stärker bei Schülerinnen und Schülern der höheren Stufen (8. und 9. Klasse) als bei tieferen (6. und 7. Klasse). Es scheint, dass Jugendliche mit zunehmendem Alter lernen, den Leistungsdruck auf diesem Weg selber zu regulieren und ihren Selbstwert besser zu schützen. Auf der anderen Seite hat Harter (1986) gefunden, dass dieser Effekt bei Jugendlichen mit einem sehr tiefen Selbstwert nicht funktioniert. Diese Jugendlichen sind leider nicht in der Lage, den Gebieten, in denen sie wenig Erfolg haben, geringere Wichtigkeit zu schenken.

7.2.4 Zugehörigkeit zu einer Minorität

Das Selbstkonzept widerspiegelt auch die Wahrnehmung des sozialen Status und der sozialen

Rollen: bester Sportler in der Klasse, Wohlstand der Eltern, Nationalität etc. Da verschiedene soziale Gruppen unterschiedliche Wertschätzungen erfahren, ist zu erwarten, dass sich das auch auf die Selbstbewertung der Einzelnen niederschlägt. Dabei kann es durchaus auch einmal positiv sein, einer Minorität anzugehören, sofern diese eine geschätzte Minorität ist.

Auf diesem Hintergrund ist auch die Frage anzugehen, ob es für das Selbstkonzept und die Persönlichkeitsentwicklung günstiger ist, Minoritäten in Majoritäten zu integrieren oder nicht (vgl. z. B. lernbehinderte Schüler). Eine Untersuchung von Rosenberg (1975) hat gezeigt, dass der Kontext, in welchem Angehörige einer Minorität leben, eine bedeutsame Rolle spielt. Rosenberg unterscheidet zwischen Minoritätsgruppen, die in einem unterstützenden Umfeld leben, und solchen, die in einem dissonanten oder feindlichen Umfeld leben. Er hat gezeigt, dass afroamerikanische Kinder aller Schulstufen in den USA eine höhere Selbstachtung hatten, wenn sie in rassengetrennten Schulen unterrichtet wurden, als wenn sie sich in gemischten Schulen befanden. Man muss annehmen, dass die soziale Integration eigentlich doch nicht gelang, so dass die afroamerikanischen Schüler und Schülerinnen in gemischten Schulen eine Minorität blieben, deren Werte wahrscheinlich immer wieder vernachlässigt wurden. In getrennten Schulen hingegen konnten sie lernen, auf ihre eigenen Werte stolz zu sein.

Empirische Untersuchungen zeigen im Allgemeinen wenig systematische Unterschiede im Selbstwert verschiedener ethnischer Gruppen. Rosenberg (1979) fand allerdings, dass die Meinung signifikanter Anderer (d. h. bedeutsamer Bezugspersonen) für den Selbstwert der afroamerikanischen Jugendlichen wichtiger war als für jenen der europäisch-amerikanischen Jugendlichen. Es ist denkbar, dass die negativen Einstellungen gegenüber der afroamerikanischen Minorität in den USA durch die Familien der betroffenen Jugendlichen sozusagen gefiltert werden, so dass sie als nahe Bezugsgruppen eine selbstwerterhaltende Schutzfunktion einnehmen (Harter, 1999).

Die amerikanischen Befunde, wonach Jugendliche ethnischer Minoritäten Selbstwertprobleme haben, wenn sie in ihrem nahen Umfeld (z. B. in der Schule) in der Minderheit sind (Steinberg, 1989, S. 247–248), sind mittlerweile auch in Europa mit seinen wachsenden Wanderungen und Zuwanderungen ernst zu nehmen. Das systematische ethnische Mischen scheint in den USA die Schulleistungen benachteiligter Minoritäten zwar gefördert, aber häufig Probleme mit der Identität bewirkt zu haben. Solche Resultate sollen uns jedoch nicht dazu verleiten, den Integrationsgedanken aufzugeben; sie sollen eher ein Ansporn sein, bessere Lösungen der Integration anzustreben als die bisherigen.

7.2.5 Beziehungen zu Gleichaltrigen

Sozialbeziehungen sind das ganze Leben hindurch für das Wohlbefinden wichtig. Und es wird im Allgemeinen davon ausgegangen, dass gute Beziehungen Jugendlicher zu erwachsenen Bezugspersonen und zu den Gleichaltrigen zu einem höheren Selbstwert und schlechte Beziehungen zu einem tiefen Selbstwert führen.

Wie wir am Anfang des Kapitels angetönt haben, werden die Beziehungen der Jugendlichen sowohl zu den Erwachsenen als auch zu den Gleichaltrigen neu definiert; sie verbringen einen größeren Teil ihrer Freizeit mit Gleichaltrigen als mit ihren Eltern. Es wird in westlichen Gesellschaften von ihnen auch erwartet, dass sie sich mehr an den Peers orientieren (Adams, Gullota & Markstrom-Adams, 1994). Dies verleiht den Bewertungen durch die Peers und der wahrgenommenen Sozialkompetenz eine zentrale Rolle in der Selbstbeurteilung.

Harter (1999) berichtet, dass soziale Akzeptanz in eher öffentlichen Settings (Schule, Freizeitorganisationen, etc.) größere Anteile der Varianz im Selbstwert erklärt als Akzeptanz von nahen Freunden. Dieser Befund ist auf den ersten Blick erstaunlich. Harter erklärt dies folgendermaßen: Akzeptanz der breiteren Gruppe der Peers gilt als objektiver und repräsentiert den «generalisierten Anderen», von welchem Mead (1934, dt. 1973) schrieb. Der öffentliche Charakter der Peerbewertung ist jedoch nur eines der vielen Elemente im Prozess der Selbstbewertung. Die Richtung und die Intensität der Einstellung der Peers dürfen dabei nicht vernachlässigt werden. Möglicherweise ist es die Öffentlichkeit der Abweisung, die den größten Teil der Varianz in der Selbstbewertung ausmacht, aber auch die Ausprägung von Abweisung und Zuneigung dürften eine große Rolle spielen. Im Extremfall kann die Peer-Gruppe durch ihre Einstellung und ihr Verhalten den Alltag von gewissen Jugendlichen ganz und gar unter ihre Kontrolle bekommen.

Die meiste Forschung zu diesem Thema hat sich mit negativen Erlebnissen mit Peers beschäftigt. Olweus (1978) und Alsaker und Olweus (im Druck) haben in mehreren Studien gezeigt, dass Jugendliche, die von ihren Mitschülern gemobbt, d. h. schikaniert werden (sei es physisch, verbal oder durch Ausschließen von gemeinsamen Aktivitäten), einen bedeutend tieferen Selbstwert aufwiesen als andere. Olweus (1991) konnte auch nachweisen, dass die betroffenen Jugendlichen diesen tiefen Selbstwert bis ins Erwachsenenalter beibehielten, d. h. lange Zeit, nachdem die Opfersituation aufgehört hatte. Dieselben Jugendlichen wurden als Erwachsene nicht häufiger gemobbt als andere. Das Thema der direkten und relationalen Gewalt unter Jugendlichen wird im Kapitel 9 vertieft behandelt werden.

7.2.6 Stabilität und Veränderungen

Das Selbstkonzept wird oft als Teil eines Repräsentationssystems konzipiert, das dafür sorgen soll, dass wir valide Voraussagen über unsere Umwelt und uns selbst formulieren können (Epstein, 1973). Daher sollten sich unsere Meinungen über uns selbst nicht zu schnell, zu oft oder zu stark ändern. Dies führt zu der Annahme, dass das Selbstsystem dafür sorgt, dass ein Teil der einkommenden Information so interpretiert – und sogar verdreht – wird, dass sich unsere Selbstvorstellungen nicht zu sehr ändern müssen. Ein positives Selbstkonzept bleibt positiv und ein negatives bleibt negativ. Solche Modelle werden Selbst-Konsistenz-Modelle genannt. Ihnen gegenüber stehen die Selbstwert-Erhöhungs-Modelle. Diese besagen, dass der Mensch ein positives Selbstkonzept anstrebt und Informationen mit Vorzug so interpretiert, dass sein Selbstwert erhöht wird. Neuere Studien (Swann, Griffin, Predmore & Gaines, 1999) lassen vermuten, dass Menschen Informationen, die mit ihren Selbstrepräsentationen übereinstimmen, tatsächlich eher als richtig empfinden als kontra-schematische Informationen, dass aber alle (ob sie einen tiefen oder einen hohen Selbstwert haben) ein positives Feedback bevorzugen. Alle hören gerne Positives über sich selbst, nur tun sich Menschen mit einem tiefen Selbstwert schwer, diesem Feedback zu glauben, sodass die positiven Rückmeldungen ihre Selbstbeurteilung nicht ohne weiteres ändern.

Eine weitere Perspektive, die eher für weniger Konsistenz spricht, ist die des sog. multiplen Selbst. Sie bezieht sich hauptsächlich darauf, dass das Individuum verschiedene Rollen in unterschiedlichen Kontexten annimmt und diese in sein Selbstkonzept integriert, auch wenn sie zum Teil wenig gegenseitige Kompatibilität anbieten (siehe oben). Gergen (1979; Morse & Gergen, 1970) hat zum Beispiel gezeigt, dass der gleiche Mensch sich in verschiedenen Situationen verschieden wahrnimmt und beurteilt, ja dass er in seltenen Situationen durchaus zu Handlungen fähig oder bereit ist, die er sonst aus seinem Handlungsrepertoire ausschließt. Der Begriff des relationalen Selbstwerts, der in neueren Schriften von Harter (1999) zu finden ist, kann als eine Weiterführung des Situationsspezifitäts-Ansatzes betrachtet werden. Mit dem Begriff des relationalen Selbstwerts soll verdeutlicht werden, dass ein Individuum sich in verschiedenen Beziehungen unterschiedlich beurteilt. Harter (1999) fand, dass sich drei Viertel der Jugendlichen, die sie befragte, in verschiedenen Beziehungskontexten tatsächlich unterschiedlich wahrnehmen. Zum Beispiel sagte eine Jugendliche, sie fühle sich sehr wertvoll, wenn sie mit ihrer besten Freundin Zeit verbringe, ihr Selbstwert sinke aber deutlich, wenn sie mit ihren Eltern zusammen sei.

Ausgehend von der Multidimensionalität der Selbstbeurteilung und ihrer Abhängigkeit vom sozialen Kontext dürfte man erwarten, dass

Selbstkonzept und Selbstwert in einer intraindividuellen Perspektive nicht sehr stabil seien. Markus und Wurf (1987) haben betont, dass das Selbstkonzept zwar vielseitig und in seinen Ausdrucksformen sehr wandelbar (engl. malleable) sei, dass es aber im Kern sehr stabil verbleibe.

7.2.6.1 Zunehmende Differenzierung

Wenn man Kinder und Jugendliche bittet, sich selbst zu beschreiben, kommen deutliche Unterschiede zum Vorschein. Kinder beschreiben sich selbst relativ konkret, ohne viele Wenn und Aber. Im zweiten Lebensjahrzehnt werden die Selbstbeschreibungen differenzierter. Während beispielsweise 9-Jährige häufig sagen, sie seien sportlich, scheu etc., berichten 12-Jährige eher, sie seien in der Schule scheu, daheim aber gar nicht, oder sie liebten Sport durchaus, aber nicht den leistungsbezogenen Schulsport ihres Turnunterrichts (Rosenberg, 1986). Zudem berücksichtigen Jugendliche bei der Selbstbeschreibung häufiger verschiedene mögliche Perspektiven (Livesley & Bromley, 1973, zit. nach Steinberg, 1989, S. 243). Sie können zum Beispiel eher als Kinder sagen, in den Augen ihres Turnlehrers seien sie nicht sportlich, in ihrem Quartier aber würden sie als gute Fußballer betrachtet.

Eine weitere wichtige Veränderung im Übergang zur Adoleszenz besteht darin, dass Jugendliche sich weniger anhand konkreter Aussagen beschreiben und vermehrt abstrakte und psychologisierte Bezeichnungen verwenden. O'Mahony (1986) ließ 190 Adoleszente im Alter zwischen 12 und 16 Jahren sich selbst und andere Personen frei beschreiben. Er unterschied zwischen vier Typen von Aussagen: Undifferenzierte (Besitz und soziale Settings), einfach differenzierte (Aussehen, Rollen, einfache globale Attributionen wie «nett»), differenzierte (Personcharakteristika wie Interessen, Fähigkeiten, psychologisches Befinden) und dispositionale Aussagen (Persönlichkeitszüge). Der Autor berichtete von einem steigenden Gebrauch von differenzierten und dispositionalen Merkmalen in dieser Altersspanne. Diese Entwicklung traf sowohl für die Beschreibung anderer Personen als auch für die Selbstbeschreibung zu.

Harter (1998) betont in diesem Zusammenhang die aufkommende Fähigkeit der jüngsten Adoleszenten, Begriffe zu koordinieren und Abstraktionen zu bilden. In der mittleren Adoleszenz entwickeln sich die kognitiven Fähigkeiten weiter und auch die Introspektionsfähigkeit nimmt zu. Die widersprüchlichen Aspekte oder Diskrepanzen zwischen verschiedenen Facetten der Selbstrepräsentation («ich bin ab und zu scheu, aber ab und zu doch recht unbefangen») können jedoch noch nicht miteinander vereinbart werden. Die Jugendlichen werden sich dieser Inkonsistenz ihres Selbstkonzepts bewusster und empfinden sie meistens als unangenehm. Erst in der späteren Phase der Adoleszenz können solche inkonsistente Selbstrepräsentationen in Abstraktionen höherer Ordnung integriert werden. Jugendliche erkennen dann beispielsweise, dass sie sowohl scheu als auch unbefangen sein können und bezeichnen sich ausdrücklich als flexibel oder gar inkonsistent.

7.2.6.2 Normative Veränderungen des Selbstwerts

Studien über Veränderungen der Selbstbeurteilung in der Adoleszenz zeigen eindrücklich, dass der Selbstwert in verschiedenen Lebensphasen eher von Kontinuität als von Diskontinuität geprägt ist (Dusek & Flaherty, 1981).

Aufgrund von Ergebnissen aus 27 Studien zog Wylie (1979) die Schlussfolgerung, dass es keinen Zusammenhang zwischen Alter (6 bis 50 Jahre) und der Selbstbewertung gab. Harter (1982) kam zur gleichen Konklusion bei Kindern und Jugendlichen. Auf der anderen Seite berichten O'Malley und Bachman (1983), dass sie in fünf Längsschnittstudien eine Besserung des Selbstwertes mit zunehmendem Alter (13 bis 23 Jahre) nachweisen konnten. Die vielzitierte Studie von Rosenberg (1979) zeigte einen möglichen Tiefpunkt der Selbstbewertung im Alter von 12 Jahren bei Mädchen. Dieses Resultat war aber eher als ein Effekt des Schulübergangs als des Alters zu interpretieren (Simmons, Rosenberg & Rosenberg, 1973).

Die Frage nach der Kontinuität wurde in einer norwegischen Längsschnittstudie (Alsaker &

Olweus, 1992) wieder aufgenommen. Das Ergebnis bestätigte die früheren Befunde: Man fand keine Evidenz für normative Selbstwertänderungen bei Jugendlichen im Alter zwischen 10 und 16 Jahren. Es ist allerdings wichtig zu bemerken, dass jüngere Schüler auf jeder Schulstufe einen tieferen Selbstwert hatten als ältere Schüler auf derselben Schulstufe. Der Unterschied war zwar nicht sehr groß, aber er war auf allen Schulstufen und bei Mädchen wie bei Jungen vorhanden. Dies kann ein Hinweis auf die Bedeutung der Bezugsgruppe für den Selbstwert sein: Ältere Schülerinnen und Schüler sind jüngeren Schülern und Schülerinnen auf vielen Gebieten, abgesehen von den Schulleistungen, überlegen. Im Vergleich mit ihnen kommen die jüngeren deswegen oft etwas zu kurz. Dies ist ein wichtiger Befund, der in Betracht gezogen werden sollte, wenn Eltern für ihr Kind eine frühe Einschulung wünschen.

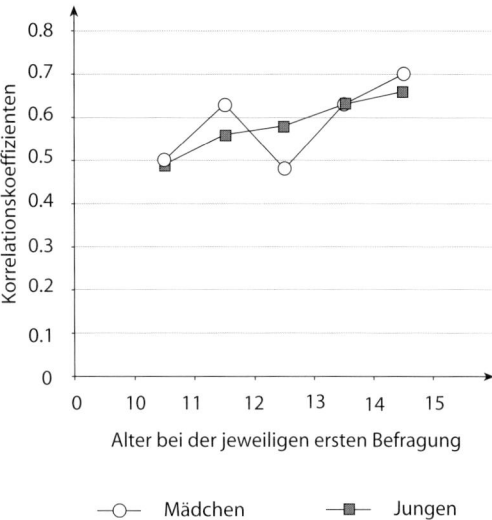

Figur 7–3: Stabilität der Selbstbewertung über ein Jahr (Korrelationen von Selbsteinschätzungen zu zwei verschiedenen Zeitpunkten; nach Alsaker & Olweus, 1992)

7.2.6.3 Interindividuelle Stabilität der Selbstbeurteilung über die Zeit

Unter Stabilität kann man sowohl Stabilität über Situationen als auch Stabilität über die Zeit verstehen. Zudem kann man die Stabilität sowohl intraindividuell als auch interindividuell untersuchen. In diesem Abschnitt wollen wir die Stabilität des Selbstwerts über die Zeit näher diskutieren. Wenn wir von einem Zustand sagen, dass er stabil sei, meinen wir meistens, dass dieser Zustand sich intraindividuell nicht ändert. Empirisch untersucht man, (1) ob der Gruppendurchschnitt einer bestimmten Stichprobe sich über Zeit ändert oder konstant bleibt, und (2) inwiefern die interindividuellen Unterschiede von einem Zeitpunkt zum anderen konstant bleiben. Letztere Stabilität ergibt einen Wert dafür, inwiefern die Personen, die zum ersten Zeitpunkt die höchsten Werte in einer gegebenen Stichprobe hatten, zum zweiten Zeitpunkt immer noch die höchsten Werte aufweisen. In diesem Unterkapitel interessieren wir uns vor allem für diese letztere Form der Stabilität.

Alsaker und Olweus (1992) haben an 2500 Jugendlichen, die viermal im Laufe von zweieinhalb Jahren befragt wurden, und einer Metaanalyse von Ergebnissen aus anderen Studien berichtet, dass der Selbstwert über kurze Zeitintervalle relativ stabil ist, dass die Stabilitätskoeffizienten über längere Zeit hingegen (zwei Jahre und mehr) abnehmen. Weiter haben sie mit derselben Studie gezeigt, dass die Stabilität mit dem Alter zunimmt und dass Jungen höhere Stabilitätswerte aufweisen als Mädchen. Der Alterseffekt war bei den Jungen am eindrücklichsten, d. h. er war durch eine klare stetige Zunahme gekennzeichnet, wie Figur 7–3 illustriert (die einzelnen Punkte sind Korrelationswerte). Zur Vereinfachung werden hier nur die Korrelationswerte für Zeitintervalle von jeweils einem Jahr dargestellt.

Bei den Mädchen kommt ein zusätzlicher und sehr interessanter Effekt dazu: Obwohl der allgemeine Trend deutlich ist, zeigte sich, dass Mädchen, welche bei der ersten Messung 13 Jahre alt waren, tiefere Stabilitätswerte hatten als die anderen. Warum sollte die Stabilität gerade bei den 13-jährigen Mädchen so viel geringer ausfallen? Gleich wie in der Studie von Rosenberg (1979) scheint hier eher der schulische Kontext als das Alter ausschlaggebend zu sein. Diese Mädchen waren zum ersten Zeitpunkt in der sechsten Klasse. Da der Übertritt von der

Grund- zur Sekundarschule in Norwegen zwischen der sechsten und der siebten Schulstufe stattfindet, bedeutet dies, dass jene Mädchen zwischen der ersten und der zweiten Messung einen Schulwechsel erlebt hatten. Dabei ist zu beachten, dass in derselben Studie im Gegensatz zur Stabilität keine durchschnittlichen Änderungen des Selbstwerts mit dem Schulwechsel gefunden wurden (Alsaker & Olweus, 1992). Das heißt, dass der Schulwechsel weder generell positiv oder generell negativ für den Selbstwert der Mädchen war. Die tiefere Stabilität bedeutet, dass einige Mädchen sich nach dem Schulwechsel positiver und andere Mädchen negativer bewertet hatten als zuvor. Mit anderen Worten, der Schulwechsel hatte für einige Mädchen eine positive Wirkung auf die Selbstbewertung und für andere eine negative.

Dass die Stabilität über zwei Jahre hinweg abnimmt, ließe vermuten, dass sich der Selbstwert vieler Jugendlicher mit den negativsten Werten bei der ersten Messung bis zur zweiten Messung etwas gebessert hatte (und umgekehrt für die Jugendlichen mit positivster Selbstbeurteilung). Weitere Analysen am selben Datensatzes haben aber gezeigt (Alsaker, 1991), dass insgesamt 70 % der Jugendlichen mit der extremsten negativen Selbstbeurteilung nach zwei Jahren immer noch sehr negativ zu sich selbst waren. Dieser Befund ist wichtig, weil er zeigt, dass die interindividuellen Unterschiede in der Selbstbeurteilung über Zeitintervalle von mehr als zwei Jahren zwar weniger stabil sind als über kürzere Intervalle, dass jedoch eigentliche Selbstbewertungsprobleme (die extremsten Werte) auch nach so langer Zeit von sich aus nicht verschwinden.

7.2.6.4 Wahrgenommene Stabilität des Selbstkonzepts

Rosenberg (1979, 1986) hat einen weiteren Begriff vorgeschlagen, der in der Adoleszenz von speziellem Interesse ist, und zwar die subjektive Wahrnehmung der Stabilität der eigenen Einstellung zu sich selbst.

Die wahrgenommene (In-)Stabilität des Selbstkonzepts ist theoretisch eng mit dem Ansatz des multiplen Selbst verbunden. Wie Harter gezeigt hat, kann eine Person in einer sozialen Beziehung eine positive Meinung und in einer anderen eine negative Meinung von sich selbst haben. Im Wechsel von der einen zur anderen Beziehung kann diese Person eine mittlere bis hohe Instabilität des Selbstwerts empfinden. Es hat sich gezeigt, dass die Wahrnehmung eines instabilen Selbstkonzepts besonders bei Jugendlichen mit einem tiefen Selbstwert zu beobachten ist (Alsaker & Olweus, 1986; Simmons & Blyth, 1987). Dies kann dahingehend interpretiert werden, dass das Gefühl der Stabilität eng damit zusammenhängt, ob man sich wohl oder sogar wertvoll fühlt. Es könnte aber auch sein, dass Menschen, die sich im Allgemeinen negativ bewerten, dies nicht ständig tun, d. h. manchmal auch positive Aussagen über sich selbst machen, und deshalb ihre Selbstbewertung als instabil erleben.

Dies führt uns zu unserem zweiten Hauptthema, der Identität.

7.3 Identität

Wie bereits im ersten Teil des Kapitels angedeutet wurde, stellt der Begriff der Identität eine Herausforderung für die Psychologie dar. Diese liegt darin, Identität so zu definieren, dass die Abgrenzung zu Begriffen wie dem Selbst, der Persönlichkeit und dem Selbstkonzept deutlich und nützlich ist.

Systematische Diskussionen über Identität begannen in den 50er Jahren, als Erikson (1950a, 1950b) sein Modell der Entwicklung präsentierte, in dem der Aufbau der Identität eine essentielle Rolle spielte. Erikson sprach von einem Gefühl der Identität (engl. sense of identity), das dem Gefühl der eigenen Kontinuität und Gleichheit entsprechen sollte. In diesem Sinn kann die Identität als existentielles Erlebnis des Mit-sich-selber-eins-Seins verstanden werden.

7.3.1 Identität in Abgrenzung zum Selbstkonzept

Das Selbstkonzept wird von vielen als das Resultat einer Selbstbeschreibung und Selbstbewertung konzipiert (z. B. Baumeister, 1986), während die Identität das Ergebnis einer aktiven Suche, Definition oder Konstruktion des Selbst beinhaltet.

Um den verschiedenen Forschungsansätzen gerecht zu werden, wollen wir für die Identität zwei Arbeitsdefinitionen vorschlagen. Die erste beruht auf frühen Schriften von Erikson und lautet wie folgt:

> Identität ist als ein Gefühl der Identität, d. h. der Kontinuität und Einigkeit mit sich selbst zu verstehen. Dieses Gefühl der Identität wird durch Interaktion mit anderen und im Kontext der eigenen Kultur gebildet, und es ist als ein Prozess zu verstehen, der lebenslang dauert.

Grotevant (1987) hat vorgeschlagen, die Identitätsbildung als eine lebenslange Aufgabe zu betrachten, die ihre Wurzeln in der frühen Kindheit hat. Er sagt weiter, dass sich dieses Gefühl der Identität in der Adoleszenz verändert, wenn neue kognitive Fähigkeiten und andere Veränderungen eintreten.

Als zweite Definition schlagen wir jene von Waterman (1985, S. 6, übersetzt von Fend, 1991a, S. 17) vor, die sich auch auf die Arbeiten von Marcia bezieht (vgl. unten): «Identität bezieht sich auf klar beschriebene Selbstdefinitionen, die jene Ziele, Werte und Überzeugungen enthalten, die eine Person für sich als persönlich wichtig erachtet und denen sie sich verpflichtet fühlt».

Diese Definition besagt, dass Menschen sich mit ihren Handlungen, Werten und Zielen identifizieren und sich über diese definieren: «Ich bin, was ich tue und mich zu tun verpflichtet fühle». In diesem Sinn kann man auch von einem «Projektentwurf des eigenen Lebens» (Fend, 1991a, S. 22) reden, der als Kern der Identitätsentwicklung zu betrachten ist. In dieser Definition ist das Element des «Gefühls der Kontinuität und Einigkeit mit sich selbst» nicht mehr explizit vorhanden.

Identität als ein Gefühl der Einigkeit mit sich selbst und Identität als Projektentwurf könnten auch beide als Teile des Selbstkonzepts verstanden werden, d. h. als einige der vielen Vorstellungen und Meinungen, die eine Person über sich selbst hat.

Am treffendsten scheint uns, Identität und Selbstkonzept als zwei verschiedene Konzepte zu definieren, die jedoch in Zusammenhang miteinander stehen. Werden Selbstkonzept und Identität so definiert, dass sie alles (und einander) beinhalten, was zum Selbst oder zur Identität in Beziehung steht, können wir nicht mehr untersuchen, wie solche Prozesse in Gang gesetzt werden oder sich mit der Zeit ändern. Die Wahrnehmung eines unstabilen Selbstkonzepts beispielsweise ist zwar höchst wahrscheinlich ein Indikator einer schwächeren Identität (definiert als Gefühl der Kontinuität und Gleichheit), darf aber keineswegs als identisch mit dem Begriff der Identität verstanden werden. Zur Verdeutlichung und als Gegenüberstellung zur Arbeitsdefinition des Selbstkonzepts (vgl. Kap. 7.1.6) präsentieren wir im Folgenden unsere Arbeitsdefinition der Identität:

> Identität ist als Kern des Selbstsystems anzusehen, das, was dem erlebenden Selbst am meisten entspricht. Sie besteht aus den für die Person wichtigsten Selbstdefinitionen, welche ihr helfen, Kontinuität und Kongruenz über Zeit und Situationen hinweg zu empfinden. Geraten diese Selbstdefinitionen in Gefahr, dann werden die Gefühle der Kontinuität und Kongruenz bedroht, was zu existenzieller Angst, einem beschädigten Selbstwert und Verwirrung führen kann.

7.3.2 Identität im Werke von E. H. Erikson

Erikson (1968, dt. 1981) hat die menschliche Entwicklung als psychodynamische und gleichzeitig sozial bedingte Abfolge von acht fokalen Krisen beschrieben, die zwar alle zu ihrer Zeit mehr oder weniger gelöst oder beigelegt werden, deren Themen oder Inhalte jedoch für das ganze Leben weiter bestehen und durch die jeweils vorausgehenden Krisen vorbereitet werden. Die fünfte Phase oder Krise betrifft das Jugendalter und ist beschrieben als die Krise zwischen «Identität und Identitätsdiffusion». Nach Erikson gerät Identität aus epigenetischen (= endogenen) Gründen in der fünften Phase, dem Jugendalter, in eine «normative» (= notwendige) Krise. Die Problematik existiert aber schon vorher und bleibt auch nachher bestehen.

In dieser Phase wird das Zusammenspiel von positiver und negativer (= Abgrenzung von dem, was man nicht sein will) Identität wichtig, ebenso das der Ich-Identität und der Gruppen-Identität. Die Identitätskrise hat auch einen historischen und einen gesellschaftlichen Bezug: «Die Jugend von heute ist nicht die Jugend von vor zwanzig Jahren» (Erikson, 1968, dt. 1981, S. 22).

Erikson beschreibt vor allem die Jugend der 60er Jahre. Sie war sehr stark durch eine negative Identitätsbildung gekennzeichnet, d. h. durch die Absetzung von herrschenden Normen. Diese wurde zum Beispiel durch Ablehnung traditioneller Kleidung, Haarschnitt, voreheliches Zusammenleben etc. demonstriert. Dabei waren die Jugendlichen nach Erikson in dieser Ablehnung der herrschenden Normen verglichen mit ihren Peers paradoxerweise erstaunlich konform. «Dass dieser Nonkonformismus seinerseits eine Bitte um brüderliche Bestätigung ist und so einen neuen ritualisierten Charakter erwirbt, das ist Teil des Paradoxes aller rebellischen Identitätsbildung» (Erikson, 1968, dt. 1981, S. 24).

Erikson spricht auch die Vermutung an, dass Jugendliche sich so verhalten, als hätten sie den Medien entnommen, wie sie sich aufzuführen hätten. Den Medien entnehmen sie angeblich, wie ihre Krise aussehen sollte. Das führt sie dazu, die erwartete Krise zu spielen. Erikson warnt aber davor, diese Verstellung könnte die Erwachsenen zu Unrecht dazu führen zu glauben, die adoleszente Identitätskrise sei nicht ernst zu nehmen.

Erikson verweist in diesem Zusammenhang auf den «Pinsk-Minsk-Mechanismus», den zeitlosen Beitrag jüdischen Witzes: «Auf einem Bahnhof in Polen trifft ein Mann auf einen Geschäftskonkurrenten und fragt ihn, wohin er fährt. Nach Minsk, sagt der und versucht wegzulaufen. Nach Minsk?, ruft der erste ihm nach, Du sagst nach Minsk, so dass ich glauben soll, Du fährst nach Pinsk! Du Lügner – Du fährst doch nach Minsk! … Mit anderen Worten, manche Jugendliche, die eine etwas bösartige Identitätsverwirrung zu haben scheinen, haben sie tatsächlich» (1968, dt. 1981, S. 25–26). Es ist daraus sehr klar zu lesen, dass Eriksons Glaube an die jugendliche Krise stärker war als jegliche Empirie. Egal, wie ein Jugendlicher sich verhalten würde, man könnte es als Beweis einer Identitätskrise interpretieren.

Neben Versuchen der negativen Identitätsbildung gibt es natürlich auch Versuche zur positiven Identitätsbildung, sei es durch Identifikation mit gegebenen Rollen, sei es durch Verliebtheit, Anschluss an Peer-Gruppen (Findung der Ich-Identität über Erfahrungen von Gruppenidentität), eine politische Tätigkeit, Berufswahl etc. Die Auseinandersetzung mit anderen, auch mit Geliebten, ist Teil der Identitätssuche durch Projektion und Zurückspiegelung. Es wird vieles ausprobiert und wieder verworfen, was natürlich zunächst gerade nicht dauernden Halt gibt.

Wegen der Bedeutsamkeit der Aufgabe der Identitätsfindung hat Erikson (1968, dt. 1981) die berühmte Forderung nach einem speziellen Moratorium aufgestellt. So wie die Latenzperiode nach Freud ein psychosexuelles Moratorium darstelle, so forderte er ein psychosoziales Moratorium für die Jugend (vgl. Maier, 1969, S. 61; vgl. auch Kap. 2). Es solle eine Zeit darstellen, in der die jungen Menschen bereits Erwachsenenrechte besitzen, aber noch nicht die ganze Verantwortung übernehmen müssen. Man könnte sagen, es sei eine Zeit, für welche eine Totalamnestie erteilt werde, aus der nichts nachgetragen und die nicht für die ganze spätere Laufbahn als entscheidend gelten solle. Diese Forderung nach einem Moratorium könnte aber dazu führen, dass man die Jugendlichen eben doch nicht ganz ernst nimmt und ihnen einfach Narrenfreiheit zugesteht. Auf diese Weise riskiert man die Jugend zu marginalisieren und eine Identitätsbildung zu fördern, die für das Erwachsenalter nicht besonders tauglich wäre.

Die nächste Stufe in Eriksons Theorie betrifft die Intimität (Spätadoleszenz). Ein zentrales Problem der Intimität besteht in der Spannung zwischen Kontrapunktierung und Verschmelzung von Identitäten. Diese Spannung ist nur lösbar auf der Basis einer gefundenen Identität (Stufe 5); sonst kann die Krise in Richtung Nichteingehen von Intimität oder in Richtung überstürzter Intimität oder gar Promiskuität führen. Auch in allen weiteren Phasen (sowie in früheren) gibt es wichtige Elemente für die Identitätsbildung. Es würde allerdings zu weit führen, hier alle Phasen des Modells von Erikson nach ihrer Bedeutung für die Identitätsbildung zu analysieren. Wir wollen es bei einer Zusammenfassung der wichtigsten Aussagen Eriksons zur Identitätsfindung in der Adoleszenz belassen:

- Identität baut sich während der gesamten Entwicklung auf, ist in der Adoleszenz besonders kritisch, aber auch hernach nicht definitiv gesichert.
- Erikson unterscheidet zwischen positiver und negativer Identität. Letztere ist in der Zeit der Ablösung von den Eltern besonders wichtig.
- Des Weiteren unterscheidet er eine Ich-Identität von einer Gruppen-Identität; Letztere ist als Übergang und Probefeld für neue Identitäten besonders wichtig.
- Obwohl die Identitätskrise wie die gesamte Entwicklung nach Erikson genetisch festgelegt ist, ist sie in starkem Maße gesellschaftlich und historisch modifizierbar.
- Ein ideales Gefühl der Identität ist erreicht, wenn sich das Individuum im eigenen Körper zu Hause fühlt, wenn es weiß, wohin es gehen will, und auch antizipieren kann, dass es dafür Anerkennung der signifikanten Anderen bekommen wird. Identität impliziert ein Gefühl der Einigkeit mit sich selbst und der Kontinuität über die Zeit.

So einleuchtend und hilfreich diese Aussagen erscheinen; man kann nicht sagen, dass sie sich empirisch bewährt haben. Ein bedeutsamer neuer Beitrag zur Operationalisierung der Identität stammt von James E. Marcia, welcher eine Reihe von empirischen Arbeiten durchgeführt resp. angeregt hat.

7.3.3 James Marcias Modell

James E. Marcia, ein Erikson-Schüler, hat ein Ablaufmodell der Identitätsbildung, welches sich vor allem auf die Adoleszenz bezieht, vorgeschlagen. Er postuliert vier Phasen, nämlich: übernommene Identität (engl. foreclosure), kritische Identität (moratorium), diffuse Identität (identity diffusion) und erarbeitete Identität (identity achievement). Im Gefolge Eriksons Theorie (Stufe 5, siehe oben) bezeichnet Marcia erarbeitete Identität und diffuse Identität als die extremen und entgegengesetzten Positionen seines Modells. Nach seinen eigenen Befunden (1966) setzte er jedoch die übernommene Identität als unterste Stufe an. Überhaupt ist die Beziehung zwischen den Stufen bis heute unklar geblieben: Die zeitliche Abfolge im Lauf der Entwicklung, wie sie Marcia postuliert hatte, wurde später meistens nicht mehr beansprucht; vielmehr wurde das System bislang in der Regel als eine Identitäts-Typologie verwendet.

Dem Werk von Erikson treu sind bei Marcia die zwei zentralen Begriffe «exploration» und «commitments». Ersterer Begriff kann als Experimentieren verstanden werden, letzterer als Verpflichtung des Individuums gewissen Werten gegenüber oder als Entscheidung (oder Entschiedenheit; Fend, 1991a). Dies entspricht Eriksons Aussage, dass das Individuum auf der Suche sei und eine gewisse Rollen- oder Identitätsdiffusion erleben muss, um später Entscheidungen im Sinne der eigenen Identitätsbildung treffen zu können.

7.3.3.1 Die vier Identitätstypen

Die vier Typen der Identitätsbildung werden laut Marcia durch das Ausmaß der Suche und der Verpflichtung definiert (siehe Marcia, 1966). Die heutige Charakterisierung der vier Identitätstypen besteht einerseits aus theoretischen Überlegungen und baut andererseits auf empirischen Daten auf, die Marcia (und andere nach ihm) in Interviews mit Jugendlichen gewonnen hat. Dabei ist wichtig zu bemerken, dass sich die Interviews ursprünglich auf vier Inhalte begrenzten: berufliche Wahlen, politische, religiöse und sexuelle Werte. Die vier Identitätstypen können in einer Tabelle zusammengefasst werden (Tab. 7–1).

Jugendliche, welche eine *erarbeitete Identität* aufweisen, haben sich normalerweise nach einer Periode der Suche gewissen Werten verpflichtet. In der Explorationsphase haben sie auch nach

Tabelle 7-1: Identitätstypen nach Marcia

Ausmaß der Verpflichtung	Ausmaß der Exploration	
	hoch	niedrig
hoch	*Erarbeitete Identität* Identity achievement	*Übernommene Identität* Foreclosure
niedrig	*Kritische Identität* Moratorium	*Diffuse Identität* Identity diffusion

möglichen Ausdrucksweisen ihrer eigenen Werte in ihrer Kultur gesucht (Alsaker & Kroger, im Druck). Im Zustand der erarbeiteten Identität ist die Identitätskrise sozusagen überwunden. Dieser Zustand zeichnet sich aus durch einen festen Standpunkt, Zielstrebigkeit, Ruhe, Bestimmtheit, Teilnahme ohne Selbstsucht sowie kritische Freundlichkeit.

Auch Jugendliche mit einer *übernommenen Identität* sind gewissen Werten klar verpflichtet, aber sie haben keine Explorationsperiode durchlaufen. Sie haben sich weltanschaulich, beruflich oder politisch etc. nicht für eine persönliche Ausrichtung entschieden, sondern die Werte durch Identifikation mit anderen (meistens den Eltern) übernommen. Jugendliche in diesem Identitätszustand sind mehr oder weniger unauffällig und fühlen sich wohl zu Hause.

Gemeinsam für Jugendliche mit einer *kritischen (Moratorium)* und einer *diffusen Identität* ist, dass sie keinen klaren Werten verpflichtet sind. Adoleszente mit einer kritischen Identität sind aber aktiv auf der Suche nach Werten und deren Ausdrucksweisen, was bei den Adoleszenten mit diffuser Identität nicht zutrifft.

Der Zustand des Moratoriums kennzeichnet somit die Identität in aktiver Krise; das Individuum ist mit seiner Zukunft beschäftigt und strebt Entscheidungen an (Marcia, 1980). Nach Donavan (1975) sind Moratoriums-Menschen affektiv sehr engagiert, aber ambivalent in ihren Freundschaften, ihrer Berufsorientierung, gegenüber ihren Eltern etc. Menschen mit diffuser Identität sind eher desorientiert, haben keine ausgeprägten Interessen und können resp. wollen sich für nichts entscheiden.

Die Mehrheit der uns bekannten Befunde zu den Identitätszuständen nach Marcia sind differentiell, d. h. sie dokumentieren Unterschiede zwischen den vier diagnostizierten Identitätstypen. Längsschnittstudien zu intraindividuellen Änderungen wurden leider relativ selten durchgeführt.

Die meisten Befunde widerspiegeln lediglich die Definitionen der vier Typen von Identität und entsprechen dem jeweiligen Ausmaß an Exploration und Entschiedenheit; in diesem Sinne sind sie voraussagbar, aber eine zeitliche Abfolge im Sinne von Entwicklungsstufen konnte nicht nachgewiesen werden. Zum Beispiel findet man, dass sich Jugendliche mit einer erarbeiteten Identität rationalerer Entscheidungsstrategien bedienen als andere (z. B. Blustein & Philips, 1990; Marcia, 1967), was selbstverständlich mit ihrer hohen Entschiedenheit zusammenhängt. Wir werden im Folgenden weitere Ergebnisse den vier Identitätstypen zuordnen.

Jugendliche mit übernommener Identität befürworten mehr als andere Autorität, Gehorsam, strenge Führung. Ihr Selbstwert ist bei persönlichen Angriffen verletzbar. Sie sind stressanfälliger als Jugendliche mit erarbeiteter Identität. Sie halten auch bei Misserfolg ihre Ansprüche aufrecht (Marcia, 1966). Marcia und Friedman (1970) fanden bei Studentinnen mit übernommener Identität einen hohen Selbstwert und tiefe Ängstlichkeit (so auch Marcia, 1967), aber hohe Autoritarismus-Werte. Sie sind auch weniger offen für neue Experimente als alle anderen (Tesch & Cameron, 1987). Diese relativ hartnäckige Orientierung an vorgegebenen Werten, kombiniert mit der geringen Lust zur Exploration, kann die tiefen Ängstlichkeitswerte dieser Jugendlichen erklären. Die übernommene Identität steht eben unter dem Schutz der Eltern oder anderer Autoritäten. Dafür fand Mahler (1969, zit. nach Marcia, 1980, S. 162), dass Individuen mit übernommener Identität eine erhöhte Tendenz zur Verdrängung aufwiesen. In moralischer Hinsicht sind sie vermehrt auf den präkonventionellen und konventionellen Stufen zu finden (Rowe & Marcia, 1980; Skoe & Marcia, 1991).

Jugendliche mit diffuser Identität weisen tiefere kognitive Leistungen auf als Jugendliche mit erarbeiteter Identität (Marcia, 1966). Sie sind mit ihren Eltern nicht zufrieden, ziehen sich von sozialen Kontexten zurück und projizieren aggressive Gefühle auf andere (Donavan, 1975). Sie zeigen auch mehr Hoffnungslosigkeit als alle anderen (Selles, Markstrom-Adams & Adams, 1994). Letzteres entspricht ganz ihrem Zustand der Unentschiedenheit und des Desinteresses.

Adoleszente im Moratorium weisen große intraindividuelle Leistungsschwankungen im kognitiven Bereich auf (Marcia, 1966). Nach Donavan (1975) sind sie affektiv sehr engagiert, aber ambivalent in Bezug auf ihre Freundschaften, Berufsorientierung, Eltern etc. Marcia und Friedman (1970) fanden bei Moratorium-Studentinnen besonders niedrige Autoritarismus-Werte, Marcia (1967) wies dafür besonders hohe Ängstlichkeitswerte nach. Diese Moratorium-Jugendlichen sind eben auf der Suche, offen für neue Erlebnisse und Experimente (Stephen, Fraser & Marcia, 1992) und haben wenig Festes. Kognitiv und in ihrer moralischen Entwicklung sind sie vergleichbar mit den Jugendlichen im erarbeiteten Identitätstyp (Skoe & Marcia, 1991); ihr moralisches Urteil ist als postkonventionell zu beurteilen.

Jugendliche mit erarbeiteter Identität sind stressresistent in Bezug auf intellektuelle Leistungen, sie weisen große Ausdauer auf, haben ein realistisches Anspruchsniveau und geringfügig tiefere Autoritarismus- und Verletzbarkeitswerte als die anderen (Marcia, 1966). Sie zeigten sich in Untersuchungen als weniger selbstbesorgt als die übrigen Jugendlichen (Adams, Abraham & Markstrom, 1987) und erwiesen sich auch als resistenter gegen soziale Beeinflussung in Gruppensituationen (Toder & Marcia, 1973; Waterman & Waterman, 1971, 1972). Marcia und Friedman (1970) fanden bei Studentinnen mit einer erarbeiteten Identität eine Bevorzugung von sog. schwierigen Studienfächern. Sie haben einen höheren Selbstwert und sind offen für Neues (Tesch & Cameron, 1987). In ihrer Moralentwicklung sind sie vermehrt auf der postkonventionellen Stufe zu finden (Skoe & Marcia, 1991).

Kacerguis und Adams (1980) zeigten, dass Studierende mit erarbeiteter Identität ein signifikant reiferes Intimitätsverhalten aufwiesen als alle anderen. Dieser Befund entspricht insofern der Theorie von Erikson, als die anscheinend gelungene Lösung der fünften Krise, nämlich der Identitätskrise, eine gute Voraussetzung für die Bewältigung der nachfolgenden Krise, die der Intimität, ist (siehe oben).

Wenn man Studierende mit werktätigen Jugendlichen vergleicht, so findet man letztere relativ häufiger im Zustand der erarbeiteten Identität und die Studierenden häufiger im Moratorium (Munro & Adams, 1977, zit. nach Hauser et al., 1984, S. 125). Dieser Befund entspricht der Tatsache, dass Lehrlinge und junge Arbeiter sich früher ein klares Bild machen müssen über ihren «beruflichen Wert» und ihre beruflichen Ziele. Da ihre soziale Umgebung altersheterogener ist, sind sie auch eher gezwungen, sich zu bestimmten Sachinhalten eine persönliche Meinung zu bilden und diese zu vertreten. Für Studierende ist der Druck der persönlichen Festlegung geringer; er verschiebt sich altersmäßig nach hinten, aber er kommt natürlich auch. So konnten Waterman, Geary und Waterman (1974, zit. nach Hauser et al., 1984, S. 125) an denselben Studierenden feststellen, dass sie im Verlauf ihrer weiteren Entwicklung ebenfalls häufiger in den Zustand der erarbeiteten Identität gelangten.

7.3.3.2 Entwicklung und Stabilität

Marcia (1976) hat eine Längsschnittuntersuchung mit einem Intervall von sechs Jahren zwischen den Datenerhebungen durchgeführt. Die

Ergebnisse zeigten zwar gewisse Veränderungen (Übergänge von einem Status zu einem anderen), aber nicht immer in der erwarteten Richtung. Immerhin erwies sich die Moratoriumsphase als die instabilste. Gekennzeichnet durch ein hohes Niveau an Exploration und eine tiefe Verpflichtung gegenüber Werten, sollte man tatsächlich erwarten, dass Jugendliche in diesem Status durch ihre aktive Suche sich irgendeinmal für bestimmte Werte entscheiden (oder die Suche aufgeben) und somit diesen Status verlassen.

Interessanterweise hat die Forschung in den letzten Jahrzehnten gezeigt, dass mindestens die Hälfte der untersuchten Universitätsstudierenden (späte Adoleszenz bis junges Erwachsenenalter) eine übernommene oder diffuse Identität aufweisen, und zwar in allen befragten Identitätsbereichen (z. B. Cramer, 1998; Kroger, 1988; Marcia, 1976).

Die erarbeitete Identität ist generell durch wenig Stabilität gekennzeichnet (vgl. Alsaker & Kroger, im Druck). Möglicherweise geht die Identitätsbildung zyklisch weiter, abwechselnd zwischen Moratorium und erarbeiteten Identitätsphasen. Es ist nachvollziehbar, dass eine Person, die viele Entscheidungen bezüglich ihrer Identität auf bestimmten Gebieten getroffen hat, mit der Zeit neue Herausforderungen sucht und sich wieder in einer Moratoriumsphase befindet, bis sie wieder neue identitätsrelevante Entscheidungen getroffen hat (Neuenschwander, 1996). Relativ oft sind auch Übergänge von einer übernommenen zu einer kritischen Identität (Moratorium) gefunden worden.

Es gibt leider recht wenige Studien, welche die Identitätsbildung über mehr als zwei Zeitpunkte untersucht haben, sodass die Ergebnisse noch keine sichere und reliable Antwort auf unsere Fragen geben können. Als genereller Entwicklungsbefund für das Jugendalter kann nur mit Vorbehalt festgehalten werden, dass die Indikatoren für eine erarbeitete Identität im Lauf des Jugendalters ansteigen (vgl. Coleman, 1980).

Abschliessend ist zu bemerken, dass die meisten Studien zur Identitätsbildung nach Marcias Modell in den USA durchgeführt wurden. Es ist äusserst schwierig zu sagen, ob gleiche Studien in Europa zu denselben Schlussfolgerungen führen würden.

7.3.4 Neuere Ansätze

Die traditionelle Identitätsforschung ist mit dem Studium der verschiedenen Identitätsphasen (vgl. das Modell von Marcia) und ihren Korrelaten zu einem gewissen Abschluss gekommen (La Voie, 1992). Dafür fokussiert man heute viel mehr auf Geschlechtsrollen, auf die Integration von verschiedenen Gebieten des Selbst, auf die Rolle der sozialen Klassen, auf ethnische Unterschiede, auf den sozialen und kulturellen Kontext und schliesslich auf die möglichen biologischen Wurzeln der Identität.

Es ist dem Leser und der Leserin bei der Darstellung der Ergebnisse rund um Marcias Modell vielleicht aufgefallen, dass einige Charakteristika der Jugendlichen in gewissen Identitätszuständen aufgrund der beiden Komponenten Exploration und Verpflichtung voraussagbar wären. Das heisst, dass man allein anhand dieser zwei Prozesse, auf welche sich Marcias Modell stützt, vieles erklären könnte. Grotevant (1987) hat einen Schritt in diese Richtung getan, indem er auf die Identitätskategorien verzichtet hat und stattdessen ein Prozess-Modell für den Aufbau der Identität entwickelte, das allerdings vor allem die Exploration ins Zentrum stellt. Identitätsexploration wird darin als «problem-solving behavior aimed at eliciting information about oneself or one's environment in order to make a decision about an important life choice» (S. 204) definiert. Diese Leistung kann (wie es auch bei den sog. commitments der Fall ist) in verschiedenen Gebieten erbracht werden, wie zum Beispiel in Beruf, Religion, politischen Ideologien, persönlichen ethischen Werten, Geschlechterrollen, Relationen zu Freunden und Partnerwahl.

Grotevants Modell beinhaltet folgende Elemente: Die Merkmale, die eine Person mitbringt (Persönlichkeit, kognitive Fähigkeiten, Identität), stehen in Zusammenhang mit dem Kontext, in dem diese Person lebt. Beide Komponenten beeinflussen den Aufbau einer Identität in einem bestimmten Bereich (z. B. Beruf). Der

Identitätsaufbau in einem Bereich steht im engen Zusammenhang mit dem Aufbau der Identität in anderen Bereichen. Das Ausmaß der Exploration hängt mit individuellen und kontextuellen Faktoren zusammen. Dieser Explorationsprozess wird nicht gleichzeitig auf allen Gebieten der Identität in Gang gesetzt. Auf diese Weise hat Grotevant versucht, der Identitätsbildung auf die Spur zu kommen, aber leider hat sein Modell keine weitere Forschung angeregt.

Ein anderer Ansatz, der neue Elemente beinhaltet, ist der von Waterman (z. B. 1990, 1993). Er hat den Begriff der persönlichen Ausdrucksfähigkeit (engl. personal expressiveness) in die Identitätsforschung eingebracht. Dabei stützt er sich auf eine Theorie der Selbst-Verwirklichung, die Eudämonismus genannt wird: «Eudaimonism is an ethical theory that calls people to recognize and to live in accordance with the daimon or ‹true self›» (1993, S. 678). Für Waterman sind Anstrengungen, die ein Mensch macht, um in Übereinstimmung mit diesem echten Selbst zu leben, persönliche Ausdrucksweisen des Individuums (personally expressive of the individual; 1993, S. 678). Waterman definiert Identität als einen Aspekt der optimalen psychologischen Funktionsfähigkeit, die wiederum durch die Verwirklichung des echten Selbst erreicht werden kann.

Solche Anstrengungen zur Verwirklichung des echten Selbst kommen in unterschiedlichen Aktivitäten zum Ausdruck. Für die Selbstdefinition sind nicht alle Aktivitäten relevant, sondern vor allem jene, welche eine optimale Erfahrung des Selbst bieten oder einem das Gefühl geben, «wirklich zu leben».

Waterman (1993) entwickelte einen Fragebogen zur Messung der Identität, in dem er die subjektive Bedeutung zentraler Aktivitäten erhob. Sein Fragebogen wird mit folgendem Satz eingeleitet: «If you wanted another person to know about who you are and what you are like as a person, what five activities of importance to you would you describe?»

Inwiefern diese Methode ein besseres Messinstrument für die Identität darstellt als Marcias Interview, oder inwiefern man dadurch näher an die echte Identität von Jugendlichen herankommt, ist vielleicht nicht einmal so wichtig. Interessant scheint uns vielmehr, dass dieser Ansatz eine neue Perspektive eröffnet.

Blasi (1988) hat die Identitätsforschung, die von Marcias Modell (1980) ausgeht, kritisiert. Seine Hauptkritik ist, dass in dieser Forschung die grundlegende Identitätsfrage «Wer bin ich?» fehlt. Diese Frage bezieht sich direkt auf die Beziehung, die eine Person zu sich selbst hat, im Gegensatz etwa zur Beziehung zum Beruf, zu politischen oder religiösen Einstellungen oder zu zwischenmenschlichen Beziehungen. Dieses Gefühl der Übereinstimmung bzw. des Eins-Seins mit sich selbst wird durch Blasis (1988) Konzept des «Selbst als Subjekt» erfasst. Das Selbst als Subjekt ist als unmittelbare Erfahrung des Selbst im Prozess der eigenen Handlung zu verstehen. Identität im Sinne von Erikson bezieht sich bei ihm auf die spezifische Art und Weise, wie man sich selbst als Subjekt erfährt. Genau gesagt spricht Blasi von «Identität mit sich selbst» (d. h. die Übereinstimmung zwischen der Handlung und dem reflektierenden Selbst), welche Selbst-Reflexion und «Einheit» unter den verschiedenen an einer Handlung beteiligten Prozessen (denken, sprechen) ermöglicht.

Blasi (1988) unterscheidet zwischen drei Modi der Erfahrung der Identität. Zunächst beschreiben sich Kinder anhand ihrer äußeren Erscheinung, ihren sozialen Rollen, Fähigkeiten und Aktivitäten. Mit der Stufe der *beobachteten Identität* wird nach Blasi zum ersten Mal über das Selbst reflektiert, und das Selbst wird als etwas Ganzheitliches wahrgenommen. Diese neue Entität besteht aus Persönlichkeitszügen und nicht mehr aus einzelnen Handlungen. Es scheint die Entdeckung einer neuen inneren Quasi-Substanz stattzufinden, die als das wahre (genuine) Selbst erfahren wird, im Gegensatz zu den äußeren persönlichen Charakteristika.

Der nächste Modus wird *Management der Identität* genannt. In diesem Modus wird Identität nicht mehr als etwas Gegebenes erfahren, sondern als etwas, das durch Handlung erworben und gestaltet werden muss. Die Bemühungen richten sich darauf zu definieren, wer man ist, und sich selbst nach seinem Selbst-Ideal zu entwickeln. Fähigkeiten, Interessen und Wirksamkeit werden zu einem wichtigen Bestandteil des Selbstkonzepts und zur Quelle von Stolz und Selbst-Kritik. Insbesondere gehören Handlungsfähigkeiten, zum Beispiel die Fähigkeit, Probleme zu lösen, zum Selbstmanagement. In diesem Modus werden innere Gefühle zugunsten von inneren Standards, Idealen und einer Art persönlicher Philosophie in den Hintergrund gedrängt. Pflichten und Verantwortung werden nun zu zentralen Selbstaspekten.

Der dritte Modus beinhaltet die *Identität als Authentizität*. Charakteristisch an diesem Modus ist die Entdeckung innerer Konflikte und Dichotomien, die Behauptung der eigenen Autonomie gegenüber kulturellen und sozialen Stereotypen und die Aufnahme von Interessen (engl. concerns) für die Welt in die Selbstdefinition. Wesentlich ist hier eine grundlegende Offenheit gegenüber der Realität und die Wahrnehmung der Selbst-Verantwortung. Dieser Respekt der Realität gegenüber findet beispielsweise direkten Ausdruck in der Anerkennung von unangenehmen Wahrheiten. Es ist ein Versuch, aus engen gesellschaftlichen Normvorstellungen und Stereotypen auszubrechen, mit dem Ziel, die letztlich gültige Wahrheit zu finden.

Blasis Identitäts-Messinstrument stellt die Erfahrung des wahren Selbst, des Selbst-Betrugs und die Verantwortung für die Entwicklung dieses Selbst ins Zentrum (z. B. Glodis & Blasi, 1993).

7.4 Ausblick

In den Schriften von Erikson, Waterman und Blasi ist die Frage nach Übereinstimmung und Echtheit zentral in der Auseinandersetzung mit dem Selbst-Konzept und der Identität. Diese Frage wird bei anderen Autoren unter dem Aspekt der Funktionalität (Cairns & Cairns, 1988), des sich präsentierenden Selbst (Rosenberg, 1979) oder des multiplen Selbst (Harter, 1998) diskutiert.

Wir haben im ersten Teil des Kapitels schon besprochen, dass Jugendliche sich damit auseinander setzen müssen, dass sie sich in verschiedenen Kontexten unterschiedlich verhalten und präsentieren und sich oftmals anders fühlen, als wie sie sich zeigen. Broughton (1981) hat anhand von Interviews mit Jugendlichen belegt, dass diese sich dessen sehr bewusst sind, dass sie nach außen ganz anders wirken als sie sich innerlich fühlen. Manche halten das Innere für «richtig» und das Äußere für «falsch». Ein Ausschnitt aus einem Gedicht eines 16-Jährigen beschreibt das sehr schön (aus Broughton, 1981, S. 23):

No one can describe
me the way I am,
No one can enter my brain
at least no mortal man.

So if you say you know me,
please, sir, look again,
for no one knows who I am but me,
and then, do I really?

Es ist für die Identitätsbildung und das Selbstkonzept entscheidend, dass das Individuum diese Unterschiede zwischen äußeren und privaten Aspekten und die unterschiedlichen Facetten von sich selbst (die eben nicht immer einheitlich und kohärent sind) auf einer höheren Ebene integrieren kann. Neu in den westlichen Gesellschaften unserer Zeit ist nicht nur, dass wenig vorgegeben ist (vgl. Fend, 1991a), sondern auch, dass vieles angeboten und gefordert wird. Der heranwachsende Mensch soll nicht nur ein Gefühl der Identität aufbauen, er ist auch vor die Aufgabe gestellt, den Inhalt seines Lebens zu einem sehr großen Teil selbst zu gestalten und damit auch selbst zu bestimmen, wie er sich definieren will.

Auf der anderen Seite verlangen die schnelle technologische Entwicklung und die sich schnell wandelnden sozialen Strukturen eine sehr hohe Anpassungsfähigkeit, die vielleicht weniger Raum für die Bildung eines Gefühls der Einigkeit mit sich selbst lassen. Ein wichtiger Aspekt der Identitätsbildung bei Erikson ist die Übereinstimmung der persönlichen Werte und Möglichkeiten mit den sozialen Gegebenheiten. Wenn Letztere sich schnell ändern, ist die Übereinstimmung auch schnell wieder gefährdet. Eine schmal definierte und sehr gefestigte Identität könnte unter diesen Bedingungen sehr dysfunktional werden.

Wahrscheinlich werden heute einige Prozesse der Identitätsbildung wegen der früher eintretenden Pubertät (vgl. Kap. 4) relativ früh in Gang gesetzt. Es ist sehr schwer zu sagen, ob und wie sich dieser säkulare Trend auf das Selbstkonzept und die Identitätsbildung von Jugendlichen ausgewirkt hat (Alsaker, 1995b). In diesem Kontext wollen wir nochmals auf die Ergebnisse vieler Studien hinweisen, die gezeigt haben, dass Frühreife bei Mädchen und Spätreife bei Knaben einen negativen Effekt auf die Selbstbewertung haben (vgl. Kap. 4). Auf welche Art und Weise Frühreife auf das Gefühl der Identität einwirken kann, ist nicht direkt untersucht worden. Dies führt uns allerdings weiter zu einem Thema, das Rosenberg (1975) angesprochen hat, nämlich dem der kontextuellen Dissonanz. Die Hauptfrage ist hier nicht, welchen Einfluss bestimmte Kontexte oder bestimmte Ereignisse an sich auf eine Person haben, sondern wie das Gefühl des Anders-Seins auf die Selbstbewertung von Jugendlichen einwirkt.

Selbstrepräsentationen sind vielfältig bedingt und beeinflussen ihrerseits Wahrnehmungen und Entscheidungen. Das Selbstkonzept und die Identität beeinflussen darum die weitere Entwicklung einer jeden Person. Ein hoher Selbstwert kann als Schutzfaktor funktionieren, ein tiefer Selbstwert ist ein Risikofaktor. Da Selbstbeurteilungen sich in der Adoleszenz mit dem Alter stabilisieren und sehr negative Einstellungen zu sich selbst sich meistens nicht spontan verbessern, ist es ein wichtiges Anliegen, Jugendlichen mit negativen Selbstrepräsentationen adäquate Unterstützung zu geben.

Teil III
Lebenswelten

8. Adoleszente und ihre Familie

In diesem Buch sprechen wir zweimal von Familie, nämlich im Kapitel 5 im Rahmen der Autonomieentwicklung und an dieser Stelle noch einmal. Das Streben nach Autonomie (innerhalb und außerhalb der Familie) ist ein wesentlicher *Entwicklungsprozess* in der Adoleszenz und gehört darum in den Teil II. Familie als *Lebenswelt* Jugendlicher gehört in den Teil III.

Menschliche Entwicklung findet in sozialen Kontexten statt. Nach Bronfenbrenner (1979, dt. 1981; vgl. Flammer, 1996, S. 205–215) lassen sich solche Kontexte als ineinander verschachtelt verstehen. Er hat sie als Mikrosysteme, Mesosysteme, Exosysteme und Makrosysteme beschrieben. Die Familie stellt ein Mikrosystem dar. Dieser Vorstellung der ineinander verschachtelten Kontexte möchten wir im Teil III dieses Buches nachgehen und zunächst jenen sozialen Kontext besprechen, in dem die Jugendlichen seit ihrer Geburt eingebettet sind, nämlich die Familie, und dann jene Kontexte, mit denen sie später in Kontakt kommen, nämlich die Gleichaltrigen (Kap. 9), die Schule (Kap. 10) und die Arbeits- und Berufswelt (Kap. 11).

8.1 Familie als Ort primärer Geborgenheit

Die Familien der westlichen Zivilisationen zu Beginn des 21. Jahrhunderts unterscheiden sich wesentlich von den Familien, die die gegenwärtigen Eltern und vor allem ihre Großeltern in ihrer Kindheit erlebt haben. Familiäre Sozialisation ist immer mehr ergänzt worden durch außerfamiliäre, zum Beispiel schulische Sozialisation. Aber die Familie ist vielleicht mehr denn je ein Ort der Kommunikation und der Kommunikationseinübung sowie des Austausches von Gefühlen (Fend, 2000) und daher der primären Geborgenheit. Noch größer sind die Unterschiede zu den Erscheinungsbildern der Familie der ersten Hälfte des 20. Jahrhunderts und der vorausgehenden europäischen Geschichte (z. B. Fleiner-Gerster, Gilliand & Lüscher, 1991; Lüscher, Schultheis & Wehrspaun, 1988).

8.1.1 Familie: modern, postmodern[30]

Lüscher (1988) nannte die zeitgenössische Familie postmodern und wollte damit ausdrücken, dass viele Normen «einen Verlust an Geltung erlitten [hätten] ohne dass feststeht, was an ihre Stelle tritt» (S. 16). So wie Lüscher die sog. Postmoderne, die im Wesentlichen für alle heutigen westlichen Gesellschaften zutrifft, beschreibt, ist die Familie gerade für die Jugendlichen an der Schwelle zum verantwortlichen Erwachsenenleben in besonderem Maße bedeutsam. Er spricht nämlich vom problematisch gewordenen Verhältnis des Menschen zur Umwelt, von der Skepsis gegenüber der sog. Funktionalität unseres Lebens (alles muss brauchbar und nützlich sein) sowie gegenüber dem Menschen als «Macher» und der Naturbeherrschung und von der Überfülle an Information. Solche Erfahrungen stellen viele Sicherheiten in Frage, die junge Menschen beim Aufbau ihres Lebens brauchen. – Spezifisch für die europäische Familie der Gegenwart im Gegensatz zur früheren Familie nennt Lüscher (1988, S. 32–33) die folgenden Punkte:

- Frauenrolle: Eine Mehrheit der verheirateten Frauen widmet ihre Arbeitskraft nicht mehr ausschließlich der Familie, sondern geht auch außerhalb der Familie einer Teilzeit- oder Vollzeitarbeit nach.[31] Das Selbstverständnis der heutigen Frauen erschöpft sich bei weitem nicht mehr in ihrer Mutterschaft.
- Familiengröße: In den letzten Jahren ist die durchschnittliche Kinderzahl je Familie in

---

[30] Die demografischen Angaben dieses Kapitels stammen aus den Homepages der nationalen statistischen Ämter (Schweiz: www.statistik.admin.ch; Deutschland: www.statistik-bund.de; Österreich: www.statistik.at).

[31] Während im Jahr 1998 76 % der männlichen Schweizer Bevölkerung über 15 Jahren einer Erwerbstätigkeit nachgingen, waren es bei den Frauen 56 %. In Deutschland und Österreich lagen die Erwerbsquoten im Frühjahr 1998 etwas höher, jeweils ungefähr 80 % der 15- bis 65-jährigen Männer und 62 % der gleichaltrigen Frauen waren erwerbstätig.

den westlichen Ländern beträchtlich gesunken. Von 1875 bis 1989 ist in der Schweiz die Zahl der Kinder je Frau, auf die ganze Lebenszeit gerechnet, von 4.34 auf 1.56 gesunken (Fleiner-Gerster et al., 1991, S. 607). Im Jahr 1999 betrug sie noch 1.50. In Deutschland (1.37) und in Österreich (1.31) liegen die Zahlen noch tiefer.

- Familienzusammensetzung: Der Anteil der Scheidungen, Einelternfamilien und Fortsetzungsfamilien zeigt eine steigende Tendenz. Die Scheidungshäufigkeit hat zum Beispiel in der Schweiz zwischen 1920 und 1989 von 8.9 % auf 32.4 % zugenommen (Fleiner-Gerster et al., 1991, S. 609). Im Jahr 1997 betrug die zusammengefasste Scheidungsziffer in der Schweiz 41 %.[32] Österreich weist eine vergleichbare Scheidungsziffer auf, während die Zahl in Deutschland (32 %) deutlich tiefer liegt.
- Werte: Der Wandel unserer Gesellschaft in eine universalistische Gesellschaft im Sinne Eisenstadts (1956, dt. 1966; vgl. Kap. 2.2) hat die Einzelfamilie mit ihrer Erziehungsaufgabe in eine einsame Position gedrängt. Je ausgeprägter die Werte in einer einzelnen Familie sind, desto stärker hebt sie sich vom umgebenden Meer der Wertepluralität ab und desto mehr wird die Familie durch die hinauswachsenden Jugendlichen hinterfragt. Aber es gilt auch: Je weniger klar und konsistent die Werte einer Familie sind, desto schwieriger wird es für ihre jugendlichen Kinder, sich in der Gesellschaft zu orientieren. Andererseits kommen in unserer Gesellschaft neue Werte (zum Teil in Form von Moden) auf, die die Jugendlichen rascher erreichen als ihre Eltern. Die Jugendlichen sind den Eltern oft voraus, und die Eltern können und müssen von ihnen lernen (vgl. Kap. 2.2.3).

Bisher war vereinfachend nur von *der* Familie die Rede. In Wirklichkeit leben verschiedene Jugendliche in sehr unterschiedlichen Familien. Die wichtigsten davon sind die folgenden:

- Natürliche biologische Familie oder Kernfamilie: Die beiden Personen der älteren Generation sind biologisch Mutter und Vater, und es gibt in der Familie nur biologische Kinder dieser Eltern.
- Stieffamilie: Familie mit Mutter und Stiefvater oder mit Vater und Stiefmutter mit Kindern als Geschwister und Halbgeschwister.
- Einelternfamilie, mit oder ohne Kontakt mit dem anderen Elternteil.
- verschiedene Mischformen. Lüscher (1998, S. 126–127) spricht in seiner Literaturübersicht u. a. von multipler Elternschaft, von fragmentierter Elternschaft, von Patchworkfamilien, von Hybridfamilien und von Antifamilie-Familien. Lerner, Sparks and McCubbin (2000) erwähnen auch elternlose Familien (z. B. Kind mit Tante) und Heimgruppen. – Zusätzlich zu nennen sind mindestens noch Dreigenerationenfamilien, Großeltern-Kind-Familien und Adoptivkinderfamilien.

Unter dem Gesichtspunkt der konkreten Lebensverhältnisse gibt es Familien, bei denen die Erwerbsarbeit unter dem gleichen Dach geschieht (Werkstatt, Bauernhof, Schulabwart), und solche mit dem Arbeitsplatz des Vaters oder der Mutter oder beider außerhalb des Wohnbereiches, ja gelegentlich mit wochenlangen externen Arbeitsaufenthalten. Die Trennung des Arbeitsorts vom Wohnort bedingt vor allem dann, wenn beide Elternteile erwerbstätig sind, hohe Ansprüche an die Organisation des Familienlebens.

Überdies gestatten die heutigen ökonomischen Verhältnisse den Eltern mehr als früher die Revision eingegangener Gemeinsamkeiten. Scheidungen sind deshalb einfacher geworden.

Obwohl heute viele verschiedene Familienformen bestehen und akzeptiert werden, besteht für die Kinder und Jugendlichen keine Wahl zwischen der sog. Normalfamilie und dynamischen Neuzusammensetzungen. Lebenssituationen ändern manchmal rasch (vgl. Schmidt-

---

32 Durchschnittlicher Prozentanteil der Ehen, die im Laufe der Zeit geschieden werden, wenn das Scheidungsverhalten im Beobachtungsjahr zugrunde gelegt wird (Bundesamt für Statistik, 1999).

Denter, 2000), und Reorganisation ist unausweichlich resp. ihre Verweigerung für die Kinder und Jugendlichen verheerend.

Man könnte meinen, es sei eine einmalig neue Erscheinung, dass die Familie in unserer Zeit weniger eindeutig definiert wird und problematisch geworden ist. Das ist aber eine Täuschung, die auf Erfahrungen und Schilderungen unserer Großelterngeneration zurückgeht. Aus der europäischen Geschichte sind durchaus große Familiennöte infolge Tod, Krankheit und Armut bekannt. Dazu kommt, dass der Begriff der Familie erst im 19. Jahrhundert auf eine Zweigenerationen-Wohngemeinschaft eingeengt worden ist. Bis ins 17. und 18. Jahrhundert hinein verwendete man im Deutschen den Begriff «Haus», was «eine Rechts-, Arbeits-, Konsum- und Wirtschaftseinheit» bedeutete, «zu der nicht nur die Familie im heutigen Sinne, sondern auch das Gesinde und der Besitz gehörten» (Gestrich, 1999). Auch Lüscher (1998, S. 128–129) wehrt sich gegen die romantisierende Vorstellung, früher seien die Familien immer eindeutige und intakte Gemeinschaften gewesen. Die viel gelobte bürgerliche Familie sei nur eine der Formen von Gemeinschaft und von primärer Kindersozialisation, die in der Kulturgeschichte aufzufinden seien.

8.1.2 Jugendliche in ihrer Familie: Geborgenheit oder Kampf mit den Eltern?

Von Eltern, deren Kinder in das zweite Lebensjahrzehnt eintreten, erfährt man gelegentlich, dass sie der Pubertät mit Spannung entgegensehen. Viele antizipieren laute Auseinandersetzungen, aber auch leise und schwer fassbare; viele Eltern erwarten oder befürchten insgeheim die Quittung für ihre bisherige Erziehungstätigkeit (vgl. Kap. 5).

8.1.2.1 Das Sturm-und-Drang-Vorurteil

Die Meinung, das Familienleben mit Jugendlichen bestehe im Wesentlichen aus schmerzlichen Spannungen und Streit, lässt sich nach wissenschaftlichen Untersuchungen nicht halten (Arnett, 1999). Überhaupt ist das Verständnis der Jugendzeit als einer generellen Sturm-und-Drang-Zeit zu schematisch der deutschen Literaturgeschichte nachempfunden. Wie bereits in Kapitel 1 ausgeführt, wurde diese Vorstellung von Hall (1904) unter dem Eindruck der Rekapitulationstheorien von Darwin (1859) und Haeckel (1866) sowie von der Psychoanalyse in die fachpsychologische Diskussion eingeführt.

Bandura und Walters stellten schon 1959 im Rahmen ihrer Untersuchung über jugendliche Aggressivität anhand von Interviews mit 14- bis 18-jährigen Jugendlichen und ihren Eltern fest, dass in dieser Zeit weder die Eltern generell strenger und auf mehr Kontrolle bedacht waren als vorher, noch dass sich alle Jugendlichen in einem anstrengenden Dauerkampf gegen die Eltern um mehr Unabhängigkeit befanden. Auch war schon in dieser Untersuchung die Zunahme der Kontakte mit Gleichaltrigen nicht mit weniger Verbundenheit mit den Eltern korreliert. Überdies wählten die Jugendlichen durchaus nicht systematisch Freunde, die den Werten und Wünschen der Eltern widersprachen (vgl. auch Bandura, 1964).

Auch viele spätere Untersuchungen belegen, dass die Beziehungen zwischen Eltern und pubertierenden Jugendlichen mehrheitlich positiv sind.[33] Insbesondere zeigte sich immer wieder, dass die Unterstützung durch die Eltern, wie die Jugendlichen sie wahrnehmen, mit ihrem Wohlbefinden zusammenhängt (z. B. Helsen, Vollebergh & Meeus, 2000; VanWel, Linssen & Abma, 2000).

Es trifft hingegen zu, dass in der frühen Adoleszenz (10 bis 12 Jahre) die Konflikthäufigkeit mit den Eltern im Durchschnitt zunimmt, dann

---

33 Zu nennen sind etwa die Untersuchungen von Engel und Hurrelmann (1989), Douvan und Adelson (1966), Fogelman (1976, zit. nach Coleman & Hendry, 1990, S. 85), Rutter, Graham, Chadwick und Yule (1976), Murray und Thompson (1985), Greene und Grimsley (1990, zit. nach Alsaker, 1992, S. 17) sowie Besevegis, Giannitsas und Georgouleas (1992). Für Übersichtsdarstellungen kann auf Holmbeck (1996), Montemayor (1983), Smetana (1987) und Paikoff und Brooks-Gunn (1991) verwiesen werden.

aber wieder abnimmt. Dieser Befund basiert auf einer Metaanalyse von Laursen, Coy und Collins (1998) über 24 empirische Studien. Im Weiteren zeigten die Autoren jedoch, dass die emotionale Intensität und subjektive Belastung der Jugendlichen in der mittleren Adoleszenz (13 bis 16 Jahre) größer war als in der frühen Adoleszenz (vgl. auch Bizarros, 1990, Studie an portugiesischen Mädchen). Eine Studie von Furman und Buhrmester (1985) erbrachte das erstaunliche Ergebnis, dass nach Aussagen der betroffenen Jugendlichen selbst Konflikte mit den eigenen Geschwistern zahlreicher waren als Konflikte mit den Eltern.

Die irrige Meinung, dass generell mit Jugendlichen besonders schwer zurechtzukommen sei, findet allerdings auch heute in Sensationsmeldungen der Presse immer wieder Nahrung. Dabei wird übersehen, dass sog. Jugendunruhen und progressive oder auch mal utopische politische Forderungen meistens gar nicht mehrheitlich von Adoleszenten unter 20 Jahren getragen werden. Und wenn Jugendliche mit dabei sind, machen sie meistens nur einen kleinen Teil der Aktivisten aus. Wenn die Erwachsenen von einigen Beobachtungen auffälliger Jugendlicher auf alle schließen, sind sie nicht nur unfair, sondern schaffen neue Probleme. Offer, Rostov und Howard (1981, zit. nach Coleman & Hendry, 1990, S. 449): «Throughout the ages adults have created a ‹generation gap› by systematically distorting the adolescent experience. This has clearly been a disservice to normal teenagers, since distortion forestalls effective communication. But it is also a disservice to deviant and disturbed teenagers, since they are denied needed help by adults who blithely assert that ‹adolescents are just going through a stage›».

Vielleicht ist das Stereotyp von den schwierigen Jugendlichen viel tiefer in der allgemeinen Lebenseinstellung der Erwachsenen selbst verwurzelt. Viele von ihnen mögen bedauern, dass ihre eigene Jugend vorbei ist, und entwickeln Ängste, aber auch Phantasien, was sie tun könnten/würden, wenn sie noch einmal so ungebunden und im Vollbesitz ihrer Kräfte, ihrer Schönheit und ihrer sexuellen Attraktivität wären und das zu einer Zeit, die der Jugend mehr Freiheit gestattet als ihre eigene Zeit damals (vgl. Kap. 5). Ja, wenn die Jugendlichen sich so verhalten würden, wie manche Erwachsene es sich ausmalen, dann könnte es tatsächlich schwierig sein, mit den Jugendlichen umzugehen, dann wären sie vielleicht wirklich «außer Rand und Band».

Auseinandersetzungen müssen allerdings sein, wenn die Jugendlichen selbständig werden sollen. Sie (und die Eltern) müssen lernen, Grenzen zu ziehen und gegenseitig Grenzen zu respektieren. In Auseinandersetzungen (was für ein gut geprägtes deutsches Wort!) lernen die Jugendlichen und ihre Eltern, neue Rollen zu akzeptieren und zu spielen, Meinungsverschiedenheiten zu klären und Konflikte zu lösen.

Dass die Intensität und die konkrete Form der Auseinandersetzungen kulturspezifisch sind, überrascht nicht. So berichteten laut Foligni (1991) amerikanische und ungarische Jugendliche des 11. Schuljahrs in ihren Interviews mehr Konflikte mit den Eltern als gleichaltrige japanische und taiwanesische Jugendliche. Allerdings heißt das noch nicht definitiv, dass die einen wirklich mehr Konflikte hatten als die anderen. Was nicht sein darf, spricht man auch nicht leicht an. Und vielleicht sollten solche Konflikte in Asien wirklich vermieden werden, während wir im Westen ja sogar eine «Konfliktkultur» pflegen.

Aufgrund von Studien an Zweitgenerationen-Einwanderern in die USA vertrat Arnett (1999) die Meinung, dass die Konfrontation der Gastkultur (über die Kinder) mit der Herkunftskultur (über die Eltern) in manchen Volksgruppen, in denen bisher wenig Auseinandersetzungen zwischen Eltern und Jugendlichen stattfanden, diese Auseinandersetzungen massiv ansteigen ließen, ja das Gastlandübliche übersteigen.

8.1.2.2 Konfliktanlässe

Natürlich gibt es in jeder Familie gelegentlich Konflikte. Entscheidend ist, wovon sie handeln, wie häufig sie sind und wie man mit ihnen umgeht. So finden in vielen Familien relativ häufig Auseinandersetzungen über die Kleider Jugendlicher statt (Fend, 1998, S. 112–113), mit Töchtern häufiger als mit Söhnen (Smetana, 1988). Die Kleider sind den Müttern (und den Vätern) häufig zu ungepflegt, zu wenig wetteradäquat, unpassend, provokativ oder ganz einfach zu wenig schön. Die Eltern haben Mühe, zu ihren so gekleideten Kindern zu stehen. Es ist aber für Jugendliche nicht leicht, auf die Jugendmode, mit der sie ihre Zugehörigkeit zur Altersgruppe demonstrieren, zu verzichten. Viele Eltern können jedoch mit der Jugendmode innerhalb gewisser Grenzen großzügig umgehen und stufen solche Konflikte nicht als grundsätzliche Divergenz ein. Jugendmode wechselt ja auch rasch, und die Jugendlichen entwachsen dieser Altersstufe ebenfalls rasch.

Ähnliches gilt für musikalische Präferenzen. Glücklich die Jugendlichen, die sich ihre eigene Abspielanlage leisten können und auf ihrem eigenen Zimmer ohne Belästigung anderer hören können, was sie hören mögen! Nicht selten hören und machen Jugendliche Musik in Garagen, in Kellern oder in eigens von der Gemeinde zur Verfügung gestellten Räumen. Selbstverständlich müssen Eltern nicht ihren Lebens- oder Wohnraum permanent mit Musik füllen lassen, die sie nicht mögen; aber sich gelegentlich darauf einzulassen, kann bereichernd sein und stellt eine Anerkennung der Musikvorlieben und Wünsche der Jugendlichen dar.

Aus Untersuchungen haben verschiedene Forscherinnen und Forscher abgeleitet, dass viele der häufigen Konflikte zwischen Jugendlichen und Eltern verhältnismässig harmlos sind. Sie betreffen zum Beispiel die Mithilfe im Haushalt oder im Garten, die Frisur, die Schulaufgaben, die Freunde, das Taschengeld, Verwandtschaftsbesuche, Ausgehzeiten, Bettzeiten, Musikstunden, sportliche Pläne, die Körperpflege, Einkäufe, Zankereien mit Geschwistern und eben die Kleider sowie die Lautstärke und die Art der abgespielten Musik (Bandura, 1964; Caplow, Bahr, Chadwick, Hill & Williamson, 1982; Coleman & Coleman, 1984; Csikszentmihalyi & Larson, 1984; Douvan & Adelson, 1966; Dubbé, 1965; Jackson, 1992; Kandel & Lesser, 1969; Montemayor, 1982, 1983; Rutter et al., 1976; Smetana, 1988). Auch nehmen diese Konflikte in der zweiten Hälfte des zweiten Lebensjahrzehnts markant ab (Fend, 1998, S. 110; Kreppner, 1993; Kreppner & Ullrich, 1998).

Allerdings sind die harmlos scheinenden Konflikte manchmal Stellvertreterkonflikte für ernstere Divergenzen. Gewichtigere Themen wie Sexualität, legale und illegale Drogen und Gesetzeskonflikte werden in den meisten Familien nur besprochen, wenn sie unumgänglich sind oder dann, wenn sie niemanden aktuell betreffen. Aber sie sind präsent, wenn es darum geht, wie früh die Tochter nachts von der Disco nach Hause kommen soll oder ob der Sohn mit Freunden allein eine Ferienreise unternehmen darf. Auch in Fends Untersuchung berichteten die Mädchen, mit ihren Eltern oft über ihre gegengeschlechtlichen Freundschaften Meinungsverschiedenheiten zu haben (Fend, 1998, S. 112–127).

8.1.2.3 Bedingungen von Konflikten mit den Eltern

Nicht eigentlich schwere Konflikte, die die ganze Adoleszenz prägen, aber doch vermehrte Auseinandersetzungen haben neuere Untersuchungen für die Monate unmittelbar nach der Menarche der Mädchen nachweisen können. So beobachteten Holmbeck und Hill (1991) in den ersten sechs Monaten nach der Menarche häufiger als vorher und nachher kommunikative Störungen wie Unterbrechungen und Meinungsverschiedenheiten, insbesondere in Gesprächen mit der Mutter (vgl. auch Flannery, Montemayor, Eberly & Torquati, 1993; Holmbeck, 1996). Im Durchschnitt sind die Interaktionen zwischen pubertierenden Mädchen und ihren Eltern mindestens kurzfristig etwas konfliktreicher und etwas weniger warm und herzlich als vorher und nachher (Paikoff & Brooks-Gunn, 1991; vgl. auch Musgrove, 1963). Dekovic (1999a) konnte auch deutliche Zusammenhänge mit Temperamentsunterschieden der Jugendlichen feststellen: Jugendliche mit geringer Impulskontrolle (gemessen mit einem Fragebogenverfahren) hatten mehr Konflikte mit ihren Eltern als Jugendliche mit generell hoher Impulskontrolle. Aber es kann gesagt werden, dass die Konfliktzunahme in den allermeisten Fällen das gute Verhältnis zwischen Eltern und Jugendlichen nicht wirklich gefährdet (Holmbeck, 1996; Palmonari,

Kirchler & Pombeni, 1991; Raja, McGee & Stanton, 1992).

Die meisten Jugendlichen, die mit ihren Eltern ernste Beziehungsprobleme hatten, hatten schon als Kinder persönliche und soziale Probleme, nur waren diese öffentlich weniger sichtbar (Stattin & Klackenberg, 1992).

Einen entscheidenden Einfluss auf Konflikte, ihre Lösung und allfällige Konsequenzen haben die elterlichen Erziehungsstile. Wir wollen darauf unter 8.2.4 zurückkommen.

8.1.2.4 Wirkungen chronischer Konflikte mit den Eltern

Es sind nicht so sehr die einzelnen heftigen Konflikte, die die Beziehung zwischen Jugendlichen und Eltern belasten, sondern die chronischen, wenn auch oft still schwelenden Konflikte. Chronische Konflikte zeitigen oft dramatische Konsequenzen, zum Beispiel Selbstabwertung (Avila, 2000), Weglaufen (Blood & D'Angelo, 1974; Shellow, Schamp, Liebow & Unger, 1967), vorzeitigen Auszug aus dem Elternhaus (Gottlieb & Chafetz, 1977), vorzeitigen Schulabbruch (Bachman, Green & Wirtanen, 1971, zit. nach Petersen, 1985, S. 597), religiöse Konversionen (Ullman, 1982; vgl. auch Klosinski, 1985), Frühheirat und Frühelternschaft (McKenry, Walters & Johnson, 1979, zit. nach Petersen, 1985, S. 597), psychische Störungen (Rutter et al., 1976), Depression (Avila, 2000; Feldman, Rubenstein & Rubin, 1988; Kandel, Raveis & Davies, 1991), Selbstmordversuch (Jacobs, 1971; Kandel et al., 1991), Drogenmissbrauch (Kandel, Kessler & Margulies, 1978; McCubbin, Needle & Wilson, 1985) sowie asoziales Verhalten und Delinquenz (Avila, 2000; Simons, Robertson & Downs, 1989).

Wahrscheinlich kann man sagen, dass in wenigen Familien die Beziehungen zwischen Jugendlichen und Eltern sehr belastet und belastend sind, in vielen Familien aber wenig. Montemayor (1983) hat das einmal so formuliert: «All families some of the time and some families most of the time».

In der amerikanischen Literatur werden häufig die sog. runaways (Wegläufer oder Ausreißer) beschrieben. In den USA hat 1975 das FBI 189 000 Jugendliche unter 18 Jahren angehalten und als Wegläufer registriert (Federal Bureau of Investigation, 1976, zit. nach Lerner & Spanier, 1980, S. 462); in den 90er Jahren stieg die Statistik sogar auf 500 000 (Sweet, 1990, zit. nach Adams, Gullotta & Markstrom-Adams, 1994). In der (alten) Bundesrepublik wurde in den 70er Jahren die Zahl der Ausreißerinnen (nur Mädchen) jährlich auf 20 000 Mädchen geschätzt (Stark-Von der Haar & Von der Haar, 1980, S. 105). Nach dem sog. Streuner-Report des Landeskriminalamts in Düsseldorf ging in den 70er Jahren jede vierte Ausreißerin des Bundeslandes Nordrhein-Westfalen auf den Strich (Stark-Von der Haar & Von der Haar, 1980, S. 105).

Viele der weglaufenden Jugendlichen kommen aus Familien mit ernsten Problemen (elterlicher Alkoholismus, Gewalt, sexueller Missbrauch, chronische Vernachlässigung, Ablehnung – vgl. verschiedene Quellen in Conger, 1991, S. 514–516). In einer Studie von Janus, McCormack, Burgess und Hartman (1987) berichteten 73 % der erfassten Wegläuferinnen und Wegläufer, dass sie geschlagen, und 51 %, dass sie sexuell missbraucht worden seien (vgl. auch Kaufman & Widom, 1999). Nach Janus, Archambault, Brown und Welsh (1995) berichteten 86 % der Runaways (74 % der Wegläufer, 90 % der Wegläuferinnen) über Erfahrung von erlittener körperlicher Gewalt. Dazu kommen in vielen Fällen emotionelle Misshandlung sowie Alkoholismus und Drogenmissbrauch der Eltern (vgl. auch DeMan, Dolan, Pelletier & Reid, 1993; MacLean, Embry & Cauce, 1999). Es gibt keine deutliche Befundlage, wonach weglaufende Jugendliche häufiger aus unvollständigen Familien stammen (DeMan et al., 1993; Trauernicht, 1989). Interviews mit weggelaufenen Jugendlichen ist zu entnehmen, dass manche von ihnen an einer Wiederversöhnung mit den Eltern interessiert sind (Schaffner, 1998); Weglaufen kann auch als Appell gemeint sein.

Das Weglaufen selbst bringt Folgerisiken mit sich, beispielsweise Schulabwesenheit und ungenügende Schulleistungen, Delinquenz, Drogenmissbrauch, sexueller Missbrauch, Identifikation mit Risikogruppen und Opferwerden einer kriminellen Handlung (Biehal & Wade, 1999; Kaufman & Widom, 1999; Whitbeck & Hoyt, 1999).

Nach einer älteren Untersuchung des amerikanischen National Institute for Mental health (NIMH; Shellow et al., 1967, zit. nach Lerner & Spanier, 1980, S. 462 ff.) liegt der Höhepunkt der Altersverteilung der Wegläufer bei 15 Jahren. 20 % laufen am Freitagabend weg. Besonders für Mädchen gilt, dass sie vor allem freitags und samstags weglaufen, meistens mit männlichen Freunden. Die meisten Weglaufaktionen sind offensichtlich ungeplant und finden recht spontan statt. So trugen zwei Drittel der Untersuchten nicht mehr als einen Dollar bei sich. In 60 % der Fälle wurden aber die Ausreißer innert sechs Stunden gefunden, wenn sie nicht bis dann von selbst schon wieder nach Hause gekommen waren. Mädchen bleiben vermutlich länger weg als Jungen (Cairns & Cairns, 1994, S. 187–188).

8.1.3 Familiäre Werte, oder: Die Eltern als heimliche Modelle

Wenn man kleine Kinder und Schulkinder fragt, mit wem sie am liebsten auf den Sportplatz gehen, eine Reise unternehmen oder einen Sonntagnachmittag verbringen, werden erstaunlich häufig die Eltern genannt. Das ist in der Adoleszenz nicht mehr so. Allerdings gibt es keine Anzeichen, dass dieser Wechsel immer brüsk einträte.

Die Eltern nicht zu den engsten Freunden zu zählen, heißt noch lange nicht, ihnen den Krieg zu erklären. Verschiedene Untersuchungen haben gezeigt, dass die Eltern für viele Lebensfragen noch lange Zeit die wichtigsten Bezugspersonen bleiben (Kandel & Lesser, 1969; Larson, 1972; Musgrove, 1963; Pombeni, Kirchler & Palmonari, 1990; Rutter et al., 1976), auch wenn das ausführliche Gespräch mit ihnen deutlich weniger häufig wird (Fend, 1998, S. 133). Solche Bereiche sind ethische Entscheidungen, Übergänge in die Arbeitswelt, politische und religiöse Positionen, die Frage einer Anklageerstattung nach Zeugenschaft einer Eigentumsverletzung oder Entscheidung über die Teilnahme an einem Schönheitswettbewerb im Fernseher (alles natürlich nur im Durchschnitt, Abweichungen sind möglich und fallen meistens deutlich auf).

Laut allerdings etwas älteren Studien halten sich die Jugendlichen an die Gleichaltrigen vor allem in Bereichen, die in den Augen der Eltern letztlich doch die weniger wichtigen sind, nämlich zum Beispiel Kleiderwahl oder Freifächerwahl in der Schule (Brittain, 1977; Kandel & Lesser, 1972; Rosenmayr & Kreutz, 1968; Wilks, 1986).

Fend (1991b) hat entsprechende Zahlen für jüngere deutsche Jugendliche mitgeteilt (Tab. 8–1). Bei persönlichen Problemen «mit sich selbst» sind bei jungen Adoleszenten die Eltern die wichtigsten Vertrauenspersonen, bereits ab 14 Jahren jedoch mehr die gleichgeschlechtlichen Freunde. Bei «Problemen mit anderen» sind auf allen Altersstufen die gleichgeschlechtlichen Freunde die wichtigsten Gesprächspartnerinnen und -partner. In politischen Fragen (sofern solche überhaupt aktuell sind) sind die Eltern eindeutig die primären Bezugspersonen. Die Lehrpersonen werden für die genannten Probleme generell wenig angegangen, am meisten jedoch für politische Fragen. Gegengeschlechtliche Freunde sind bei den Jüngsten generell wenig wichtige Bezugspersonen zur Besprechung von Problemen, ihre Bedeutung nimmt aber mit dem Alter sehr rasch zu.

Degenhardt (1971) fand in einer Untersuchung zur Selbstkonzeptentwicklung an 10- bis 14-jährigen deutschen Mädchen, dass ihre Bilder von sich selbst (inkl. dem Selbstideal) in allen diesen Jahren eng verwandt blieben mit den Bildern von Vater und Mutter, sich aber zunehmend abhoben vom Bild der übrigen Erwachsenen (Figur 8–1). Nur diese übrigen Erwachsenen – vermutlich die Lehrpersonen und andere Autoritäten – blieben auf der Machtdimension hoch, dafür nahmen sie an Wertschätzung ab. Die Eltern nahmen in der Wertschätzung sogar noch zu; die Jugendlichen erlebten sie aber immer weniger als befehlende Autoritäten.

Lutte, Mönks und Sarti (1969) fanden bei deutschen Jugendlichen zwischen 10 und 17 Jahren, dass sie die eigenen Eltern desto häufiger als Ideale wählten, je höher der soziale Status der Familie war. Vermutlich suchten die Jugendlichen tieferer Schichten den sozialen Aufstieg, der über den Status der Eltern hinausreichen sollte.

Tabelle 8–1: Wo Jugendliche Hilfe suchen (aus Fend, 1991b, S. 20).

6a) Wenn Du Schwierigkeiten oder Probleme mit Dir selbst hast, mit wem redest Du dann am ehesten darüber? (in %)

	Vater/ Mutter	Geschwister	Gleichge-schlechtliche Freunde	Gegenge-schlechtliche Freunde	Lehr-personen
12-Jährige	50.7	10.8	22.1	15.5	0.9
13-Jährige	42.2	9.6	38.8	8.6	0.9
14-Jährige	36.7	9.7	41.8	11.2	0.6
15-Jährige	30.8	8.1	41.8	18.4	0.8
16-Jährige	26.3	8.0	39.0	26.5	0.1

6b) Wenn Du Schwierigkeiten oder Probleme mit anderen hast, mit wem redest Du am ehesten darüber? (in %)

	Vater/ Mutter	Geschwister	Gleichge-schlechtliche Freunde	Gegenge-schlechtliche Freunde	Lehr-personen
12-Jährige	k. A.	k. A.	k. A.	k. A.	k. A.
13-Jährige	38.2	8.0	43.5	8.5	1.8
14-Jährige	33.6	8.8	45.7	10.7	1.2
15-Jährige	29.1	7.8	45.3	16.8	1.0
16-Jährige	27.2	8.3	43.4	20.8	0.4

6c) Wenn Du Dich genauer für politische Fragen interessierst, für das, was in der Welt und um Dich herum vorgeht, wen würdest Du am ehesten fragen? (in %)

	Vater/ Mutter	Geschwister	Gleichge-schlechtliche Freunde	Gegenge-schlechtliche Freunde	Lehr-personen
12-Jährige	81.2	3.3	3.9	5.7	5.9
13-Jährige	77.2	4.7	8.5	3.8	5.8
14-Jährige	75.5	14.8	9.3	5.3	6.0
15-Jährige	66.0	6.0	13.4	8.0	6.6
16-Jährige	66.6	5.2	10.7	7.3	9.2

Coleman und Coleman (1984) hatten bei 14- bis 15-jährigen Jugendlichen (mehrheitlich aus unteren sozialen Schichten am Rande Londons) die Profile der Idealmutter, des Idealvaters und der Ideallehrperson erhoben. Von allen drei Idealpersonen erwarteten die Jugendlichen in erster Linie Unterstützung. Von den Eltern, nicht aber von der Lehrperson erwarteten sie auch Wärme (resp. Liebe). Im Unterschied zur Mutter sollte der Vater in besonderem Maß auch kontrollierend, aber dennoch hilfreich, «nützlich» und Autonomie gewährend sein.

In einer Untersuchung an jungen Adoleszenten und ihren Eltern in Berlin fand Spiel (1992), dass die Eltern von sich selbst und von den Kindern negativere Bilder hatten als die Kinder von

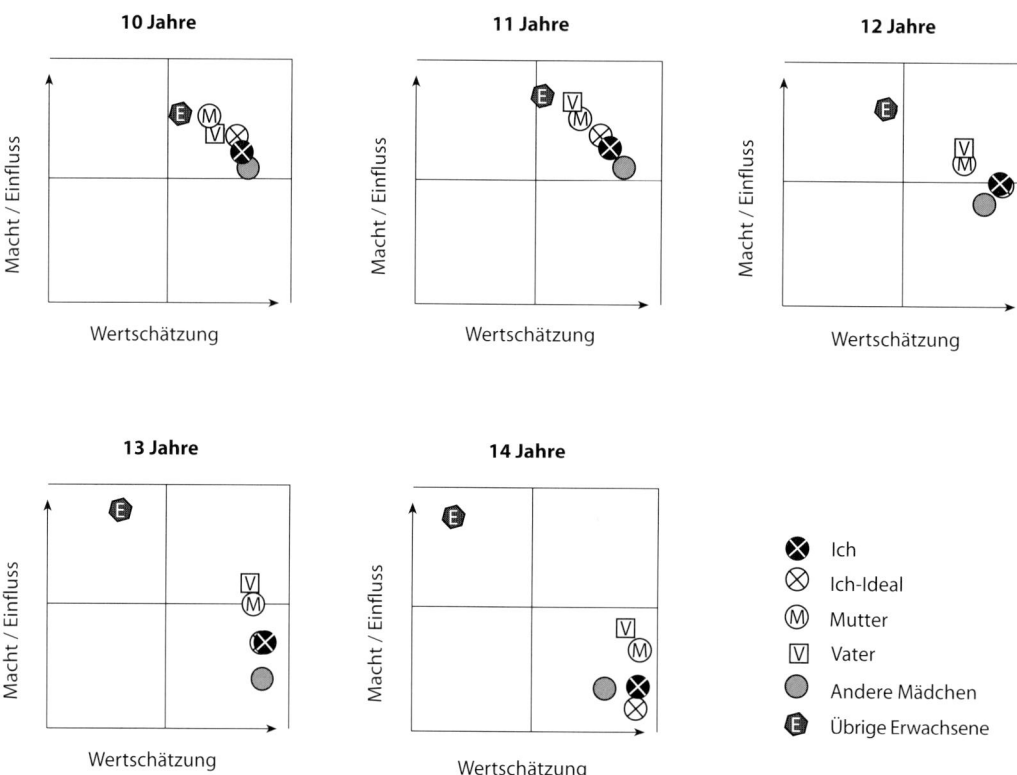

Figur 8–1: Bilder, die die Mädchen von sich selbst, den Eltern und den übrigen Erwachsenen und den anderen Mädchen haben (nach Degenhardt, 1971)

den Eltern und von sich selbst. Insbesondere dachten Mütter im Durchschnitt über sich selbst weniger wertschätzend, als es die Kinder über sie taten. Allerdings vermeldete Alsaker (1992a) aus einer Untersuchung an über 1000 11- bis 13-jährigen norwegischen Jugendlichen, dass die Eltern die Beziehung zwischen ihnen und ihren jugendlichen Kindern im Allgemeinen positiver sahen als die Jugendlichen selbst. Bemerkenswerterweise zeigten die Jugendlichen, die die Beziehung als schlecht bezeichneten, häufiger depressive Symptome als die Jugendlichen, welche die Beziehung als durchschnittlich bezeichneten. Was Eltern gelegentlich als sehr gute Beziehungen bezeichnen, sind vielleicht oft enge resp. einengende Beziehungen. Bamert, Eichenberger und Gubler (1992) fanden bei studentischen Feministinnen gehäuft persistierende Ablösungsprobleme, wobei oft die Väter als autoritär und die Beziehung zur Mutter als sehr eng bezeichnet wurde. Im Gesamten aber fand Alsaker (1992a), dass die durch die Eltern wahrgenommene Güte der Beziehung negativ mit der Depressionsneigung ihrer Jugendlichen korrelierte ($r = -.20$) sowie negativ mit der Wahrscheinlichkeit, dass der oder die Jugendliche Opfer von Quälereien durch Gleichaltrige (sog. bullying) wurde ($r = -.20$).

8.2 Veränderungen der familiären Interaktionen im Lauf der Adoleszenzentwicklung

Man kann eine Familie strukturell als längerfristig angelegte Konfiguration von Beteiligten mindestens zweier Generationen definieren. Familienleben besteht aber aus Interaktionen zwischen Eltern und Kindern sowie zwischen den Eltern und zwischen den Kindern. Unter Interaktion verstehen wir Gespräche, Hilfeleistungen, Arbeit für einander, Rücksichtnahme und alle Formen von Koordination. Eigentlich ist es ganz selbstverständlich, dass sich der Umgang zwischen Eltern und Kindern im Verlauf der Entwicklung verändert. Präzisere Untersuchungen über diese Veränderungen wurden aber erst in neuerer Zeit durchgeführt.

Eine wesentliche Veränderung in den Eltern-Kind-Interaktionen im Lauf der Entwicklung betrifft die Häufigkeit und die Enge des täglichen Kontakts. Spätestens beim Eintritt in den Kindergarten nimmt die Dauer des Aufenthaltes außerhalb der Wohnung zu. Jugendliche fahren schon gelegentlich für mehrere Tage weg, bleiben abends weg und geben daheim nicht mehr über alle externen Erfahrungen Bescheid (Fend, 1998). Und wenn sie zu Hause sind, ziehen sie sich oft in ihr Zimmer zurück. Musste während der Kindheit der Zeitpunkt des Zu-Bette-Gehens immer wieder neu ausgehandelt werden, so ist es jetzt der Zeitpunkt der Heimkehr (Larson & Richards, 1991).

Im Verlauf der ersten Hälfte des zweiten Lebensjahrzehnts nimmt die Beziehungsqualität zu den Eltern nach Aussagen der Jugendlichen im Allgemeinen ab (Fend, 1998, S. 97–100). Das kann, muss aber nicht objektiv so sein. Fünfzehnjährige denken einfach expliziter über die Beziehungen in der Familie nach, werden kritischer und vergleichen auch mit Idealvorstellungen.

Wie sehr sich die Jugendlichen im Gegensatz zu Kindern nach außen wenden, zeigte sich beispielsweise in den Ergebnissen von Perrez und Wilhelm (2000), die mithilfe der Pager-Methode Eltern und ihre jugendlichen Kinder im Laufe des Tages mehrmals anpeilten. Im Fall schlechter aktueller Stimmung fragten sie, wer helfen könnte, diese schlechte Stimmung zu verbessern (sog. control expectancy). Die Eltern gaben in 12 % der Fälle an, solche Hilfe könnte aus der Familie kommen; bei den Jugendlichen waren es nur 6 %. Andererseits gaben die Eltern auch nur in 12 % der Fälle an, solche Hilfe könnte von außerhalb der Familie kommen; bei den Jugendlichen waren es 37 % (die übrigen Angaben stellten verschiedene Kombinationen dar). Analog dazu fanden Callan und Noller (1986) bei australischen Jugendlichen, dass sie generell über die Mitglieder ihrer Familie ein ungünstigeres Urteil abgaben als dies nichtadoleszente Familienmitglieder taten. Auch Ullrich (1999) fand während der Pubertät eine zunehmende emotionale Distanz zwischen Jugendlichen und Eltern.

8.2.1 Jugendliche und Eltern im Gespräch: Von der Asymmetrie zu immer mehr Symmetrie

Eine weitere wesentliche Veränderung der Eltern-Kind-Interaktionen im Lauf der Entwicklung besteht in der zunehmenden Symmetrisierung oder Reziprokisierung (Hofer & Pikowsky, 1993; Noack & Fingerle, 1994; Ullrich, 1999). Kleine Kinder sind ganz auf die Hilfe der Eltern angewiesen. Ihnen werden aber auch relativ rücksichtslose Ansprüche zugestanden und erfüllt. Andererseits sind kleine Kinder auch allfälliger Rücksichtslosigkeit der Eltern mehr oder weniger ausgeliefert. Vorschulkinder und Schulkinder müssen immer mehr Regeln des sozialen Umgangs, der Fairness und Gerechtigkeit, Verzicht sowie das Finden des richtigen Zeitpunktes für die Anmeldung und Befriedigung von Bedürfnissen lernen. Jugendliche müssen noch mehr Selbstverantwortung übernehmen und lernen, die Befriedigung ihrer Ansprüche gegenüber den Eltern und anderen Erwachsenen fair und unter Berücksichtigung von immer grundsätzlicheren Spielregeln auszuhandeln (Grotevant & Cooper, 1986).

Während sich 11 jährige männliche Jugendliche in der Untersuchung von Jacob (1974) bei gemeinsamen Problemlösungen mit ihren Eltern kräftig ins Zeug legten (z. B. im Gespräch emotional wurden und ihre Eltern häufig unterbrachen) und doch relativ wenig Einfluss auf die Lösungen und Entscheidungen hatten, blieben 16-jährige Jugendliche in der gleichen Situation ruhiger, hörten länger zu und hatten schließlich auch mehr Gewicht in der gemeinsamen Entscheidung (ähnliche Ergebnisse bei Smetana, Yau & Hanson, 1991). Vermutlich sind nicht einfach die älteren Jugendlichen weniger impulsiv, sie haben oft auch bessere Argumente und werden von den Eltern ernster genommen als die jüngeren. Steinberg und Hill (1978) zeigten allerdings, dass die Veränderungen der familiären Interaktionsmuster mehr vom Pubertätsstand als vom Alter der Jugendlichen abhängt. Ullrich und Kreppner (1997) stellten überdies einen positiven Zusammenhang zwischen der Schulleistung und dem Symmetriegrad der Kommunikation mit den Eltern fest.

In einer Querschnittuntersuchung an 11- bis 20-jährigen Töchtern fanden Hofer, Sassenberg und Pikowsky (1999) mit zunehmendem Selbständigkeitsstreben mehr In-Frage-Stellung und Ablehnung mütterlicher Argumente und mehr Gegenargumente. Das Selbständigkeitsstreben erfassten sie über einen Fragebogen für die Töchter, das verbale Interaktionsverhalten beobachteten sie in einem Mutter-Tochter-Dialog über ein konfliktreiches Thema. Insgesamt ergriffen die Mütter mehr Initiativen, während die Töchter ihre Dominanz häufiger reaktiv anstrebten.

Dass sich junge Jugendliche in Gesprächen mit ihren Eltern mehr emotional engagieren als diese (oder mehr emotionales Engagement sichtbar werden lassen), zeigen auch die Zahlen in Tabelle 8–2 (rechte Spalte). In dieser Untersuchung von Papini, Datan und McCluskey-Fawcett (1988) wurde zuerst jedem Mitglied von dreiköpfigen vollständigen Familien ein gleicher Meinungsfragebogen zum Ausfüllen gegeben. Hernach wurden Fragen, zu denen die Antworten der Familienmitglieder nicht übereinstimmten, zur gemeinsamen Diskussion gestellt. Aufgrund der Tonbandaufnahmen wurde anschließend ausgezählt, wie oft jedes Familienmitglied sog. affektive Äußerungen machte (z. B. Solidarität zeigen, Ärger, Spannung oder Erleichterung ausdrücken, Einverständnis oder Nichteinverständnis signalisieren) und wie oft jedes Familienmitglied sog. sachliche Äußerungen einbrachte (z. B. Fragen stellen und Fragen beantworten, Meinung äußern, Vorschlag machen, Standpunkt darlegen und erklären). Die Kodierung nach diesen zwei Kriterien war erstaunlich reliabel, d. h. zwei unabhängige Beurteiler stimmten in 94 % resp. in 96 % der Zuteilungen je Kategorie überein. Die Jugendlichen waren zwischen 12 und 14 Jahre alt, davon waren 12 Töchter und 13 Söhne (leider eine kleine Stichprobe).

Offensichtlich zeigten sich die Eltern in diesem Versuch verhaltener als ihre Kinder. Es wäre interessant, mit dem gleichen Vorgehen Stichproben mit wesentlich größerer Altersstreuung zu untersuchen.

Papini und Mitarbeitende (1988) berichteten leider nichts über allfällige Unterschiede zwischen Töchtern und Söhnen, dafür beachtliche Unterschiede zwischen Familien, deren Sohn oder Tochter vorpubertär war (d. h. noch keine sekundären Geschlechtsmerkmale zeigte) oder «transpubertär» (sekundäre Geschlechtsmerkmale in Entwicklung) oder postpubertär (sekundäre Geschlechtsmerkmale praktisch voll entwickelt). Die Jugendlichen äußerten sich in der transpubertären Phase erstaunlicherweise weniger affektiv als vorher und nachher, dafür mehr sachlich als vorher und nachher (Tab. 8–2). Die Mütter zeigten das gleiche Muster! Wer hat sich wem angepasst, wer hat wen mitgeführt? Familien sind eben soziale Systeme, die mehr als das Gesamt ihrer Mitglieder ausmachen.

Bei den Vätern zeigte sich ein ganz anderes Muster, nämlich zunehmend mehr affektive und weniger sachliche Äußerungen. Sind Väter weniger sensibel und sprechen sie erst im Lauf der Pubertätszeit ihrer jugendlichen Kinder auf deren Herausforderungen an? Oder sind die Probleme der präpubertären Jugendlichen mehr solche, die die Mütter angehen und weniger die Väter? Man darf auf weitere Forschung hierzu gespannt sein.

Natürlich sind solche Gespräche auch stark themenabhängig. In freier Interaktion zwischen 11- bis 14-jährigen Jugendlichen und ihrer Mutter zeigten sich bei Lefkowitz, Kahlbaugh und Sigman (1996) mehr Sprecherwechsel als in themenzentrierten Gesprächen; in Konfliktgesprächen wurden mehr Wörter pro Zeiteinheit gesprochen als in freien Gesprächen oder in Gesprächen über Sexualität; wenn von Sexualität die Rede war, hatte die Mutter einen wesentlich größeren Anteil am Gesprochenen als in

Tabelle 8-2: Affektive und sachliche Äusserungen in Familien mit einer Tochter oder einem Sohn in der vorpubertären, transpubertären oder postpubertären Phase (nach Papini et al., 1988, S. 486 und S. 487); absolute Zahlen, Skala nach oben offen

	Pubertärer Status			
	präpubertal	transpubertal	postpubertal	Total (gewichtet)
affektive Äußerungen				
Mutter	9.87	7.21	9.34	9.0
Vater	3.74	7.52	9.96	7.1
Jugendliche(r)	20.56	13.75	20.23	18.8
sachliche Äußerungen				
Mutter	41.16	42.78	40.66	41.4
Vater	46.26	42.51	40.04	42.9
Jugendliche(r)	29.43	36.24	27.27	30.2

freien Gesprächen oder in Konfliktgesprächen, besonders bei den jüngeren Jugendlichen.

8.2.2 Geschlechtsunterschiede

Die Mütter reagieren im Allgemeinen früher auf die Herausforderungen ihrer heranwachsenden Kinder als die Väter, aus welchen Gründen auch immer (Collins, 1990; Hakim-Larson & Hobart, 1987; Hill, Holmbeck, Marlow, Green & Lynch, 1985b; Laursen et al., 1998). Sie betrachten auch die Adoleszenz als eine schwierigere Entwicklungsstufe als die Väter (Buchanan et al., 1990). In Mutter-Tochter-Disputen fanden Hakim-Larson und Hobart (1987), dass 14-jährige Töchter relativ häufig gegenüber ihren (verhältnismäßig dominanten) Müttern klein beigaben, während 18-jährige Töchter öfter einen wesentlichen Anteil am Ausgang des Gesprächs mit ihren (verhältnismäßig zurückhaltenden) Müttern hatten. Auch bei Söhnen wurde festgestellt, dass sie in der frühen Adoleszenz im Gespräch häufiger von den Müttern unterbrochen wurden, als sie selbst die Mütter unterbrachen; mit zunehmendem Alter drehte sich das Verhältnis sogar um (Powers, Beardslee, Jacobson & Noam, 1987, zit. nach Kreppner, 1991, S. 327; Papini & Sebby, 1987; Smetana, Yau & Hanson, 1991).

Dass die frühen Auseinandersetzungen häufig mit der Mutter stattfinden, entspricht auch einem Befund von Hill, Holmbeck, Marlow, Green und Lynch (1985a), wonach solche Mutter-Tochter-Konflikte im Falle von früh-menstruierenden Mädchen weniger leicht überwunden werden als im Fall von normalzeitig menstruierenden Mädchen. Vielleicht sind diese Mütter eher überfordert von den noch nicht erwarteten neuen Ansprüchen und verhalten sich entsprechend ungeschickter gegenüber ihren Töchtern. In einer unveröffentlichen Dissertation von Resnick (1989, zit. nach Kreppner, 1991, S. 327) wurde auch festgestellt, dass die Mütter während der Adoleszenz ihrer Kinder den größten Verlust ihrer persönlichen Zufriedenheit in Kauf nehmen müssen.

Geschlechtsunterschiede in den Interaktionsformen und ihren Veränderungen sind offensichtlich stärker zwischen Vater und Mutter als zwischen Sohn und Tochter. So besprechen sich sowohl Töchter wie Söhne im Allgemeinen häufiger mit ihren Müttern als mit ihren Vätern, insbesondere dann, wenn sie emotionale und soziale Probleme haben; die Väter werden vorwiegend angegangen für einfachere und «sachlichere» Fragen, zum Beispiel politische, technische, aber auch beruflich-laufbahnbezogene (Compas, Howell, Phares, Williams & Ledoux, 1989; Noller & Bagi, 1985; Youniss & Smollar, 1985). Nach einem Befund von Russell und Russell (1987) sind Väter in der Interaktion mit ihren Kindern sogar weniger direktiv als Mütter. Die Kinder dieser Studie waren allerdings sechs bis sieben Jahre alt; uns ist keine entsprechende Studie mit Jugendlichen bekannt.

Warum genießen die Mütter in persönlichen Fragen von Seiten ihrer jugendlichen Kinder mehr Vertrauen als die Väter? Vielleicht weil sie in unserer Gesellschaft meistens und schon lange vorher den Kindern mehr Zeit widmen als die Väter (Lamb, Pleck, Charnov & Levine, 1987; Russell, 1983). In der Untersuchung von Almeida und Galambos (1991) wurden Väter, die ihren jugendlichen Kindern (Durchschnittsalter 11;7) mehr Zeit widmeten, sechs Monate später von den Kindern als freundlicher und entgegenkommender («accepting») wahrgenommen als sechs Monate früher, während die Väter, die sich ihren jugendlichen Kindern weniger widmeten, gar an Akzeptanzwahrnehmung verloren.

Sofern die gegengeschlechtliche Dynamik im Sinne der Psychoanalyse mitspielt, könnte man erwarten, dass sich die Töchter mit persönlichen Problemen lieber an ihre Väter wenden. Youniss und Ketterlinus (1987) fanden aber sogar als die distanzierteste der vier möglichen Beziehungen (Mutter-Tochter, Mutter-Sohn, Vater-Tochter, Vater-Sohn) ausgerechnet die zwischen Vater und Tochter. Im psychoanalytischen Verständnis könnte dies eine Folge verstärkter Abwehr sein und die Hypothese desto deutlicher bestätigen. Wenn allerdings solche unbewussten Abwehrmechanismen die Distanz herbeiführen würden, sollten die Jungen ihrerseits von den Müttern mehr Abstand nehmen als von den Vätern. Dazu ist aber die bisherige Befundlage nicht eindeutig. Im Gegensatz zu Youniss' und Ketterlinus' (1987) Befunden an 15- bis 18-Jährigen fanden Noller und Bagi (1985) bei 18-Jährigen, dass zwar die Töchter ihren Vätern gegenüber mehr persönliche und vertrauliche Mitteilungen («self-disclosure») machen als die Söhne ihren Vätern gegenüber, dass sich aber beide mehr gegenüber ihren Müttern als gegenüber ihren Vätern öffnen. Bei den 13- bis 17-jährigen Australierinnen und Australiern einer späteren Untersuchung von Noller und Callan (1990) sahen die Ergebnisse wieder etwas anders aus: Mädchen hatten durchwegs mehr Vertrauen in ihre Mütter als in ihre Väter, und bei den Jungen war keine klare Differenz festzustellen (Tab. 8–3).

Interessanterweise ist das Interaktionsverhalten zwischen Elternteil und Kind unterschiedlich, wenn weitere Personen anwesend sind als wenn nur die Dyade anwesend ist. Solche Zusammenhänge sind für die frühere Kindheit schon länger bekannt (Schaffer & Liddell, 1984). Für Jugendliche hat Gjerde (1986) solche Unterschiede nachgewiesen. Es wurden 44 Familien beobachtet, je bestehend aus den natürlichen Eltern und einem ungefähr 13 Jahre alten Jungen (n = 28) oder Mädchen (n = 16). Jede Familie erhielt eine Reihe von Problemlösungsaufgaben, zuerst in Abwesenheit der Mutter, dann in Abwesenheit des Vaters (in der Hälfte der Fälle in umgekehrter Reihenfolge) und dann in Gegenwart beider Eltern. Aus den vielen Beobachtungsvariablen nennen wir jene, die statistisch signifikante Unterschiede zeigten (zwar eine Minderheit, aber doch so viele, dass nicht von Zufallstreffern gesprochen werden kann).

Im Vergleich zu ihrem Verhalten in Anwesenheit der Väter zeigten die Mütter gegenüber ihren Söhnen in Abwesenheit der Väter häufiger nachgiebiges und häufiger gelangweiltes Verhalten, aber seltener freimütige eigene Stellungnahme, seltener Entspanntheit, seltener Konsistenz mit sich selbst, seltener emotional getönte Handlungen, seltener Zuneigung und seltener Selbständigkeit. Aus psychoanalytischer Sicht könnte man vermuten, dass die Mutter bei der direkten Konfrontation mit dem Sohn mehr emotionale-erotische Impulse unterdrücken musste, so dass sie schließlich gehemmt war. Die Anwesenheit des Vaters könnte dann eine gewisse Neutralisierungswirkung gehabt haben. Solche Vermutungen sind aber in dieser Studie nicht untersucht worden. Bei den Vätern war das Bild umgekehrt: Im Vergleich zu ihrem Verhalten in Anwesenheit der Mütter zeigten die Väter gegenüber ihren Söhnen in Abwesenheit der Mütter häufiger Bereitschaft, auf die Sohn-Äußerungen einzugehen, häufiger Ansprüche an die Beteiligung des Sohnes, häufiger Respekt vor dem Sohn, häufiger eine symmetrische Haltung

Tabelle 8–3: Häufigkeit der Gespräche nach Angaben der Jugendlichen; Skala von 1 bis 6 (aus Noller & Callan, 1990, S. 256)

Themen	männliche Jugendliche mit		weibliche Jugendliche mit	
	Vater	Mutter	Vater	Mutter
Interessen	3.6	3.9	3.2	5.3
Geschlechtsrolle	1.9	2.1	2.0	2.8
Beziehungen	2.5	2.5	2.4	3.0
Sexuelle Themen	1.8	2.0	1.7	2.6
Allgemeine Probleme	3.2	3.4	3.1	5.1

und häufiger Ermunterung zu Eigenständigkeit, jedoch seltener Kritik und Feindschaft, seltener Rückzug und Unbeteiligtheit, seltener Ignorieren des Sohnes, seltener versteckten Wettkampf, aber auch seltener emotional getönte Äußerungen. Väter kamen anscheinend mit ihren Söhnen besser zurecht, wenn die Mütter nicht dabei waren.

Im Umgang mit den jungen Töchtern gab es wenige signifikante Unterschiede, für die Mütter gar keine und für die Väter zwei. Diese waren den Töchtern gegenüber symmetrischer und hilfreicher («explains how and why»), wenn sie mit ihnen allein waren, als wenn die Mutter auch anwesend war.

Über alle Situationen verglichen, war dennoch das Verhalten der Mütter im Gesamten eher freundlicher als das Verhalten der Väter. Im Vergleich der Dyaden Mutter-Sohn und Vater-Sohn zeigten sich nämlich die Mütter im Durchschnitt häufiger zugeneigt, humorvoll, emotional in ihren Handlungen und verführerisch («seductive»), aber seltener zurückhaltend als die Väter. Und im Vergleich innerhalb der Triaden Vater-Mutter-Jugendliche(r) waren die Mütter gegenüber ihren jugendlichen Kindern häufiger zugeneigt, häufiger humorvoll, häufiger emotional in ihren Handlungen, häufiger entspannt und häufiger beschützend als die Väter. Die Väter hingegen waren in der Triade häufiger reserviert, häufiger aufgabenbezogen, aber auch häufiger zurückgezogen oder gar gelangweilt als die Mütter. Offensichtlich ist die Anwesenheit des Ehepartners der mütterlichen Kommunikation mit den jugendlichen Kindern zuträglich, nicht aber der väterlichen. Einmal mehr ist die Arena für Interpretationen offen.

8.2.3 Elterliches Erziehungsverhalten

Zwischen verschiedenen Familien, insbesondere zwischen verschiedenen Eltern(paaren), bestehen große Unterschiede im allgemeinen Umgang mit ihren Kindern und Jugendlichen. Diese Unterschiede haben zu tun mit dem Ausmaß an Anerkennung und Wertschätzung, an Anforderungen, an Zuwendung, an emotionaler Wärme, an Unterstützung und an Zugänglichkeit der Eltern etc. (Greene & Grimsley, 1990).

Die moderne Erziehungsstilforschung geht auf Lewins Untersuchungen zum sog. Führungsstil zurück. Er beschrieb einen autoritären, einen demokratischen und einen Laissez-faire-Stil (Lewin, Lippitt & White, 1939; Lippitt & White, 1947). Statt diskreter Typen wurden seit den 60er Jahren Dimensionen definiert, auf denen sich Erziehungsstile unterscheiden, insbesondere die Dimension Wärme (oder Zuneigung) vs. Kälte und die Dimension viel vs. wenig Kontrolle (oder Dirigismus) (vgl. Tausch & Tausch, 1973; Stapf, 1975). Auf dieser Basis haben später Maccoby und Martin (1983) vier Erziehungsstil-Typen definiert (Tab. 8–4).

Autoritative Eltern sind nach dieser Auffassung für ihre Kinder zugänglich, emotional warm, sie haben an ihre Kinder hohe Erwartungen, lassen ihnen Autonomie innerhalb klar gesetzter Grenzen und setzen diese Grenzen auch konsequent durch (Kontrolle). Sie erziehen gerne mit Lob und Ermutigung und geben für ihre

Tabelle 8–4: Felder von Erziehungsstilen (nach Maccoby & Martin, 1983)

	Anforderungen präzis / Kontrolle hoch	Anforderungen unpräzis / Kontrolle tief
Zugänglichkeit groß	autoritativ	nachgiebig oder permissiv
Zugänglichkeit gering	autoritär	vernachlässigend oder laissez-faire

Grenzsetzungen und Anforderungen rationale Argumente, sofern sie von den Kindern nachvollziehbar sind. *Autoritäre Eltern* hingegen verlangen in erster Linie Gehorsam und Unterordnung unter die von ihnen aufgestellten Regeln. Sie verwenden oft Tadel und Strafen in der Erziehung; ihre Grenzen und Regeln sind ebenfalls strikt, aber sie werden nicht erklärt und begreiflich gemacht. *Nachgiebige Eltern* haben durchaus emotionale Wärme für ihre Kinder, vermeiden womöglich Strafen, vertrauen in die Selbstverantwortlichkeit der Kinder und Jugendlichen, verlangen nicht viel von ihnen, sind entgegenkommend und setzen Regeln auch oft nicht durch. Eltern, die einen *vernachlässigenden Erziehungsstil* pflegen, wenden nicht viel Zeit und Zuneigung für ihre Kinder auf, sie wissen wenig, was diese tun und welche Bedürfnisse sie haben. Oft sind sie auch unzufrieden über «lästige» Pflichten an ihren Kindern.

Die meisten bisherigen Untersuchungen zu den Auswirkungen dieser Erziehungsstile sind mit Kindern durchgeführt worden. Im Allgemeinen zeigte sich, dass der autoritative Stil soziale Kompetenzen, aber auch Verantwortlichkeit, Selbständigkeit und Interessiertheit fördert (Steinberg, Darling & Fletcher, 1995). Eltern, die in diesem Stil-Bereich anzusiedeln sind, pflegen im Allgemeinen häufig das Gespräch mit ihren Kindern und versuchen, die Anforderungen und Spielregeln einsichtig zu machen (Baumrind, 1978), sie folgen auch am besten den sich ändernden Bedürfnissen der Jugendlichen, indem sie ihre Anforderungen immer wieder, aber nicht nach Zufall und nicht nach Lust und Laune, den neuen Umständen anpassen (Hill, 1980). Zum autoritativen Erziehungsstil gehört auch eine große Wertschätzung der Kinder und Jugendlichen, was nicht nur dem allgemeinen Wohlbefinden, sondern auch für die Ich-Entwicklung resp. die Autonomieentwicklung der Kinder förderlich ist (Avila, 2000; Hauser et al., 1984). Am deutlichsten sichtbar wird diese elterliche Einstellung in der Kommunikation, insbesondere in der Art und Weise, wie sie divergierende Sichtweisen aussprechen, anerkennen und sich damit fair auseinander setzen (Kreppner, 1993). Kinder, die nach sog. autoritativem Stil erzogen werden, entwickeln sich nicht nur mehrheitlich erfreulich, sondern sie erleichtern es den Eltern auch, ihren Erziehungsstil zu pflegen (Lewis, 1981b).

Der autoritäre Stil bewirkt leicht soziale Abhängigkeit und Passivität. Offensichtlich führt übertriebene Kontrolle zu Elternzentriertheit und Elternabhängigkeit (Trautner, 1972b). Überhaupt dämpft starke elterliche Kontrolle den Zukunftsoptimismus der Jugendlichen, während die Pflege des innerfamiliären Gesprächs diesen fördert, wie Nurmi und Pulliainen (1991) an 11- und 15-jährigen Jugendlichen gefunden haben.

Als nachteilhafte Wirkungen sehr permissiver Erziehung sind bei Jugendlichen vor allem die folgenden gefunden worden: verminderte Schulleistungen und andere Probleme in und mit der Schule (Feldman & Wood, 1994, S. 50), verzögerte Identitätsentwicklung (Enright, Lapsley, Drivas & Fehr, 1980), delinquentes Verhalten (Steinberg, Mounts, Lamborn & Dornbusch, 1991), starke Abhängigkeit von Alterskolleginnen und -kollegen und geringere Eignung und Neigung zu späteren Führungsaufgaben (Maccoby & Martin, 1983; Steinberg, 1989, S. 142).

Am ungünstigsten ist der Laissez-faire-Stil, der gerade nicht Selbstständigkeit, sondern die Verunsicherung der Jugendlichen fördert (vgl. auch Baumrind, 1991; Grygielski, 1993; Weiss & Schwarz, 1997).

In einer großen Studie von Gray und Stein-

Tabelle 8–5: Verhalten und Leistungen Jugendlicher in Abhängigkeit vom perzipierten elterlichen Erziehungsstil (nach Lamborn et al., 1991). Die Erziehungsstile sind von links nach rechts nach abnehmender Wünschbarkeit geordnet; Unterschiede sind aber nur signifikant, wenn sie mit > oder < angegeben sind. Legende: av = autoritativ, ar = autoritär, ng = nachgiebig, lf = laisser-faire; Reihenfolge nach absteigenden Werten; >, < = sig.

Psychosoziale Entwicklung								
Selbstsicherheit	av		ng		lf		ar	(av > lf; av > ar)
Arbeitshaltung	av	>	ar		ng	>	lf	(ar > lf)
Soziale Kompetenz	ng		av	>	ar		lf	
Schulleistungen								
Schulnoten	av		ar		ng		lf	(av > ng; ar > lf)
Schulfreude	av	>	ar	>	ng		lf	(ar > lf)
Schulfähigkeit	av	>	ng		ar		lf	(ng > lf)
Internalisierter Stress								
Psych. Symptome	av		ng		ar	<	lf	(ng < lf)
Somat. Symptome	ar		av		ng		lf	(av < lf)
Problemverhalten								
Probleme mit Schuldisziplin	av	<	ar	<	ng		lf	(ar < lf)
Drogengebrauch	ar		av	<	lf		ng	
Gesetzeskonflikte	av		ar		ng		lf	(ar < lf)

berg (1999) mit einem dreidimensionalen Messinstrument an 8700 amerikanischen Jugendlichen zwischen 14 und 18 Jahren erwiesen sich die Dimensionen der elterlichen Zuneigung und Verlässlichkeit und der elterlichen Gesprächsbereitschaft als positiv korreliert mit schulischen Leistungen, psychosozialer Reife und negativ korreliert mit Depressionsneigung. Elterliche Kontrolle war deutlich negativ korreliert mit Problemverhalten und positiv mit Schulleistungen.

Eine andere breit angelegte Studie zu den Zusammenhängen zwischen Erziehungsstilen und jugendlichem Verhalten haben Lamborn, Mounts, Steinberg und Dornbusch (1991) vorgelegt. Diese befragten 4100 amerikanische Jugendliche im Alter zwischen 14 und 18 Jahren über ihre Wahrnehmung des typischen Verhaltens ihrer eigenen Eltern. Nach dem Schema von Maccoby und Martin (1983) analysierten sie die Daten auf den zwei Variablen Zugänglichkeit (engl. involvement) und Anforderungen (engl. strictness). 32 % der Eltern resp. Elternpaare wurden als autoritativ kategorisiert (Engagement hoch; Strenge hoch), 15 % als autoritär (Engagement tief; Strenge hoch), 15 % als nachgiebig (Engagement hoch; Strenge tief) und 37 % als laissez-faire (Engagement tief; Strenge tief). Tabelle 8–5 zeigt, welche jugendlichen Verhaltensweisen unter welchen Erziehungsstilen vor allem vorkamen.

Auch nach dieser Untersuchung zeigt der sog. autoritative Erziehungsstil am häufigsten positive Ergebnisse. Allerdings sagen diese Zahlen nicht aus, in welcher Richtung allenfalls ursächliche Zusammenhänge laufen. Beispielsweise ist es leichter, Kinder autoritativ zu erziehen, die gute Schulnoten haben, gerne zur Schule gehen, wenig Stresssymptome zeigen, disziplinarisch nicht auffallen, als solche, die sich nicht so vorteilhaft präsentieren.

Natürlich ist kein Elternpaar rein autoritativ oder rein autoritär etc. Die meisten Eltern dürften von allen Stilen einen kleinen, wenn auch ungleichen Anteil besitzen. Und je nach Lebensbereich dürften auch unterschiedliche Mischungen angebracht sein.

Coleman und Coleman (1984) untersuchten, welche Strategien für die Lösung von Konflikten zwischen ihnen und ihren Eltern resp. Lehrpersonen die 14- bis 15-jährigen Jugendlichen wünschen. Die Autoren unterschieden eine autoritäre, eine permissive und eine demokratische oder autoritative Strategie und fanden beträchtliche Unterschiede (Figur 8–2). Zu Hause erwarten die Jugendlichen vor allem einen demokratischen Lösungsstil, in der Schule einen autoritären.

Auf die nähere Frage, welche speziellen Arten von Problemen sie zu Hause mit welchen Strategien gelöst sehen möchten, zeigten sich wieder differenzierte Ergebnisse (Tab. 8–6). Uns interessiert, welche Bereiche dann nicht mehr mehrheitlich demokratisch angegangen werden sollten. Im Falle von Delinquez wünschen die Jugendlichen die starke Hand, im Falle von Konflikten über Hausaufgaben maximale Nachsicht.

Zusammenfassend lassen sich die wichtigsten Erziehungsempfehlungen im Umgang mit Jugendlichen etwa so formulieren:

- Zeit für Gespräche einsetzen, auch wenn es um kleine alltägliche Aufregungen geht
- die spezielle Situation der Jugendlichen ernsthaft zu verstehen suchen
- sich vor allem für die positiven Schritte der Jugendlichen interessieren (nicht einfach mit einem Lob abtun)
- klare Verhaltens- und Spielregeln einführen und einhalten
- Diskutierbares diskutieren und gemeinsam entscheiden; nicht diskutierbare Entscheidungen begründen, soweit es geht.

8.3 Scheidung, Einelternfamilien, neu zusammengesetzte Familien

8.3.1 Kinder und Jugendliche geschiedener Eltern

Die meisten Leserinnen und Leser dürften sich unter der sog. Normalfamilie eine solche vorstellen, die aus zwei erstverheirateten Eltern und einem Kind oder mehreren Kindern dieser beiden Eltern besteht. Dieser Normalfall ist aber in

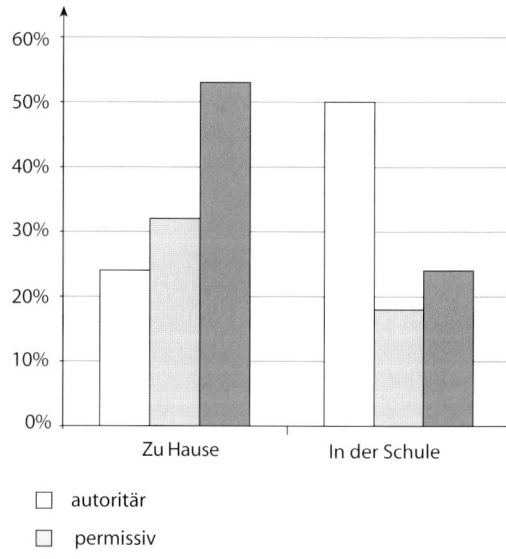

Figur 8–2: Konfliktlösestil, wie ihn sich Jugendliche wünschen, zu Hause und in der Schule (nach Zahlen von Coleman & Coleman, 1984, S. 135–136)

den letzten Jahrzehnten deutlich am Abnehmen, bedingt durch die Zunahme der Scheidungsrate.

Während der sog. Normalfall in den Vereinigten Staaten bereits im Jahre 1980 nicht einmal mehr für zwei Drittel der Kinder und Jugendlichen realisiert war (Hetherington, 1981, zit. nach Steinberg, 1989, S. 124–125), waren es 1988 in Deutschland noch 80.5 % der 18-Jährigen, die seit ihrer Geburt mit beiden leiblichen Eltern im gemeinsamen Haushalt lebten (Nauck, 1991, S. 400). In der Schweiz waren in 47 % der 1998 geschiedenen Ehen unmündige Kinder betroffen (Bundesamt für Statistik, 1999, S. 43 und S. 86). Der größte Teil der betroffenen Kinder war zwischen 5 und 14 Jahre alt. In Deutschland gehörten 1998 zu ungefähr 56 % aller geschiedener Ehen Kinder.[34]

Nach Steinberg (1989, S. 124–125) mussten 60 % der in den 80er Jahren geborenen amerikanischen Kinder damit rechnen, als Kinder oder als Jugendliche wenigstens einige Jahre lang

---

[34] Statistisches Bundesamt Deutschland: www.statistik-bund.de.

Tabelle 8-6: Von Jugendlichen gewünschte Lösungsstrategien bei Konflikten mit den Eltern und in der Schule – themenspezifisch (nach Coleman & Coleman, 1984, S. 135 und 137)

Konflikte mit den Eltern	am häufigsten gewünschte Strategie
Freizeit	permissiv oder demokratisch
Rückkehr vom Abendausgang	demokratisch
Geld	alle drei Strategien etwa gleich häufig
Haushaltsarbeit	autoritär und demokratisch
Konflikte in der Schule	**am häufigsten gewünschte Strategie**
Verhaltensregeln in der Schule	kein Häufigkeitsunterschied
Delinquentes Verhalten	autoritär
Verhalten der Lehrperson	autoritär
Schulische Hausaufgaben	permissiv

in einer Einelternfamilie zu leben (diese Schätzung ist angesichts der neuesten Entwicklung der Scheidungshäufigkeit auch in Europa plausibel). Viele erleben schwere Spannungen zwischen den Eltern, den Scheidungsprozess, die Eineltern-Zeit, und evtl. die Wiederheirat resp. neue Partnerschaft (und viele von diesen noch einmal eine Scheidung). Die Mutter resp. der Vater praktisch aller Einelternfamilien geht natürlich einer bezahlten Arbeit außer Haus nach, wodurch die Kinder im Durchschnitt noch häufiger allein daheim sind.

In allen Familienformen ist es möglich, eine glückliche Kindheit zu verbringen; mehr als auf die Familienform kommt es auf das Familienklima an, was besonders in der Kommunikation sichtbar wird (vgl. z. B. Bodmer, 2001; Fend, 1998; Fthenakis, 2000; Montemayor, 1986; Schneewind, 1999; Ullrich, 1999; Walper & Gerhard, 1999; Wicki, 1997). Aber gewisse Formen bringen erhöhte Belastungen sowohl für die Eltern als auch für die Kinder und Jugendlichen mit sich. Belastende Faktoren sind etwa Wahrnehmung von Spannungen, die das Kind nicht abbauen kann, Alleinsein, finanzielle Knappheit oder gar Not, Gedrängtwerden in inadäquate Rollen des fehlenden Partners oder des Richters oder des mütterlichen oder väterlichen Fürsorgers oder Trösters (Amato & Keith, 1991). Ob diese Belastungen zu unerträglichem Leidensdruck und zu Verhaltensstörungen führen,

hängt von sehr vielen weiteren Faktoren ab, etwa vom Erziehungsverhalten vor und nach der Scheidung oder davon, ob Großeltern, Nachbarn oder Freunde verfügbar sind, ob die Verhältnisse zum ehemaligen Partner geklärt sind, wie die Praxis des Besuchsrechts gehandhabt wird, ob materielle Not herrscht, ob die Mutter resp. der Vater mit der Berufsarbeit zufrieden ist (Hoffman, 1974; Staub, 1997), ob das Kind schon früher psychische und soziale Schwierigkeiten hatte etc. (vgl. Cherlin et al., 1991; Rutter, 1978; Schwager, 1992; Wallerstein & Blakeslee, 1989; Wallerstein & Kelley, 1974, 1980).

Wenn Kinder und Jugendliche trotz offensichtlich schwieriger Bedingungen nicht in große Probleme geraten, nennt man sie resilient (Block & Block, 1980; Emery & Forehand, 1994; Garmezy, 1991). Fergusson und Lynskey (1996) fanden beispielsweise, dass 16-jährige Jugendliche, die vielen familiären Problemen ausgesetzt waren und dennoch keine externalisierenden Probleme zeigten, eher überdurchschnittlich intelligent und eher introvertiert waren und den Kontakt mit delinquenten Jugendlichen mieden.

Im Durchschnitt sind die Probleme, die den Jugendlichen durch die Scheidung ihrer Eltern entstehen, geringer als jene, welche die jüngeren Kinder dadurch erleiden (Allison & Furstenberg, 1989; Amato & Keith, 1991; Biller, 1987). Jugendliche haben bereits ein größeres soziales Netz, insbesondere Freunde, und ihr Netz ist geographisch und damit auch psychisch etwas weiter gespannt. Jugendlichen gelingt es eher als Kindern, nicht Partei zu ergreifen und einzusehen, dass sie das Problem der Eltern nicht lösen können.

Hetherington (1981) unterschied aufgrund ihrer Längsschnittstudie kurzfristige von langfristigen Wirkungen. Die kurzfristigen sind in der Regel stärker als die langfristigen. Sie zeigen sich meistens während der Scheidung und etwa in den ersten zwei Jahren nach der Scheidung, aber auch während der Zeit der Spannungen und der Unsicherheit vor der Scheidung (Hetherington & Camara, 1984; Hetherington, Cox & Cox, 1978). Im letzteren Fall stellt oft der Vollzug der Scheidung eine Erleichterung für das Kind resp. den Jugendlichen oder die Jugendliche dar (vgl. auch McLoughlin & Whitfield, 1984). Die langfristigen Folgen sind nicht so sehr durch das Erlebnis der Scheidung bedingt, als vielmehr durch die tatsächlichen Lebensverhältnisse, die dann herrschen, wie beispielsweise materielle Bedingungen, Verhältnis zum sorgeberechtigten (und zum besuchsberechtigten) Elternteil, Kommunikationsgewohnheiten zwischen den Eltern und den betroffenen Jugendlichen sowie Kontakt zu Freunden (Barber & Eccles, 1992; Demo & Acock, 1996; Lanz, Iafrate, Rosnati & Scabini, 1999). Wenn die Eltern mit der neuen Situation gut zurechtkommen und allenfalls eine freundliche Zusammenarbeit im Bereich der Kindererziehung zustande bringen, ist die Situation für die Kinder natürlich auch besser (Buchanan, Maccoby & Dornbusch, 1992; Hetherington, 1981; Wallerstein & Kelley, 1980), aber solche Kooperation ist nicht so häufig anzutreffen (Buchanan, Maccoby & Dornbusch, 1991; Furstenberg, Peterson, Nord & Zill, 1983). Und die Wirkung einer neuen Partnerschaft des erziehungsberechtigten Elternteils hängt zur Hauptsache davon ab, ob zwischen dem neuen Partner und dem oder der Jugendlichen ein gutes Verhältnis zustande kommt (Probst & Sidler, 2000).

Insgesamt aber beurteilen Jugendliche, die von einer Scheidung betroffen sind, die Auswirkungen der Scheidung auf ihr Wohlbefinden als wesentlich weniger schlimm als gleichaltrige Jugendliche ohne Scheidungserfahrung das vermuten (Felder, 1989; Forehand, 1992; Probst & Sidler, 2000; Struss & Pfeiffer, 1998). Kreppner und Ullrich (1999) maßen in ihrer Längsschnittstudie zwischen dem 11. und dem 13. Lebensjahr sogar bei Jugendlichen aus Scheidungsfamilien ein höheres Wohlbefinden als bei Jugendlichen aus «vollständigen» Familien. Diese Autoren vermuten darin den Ausdruck erfolgreicheren Autonomiestrebens der Jugendlichen aus Scheidungsfamilien.

Ob die Beziehungen innerhalb der Familie nach der Scheidung belasteter sind als in intakten Familien, ist empirisch nicht befriedigend geklärt. Lanz und Mitarbeitende (1999) melden, dass italienische Jugendliche, die mit der getrennten oder geschiedenen Mutter zusammenlebten, mehr Beziehungsprobleme hatten als Jugendliche, die mit beiden Eltern lebten. Damit konsistent ist ein deutscher Befund von Sander, Jesse und Ermert (1997): Allein erziehende Mütter berichteten häufiger als die Eichstichprobe über Konflikte mit ihren jugendlichen Töchtern und Söhnen. Die Kinder fanden ihre Mütter autoritärer, weniger verständnisvoll, weniger einfühlend und weniger unterstützend als die entsprechende Eichstichprobe. Das mag damit zusammenhängen, dass allein erziehende Mütter im Durchschnitt rein zeitlich weniger verfügbar sind als verheiratete Mütter. Eine andere Studie erbrachte jedoch gegenteilige Resultate. Nach Smetana, Yau, Restrepo und Braeges (1991) berichteten Jugendliche von weniger Konflikten mit ihrer allein erziehenden Mutter, als dies Jugendliche mit einer verheirateten Mutter taten. Muss man annehmen, dass sie sich das Risiko eines unguten Ausgangs weniger leisten können?

Scheidungen scheinen aber die beiden Geschlechter der Kinder resp. Jugendlichen nicht gleich stark und in gleicher Weise zu treffen. Laut Doherty und Needle (1991) reagieren Mädchen vor allem vor der Trennung, Jungen vor allem nachher. Jungen haben mehr Probleme mit der allein erziehenden Mutter als Mädchen (Flanagan, 1986; Hetherington et al., 1978), aber sie kommen im Allgemeinen besser zurecht mit einem Stiefvater (Biller, 1981; Cherlin et al., 1991) und einer Stiefmutter (Walper,

1993). Mädchen hingegen, besonders jugendliche Mädchen, vermissen oft ihren Vater und akzeptieren die Ankunft eines Stiefvaters weniger leicht (Peterson & Zill, 1986; Vuchinich, Hetherington, Vuchinich & Clingempeel, 1991). Entgegen landläufiger Meinung haben Mädchen nur in Ausnahmefällen – die auch sonst «klinisch auffällig» sind – die Tendenz, ihren nichtsorgeberechtigten Vater zu idealisieren (Seiffge-Krenke & Tauber, 1997). Väter könnten auch für die Geschlechtsrollenentwicklung bedeutsam sein. Die Vermutung aber, dass Mädchen durch ihre (Elektra-) Beziehung zum Vater scheu und passiv oder abhängig werden, konnte empirisch nicht bestätigt werden. Harris, Gold und Henderson (1991) fanden jedenfalls bei vaterlos aufwachsenden Mädchen keine Anzeichen von vermehrten androgynen Einstellungen.

Amato und Rezac (1994, zit. nach Staub Utiger, 2001) fanden in einer Studie an 1285 Scheidungsfamilien, dass Jungen zwischen 5 und 18 Jahren, die wenig Kontakt zu ihrem Vater hatten, mehr Verhaltensprobleme zeigten, als die Kameraden, die ihren Vater öfter besuchten. Sie hatten vielleicht nicht umsonst weniger Kontakte zu ihren Vätern. Ein fehlender Vater hinterlässt tatsächlich eine Lücke, aber ein Vater mit persönlichen oder gar pathologischen Schwierigkeiten kann die Kinder auch belasten (Phares & Compas, 1992). Eine historische Studie von Grundmann (1996) hat gezeigt, dass die Abwesenheit des Vaters Kinder und Jugendliche weniger belastet, wenn der Vater kriegsbedingt abwesend ist, als wenn er freiwillig oder im Streit weggegangen ist.

8.3.2 Neu zusammengesetzte Familien

Die neue Partnerschaft stellt für manche Kinder und Jugendliche tatsächlich eine ebenso große Herausforderung dar wie die Scheidung. Zudem erfolgt sie nach einer Zeit von ohnehin erhöhter Belastung. Obwohl die Wiederheirat resp. die neue Partnerschaft unter manchen Gesichtspunkten eine glückliche Lösung ist, bringt sie ja auch neue Belastungen und Risiken mit sich und zwar für alle Beteiligten (vgl. Adams et al., 1994, S. 85–88; Barber & Lyons, 1994; Spiel & Kreppner, 1991). Für die Kinder mag dadurch der Vater (oder die Mutter) ein zweites Mal «entfernt» werden, weil er jetzt nicht nur fort ist, sondern weil auch noch seine Rolle (z. B. sein Stuhl am Familientisch) neu besetzt ist; der zuziehende Elternteil sieht sich mit einem ganzen Gefüge von bestehenden Regeln und Erwartungen konfrontiert, bringt aber auch eigene mit; Eltern (auch Wahleltern) liebt man, ja soll man lieben – was ein unreflektierter Imperativ sein kann, an dem Kinder (und Stiefeltern) zerbrechen können. Stiefväter haben es oft etwas leichter, weil es bei ihnen als angemessen empfunden wird, dass sie erst langsam in die neue Erzieherrolle einsteigen; Stiefmütter hingegen sind meistens sofort gefordert (Wicki, 1997, S. 145). Im Durchschnitt sind Stieffamilien etwas konfliktreicher und weniger kohäsiv als biologische Zweielternfamilien und als Familien allein erziehender Mütter (Wicki, 1997, S. 143).

Jugendliche aus Stieffamilien zeigen statistisch häufiger Problemverhalten als Jugendliche aus «intakten» Familien, in gewissen Untersuchungen auch mehr als Jugendliche aus Einelternfamilien (Zill, 1984), in anderen weniger (Dornbusch et al., 1985) oder doch gleich viel wie Jugendliche aus Einelternfamilien (Steinberg, 1987b). Viele dieser Jugendlichen verwenden auch Bewältigungsstrategien, die ihnen einigermaßen schadlos über schwierige Zeiten hinweghelfen, zum Beispiel die Pflege außerfamiliärer Freundschaften (Walper, 1991).

Bei allem Respekt vor der ehrlichen Mühe, die sich alle geben, und bei aller Anerkennung, dass neue Partnerschaften für die meisten eine gute Lösung sind, ist nicht zu übersehen, dass Jugendliche in Familien mit wechselnden Partnerschaften häufiger als in anderen Familien vernachlässigt und missbraucht werden, sowohl psychisch als auch physisch und manchmal auch sexuell (Garbarino, Sebes & Schellenbach, 1984), ein Befund, der gelegentlich soziobiologisch erklärt und damit eigentlich verharmlost wird (Burgess & Garbarino, 1983; Daly & Wilson, 1981; Kalter, 1973).

In einer Metaanalyse von 92 Studien stellten Amato und Keith (1991) fest, dass die ungünsti-

gen Effekte von Scheidung und neuer Partnerschaft in den neueren Studien etwas geringer sind als in den älteren Studien. Amato und Keith sind gegenüber diesem Befund dennoch skeptisch, weil sie den Studien vorwerfen, relativ untheoretisch sehr viele Variablen zu messen und dann festzustellen, dass auf vielen keine Effekte zu finden seien.

8.4 Mütterliche Erwerbstätigkeit

Viele Jugendliche suchen das Gespräch mit eng vertrauten Menschen, sofern sie welche haben. Dafür in Frage kommen in erster Linie die Eltern und Freunde. Für viele Mütter ist es darum – kulturabhängig – selbstverständlich, bis etwa zum Abschluss der obligatorischen Schulzeit ihrer Kinder in hohem Maße verfügbar zu sein. Dieser Zeitpunkt ist allerdings der, zu dem viele Mütter, die nach der Familiengründung ihre Berufsarbeit aufgegeben haben, definitiv und wenigstens als Teilzeitbeschäftigte ins Erwerbsleben zurückkehren möchten. Sollen sie den jugendlichen Kindern zuliebe zuwarten und dann vielleicht den Anschluss ans Erwerbsleben nicht mehr finden?

Dennoch stellen diese Mütter in den meisten Ländern eine Minderheit dar. Im Jahr 1999 lag in Österreich die Erwerbsquote bei Frauen mit Kindern unter 15 Jahren bei 71 % (verheiratete Mütter: 69 %; allein erziehende Mütter: 86 %).[35] In der Schweiz waren im Jahr 1999 verheiratete erwerbstätige Frauen und Frauen mit Kindern unter 15 Jahren lediglich zu einem Viertel resp. einem Fünftel vollzeitig erwerbstätig, während mehr als die Hälfte der erwerbstätigen Frauen ohne Kinder unter 15 Jahren Vollzeit erwerbstätig waren.[36]

Eine zentrale erste Frage ist, ob der Alltag Jugendlicher von Müttern mit oder ohne externe Erwerbstätigkeit unterschiedlich ist. Richards und Duckett (1994) sind dieser Frage mit der oben schon genannten Pager-Methode nachgegangen und haben nur sehr wenige Unterschiede gefunden. Solche waren etwa, dass Söhne Vollzeit arbeitender Mütter im Vergleich zu den anderen Jungen weniger Sport trieben und mehr TV schauten. Dafür verbrachten Jugendliche beider Geschlechter von Voll- und Teilzeit erwerbstätigen Müttern im Vergleich zu den übrigen mehr Abendzeit mit ihrer Mutter. Auch waren diese Jugendlichen während ihrer Hausaufgaben (die sie offensichtlich abends erledigten) von den Müttern häufiger beaufsichtigt.

Ganz entsprechend den üblicherweise langen Arbeitstagen in der Schweiz sind zu Zeiten der Hausaufgaben die Vollzeit erwerbstätigen Mütter weniger häufig anwesend als die Teilzeit oder überhaupt nicht erwerbstätigen Mütter. In Norwegen, wo die Arbeitstage kürzer sind, ergab sich gar kein Unterschied (Schweiz-Norwegen-Studie; Alsaker & Flammer, unveröffentlichte Daten).

Jugendliche von Vollzeit arbeitenden Müttern empfanden ihre Mutter während der Zeiten, die sie mit ihr verbrachten, freundlicher als die übrigen Jugendlichen (Richards & Duckett, 1994). Diesem Befund steht der von Montemayor (1984) gegenüber, wonach männliche, nicht aber weibliche Jugendliche erwerbstätiger Mütter mit diesen mehr Auseinandersetzungen («arguments») hatten. Zwar waren die Jugendlichen von Vollzeit arbeitenden Mütter mit ihrem Vater etwas häufiger zusammen, aber sonst ergaben sich keine Unterschiede, die mit den Vätern zu tun gehabt hätten.

In einer weiteren Analyse des Datensatzes von Richards und Duckett (1994) zeigten sich überdies für Jugendliche von Vollzeit arbeitenden Müttern ein höherer durchschnittlicher subjektiver Selbstwert und eine bessere Stimmung im Alltag. Aber genau dieser Befund steht im Gegensatz zum Ergebnis von Paikoff, Carlton-Ford und Brooks-Gunn (1993), wonach jugendliche Töchter von erwerbstätigen Müttern stärkere depressive Neigungen zeigten als Töchter von nicht erwerbstätigen Müttern.

---

35 Statistik Austria: www.statistik.at.
36 Daten vom schweizerischen Bundesamt für Statistik zur Verfügung gestellt.

8.5 Ausblick

Das Verständnis der Beziehung von Jugendlichen zu ihren Familien hat sich in den letzten Jahrzehnten sehr stark gewandelt. Während in gewissen Epochen die Kinder in der Jugendzeit in die Rolle junger Erwachsener innerhalb der Mehrgenerationenfamilie mutierten, zogen Jugendliche im frühen und mittleren 20. Jahrhundert anlässlich ihrer Heirat aus dem Elternhaus aus, allenfalls beim Antritt einer weit entfernten Arbeitsstelle. Rollen und Übergänge waren relativ klar definiert. Heute ist kein normatives Ereignis mehr als Rechtfertigung oder als zwingender Anlass für den Auszug nötig.

Die Familienstrukturen haben sich ebenfalls gewandelt. Rollen- und Konstellationsveränderungen ergeben sich für viele Jugendliche auch ohne dass sie ausziehen. Trennungen, neue Partnerschaften, rekombinierte Geschwisterschaften sind zu geläufigen Herausforderungen geworden. Möglicherweise steigt in der Zukunft diese Diversität weiter an. Was für Formen der Geborgenheit von Kindern und Jugendlichen und der familiären Unterstützung in den nächsten Jahrzehnten normativ werden, ist schwer vorherzusagen.

9. Soziale Beziehungen unter Gleichaltrigen

Die meisten Veränderungen in der Adoleszenz sind eng mit einander verknüpft. Änderungen in den Sozialbeziehungen geschehen zum Teil aus der Motivation der Jugendlichen, mehr Autonomie zu bekommen, aber auch weil ihre Umgebung sie anders wahrnimmt (Palmonari, Pombeni & Kirchler, 1992) und sie die Welt und sich selbst anders wahrnehmen (vgl. z. B. kognitive Entwicklung und Identitätsbildung).

Es ist eine gewöhnliche Alltagsbeobachtung, dass Jugendliche – mindestens in unseren westlichen Kulturen – ihre Freizeit vermehrt mit Gleichaltrigen (Synonym: Peers) und weniger mit ihren Eltern verbringen. Daraus entstand die landläufige Vorstellung, dass die Gleichaltrigen im Leben der Jugendlichen eine wichtigere Rolle als die Eltern spielen. Auch die Eltern antizipieren, dass die Gleichaltrigen eine größere Rolle als sie selbst spielen. Bereits im Kapitel 8 wurde an dieser Alltagshypothese gerüttelt und gezeigt, dass die Eltern im Verlauf der Adoleszenz sehr wichtige Bezugspersonen bleiben. Die Frage stellt sich aber, ob nicht viele Jugendliche einen starken Druck von Seiten der Erwachsenen spüren, den Peers eine übermäßig große Bedeutung zu geben (vgl. Adams, Gullota & Markstrom-Adams, 1994). Es kann auch sein, dass die Eltern den Jugendlichen gegenüber größere Distanz signalisieren, weil sie erwarten, dass ihre heranwachsenden Töchter oder Söhne sie bald als weniger wichtig betrachten werden. Viele Eltern neigen somit dazu, ihre eigene Rolle zu unterschätzen und dadurch ihre jugendlichen Kinder zu früh zu «entlassen». Das wäre ein klarer Fall einer sich selbst erfüllenden Prophezeiung.

Im Kapitel 8 wurde aber dargelegt, dass die Eltern im Leben der Jugendlichen bedeutsam bleiben. Das heißt allerdings keinesfalls, dass die Rolle der Peers vernachlässigbar wäre. Sie erfüllen auch schon vor der Adoleszenz zentrale Funktionen und sind, parallel zu den Eltern, bedeutsame Sozialisationsagenten (Hartup, 1983). In diesem Kapitel wollen wir in einem ersten Teil auf die spezifische Funktion der jugendlichen Peer-Beziehung eingehen. Gleichaltrige sind sowohl in dyadische als auch in größere Beziehungsgefüge eingebunden. Dementsprechend wollen wir die Funktion von Peer-Gruppen kurz diskutieren. Der zweite Teil ist der Freundschaft und Intimität in der Adoleszenz gewidmet und bildet einen Übergang zur Diskussion von Liebesbeziehungen und Sexualität im dritten Teil.

9.1 Bedeutung der Peers für die Entwicklung in der Adoleszenz

Der Mensch ist ein soziales Wesen und steht meist in Interaktion mit anderen Menschen. Nun sind aber nicht alle sozialen Interaktionen gleich wichtig. Hinde (1976, 1993) unterscheidet zwischen sozialen Interaktionen und Beziehungen. Während Interaktionen distinkte und in der Zeit begrenzte Ereignisse sind, müssen Beziehungen in einem breiteren Rahmen verstanden werden. Sie basieren zwar auf Interaktionen, sind aber viel komplexer. Hinde und Stevenson-Hinde (1987) erklären den Unterschied wie folgt: «When two individuals interact on successive occasions over time, each interaction may affect subsequent ones, and we speak of them as having a relationship. Their relationship includes not only what they do together, but the perceptions, fears, expectations, and so on that each has about the other and about the future course of the relationship» (S. 2).

Interaktionen werden gemäß Stern (1985) mit kontext-relevanter Information (z. B. Situation, Emotionen) im Gedächtnis abgespeichert. Diese Repräsentationen von Interaktionen werden reaktiviert, sobald eine neue soziale Situation vorliegt, welche der gespeicherten Interaktion ähnelt. Das heißt, dass jede soziale Interaktion die nachfolgenden Interaktionen beeinflusst. Eine Konsequenz aus dieser Auffassung ist, dass aus wiederholten Interaktionen eine Beziehung entsteht (Alsaker & Perren, 1999). Um den Begriff Beziehung zu definieren, braucht man allerdings eine Reihe von Unterbegriffen, die über wiederholte Interaktionen hinausgehen. Entsprechend der Definition von Hinde und Stevenson-Hinde (1987) sind es Begriffe wie Bindung, Intentionen, Erwartungen von gemeinsamen Unternehmungen (vgl. auch Krappmann, 1993) und eine gemeinsame Motivation, die Beziehung beizubehalten. Diese Begriffe können sowohl positive als auch negative (auch pathogene) Beziehungen bezeichnen.

In vielen Hinsichten dienen die Beziehungen zu den Peers den gleichen Funktionen wie die Beziehungen zu den Erwachsenen. Alle Beziehungen sind Quellen der Selbsterfahrung und somit auch der Selbstdefinition. Aber die Gleichaltrigen haben eine andere Position und geben Rückmeldungen auf anderen Gebieten als die Eltern oder die Erwachsenen generell. Dies ist besonders für das Selbstkonzept und die Identitätsbildung wichtig, aber auch für das Einüben gewisser sozialer Fertigkeiten.

Die Bedeutung der Gleichaltrigen ist in der zweiten Hälfte des 20. Jahrhunderts unter anderem dadurch akzentuiert worden, dass Jugendliche viel länger im Bildungssystem verbleiben als früher (Fend, 1998). Dies bedeutet, dass heute ein viel höherer Prozentsatz junger Menschen bis ins junge Erwachsenenalter hauptsächlich mit gleichaltrigen Menschen verkehrt.

9.1.1 Beziehungen zu Gleichaltrigen als Entwicklungsaufgabe

Die Entwicklung neuer und reiferer Beziehungen zu den Gleichaltrigen beider Geschlechter gehörte schon nach Havighurst (1972) zu den allerwichtigsten Aufgaben der Jugendlichen. Dies wurde in verschiedenen späteren Untersuchungen bestätigt (siehe dazu Kap. 3). Die Aufnahme intimer Beziehungen wurde, zusätzlich zu den von Havighurst genannten Entwicklungsaufgaben, von den Jugendlichen immer wieder explizit genannt (Dreher & Dreher, 1985b).

Jugendliche werden im Bereich der Beziehungen zu ihren Peers nicht mit einer völlig neuen Aufgabe konfrontiert. Bereits in der Kindheit haben sie Erfahrungen mit Gleichaltrigen gemacht, und diese prägen die Erwartungen, die sie an die gegenwärtigen Beziehungen haben (siehe oben). Durch diese früheren Erfahrungen haben sie bereits Sozialkompetenzen entwickelt. Das heißt Beziehungen zu Gleichaltrigen in der Adoleszenz entstehen nicht unabhängig von früheren Erfahrungen und Kompetenzen. Was diese Entwicklungsperiode vor allem kennzeichnet, ist die Erweiterung des sozialen Umfelds (Cotterell, 1996). Jugendliche haben mehr Zugang zu unterschiedlichen sozialen Situationen außerhalb der Familie als jüngere Kinder. Überdies werden Beziehungen in der Adoleszenz in gewisser Hinsicht differenzierter und auch neu formuliert. Zum Beispiel unterscheiden Kinder zwar auch zwischen besten Freunden und anderen Peers, aber sie definieren die Beziehungen hauptsächlich aufgrund von gemeinsamen Spielaktivitäten. In der Adoleszenz bekommen Beziehungen neue Inhalte und Funktionen.

Die kognitive Entwicklung in der Adoleszenz bringt gute Voraussetzungen für eine erfolgreiche Neudefinition der Peer-Beziehungen mit sich. Auch die bessere Konzentrationsfähigkeit fördert nicht nur die schulischen Leistungen, sie macht auch das Zusammenarbeiten leichter. So werden frühere Klassen- bzw. Spielkameraden zu Arbeitspartnern, mit welchen Schulaufgaben diskutiert und gelöst werden. Im Weiteren fördern die steigende kognitive Differenziertheit sowie die Selbst-Reflexion und die verbesserte Perspektivenübernahme das Verständnis für das Verhalten und die Gefühle anderer Personen und führen zu einer höheren Beziehungsqualität. Dies zeigt sich in der größeren Fähigkeit, einander zu unterstützen und Meinungen anderer zu respektieren (Smith, 1973, zit. nach Berk, 1991). Letzteres bewirkt unter anderem, dass man auch Beziehungen zu Peers aufrechterhalten kann, die einem nicht in allem gleich sind. Allerdings werden Jugendliche auch verletzlicher. Ein negatives Feedback kann beispielsweise zu grundsätzlichen Auseinandersetzungen mit dem Selbstkonzept führen. Die erfolgreiche Neuformulierung von Beziehungen zu Gleichaltrigen wird den Jugendlichen keineswegs geschenkt, aber die Lösung dieser Aufgabe ist von großer Bedeutung für die spätere soziale Einbettung.

9.1.2 Soziale Kompetenzen

Peers stehen per definitionem in einer egalitären Beziehung zueinander, auch wenn es in der Realität oft anders verläuft. Der Unterschied zur Elternbeziehung besteht darin, dass die Jugendlichen allfällige Dominanzhierarchien unter sich aushandeln müssen, da diese nicht naturgegeben sind. Im Allgemeinen unterscheidet sich die Peer-Beziehung von der Elternbeziehung im Ausmaß der Ko-Konstruktion der sozialen Realität. Youniss und Smollar (1985) drücken es so aus: «In friendship, cooperative co-construction occurs as friends work with one another to reach mutually agreed upon conclusions and, thereby, come to respect one another for using these means» (S. 4).

Im Gegensatz zu Beziehungen zu Familienmitgliedern sind Peer-Beziehungen in einem hohen Maß freiwillig. Die Freiwilligkeit ist aber dadurch eingeschränkt, dass Schüler und Schülerinnen ihre Klassenkameraden und -kameradinnen nicht selbst auswählen können. Allerdings werden innerhalb jeder Klasse freiwillig kleinere Gruppierungen gebildet. Der Grad an Freiwilligkeit der Peer-Beziehungen nimmt mit dem Übergang zur Adoleszenz zu. Jugendliche sind beweglicher, sie können Freunde besuchen, die nicht mehr in ihrer Nachbarschaft wohnen, ohne auf die Eltern angewiesen zu sein. Sie können auch viel selbständiger über außerschulische Aktivitäten entscheiden und sich verabreden.

Obwohl Peers durch ihre Interaktionen und Rückmeldungen einen großen Einfluss auf die Entwicklung anderer Jugendlicher ausüben, haben sie im Gegensatz zu den Eltern keine formelle Verantwortung für die Erziehung resp. Sozialisation. Peers reagieren also nicht aus erzieherischen Motiven und nehmen auch keine erzieherischen Rücksichten. Sie reagieren einfach, und sie tun es unterschiedlich, sodass die Jugendlichen viele verschiedene Reaktionen auf ihr Verhalten erfahren. Dadurch lernen sie etwas über sich selbst und über die Vielfalt der menschlichen Reaktionen und Beziehungen.

9.1.2.1 Konfliktlösungsstrategien

Die Freiwilligkeit gefährdet aber diese Peer-Beziehungen. Wenn eine Beziehung aufrechterhalten werden soll, müssen die Jugendlichen entsprechende soziale Fertigkeiten entwickeln. Die konkrete Unterstützung von Seiten der Eltern, die in der Kindheit noch üblich ist (z. B. außerschulische Treffen organisieren), ist in der Adoleszenz kein Thema mehr.

Die Freiwilligkeit der Beziehung bedeutet, dass die Jugendlichen bessere Konfliktlösungsstrategien untereinander entwickeln müssen, denn auch da können die Erwachsenen nicht mehr im gleichen Maß helfen. Adäquate Konfliktlösungsstrategien können sowohl Kinder als auch Jugendliche nur zu einem geringen Grad in den Interaktionen mit ihren Eltern lernen. Eltern haben durch ihre Überlegenheit die Möglichkeit, jeden Konflikt abzuwürgen, zu gewinnen oder erzieherisch zu gestalten. Die Konfliktlösung zwischen Erwachsenen und Jugendlichen entspricht nie einer Situation zwischen Gleichberechtigten.

9.1.2.2 Grenzen setzen

Eltern sind dem Kind grundsätzlich wohlgesinnt und versuchen das Wohlbefinden ihrer Kinder zu fördern. Weil die Peers nicht dieselbe Verantwortlichkeit füreinander spüren, neigen sie auch eher zu kleinen und großen Grenzüberschreitungen einander gegenüber. Unter Gleichaltrigen muss schnell gelernt werden, wie man Grenzen verteidigt. In der Kindheit nehmen Erwachsene bei solchen Grenzüberschreitungen ihre Verantwortung noch wahr und sind bereit Hilfe zu leisten. Gegenüber den Jugendlichen sind die Erwachsenen oft sehr zurückhaltend, auch in Fällen, in denen sie eigentlich intervenieren sollten (Gewalthandlungen, Mobbing in der Schule).

Die physische Aggression nimmt in der Adoleszenz generell ab; dafür nehmen verbale Beleidigungen, Drohungen und indirektere Formen der Aggression zu (Alsaker & Brunner, 1999; Hartup, 1983). Bei aggressiven Auseinandersetzungen nehmen aber im Allgemeinen die psychologisch verletzenden Formen zu (Verletzung des Selbstwertes des anderen). Das heißt, dass die Definition und Durchsetzung der eigenen Grenzen gegenüber unerwünschtem Verhalten von Peers viel wichtiger aber auch bedeutend schwieriger ist als in der Kindheit. Die indirekten Formen der Aggression sind nämlich von einer Art, die es erschwert, die Aggressoren für ihr Verhalten verantwortlich zu machen.

9.1.2.3 Sensibilität und Perspektivenübernahme

Buhrmester und Furman (1987) zählen auch die Förderung der Sensibilität in zwischenmenschlichen Interaktionen zu den Funktionen der Peer-Beziehungen. Höhere Sensibilität könnte durch die größere Spontaneität und Direktheit unter Gleichaltrigen gefördert werden. Es ist beispielsweise möglich, dass die unmittelbaren Reaktionen und Rückmeldungen Gleichaltriger (z. B. während des Aushandelns eines Konflikts) deutliche und wichtige Hinweise dafür geben, was man bei anderen auslöst und wie weit man gehen darf, ohne andere zu verletzen oder zu nerven.

Wenn dieser Lernprozess gelingt, wird nicht nur die soziale Sensibilität, sondern auch die Fähigkeit der Perspektivenübernahme gefördert. Durch kleine und große Konflikte sowie den Versuch ihrer Lösung müssen sich Jugendliche mit den Interpretationen anderer auseinander setzen. Die Notwendigkeit des eigenen Einsatzes zur Aufrechterhaltung von geschätzten Beziehungen bringt die nötige Motivation, Situationen aus der Perspektive der anderen zu sehen.

9.1.3 Identitätsbildung

Die Jugendlichen sind in einer Phase, in der sie ihre Identität festigen oder sogar bewusst «suchen» (siehe Kap. 7). Auch da sind die Erfahrungen, die sie mit Gleichaltrigen machen, wichtig. In der Identitätsbildung geht es vor allem darum, die eigene Person so zu definieren, dass sowohl die Unterscheidung von anderen als auch die Einbettung in einen sozialen Rahmen gewährleistet sind.

Gleichaltrige haben mehr gemeinsame Interessen als Jugendliche und ihre Eltern. Dies kommt deutlich in Befragungen zu Themen, die Jugendliche mit den Peers und mit den Eltern besprechen, zum Ausdruck (siehe Kap. 8). Es muss ohne Zweifel spannender sein, mit Gleichaltrigen über die neuesten musikalischen Hits zu reden als mit den Eltern, die oft keinen Zugang zur selben Musik haben. Dasselbe gilt für Kleider und andere Themen, die stark von Jugendmoden geprägt sind. Die Peer-Gruppe bietet Bestätigungen der eigenen Interessen und des eigenen Geschmacks. Dadurch werden sowohl die Unterscheidung von den Eltern und anderen Erwachsenen als auch eine gewisse Zugehörigkeit zu Gleichgestellten gewährleistet.

Die Suche nach Zugehörigkeit zu Gruppierungen von Jugendlichen, die etwas Bestimmtes repräsentieren, ist für die Selbstdefinition wichtig. Vergleiche mit anderen sind überhaupt von großer Bedeutung in der Adoleszenz (Hart, 1988), und das Bedürfnis nach Konformität ist neben dem Wunsch, das Eigene zu finden, sehr groß.

Dementsprechend sind die Zugehörigkeit zu Cliquen und die Übernahme von besonderen Verhaltensstilen (z. B. Punks) bekannte Phänomene. Die Zugehörigkeit zu bestimmten «Typen von Jugendlichen» (engl. crowds), die durch Verhaltens- oder Kleiderstile gekennzeichnet sind, kann beabsichtigt sein (wie eben bei den Punks) oder einem Individuum zu Recht oder Unrecht zugeschrieben werden (z. B. Streber).

Jugendliche gehören oft gleichzeitig mehreren Gruppen an. Man kann sich beispielsweise zwischen einer Sport-Gruppe, einer Schulaufgaben-Gruppe, einer Herumhängen-Gruppe und einer Disco-Gruppe frei bewegen. Je nach Tageszeit und Kontext hält man sich in verschiedenen Gruppen auf. Gruppen, die ein hohes Ausmaß an Homogenität anstreben, werden Cliquen genannt (Cotterell, 1996). Weil die Cliquen relativ abgegrenzte Identitäten repräsentieren, führt die Zugehörigkeit zu unterschiedlichen Cliquen zu einer verschärften Auseinandersetzung mit verschiedenen Identitätsfacetten.

Die Zugehörigkeit zu gewissen Cliquen kann auch Probleme mit sich bringen, beispielsweise wenn das Normverhalten innerhalb einer solchen Clique antisozial oder stark abweichend ist. Die Gefahr der Gruppenzugehörigkeit besteht dann vor allem darin, dass man sich ein bestimmtes Verhaltensrepertoire aneignet und andere Verhaltensweisen ausschließt. Dadurch verliert man leicht den Zugang zu Jugendlichen außerhalb dieser bestimmten Gruppe/Clique. Ein schlechter Ruf oder die geringere Möglichkeit, sich Jugendlichen aus anderen Gruppen zu nähern, sind nahe liegende Folgen. Dann entwickeln sich leicht negative Zirkel.

Die soziale Einbettung ist gewährleistet, solange man einer Gruppe angehört. Sie ist aber gleichzeitig gefährdet, wenn die Gruppe so eng definiert ist, dass der Zugang zu anderen, breiter definierten Gruppen schwierig wird. In solchen Fällen kann die eigene Identität so stark mit der Gruppe verbunden sein, dass ein Bruch mit der Gruppe als Identitätsverlust empfunden wird. Dies ist zum Beispiel typisch für die Situation von Jugendlichen, die religiösen Gruppierungen oder Sekten angehören und einen Weg aus diesen heraus suchen.

9.1.4 Die Kehrseite der Peer-Beziehungen

9.1.4.1 Soziale Isolation

Obwohl der Begriff der Peer-Beziehung meistens positive Konnotationen weckt, sind nicht alle sozialen Interaktionen gleich angenehm, auch haben nicht alle Jugendlichen befriedigende Beziehungen zu Gleichaltrigen. Cairns und Cairns (1994) betonen denn auch, dass alles im Leben eine Schattenseite habe; eine Gruppe oder eine Freundschaft zu haben, bedeute zwar größere Nähe zwischen einigen Jugendlichen, erfordere aber auch, gewisse Barrieren gegenüber anderen zu setzen und damit Ausgrenzung von anderen.

Neue Forschungsarbeiten zum Phänomen des Mobbings haben gezeigt, dass 5 bis 10 % der Schüler und Schülerinnen mit Gleichaltrigen so schlechte Erfahrungen machen, dass man sie als Opfer bezeichnen muss (Alsaker & Brunner, 1999; Olweus, 1994; Smith et al., 1999).

Soziale Isolation gehört zu den indirekten Formen des Mobbings in der Schule und ist eines der meist belastenden sozialen Erlebnisse für die weitere Entwicklung Jugendlicher. Wer von Gleichaltrigen isoliert wird, hat keinen Zugang zu den positiven Funktionen der Peer-Beziehungen und ist auch gefährdet, andere Formen des Mobbings zu erfahren. Die schwer wiegenden Folgen einer solchen Isolation durch die Peers und anderer Formen des Mobbings in der Adoleszenz sind in vielen Studien aufgezeigt worden. Mobbing ist eine negative soziale Situation, die über längere Zeit dauert (siehe Olweus, 1994) und von Demütigungen geprägt ist. Ein weiteres Merkmal der Mobbingsituation ist die klare Überlegenheit der Aggressoren. Die Opfer haben kaum eine Chance, sich wirklich zur Wehr zu setzen, so dass sie in diesen Situationen überdies ihre eigene Inkompetenz erfahren. Eine nahe liegende und häufig vorkommende Konsequenz ist ein sehr tiefer Selbstwert, der oft von Depression begleitet ist. Diese Beeinträchtigung des Selbstwerts scheint auch über die Zeit der Mobbing-Erlebnisse hinaus zu bestehen (siehe z. B. Alsaker & Olweus, im Druck).

9.1.4.2 Gruppendruck und Gruppenselektion

Eltern befürchten den möglichen negativen Einfluss der Peers auf ihre Kinder. Es ist auch gut belegt, dass Jugendliche, die viel zusammen sind, ähnliche Verhaltensweisen und ähnliche Interessen aufweisen. Zum Beispiel findet man, dass Schüler und Schülerinnen, die in der Schule gute Resultate erzielen, oft zusammenhalten (Kindermann, 1993). Das Gleiche gilt für Problemverhalten: auch aggressive resp. delinquente Jugendliche schließen sich oft zusammen (Xie, Cairns & Cairns, 1998).

Es gibt allerdings in der Literatur eine Diskussion darüber, ob dies dadurch zu erklären ist, dass Jugendliche vor allem vom Verhalten ihrer Peers geprägt werden oder ob gleichgesinnte Jugendliche einander suchen. Eine solche Auslese von Freunden, die einander in vielem gleichen, wird im Amerikanischen «assortative pairing» genannt (Adams et al., 1994). Die Befundlage spricht eher zugunsten der letzteren Interpretation. Wenn man bedenkt, dass Jugendliche oft eine Bestätigung ihrer Interessen (und somit eine Verstärkung ihres Selbstkonzepts) in der Gruppe der Gleichaltrigen suchen, ist es nachvollziehbar, dass sie vor allem Peers aufsuchen, die gleiche Interessen und gleiches Verhalten zeigen. Auf der anderen Seite hat die Peer-Gruppe wie jede Gruppe Einfluss auf die einzelnen Gruppenmitglieder, sei es durch Normdruck, durch Belohnung des «richtigen» Verhaltens oder durch Modelllernen.

Höchstwahrscheinlich sind sowohl die Peer-Selektion als auch der Gruppendruck wirksam. Man schließt sich einer Gruppe nur an, wenn man bereits eine gewisse Affinität zu deren Werten und Normen hat. In der Folge handelt es sich vermutlich um die Bildung von Verstärkungsspiralen, die positive resp. negative Folgen haben können. Es ist anzunehmen, dass die mehr oder weniger bewusste Suche nach Gleichgesinnten oft der erste Schritt in eine solche Spirale bildet. Im Kapitel über Pubertät haben wir die Studie von Stattin und Magnusson (1990) zitiert, die gezeigt hat, dass früh entwickelte Mädchen öfter als andere mit älteren Jugendlichen verkehren. Dies ist ein typisches Beispiel von «assortative pairing». Diese Mädchen suchen nach Peers, die ihnen in ihrer Entwicklung ähneln, sodass sie sich nicht mehr marginal fühlen. In diesem Fall übt die Gruppe der älteren Peers einen starken Einfluss auf die jüngeren Mädchen aus. Die Motivation der Mädchen, zu den Älteren zu gehören, ist groß. Die Älteren haben aber bereits ihre Gewohnheiten und ihre Normen, und die Mitgliedschaft ist nur möglich, wenn man sich anpasst. Für die früh entwickelten Mädchen kann das heißen, früher sexuelle Beziehungen zu haben und mehr Alkohol zu konsumieren, als altersadäquat wäre. Durch dieses an die ältere Gruppe angepasste Verhalten entfernen sie sich aber noch mehr von den Gleichaltrigen. Sie werden dadurch noch stärker marginalisiert und müssen eine Reihe von Entwicklungsaufgaben verfrüht lösen (Alsaker, 1995a).

Obwohl sich die meisten Jugendlichen normalerweise nicht zufällig einer Gruppe anschließen, in der abweichendes Verhalten eine zentrale Rolle spielt, kann dies unter gewissen Umständen doch eintreten. Dies trifft beispielsweise zu, wenn der Zugang zu anderen Gruppierungen erschwert oder gar unmöglich ist und die Alternative nur die Isolierung wäre. Man kann sich Fälle vorstellen, in denen ein Jugendlicher in einem bestimmten Quartier wohnt oder in einer Schulklasse ist, in welchem resp. in welcher die meisten anderen Jugendlichen abweichendes Verhalten zeigen. Ein anderer Fall wäre, dass dieser Jugendliche von allen anderen Gruppierungen ausgegrenzt wird.

Will man vermeiden, dass Jugendliche unter den Einfluss marginaler Peer-Gruppen oder Sekten kommen, sollte man dafür sorgen, dass sie viele Möglichkeiten haben, die Welt zu erforschen, ihre Kompetenz zu erfahren, eigene Meinungen zu verteidigen und somit ihr Selbstkonzept, ihr Wertsystem und ihre Identität zu festigen. Dies geschieht allerdings nicht von heute auf morgen, sondern es sind präventive Grundsteine, die in der Kindheit gelegt werden sollten. Auch können gute und stabile Freundschaften vor negativen Gruppeneinflüssen schützen. Im nächsten Unterkapitel befassen wir uns mit Freundschaft und ihrer Bedeutung für die Entwicklung in der Adoleszenz.

9.2 Freundschaft und Intimität

Die Adoleszenz ist die Zeit, in der sich sowohl nahe und intime Freundschaften als auch Liebesbeziehungen entwickeln. Diese Beziehungen erhalten allmählich die gleichen Funktionen wie früher die guten Beziehungen zu den Eltern. Sie vermitteln Nähe, Stärkung des Selbstgefühls und Sicherheit. Beide Typen von Beziehungen (Freundschaft und Liebesbeziehung) können aber auch große Sorgen und Trauer bereiten, wenn sie zu Ende gehen, aber auch wenn sie konfliktvoll sind. Solche Belastungen sind besonders ernst, wenn die elterliche Beziehung nicht gut ist.

Freundschaftsbeziehungen sind typischerweise dyadische Beziehungen, die nicht wie im Fall von Cliquen an bestimmte Kontexte gebunden sind (Cotterell, 1996). Allerdings ist der Gebrauch des Wortes «Freund» in der Alltagssprache sehr ungenau. Dies gilt besonders in Nordamerika, wo beinahe jede und jeder als «my friend» bezeichnet wird. Dies hat dazu geführt, dass man oft von «besten Freunden und Freundinnen» oder «nahen Freundschaften» (engl. close relationship) reden muss, wenn man eine engere Beziehung meint. Beziehungen zu Freunden und Freundinnen unterscheiden sich von Beziehungen zu den Kameraden und Kameradinnen (z. B. Schulkameraden und -kameradinnen) sowohl quantitativ (Häufigkeit des Kontakts) als auch qualitativ (Intensität des Kontakts). Kameraden und Kameradinnen sind einfach Peers, die man öfter sieht, mit denen man gewisse Interessen gemeinsam hat und die man vor allem für bestimmte Aktivitäten trifft (entsprechend den Beziehungen in den Cliquen).

Beziehungen können unter anderem aufgrund ihrer Inhalte (z. B. gemeinsame Aktivitäten) definiert werden. Hinde (1993) spricht beispielsweise von uniplexen und multiplexen Beziehungen. Die ersteren sind dadurch gekennzeichnet, dass die Beziehungspartner vor allem einer Aktivität gemeinsam obliegen. Freundschaften sind aber meistens dadurch gekennzeichnet, dass viele verschiedene Aktivitäten gemeinsam sind (multiplex). Je mehr unterschiedliche Interaktionen stattfinden, desto komplexer (differenzierter) und tiefer wird die Beziehung, und desto größer sind die Chancen, dass die Beziehung nicht stagniert und somit länger anhält. Natürlich haben Kinder auch Freundschaften, aber erst in der Adoleszenz werden sie stabiler. Dies ist in einem gewissen Ausmaß eine Folge der gestiegenen Komplexität der Beziehung.

Gewisse Beziehungstypen werden kulturell und gesellschaftlich reguliert, beispielsweise eheliche Beziehungen. Für diese gibt es bestimmte Verhaltensnormen. Auch am Arbeitsplatz erwartet man gewisse Formen von Interaktionen zwischen Kollegen. Eine gewisse Bereitschaft für Zusammenarbeit wird auch von Schülern und Schülerinnen erwartet, aber keine spezielle Nähe. Freundschaftsbeziehungen sind nicht institutionalisiert (Hinde, 1993). Freundschaft ist eine private Angelegenheit. Entsprechend werden solche privaten emotionalen Bindungen durch Außenstehende meist wenig geschützt. Es wird zum Beispiel heute von Ehepartnern kaum verlangt, dass sie sich wegen Änderungen in einer Firmenstruktur und einem dadurch veränderten Anstellungsverhältnis trennen. Aber wenn Eltern den Wohnort wechseln wollen, werden nahe jugendliche Freundschaften (oder Liebesbeziehungen) häufig auseinander gerissen. Welcher Schmerz dabei den Jugendlichen auferlegt wird, ist den Erwachsenen oft wenig bewusst. Dass solche Beziehungen in der Adoleszenz sehr wichtig sind und dass Brüche (besonders bei Liebesbeziehungen) sehr negative Konsequenzen haben können, ist in der Längsschnittstudie von Cairns und Cairns (1994) klar hervorgehoben worden.

Wir wollen im Folgenden aufzeigen, was Freundschaft generell charakterisiert und wie sie sich in der Perspektive von Kindern und Jugendlichen unterscheidet.

9.2.1 Merkmale von Freundschaften

Für die meisten Autoren und Autorinnen in der Forschung zu Freundschaften steht fest, dass Freunde und Freundinnen einen hohen Grad an *Zuneigung* füreinander empfinden (z. B. Berndt, 1981; Dunn, 1993; Oden, 1988). Allgemein schätzen Freunde das *Zusammensein* sehr (Dunn, 1993) und verbringen viel Zeit miteinander (Hartup, 1983). Freunde haben mehr *positive affektive Interaktionen* miteinander als Nicht-Freunde. Sie zeigen auch eine sog. Affekt-Synchronie auf (Price & Ladd, 1986). Das heißt, sie stimmen ihre emotionale Befindlichkeit aufeinander ab. Das Zusammensein wird auch dadurch angenehmer, dass Freunde generell *nett zueinander* sind (Youniss, 1980), einander gerne helfen und Erlebnisse und Sachen miteinander teilen (Oden, 1988; Price & Ladd, 1986; Youniss, 1980).

Kinder sagen meistens, dass sie ihre Freunde mögen, weil sie es schön finden, miteinander zu spielen (Dunn, 1993). *Gemeinsame Aktivitäten* und Projekte sind generell wichtige Elemente von Freundschaften (Hartup, 1983; Oden, 1988). In der Adoleszenz wird das gemeinsame Spiel durch andere Aktivitäten oder durch gemeinsame Interessen ersetzt (Cotterell, 1996; Flammer, Alsaker & Neuenschwander, 1999;

Pauling, 2000; Sahli, 2000; Schwyter, 2001; Zumbühl, 2000). Freunde und Freundinnen vertreten oft die gleichen Werte, haben gleiche Einstellungen gegenüber der Schule, haben auch gleiche Aspirationen, zeigen das gleiche Verhalten etc.

Zuneigung kann im Prinzip einseitig sein. Freundschaft ist aber per definitionem *reziprok* (Hartup, 1992; Price & Ladd, 1986). Es ist allerdings so, dass Kinder und Jugendliche ihren Wunsch nach einer reziproken Freundschaft nicht selten dadurch zum Ausdruck bringen, dass sie andere als ihre Freunde benennen, auch wenn keine gegenseitige Zuneigung vorliegt.[37]

Ein weiteres und absolut zentrales Merkmal der Freundschaft ist die *Verlässlichkeit*. Furman und Robbins (1985) sprechen beispielsweise von einer verlässlichen Allianz (engl. reliable alliance) und Dunn (1993) bringt entsprechende Aussagen sogar von 5-jährigen Kindern. Für alle ist klar, Freunde und ihr Verhalten sollen vorhersagbar sein. Sie sollen da sein, wenn man Hilfe oder irgendeine Form von Unterstützung braucht. Freunde haben ein Recht, voneinander etwas zu erwarten. Die Verlässlichkeit bildet dann auch den Grundstein für das *Vertrauen*, das die meisten Freundschaften kennzeichnet.

Verlässlich sein bedeutet aber unvermeidlich auch Verpflichtung, und für die meisten Autoren geht Freundschaft tatsächlich mit Verpflichtungen einher (Hartup, 1992; Youniss & Smollar, 1985). Kameraden und Kameradinnen können ohne Problem mitteilen, sie hätten keine Zeit oder keine Lust, wenn man ihre Hilfe oder Nähe braucht, auch wenn sie solche schon versprochen haben. Es passiert nichts Weiteres mit der Beziehung, außer dass ihr die Merkmale «nicht besonders verlässlich» und «nicht sehr hilfsbereit» angehängt werden. Sie bleiben Kameraden und Kameradinnen. In Freundschaften kann solches aber als Vertrauensbruch interpretiert werden und somit Konsequenzen für die weitere Beziehung haben, die beispielsweise als weniger verlässlich und unter Umständen als weniger attraktiv empfunden wird.

Ein weiterer zentraler Aspekt von Freundschaft ist das Ausmaß an *Offenheit* und *Intimität*, das man anbietet und erwartet. Freunde wissen normalerweise viel über einander, mehr als Nicht-Freunde (Price & Ladd, 1986). Der Austausch von persönlicher Information, die Diskussion von persönlichen Problemen und das Anvertrauen von Geheimnissen gehören zu den Privilegien von Freunden und Freundinnen (Oden, 1988; Youniss, 1980; Zumbühl, 2000). Dies wiederum beruht auf einem großen gegenseitigen Vertrauen und ist ein Ausdruck von Intimität.

Durch diese Offenheit haben Freunde die Möglichkeit, ihre persönlichen Eigenschaften und Anliegen gegenseitig zu bewerten. Dadurch, dass sie sich grundsätzlich gegenseitig mögen und einander gegenüber positiv eingestellt sind, üben sie gegenseitig mehr Selbstwert-Erhöhung und Selbst-Bestätigung (Lewis & Feiring, 1989; Price & Ladd, 1986) als negative Kritik. Das Bewusstsein um die gegenseitige positive Einstellung ermöglicht aber gleichzeitig mehr konstruktive Kritik. Kritik wird von Freunden grundsätzlich nicht als Angriff interpretiert. Das heißt wiederum, dass Jugendliche mit nahen Freundschaften auch viel mehr Möglichkeiten bekommen, mit den positiven und negativen Seiten ihres Selbst vertraut zu werden.

Wenn man Kinder und Jugendliche dazu befragt, was sie unter Freundschaft verstehen, sagen jüngere Schüler und Schülerinnen (Grundschule) meistens, dass Freunde nett zueinander sind, Dinge miteinander teilen und tun (engl. sharing) und einander helfen (Flammer, Alsaker & Neuenschwander, 1999; Hartup, 1983; Youniss, 1980). Jugendliche hingegen nennen vermehrt das gegenseitige Anvertrauen von Geheimnissen, und dass man sich gegenseitig «richtig» kennen sollte. Weitere Erwartungen der Jugendlichen sind, dass man füreinander da ist, einander unterstützt und zueinander Sorge trägt (engl. caring). Gemeinsame Pläne und Intimität (auch im Sinne von Selbst-Offenbarung, engl. self-disclosure) gehören weiter zu den Erwartungen in jugendlichen Freundschaften (Youniss & Smollar, 1985).

---

37 Dies stellt eine Gefährdung der Validität von Messinstrumenten in der Forschung zu Freundschaften dar.

Dinge und Erlebnisse zu teilen sowie gemeinsame Unternehmungen und Reziprozität gehören also schon sehr früh in der Entwicklung zum Konzept der Freundschaft. Jüngere Kinder haben dabei konkrete Vorstellungen, während sich Jugendliche abstrakter ausdrücken und psychologischere Begriffe verwenden (Hartup, 1992). Die Vorstellungen der Jugendlichen sind in dieser Beziehung differenzierter. Andere inhaltliche Änderungen sind mit der generellen Entwicklung in dieser Altersphase verbunden. Schon Kinder teilen Geheimnisse miteinander, aber sie sind von einer anderen Art als die Geheimnisse Jugendlicher. Intimität, wie beispielsweise die gegenseitige Untersuchung des Körpers, kommt bei jüngeren Kindern im Spiel vor (z. B. Doktorspiel), wird aber noch nicht als Intimität bezeichnet, obwohl sie vielleicht schon als solche empfunden wird.

Was wir über Unterschiede zwischen Kindern und Jugendlichen bezüglich Freundschaft wissen, beruht meistens auf Querschnittstudien. Die Längsschnittstudie von Cairns und Cairns (1994) bietet hier eine Ausnahme. Dieses Forscherehepaar hat Jugendliche über Jahre hinweg in Interviews über alles Mögliche befragt, darunter auch, was ihnen an einem Freund (Freundin) wichtig war. Sie bringen ein Beispiel, von dem sie meinen, dass es für die Jugendlichen in ihrer Stichprobe repräsentativ ist. Als Adelaide 10 Jahre alt war, sagte sie, eine Freundin sollte nett sein, sie sollte über längere Zeit ihre Freundin sein (Konstanz) und sie schätze, dass die Freundin Geheimnisse nicht ausplaudere. Fünf Jahre später sagte Adelaide, dass eine Freundin da sein sollte, wenn man Hilfe braucht, dass sie einfach da ist, einen umsorgt. Die Vertraulichkeit war jetzt das Wichtigste in der Freundschaft.

Viele Jugendliche der Cairns-Studie wünschten sich stabile Freundschaften, aber ihre Beziehungen wechselten sehr oft. Als die Befragten 11 Jahre alt waren, nannten nur 20 % einen Freund oder eine Freundin, den oder die sie schon ein Jahr früher genannt hatten. Zwischen 10 und 12 Jahren gab es sogar nur 10 % stabile Freundschaften. Adelaide hatte sich solche Stabilität gewünscht. Waren denn nun ihre Freundschaften tatsächlich stabil? Von den vier Personen, die sie mit 10 Jahren genannt hatte, erwähnte sie später keine mehr. Erst noch später hatte sie einige länger dauernde Freundschaften. Mit 12 Jahren nannte sie ein Mädchen, zu dem sie in den 4 folgenden Jahren eine Freundschaft pflegte; und mit 13 hatte sie eine zusätzliche Freundschaft, die 2 Jahre dauerte.

Cairns und Cairns (1994) betonen, dass Stabilität nicht von selbst gewährleistet ist. Freundschaften sind dynamische Prozesse, die auch den Veränderungen beider Partner Rechnung tragen müssen. Das heißt, eine Freundschaft muss sich verändern können, wenn sie halten soll, und sie muss auch eine gewisse inhaltliche Variation aufzeigen (siehe oben).

9.2.2 Geschlechtsunterschiede in Freundschaften

Berndt (1981) fasste das Thema Geschlechtsunterschiede wie folgt zusammen: «Girls' friendships often appear to be more intimate and exclusive than those of boys, and girls seem to distinguish more sharply than boys between friends and acquaintants» (S. 637). Dabei stützte er sich unter anderem auf die Literaturübersicht von Maccoby und Jacklin (1974). Hartup (1992) fügte aufgrund seiner eigenen Studien hinzu: «Girls' friendships are usually more intensive and less extensive than boys'» (S. 195). Jungen scheinen Aktivitäten in Gruppen den Vorrang zu geben.

Youniss und Smollar (1985) haben 160 Jugendliche im Alter von 15 bis 18 Jahren befragt, was sie mit ihrer besten Freundin resp. ihrem besten Freund am liebsten täten. Ihre Antworten konnten in vier große Kategorien von Aktivitäten zusammengefasst werden (Tab. 9–1).

Die Zahlen in Tabelle 9–1 sprechen eine deutliche Sprache. Männliche Jugendliche bevorzugen spezifische spielerische und sportliche Aktivitäten und den gemeinsamen Rausch, während die jungen Frauen die gegenseitige Gesellschaft und Gespräche höher schätzen. Dies entspricht anderen Ergebnissen derselben Autoren in einer Studie, in der sie die typischen Aktivitäten in jugendlichen Freundschaften untersuchten (40 Jugendliche zwischen 14 und 19 Jahren; Youniss &

Tabelle 9-1: Die beliebtesten Aktivitäten (in Prozent) von Jugendlichen (15 bis 18 Jahre) mit ihren gleichgeschlechtlichen besten Freunden resp. Freundinnen (nach Youniss und Smollar, 1985)

	Mädchen	Jungen
Zusammen ausgehen (Kino, Party, Strand, Spielhallen, etc.)	64	36
Zusammen reden	28	10
Freizeitaktivitäten (Basketball, Velofahren, Kartenspiele etc.)	2	24
Aktivitäten in Verbindung mit Alkohol und anderen Drogen	1	20
Keine Angaben	5	10
Total	100	100

Smollar, 1985). Die typischsten Aktivitäten kamen sowohl bei Mädchen als auch bei Jungen vor, aber wieder in unterschiedlichen Ausmaßen: intime Diskussionen (60 % der Aktivitäten bei Mädchen und 30 % bei Jungen), miteinander Ausgehen und Verschiedenes tun (25 % resp. 23 %), nicht-intime Diskussionen (7 % resp. 27 %) und, was man typische Freundschaftsmerkmale nennen könnte, einander helfen, einander einen Gefallen tun, Geheimnisse nicht weiter erzählen (7 % resp. 15 %).

Ein weiteres interessantes Ergebnis der Untersuchungen von Youniss und Smollar (1985) war, dass Jungen und Mädchen ungefähr die gleichen Themen zu ungefähr gleichen Anteilen mit ihren besten Freunden besprachen. Sie unterschieden sich allerdings, wenn es um familiäre Probleme ging. 80 % der weiblichen, aber nur 54 % der männlichen Jugendlichen sagten, dass ihre Familie ein Gesprächsthema war.

Eine Studie von Lempers und Clark-Lempers (1993) an Adoleszenten zwischen ungefähr 12 (6. Klasse in den USA) und 18 Jahren ergab klare Geschlechtsunterschiede in der Bewertung von acht verschiedenen zentralen Dimensionen der Freundschaft (z. B. Verlässlichkeit, Füreinander-da-Sein oder Zufriedenheit). Mädchen bewerteten ihre Freundschaften sowohl zu anderen Mädchen als auch zu Jungen durchgehend positiver, als ihre gleichaltrigen Mitschüler es taten. Dies entspricht auch den Befunden von Youniss und Smollar (1985). Mehr als 70 % der weiblichen Jugendlichen sagten, sie hätten das Gefühl, dass ihre beste Freundin wirklich versuche, sie in Gesprächen zu verstehen, was nur bei 35 % bis 55 % (je nach Thema) der männlichen Jugendlichen der Fall war. Man kann sich dabei fragen, ob die Jungen wirklich weniger Fertigkeiten in diesem Bereich haben, oder ob Geschlechterstereotypien sie davon abhalten, aus Angst, feminin zu erscheinen.

Es gibt wenig Daten zu Freundschaften zwischen Mädchen und Jungen. Das ist wahrscheinlich eine Folge der weitgehenden Geschlechtersegregation in Peer-Beziehungen (Maccoby, 1990) und der entsprechenden Seltenheit von gegengeschlechtlichen Freundschaftsbeziehungen sowie der Schwierigkeit, diese von ersten Liebesbeziehungen zu unterscheiden. Studien, die sich für die Unterschiede in den Erfahrungen Jugendlicher in Freundschaften mit dem anderen und mit dem gleichen Geschlecht interessieren, berichten, dass sowohl Mädchen wie auch Jungen mehr Intimität in den gleichgeschlechtlichen Freundschaften erfahren (Buhrmester & Furman, 1987, siehe Kap. 9.2.4) und dass die gleichgeschlechtliche Freundschaft allgemein qualitativ höher bewertet wurde (z. B. Verlässlichkeit, Intimität, Füreinander-da-Sein etc.; Lempers & Clark-Lempers, 1993).

9.2.3 Bedeutung der Freundschaft für die Entwicklung in der Adoleszenz

Wir sind im Unterkapitel 9.2.1 zu den Merkmalen der Freundschaft schon mehrfach auf die Bedeutung der Freundschaft für die Entwicklung eingegangen. Wir wollen nicht alles wiederholen, jedoch versuchen, eine Übersicht herzustellen.

Für Lewis und Feiring (1989) waren zwei der Hauptfunktionen der Freundschaft das, was man im Englischen nurturance und caregiving nennt. Das heißt, dass man füreinander da ist, einander emotionale Unterstützung gewährt und einander umsorgt, wenn es nötig ist. Dies sind Elemente, die Jugendliche oft als Merkmale der Freundschaft nennen. Die dritte Funktion, welche die Autoren angaben, war, dass eine Freundschaft auch vor Gefahren schützen soll: «The need for protection probably occurs more frequently than imagined, especially in groups who fight more on playgrounds» (S. 264). Dies entspricht den Befunden der Forschung zur Gewalt an Schulen (Olweus, 1995), die zeigen, dass Jugendliche, die keine oder keine einflussreichen Freunde haben, leichter als Opfer der Aggressionen ihrer Mitschüler ausgewählt werden. Es entspricht aber auch den Aussagen von Kindern, die ganz klar erwarten, dass Freunde sich gegenseitig nicht aggressiv verhalten (Berndt, 1981) und so eine Art sichere Zone bieten in einem sonst oft relativ rücksichtslosen Umfeld. Feindseligkeit und aggressives Verhalten gegenüber einem besten Freund werden zumindest in der Kindheit als Merkmale von externalisierendem Problemverhalten angesehen (Dunn, 1993). Dies ist in der Adoleszenz sicher nicht anders.

Die prosoziale Einstellung von Freunden untereinander bedeutet nicht, dass Freundschaften frei von Konflikten sind. Konflikte in Freundschaften sind wahrscheinlich der beste Anlass, Konfliktlösungsstrategien zu lernen. In Freundschaften wird eher als in anderen Peer-Beziehungen versucht, Konflikte zu lösen (Dunn, 1993), denn es steht auch mehr auf dem Spiel als bei Konflikten mit anderen Peers. So wird zum Beispiel einem Freund oder einer Freundin schneller verziehen als anderen Peers, denn man geht davon aus, dass es doch nicht so schlimm gemeint war, wie es klang. Eine Studie von Slomkowski und Killen (1992) hat beispielsweise deutlich gezeigt, dass sich beste Freunde gegenseitig mehr kleinere moralische Grenzüberschreitungen erlauben (z. B. dem anderen etwas wegnehmen), ohne voneinander dafür bestraft zu werden.

9.2.4 Intimität

Jede Person hat eine persönliche Vorstellung davon, was Intimität bedeutet. Intimität wird von Jugendlichen als ein wichtiges Element einer nahen Freundschaft genannt. Die meisten Forscher und Forscherinnen sehen es auch so. Gute Definitionen sind allerdings rar, und die Operationalisierungen von Intimität variieren enorm. Für Sullivan (1953) entsteht Intimität in einer Zweierbeziehung, die beiden Partnern eine Bestätigung aller Aspekte ihres Selbstwerts ermöglicht. Intimität kann nur stattfinden, wenn zwei Personen sich auf sensible Art an die Bedürfnisse und Einstellungen des anderen anpassen. Als Intimität kann man sowohl die Qualität der Interaktion zwischen Individuen als auch die individuelle Fähigkeit, sich auf eine gefühlsmäßige Bindung und verbindliche Partnerschaft einzulassen, bezeichnen.

Buhrmester und Furman (1987) definieren Intimität als das Anvertrauen von Geheimnissen, privaten Gefühlen und Gedanken, die man nicht jedem erzählen möchte. Mit Hilfe von Items, die dieser Definition entsprechen, haben die Autoren Kinder und Jugendliche im Alter von 7.5 bis 13.5 Jahren befragt. Die Studie zeigte keine Altersunterschiede, weder in den Angaben zum erlebten Ausmaß von Intimität noch in der Wichtigkeit der Intimität für diese Schüler und Schülerinnen. Mädchen gaben allerdings signifikant höhere Werte auf beiden Dimensionen an (Ausmaß und Wichtigkeit). Die Autoren hatten die Kinder nach ihren Intimitätserfahrungen in acht verschiedenen dyadischen Beziehungen befragt. Die Beziehungen zu Lehrpersonen und Freunden des anderen Geschlechts ergaben bei den Kindern (ca. 7.5 und 10 Jahre alt) die tiefsten Werte, die Elternbeziehungen die höchsten. Die jugendlichen Mädchen schätzten die Intimität unter Freundinnen am höchsten. Freundschaften und romantische Beziehungen zu Jungen befanden sich im Mittelbereich. Bei den Jungen hatten die Freundschaften zu anderen Jungen und die romantischen Beziehungen zu Mädchen zwar einen kleinen Vorsprung gegenüber den Elternbeziehungen, dieser war aber nicht signifikant.

Das Anvertrauen von Gefühlen und Gedanken ist für andere Verfasser allerdings nur ein Aspekt der Intimität. Diskussionen über wichtige Themen, gemeinsame Aktivitäten, Loyalität und die Allianz zwischen den Partnern zählen beispielsweise bei McNelles und Connolly (1999) auch zu den Facetten der Intimität. Sie untersuchten in einer Längsschnittstudie an 128 männlichen und weiblichen Jugendlichen vom 9. bis 11. Schuljahr Intimität als Affektausdruck und als Verhalten in sozialen Interaktionen. Im 9. und 10. Schuljahr zeigte sich bei beiden Geschlechtern eine Zunahme des Verhaltensaspekts von Intimität (Gespräche und Selbstoffenbarung). Die affektiven Aspekte kamen im 10. und 11. Schuljahr hinzu. Geschlechtsunterschiede zeigten sich insofern, als Mädchen Intimität eher durch Gespräche und Selbstoffenbarung, Jungen hingegen durch gemeinsame Aktivitäten schufen. Auch Shulman, Laursen, Kalman und Karpovsky (1997) berichteten, dass Mädchen mehr emotionale Nähe und Selbstoffenbarung zuließen als Jungen (7. bis 11. Schuljahr).

Intimität im Jugendalter korrelierte in einer Studie von Ensign, Scherman und Clark (1998) negativ mit elterlichen Konflikten und Ehescheidung. Flexible Kontrolle, familiäre Kohäsion und Zufriedenheit der Mutter mit ihrer Ehe hingen positiv mit Intimität ihrer adoleszenten Kinder zusammen. Familiäre Einflüsse auf Intimität waren bei weiblichen Jugendlichen stärker als bei männlichen. Unabhängig von der Familiendynamik hatten bei Feldman, Gowen und Fisher (1998) die jungen Männer mehr Schwierigkeiten im Umgang mit Intimität als die jungen Frauen.

Intimität wird meistens im Rahmen von gleichgeschlechtlichen Freundschaften eingeübt. Dass dies für Jugendliche mit einer homosexuellen Orientierung eine Schwierigkeit darstellen kann, ist offensichtlich. Savin-Williams (1994) schrieb zum Beispiel, dass einige lesbische, schwule und bisexuelle Jugendliche sagten, sie hätten Angst vor der Initiierung gleichgeschlechtlicher platonischer Freundschaften. Zum Teil bestand eine Angst, dass ihre Absicht missverstanden würde.

9.2.5 Die Kehrseiten der Freundschaft

9.2.5.1 Wenn keine beste Freundin oder kein bester Freund vorhanden ist

Wir erwähnten im ersten Teil des Kapitels die fehlenden, wenig zufrieden stellenden und direkt schädlichen Beziehungen zu den Gleichaltrigen im Allgemeinen. Welche Kehrseiten kann es bei Freundschaften geben? Zuerst einmal die Tatsache, dass man keine beste Freundin oder keinen besten Freund hat und sich dabei «anders» und einsam fühlt.

Wir möchten dazu Ergebnisse aus unserem Projekt zur Belastung von Schülern und Schülerinnen (zwischen 10 und 16 Jahre) in der Schweiz und in Norwegen präsentieren. Von insgesamt 2532 Schülern und Schülerinnen sagten 346 (13.7 %), dass sie keine beste Freundin oder besten Freund hatten. Diese Jugendlichen berichteten von signifikant mehr depressiven Tendenzen, von weniger Wohlbefinden, von direkt negativen Selbstbewertungen, von einer negativeren Befindlichkeit unter Gleichaltrigen und dem Gefühl «anders zu sein» als die anderen. Die Ergebnisse sind deutlich: Wer keine besten Freunde hat, fühlt sich weniger wohl und nimmt sich häufig als randständig wahr. Die negativen Selbstbewertungen sind kein guter Ausgangspunkt für die Suche nach besten Freunden, und die depressiven Tendenzen bewirken meistens auch eine Abnahme der sozialen Aktivität bei den Jugendlichen (Alsaker, 2000b).

9.2.5.2 Wenn Beziehung und Intimität ausgenutzt werden

Wer private Gefühle und Gedanken einem anderen Menschen anvertraut, macht sich verletzbar. Zu Freundschaften gehören reziprokes Anvertrauen von privaten Angelegenheiten und ein hohes Vertrauen. Allerdings gehen Freundschaften auch auseinander. Dann verfügen die ehemaligen besten Freunde über viel privates Wissen, womit sie einander nach einem konfliktreichen Abbruch der Freundschaft verletzen können.

Konflikte haben in Freundschaften eine wichtige Funktion, weil sie zum Erlernen von Konfliktlösungsstrategien beitragen (siehe oben). Die Frage ist nur, wie viel Konflikt eine Freundschaft erträgt, bis sie zerbricht. Hinde (1993) ist sogar der Meinung, dass Konflikte im Allgemeinen eher dysfunktional sind und Beziehungen eher zerstören als fördern.

Grotpeter und Crick (1996) haben sich für die Problematik der Gewalt in Freundschaftsbeziehungen interessiert. Cricks Studien (z. B. Crick, Casas & Ku, 1999; Crick & Grotpeter, 1995) zeigten, dass der Entzug einer Freundschaftsbeziehung, ähnlich wie jeder Liebesentzug, als Mittel der Aggression verwendet werden kann. Ein Mädchen droht beispielsweise einer Freundin damit, sie wolle nicht mehr ihre Freundin sein, oder sie redet in der Schulpause demonstrativ nicht mit ihr, dafür mit einem anderen Mädchen, oder sie plaudert anvertraute, intime Gedanken und Gefühle aus. Diese Art des aggressiven Verhaltens hat Crick relationale Aggression genannt. Weiter konnten Grotpeter und Crick (1996) zeigen, dass viele Freundschaften nicht frei von aggressiven Auseinandersetzungen sind, dass Kinder und Jugendliche sogar in ihren Freundschaften sehr schlecht behandelt werden können. Es fragt sich in solchen Fällen, ob man noch von Freundschaften reden darf.

Eine Freundschaft hat keine formelle Struktur wie etwa die Ehe. Eine Ehe mag gut sein oder nicht, sie ist dennoch formell eine Ehe. Das Gleiche gilt für Geschäftspartner, solange sie ihre geschäftliche Partnerschaft nicht juristisch aufgelöst haben. Eine Freundschaft hingegen lebt nur von dem, was die Freunde in die Beziehung hinein bringen. Wenn zwei Jugendliche zwar zusammenhalten, sich aber gegenseitig abwerten, ausnützen und schlecht behandeln, ist das unseres Erachtens keine Freundschaft mehr. Es mag aber eine starke gegenseitige oder einseitige Abhängigkeit entstanden sein, und das abwertende Verhalten wechselt wahrscheinlich mit gewissen positiven Annäherungen ab, sodass Letzteres zu einer intermittierenden Verstärkung wird, die diese Abhängigkeit aufrechterhält. Dies sind pathogene Beziehungen (Alsaker & Perren, 1999), welche die Entwicklung von guten, gesundheitsfördernden Beziehungen in mehreren Hinsichten hemmen. Erstens verwenden die Partner in einer pathogenen Beziehung viel Zeit und Energie für ihre Beziehung, was sie daran hindert, andere Beziehungen aufzubauen. Zweitens werden die Partner mit der Zeit so überzeugt von ihrer Wertlosigkeit, dass sie es kaum noch wagen, eine andere Beziehung anzustreben. Und drittens nehmen Jugendliche die Repräsentationen ihrer sog. Freundschaftsbeziehung in spätere Beziehungen mit und riskieren durch ihre negativen Erwartungen, andere gute Beziehungen nicht richtig zuzulassen oder sie bald wieder zu ruinieren. Jugendlichen, die in solche Beziehungen geraten sind, sollte unbedingt externe Hilfe (Beratung, Therapie) gegeben werden, um einen Weg aus dieser verwickelten Situation zu finden.

9.3 Liebesbeziehung und Sexualität

Shaughnessy und Shakesby (1992) betonen, dass zwar viel über sexuelle Intimität in der Adoleszenz geschrieben wurde, aber wenig über reife, angemessene, zwischenmenschliche emotionale Intimität. Wir möchten Sexualität nicht unabhängig von Beziehungsqualität, Nähe, Intimität, Emotionen, Erwartungen und dem soziokulturellen Kontext besprechen.

9.3.1 Der soziokulturelle Kontext

Das Menarchealter ist im letzten Jahrhundert stark gesunken (Kap. 4), und Mädchen können heute entsprechend früher schwanger werden. Ob diese Akzeleration die jugendliche Sexualität überhaupt beeinflusst hat, ist schwierig zu beantworten. Sowohl soziale als auch medizinische Veränderungen im Laufe des 20. Jahrhunderts hatten aber einen enormen Einfluss auf den Umgang mit Sexualität, insbesondere im Jugendalter und für das weibliche Geschlecht. Medizinische Fortschritte in der Schwangerschaftsverhütung (Pille, intrauterine Verhütung) ermöglichten Frauen generell, Sexualität ohne Angst vor einer ungewollten Schwangerschaft zu erleben. Diese neuen Verhütungsmöglichkeiten an sich hatten noch keine direkte Wirkung auf das Sexualverhalten der Jugendlichen. Lange und in den meisten Ländern durften Ärzte jugendlichen Mädchen nichts ohne die Erlaubnis ihrer Eltern verschreiben. Mädchen wagten es auch kaum, allein einen Arzt aufzusuchen. Die Aufklärungswelle, die Ende der 60er Jahre mindestens in Europa startete (aber nicht in allen europäischen Ländern gleichzeitig), brachte allmählich die Liberalisierung, die wir heute kennen.

Sexualkunde wurde ein Thema für die Schule. Es ist allerdings problematisch, wenn Sexualität nur «technisch» behandelt wird und wenn mehr auf die Gefahren als auf die Freuden der Sexualität hingewiesen wird. Das ist allerdings verständlich. Zuerst hat man Jugendliche vor ungewollten Schwangerschaften schützen wollen, und heute muss man sie vor HIV schützen. Intimität und Liebe bleiben aber oft unbesprochen. Dies ist auch in der psychologischen Forschung der Fall, wo vor allem Themen wie sexuelles Verhalten, «Dating»-Muster oder Durchschnittsalter des ersten Geschlechtsverkehrs untersucht werden. Intimität und sexuelle Impulse sind oft miteinander verbunden (Adams et al., 1994). Deshalb plädieren Shaughnessy und Shakesby (1992) für mehr emotionale Erziehung zusätzlich zur sexuellen Aufklärung und Furman und Wehner (1994) für die Erforschung romantischer Beziehungen. Eine wirklich interessante Frage wäre, wie und wann ein Wunsch nach Nähe und Intimität mit Sexualität verbunden wird, und inwiefern Jungen und Mädchen sich darin unterscheiden.

9.3.2 Sexuelle Orientierung

Daten zur sexuellen Orientierung von Jugendlichen sind relativ selten (vgl. Rotheram-Borus & Langabeer, 2001). Ähnlich wie bei Daten zu Einstellungen und Wissen über Sexualität generell verlieren Untersuchungen zur sexuellen Orientierung schnell ihre Aktualität. In Figur 9–1 findet man Zahlen aus der schweizerischen Studie zur Gesundheit der Jugendlichen (Michaud & Narring, 1997). Dabei ist die breit gefasste Kategorie «im allgemeinen heterosexuell» sehr interessant, da sie wahrscheinlich alle be-

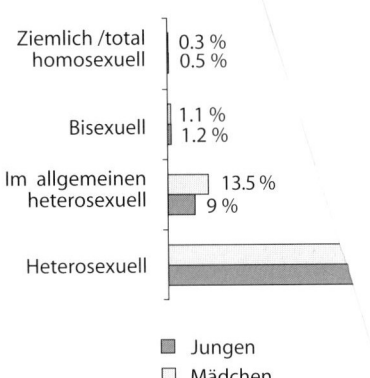

Figur 9–1: Sexuelle Orientierung (nach Narring, 1997, Abb. 5.2)

inhaltet, die ab und zu eine homosexuelle rung gemacht haben, sich aber nicht als h. sexuell oder bisexuell wahrnehmen oder sich noch nicht als solche definieren wollen. Möglicherweise sind darunter auch Jugendliche, die in ihrer Identitätssuche mit dem Gedanken einer homosexuellen Orientierung spielen. Viele lesbische, schwule und bisexuelle Menschen können ihre Orientierung erst nach längerer Zeit wirklich verstehen und akzeptieren.

Eine neuere Studie zum Coming-out von lesbischen, schwulen und bisexuellen Jugendlichen und Erwachsenen (Schneider, 2001) hat gezeigt, dass dieser Prozess individuell sehr unterschiedlich abläuft. Retrospektiv sagten viele Schwule, dass sie immer schwul gewesen seien und das Gefühl hätten, schwul geboren zu sein. Bei Lesben scheint der Prozess differenzierter zu sein. Die Autorin konnte vier typische Coming-out-Muster identifizieren. Einige Frauen sagten, sie hätten sich immer als lesbisch gefühlt. Junge Frauen, die ihr Coming-out in der Adoleszenz hatten, waren oft dieser Meinung. Andere meinten, sie wären zuerst klar heterosexuell gewesen und wären erst spät, nachdem sie sich in eine Frau verliebt hatten, lesbisch geworden. Eine dritte Gruppe junger Frauen hatten in der Adoleszenz Unsicherheit und Ambivalenz erlebt, viele hatten sich zwischen einer heterosexuellen und einer homosexuellen Orientierung hin und her gerissen gefühlt und bezeichneten sich eher als bisexuell. Frauen in der vierten Gruppe hatten sich während der Adoleszenz unwohl und anders als die anderen Mädchen gefühlt, einige hatten versucht, ihre unklaren Gefühle durch heterosexuelle Beziehungen zu unterdrücken, andere hatten die Auseinandersetzung mit der Frage ihrer sexuellen Orientierung auf spätere Zeiten hinausgeschoben.

9.3.3 Die ersten Liebesbeziehungen (romantische Beziehungen)

Im Laufe des 20. Jahrhunderts nahm der Einfluss der Eltern auf die Partnerwahl ihrer Kinder ab. Man bewegte sich von einer familienbasierten Wahl des Lebenspartners zu einer persönlichen Wahl, die sehr stark auf der Attraktivität und der «persönlichen Chemie» beruht (Brumberg, 2000). Die Partnerwahl liegt jetzt in der Verantwortung der jungen Menschen selbst. Dies bedeutet unter anderem, dass die Beziehungen zu den Gleichaltrigen in der Adoleszenz eine zusätzliche Funktion erhalten haben, nämlich die Vorbereitung auf die Partnerwahl. Buhrmester und Furman (1987) betrachten sogar die Beziehung zu den Peers als Prototyp für spätere romantische Beziehungen. Dies ist unseres Erachtens etwas plakativ. Wenn man bedenkt, dass die kindlichen und jugendlichen Peer-Beziehungen meistens gleichgeschlechtlich sind und dass die Beziehungen unter Mädchen sich in vielen Dimensionen von den Beziehungen unter Jungen unterscheiden, muss man annehmen, dass die Peer-Beziehungen Jugendliche nicht ganz adäquat auf romantische Beziehungen vorbereiten, wenn diese heterosexueller Art sind. Eine Liberalisierung des Schulsystems in den meisten westlichen Ländern führte dazu, dass Mädchen und Jungen jetzt die Möglichkeit haben, einander in normalen alltäglichen Situationen kennen zu lernen. Eine weitere Förderung der gegengeschlechtlichen Beziehungen beispielsweise durch die Bildung von gemischten Gruppen für schulische Projekte, die viel Zusammenarbeit verlangen, wäre von diesem Gesichtspunkt aus wünschenswert, speziell in Bereichen, in denen Werte und Einstellungen ein wesentliche Rolle spielen.

Wie wichtig die Liebesbeziehungen sind, zeigten beispielsweise Ergebnisse einer Studie (Hammen, 2000), in welcher viele Jugendliche (männliche und weibliche) von depressiven Episoden als Folge von Beziehungsbrüchen berichteten. Auch Berichte über spezielle Formen der Gemeinheiten unter Jugendlichen weisen auf die Zentralität der romantischen Beziehungen in dieser Lebensphase. Crick, Werner und Mitarbeitende (1999) nennen als Beispiel, wie Jugendliche eine Liebesbeziehung absichtlich zerstören können, indem sie einem anderen Mädchen bewusst den Freund ausspannen oder einer Jugendlichen intime oder beschämende Informationen (ob wahr oder nicht) über den Jungen erzählen, für welchen sie schwärmt. Die Zuneigung oder Aufmerksamkeit eines Jungen kann auch dazu benutzt werden, ein anderes Mädchen zu verletzen («Peter hat mich angerufen. Dich nicht?»).

Romantische Beziehungen sind für die gesamte soziale und emotionale Entwicklung bedeutsam. Furman und Wehner (1994) sind der Meinung, dass sie den Verlauf späterer Liebesbeziehungen bzw. Partnerschaften beeinflussen. Sie erweiterten das Modell der romantischen Bindung («romantic attachment theory») von Shaver und Hazan (1988, zit. nach Furman & Wehner, 1994), welches davon ausgeht, dass die sog. internalen Arbeitsmodelle, die aufgrund der frühkindlichen Bindung entwickelt worden waren, die Grundlage der adoleszenten und erwachsenen Liebesbeziehungen sind. Im Modell von Shaver und Hazan wurde jedoch außer Acht gelassen, dass Liebesbeziehungen auf Reziprozität und Gleichberechtigung (wie die Freundschaftsbeziehung) beruhen, dass also keine einseitige Abhängigkeit wie bei der Eltern-Kind-Bindung vorliegt, und dass sie ganz andere Bedürfnisse befriedigen sollen (wie z. B. Sexualität). Die frühe Bindung kann deswegen nicht als der oder doch nicht als einziger Prototyp der späteren romantischen Bindung betrachtet werden.

Das erweiterte Modell der romantischen Bindung geht von einer Integration von vier Verhaltenssystemen aus: (1) Das affiliative (Geselligkeit/Gesellschaft suchende) Verhaltenssystem, (2) Bindung, (3) Fürsorge (engl. caring), (4) Sexualität/Reproduktion (Furman & Wehner,

1994). Bei Liebespartnern kommt allen vier Verhaltenssystemen eine wichtige Funktion zu. Diese werden jedoch nicht ausschließlich vom Partner oder von der Partnerin besetzt oder befriedigt. Man hat normalerweise auch andere Personen, mit denen man sozialen Umgang pflegt (1). Man hat auch andere Bindungen (2), und es sorgen üblicherweise auch weitere Personen im Umfeld der Jugendlichen für ihr Wohl (3). Dazu kommt, dass diese Verhaltenssysteme nicht in allen Beziehungen und auch nicht in allen Phasen einer Beziehung gleichermaßen beansprucht werden. Je länger eine Liebesbeziehung besteht, desto mehr wenden sich die Partner an einander für die Befriedigung ihrer Wünsche in allen vier Verhaltenssystemen (Furman & Wehner, 1997).

Romantische Beziehungen entwickeln sich sowohl im Laufe einer bestimmten Beziehung als auch mit dem Wechsel von Partnerschaften. Das heißt, die ersten und späteren Beziehungen unterscheiden sich. Es findet in allen Systemen eine Entwicklung statt, zum Beispiel in der Art, wie man Bindung aufbaut und aufrechterhält, in der Art, wie man Gemeinschaft findet und reguliert, in der Art, wie man Intimität und Sexualität teilt. Auch wenden sich Partner in späteren Beziehungen vermehrt an einander für die Befriedigung von mehr und unterschiedlichen Bedürfnissen als in den ersten Beziehungen. Mit anderen Worten werden Partner mit der Zeit für die Befriedigung ihrer unterschiedlichen Bedürfnisse mehr voneinander abhängig und verlangen mehr von einander. Wenn die Jugendlichen anfangen, sich von den Eltern zu distanzieren, gewinnen das Bindungssystem und das Fürsorgesystem in romantischen Beziehungen an Bedeutung.

In den romantischen Beziehungen entstehen wie in allen Beziehungen Repräsentationen sowohl von der Beziehung als auch von sich selbst und vom Partner. Dies entspricht in großen Zügen dem Begriff des Arbeitsmodells nach Bowlby (1969) und jenem der Generalisierten Repräsentationen von Interaktionen nach Stern (1985).

Wenn Jugendliche romantische Beziehungen eingehen, so verfügen sie bereits über Repräsentationen von anderen Beziehungen, die sie weiterhin beeinflussen. Das heißt, wenn die verschiedenen Verhaltenssysteme aktiviert werden, ist die Wahrscheinlichkeit groß, dass sie auf ihre neuen Liebespartner in mancher Hinsicht ähnlich reagieren wie auf frühere Partner. Weil die erste Eltern-Kind-Beziehung für das Bindungssystem wichtig war, ist zu erwarten, dass sie auch für den Bindungsaspekt in der Liebesbeziehung zentral ist. Ein Jugendlicher mit einer eher negativen Repräsentation seiner Bindung zu den Eltern, wird vielleicht dazu neigen, wenig Zuwendung zu erwarten und sich distanziert zu verhalten, um keine der ihm wohlbekannten Enttäuschungen zu erleben. Gemeinschaft suchende (engl. affiliative) Verhaltensweisen in der Liebesbeziehung werden durch frühere Freundschaften zu Peers gefärbt, weil vor allem die Peers für diesen Aspekt wichtig sind. Dennoch ist nicht einfach eine Wiederholung vergangener Erfahrungen in den Liebesbeziehungen zu erwarten (Furman & Wehner, 1997). Die romantischen Beziehungen unterscheiden sich qualitativ von anderen Beziehungen, und sie führen zur Bildung veränderter Repräsentationen.

Der Zeitpunkt der ersten romantischen Beziehung variiert sehr stark von Person zu Person. Er wird durch familiäre Normen, Normen der Peer-Gruppe, psychobiologische Reife und soziokulturelle Normen beeinflusst. In heutigen westlichen Gesellschaften wird erwartet, dass Jugendliche sich für das andere Geschlecht interessieren. Es ist eine Entwicklungsaufgabe, Verhalten einzuüben, welches dazu führt, dass man zu einem späteren Zeitpunkt einen Partner findet, mit dem man eine Familie gründen kann. Der diesbezügliche soziale Druck ist groß und kann besonders für lesbische und schwule Jugendliche eine enorme Belastung darstellen. Viele von ihnen erinnern sich gerade an die frühe Adoleszenz als an eine Zeit, während der sie sich ihrer homosexuellen Orientierung bewusst wurden (z. B. Bell, Weinberg & Hammersmith, 1981). Einige machen zwar die ersten homosexuellen Erfahrungen bereits während der Adoleszenz, manche gehen auch heterosexuelle Beziehungen ein. Und andere, besonders schwule Jugendliche, gehen mit einem generellen Gefühl des Anders-seins (engl. being different) durch diese Zeit (Graber & Archibald, 2001).

Auch wie die Annäherung der Geschlechter vor sich geht, variiert von Kultur zu Kultur. In gewissen Kulturen ist die Annäherung weitgehend ritualisiert, wie zum Beispiel in den USA, wo die ersten Annäherungen zwischen den Geschlechtern als «Dating» bezeichnet werden. Der Begriff Dating lässt sich kaum übersetzen, weil es in Europa nicht genau dieses Muster der Annäherung gibt. Adams und Mitarbeitende (1994) definieren es so: «When a boy and a girl plan to meet alone or in a group at some place at some time, a date has been arranged» (S. 324). Man könnte von einer Verabredung oder besser von einer romantischen Verabredung sprechen. Wann wird aus einer Verabredung, miteinander in der Schulkantine oder im MacDonald etwas zu essen, ein «Date»? Das wissen wahrscheinlich nur die Betroffenen. Dating ist nicht genau dasselbe wie eine romantische Beziehung, es ist auch nicht dasselbe, wie einen festen Freund oder eine feste Freundin zu haben, aber es kann es auch sein.[38]

In Europa können weibliche und männliche Jugendliche in Gruppen abmachen, sich zu treffen. Auch begegnen sich oft Mädchengruppen und Jungengruppen (Cotterell, 1996). Man braucht keine bestimmte Verabredung zu zweit, um zu einer Party oder in die Disco zu gehen. Aber oft geht man dorthin, um vielleicht jemanden zu finden, mit dem man eine kurzfristige oder langfristige romantische Beziehung eingeht. In den 60er Jahren waren Anlässe, an denen getanzt wurde, die Gelegenheit, sich dem anderen Geschlecht körperlich anzunähern. Die langsamen Schlager (die Slows), gesungen von Popsängern mit sinnlichen Stimmen, wie Freddy Quinn in Deutschland oder Adamo in Frankreich, und die immer wieder von Liebe und Sehnsucht handelten, halfen den Jugendlichen über die ersten Hemmungen hinweg. Keller, Garagen, verstaubte Dachböden waren geeignete Lokale für solche (für heutige Begriffe wohl sehr einfache) Partys. In anderen Kulturen gibt es diese Art von Annäherungen noch heute nicht. Die Gründung von Partnerschaften ist dort weiterhin Sache der Eltern, und weibliche und männliche Jugendliche werden streng voneinander getrennt gehalten.

Für lesbische und schwule Jugendliche stellt die Annäherung an eine Partnerin oder einen Partner eine besonders schwierige Aufgabe dar. Es genügt nicht, dass sie sich selbst ihrer sexuellen Orientierung klar geworden sind und sie akzeptieren können, sie müssen noch andere Jugendliche finden, die selbst ihre homosexuelle Identität als solche anerkannt haben und auch willig sind, es einem anderen Jugendlichen gegenüber bekannt zu machen (Graber & Archibald, 2001). Letzteres ist in den meisten Kulturen ein beträchtlicher und angstvoller Schritt. Die Studie von Savin-Williams (1994) hat gezeigt, dass abschätzende Bemerkungen, Schimpfwörter und Ausdrücke, die Jugendliche im Umgang miteinander verwenden, oft Hinweise auf die sexuelle Orientierung beinhalten. In einem solchen Klima ist es nicht erstaunlich, dass viele Jugendliche Angst vor einem Coming-out haben. Mehrere Studien haben auch gezeigt, dass diese Angst nicht unbegründet ist. Viele homosexuelle Menschen, besonders männliche (50 % bis 80 % der Befragten je nach Studie), werden im Laufe des Lebens wegen ihrer sexuellen Orientierung lächerlich gemacht. Eine etwas geringere Anzahl der Befragten (dennoch gegen 40 %) haben sogar physische Angriffe erlebt (Rotheram-Borus & Langabeer, 2001). Viele homosexuelle Liebesbeziehungen werden darum auch geheim gehalten. In vielen westlichen Großstädten gibt es heute Organisationen, an welche Jugendliche sich für Information und Unterstützung wenden können. Dies ist aber noch keine Regel.

---

38 Trotz der sehr unterschiedlichen Rituale der Annäherung der Geschlechter ist der amerikanische Dating-Begriff in der Adoleszenz-Forschung beinahe alleinherrschend. Oft verwenden europäische Forscher diesen Begriff auf Englisch, wenn sie ihre Studien beschreiben, weil es, wie gesagt, keinen genau entsprechenden Begriff in Europa gibt (siehe Alsaker & Flammer, 1999b).

9.3.4 Sexualverhalten

Adams und Mitarbeitende (1994) unterscheiden zwei Hauptperspektiven der jugendlichen Sexualität, eine biologische und eine soziale. Die erste besagt, dass Jugendliche wegen den hormonalen Veränderungen, die in der Pubertät stattfinden, sexuell aktiv werden. Die andere besagt, dass das Sexualverhalten gelernt und sozialisiert wird, wobei die soziale Kontrolle eine bedeutende Rolle spielt.

9.3.4.1 Die Rolle der Hormone und der körperlichen Reifung

Für die Rolle der Hormone gibt es einige Evidenz, auch wenn sie relativ begrenzt ist. Wie schon im Kapitel 4 erwähnt, haben Sexualhormone bei Jungen einen etwas stärkeren Einfluss auf die sexuelle Motivation als bei Mädchen. Der Testosteronspiegel konnte bei Jungen die Häufigkeit sexueller Erregung, sexueller Phantasien, sexueller Träume, sexueller Aktivität (inklusive Onanieren) zu einem gewissen Grad voraussagen (Udry & Billy, 1987; Udry, Billy, Morris, Groff & Raj, 1985). Auch bei den Mädchen bestand einen Zusammenhang des Testosteronspiegels mit der sexuellen Motivation und dem Onanieren, aber nicht damit, wie häufig sie Sex hatten. Allerdings muss man wissen, dass dieselbe Forschergruppe auch zum Schluss kam, dass der Stand der pubertären körperlichen Reifung ein genauso wichtiger Prädiktor des Onanierens ist wie der Hormonspiegel (Udry, Talbert & Morris, 1986). Es scheint auch einen Zusammenhang zwischen dem Debütalter (erster Geschlechtsverkehr) von Müttern einerseits und ihren Töchtern andererseits zu geben, der sich zum Teil durch den Stand ihrer jeweiligen Pubertätsreifung erklären lässt (Campbell & Udry, 1992).

Heterosoziales Verhalten (z. B. gegengeschlechtliche Beziehungen, die keine Sexualität beinhalten) ist im Allgemeinen mehr verbreitet bei früh entwickelten Mädchen als bei den weniger reifen Peers gleichen Alters (Aro & Taipale, 1987; Crockett & Petersen, 1987; Simmons & Blyth, 1987; Stattin & Magnusson, 1990). Frühreife Mädchen haben auch früher Geschlechtsverkehr als andere Mädchen (Robertson, Burchinal & Martin, 1992), und dementsprechend haben sie auch öfter bereits vor dem Eintritt in die neunte Klasse einen Schwangerschaftsabbruch erlebt als andere Mädchen (Stattin & Magnusson, 1990). Dies stimmt mit Befunden bei Mädchen überein, bei welchen die pubertäre Reifung extrem früh einsetzt (sog. precocious puberty). Meyer-Bahlburg und Mitarbeitende (1985) berichten von einem Altersvorsprung von 5 1/2 Jahren betreffend Onanie, aber allerdings nur von einem kleineren Vorsprung, wenn es um erste sexuelle Handlungen mit einem Partner ging (Küssen und Geschlechtsverkehr).

Bei Jungen sind die Ergebnisse bezüglich der Rolle der pubertären körperlichen Reifung weniger klar. Einige Studien haben einen Zusammenhang zwischen dem Stand der körperlichen Entwicklung generell (Crockett & Petersen, 1987) oder der Frühreife speziell (Simmons & Blyth, 1987) und dem Interesse für das andere Geschlecht (Dating) gefunden. Andere Studien konnten hingegen keinen Zusammenhang nachweisen (Susman et al., 1985; Udry & Billy, 1987).

9.3.4.2 Die Rolle des soziokulturellen Umfelds

Die eben dargestellten Studien sprechen für eine starke Rolle der Hormone bei der sexuellen Motivation und dem sexuellen Verhalten, wobei heterosoziales Verhalten und erste sexuelle Handlungen mit einer Partnerin oder einem Partner eher eine Funktion der sozialen Normen zu sein scheinen. Der Zusammenhang zwischen der pubertären körperlichen Reifung und dem sexuellen Verhalten trübt allerdings dieses klare Bild. Die körperliche Reifung ist zwar ein Ausdruck hormonaler Veränderungen, es ist aber auch ein soziales Ereignis und somit ein Signal für die Jugendlichen selbst und ihre Umgebung. Frühreife Mädchen sind nicht unbedingt früher als ihre Gleichaltrigen an sexuellen Kontakten interessiert, aber sie sind für reifere Jungen attraktiv, merken es und werden wohl auch relativ früh von diesen älteren Jungen angesprochen.

Vielleicht gelangen sie auf diesem Weg zu den Cliquen von älteren Jugendlichen, in denen sie anderen Normen ausgesetzt sind, auch was ihr sexuelles Verhalten betrifft.

Udry und Billy (1987) fanden beispielsweise bei weiblichen euro-amerikanischen Jugendlichen, dass soziale Faktoren wie das sexuelle Verhalten der besten Freundin starke Prädiktoren des ersten Geschlechtsverkehrs waren und das unabhängig vom Alter. Dies spricht eindeutig für die Sozialisationshypothese, die besagt, dass das sexuelle Verhalten unter sozialer Kontrolle steht. Interessanterweise fanden dieselben Autoren, dass der erste Geschlechtsverkehr der weiblichen afro-amerikanischen Jugendlichen vor allem eine Funktion ihrer körperlichen Reifung war. Möglicherweise ist das Sexualverhalten für Mädchen dieser beiden Subkulturen recht unterschiedlich geregelt. Das heißt, die jeweilige Kultur bestimmt den Umgang zwischen weiblichen und männlichen Jugendlichen, wenn die hormonalen Veränderungen eintreten und die Adoleszenten sexuell aktiv sein könnten. Die Biologie setzt gewisse Prozesse in Gang, die in Interaktion mit sozial vermittelten Vorbildern eine motivationale Bereitschaft für Sexualität zur Folge haben. Der Übergang zur Handlungsebene ist aber kulturell bestimmt.

9.3.4.3 Vom Händehalten bis zum Geschlechtsverkehr

Trotz der Verwendung unterschiedlicher Begriffe für die ganze Palette der sexuellen Handlungen kommen verschiedene Untersuchung zum selben Schluss: Sexualverhalten folgt einer bestimmten Sequenz. Es mag nicht sehr überraschend sein zu erfahren, dass Jugendliche einander zuerst leicht küssen, streicheln, sich näher berühren, und ihre Genitalien gegenseitig berühren, bevor sie in einer späteren Phase auch Geschlechtsverkehr miteinander haben. Es ist jedoch interessant festzustellen, dass der Weg zum ersten Koitus einigermaßen ritualisiert ist. Wie lange geht es aber vom einen Stadium zum nächsten? Ist es so, dass Jugendliche, die zum Beispiel mit 13 Jahren schon geküsst haben, mit 14 Jahren ihren ersten Geschlechtsverkehr haben? Oder geht es viel länger bei den jüngeren und schneller bei den Älteren, usw.? Dazu gibt es eine neuere norwegische Längsschnittstudie (Jakobsen, 1997), die das Verhalten einer Kohorte von Mädchen und Jungen ab dem 13. Lebensjahr über viele Jahre hinweg festgehalten hat. Die Jugendlichen wurden zu ihrem heterosozialen und heterosexuellen Verhalten befragt. Allerdings gab es keine Fragen zum Geschlechtsverkehr, sondern nur zu den früheren Stadien des Sexualverhaltens. Die Jugendlichen wurden gefragt, ob sie einen festen Freund oder eine feste Freundin hatten, und ob sie Erfahrungen mit kleinen Küssen (light kissing oder kissing im Englischen), Zungenküssen, Berührung des Oberkörpers und Genitalberührung hatten. Interessant sind für uns Analysen der Daten dieser Jugendlichen über die ersten 4 Jahre der Studie. Die Studie liefert Prävalenzdaten zu den verschiedenen sexuellen Handlungen für vier Altersgruppen und ermöglicht Aussagen zu den häufigsten Übergängen. In Figur 9–2 ist ersichtlich, dass ungefähr ein Viertel der 13-Jährigen Erfahrungen haben, die über kleine Küsse hinausgehen. Diese Zahl nimmt mit dem Alter allmählich zu. Ein Jahr später sagen ungefähr 45 % der nun 14-jährigen Jugendlichen, dass sie solche Erfahrungen haben, zwei Jahre später sind es 60 % und drei Jahre später 75 %.

Die Studie von Jakobsen (1997) zeigte weiter, dass die Übergänge von einem Typ sexuellen Verhaltens zum anderen im Durchschnitt sehr langsam vor sich gingen. Das typische Muster war entweder, dass die Jugendlichen auf der Stufe blieben, auf der sie ein Jahr zuvor waren, oder dass sie eine Stufe weitergingen, zum Beispiel hatten sie Erfahrung mit Küssen als 13-Jährige und mit Zungenküssen, als sie 14 waren. Schnellere Übergänge kamen sehr selten vor. Mit 16 Jahren gaben auch nur 50 % der Jugendlichen an, genitale Berührungen erlebt zu haben. Dies steht im krassen Gegensatz zu Berichten von deutschen Zeitschriften wie «Bravo», die das Alter von etwa 15 Jahren als die Norm für erste Koituserfahrungen angeben (Fend, 2000). Diese sog. Norm ist auch weit entfernt von den Ergebnissen einer schweizerischen Studie zum Verhalten Jugendlicher zwischen 16 und 20 Jahren in

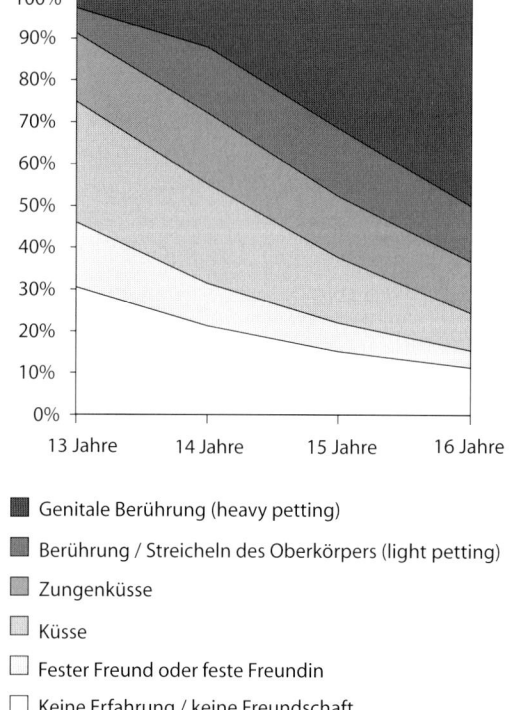

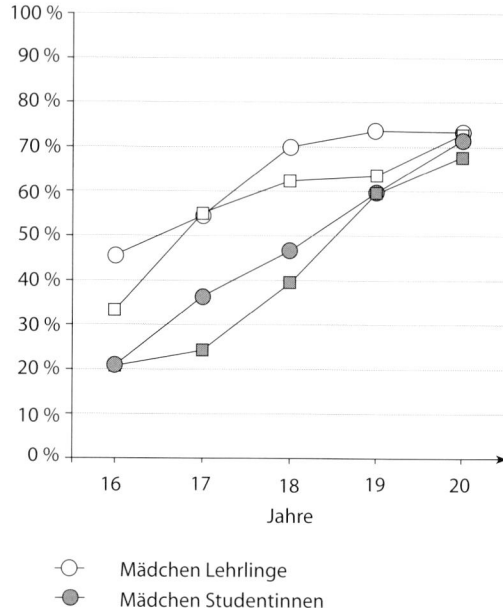

Figur 9–2: Prävalenzzahlen verschiedener heterosozialer und heterosexueller Handlungen (ohne Koitus) in Prozent bei norwegischen Jugendlichen in den 90er Jahren (nach Jakobsen, 1997)

- ■ Genitale Berührung (heavy petting)
- ■ Berührung / Streicheln des Oberkörpers (light petting)
- ■ Zungenküsse
- □ Küsse
- □ Fester Freund oder feste Freundin
- □ Keine Erfahrung / keine Freundschaft

Figur 9–3: Anzahl Jugendliche, die angaben, mindestens einmal Koituserfahrungen gehabt zu haben, nach Alter, Geschlecht und Bildungsstatus (nach Michaud & Narring, 1997, Abb. 6.1)

- ─○─ Mädchen Lehrlinge
- ─●─ Mädchen Studentinnen
- ─□─ Jungen Lehrlinge
- ─■─ Jungen Studenten

den 90er Jahren (Michaud & Narring, 1997), welche zeigte, dass nur rund 50 % der 16- bis 20-Jährigen Koituserfahrungen hatten. Die Angaben variierten natürlich stark mit dem Alter und sogar mit dem Bildungsstatus. Lehrlinge hatten allgemein früher Koituserfahrungen als Schüler und Schülerinnen. Der Bildungseffekt verschwand allerdings bei den 20-Jährigen. In diesem Alter hatten ungefähr 60 % der Lehrlinge, Schüler und Schülerinnen Geschlechtsverkehr gehabt. Genauere Angaben zu den verschiedenen Untergruppen sind Figur 9–3 zu entnehmen.

Dass sich die ersten Koituserfahrungen altersmäßig im Laufe des 20. Jahrhunderts vorverlagert haben, ist in verschiedenen statistischen Übersichten gut dokumentiert. Fend (2000) zitiert Statistiken aus Deutschland für die Zeit zwischen 1980 und 1998 und Michaud und Narring (1997) aus der Schweiz für die Periode von 1970 bis 1995. Beiden Übersichten gemeinsam sind nur die Zahlen für die 17-Jährigen. Diese haben wir in Figur 9–4 zusammengefasst.

Die aufgeführten Zahlen zeigen zuerst eine deutliche Zunahme der Koituserfahrungen in der Zeit zwischen 1970 und 1990. Nach 1990 stagnieren die Anteile in Deutschland und sie nehmen gar in der Schweiz etwas ab. Die Schweiz hat in diesem Zeitraum erhebliche Mittel in die Prävention von AIDS investiert; der prozentuale Rückgang der sexuellen Erfahrungen könnte damit zusammenhängen.

Eine häufig gestellte Frage ist in diesem Zusammenhang, ob ein relativ frühes sexuelles Debütalter gut oder schlecht ist. Sind es einfach die liberal erzogenen Jugendlichen, die früh Geschlechtsverkehr haben, oder ist frühes Sexualverhalten vor allem ein Ausdruck einer generellen Tendenz zu Problemverhalten? Und was

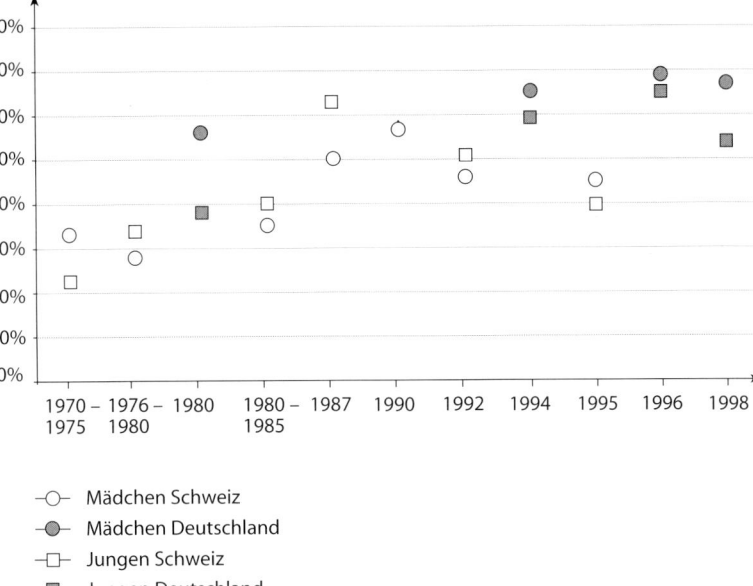

Figur 9–4: Prävalenzzahlen für Koituserfahrungen bei 17-jährigen Mädchen und Jungen in der Zeit zwischen 1970 und 1998 in Deutschland und in der Schweiz (nach Fend, 2000; Michaud & Narring, 1997)

meinen Jugendliche dazu, welches der richtige Zeitpunkt für sexuelle Handlungen ist?

In einer neueren Studie haben Rosenthal und Smith (1997) australische Jugendliche im Alter von 15 bis 16 Jahren zur Normativität unterschiedlicher sexueller Handlungen befragt. Zwischen 93 % und 97 % der Jugendlichen (je nach Geschlecht der Befragten und je nachdem, ob die sexuelle Handlung ein Mädchen oder einen Jungen betraf) meinten zum Beispiel, dass kleine Küsse auf den Mund schon mit 12 bis 14 Jahren angebracht seien. Viele (56 % bis 69 %) waren sich auch darin einig, dass Zungenküsse in diesem Alter in Ordnung sind. Bei direkter Berührung des Körpers (auch genitale Berührung) stimmte die große Mehrheit darin überein, dass dies eher in einem Alter zwischen 15 und 17 geschehen sollte (66 % bis 76 %). Geschlechtsverkehr und Oralsex wurden in derselben Alterskategorie angesiedelt, jedoch mit weniger Einigkeit (57 % bis 66 %). Ungefähr ein Drittel der Jugendlichen fanden solches Verhalten eher bei den 18- bis 20-Jährigen adäquat. Rosenthal und Smith (1997) haben weiter gezeigt, dass Zeitpläne sexueller Aktivitäten einerseits eng mit Autonomie und andererseits mit Alkoholkonsum zusammenhängen.

Auch die Peer-Gruppe ist entscheidend. Rosenthal, Mitchell und Peast (1996, zit. nach Rosenthal & Smith, 1997) berichten, dass 15- bis 16-jährige Mädchen das Gefühl hatten, dass ein bestimmter Druck ausgeübt wird, Sex zu haben. Dies kann in gewissen Gruppen oder Subkulturen der Fall sein. Dieser Druck kommt meistens von den Jungen, die, wie wir weiter unten sehen werden, meistens etwas älter sind als die Mädchen.

Verschiedene Untersuchungen unterstützen sowohl die sog. Devianz-Hypothese als auch die Hypothese einer frühzeitigen Orientierung an Erwachsenennormen als Erklärung der interindividuellen Unterschiede im Alter des ersten Geschlechtsverkehrs (Oerter & Dreher, 1995).

Eine norwegische Studie von Jakobsen, Rise, Aas und Anderssen (1997) zeigte relativ hohe Korrelationen (.40 bis .50 unter 15-Jährigen) zwischen sexueller Aktivität und antisozialem Verhalten sowie sexueller Aktivität und Substanzmissbrauch, und zwar sowohl bei Mädchen wie auch bei Jungen. Gleiche Resultate finden wir bei Jessor und Jessor (1977). Das übliche Muster scheint folgende Komponenten zu beinhalten: antisoziales Verhalten, Substanzmissbrauch und Geschlechtsverkehr (Elliott & Morse, 1989). Auch Aro und Taipale (1987) berichten von einem starken Zusammenhang zwischen sog. Dating und Alkoholkonsum. Die Hälfte der Mädchen, die heterosoziale Kontakte hatten, sagten, dass sie jeden Monat Alkohol tranken. Dies war nur bei 10 % der Mädchen ohne heterosoziale Kontakte der Fall. Dies kann nicht unbedingt als Stütze für die Devianz-Hypothese interpretiert werden. Mädchen, die relativ früh eine Beziehung zu einem Jungen eingehen, tun es oft mit etwas älteren Jungen. Sie kommen dadurch oft in Kreise hinein, die der Erwachsenenwelt viel näher stehen als sie selbst. Um ihren Platz in diesen Gruppen zu finden, fühlen sie sich vielleicht gezwungen, die normativen Verhaltensweisen der Gruppe zu übernehmen, oder sie fangen einfach früh an, sich an den Erwachsenennormen zu orientieren. Sie *fühlen* sich einfach älter.

Daten aus der Schweiz (Michaud & Narring, 1997) machen den Altersunterschied zwischen Sexpartnern deutlich. 51 % der weiblichen Jugendlichen, die ihren ersten Geschlechtsverkehr in einer festen Beziehung erlebten, hatten einen Partner, der 1 Jahr bis 3 Jahre älter war als sie, 31 % dieser Mädchen hatten einen Partner, der mindestens 4 Jahre älter war. Bei zufälligen ersten sexuellen Kontakten waren die Zahlen 41 % resp. 50 %. Das heißt, die Hälfte der weiblichen Jugendlichen, die ihre ersten Koituserfahrungen in einer spontanen oder zufälligen Begegnung erlebten, taten es mit viel älteren Jugendlichen. Es ist nahe liegend zu fragen, ob sie diesen ersten Geschlechtsverkehr wirklich wünschten oder ob sie sich unter Druck gesetzt fühlten (siehe oben).

Aus der Studie von Jakobsen und Mitarbeitenden (1997) erfahren wir auch, dass ein tiefer Selbstwert im Alter von 13 Jahren bei Mädchen ein starker Prädiktor für die Erfahrung mit Geschlechtsverkehr mit 16 Jahren war. Weiter verwendeten die Partner der Mädchen mit tiefem Selbstwert auch seltener Kondome, sowohl beim ersten Geschlechtsverkehr überhaupt sowie beim letzten Geschlechtsverkehr vor der Befragung. Diese Ergebnisse sprechen auch für die Hypothese, dass sich junge Mädchen, die relativ unsicher sind, besonders wenn sie ältere selbstsichere Partner haben, leicht unter Druck fühlen und einfach das tun, was der Partner für richtig hält. Dies in den 90er Jahren des 20. Jahrhunderts!

Man kann wohl sagen, dass die idealisierte freie Sexualität der 68-Jahre sich nicht durchgesetzt hat. Jugendliche, die früh anfangen, sexuell aktiv zu sein, sind nicht unbedingt glücklicher als die Gleichaltrigen, die etwas länger warten. Es gibt genug empirische Evidenz in den USA und in Europa, um sagen zu können, dass ein früher erster sexueller Geschlechtsverkehr eher ein Indikator einer problematischen Entwicklung ist als der Ausdruck des Wunsches nach körperlicher Intimität in einer befriedigenden Liebesbeziehung zwischen zwei jungen Menschen. Dass frühe heterosoziale Beziehungen sehr zweischneidig sind, zeigt die Konstanzer Studie von Fend (1990, 2000). Wenn 16- bis 17-Jährige mit vielen heterosozialen Erfahrungen mit Gleichaltrigen ohne Erfahrung verglichen werden, schneiden die erfahrenen Jugendlichen in vielen Gebieten besser ab. Sie fühlen sich attraktiv, sozial gut eingebettet und schätzen ihre sozialen Fähigkeiten auch sehr hoch ein. Gleichzeitig aber haben sie sich dem Einfluss der Eltern schon viel früher entzogen als andere und sind auch weniger an Schule und Leistung interessiert.

9.3.5 Unterschiede zwischen den Geschlechtern

Etwas sehr Interessantes, das über die amerikanischen Dating-Rituale hinaus generalisiert werden kann, ist, dass weibliche und männliche Jugendliche oft sehr verschiedene Erwartungen an Verabredungen zu zweit haben. Daraus können grundsätzliche Missverständnisse zwischen den Beteiligten entstehen. Beispielsweise zeigte eine Untersuchung, die allerdings in den 70er Jahren durchgeführt wurde (Zellman, Johnson, Giarusso & Goodchilds, 1979, zit. nach Adams et al., 1994, S. 326), dass Mädchen ihre Kleidung nach modischen Kriterien auswählten, dabei aber nicht daran dachten, dass ein Mini-Jupe oder entsprechende Kleider besonders sexy sein könnten, während Jungen diese Art von Bekleidung als Ausdruck eines Wunsches (oder eines

Angebots) nach sexueller Aktivität betrachteten. Dasselbe gilt auch für Berührungen. Mädchen und Frauen können Berührungen eher als eine freundschaftliche Annäherung verstehen, während sie bei Jungen und Männern oft eine starke sexuelle Konnotation haben können.

Männliche Jugendliche scheinen schon beim ersten Treffen mehr Wünsche nach Sexualität zu haben als ihre Partnerinnen (McCabe & Collins, 1984). Noch größere Probleme ergeben sich, wenn der gegengeschlechtliche Kontakt über Kulturen hinaus geht. Solche Missverständnisse können zu sehr schwierigen und gar gefährlichen Situationen führen, weil die richtigen Signale gelegentlich zu spät kommen oder von der anderen Person nicht richtig aufgefasst werden, oder weil die andere Person sie nicht richtig auffassen will. Diese Verschiedenheiten führen zur Frage nach grundlegenden Unterschieden im Verständnis von Sexualität bei Mädchen und Jungen.

Moore und Rosenthal (1993) haben sich dafür interessiert, wie Jugendliche über heterosoziale und heterosexuelle Beziehungen denken und welche Vorstellungen sie darüber haben. Frühe Skripte entstehen durch Hören-Sagen, Filme, Romane, Magazine etc. Sie entstehen auch durch die allgemeine Geschlechtersozialisation. Junge Mädchen lernen so, dass Sexualität mit Liebe zusammenhängt. Wenn sie Sex gehabt haben, erklären sie es meistens damit, dass es aus Liebe geschehen sei oder dass sie die Wünsche ihres Partners befriedigen wollten, was wohl ein Zeichen der Liebe sein sollte. Männliche Skripte betonen die Befriedigung der eigenen sexuellen Wunsche.

Dusek (1991, S. 202) schreibt, dass die meisten männlichen Jugendlichen ihren ersten Geschlechtsverkehr mit jungen Frauen haben, zu denen sie keine besondere emotionale Bindung haben. Sie haben ein paar Mal Sex zusammen und sehen einander dann nicht mehr. Die meisten weiblichen Jugendlichen hingegen sind in ihren ersten Sexualpartner verliebt und haben oft Pläne, ihn zu heiraten. Die Beziehung dauert aber oft nur eine Weile.

Solche Verhaltensunterschiede mögen mehr oder weniger ausgeprägt sein. Sie sind zudem klar an Kultur und Zeitgeist gebunden und können sich mit der Annäherung der Geschlechterrollen in der westlichen Kultur daher auch ändern. Diese Skriptunterschiede hängen eng zusammen mit generellen Verhaltenserwartungen bei Mädchen und Jungen. Es könnte deshalb sein, dass Mädchen ihre sexuellen Wünsche sozusagen in Verliebtheit einpacken müssen, um sich nicht als «schlechte Mädchen» zu fühlen. Es könnte aber auch sein, dass Männer ihre Gefühle unterdrücken, um sich selbst nicht als «Weichlinge» abzuwerten.

Solche Unterschiede gelten nicht nur für das Sexualverhalten. Mädchen und Jungen werden auch im Hinblick auf Intimität und Nähe in Beziehungen unterschiedlich sozialisiert. Dies haben wir in der Diskussion zu Freundschaften besprochen. Mädchen sind in ihren Freundschaftsbeziehungen viel offener, sie reden viel mehr über ihre Probleme, vertrauen einander ihre Gefühle an und geben einander Unterstützung (Moore & Rosenthal, 1993). Jungen «tun» dafür Dinge zusammen; sie besprechen eher, was sie tun und wie sie es tun, als was ihre Motivationen und Gefühle dabei sind. Mit anderen Worten erwarten weibliche Jugendliche von ihren Partnern eine Reihe von Kompetenzen in einer nahen Beziehung, die diese oft noch nicht besitzen.

O'Sullivan and Byers (1995) befragten 300 College-Studenten (17 bis 35 Jahre) über ihre Reaktionen, wenn sexuelle Intimität zurückgewiesen bzw. nicht weiter zugelassen wurde. Uneinigkeit wurde öfter genannt, wenn eine Frau die Zurückweisende war, als wenn es ein Mann war.

9.3.6 Sexualität als Risikoverhalten

Allgemein dürfen wir behaupten, dass Sexualität dann ein Risiko darstellt, wenn sie die gesunde Entwicklung gefährdet. Darunter verstehen wir sowohl eine somatische Gefährdung (HIV und andere sexuell übertragbare Krankheiten, die weiterführende Konsequenzen haben, wie z. B. Gonorrhö) als auch eine Beeinträchtigung der psychosozialen Funktionsfähigkeit. Brooks-Gunn und Paikoff (1993) haben eine Definition des sexuellen Wohlbefindens von Jugendlichen vorgeschlagen, die vier entwicklungsrelevante Aufgaben beinhaltet: «positive feelings about one's body and the acquisition of secondary sexual characteristics; feelings of sexual arousal and desire; the engagement in sexual behaviors; and, for those teenagers who are engaging in sexual intercourse, the practice of safe sex» (S. 181). Sexuelles Wohlbefinden besagt, dass sexuelle Handlungen freiwillig und in einer Beziehung durchführt werden, die von gegenseitigem Respekt geprägt ist.

9.3.6.1 Junges Alter und wenig Selbstvertrauen

Wir haben die Frage schon berührt, wann die Aufnahme sexueller Beziehungen zu früh ist. Eine damit eng verbundene Frage ist, in welchem Alter Sexualität ein Risikoverhalten darstellt. Die oben aufgeführten Ergebnisse zu den Jugendlichen, die ihren ersten Geschlechtsverkehr früh erlebten, sind bereits ein Hinweis darauf, dass ein junges Debütalter problematisch sein kann. Nicht der sexuelle Akt an sich ist das Risiko, sondern der Lebenskontext, beispielsweise wenn Jugendliche einen tiefen Selbstwert haben, sich unter Druck fühlen, schon marginalisiert sind etc. Das Risiko kann psychologischer Art sein, indem eine Jugendliche einen tiefen Graben zwischen ihrem Verhalten und ihren Erfahrungen sowie ihren eigentlichen Wünschen erlebt. Sexualität, die als Mittel zur Erreichung anderer Ziele dient (z. B. Partnerschaft, Einbettung in eine Gruppe oder Akzeptiert-Sein generell) und nicht einem echten Wunsch nach Intimität entspringt, führt selten zu befriedigenden Erfahrungen. Diese Erfahrungen werden aber durch generalisierte Repräsentationen in späteren Beziehungen reaktiviert und können eine normale Einstellung zu einer befriedigenden, erwünschten Sexualität beeinträchtigen.

Sexualität stellt auch ein Risiko dar, wenn die Verhütung einer Schwangerschaft oder der Schutz vor sexuell übertragbaren Krankheiten ungenügend ist. Vor allem die jüngsten Adoleszenten sind oft entweder ungenügend informiert oder haben zu wenig Selbstvertrauen, um die notwendigen Vorkehrungen zu treffen und sie mit dem Partner oder der Partnerin zu diskutieren bzw. von ihm (ihr) zu verlangen. Selbstbehauptung korreliert beispielsweise positiv mit dem Gebrauch von Kondomen (Yesmont, 1992; siehe auch oben, Jakobsen et al., 1997).

9.3.6.2 Wenig Wissen und Kommunikation

Probleme mit der Sexualität in der Adoleszenz tauchen oft als ein Resultat ungenügender Information und fehlender Erfahrung auf (Kokotailo & Stephenson, 1993). Studien zum Wissen und zu den Einstellungen Jugendlicher zur Sexualität und Verhütung veralten rasch. Studien aus den 90er Jahren dürften jedoch gewisse Hinweise geben. Adams und Mitarbeitende (1994) machen ihre Leserschaft auf ein ganz wichtiges Paradox aufmerksam: Jugendliche wünschen, mehr mit ihren Eltern über Intimität und Sexualität zu kommunizieren. Sie kommunizieren aber vor allem mit Peers und holen ihr Wissen aus Büchern und Zeitschriften.

Eine Studie an leicht geistig behinderten (engl. mild intellectual disability) weiblichen Jugendlichen (McCabe & Cummins, 1996) zeigt deutlich die Bedeutsamkeit des Wissens und der Kommunikation über Sexualität und Intimität. Diese Jugendlichen hatten ein geringeres Wissen als andere Mädchen auf allen Gebieten der körperlichen und sexuellen Entwicklung außer in Bezug auf Menstruation und konkrete Identifikation von Körperteilen. Sie hatten zwar insgesamt weniger Erfahrung mit Intimität und Geschlechtsverkehr, onanierten aber mehr und – was ganz ausschlaggebend war – sie hatten *mehr* Erfahrungen mit Schwangerschaft und sexuell übertragbaren Krankheiten gemacht als gleichaltrige Mädchen im intellektuellen Normalbereich. Daher ist es verständlich, dass sie allgemein negativere Gefühle über Sexualität hatten.

9.3.6.3 Ungeplantes Sexualverhalten

Der schweizerischen Studie von Michaud und Narring (1997; vgl. auch Narring, Michaud,

Wydler, Davatz & Villaret, 1997) entnehmen wir, dass ungefähr 22 % der weiblichen und 29 % der männlichen 16- bis 20-Jährigen sagen, sie wüssten nicht richtig, wie es zu ihrem ersten Geschlechtsverkehr kam. Wenn wir diejenigen dazu zählen, die mit derselben Aussage «mehr oder weniger» einig sind, sind es 35 % der Mädchen und 46 % der Jungen, die eben nicht recht wissen, wie es dazu kam. Mit anderen Worten, der erste Geschlechtsverkehr ist oft nicht eine geplante Handlung. Erfreulich ist, dass nach dieser Studie die meisten Jugendlichen den ersten Geschlechtsverkehr in einer festen Beziehung erlebten. Von den weiblichen Jugendlichen, die Koituserfahrungen hatten, machten 85 % ihre erste Erfahrung in einer festen Freundschaft, bei den männlichen Jugendlichen waren es allerdings lediglich 65 %.

9.3.6.4 Partnerwechsel

Ein häufiger Partnerwechsel stellt für die Übertragung von sexuellen Krankheiten ein hohes Risiko dar. In einer norwegischen Studie (Traeen & Lewin, 1992) berichteten 2.9 % der etwa 3000 untersuchten 17- bis 29-jährigen Männer und Frauen, dass sie bisher 15 oder mehr Geschlechtspartner gehabt hätten; somit waren sie einem hohen Risiko für die Ansteckung mit HIV oder anderen sexuell übertragbaren Krankheiten ausgesetzt. Zahlen aus der Schweiz zu 16- bis 20-Jährigen zeigen, dass 9 % der jungen Frauen und 23 % der jungen Männer mit Koituserfahrungen mehr als vier Sexualpartner gehabt hatten (Michaud & Narring, 1997). Ob diese Zahlen einen Indikator für eine hohe Gefährdung der Jugendlichen darstellen, ist schwierig zu sagen. Eine gewisse Gefährdung ist bestimmt vorhanden. Vor dem 21. Geburtstag mehr als vier Sexualpartner oder -partnerinnen zu haben, weist auf eher kurzfristige Beziehungen hin, die zwar sexuelle Handlungen beinhalten, aber wahrscheinlich keine vertiefte Bindung und große Intimität ermöglichten. Möglicherweise befinden sich auch einige eher zufällige Sexualerfahrungen darunter. Letztere enthalten immer ein erhöhtes Risiko.

9.3.6.5 Alkohol und andere Drogen

Alkohol und andere Drogen stellen meistens ein erhöhtes Risiko für verfrühte sexuelle Erfahrungen dar. Die schweizerische Untersuchung (Michaud & Narring, 1997) hat gezeigt, dass 40 % der weiblichen und 35.5 % der männlichen Jugendlichen, die ihren ersten Geschlechtsverkehr im Rahmen einer eher kurzfristigen oder zufälligen Beziehung hatten, ihre Erfahrung unter dem Einfluss von Alkohol gemacht hatten. Die entsprechenden Zahlen für andere Drogen waren 13.3 % für weibliche und 18.9 % für männliche Jugendliche. Diese Zahlen bestätigen auch in diesem Zusammenhang, dass Alkohol ein viel größeres Risiko darstellt als andere Drogen. Unter dem Einfluss von Alkohol und anderen Drogen kann kaum erwartet werden, dass Jugendliche noch daran denken, dass es sexuell übertragbare Krankheiten und ungewollte Schwangerschaften gibt.

9.4 Ausblick

Am Anfang des Kapitels haben wir festgehalten, dass die Peers in der Adoleszenz an Bedeutung gewinnen, dass die Eltern jedoch wichtige Bezugspersonen bleiben. Die unterschiedlichen Bereiche, die hier angesprochen wurden, zeigen deutlich, dass die Beziehungen zu den Peers wichtige Funktionen erfüllen, die in der Beziehung zu den Eltern oder anderen Erwachsenen nicht abgedeckt sind. Die beiden Welten verbleiben aber eng miteinander verknüpft.

Es ist auch möglich, dass die Peer-Beziehungen mit ihrer geringeren Stabilität (verglichen mit der Eltern-Beziehung), ein adäquates Übungsfeld für das spätere Erwachsenenleben in einer immer mobiler werdenden Gesellschaft sind (vgl. Fend, 1998). Ohne die Eltern und Geschwister müssen junge Erwachsene viel mehr auf eigene soziale Netzwerke zählen und immer dort neue Beziehungen knüpfen und aufrechterhalten, wo sie gerade Arbeit haben resp. zur Schule gehen.

Es ist im Laufe des Kapitels auch deutlich geworden, dass die Peer-Gruppe generell nicht die

Gefahr repräsentiert, die viele Eltern befürchten. Hier ist allerdings die offene Kommunikation mit den eigenen Jugendlichen wichtig und wenn nötig auch das klare Grenzensetzen.

Obwohl die sexuelle Aufklärung am Beginn des 21. Jahrhunderts weiter gekommen ist als vor 40 oder 50 Jahren, wäre es falsch zu glauben, dass Unterricht und Gespräche zu diesem Thema unnötig geworden seien. Jugendliche sollten ihr Wissen nicht nur aus den Medien, dem Internet und von den anderen Peers holen müssen. Alle Jugendlichen brauchen Offenheit in Themen wie Intimität, Sexualität und Liebe, inklusive gleichgeschlechtliche Liebe. Dazu brauchen sie reife Gesprächspartner, die ihnen vorurteils- und angstfrei auf dem Weg zur Selbstdefinition in Beziehungen zu Gleichaltrigen beistehen können. Dies fällt allerdings nicht allen Lehrpersonen oder Eltern leicht. Auch ist die Kombination der Lehrerrolle mit derjenigen eines Gesprächspartners zu intimen Themen beinahe eine Unmöglichkeit. Eine Alternative bildet der Einbezug von außerschulischen Experten und Organisationen, die sich mit solchen Themen befassen.

10. Jugendliche in der Schule

Die Schule ist heute eine wichtige Lebenswelt für die Jugendlichen. Sie lernen dort wesentliche Kenntnisse, Haltungen und Techniken, um in ihrer Kultur ein erfolgreiches Leben zu führen. Darüber hinaus ist die Schule ein wichtiger Ort für die Begegnung mit Gleichaltrigen.

10.1 Die Sekundarstufe, ein Geschenk an die Jugend oder ein Geschenk an die Gesellschaft?

Kinder und Jugendliche zwischen 6 und 16 Jahren fragt man meistens nicht, wie alt sie seien, wohl aber, welche Klasse sie besuchen und allenfalls welche Schule. Es ist für uns ganz selbstverständlich, dass man in diesem Alter zur Schule geht. Der Schulbesuch ist ja auch obligatorisch.

10.1.1 Die obligatorische Volksschule

Der obligatorische Volksschulunterricht wurde in den meisten europäischen Ländern im Lauf des 18. Jahrhunderts, teilweise schon im 17. Jahrhundert eingeführt (Badertscher & Grunder, 1997, 1998; Criblez, Jenzer, Hofstetter & Magnin, 1999; Hurni, 1986; Schoffler & Winkeler, 1991). Damit sollten der Analphabetismus überwunden, die gesundheits- und entwicklungsschädigende Kindererwerbsarbeit eingedämmt und für die industrielle Gesellschaft besser ausgebildete Arbeitskräfte herangebildet werden. Die Demokratie – und noch mehr die direkte Demokratie – ist auf informierte Bürgerinnen und Bürger angewiesen. Dieses Obligatorium wurde im Lauf der Zeit immer weiter ausgedehnt und umfasst heute in den meisten westlichen Ländern neun und mehr Jahre.

Fast in allen Ländern gelten die ersten sechs Schuljahre als Primarstufe (oft auch Grundschule genannt). Darauf folgen die Sekundarstufe oder Sekundärstufe und die Tertiärstufe. Die Sekundarstufe wird meistens unterteilt in die Sekundarstufe I (3 Jahre; je nach Gegend Hauptschule, Sekundarschule, Realschule, Junior High School etc. genannt) und die Sekundarstufe II (3 bis 4 Jahre; z. B. Gymnasium, höhere Mittelschule, Lehre, Senior High School etc.). Die Tertiärstufe umfasst Universitäten und Hochschulen aller Art.

10.1.2 Sekundarstufen I und II

Die Sekundarstufe I ist in den meisten Ländern obligatorisch, die Sekundarstufe II nicht. Letztere wurde bis tief ins 20. Jahrhundert hinein als Eliteschule verstanden und auch von entsprechend wenigen Schülerinnen und Schülern (vor allem Schülern) besucht. In den letzten Jahrzehnten hat der Anteil der Schülerinnen und Schüler, die bis in die Sekundarstufe II resp. gar bis zur Tertiärstufe gelangen, deutlich zugenommen (Figuren 10–1a,b,c). Heute gibt es auf diesen Stufen keine Geschlechtsunterschiede mehr.

In den letzten Jahrzehnten wurde nicht nur die Dauer der obligatorischen Schulzeit verlängert, sondern auch vielerorts die Sekundarstufe nach Leistungsniveaus stark differenziert. Es gibt allerdings weltweit und in Europa sehr große Unterschiede. Die deutschsprachigen Länder haben den höchsten Differenzierungsgrad, die skandinavischen Länder den geringsten (Flammer & Alsaker, im Druck).

In Dänemark, Schweden, Norwegen, Finnland und Island, aber auch in Portugal gehen die Kinder und Jugendlichen bis zum Abschluss ihrer obligatorischen Schulzeit und gegebenenfalls auch darüber hinaus in die gleiche Schule. Das heißt, dass auf jeder Stufe für alle das gleiche Curriculum gilt, womit den Schülerinnen und Schülern frühe und evtl. unglückliche Entscheide für ihre weitere Schul- und Berufslaufbahn erspart bleiben.

Deutschland, Österreich und die Schweiz, aber auch die Niederlande, Luxemburg und Liechtenstein markieren das andere Extrem. Diese führen auf jeder Stufe mehrere unterschiedliche (unterschiedlich anspruchsvolle, unterschiedlich ausgerichtete und unterschiedlich lange) Unterrichtsangebote.

Es ist zu erwarten, dass diese Strukturen auf das Verhalten und das Befinden der Jugendlichen einen wahrnehmbaren Einfluss ausüben. Ein Vergleich zwischen dem norwegischen und dem schweizerischen Schulsystem hat beispielsweise ergeben, dass schweizerische Schülerinnen und Schüler mehr Angst vor Prüfungen haben als norwegische und auch viel mehr betrügen als diese (unveröffentlichte Daten der Autoren). Das norwegische Schulsystem ist eben weniger kompetitiv als das schweizerische und auch nicht selektiv. Zudem äußerten mehr norwegische Schülerinnen und Schüler als schweizerische die Absicht, nach den obligatorischen Schuljahren weiterhin zur Schule zu gehen. Dennoch vermelden sie mehr Langeweile in der Schule und ein schlechteres Klassenklima als die jungen Schweizerinnen und Schweizer.

Die Diskussion um die Organisation der Schule sollte nicht die Reflexion ihrer Aufgabe überdecken. Die Aufgabe der Schule wird häufig mit den Konzepten Bildung und Erziehung umschrieben und findet sich konkretisiert in spezifischen Curricula. Diese Konzepte sind sehr allgemein gehalten, die Curricula dagegen (besonders in neuerer Zeit) recht detailliert. Auf einer mittleren Detaillierungsebene werden Klassen von zu fördernden Kompetenzen identifiziert, zum Beispiel Sachkompetenz, Sozialkompetenz und sog. Selbstkompetenz. Eine amerikanische Arbeitsgruppe (task force) der Carnegie Corporation (Feagans & Bartsch, 1993, S. 129-130) legte eine interessante Studie vor, in der sie die Lehrziele der allgemein bildenden Schule in fünf Kategorien unterteilte. Diese Lehrziele sollten Kinder und Jugendliche darin unterstützen, (1) intellektuell reflektive Personen zu werden (Lesen, Schreiben, mündlicher Ausdruck, Mathematik, Naturwissenschaften), (2) sich auf die spätere Übernahme beruflicher Arbeit einzustellen (aus ökonomischen Gründen und zum Zweck der Selbstdefinition), (3) gute Bürgerinnen und Bürger zu werden (an Wahlen und Abstimmungen teilnehmen, sich um die Umwelt kümmern, unterschiedliche Kulturen respektieren, die Geschichte des eigenen Landes kennen), (4) eine ethisch verantwortliche Person zu werden (Gutes und Schlechtes unterscheiden und sich für das Gute einsetzen) und (5) eine physisch und psychisch gesunde Person zu werden oder zu bleiben. Dieser Katalog geht deutlich über die üblichen Stoffpläne und Fächer hinaus resp. gibt ihnen eine übergeordnete Funktion.

10.1.3 Schuldauer und «gestreckte Jugendzeit»

Während im 19. Jahrhundert erstmals das Schulobligatorium für die Kinder gefordert und eingerichtet wurde, kam zu Beginn des 20. Jahrhunderts der Anspruch auf, auch den Jugendlichen möglichst viel Schulbildung zu vermitteln. Eine durch die Schule verlängerte Jugendzeit sollte eine vertieftere Persönlichkeitsbildung gestatten (Spranger, 1924). Bernfeld (1923, S. 175, zit. nach Backes & Stiksrud, 1985, S. 190) forderte eine «gestreckte Pubertät», weil diese die «Jugend im kulturellen Sinn» definiere. Und Lazarsfeld (1931a, S. 54, zit. nach Backes & Stiksrud, 1985, S. 190) klagte ausdrücklich über die damals «verkürzte Pubertät». Sie sei die «Pubertät des Proletariers», dem dadurch «ein Teil jener Quellen an Energien, Umwelterweiterungen und Zielsetzungen [entgingen], die zu speisen die biologische Funktion der Pubertät in der freien Entwicklung» sei. – Vielleicht haben wir bis zum Ende des 20. Jahrhunderts dieses Ziel erreicht; immerhin standen im Wintersemester 1989/1990 99 % der 16-jährigen Jugendlichen der alten deutschen Bundesländer Vollzeit in der staatlich registrierten Ausbildung (Tab. 10–1). Ihre Anteile nahmen mit zunehmendem Alter ab. Zum Beispiel waren es nur noch 40 % der 21-Jährigen (Ortleb, 1991, S. 28) und immerhin noch 6 % der 30-Jährigen (Ortleb, 1991, S. 6-7).

Die Figur 10–1 zur Verteilung der Bildungsabschlüsse zeigt, dass heute die Mehrheit der Bevölkerung über die Ausbildungspflicht hinaus geht. Das gilt für beide Geschlechter. Allerdings hat sich in der Bundesrepublik der Anteil der Berufsschülerinnen und Berufsschüler im Sinne des dualen Berufsbildungswegs innert 30 Jahren von zwei Dritteln auf etwa ein Viertel der 16-Jährigen reduziert (Tab. 10–1; vgl. Kap. 11).

Offensichtlich erwarten heute die meisten Schülerinnen und Schüler und mit ihnen die meisten Eltern vom verlängerten Schulbesuch bessere Berufs- und Lebenschancen als vom Weg über die Berufslehre. Die Anstrengungen der (Bildungs-) Politiker der letzten 150 Jahre, allen Kindern und Jugendlichen von Staates wegen eine möglichst gründliche oder lange Schulbil-

Tabelle 10-1: Prozentuale Verteilung der deutschen 16-jährigen Jugendlichen (16. Altersjahr abgeschlossen) auf die Bildungsinstitutionen seit 1960 (nach Ortleb, 1991, S. 26-27). – GS = Grundschule; HS = Hauptschule; GSS = Gesamtschule; SS = Sonderschule; RS = Realschule inkl. Abendrealschule; GY = Gymnasium inkl. Abendgymnasium und Kollegs; BS = Berufsschule; BF = Berufsfachschule oder Kollegschule (Nordrhein-Westfalen); FS = Fachoberschule und Fachgymnasium

Jahr	GS/HS	GSS	SS	RS	GY	BS	BF	FS	Total = % in Ausbildung
1960	0.5		0.1	7.1	13.0	67.8	4.5		93.0
1970	1.5		0.4	7.6	16.4	60.6	7.1	1.0	94.6
1980	7.7	1.8	2.0	13.8	21.9	37.7	10.4	1.2	96.5
1985	11.2	2.5	2.6	16.8	24.0	30.5	10.7	1.1	99.4
1989	12.7	3.2	2.9	17.5	25.9	26.2	9.1	1.7	99.2

dung angedeihen zu lassen, haben also Früchte getragen.[39]

10.1.4 Schule als Auftragnehmerin für gesellschaftliche Anliegen

Die Schule ist so sehr zum selbstverständlichen Instrument der langfristigen gesellschaftlichen Steuerung geworden, dass die meisten öffentlichen Anliegen und die meiste fundamentale Kritik an unserem gesellschaftlichen Leben einen Niederschlag in Forderungen an die Schule finden. Wenn die Gesellschaft, beispielsweise verkörpert durch die Wirtschaft, zu wenig Spezialisten der Informatik hat, wird die Schule aufgefordert, Computerwissenschaften in ihre Stoffprogramme aufzunehmen. Wenn die Gesellschaft von rigiden Geschlechtsstereotypen wegkommen soll, wird in der Schule geschlechtsspezifischer Unterricht (z. B. Hauswirtschaft und textile Handarbeit, einstmals als gezielte Vorbereitung der Mädchen auf ihre künftige Frauenrolle) abgeschafft resp. allen zugänglich gemacht. Wenn die Öffentlichkeit wegen übermäßigem Drogenkonsum, AIDS, zu häufigen unerwünschten Schwangerschaften etc. Gefahren für die Gesamtgesellschaft heraufkommen sieht, wird die Schule beauftragt, diese Themen zu behandeln und vorbeugend zu wirken. Ähnlich verhält es sich mit Themen wie Sport (Gesundheit, Landesverteidigung), Fremdsprachen (europäische Integration, nationaler Zusammenhalt in der Schweiz, Tourismus) und Ökologie (umweltschonendes Verhalten).

Die Gesellschaft hat verständlicherweise ein vitales Interesse an der Gestaltung der Schule: Die Jugend soll für die künftige Gesellschaft ausgebildet werden, ihr später dienen, die nötigen Korrektive bringen (Kap. 2). Diese Erwartungen an die Schule dürfen aber nicht grenzenlos werden, sonst entstehen drei große Gefahren. Die eine besteht in der Überforderung der Schule und der Schülerinnen und Schüler. Die Klage der Lehrpersonen, vor lauter curricularen Vorschriften und unzähligen kleinen Extras kaum noch Raum zu haben für die Förderung der Persönlichkeitsentwicklung, ist plausibel und ernst zu nehmen. Die zweite Gefahr besteht im möglichen Alibi der übrigen Gesellschaft. Wenn wichtige Aufgaben nur der Schule übertragen werden, sind die Erwachsenen, die die Schule schon hinter sich haben, von Verhaltensänderungen dispensiert. Die dritte Gefahr besteht darin, dass ein immer wachsender Aufgabenkatalog die notwendige Schulzeit verlängert und so

---

39 Zur Aufwertung der Berufslehre werden heute vielerorts ein Berufsabitur resp. eine Berufsmatura und daran anschließend Fachhochschulen angeboten. Damit wird zweierlei erreicht: Es wird das allfällige spezielle Prestige höherer Diplome einer breiteren Bevölkerungsschicht zugänglich gemacht und gleichzeitig die berufliche Ausbildung gerettet resp. noch verbessert.

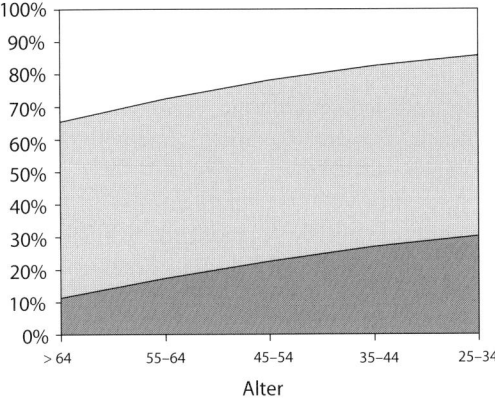

- ☐ Obligatorische Schule
- ▨ Sekundarstufe II
- ■ Tertiärstufe

Figur 10-1: Aufteilung der schweizerischen Bevölkerung nach erreichtem Schulabschluss; Stand 1999 (Schweizerisches Bundesamt für Statistik: www.statistik.admin.ch)

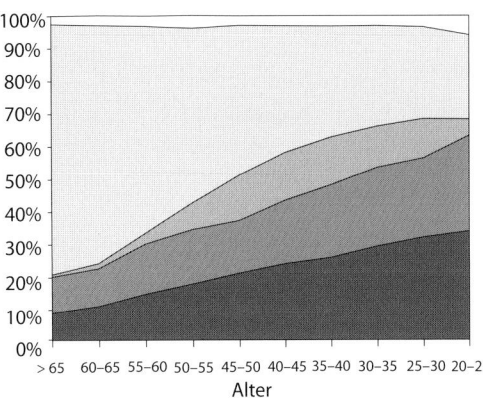

- ☐ (noch) ohne Schulabschluss resp. ohne Angaben
- ☐ Haupt- / Volksschulabschluss
- ▨ Abschluss der polytechnischen Oberschule
- ▨ Realschul- oder gleichwertiger Abschluss
- ■ Fachhochschul- oder Hochschulreife

Figur 10-1b: Aufteilung der deutschen Bevölkerung nach erreichtem Schulabschluss; Stand 1999 (Daten vom Statistischen Bundesamt Deutschland zur Verfügung gestellt)

den Eintritt der Jugendlichen ins Erwachsenen- und Erwerbsleben verzögert (Kap. 11). Bei vielen Jugendlichen, besonders bei denjenigen, die wenig Erfolg in der Schule haben, ist die Schulmotivation gegen Ende der Pflichtschulzeit so tief, dass eine weitere Schulzeitverlängerung zu einer Entwicklungsblockierung führen kann.

Nicht zu übersehen ist noch ein ganz anderer Aspekt: Zu Zeiten großer Arbeitslosigkeit bewirkt eine verlängerte Schuldauer eine Reduktion der aktuell Arbeit Suchenden. Das mögen gelegentlich die Politikerinnen und Politiker bewusst anstreben; es ist aber auch eine Strategie der jungen Menschen und ihrer Eltern, bei Schwierigkeiten des Übertritts ins Arbeitsleben noch ein Jahr oder mehr Schulbildung anzuhängen. Das sollte nicht nur eine zweite Chance des Übertritts ermöglichen, sondern auch die Qualifikationen verbessern.

10.1.5 Schülerleben im gesellschaftlichen Abseits?

Die Schule ist in unserer Gesellschaft so bedeutsam geworden, dass die Jugendlichen (und Kin-

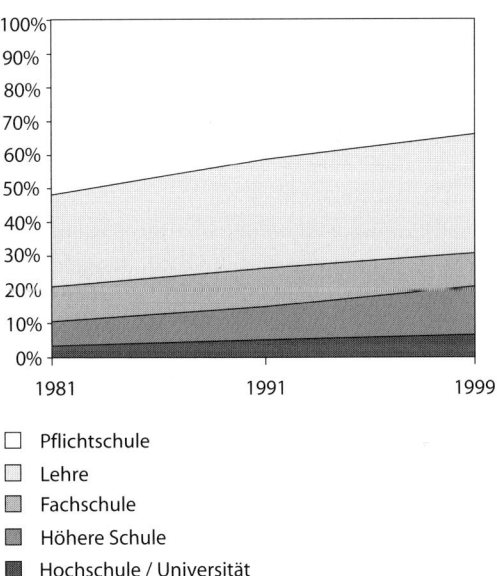

- ☐ Pflichtschule
- ☐ Lehre
- ▨ Fachschule
- ▨ Höhere Schule
- ■ Hochschule / Universität

Figur 10-1c: Aufteilung der österreichischen Bevölkerung nach erreichtem Schulabschluss; Stand 1981, 1991, 1999 (Statistik Austria: www.statistik.at)

der), für die sie ja eingerichtet ist, praktisch keine andere Wahl haben, als Schülerinnen oder Schüler zu sein. Nun ist aber die Schulwelt im Lauf der Geschichte und von ihrer Konzeption her eine sehr spezielle Lebenswelt. Wer in die Schule geht, produziert nicht konsumierbare Güter, sondern bereitet sich allenfalls darauf vor, verdient nicht sein eigenes Geld, sondern verbraucht das Geld anderer, steht noch nicht «im Leben», sondern bereitet sich auf das Leben vor, muss die Folgen seines Denkens und Handelns nicht in voller Schärfe tragen, sondern darf und soll das Leben ausprobieren. Obwohl die Gesellschaft der Schule eines ihrer ernstesten Anliegen anvertraut (nämlich ihre eigene Regeneration) und dafür große Mittel investiert, ist der Status des Schülerseins ein relativ unverbindlicher, ein nicht immer von allen ernst genommener.

Ein weiterer Aspekt der speziellen Schülerwelt ist die starke Asymmetrie zwischen Lehrenden und Lernenden. Natürlich bemühen sich unsere Lehrerinnen und Lehrer, den Schülerinnen und Schülern möglichst weitgehende Selbsttätigkeit einzuräumen. Dass ihnen dies nicht immer gelingt, hat Ekholm (1976, 1980, zit. nach Andersson, 1990, S. 52-54) mit zwei sehr einfachen Untersuchungen 1969 und 1979 illustriert. Er gab 15-jährigen schwedischen Schülerinnen und Schülern Situationsbeschreibungen vor und bat sie anzugeben, wie sie handeln würden. Eine Situation war zum Beispiel die, dass die Lehrperson eine Schülerin in ein bestimmtes Geschäft schickt, um ein bestimmtes Quantum eines Materials für den Bastelunterricht zu kaufen. Sie gibt ihr dafür Bargeld mit. Auf dem Weg sieht die Schülerin, dass ein anderes Geschäft das gleiche Produkt verkauft, es aber wegen eines Sonderverkaufs momentan wesentlich günstiger anbietet. Was tut die Schülerin? 42 % der Antwortenden (44 % der Schüler und 41 % der Schülerinnen) gaben an, sie würden das Sonderangebot missachten und genau tun, was die Lehrperson ihnen aufgetragen hat, 29 % (27 % resp. 32 %) würden zur Lehrperson zurückgehen und fragen, ob sie dort einkaufen sollen, und nur 27 % (27 % resp. 26 %) würden es wagen, direkt dort einzukaufen. Ähnliche Resultate ergab die Situation, dass ein Schüler in der Bibliothek etwas heraussuchen sollte, was er aber von einer ihm bekannten Person leichter direkt erfragen könnte. – Man darf aufgrund der veränderten Erziehungsstile annehmen, dass die Ergebnisse heute vorteilhafter ausfallen würden.

Andersson (1990) folgerte aus diesen Untersuchungen, dass die jugendlichen Schülerinnen und Schüler in der Schule im Abseits gehalten würden; gerade eine demokratische Gesellschaft sollte aber die Heranwachsenden nicht in dieser asymmetrischen Struktur erziehen, in der *eine* Person plant, anordnet, evaluiert und befiehlt und in der 20 bis 30 Personen hinnehmen, gehorchen und ausführen. So haben auch Eccles, Midgley und Adler (1984) und Eccles und Midgley (1989) für die USA festgestellt, dass die Lehrpersonen der Sekundarstufe I (= Junior High School) im Durchschnitt mehr Kontrolle über ihre Schülerinnen und Schüler ausüben als die Lehrpersonen der Grundschule; sie ließen auch weniger Schülerbeiträge im Unterricht zu als ihre Kolleginnen und Kollegen der Grundschule.

Andersson belegte seine Anklage noch mit anderen Daten (Ekholm, Lander & Wernersson, 1977, zit. nach Andersson, 1990, S. 48-51). Diese betrafen Antworten von Schülerinnen und Schülern auf die Frage, wie leicht sie bestimmte Aufgaben fänden, zum Beispiel Klassenkameraden für ein Unternehmen zu gewinnen oder für ein kleines Kind eine Geschichte zum Einschlafen zu erfinden oder den Schulstoff einer Woche ohne Lehrperson zu lernen (um den Vater nach Amerika begleiten zu können) etc. Verglichen wurden die Antworten von Viert- bis Sechstklässlern (Kinder) mit Antworten von Siebt- bis Neuntklässlern (Jugendliche). Nur in drei von neun Aufgaben gaben die Jugendlichen höhere Häufigkeiten an als die Kinder, nämlich: den Schulstoff allein lernen, einen Krankenhausbesuch machen, eine Meldung an die Polizei erstatten. In fünf Aufgaben gaben die Jugendlichen sogar tiefere Schätzungen als die Kinder, nämlich: Arbeitsgruppenleiter in der Schule sein, die kranke Lehrperson ersetzen, eine Hauptrolle in einem Schultheaterstück übernehmen, eine kleine Ansprache halten für einen

Lehrer, der eine andere Stelle angenommen hat (Stufenunterschied nur für Mädchen signifikant), Babysitting (Stufenunterschied nur für Jungen signifikant).

Andersson zeigte sich entsetzt darüber, dass offensichtlich die Jugendlichen ausgerechnet in ihren sozialen Kompetenzen nicht gefördert und so nicht genügend auf die vollgültige Mitgliedschaft der demokratischen Gesellschaft vorbereitet würden. Wir möchten diese Schlussfolgerung allerdings relativieren. Jugendliche in der Pubertät sind oft vorübergehend schüchtern, insbesondere wenn sie sich vor einem Publikum exponieren müssen; überdies könnte es sein, dass die Jugendlichen ihre gleichaltrigen Kameradinnen und Kameraden ernster nehmen als die Kinder und sich auch deswegen scheuen, Führungsrollen an sich zu reißen. Andererseits zeigten die Studien zu ausgewählten Autonomiefeldern (Kap. 5.2), dass Jugendliche in der Schule nach ihrer eigenen Beurteilung wenig zu bestimmen haben. Das gilt für die Vollzeitschule der Sekundarstufe II (Gymnasium) noch ausgeprägter als für die Teilzeitberufsschule.

Zusammenfassend wollen wir festhalten, dass die Jugendzeit in den modernen Gesellschaften durch gesteigerte Ausbildungsansprüche zugunsten der Betroffenen verlängert worden ist, dass aber die Verlängerung der Grundausbildung ihre entwicklungspsychologisch vertretbare Obergrenze erreicht hat. Die zeitgenössischen technologischen Gesellschaften verlangen ein lebenslanges Lernen und dispensieren die Erstausbildung von der Auflage, den jungen Menschen einen Bildungsrucksack für das ganze Leben mitzugeben. Das bedeutet, dass Ausbildung nicht mehr das alleinige Privileg der Jugend ist (Herzog, 1993); auch Erwachsene sind Lernende.

10.2 Schule als Lern- und Lebenswelt

10.2.1 Die Schulgröße

Ein typischer Unterschied zwischen der Primar- und der Sekundarstufe im Schulerleben ist bedingt durch die Schulgröße. Meistens sind die Schulen der Sekundarstufe größer als die Schulen der Primarstufe und damit unübersichtlicher. Sie werden wohl auch als anonymer erlebt, wenn nicht besondere Organisationsformen (soziale und allenfalls architektonische) vorgesehen sind (vgl. Fenzel, Blyth & Simmons, 1991, S. 972). Natürlich haben große Schulen auch Vorteile; sie können beispielsweise ein reicheres Angebot an selten belegten Fächern bieten.

In den Vereinigten Staaten und in Großbritannien gibt es immer wieder lebhafte Diskussionen um die optimale Schulgröße. Rutter, Maughan, Mortimore und Ouston (1979) fanden mehr prosoziales und leicht weniger antisoziales Verhalten in kleinen Schulen. Garbarino (1979) schlussfolgerte aus seinen Untersuchungen: «Große Schulen entmutigen aktives Engagement und Verantwortungsgefühl, während kleine Schulen diese Haltung fördern» (S. 305). In der Studie von Simmons und Blyth (1987, S. 316) wirkten sich große Schulen negativ auf den Selbstwert der Jugendlichen der untersten High-School-Klasse aus. Große Schulen sind zwangsläufig bürokratischer organisiert; sie verändern sich auch im Allgemeinen weniger leicht als kleine Schulen.

Zwar bieten große Schulen mehr universalistische Bedingungen (vgl. Kap. 2) als kleine, aber schon in kleinen Schulen dürfte das Ausmaß des Wertepluralismus für diese Entwicklungsstufe ausreichen (Garbarino, 1979, S. 308). Garbarino setzte die optimale Schulgröße zwischen 400 und 800 Schülerinnen und Schülern an: «Die untere Größe betont psychosoziale Bedingungen, die obere berücksichtigt stärker finanzielle Erwägungen.... Die optimale Schulgröße ist um so niedriger anzusetzen, je mehr Schüler es gibt, die mit dem Lernen Probleme haben» (S. 309). Für junge Schülerinnen und Schüler sind kleine Schulgrößen bestimmt noch bedeutsamer als für ältere.

Nach diesen Erwägungen und Befunden ist zu erwarten, dass in großen Schulen auch mehr Vandalismus und Quälereien vorkommen. Die Forschung zur Gewalt unter Schülerinnen und Schülern (sog. bullying) hat diese Zusammenhänge bestätigt, sie waren allerdings schwach

(Smith, Whitney & Sharp, 1992; vgl. auch Abschnitt 10.4.2).

10.2.2 Der Tagesablauf von Schülerinnen und Schülern

Die Schule nimmt die besten Zeiten des Tages in Beschlag. Schulisches Lernen stellt die Hauptbeschäftigung der Jugendlichen dar. Die Schule *ist* während des größten Teils des Jahres die Welt der Jugendlichen. Figur 10–2 zeigt die typische Zeitaufteilung der 14- bis 16-Jährigen an einem normalen Vollschultag. Danach beanspruchen schulbezogene Aktivitäten etwa gleich viel Zeit wie die Arbeit von erwerbstätigen Erwachsenen. Für die Freizeit stehen immerhin etwas über vier Stunden zur Verfügung. Ein Teil dieser Zeit ist allerdings systematisch für Sporttraining, Musikunterricht und Üben an Musikinstrumenten etc. reserviert.

Die nähere Aufteilung der schulbezogenen Tätigkeiten ist in Figur 10–3 ersichtlich. Danach machen die Hausaufgaben eine gute Stunde und der Schulweg etwa drei Viertelstunden aus.

Wie Figur 10–4 zeigt, stehen die meisten der erfassten (Schweizer) Schülerinnen und Schüler im Alter zwischen 14 und 16 Jahren um halb sieben am Morgen auf. Ab 07:30 sind drei Viertel der Jugendlichen bereits in der Schule. Ein Viertel sitzt dort – nach einer längeren Mittagspause allerdings – bis um 17:00. Dazu kommen der Schulweg und die Hausaufgaben. Letztere verteilen sich über den ganzen Nachmittag bis in den späteren Abend hinein. Zu keinem Zeitpunkt sitzen mehr Schülerinnen und Schüler an ihren Hausaufgaben als um 13:00.

Die schulischen Hausaufgaben belegen für manche Schülerinnen und Schüler einen nicht zu unterschätzenden Teil ihrer Zeit außerhalb der Präsenz in der Schule (Tab. 10–2). Die Hausaufgabenzeiten sind in Abhängigkeit vom Wochentag sehr unterschiedlich. An vollen Schultagen (Schweiz) wird weniger Zeit für Hausaufgaben aufgewendet als an Tagen, an denen der Nachmittag frei ist.

Es überrascht nicht, dass die Hausaufgabenzeiten auf der Sekundarstufe I in Schulen mit mittleren Ansprüchen (Sek. 7. – 9. Klasse) und im Gymnasium länger sind als in Schulen mit Grundansprüchen (Prim. 7. – 9. Klasse). Man beachte, dass der Median fast durchgehend tiefer liegt als der Durchschnitt (AM). Der Durchschnitt wird eben durch jene wenigen Schülerinnen und Schüler, die sehr hohe Zeiten haben, beträchtlich angehoben. Bezeichnenderweise ist der Median in den Klassen mit Grundansprüchen an den Wochenenden gar null. Das heißt, dass die Mehrheit dieser Schüler und Schülerinnen an diesen Tagen gar keine Hausaufgaben bearbeitet. Die Gymnasiastinnen und Gymnasiasten arbeiten hingegen an keinem Tag länger an Hausaufgaben als am Sonntag.

Die Angaben variieren zwischen den Personen sehr stark: Einige wenden sehr wenig Zeit

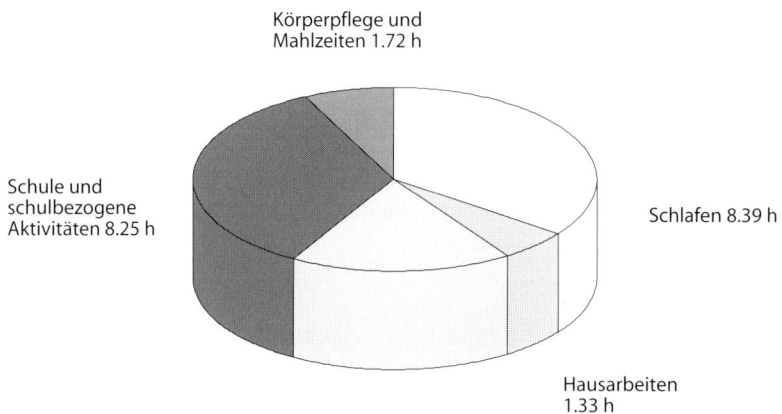

Figur 10–2: Durchschnittlicher Zeitverbrauch von 14- bis 16-Jährigen in 11 europäischen Ländern (Bulgarien, Deutschland, Schweiz, Finnland, Frankreich, Norwegen, Polen, Russland, Rumänien, Tschechoslowakei [im Jahre 1992], Ungarn) und in den USA (Daten aus Alsaker & Flammer, 1999b)

für Hausaufgaben auf, andere sehr viel. Figur 10–5 illustriert das für die Schülerinnen und Schüler der vierten bis sechsten Klasse. Die Hälfte der Deutschschweizer Kinder wendet eine halbe Stunde oder weniger auf, bei den Westschweizern und den Norwegern ist es nahezu eine Stunde. Die andere Hälfte aber sitzt lange bis sehr lange an den Hausaufgaben, nämlich 10 % der Deutschschweizer über eineinhalb Stunden, 10 % der Westschweizer über zwei Stunden und 10 % der Norweger über zweieinhalb Stunden. Dass die Norweger insgesamt mehr Zeit für ihre Hausaufgaben verwenden, mag damit zu tun haben, dass sie etwas kürzere Schulzeiten haben und dank ihrer Ganztagesorganisation am Nachmittag über viel mehr Zeit nach der Schule verfügen.

Es wird immer wieder darüber debattiert, ob Hausaufgaben eine zumutbare Belastung seien. Wenn man als Kriterium die Ab- resp. Anwesen-

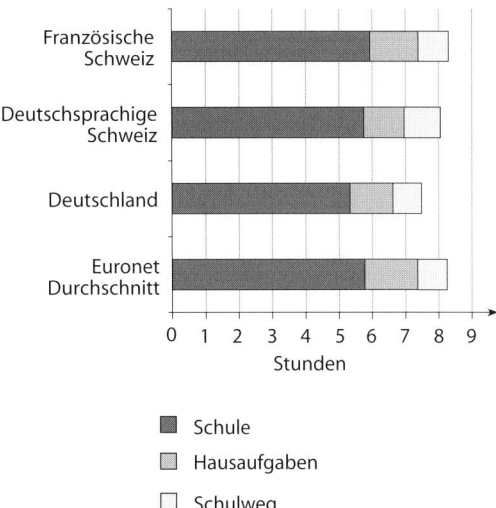

Figur 10–3: Schulbezogene Tätigkeiten 14- bis 16-jähriger Schülerinnen und Schülern (ungewichteter Durchschnitt aus den Teilstichproben von Alsaker & Flammer, 1999b)

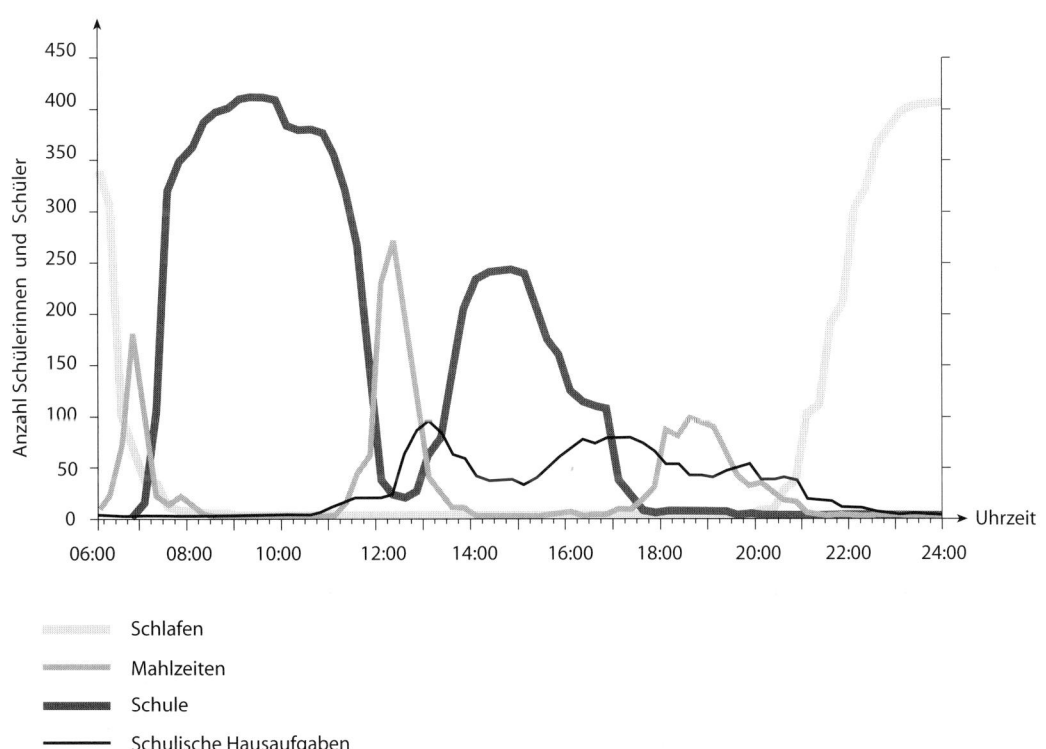

Figur 10–4: Ausgewählte Tagesaktivitäten 14- bis 16-jähriger Schülerinnen und Schüler aus der Schweiz (n = 421) (nach Grob, Bodmer & Flammer, 1993)

Tabelle 10-2: Hausaufgabenzeiten von Schweizer Schülerinnen und Schülern in Minuten differenziert nach Klasse resp. Schultyp (aus Flammer & Tschanz, 1997, S. 61); AM = arithmetisches Mittel oder Durchschnitt; Mn = Median (= 50% arbeiten maximal so lange an ihren Hausaufgaben)

	4.–6. Klasse		Prim. 7.–9. Klasse		Sek. 7.–9. Klasse		Gym. 7.–9. Klasse	
	AM	Mn	AM	Mn	AM	Mn	AM	Mn
Voller Schultag	55	40	59	45	64	60	67	60
Vormittag Schule	45	30	64	60	57	45	78	60
Samstag	19	0	22	0	34	15	50	30
Sonntag	14	0	15	0	41	30	87	60
Wochendurchschnitt	42	33	49	40	50	51	69	64

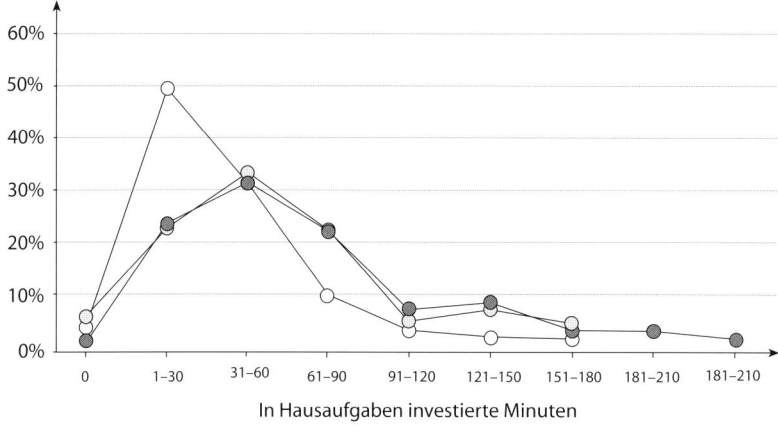

—○— Deutschschweiz
—○— Französischsprachige Schweiz
—●— Norwegen

Figur 10-5: Hausaufgaben der 4.- bis 6.-Klässler an durchschnittlichen Vollschultagen (aus Flammer & Tschanz, 1997, S. 62)

heit von psychosomatischen Symptomen nimmt, sind sie nach unseren Berechnungen an dieser Stichprobe für die meisten Schülerinnen und Schüler zumutbar, was nicht heißt, dass sie in jedem Fall sinnvoll sind. Möglicherweise aber sind die Zeiten zu lang für jene, die sehr lange an den Hausaufgaben sitzen. In Figur 10–6 wird sichtbar, dass die Anzahl somatischer Belastungssymptome nur innerhalb jener Teilpopulation mit der Hausaufgabendauer deutlich zunimmt, die sehr lange an den Hausaufgaben sitzt, wobei natürlich nicht klar ist, ob diese Schülerinnen und Schüler wegen der langen Hausaufgaben-Zeiten Beschwerden haben oder ob sie wegen der Beschwerden länger an ihren Hausaufgaben arbeiten müssen oder ob beides durch einen Drittfaktor (z. B. Kränklichkeit) bedingt ist.

Wie mit der Euronetstudie (Alsaker & Flammer, 1999b) belegt wurde, bestehen zwischen den europäischen Ländern beträchtliche Unterschiede in der für die Schule aufgewendeten Zeit. Nicht direkt damit im Zusammenhang, aber doch nicht ganz unabhängig davon, sind auch unterschiedliche Schulleistungen zu erwarten. Im Vergleich mit den Unterschieden innerhalb Europas sind jene zwischen Kontinenten resp. Ländern verschiedener Kontinente erstaunlich groß und konsistent. Wegen der besseren Vergleichbarkeit wurden meistens mathematische und naturwissenschaftliche Leistungen untersucht. In mehreren Studien fielen chinesische und japanische Schülerinnen und Schüler im Vergleich zu europäischen und amerikanischen Schülerinnen und Schülern durch deutlich bessere Leistungen auf (Randel, Stevenson & Witruk, 2000; Stevenson, Chen & Lee, 1993; Stevenson & Lee, 1997). In zwei Studien wurde gezeigt, dass diese Unterschiede auch mit den persönlichen Aspirationen und dem sog. akademischen Selbstbild zusammenhängen (Chen & Stevenson, 1995; Randel et al., 2000). Stevenson und Mitarbeitende (1993) fanden auch, dass japanische und chinesische Mütter zu einem geringeren Maß als die amerikanischen überzeugt waren, dass angeborene Fähigkeiten die Schulleistungen bestimmen. Dafür legten sie mehr Wert auf die persönliche Anstrengung. In der Deutschland-Japan-Studie[40] von Randel und Mitarbeitenden (2000) hingen die Unterschiede innerhalb von Japan durchaus mit der Dauer der fachbezogenen schulischen Hausaufgaben zusammen. Die japanischen Schülerinnen und Schüler, die höhere Leistungen zeigten, arbeiteten länger an Hausaufgaben, berichteten weniger über Konflikte zwischen Schularbeit und Freizeitaktivitäten und hatten nach ihren eigenen Angaben weniger psychosomatische Symptome. Man kann natürlich nie ausschließen, dass solche Zahlen vom Effekt der kulturellen Wünschbarkeit betroffen sind.

10.2.3 Schulfreude und Schulstress

Wer Kinder von klein auf beobachtet, stellt fest, wie gerne sie lernen und wie neugierig sie sind. Die meisten der Kleinen gehen auch gerne zur Schule. Diese Schulfreude nimmt im Lauf der Schulzeit jedoch bei vielen von ihnen ab. Insbesondere während der Adoleszenz finden wir in der Mehrzahl der westlichen Länder im Durchschnitt eine Abnahme der Schulfreude (Bäuerle

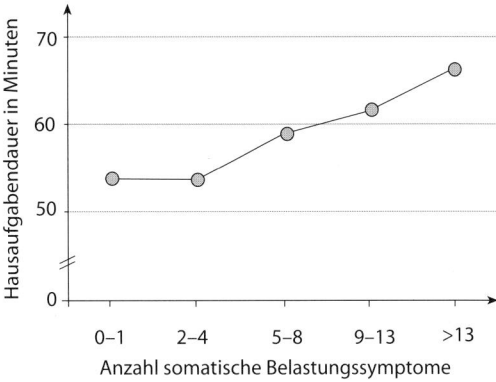

Figur 10–6: Hausaufgabendauer und somatische Belastungssymptome (unveröffentlichte Daten der Autoren)

& Kury, 1980; Eccles et al., 1984; Fend, 1997; Harter, Whitesell & Kowalski, 1992). Das gilt für Jungen noch mehr als für Mädchen und für Hauptschülerinnen und -schüler mehr als für Gymnasiastinnen und Gymnasiasten (Bäuerle & Kury, 1980). Vermutlich hat diese Schulverdrossenheit sogar auch über die letzten Jahrzehnte zugenommen, was Fend (2000, S. 169) an einer großen deutschen Stichprobe zeigen konnte. Auch in der genannten Schweiz-Norwegen-Studie ergab sich bei den norwegischen Jugendlichen eine regelmäßige Abnahme der Schulfreude über die Klassen 4 bis 9, querschnittlich gemessen. Dieser Trend war weniger klar in der Schweiz, wo die Gymnasiastinnen und Gymnasiasten den Abwärtstrend in den unteren Klassen nicht mitmachten.

Die Studie von Eckerle und Kraak (1993) an Schülerinnen und Schülern des neunten Schuljahrs hessischer Gesamtschulen zeigte deutlich, dass die Jugendlichen einen interessanten Unterricht sehr wünschen, ihren aktuellen Unterricht aber wesentlich weniger interessant finden, als sie glauben, dass er sein sollte, und dass sie kaum Wege sehen, selbst darauf Einfluss zu nehmen. Es zeigt sich also so etwas wie eine fatalistische Ernüchterung über die Schule und darüber, was sie den jungen Leuten zu bieten hat.

---

40 Untersucht wurden sog. High Schools. Leider geht aus der Publikation nicht genau hervor, wie vergleichbar diese Schulen tatsächlich sind.

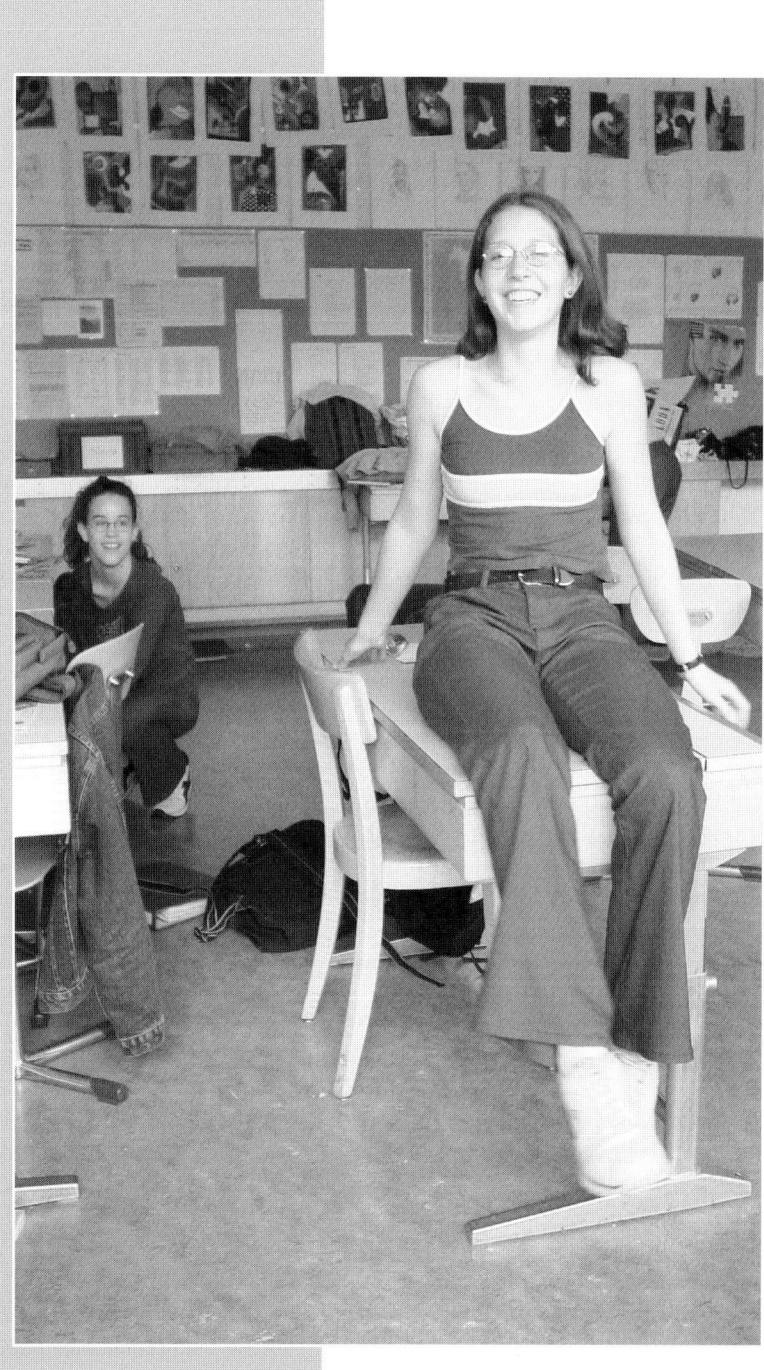

Für die Abnahme der Schulfreude gibt es viele mögliche Gründe. Für einige Schülerinnen und Schüler sind die Ansprüche zu hoch, viele haben andere Interessen, wieder andere sehnen sich nach dem Übertritt ins «reale», d. h. außerschulische Leben (Sedlak, Wheeler, Pullin & Cusick, 1986; vgl. auch Strittmatter, 1993). Der Schulbetrieb bleibt oft im üblichen Schulklima verhaftet und verleiht den Jugendlichen, die den Übertritt in die Arbeitswelt anstreben, das Gefühl, in einer Welt zu leben, aus der sie bald in eine ganz andere übertreten werden (Rosenbaum, 1991; vgl. auch Bäuerle & Kury, 1980). Dennoch wissen die meisten Jugendlichen, dass eine gute Schulbildung für ihre spätere berufliche Karriere wichtig ist. So stehen sie oft nicht nur unter Stress von außen, sondern stellen sich selbst unter Stress. Dazu kommt, dass das Versagen bei einer Lernaufgabe die Wahrscheinlichkeit des Versagens bei darauf aufbauenden Lernaufgaben erhöht (Flammer, 1973, 1975a; Westphalen, 1988). Und das ist natürlich entmutigend.

Tyszkowa (1991) ließ 16- bis 18-jährige Schülerinnen und Schüler Aufsätze schreiben über «Schulsituationen, die für mich schwierig sind». Am meisten Schwierigkeiten meldeten die jüngeren Schülerinnen. Im Zentrum standen Leistungs- resp. Versagensängste, insbesondere im Zusammenhang mit Prüfungen und mit gewissen Lehrpersonen. Am meisten Angst machten Prüfungen, die im Voraus nicht angekündigt waren. Eine Schülerin schrieb mit Bezug auf die Mathematikstunden: «Manchmal verdampft (evaporates) alles aus meinem Kopf, und ich habe das Gefühl, dass ich nicht einmal mehr auf zehn zählen kann» (S. 194). Weitere oft genannte Schwierigkeiten waren bedingt durch unverständlichen oder unklaren Unterricht, durch zu schwierige Fragen, durch Ungeduld der Lehrperson, durch Störungen vonseiten unaufmerksamer Schüler und durch die Akkumulation von Prüfungen am Ende einer Schulperiode (S. 192).

Befragt nach ihren häufigsten Ängsten (freier Aufsatz), nannten 52 % der 11- bis 17-jährigen Schülerinnen und Schüler in Paris Schulängste im Zusammenhang mit ihren Leistungen oder bevorstehenden Prüfungen und 16 % Schulängste im Zusammenhang mit ihren Lehrpersonen (Rodriguez-Tomé & Bariaud, 1991). Diese Schulängste nahmen aber mit höherem Alter deutlich ab, möglicherweise weil viele der Schülerinnen und Schüler, die solche Ängste erlebten, zu den schwächeren gehörten und früher aus der Schule ausschieden als die anderen.

10.3 Schulisches Lernen

Spontan verbinden viele Leute Lernen mit Schule, als ob außerhalb der Schule nicht auch gelernt würde. Kinder und Jugendliche lernen fast bei jeder Gelegenheit, sei es im Sport, im Freundeskreis, beim Lesen oder am Familientisch. Das Spezielle des schulischen Lernens besteht in der Systematik des Lernarrangements. Da gibt es ein Curriculum, eine erprobte Didaktik, systematische Rückmeldung, geforderte Lerndisziplin etc.

Jugendliche haben sich längst an den Schulbetrieb und seine Regeln gewöhnt. Die Sekundarstufe setzt die Primarstufe mehr oder weniger kontinuierlich fort. Gelegentlich kommen neue Fächer dazu (z. B. Chemie oder eine neue Fremdsprache). Vor allem in den deutschsprachigen Ländern wird der Unterricht auf der Sekundarstufe mehr nach akademischen Disziplinen oder Fächern unterteilt und von Fachlehrpersonen betreut. Während in den unteren Stufen Physik, Chemie und Biologie integriert und meistens auf ein konkretes Problem ausgerichtet waren, sollen Sekundarstufenschülerinnen und -schüler die einzelnen Fächer mehr in ihrer Fachstruktur verstehen lernen.

10.3.1 Abstraktes Denken

Einzelne Fächer auf der Sekundarstufe I und noch mehr auf der Sekundarstufe II verlangen stärkeres abstraktes Denken. Das gilt etwa für Mathematik oder für Grammatik. Abstrakt ist aber nicht gleich abstrakt. Das Wort «abstrakt» kommt von abstrahere (= abziehen); ein Gegenstand ist desto abstrakter, je mehr Konkretes davon abgezogen wird. Wir wissen aus dem Kapitel 6, dass abstraktes Denken im Sinn von Piagets Theorie nicht von allen Jugendlichen der

Sekundarstufe I in vollem Umfang gemeistert wird. Aus diesem Dilemma zwischen Fachanspruch und tatsächlicher kognitiver Entwicklung der Jugendlichen hat die Schule drei Auswege gefunden: (1) Beschränkung auf die Fächer und Inhalte, die weniger oder kein abstraktes Denken verlangen (ist auf der Sekundarstufe I vor allem in Schulen mit Grundansprüchen der Fall). (2) Unterrichtung der Fächer in einer möglichst konkreten Form (Fremdsprachenunterricht auf mehr intuitiver und repetitiver Basis statt auf der Basis von Grammatik). (3) Direktes Lehren der formalen Operationen (z. B. Arbeit mit mathematischen Proportionen und ihren Beziehungen zu anderen mathematischen Operationen). Der dritte Weg ist auch deshalb womöglich zu empfehlen, weil er im Erfolgsfall nicht nur ein besseres Fachverständnis, sondern überhaupt kritisches Denken und erhöhte Reflexion des eigenen Handelns und Denkens fördert.

Die Denkentwicklung besteht weniger in einem inhaltsunabhängigen Springen von Stufe zu Stufe als in einem sukzessiven Erweitern und Revidieren subjektiver Theorien (s. Kap. 6). Auf jeden Fall fördert die ausdauernde Auseinandersetzung mit realen Problemen in ihrer Tiefe nicht nur das Erlernen der entsprechenden Inhalte, sondern führt auch zu grundsätzlicheren und generalisierbareren Einsichten. Das gegenteilige Extrem ist etwa der auf der höheren Stufe durchaus zu betreibende formale Erwerb von Schlussfolgerungsregeln, die auf Prämissen aufbauen, die in der Realität nicht vorkommen (vgl. Kap. 6).

10.3.2 Interessen

Die Organisation des Unterrichts nach Fächern und ihrer inneren Logik entspricht oft nicht den aktuellen Interessen der Jugendlichen. Manchmal sind die Interessen völlig anderer Art (z. B. soziale, außerschulische Ereignisse), manchmal ist einfach der Zeitpunkt ungünstig. Wenn ein Thema der Biologie gerade spannend ist, verlässt man es nicht gerne zugunsten einer Französischstunde, nur weil die Glocke um 9:55 läutet. Oder: Auch wenn man gerne schwimmt, dann vielleicht doch nicht am Morgen um 8 Uhr, wie es der Stundenplan vorsieht. – Und nur selten kann damit gerechnet werden, dass alle Schülerinnen und Schüler aktuell gleiche Interessen haben. Hier haben die Lehrpersonen eine wichtige Leistung zu vollbringen, nämlich die Schülerinnen und Schüler zu einem bestimmten Zeitpunkt für das Gleiche zu interessieren. Da Menschen, insbesondere junge Leute, prinzipiell durchaus motiviert, d. h. an Neuem und am Lernen interessiert sind, finden wir es tragisch, dass bisher fast nur Schulformen entwickelt worden sind, die verlangen, dass die Schülerinnen und Schüler didaktisch erst motiviert werden müssen.

In der Schweiz-Norwegen-Studie rangierte unter den beliebtesten Fächern Sport bei weitem an erster Stelle, allerdings nahm der Vorsprung mit zunehmenden Schuljahren ab. Die musischen Fächer waren ebenfalls sehr beliebt, auch diese mit zunehmenden Schuljahren abnehmend (besonders in der Schweiz). Am wenigsten beliebt war Religionsunterricht. Auf dem zweitletzten Rang der Beliebtheit figurierte – überraschend – Muttersprachenunterricht, sowohl in Norwegen als auch in der Deutschschweiz als auch in der französischen Schweiz.

Das sind allerdings nur Durchschnittswerte. Es gibt natürlich Schülerinnen und Schüler, vor allem die begabten, deren Schulfreude erhalten bleibt oder sich noch steigert (Gottfried & Gottfried, 1996). Möglicherweise lauert aber Lernfrustration auch für diese, weil «die Schule den Jugendlichen von ihrem Auftrag der Kulturvermittlung her immer als Unfertigen, als Nochnicht-recht-Brauchbaren definiert» (Fend, 2000, S. 100-101, mit Bezug auf Winterhager-Schmid, 1993). Hauptschüler «haben die schwierige Aufgabe zu bewältigen, mit weniger als dem Erwünschten zufrieden zu sein».

Wie schon im Abschnitt über Schulfreude aufgezeigt wurde, hat die Abnahme der Interessen an der Schule und am Schulstoff vermutlich mit vielen verschiedenen Faktoren zu tun, beispielsweise mit der freudigen Erwartung, bald ins Erwachsenen-, sprich: Erwerbsleben überzutreten und über mehr finanzielle Mittel zu verfügen, aber auch mit der immer breiteren Informiertheit über außerschulische Bereiche (z. B. Sportwelt und Musikwelt) sowie mit neuen Sozialerfahrungen (z. B. Verliebtheit). Tatsächlich kann der zunehmende Einbezug der angestrebten Berufswelt in die Schule das schulische Lernen attraktiver machen (Hamilton, 1994; Toepfer, 1994).

Aus illustrativen Interviews bei Fend (1997, S. 10-14) vernimmt man zum Beispiel von Gymnasiastinnen und Gymnasiasten im neunten Schuljahr:

> J: Also, in der Neunten hat man ganz andere Interessen als in der Fünften und eine ganz andere Weltanschauung. Man interessiert sich gar nicht mehr so für Schule. Wenn man aus der Grundschule in das Gymnasium kommt, also Gymnasium ist noch was Tolles. Man hat neue Lehrer und neue Umgebung, und dann muss man sich erst mal behaupten … Um so eintöniger wird es dann. Man merkt, dass es dann nicht so toll ist. Man entwickelt sich in eine andere Richtung und merkt, dass Schule keine Rolle mehr so spielt. (S. 10)

> N: Das wollte ich auch sagen, dass das der Unterschied ist, wenn man aus der Grundschule kommt, dann arbeitet man immer noch für sich alleine und findet das alles toll und neu … In der Neunten hat man schon bessere Freunde. Dann fragt man sich: «Wofür mach' ich das überhaupt?» Dann hat man keinen Bock mehr. Die Lust an der Schule nimmt immer weiter ab. Man findet das nicht mehr so toll, wenn man alles kennt. (S. 10-11)

> J: Wenn man dann in der Neunten ständig gute Noten schreibt, ist es sehr schwer, von dem Ruf herunterzukommen, man sei ein Streber…. Man wird als Streber verrufen, wenn man gute Noten schreibt, und deswegen ist man nicht mehr motiviert, der Beste zu sein. (S. 11)

> Ch: Das Interesse lässt nach. Es bezieht sich jetzt mehr auf nachmittags und abends, was man da macht. Man redet in der Schule wohl mehr darüber, was man nach der Schule macht. Früher war es mehr so, dass man nachmittags geredet hat, was vormittags war und was man morgen in der Schule machen wird. (S. 12)

> M: In der Fünften ist man noch an den Lehrern interessiert, in der Neunten sind einem die Lehrer auch egal. Schule ist kein wichtiger Punkt in meinem Leben. Mir ist es egal, ob ich gut bin oder nicht. Wenn ich Schule nicht mag, bring' ich mich auch nicht ein. (S. 13)

> J: Ich würde zwei Punkte herausstellen. Erstens gehe ich nur noch zur Schule, damit ich den Schulabschluss habe und halt später ins Berufsleben starten kann … Und der andere Punkt ist: In der Fünften ist man noch viel naiver. Lehrer sind unheimlich tolle Leute, unheimlich gebildet. Und hinterher merkt man, also je älter man wird, die sind auch nur irgendwie Menschen, die machen Fehler und sind nicht so gebildet … Mit den Arbeiten ist es genau das gleiche. Früher dachte man: «Wenn ich jetzt spicke, oh, dann erwischt mich der Lehrer». Heute sag ich mir: «Der Lehrer kann mich überhaupt nicht erwischen. Das merkt der nie und so» … Wenn man in der Fünften unruhig ist, dann hat man Angst vor einer Extraaufgabe. Und jetzt, wenn ich unruhig bin, okay, dann krieg ich halt 'ne Extraaufgabe. Ich hab die letzten drei Stunden Stundenprotokolle aufbekommen. Da sagt man sich halt, dass man sich zehn Minuten hinsetzt und das schreibt. (S.13-14)

10.3.3 Präferenzen, Wahlen und Zulassung

An manchen Schulen haben Schülerinnen und Schüler der Sekundarstufe I gewisse Wahlmöglichkeiten für Fächer, für Schwerpunkte und natürlich für Schultypen. Sie treffen solche Entscheidungen durchaus aufgrund intrinsischer Interessen, aber es spielen auch der bislang erfahrene Unterricht, die Interessen und Wahlen der Kameradinnen und Kameraden, die elterlichen Wertungen und Erwartungen, die Vorstellung von späteren beruflichen Chancen und die eigene Beurteilung des erreichbaren Niveaus mit (Fend, 1997; Shamai, 1996; Todt, Drewes & Heils, 1994). Dabei finden sich auch immer wieder Unterschiede zwischen den Geschlechtern. Eine aufschlussreiche Studie von Watson, McEwen und Dawson (1994) an nordirischen Schülerinnen und Schülern der sechsten Klasse zeigte auf, dass Mädchen und Jungen nicht nur teilweise andere Fächer wählten (die Jungen mehr naturwissenschaftliche, die Mädchen mehr sprachliche und sozialwissenschaftliche), sondern dass sie den gewählten Fächern auch sonst sehr unterschiedliche positive Eigenschaften attribuierten. So behaupteten die Jungen vor allem von den naturwissenschaftlichen Fächern, dass sie gesellschaftlich bedeutsam seien. Die

Mädchen behaupteten das mehr von den sprachlichen und sozialwissenschaftlichen Fächern.

Wie in den High Schools der USA werden die Schülerinnen und Schüler auch in Europa immer mehr innerhalb der gleichen Klasse fachweise in Niveaugruppen eingeteilt. Man spricht von Tracking. Die Erfahrungen damit sind zweischneidig. Oft kommen die guten Schülerinnen und Schüler dadurch noch besser voran, die schwachen Schülerinnen und Schüler aber gerade weniger, als wenn in der Schule/Klasse kein Tracking geführt wird (Hallinan, 1994; Pekrun, 1985). Das hat vermutlich damit zu tun, dass diese Platzierung Selbstwert und Lernzuversicht und damit auch die Lernmotivation im günstigen Fall (hohe Platzierung) steigert und im ungünstigen Fall senkt.

10.3.4 Übergänge in weiterführende Schulen

Übergänge und Schulwechsel sind oft Entwicklungschancen, weil neue Lehrpersonen, neue Fächer, neue Kameradinnen und Kameraden auch neue Anregungen darstellen. Übergänge und Schulwechsel stellen jedoch auch neue Anforderungen und können gelegentlich zu Belastungen führen. Wie oben erwähnt, sind die Schulen der Sekundarstufe häufig größer und anonymer als diejenigen der Primarstufe, das Fachlehrersystem gestattet eine weniger persönliche Lernatmosphäre, die Hausaufgaben stellen im Allgemeinen höhere Anforderungen, die Freundeskreise sind oft neu zusammenzusetzen. Ausgerechnet in einer Zeit, in der die Jugendlichen neue soziale Nähe mit Gleichaltrigen suchen, geraten sie in eine anonymere Schulumgebung (vgl. Fenzel et al., 1991, S. 971).

Ein weiteres Problem der Koinzidenz von Schulwechsel und anderen neuen Entwicklungsaufgaben der Jugendlichen (Elternscheidung, Menarche, etc.) besteht im Risiko von Fehlentscheidungen bei der Zulassung zu selektiven weiterführenden Schulen. Solche Koinzidenzen stellen auch für die Schülerinnen und Schüler eine starke Belastung dar (vgl. Kap. 4), was seinerseits die Validität von Zulassungsentscheidungen beeinträchtigt. Dies ist insbesondere bei punktuellen Aufnahmeprüfungen der Fall, gilt aber auch, wenn die Entscheidung aufgrund von vielen über das vorausgehende Halbjahr aggregierten Leistungen erfolgt.

Zwar versuchen die meisten modernen Schulsysteme Zuordnungen revidierbar zu halten und horizontale Verschiebungen zu ermöglichen; praktisch aber sind doch die meisten Zulassungen (besonders die Nichtzulassungen) ziemlich definitiv. Aus dieser Erkenntnis wurde in Staaten mit starker sozialer Ausrichtung der Zeitpunkt der Selektion möglichst weit nach oben geschoben. In Skandinavien beispielsweise wird während der ersten neun Schuljahre möglichst wenig – jedenfalls äußerlich und organisatorisch – zwischen erfolgreichen und weniger erfolgreichen Schülerinnen und Schülern unterschieden. Die meisten Länder der westlichen Welt kennen aber das sog. 6/3/3-System (Grundschule, Sekundarstufe I, Sekundarstufe II).

Der Übertritt kann auch eine Belastung für das Selbstkonzept darstellen. Die individuelle Meinung über die eigene Leistungsfähigkeit nimmt zum Beispiel typischerweise nach dem Eintritt in die nächsthöhere Schulstufe ab (Midgley, Feldlaufer & Eccles, 1989; Wigfield, Eccles, Mac Iver, Reuman & Midgley, 1991). Wegen strengerer Benotung der Leistungen nimmt oft die Schulangst zu (Harter et al., 1992). Andere amerikanische Studien haben gefunden, dass frühe Übergänge in weiterführende Schulen und besonders mehrfache Übergänge ungünstige Wirkungen auf das Selbstbild und das Bewältigungsverhalten haben (Crockett, Petersen, Graber, Schulenberg & Ebata, 1989).

Die meisten Schülerinnen und Schüler verkraften das Aufbrechen bisheriger Sozialstrukturen infolge unterschiedlicher Schulfortsetzungen. Gute Freunde zu behalten oder zu finden sowie sich auf eine unterstützende Familie verlassen zu können, sind protektive Faktoren (Eccles, Lord, Roeser, Barber & Hernandez Jozefowicz, 1997; Hirsch & DuBois, 1991; Lord, Eccles & McCarthy, 1994). Auch sind die Übergänge weniger konsequenzenreich, wenn der alte und der neue Schultyp im gleichen Schulhaus oder

Schulkomplex untergebracht sind; das fanden Simmons und Blyth (1987) für beide Geschlechter, aber ausgeprägter für Mädchen.

Alles in allem stellen die zunehmenden individuellen Unterschiede zwischen den Leistungsfähigkeiten und Interessen gute entwicklungspsychologische Gründe für eine Schultypendifferenzierung um das 12. Lebensjahr herum dar. Aber es gibt ebenso gute Gründe (Pubertät, schlechte Vorhersagbarkeit individueller Leistungs- und Entwicklungsschwankungen), diese Differenzierung später anzusetzen. Wenn man sie so früh ansetzt, sollte wenigstens gewährleistet sein, dass spätere Revisionen solcher Zuteilungen und Wahlen ohne große Umstände möglich sind.

10.3.5 Teufelskreise

Schulunterricht geschieht normalerweise im Klassenverband. Das ist ökonomisch und entspricht durchaus dem Grundbedürfnis nach sozialem Anschluss. Diese Art von Unterricht hat aber auch ihre weniger guten Kehrseiten. Es passiert dann leicht, dass der Unterricht, der für die Mehrheit lernwirksam ist, Schülerinnen und Schüler mit schwachen Voraussetzungen überfordert und nicht zum angestrebten Ziel führt, wodurch sie beim nächsten Lernschritt wieder schlechte oder noch schlechtere Voraussetzungen mitbringen, wodurch ... usw.[41] Zum einen ist es schwer, einen Unterricht anzubieten, der für alle der richtige oder gar optimale ist, und zum anderen legt Klassenunterricht immer Vergleiche zwischen den Schülerinnen und Schülern der gleichen Klasse nahe. Moderne Didaktik betont in vielen Unterrichtsformen die sog. Individualisierung des Angebots, d. h. die Herstellung von individuell-maßgeschneidertem Unterricht. Das ist heute weitgehend, aber nicht vollständig möglich.

Die wiederholte Erfahrung, ungenügende Leistungen zu erbringen, drückt natürlich enorm auf die Schulmotivation, wodurch die Lernleistungen noch einmal gemindert werden. Auch sind es häufig diese Schülerinnen und Schüler, die unter lähmender Prüfungsangst leiden und dadurch noch weniger leisten, als sie eigentlich zu leisten imstande wären (Deffenbacher, 1980; Liebert & Morris, 1967; Wine, 1971, 1980). So können Misserfolgskarrieren angebahnt werden, die nicht nur an sich viel Schmerz bereiten, sondern auch für später Risikofaktoren darstellen (Jessor, VandenBos, Vanderryn, Costa & Turbin, 1995), insbesondere für delinquentes Verhalten (McCord, 1992), Drogenmissbrauch (Hawkins, Catalono & Miller, 1992) und frühe sexuelle Aktivitäten (Small & Luster, 1994). Und genau symmetrisch dazu konnte gezeigt werden, dass gute Schulleistungen, verbunden mit Schulfreude, einen gewissen Schutz gegen Drogenmissbrauch (Wills, Vaccaro & McNamara, 1992) und sog. internalisierende Probleme wie beispielsweise Depression (Dekovic, 1999b) darstellen.

Solche Chronifizierung des Versagens mit allen nachteiligen Wirkungen entsteht erst recht durch den dauernden Vergleich mit den anderen Schülerinnen und Schülern der gleichen Klasse. Zwar versuchen Lehrpersonen, solche Vergleiche zu minimieren und die Schülerinnen und Schüler anzuhalten, ihre Leistungen mit ihren eigenen vorausgehenden Leistungen sowie mit den persönlich realistisch gesetzten Zielen zu vergleichen. Dennoch lässt sich die betrübliche Erfahrung, weniger gut als die anderen zu sein, nicht ganz vermeiden.

Wenn auch nicht in einen Teufelskreis mündend, so stellen wir doch bei besonders begabten oder hoch begabten Kindern und Jugendlichen starke Unterforderung fest, die ihrerseits auch

---

41 Mit der Methode des sog. zielführenden Lernens (»mastery learning«) wird der Unterricht (mit meist technischen Mitteln) soweit individualisiert, dass jedes Kind erst dann die nächst anspruchsvollere Lernaufgabe in Angriff nimmt, wenn es die dazu nötigen Voraussetzungen in genügender Form beherrscht (Block, 1971). Dadurch werden wenigstens Benachteiligungen aus anwachsender Lücke zwischen vorausgesetztem und tatsächlich erreichtem Stand für die nächste Aufgabe überwunden. – Allerdings hat Flammer (1975a) in einer umfassenden Studie mit computergesteuertem Individualunterricht über ein halbes Jahr hinweg mit 723 Schülerinnen und Schülern gezeigt, dass die Schere zwischen den Schwachen und den hoch Leistungsfähigen dennoch zunimmt.

die Schulmotivation dämpft und zu Problemverhalten führen kann.

10.4 Schule als Ort sozialen Lernens

Viele Lern- resp. Entwicklungsprozesse, die wir in anderen Kapiteln beschreiben, finden u. a. zu einem wesentlichen Teil in der Schule statt (z. B. Umgang mit Gleichaltrigen, Kap. 9; Erwerb und Differenzierung moralischer Kategorien, Kap. 6). Wir sprechen hier zwei andere Themen an, nämlich staatsbürgerliches Denken und Verhalten sowie Umgang mit Aggression.

10.4.1 Jugendliche als junge Staatsbürger

Jugendliche sind im Durchschnitt an politischen Themen wenig interessiert (Palmonari & Rubini, 1993; Schmidt, 1995; van Eimeren & Maier-Lesch, 1997), allerdings die Gymnasiastinnen und Gymnasiasten mehr als die anderen Jugendlichen (Lohse, 1992). Aus staatspolitischen Überlegungen ist es aber Aufgabe der Schule, staatsbürgerliche Kenntnisse zu vermitteln. Sie tut es, indem sie Struktur- und Prozedurwissen der Demokratie lehrt und dabei möglichst von aktuellen politischen Ereignissen ausgeht.

Einen interessanten Weg der staatsbürgerlichen Erziehung hat Kohlberg (1985) mit seinem Programm der sog. gerechten Gemeinschaft vorgeschlagen («just community»; vgl. Kohlberg, 1986; Oser, 1981, S. 375-388). In diesem Programm sollen aus einer Menge von Einzelschülern Schülergemeinschaften entstehen, für die moralisches und sozial gerechtes Handeln nicht nur eine individuelle Angelegenheit ist, sondern eine, die ihre Gemeinschaft betrifft (Hersh, Paolito & Reimer, 1983; Oser, 1988; Power & Reimer, 1979; Wong, 1989). In Gruppen werden moralische Diskurse geführt, demokratisch werden Regeln ausgehandelt und Sanktionen für Zuwiderhandlungen festgelegt. Und schließlich werden diese Regeln und Sanktionen auch angewandt. Die Schule kann also auch als Staat im Kleinformat verstanden werden.

10.4.2 Freundschaften und Feindschaften in der Schule

Wie in Kapitel 9 dargelegt wurde, sitzen die Freunde und Freundinnen von Kindern oft in der gleichen Schulklasse. Das kommt auch bei Jugendlichen vor, ist aber weniger häufig.

Zwar kommt aggressives Verhalten auch außerhalb der Schule vor, in der Schule nimmt es aber oft weniger offensichtliche Formen an. Bei wiederholtem und oft nicht leicht sichtbarem aggressivem Verhalten gegen einen bestimmten Schüler oder eine bestimmte Schülerin sprechen wir von Quälen, Plagen oder Mobbing (Alsaker & Brunner, 1999; Olweus, 1995). Am besten lässt sich Mobbing aus der Perspektive der Opfer definieren. Ein Mobbing-Opfer zu werden ist schmerzhaft und vor allem erniedrigend; es behindert die Entwicklung einer positiven sozialen Orientierung, indem es meistens zu Isolation und Rückzug führt. Chronisch gemobbte Schülerinnen und Schüler haben einen tiefen Selbstwert, leiden unter depressiven Verstimmungen und haben den Schulverleider. Gemobbt werden Schülerinnen und Schüler durch körperliche und verbale Verletzungen, durch Einschüchterungen, Drohungen, durch soziale Isolation oder durch Sachbeschädigung und -diebstahl.

Gequälte Schülerinnen und Schüler können sich meistens nicht oder nicht adäquat wehren. Meistens erfahren sie wenig Unterstützung von Mitschülerinnen und Mitschülern; diese schließen sich lieber den Tätern und Täterinnen an. Mobbing-Opfer sind oft unbeliebt, Täter sind sozial geschickt und oft beliebt. Wer in der Schule gemobbt wird, kann den Tätern auch nicht leicht entkommen, im Gegensatz etwa zum Quälen in freiwillig gewählten Kontexten.

Studien in mehr als 20 Ländern zeigen wenig Unterschiede zwischen den Ländern: Etwa 4 bis 7 % der 12- bis 18-Jährigen werden üblicherweise als Mobbing-Opfer identifiziert, und 1 bis 6 % können als Täter bezeichnet werden (Smith et al., 1992). Mädchen werden weniger gemobbt als Jungen, und vor allem mobben Mädchen weniger als Jungen. Zu erwähnen ist, dass die subtilen und indirekten Formen der Aggression (Verleumden, Gerüchte Verbreiten, Ignorieren, Ausschließen, Verwendung von Spottnamen etc.) bisher in der Forschung wenig beachtet wurden. Während Jungen Mädchen und Jungen quälen, quälen Mädchen meistens nur Mädchen (Smith et al., 1992).

Leider entgehen solche Mobbing-Vorfälle sehr oft sowohl den Eltern als auch den Lehrpersonen. Die Betroffenen schämen sich und sagen nicht aus. Das ist besonders deutlich in Japan (Hirano, 1992). Da Schulklassenstrukturen oft durch die Betroffenen kaum veränderbar sind, ist es vor allem die Aufgabe der Erwachsenen, insbesondere der Lehrpersonen, Abhilfe zu schaffen und präventiv zu agieren.

10.5 Ausblick

Die Schule ist der Ort, an dem die Gesellschaft ihre Sozialisationsansprüche primär realisiert sehen möchte. Entsprechend hat sie Schulpflicht und verbindliche Curricula festgelegt. Die Schule und die Schülerinnen und Schüler sind darum dauernd der Gefahr der Überforderung durch die Gesellschaft ausgesetzt.

Die Schule nimmt den größten und produktivsten Teil der Wachzeit der Schülerinnen und Schüler in Anspruch. Die jungen Schülerinnen und Schüler mögen das fast durchwegs, in der Adoleszenz nimmt die Schulfreude leider immer mehr ab. Das betrifft vor allem jene Jugendlichen, die die Schule früher als andere verlassen. Für diese ergeben sich in der Schule oft auch tragische Teufelskreise: Geringere Leistungen –> geringere Perspektiven –> geringere Motivation –> geringere Leistungen etc.

In den deutschsprachigen Ländern wird diesem Teufelskreis durch differenzierte weiterführende Schulen vorgebeugt. Das bringt aber neue Probleme mit sich: Selektionsentscheide zu nicht immer optimalen Zeitpunkten, unter Umständen frühzeitige Abwahl gewisser beruflicher Laufbahnen und Stigmatisierung durch Zuweisung zu weniger anspruchsvollen Schulen. So gesehen, ist die Schule *die* große biographische Chance, aber auch biographisches Schicksal.

Lernen wird in der Zukunft immer noch wichtiger werden. Wie weit für das Lehren aber weiterhin die heutige Institution der Schule zuständig sein wird, ist schwer vorherzusagen. Interessanterweise stellen wir gegenwärtig zwei scheinbar gegenläufige Bewegungen fest: Die Universitäten sind gehalten, die Studienzeiten zu verkürzen (zum Beginn des 21. Jahrhunderts in der Schweiz ausgeprägt der Fall), der sekundäre Bildungsbereich wird jedoch erweitert als Folge immer höherer Ansprüche an die nicht akademischen Erwerbstätigen.

11. Arbeit und Beruf

Das Leben in der Schule und das Leben am beruflichen Arbeitsplatz sind voneinander gründlich verschieden. In der Schule lernt man «fürs Leben», d. h. für «nachher» («non scholae, sed vitae discimus»). Das Leben, von dem da die Rede ist, findet unter anderem am Arbeitsplatz statt. Gute und schlechte Leistungen in der Schule schlagen sich in Lob und Tadel und in Noten nieder; am Arbeitsplatz zahlen sie sich überdies materiell aus, im brauchbaren Produkt und als Lohn. Während der Schulzeit sorgen andere für das materielle Wohl, man ist auch entsprechend abhängig; im Arbeitsleben muss man selber für sich schauen, ist aber dadurch auch unabhängiger.

11.1 Übergänge von der Schule ins Arbeitsleben

Aus bekannten Gründen hat die Schule im Lauf der letzten Jahrhunderte und Jahrzehnte einen immer größeren Teil der Lebenszeit in Anspruch genommen (Kap. 1, 2 und 10), so dass schließlich die Schule oft weit in die Zeit des Erwachsenenalters hineinreicht. Nicht umsonst wird der Schulabschluss häufig herbeigesehnt und an vielen Orten aufwändig gefeiert (berühmt sind z. B. die traditionellen Graduierungsfeiern in englischsprachigen Ländern).

11.1.1 Vielfalt der Wege

Für einen Teil der Jugendlichen und der jungen Erwachsenen ist der Übergang von der Schule ins Berufsleben ziemlich brüsk. Das gilt beispielsweise für Schulabgängerinnen und -abgänger, die keinen Beruf erlernen, oder für Jugendliche, die ihren Beruf nur in der Schule lernen (Beispiel Handelsschule).[42] Die Mehrheit der Übergänge ist allerdings nicht gar so abrupt. In den deutschsprachigen Ländern sind die folgenden Übergangsmuster mehr oder weniger geläufig:

- Ungelernte Arbeit: Nach Abschluss der Volksschule Eintritt ins Erwerbsleben als Hilfsarbeiter. Dieser Übergang ist in den letzten Jahren immer seltener geworden.
- Berufslehre nach dem dualen Berufsbildungssystem: Nach Abschluss der Volksschule Eintritt in eine Berufslehre, die wöchentlich ungefähr drei Tage angeleitete Arbeit im Berufsfeld und zwei Tage Berufsschule einschließt. Nach zwei- bis vierjähriger Lehre Eintritt ins volle Berufsleben, evtl. aber in Schulen der tertiären Stufe (z. B. Ingenieurschule), evtl. neben der ordentlichen Berufsarbeit Vorbereitung auf die Meisterprüfung.
- Schulische Berufslehre mit Praktika (berufliche Vollzeitschule), beispielsweise Handelsschule oder Hotelfachschule mit ausgiebigen Praktika und Diplomabschluss, auf den der volle Eintritt ins Berufsleben erfolgt.
- Studium: Vollzeitiges Gymnasial- und Hochschulstudium (resp. Fachmittelschule und Fachhochschule), mit oder ohne Praktika, mit relativ brüskem Übergang ins Berufsleben nach dem Abschluss.
- Studium mit Unterbrüchen: Viele Studierende legen nach dem Abitur oder der Matura ein Zwischenjahr ein, das sie mit Erwerbsarbeit oder Reisen füllen. Manche unterbrechen auch das Studium für allgemein bildende oder rekreative Erfahrungen.
- Werkstudium: Nach der Mittelschule, die meistens als Vollstudium betrieben wird, verdienen sich viele Hochschülerinnen und Hochschüler ihr Leben selbst, indem sie sich gleichzeitig einer Teilzeitarbeit und einem Teilzeitstudium widmen. Auch Studierende des zweiten Bildungswegs sind oft Werkstudierende, indem sie sogar ihre Mittelschulbildung neben der Berufsarbeit, etwa in Abendgymnasien, erwerben.

---

42 Noch krasser ist es für viele Hochschulabsolventinnen und -absolventen (die allerdings keine Adoleszente mehr sind), die nach ihrem Diplom direkt in die Arbeitswelt einsteigen. In der Schweiz kann zum Beispiel eine 26-jährige künftige Gymnasiallehrerin bis zum März eines Jahres vollamtlich Studentin sein, höchstens ein kurzes Praktikum in einem Gymnasium absolviert haben, und dem Höhepunkt ihres Studiums, den Schlussprüfungen entgegensehen; und im nachfolgenden April tritt sie ihre Stelle als Lehrerin an, oft mit allen Rechten und Pflichten.

- Abgebrochene Ausbildung im sekundären oder im tertiären Bereich.

Die Vielfalt dieser Wege bewirkt eine breite Streuung des Alters, in dem Jugendliche in den Beruf eintreten. Früher war der Übergang zeitlich viel mehr normiert als heute (Reitzle & Silbereisen, 2000).

In diesem Kapitel interessiert primär das Berufsbildungssystem, das nicht über die Hochschulreife und das Hochschulstudium führt. Insbesondere das Hochschulstudium fällt entwicklungspsychologisch nicht mehr in die Adoleszenz.

11.1.2 Das duale Berufsbildungssystem

Die klassische Ausbildung für nichtakademische Berufe entspricht, insbesondere im deutschsprachigen Raum, dem sog. dualen Berufsbildungssystem. Seine frühesten Wurzeln hat es im mittelalterlichen Zunftwesen, geht aber in einem wesentlichen Punkt darüber hinaus. Bis ins 19. Jahrhundert hinein vollzog sich die handwerkliche Berufsausbildung ausschließlich in der Werkstatt eines erfahrenen Handwerkers. Später wurden zusätzlich theoretische und allgemein bildende Kenntnisse nötig (Wettstein, Bossy, Dommann & Villiger, 1985). Diese zu unterrichten wurde den Lehrmeistern und Lehrmeisterinnen zu aufwändig, weshalb die Lehrlinge für solche Schulung periodisch zusammengefasst wurden. So entstand die sog. Berufsschule, die heute vom Staat getragen und reguliert wird und für welche die Lehrmeisterinnen und Lehrmeister ihre Lehrlinge einen bis zwei Tage pro Woche freigeben (vgl. Munch, 1995). Dennoch obliegen zum Beispiel in Deutschland nach der Schätzung von Schlicht (1994) drei Viertel der gesamten Berufsbildungskosten für handwerkliche Berufe der Wirtschaft.

Dieses duale Berufsbildungssystem ist typisch für die deutschsprachigen Länder (vgl. DeMoura-Castro & Alfthan, 1992; Kübler, 1994; Nigsch, Gunz, Jenny & Jehle, 1997). Die übrigen Länder, in Europa und weltweit, trennen Schule und Beruf stärker. In den meisten anderen Ländern dominiert bis zum Ausbildungsabschluss die (staatliche) Schule, die entweder Berufspraktika organisiert oder die praktische Ausbildung auch gleich selber anbietet (Brauns, 1998–1999; Franklin & Blacklock, 1987). In Südamerika ist die Berufsausbildung weitgehend den einzelnen Unternehmen überlassen, in Japan großen Betriebsverbünden (DeMoura-Castro & Alfthan, 1992).

Schelten (1994, S. 72-75) unterschied vier Modelle der Berufsbildung, nämlich das Marktmodell oder liberalistische Modell (USA, Japan), das Schulmodell oder bürokratische Modell (Frankreich, Italien, Schweden), das duale Modell oder staatlich kontrollierte Marktmodell (Deutschland, Österreich, Schweiz) und Mischmodelle (Großbritannien, Griechenland) (vgl. auch Arnold, 1994; Gonon, 1997; Petersen, Leffert & Hurrelmann, 1993). Allerdings pflegen die meisten Länder für verschiedene Berufe unterschiedliche Modelle (vgl. Brauns, 1998–1999).

Fachleute in verschiedenen Ländern setzen sich gegenwärtig ernsthaft mit der Einführung von Elementen aus der deutschsprachigen Tradition der Berufsausbildung auseinander (Blossfeld, 1992; Deissinger, 1997; Gonon, 1997; Kirsch & Manning, 1998; Schelten, 1994, S. 75). Da die Ausbildungssysteme historisch gewachsen und in die gesamten gesellschaftlichen Strukturen eingebettet sind, kann man nicht leicht das System eines anderen Landes übernehmen. Das gilt beispielsweise deutlich für England, wo Ausbildung traditionell mit Schule gleichgesetzt wird (vgl. Education Writers Association, 1990; Lange 1994).

In einer Gesellschaft, in der die meisten Eltern ihre Erwerbstätigkeit außer Haus und von ihren Kindern praktisch uneingesehen verrichten, besteht die Gefahr, dass die Jugendlichen mit der Erwerbsarbeit als einem wichtigen Teil des Lebens während bis zu einem Drittel ihrer Lebenszeit erst gar nicht in Kontakt kommen. Der frühe Kontakt mit der Arbeitswelt fördert auch die Identitätsentwicklung durch eine frühere Auseinandersetzung mit einer spezifischen Berufsidentität. In der Studie von Häfeli, Kraft und Schallberger (1988, S. 95) maßen zum Beispiel

15-Jährige, die vor einer Berufslehre standen, der Arbeit und dem Beruf allgemein eine höhere subjektive Bedeutung zu als die gleichaltrigen Mittelschülerinnen und -schüler. Mit 19 Jahren war dieser Unterschied aber nicht mehr vorhanden. In ähnlicher Weise fand Krieger (1985) einen positiven Zusammenhang zwischen dem Besitz resp. Nochnichtbesitz eines Ausbildungsvertrags und dem Maß der Selbstakzeptanz.

Gleitende Übergänge geben den jungen Menschen früher und in sukzessiver Steigerung Eigenverantwortung und Unabhängigkeit. Auch kann sich das begleitende schulische Lernen mehr an Erfahrungen und Ansprüchen des Erwerbslebens orientieren. Ein gleitender Übergang könnte auch dem so genannten Schulverleider zuvorkommen.[43]

Es gibt aber auch gute Argumente für die kompakte vorausgehende Schulbildung. Einige Argumente sind karriere-bezogene: frühe Stufen rasch «hinter sich bringen» und aufsteigen, sich auf das theoretische oder Grundlagenwissen konzentrieren und es rasch erwerben. Andere Argumente orientieren sich an der technologischen Entwicklung: Frühere manuelle Berufe werden durch Berufe ersetzt, die mehr theoretische Kenntnisse verlangen, deutlich am Beispiel der Informatik und der Steuerungstechnik. Wieder andere Argumente sind organisatorischer Natur: Schul- und Arbeitspläne für Vollzeitschüler und -schülerinnen sowie für Vollzeitarbeiter und -arbeiterinnen sind einfacher zu erstellen und zu handhaben; Schulbudgets, Raumauslastung und Stipendienordnungen etc. sind leichter zu planen; die beiden Bereiche können weniger gegeneinander ausgespielt werden.

Die Frage, welcher der beiden Übergangstypen besser ist, stellt sich heute in neuem Licht, da in fast allen Berufen eine einmalige Ausbildung die Berufsausübung nicht mehr für ein ganzes Leben lang garantiert. Die sozialen, technologischen und politischen Veränderungen vollziehen sich so rasch, dass eine lebenslange Weiterbildung (éducation permanente), ja oft eine Um- oder Neuausbildung zu selbstverständlichen Anforderungen geworden sind. Eine allzu lange Schul- und Berufsausbildung zahlt sich deshalb oft – auch im materiellen Sinn – nicht mehr aus: Es könnte sinnvoll sein, sich nie völlig aus der Schule oder der Lehre hinaus zu begeben, dafür aber schon früher an der Erwerbswelt zu partizipieren.

So sehr Wechsel und Unterbrüche heute möglich, ja gelegentlich gefordert sind, so problematisch bleibt der vorzeitige Abbruch einer Lehre. In der Schweiz werden knapp 10 % der Lehrverträge vorzeitig aufgelöst, in der Hälfte der Fälle zugunsten einer anderen Lehre. Die andere Hälfte der Fälle bleibt ohne Berufsausbildung. In beiden Gruppen stellten Süss, Neuenschwander und Dumont (1996) einen höheren Anteil von Konsumentinnen und Konsumenten illegaler Drogen fest (vgl. auch Schick, Schär, Alberto & Minder, 1991). Ob der Drogenkonsum die Folge oder der Auslöser des Lehrabbruchs oder ein weiterer Ausdruck einer schwierigen persönlichen Situation ist, muss offen bleiben.

In Deutschland hat der Anteil Jugendlicher, die eine Berufsschule oder eine Berufsfachschule durchlaufen, in den letzten Jahrzehnten deutlich zugunsten der akademischen Berufslaufbahnen abgenommen (vgl. Figur 11–1a). In der Schweiz stieg zwar der Anteil der Gymnasiastinnen und Gymnasiasten ebenfalls an. Der Anstieg war aber hier geringer und ging nicht zu Lasten der Berufsausbildung. Der Anteil der Lehrlinge blieb konstant, und der Anteil der Ungelernten hat sich entsprechend reduziert (vgl. Figur 11–1b). Auch in Österreich hat die Zahl der Berufsschülerinnen und -schüler in den letzten Jahrzehnten nicht abgenommen (Figur 11–1c).[44]

---

43 Dieses Mittel gegen den Schulverleider wurde gelegentlich auch schon im späten Volksschulalter eingerichtet, wie Arquint (1991, S. 17) berichtet: «So wurden in Mailand 14-Jährige vom Schulbesuch befreit und mit der Übernahme einer bezahlten Arbeit für die Dauer eines Jahres betraut. Die meisten dieser Jugendlichen beendeten nach dieser Unterbrechung die Schule oder begannen eine berufliche Ausbildung», blieben also nicht für ungelernte Arbeit angestellt.

44 Nach einem Bericht der OECD (2000, S. 99) hat allerdings der Anteil der Österreicherinnen und Österreicher, die eine Berufslehre anfingen, zwischen 1990 und 1995 von 47 % auf 40 % abgenommen.

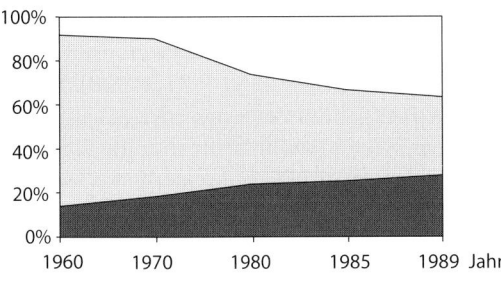

☐ Übrige
▨ Berufsschule / Berufsfachschule
■ Gymnasium / Fachoberschule / Fachgymnasium

Figur 11-1a: Anteil der deutschen 16-jährigen Jugendlichen (16. Altersjahr abgeschlossen), die entweder eine Berufsschule (BS) oder eine Berufsfachschule (BF, Nordrhein-Westfalen) besuchten, verglichen mit jenen, die ein Gymnasium, eine Fachoberschule oder ein Fachgymnasium besuchten (nach Ortleb, 1991, S. 26-27)

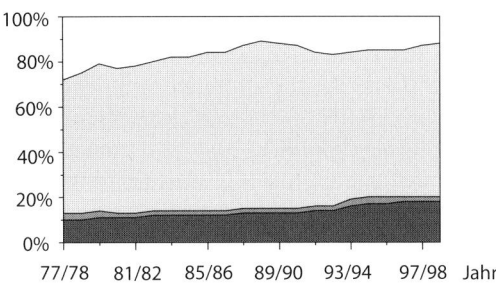

☐ Keine
▨ Berufsausbildung
▨ Unterrichtsberufe
■ Maturität

Figur 11-1b: Ausbildung der 16- bis 21-jährigen Schweizerinnen und Schweizer, entweder abgeschlossen oder mindestens im 2. Ausbildungsjahr, seit 1977 (Daten vom Schweizerischen Bundesamt für Statistik zur Verfügung gestellt)

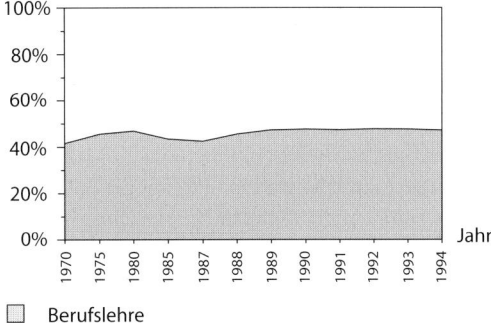

☐ Berufslehre

Figur 11-1c: Anteil der 15-jährigen Österreicherinnen und Österreicher, die eine Berufslehre antraten (Blumberger, Tabernig, Birke & Kohler, 1996, S. 39)

Im Durchschnitt haben Berufsschülerinnen und -schüler weniger Freizeit als Gymnasiastinnen und Gymnasiasten. Der Summe der Arbeits- und Schulstunden sowie der Hausaufgabenstunden, wie sie in der Studie von Häfeli, Frischknecht und Stoll (1981) an Schweizer Lehrlingen ermittelt wurde (über 50 Stunden pro Woche), stehen die etwa 40 Stunden Schule und Hausaufgaben bei 14- bis 16-Jährigen aller Schulstufen (Alsaker & Flammer, 1999a; Schweiz-Norwegen-Studie) resp. wenig über 40 Stunden bei Gymnasiastinnen und Gymnasiasten (Flammer & Tschanz, 1997; Euronet-Studie) gegenüber.[45]

In Ländern ohne das duale Berufsbildungssystem wird prinzipiell der Eintritt ins Berufsleben in der Biographie nach hinten geschoben. Interessanterweise greifen dort die Jugendlichen aber oft zu einer Art von Selbsthilfe, indem sie als Schülerinnen und Schüler bezahlte Teilzeitarbeitsstellen annehmen und sich so etwas eigenes Geld verdienen.

11.2 Teilzeitarbeit neben der Schule

Wenn Kinder und Jugendliche gegen Geld Arbeit verrichten, tun sie das natürlich nicht aus grundsätzlichen Überlegungen über den fließenden resp. den brüsken Übergang ins Erwerbsleben, sondern weil sie (wie die Erwachsenen) erfahren und wissen, dass man sich mit Geld allerhand Annehmlichkeiten verschaffen kann, und vielleicht auch, weil sie die erwachsene Art, zu arbeiten und zu leben, im Kleinformat vorwegnehmen wollen. Gewisse Schulkinder erhalten von ihren Eltern finanzielle Entschädigungen für Haus- und Gartenarbeit

---

[45] Allerdings meldete Berndt (1982), keine Unterschiede gefunden zu haben.

oder Botengänge. Nach einer internationalen Studie von Bowes, Flanagan und Taylor (2001) scheint das in USA, Australien und Schweden mehr zuzutreffen als in Bulgarien, Tschechien und Ungarn. Ältere Kinder und Jugendliche «verdingen» sich schon mal auswärts, indem sie für Nachbarn oder Großeltern Besorgungen machen oder auch bei Unbekannten Kinder beaufsichtigen (Babysitting).

In den meisten Ländern ist es Kindern unter 15 Jahren resp. im vollzeitschulpflichtigen Alter verboten, sich als Arbeitnehmer für Arbeit anstellen zu lassen.[46] Sobald sie aber das gesetzliche Alter erreicht haben (und manchmal schon vorher), suchen viele Schülerinnen und Schüler während einiger Wochen in den großen Ferien einen Job, etwa als Austräger einer Bäckerei, Verkäuferinnen in einer Konditorei, als Mitglieder einer Räumungsmannschaft bei der Aufhebung einer Buchhandlung, als Zimmermädchen in der Hotellerie etc.

Bemerkenswerterweise musste in Europa nach dem Aufkommen der Industrialisierung das Verbot erzwungener schwerer, langdauernder und gesundheitsschädigender Kinderarbeit zwischen Gewerkschaften, Pädagogen, Ärzten, Eltern und Unternehmern hart erkämpft werden (vgl. z. B. Stark-Von der Haar & Von der Haar, 1980; Saadi-Varchmin & Varchmin, 1984). Mit den damaligen Arbeitsbedingungen (Länge des Arbeitstags, gesundheitliche Risiken etc.) sind aber die gegenwärtigen Verhältnisse in Europa und Nordamerika nicht vergleichbar, leider aber jene mancher anderer Länder.

Die meisten der arbeitenden Jugendlichen brauchen das Geld nicht dringend, aber es ist ihnen willkommen für den Kauf einer Stereoanlage, eines Fahrrads oder eines Motorrads, für den Besuch eines «Monsterkonzerts», für Kinoeintritte etc. Selten muss das Geld dazu helfen, den häuslichen Etat der Eltern zu verbessern. Viele Eltern tolerieren oder unterstützen solche Werktätigkeit, solange sie weder schulische noch gesundheitliche Risiken birgt. In den USA gibt es nicht wenige Schülerinnen und Schüler der High School, die sich Geld für das teure College ansparen (Sedlak, Wheeler, Pullin & Cusick, 1986).

Es gibt beträchtliche internationale Unterschiede. Nach Reubens, Harrison und Rupp (1981, zit. nach Steinberg, 1989, S. 220) betrug in den 70er Jahren der Anteil der 16- und 17-jährigen Sekundarschülerinnen und -schüler, die neben der Vollzeitschule einer Erwerbsarbeit nachgingen, in den USA 67 %, in Kanada 37 %, in Schweden 20 % und in Japan 2 % (Figur 11–2). Aus einer repräsentativen Befragung von Lewin-Epstein (1981, zit. nach Steinberg 1989, S. 216) ging hervor, dass etwa die Hälfte aller 15-jährigen amerikanischen Sekundarschüler (genauer: high school sophomores) zum Befragungszeitpunkt eine Teilzeitstelle innehatten; von den 17-Jährigen (genauer: high school seniors) waren es zwei Drittel. Die durchschnittliche wöchentliche Arbeitsdauer (Median) der 15-Jährigen war 15 Stunden (vgl. auch Greenberger & Steinberg, 1986), d. h. beispielsweise drei resp. zweieinhalb Stunden im Tag von Montag bis Freitag und fünf am Samstag.

Während in den 40er Jahren noch fast keine amerikanischen Jugendlichen neben der Schule Geld verdienten, hat hernach ihre Zahl bis 1980 dramatisch zugenommen (Figur 11–3) und sich seither nicht wesentlich verändert.

Auch im europäischen Vergleich gibt es beträchtliche Unterschiede. Auf die Frage, ob und wie viel sie am vorausgehenden Schultag gegen Entgelt gearbeitet hatten, ergaben sich im Jahr 1992 für 14- bis 16-Jährige die durchschnittlichen Angaben, wie sie in Tabelle 11–1 enthalten sind. Danach verrichteten nur wenige am Stichtag Erwerbsarbeit. Am meisten sind es die Schülerinnen und Schüler in Norwegen (18.3 %), gefolgt von Polen (8.4 %) und der (damaligen) Tschechoslowakei (6.1 %). In Frankreich und in Russland war es an jenem Stichtag

---

46 Dabei gibt es allerdings in den meisten Ländern nicht geringe Ausnahmen. So dürfen zum Beispiel Kinder über 13 Jahren nach dem deutschen Gesetz zum Schutze der arbeitenden Jugend vom 12. April 1976 auf Anweisung der Sorgeberechtigten bis zu drei Stunden in der Landwirtschaft beschäftigt und bis zu zwei Stunden für das Austragen von Zeitungen und für Handreichungen beim Sport angestellt werden (Stark-Von der Haar & Von der Haar, 1980, S. 167).

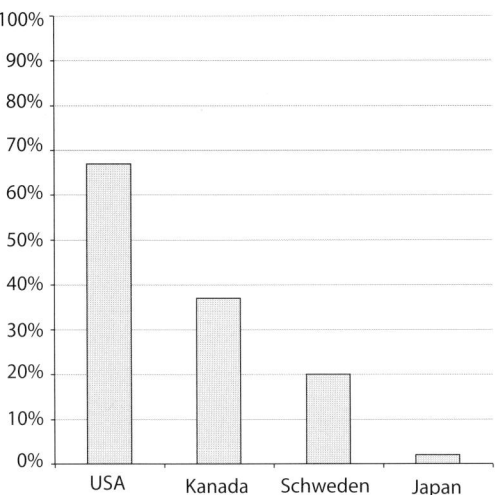

Figur 11–2: Anteil der 16- und 17-jährigen Sekundarschülerinnen und -schüler, die neben der Schule einer Erwerbsarbeit nachgehen, in den USA, Kanada, Schweden und Japan (Reubens et al., 1981, zit. nach Steinberg, 1989, S. 220)

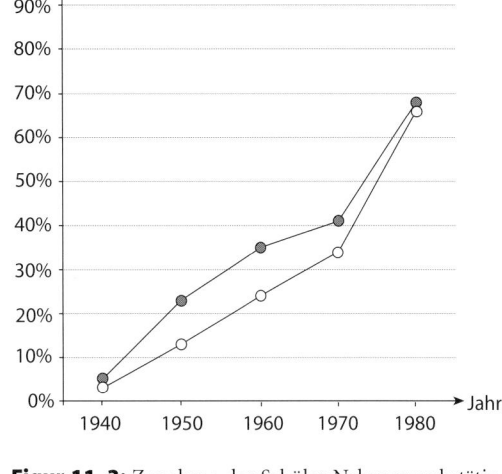

Figur 11–3: Zunahme der Schüler-Nebenerwerbstätigkeit (in den USA): 16- und 17-Jährige (Lewin-Epstein, 1981, zit. nach Steinberg, 1989, S. 217)

überhaupt niemand der Befragten. Hingegen arbeiteten auch nach dieser Erhebung die nordamerikanischen Jugendlichen am meisten.

Im Durchschnitt arbeiten die Jugendlichen der USA am meisten. Unter den Europäerinnen und Europäern schwingen die Befragten aus Norwegen, Deutschland, Finnland und Polen oben aus (Figur 11–4).

Da auch in den USA ein Schultag gegen sechs Arbeitsstunden enthält, kommt so ein Teilzeit erwerbstätiger Schüler leicht auf einen Arbeitstag, der so lang ist wie der von Erwachsenen. Dazu gibt es dann oft noch die schulischen Hausaufgaben.[47] Da kommen Schulleistungen, Freifächer, aber auch sportliche oder musische Betätigungen mit Sicherheit zu kurz (vgl. Steinberg, Greenberger, Garduque & McAuliffe, 1982, zit. nach Steinberg, 1989, S. 231; D'Amico, 1984; Mortimer & Finch, 1986). Bachman und Schulenberg (1993) fanden in einer Studie an 70 000 Jugendlichen der High School, dass das Ausmaß an Erwerbstätigkeit mit verkürzten Zeiten für Schlaf, Frühstück und Freizeit korreliert war. Diese Jugendlichen sehen sich dann oft gezwungen, nach unerlaubten Mitteln zu greifen, um in der Schule nicht zu viele Schwierigkeiten zu haben (z. B. Hausaufgaben und Prüfungen abschreiben, sich krank melden etc.). Daraus kann sich der sog. Schulverleider entwickeln. Die Befunde von Flammer, Alsaker und Noack (1999, S. 55-56) zeigen deutlich, dass die Zeit, die für außerschulische Arbeit aufgewendet wird, auf Kosten der Hausaufgabenzeit geht.

Auch wenn wir eine etwas frühere und kontinuierliche Einführung in die Arbeitswelt befürworten, meinen wir damit doch nicht die Förderung solcher Arbeit zusätzlich zur und neben der Vollzeitschule. Die meisten Jugendlichen kommen nämlich dort überdies nur mit einem sehr speziellen Ausschnitt der Arbeitswelt in Berührung. In den USA wird ein solcher Arbeitseinsatz häufig in Schnellimbissstätten (in 17 % der Fälle nach Lewin-Epstein, 1981) oder an

---

47 Im Allgemeinen fallen in den USA allerdings etwas weniger Hausaufgaben an als in den meisten europäischen Ländern. Ob die amerikanischen Schulen besser sind und sich das leisten können? Vielleicht entsteht aus den Arbeitsverpflichtungen vieler Schüler praktisch ein Druck auf die Lehrerschaft, nicht viele Hausaufgaben zu geben.

Tabelle 11-1: Prozentuale Verteilung 14- bis 16-jähriger Jugendlicher über die Dauer nebenschulischer Erwerbstätigkeit an einem Stichtag (Daten aus Flammer, Alsaker & Noack, 1999)

Std.	BG	CSFR	SF	F	D	H	N	PL	Rus	D-CH	USA	Ro	F-CH
0.00	96.1	93.9	94.5	100.0	90.0	96.3	85.3	91.6	100.0	95.9	77.3	98.6	98.5
≤1.00	0.0	4.1	1.1	0.0	3.0	3.7	9.1	0.9	0.0	3.1	1.3	1.4	0.0
≤2.00	1.3	2.0	0.0	0.0	2.3	0.0	3.1	4.7	0.0	1.0	3.8	0.0	0.0
>2.00	2.6	0.0	4.4	0.0	4.7	0.0	2.5	2.8	0.0	0.0	17.6	0.0	1.5
Total	100.0	100.0	100.0	100.0	100.0	100.0	100.0	100.0	100.0	100.0	100.0	100.0	100.0

BG = Bulgarien, CSFR = Tschechoslowakei, SF = Finnland, F = Frankreich, D = Deutschland, H = Ungarn, N = Norwegen, PL = Polen, Rus = Russland, D-CH = Deutschschweiz, USA = Vereinigte Staaten, Ro = Rumänien, F-CH = Französische Schweiz

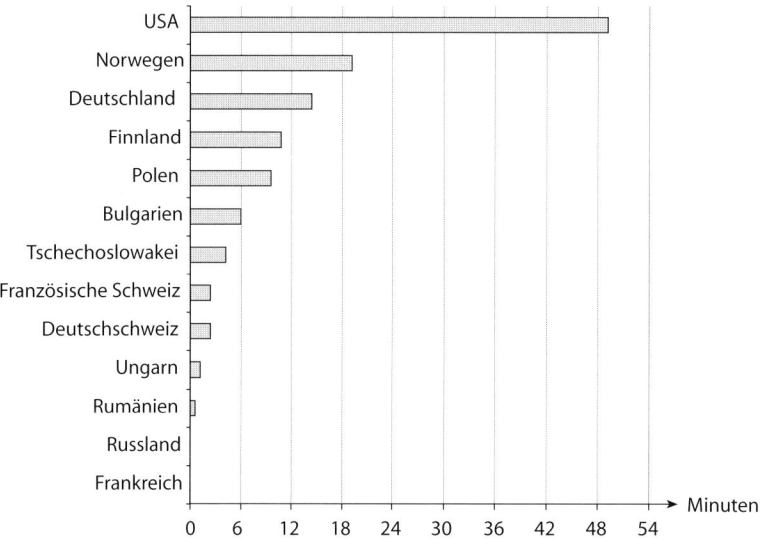

Figur 11-4: Durchschnittliche Erwerbsarbeitszeit 14- bis 16-Jähriger an einem ausgewählten Schultag in Minuten (nach Zahlen von Flammer, Alsaker & Noack, 1999)

Kassen von Geschäften, Sporthallen etc. (ca. 20 %) geleistet. Diese und andere Arbeit (z. B. photokopieren, Pakete schnüren, Lieferungen abladen, stapeln oder aufladen) sind mehr oder weniger Routinearbeiten, verlangen kaum Planung und Entscheidungen, ermöglichen nur geringen kontinuierlichen Kontakt mit Kunden und meistens auch wenig Kontakt mit erwachsenen Mitarbeiterinnen und Mitarbeitern (Greenberger & Steinberg, 1981, 1986; Greenberger, Steinberg & Ruggiero, 1982).

Sehr oft sind die Jugendlichen an solchen Arbeitsplätzen unter sich, und selten erleben die Jugendlichen erwachsene Personen am Arbeitsplatz als Helfer oder Betreuer oder persönliche Ratgeber, geschweige denn als Ersatz für die Eltern, die in diesen Fällen auch oft beide während des ganzen Tages außer Haus und damit mit ihren Kindern nicht im Gespräch sind.

In den USA sind Untersuchungen über die Auswirkungen solcher Schülerarbeit auf die Persönlichkeitsentwicklung durchgeführt worden. Die Ergebnisse sind zum größeren Teil ungünstig. Steinberg und Dornbusch (1991) fanden in einer Untersuchung an etwa 4000 Jugendlichen zwischen 15 und 18, dass nebenschulische Erwerbstätigkeit von mehr als 10 Wochenstunden korreliert war mit geringeren Schulleistungen, geringerem Einsatz für die Schule, mehr psychischem und somatischem Stress, mehr Alkohol-

und Drogenkonsum, mehr Delinquenz und mehr Unabhängigkeit von den Eltern. Es handelt sich jedoch um eine Querschnittstudie, und so kann es auch sein, dass die Jugendlichen, die nebenschulische Arbeit suchen, schon vorher von den genannten Problemen geplagt waren.

Greenberger und Steinberg (Greenberger & Steinberg, 1986; Ruggiero, Greenberger & Steinberg, 1982; Steinberg, Greenberger, Garduque, Ruggiero & Vaux, 1982) kamen in ihren Untersuchungen zum Schluss, dass die arbeitenden Schülerinnen und Schüler eher individualistischer, wenn nicht gar egoistischer geworden seien. Insbesondere hätten viele von ihnen gelernt, sich nach Möglichkeit vor Anstrengung zu drücken und sich mit kleinen Betrügereien Vorteile zu verschaffen. Gottfredson (1985) fand, dass nebenschulisch arbeitende Jungen häufiger Gewalt gegen Personen anwendeten, aber in den Bereichen Drogenkonsum und Diebstahl nicht besonders auffielen. Nach anderen Autoren waren sie häufiger in Schlägereien, Diebstahl- und Vandalismus- und Drogenhandelaffären verwickelt (Bachman, Bare & Frankie, 1986, zit. nach Steinberg, 1989, S. 231; Greenberger & Steinberg, 1986; Greenberger, Steinberg & Vaux, 1981). In der Studie von Gottfredson (1985) fielen nebenschulisch arbeitende jugendliche Mädchen gegenüber nicht-arbeitenden Mädchen nicht auf.

Steinberg, Fegley und Dornbusch (1993) kamen in einer Längsschnittstudie zum Schluss, dass gehäufte Problemverhaltensweisen der nebenschulisch erwerbstätigen Jugendlichen wie Delinquenz, Drogenmissbrauch und Schulvernachlässigung teilweise durchaus schon vor der Aufnahme solcher Arbeit vorhanden waren, dass aber die nebenschulische Tätigkeiten diese Tendenzen noch verstärkten.

Positive Effekte sind aber auch gefunden worden. In einer leider nicht publizierten Arbeit haben Bachman und Mitarbeitende (1986, zit. nach Steinberg, 1989, S. 226) offensichtlich nachgewiesen, dass Jugendliche während einer einjährigen Teilzeitanstellung neben der Schule selbstsicherer geworden seien und mehr Arbeitsorientierung (engl. work orientation) erworben hatten (allerdings verzeichneten Steinberg und Dornbusch, 1991, in der oben schon genannten Studie für die nebenschulisch arbeitenden Jugendlichen keine höheren Werte in den Bereichen Selbstvertrauen, Arbeitsorientierung und Selbstwert). Zu den positiven Effekten kann auch gezählt werden, dass offensichtlich teilzeitig arbeitende Schülerinnen und Schüler in den USA später leichter eine berufliche Anstellung finden (Kablaoui & Pautler, 1991).

Zu Zeiten hoher Arbeitslosigkeit sind leider oft auch Eltern daran interessiert, dass ihre Jugendlichen sich eine spätere Arbeitsstelle – in den deutschsprachigen Ländern meistens eine Lehrstelle – sichern, indem sie voraus schon mal Erfahrungen sammeln. Solche Jugendliche sind an ihren Arbeitsplätzen leicht missbrauchbar, manche arbeiten sogar ohne Lohn (vgl. Stark-Von der Haar & Von der Haar, 1980, S. 117-120). Zudem scheint bei amerikanischen Jugendlichen der Einstiegsvorteil nach kurzer Zeit verspielt zu sein (vgl. Freeman & Wise, 1982).

Steinberg (1989, S. 220) ging der Frage nach, warum die nebenschulische Erwerbsarbeit in den USA verbreiteter ist als in Europa, und nannte folgende Gründe, die aus unserer Perspektive interessant erscheinen:

- In Europa gibt es (bislang) weniger Schnellimbissrestaurants; und diese gehören in den USA zu den Hauptarbeitgebern für Jugendliche.
- In Europa dauert die Schule meistens weit in den Nachmittag hinein, so dass für eine regelmäßige Anstellung weniger Zeit bleibt.[48]
- In den meisten industrialisierten Ländern außerhalb der USA wird Kinder- und Jugendarbeit mit Armut assoziiert und darum gemieden.
- Europäische Schülerinnen und Schüler müssen mehr Hausaufgaben bearbeiten als amerikanische.

---

48 Norwegen lässt den Schülerinnen und Schülern mehr freie Nachmittagszeit als die meisten anderen europäischen Länder; vielleicht hat sich deshalb dort eine Art von Jugendarbeitskultur entwickelt (Zeitungen vertragen, Babysitting).

252 Teil III: Lebenswelten

11.3 Berufswahl

Je mehr unsere Gesellschaft arbeitsteilig funktioniert, d. h. je spezialisierter unsere Berufsfunktionen sind und je vielfältiger darum der Arbeitsmarkt ist, desto mehr berufliche Wege gibt es, aber auch desto anspruchsvoller wird die Berufswahl. Glücklicherweise sind solche Wahlen heute etwas weniger definitiv, denn sie sind im Lauf des Lebens – mehr oder weniger – revidierbar (vgl. Röhrs, 1989).

Die tatsächliche Berufswahl hängt im Wesentlichen von drei Faktoren ab: Fähigkeiten, Interessen und Angebot. Zu Zeiten des Arbeitskräftemangels, in denen das Angebot unproblematisch war, bürgerte sich die einfache Berufswahlformel «Eignung und Neigung» ein.

11.3.1 Berufseignung

Der Versuch, verlässliche berufsspezifische, diagnostizierbare Eignungskriterien zu finden, hat bis jetzt wenig Früchte getragen (vgl. Hossiep, 1995; Schuler, 1988, 1996; Schuler & Funke, 1989). Es gibt allgemeine, d. h. für alle Berufslehren notwendige oder wünschbare Eigenschaften und Fähigkeiten. Dazu gehören zum Beispiel eine minimale Selbständigkeit, Pünktlichkeit, Genauigkeit und Ehrlichkeit. Etwas spezifischer sind Intelligenz- und Lernvoraussetzungen. Diese Art von Eignung ermisst sich verhältnismäßig leicht aus dem Verhältnis der Berufsschulansprüche und der bisher erfolgreich besuchten Schulen. Des Weiteren sind für bestimmte Berufstypen sehr spezifische Voraussetzungen wünschbar, beispielsweise eine Minimalkonstitution für die handwerklichen Bauberufe oder volle Farbsichtigkeit für Lokomotivführerinnen und -führer.

Der Beizug von Testverfahren zur Ermittlung spezifischer kognitiver Voraussetzungen (z. B. Schmale & Schmidtke, 1967) hat bislang wenig zur Vorhersage des späteren Berufserfolgs, etwas mehr jedoch zur Vorhersage der Bewährung in der Berufsschule beigetragen (Schuler & Funke, 1989). Tiefe Vorhersagekorrelationen bedeuten allerdings auch Positives: Die meisten Jugendlichen sind imstande, sehr verschiedene Berufslehren erfolgreich zu durchlaufen, sofern sie dafür die geforderten Eingangsvoraussetzungen besitzen.

Außer für sehr spezifische Berufe werden relativ wenig psychometrische Verfahren zur Eignungsabklärung eingesetzt. Schulstufe und Schulleistungen sind für die meisten Zwecke genügend informativ (Frischknecht, 1985). Es gibt für fast alle Jugendliche viele verschiedene Berufe, in denen sie sich entfalten können. Desto mehr Gewicht bekommen die Interessen.

11.3.2 Berufsinteressen

Dass sie einmal einen Beruf haben werden, wissen schon die Kinder. Sie haben auch schon Berufsvorstellungen und Berufswünsche. Ginzberg und Mitarbeitende (1951, zit. nach Oerter, 1982, S. 611-612, 1987, S. 329) konnten bereits vor 40 Jahren anhand von Interviewergebnissen nachzeichnen, welche Veränderungen das Denken über die berufliche Arbeitswelt und den eigenen künftigen Beruf in dieser Entwicklungszeit erfährt: Während Grundschülerinnen und -schüler Berufe nur nach ausgewählten, besonders schönen oder abstoßenden Eigenschaften beurteilten (z. B. Feingebäck beim Konditor; Russ beim Kaminfeger), orientierten sich Jugendliche nach den Interessen, nach den selbst-attribuierten Fähigkeiten und nach den grundsätzlichen Werten, denen ein Beruf dient, um schließlich zu einem realistischen Kompromiss zwischen allen Aspekten zu kommen. Diese Abfolge und ihre empirische Untermauerung ist allerdings nicht allgemein gültig (vgl. Scheller, 1976), aber es darf als erhartet gelten, dass die Interessendifferenzierung in der Adoleszenz eine beträchtliche Stabilität erreicht.

An deutschen Jugendlichen hat auch Fend (1991a) belegt, dass 15-Jährige realistischere Berufswünsche haben als 12-Jährige. Das zeigte sich u. a. darin, dass sog. Traumberufe (z. B. Tiermedizin, Flugkapitän, Berufssportler, Stewardess, Säuglingsschwester) unter den Wahlen in dieser Zeit seltener vorkamen, bescheidenere und realistischere Wünsche aber zunahmen (z. B. kaufmännische Berufe, Laborant, Arztgehilfin, Fernsehtechniker, Schlosser, Schneiderin).

Die Berufswünsche werden im Lauf der Adoleszenz nicht nur realistischer, sondern auch immer konformer mit den Werten, die die Jugendlichen vertreten. Diese Werte zeigen aber große individuelle Unterschiede, zum Beispiel gutes Aussehen, Geld, Spaß, mit Kindern zu haben (Gibbons, Stiles, Lynn, Collins & Phylaktou, 1993).

Natürlich sind Untersuchungen zu den Werten und Präferenzen starken kulturellen und historischen Schwankungen unterworfen (vgl. z. B. Kantas, 1994). Van der Velde, Feij und van Emmerik (1998) belegten aber mit einer holländischen Quer- und Längsschnittstudie, dass die altersgebundenen Veränderungen stärker sind als die historischen resp. gesellschaftlichen. Immerhin hat Fritzsche (2000) festgestellt, dass die Leistungsbereitschaft der deutschen Jugendlichen unabhängig vom Alter von 1991 bis 1999 in allen sozialen Schichten zugenommen hat.

Die Berufsinteressen sind – ähnlich wie die Selbstbeurteilung über die Berufseignung – bei beiden Geschlechtern unterschiedlich verteilt. In einer älteren Studie fanden beispielsweise Betz und Hackett (1981), dass sich prozentual mehr junge Frauen als Männer für sog. traditionelle Berufe wie Dentalhygienikerin, Schullehrerin, Physiotherapeutin oder Sekretärin geeignet hielten. Umgekehrt fanden mehr junge Männer als Frauen, dass sie für Buchhalter, Ingenieur, Mathematiker oder Polizist geeignet seien.

Barnett (1975) hatte gezeigt, dass Jungen im Gegensatz zu Mädchen Berufe u. a. auch nach Prestige-Momenten beurteilen und das im Lauf des zweiten Lebensjahrzehnts noch ausgeprägter (vgl. auch Todt, 1978). Obwohl sich die Frauen in den letzten Jahren einer breiteren Berufspalette zuwandten und auch in sog. Männerberufe einstiegen, waren die Berufswünsche in der Untersuchung von Fend (1991a) noch erstaunlich geschlechtsspezifisch (vgl. auch Sudek, Hennen, Schmidt & Buck, 1988). Er fand nämlich als die sechs häufigsten Berufspläne der Mädchen: Krankenschwester, Arztgehilfin, Kindergärtnerin, Coiffeuse, Krankengymnastin und Verkäuferin. Die fünf häufigsten Berufspläne der Jungen waren: Automechaniker, Ingenieur, Fernsehtechniker, Elektriker und Schreiner (Fend, 1991a, S. 63). Entsprechende Geschlechtsunterschiede findet man durchaus auch in den Berufseintritten (Heinz, Kelle, Witzel & Zinn, 1998).

Die Berufswünsche haben sehr oft einen identifizierbaren soziologischen oder psychologischen Hintergrund. Viele (jüngere) Jugendliche möchten gerne den gleichen Beruf erwerben wie ihre Eltern (einige allerdings ausgesprochen *nicht*), viele Berufswünsche entstehen aus eindrücklichen Begegnungen mit Berufssituationen oder mit Berufspersonen, sehr viele entspringen Freizeitaktivitäten. Meistens sind sie (mit zunehmendem Alter immer deutlicher) moderiert durch die Kompetenzerfahrungen in der Schule.

Fend hat die aktuellen Berufswünsche von 15-jährigen Jugendlichen in Zusammenhang mit Freizeitaktivitäten und Freizeitpräferenzen gebracht und dabei sehr plausible Muster gefunden, zum Beispiel die in Tabelle 11–2.

In einer Studie an Jugendlichen, die eine individuelle Berufsberatung aufgesucht hatten, stellten Sudek und Mitarbeitende (1988) realistische, aber doch hohe Ansprüche an ihren Beruf fest (Figur 11–5). Verantwortung, Helfen, Freizeitspielraum oder Dienst am Gemeinwohl spielten eine deutlich stärkere Rolle als Einkommen oder Bewunderung. Fritzsche (2000) stellte in der 13. Shell-Studie mit einem allerdings etwas einseitigen Fragebogen große Bedeutungszumessung auf Arbeitsplatzaspekte wie Spaß, Sicherheit und soziale Umgebung fest.

Untersuchungen zur Frage, welche externen resp. sozialen Ressourcen den Jugendlichen bei ihrer Berufsfindung zur Verfügung stehen, zeigen einmal mehr, wie wichtig die Eltern den Jugendlichen sind. Nach der Untersuchung von Fend (1991a) sprechen Schülerinnen und Schüler am meisten mit ihren Müttern, sodann mit ihren Vätern und bereits wesentlich weniger mit Gleichaltrigen und mit Geschwistern über ihre mögliche berufliche Zukunft. In Tabelle 11–3 wird die Marcia-Unterscheidung (s. Kap. 7) der Identitätsstatus, bezogen auf die berufliche Identität, verwendet. Dabei fallen die sog. Festgelegten auf: Sie sprechen vor allem mit den Eltern und relativ häufig mit überhaupt niemandem über ihre Berufspläne. Die Suchenden

Tabelle 11–2: Typische Muster der Freizeitbeschäftigungen resp. -interessen für die ausgewählten Berufswünsche Arzt/Ärztin (= A), Kfz-Mechaniker (= K) und Pfarrer (= P) bei 15-Jährigen (nach Fend, 1991a, S. 67)

Charakteristiken der bevorzugten Freizeitwünsche	Korrelation mit den Berufswünschen
Bildungsorientierung	P > A > K
Vereinsaktivität	P > A ≈ K
Beschäftigung mit Haustieren	A > P ≈ K
Interessen an Motorrädern	K > P > A
Fernsehkonsum	K > A > P
Rauchen und Alkohol	K > A > P
Beschäftigung mit Musik	A > P > K
Kirchliche Aktivitäten	P > A ≈ K

nannten insgesamt am meisten Gesprächspartnerinnen und Gesprächspartner, gefolgt von den Entschiedenen. Die Diffusen fühlen sich offensichtlich noch nicht so weit, dass sie eine Berufsberatung aufsuchen.

Diese Identitätsunterscheidung nach Marcia hängt nach Fend (1991a, S. 89) auch mit den persönlichen Voraussetzungen zusammen. Zu den bereits Entschiedenen zählen vor allem die Jungen mit guten Schulleistungen. Unter den Festgelegten finden wir ebenfalls häufiger die Jungen, aber eher jene mit schwächeren Schulleistungen. Die Suchenden sind eher Mädchen und speziell Ausländerinnen. Zu den Diffusen zählen die Mädchen häufiger als die Jungen (Beruf-Familie-Dilemma?), aber auch jene (bes. Ausländerinnen und Ausländer) mit schwachen Schulleistungen.

Hackett (1993) sowie Post-Kammer und Smith (1985) fanden, dass Schülerinnen und Schüler des achten und neunten Schuljahrs sich in ihrer Berufsorientierung mehr an ihre Interessen hielten als an ihre eigenen Fähigkeitsvorstellungen (sog. self-efficacy beliefs). Man kann das positiv werten, weil auf dieser Basis die Fähigkeiten in vielen Fällen weiter entwickelt werden. Dass die Interessen manchmal unrealistisch sind, hängt damit zusammen, dass viele Jugendliche im Alter von 15 Jahren sich selbst noch schlecht beurteilen können (Scheller, 1976). Berufswahl hat viel mit Identitätsfindung resp. Identitätswahl zu tun, und diese ist in diesem

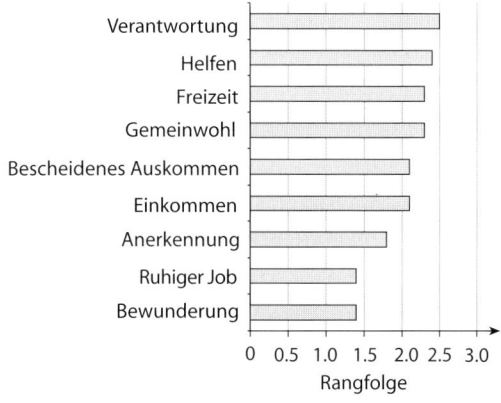

Figur 11–5: Durchschnittliche Rangfolge der Präferenzen für berufliche Ziele (Durchschnittswerte von etwa gleich grossen Gruppen der Hauptschule, der Realschule, des Gymnasiums, der berufsbildenden Schule und der Schulentlassenen; Männer und Frauen mit Durchschnittsalter von 17.5 Jahren) (Auswahl aus Sudek et al., 1988, S. 71)

Alter noch voll im Gange. Besonders Jugendliche, die stärker sog. postmaterielle Werte vertreten (Freiheit, spannendes Leben, Kreativität, Abwechslung und Freundschaft), treten denn auch die Berufslehre später an als die anderen (Reitzle, Vondracek & Silbereisen, 1998).

Oft fühlen Jugendliche in sich sehr viele und unterschiedliche Interessen. Sie können sich in ganz verschiedenen Berufen gut vorstellen. In solchen Fällen kann das Gespräch mit der Berufsberaterin oder dem Berufsberater helfen. Diese

Tabelle 11-3: Antworten von Schülerinnen und Schülern des 10. Schuljahrs, differenziert nach Marcias Identitätstypen auf die Frage: «Mit wem hast Du besonders ausführlich darüber gesprochen, was Du nach Abschluss der Schule tun sollst?»; Mehrfachankreuzungen möglich; hier Prozentangaben (aus Fend, 1991a, S. 85)

Identitätsstatus	Entschiedene	Suchende	Festgelegte	Diffuse	Alle
mit dem Vater	73	60	48	37	64
mit der Mutter	84	80	52	45	74
mit Geschwistern	21	29	3	9	18
mit Freunden	38	43	9	20	32
mit Lehrerinnen oder Lehrern	12	20	3	7	11
mit der Berufsberatung/ dem Arbeitsamt	32	38	2	3	25
mit anderen	10	15	4	7	10
mit niemandem	2	2	10	6	4

resp. dieser setzt dann gelegentlich auch eigentliche Interessen- oder Neigungstests ein (Frischknecht, 1985, S. 275). Unsichere Jugendliche und ihre Eltern mögen erleichtert sein, wenn sie auf ihre Frage an die Berufsberatung eine formal-diagnostische Aussage über das Vorherrschen einer bestimmten Interessensrichtung erhalten.

11.3.3 Berufsangebot

Berufswahlen mit entsprechender Berufsschulwahl sind nur möglich innerhalb des effektiven Angebots. Dieses Angebot hängt vom Entwicklungsstand der Berufswelt und von den staatlichen Definitionen von Berufen ab. Es ist immer unvollständig und dauernd in Revision. Deshalb ist die Berufswahl immer historisch verankert, d. h. verschiedene Kohorten haben unterschiedliche Chancen und wählen zum Teil deutlich unterschiedliche Berufswege.

Noch bedeutender aber sind regionale Unterschiede. Das Angebot der Region bestimmt nicht nur die Chancen der Lehrstellenfindung, sondern beeinflusst auch die Berufskenntnisse und indirekt die Berufsinteressen. Ein Bauernsohn im Gebirge kommt nicht leicht auf die Idee, Berufsfischer werden zu wollen, eine Tochter in der gleichen Lage vielleicht noch weniger.

Die Tatsache, dass die Berufsinteressen ein geschlechtsspezifisches Profil aufweisen, hat teilweise auch mit dem Angebot zu tun. Tatsächlich ist die Rekrutierung von späteren Stelleninhaberinnen und -inhabern nicht immer geschlechtsneutral. Und das wissen die Mädchen durchaus. Es gibt viele Gründe für Firmen, sich nicht ganz geschlechts-fair zu verhalten. Der primitivste besteht in unreflektierten Vorurteilen gegenüber Fähigkeiten, konstitutioneller Eignung und langfristigen Berufsinteressen von Arbeit suchenden Frauen. Der verständliche Wunsch vieler Frauen, nicht Vollzeit erwerbstätig zu sein, um sich auch der Familie widmen zu können, wird zu Unrecht als geringerer beruflicher Ehrgeiz interpretiert; insbesondere Teilzeit Arbeitende passen oft nicht in die aktuelle betriebliche Organisation (Blossfeld, 1989). Anpassungen geschehen oft erst, wenn Arbeitskräftemangel entsteht, wie das Beispiel Schweiz im Übergang zum 21. Jahrhundert gezeigt hat.

Ausbildungsstellen werden staatlich kontrolliert. Dennoch kann nicht ausgeschlossen werden, dass gewisse Anbieter beruflich oder sozial attraktiver sind als andere. Kleine Betriebe sind beispielsweise oft sehr persönlich und deshalb begehrt, können aber wegen sozialer und beschäftigungsmäßiger Enge die Lernansprüche der Lehrlinge nicht immer befriedigen.

11.3.4 Berufsberatung

Die Orientierung im vielfältigen Angebot von Berufen ist selbstverständlich nicht einfach, für

Jugendliche erst recht nicht. Viele suchen deshalb die Berufsberatung auf. Berufsberatung wird vom Staat (Gemeinde, Schule etc.) praktisch allen Schulabgängerinnen und -abgängern in Europa angeboten, aber die Organisationsformen unterscheiden sich stark. In der BRD wird die Berufsberatung von der Bundesanstalt für Arbeit koordiniert. In der Schweiz ist das eigentliche Berufsberatungssystem von der Schule und den Arbeitsämtern relativ unabhängig; in Österreich wird Berufsberatung entweder von der Schule oder von Arbeitsämtern angeboten (Drapela & Browder, 1987).

Für Busshoff (1998, S. 74) besteht Berufsberatung in der «Förderung (Vermittlung, Aktivierung, Erweiterung, Aktualisierung, Problemausrichtung u. ä.) von Handlungskompetenzen, die zur Bewältigung von Übergängen gebraucht werden». Berufsberatung muss einen ausgewogenen Weg zwischen «zu viel» und «zu wenig» finden. «Zu viel» leistet die Berufsberatung, wenn sie mit diagnostischen Mitteln die optimale Passung zwischen Persönlichkeitsstruktur und Berufsangebot zu finden versucht und diese dem oder der Ratsuchenden als Lösung mitgibt. Dieser Anspruch war bis vor wenigen Jahrzehnten – wenn auch nicht so extrem – stark verbreitet. «Zu wenig» leistet die Berufsberatung, wenn sie sich darauf beschränkt, mit unspezifischen Mitteln die Persönlichkeitsentfaltung allgemein zu unterstützen. Busshoff nennt als Beispiel den rogerianischen Ansatz, nämlich «durch kongruentes, akzeptierendes und empathisches Verhalten für ein Klima zu sorgen, in dem sich die positiven und problemlösenden Potentiale der Ratsuchenden [von selbst] entfalten können» (Busshoff, 1998, S. 75).

Berufsberatung besteht meistens aus fünf Elementen, nämlich Berufswahlvorbereitung, Fähigkeits- und Interessenabklärung, Berufsinformation, Berufsentscheidung und Hilfe bei der Lehrstellensuche.

Die *Berufswahlvorbereitung* soll die Schulabgängerinnen und -abgänger mit den eigenen Interessen, Wünschen, Möglichkeiten und Zukunftsvorstellungen vertraut machen. Die Jugendlichen setzen sich damit auseinander, was ein glückliches (Erwachsenen-) Leben ausmacht, was Geld, was Prestige und was gewisse Formen sozialer Integration für sie bedeuten können. Sie tun das teilweise anhand von exemplarischen Erkundigungen über bestimmte Berufe, oft in Kontakt mit Berufsleuten. Auf diese Weise sollen sie die Berufswelt nach möglichst bedeutsamen Kriterien und nicht einseitig nach irgend welchen oberflächlichen Präferenzen verstehen. Ganz offensichtlich obliegt es nicht nur den Berufsberatungspersonen, diese Berufswahlvorbereitung der Jugendlichen zu unterstützen, sondern auch den Eltern, den Lehrpersonen und den potentiellen Berufsausbildnern (Egloff, 1998). Seit den 70er Jahren gilt diese Aufgabe immer mehr als ein selbstverständlicher Teil des Pflichtenhefts der Schule (Prideaux, Creed, Muller & Patton, 2000).

Fähigkeits- und Interessenabklärungen erfolgen häufig parallel zu den genannten Aktivitäten. Dabei werden sowohl Testergebnisse als auch die persönliche Selbstbeurteilung (s. 11.3.1 und 11.3.2) berücksichtigt. Mitunter werden auch Lehrpersonen und Eltern ins Gespräch einbezogen. Die Bewährung von Berufsinteressentests ist bis jetzt eher mäßig ausgefallen (Deimann & Kastner-Koller, 1994; vgl. aber Stauffer & Meir, 1980). Hasebrook und Gremm (1996) fanden, dass die Interessendifferenzierung, gemessen mit typischen Berufsinteressentests, gering ist. Sie legten überzeugend dar, dass die typischen Testfragen, die sehr nahe an der konkreten Realität einzelner Berufe orientiert sind, mit dem bestehenden Erfahrungsschatz der Jugendlichen nicht reliabel beantwortet werden können. Andererseits sind abgehobenere Interessentests für die Wahl konkreter Berufe nicht sehr aussagekräftig.

Auf einer etwas allgemeineren Ebene haben sich berufsrelevante Interessensdimensionen mehrfach replizieren und auch in verschiedenen Kulturen identifizieren lassen. Holland (1996) formulierte sie in seinem RIASEC-Modell: realistische Interessen (= Umgang mit Sachen), Erkenntnisinteressen (*investigative*), *a*rtistische Interessen, *s*oziale Interessen (= Umgang mit Menschen), unternehmerische Interessen (*enterprising*), und konventionelle Interessen (*conventional* = Interessen an strukturierten einfachen Tätigkeiten). Auf den meisten Dimensionen unterscheiden sich die Geschlechter wenig, jedoch sehr stark in den Dimensionen realistisch (Jungen und Männer viel höher) und sozial (Mädchen und Frauen viel höher). Lubinski (2000, S. 421) glaubt, dass auf keinen anderen psychologischen Dimensionen ausgeprägtere Geschlechtsunterschiede feststellbar seien.

In seiner Literaturübersicht kommt Lubinski zum Schluss, dass Interessentests, selbst wenn sie als solche wenig prädiktive Validität besitzen würden, mindestens als Ergänzung zu Fähigkeitstests die Vorhersagegenauigkeit von späterer Arbeitszufriedenheit wesentlich steigern (sog. inkrementelle Validität; vgl. Austin & Hanisch, 1990; Humphreys, Lubinski & Yao, 1993).

Die Beschaffung von *Berufsinformation* wird heute an vielen Orten sehr systematisch betrieben. Bis vor kurzem gab es ganze Ordner über bestimmte Berufsbereiche mit genauen Angaben über Voraussetzungen, Ausbildungsart, -dauer und -orte, den beruflichen Alltag, mögliche Belastungen, Verdienstmöglichkeiten, Stellenangebote, Zukunftsaussichten etc., welche Interessierten zur Einsicht zur Verfügung standen. Heute wird die sog. Berufsdokumentation mehr und mehr elektronisch zugänglich gemacht, und zwar entweder an Terminals im bisherigen Dokumentationszentrum oder zu Hause über Internet. Sich über Berufe zu informieren bedeutet in vielen Fällen gleichzeitig Reflexion der eigenen Möglichkeiten, Wünsche und Begrenzungen. Um aber eher zufällige und ungenügend reflektierte Erkundigungen und anschließende Entscheidungen zu vermeiden, werden Vor- und Nachgespräche mit Berufsberatungs- oder Lehrpersonen empfohlen (Beinke, 1993).

An vielen Orten gibt es die Möglichkeit von ein- bis mehrwöchigen Betriebspraktika oder *Schnupperlehren* (Beinke, 1991; Häfeli et al., 1981, S. 74). Das verschafft den Schülerinnen und Schülern sehr realistische Erfahrungen zu einem konkreten Beruf. Allerdings stehen die Betriebe nicht beliebig für Schnupperlehren zur Verfügung; gelegentlich betreiben die Lehrstellen sogar bereits eine Vorselektion und schließen andere Erfahrungswillige aus.[49]

Die eigentliche *Berufsentscheidung* schält sich in vielen Fällen im Lauf der genannten Abklärungen und Informationsbeschaffungsaktivitäten heraus. Oft steht am Schluss eine sehr reduzierte Menge von Berufen, die noch in Frage kommen. Die letzte Entscheidung fällt manchmal in Abhängigkeit von Freunden und deren Wahl, von der Aussicht auf eine konkrete Lehrstelle oder der persönlichen Bekanntschaft mit einer Berufsperson. Idealerweise aber besteht die Berufsentscheidung im Finden des optimalen Kompromisses zwischen Interessen, Fähigkeiten und Lehr- resp. Arbeitsangebot (so bereits Super, 1953, zit. nach Scheller, 1976, S. 36). Oft wird dann die Unterstützung des Berufsberaters oder der Berufsberaterin gesucht, um die letzten Pros und Kontras abzuwägen und mindestens Wahlen mit großem Misserfolgsrisiko zu vermeiden.

Die *Lehrstellensuche* geschieht logisch nach der eigentlichen Berufsentscheidung, ist aber manchmal mit dieser verquickt. Manche Jugendliche müssen für ihren gewählten Beruf sehr lange und mühsam eine Lehrstelle suchen. Sie können dann Hilfe beim Schreiben von Bewerbungen oder bei der Vorbereitung einer Vorstellung gut gebrauchen. In den meisten Fällen genießen sie dabei die Unterstützung der Eltern, die sie teilweise auch zur Vorstellung und zur Betriebsbesichtigung begleiten. Dennoch soll nicht übersehen werden, dass die Lehrstellensuche nur im Rahmen von entsprechenden Stellenangeboten möglich ist (Hübner-Funk, 1983). Die früher besprochene gesellschaftlich-historische «Konstruktion» von Jugend gilt auch hier.

Entgegen landläufiger Meinung besteht Berufsberatung nur zu einem kleinen Teil im beraterischen Einzelgespräch (Frischknecht, 1985). Der größere Teil ist die Informationsvermittlung über verschiedene Kanäle (Unterricht, Schriften, Vorträge, Schnupperlehre).

Eine besondere und hier nicht zu diskutierende Situation ist die Berufsberatung für Erwachsene, die aus gesundheitlichen oder anderen Gründen eine berufliche Neuausrichtung

---

49 Mündlich mitgeteilte Erfahrung von Professor François Stoll, Zürich (11.11.2000).

suchen. In diesen Fällen geht es um die Klärung der eigenen Identität (und der Wunschidentitäten) sowie der persönlichen Möglichkeiten beispielsweise nach einem Unfall oder dem Verlust der Arbeitsstelle sowie um die zielgerichtete Analyse des Arbeitsmarktes (Häfeli, 1992).

11.4 Berufsbildung

Das duale Berufsbildungssystem steht auf zwei Pfeilern, nämlich auf supervidierter Arbeit im Betrieb einerseits und auf dem Besuch der Berufsschule andererseits. Dabei nimmt meistens die Arbeit im Betrieb den größeren Teil der Ausbildungszeit in Anspruch.[50]

11.4.1 Berufsausbildung am Arbeitsplatz

Den Lehrlingen wird zwar alle berufsbezogene Arbeit zugemutet, aber unter Anleitung und in einer auf die Ausbildungsbedürfnisse bezogenen Gewichtung und Reihenfolge. Die Betriebe sind gehalten, die Arbeit der Lehrlinge lernwirksam zu gestalten. Es bestehen Lehrpläne, die von Berufsorganisationen und staatlichen Organen gemeinsam erstellt werden und deren Einhaltung auch überwacht wird. In den meisten Fällen ist ein Meister resp. eine Meisterin (= Berufsperson mit anerkanntem Berufsdiplom plus Meisterdiplom) für die Ausbildung verantwortlich. In größeren Betrieben besteht ein Rotationssystem, so dass konkrete Erfahrungen in allen berufsrelevanten Bereichen erworben werden. Das heißt auch, dass die praktische Berufsausbildung oft breiter gefächert ist als die spätere Berufsausübung. Laut einer umfassenden Schweizer Studie von Häfeli und Mitarbeitenden (1981) über die Arbeitsbedingungen von Lehrlingen sind die Lernbedingungen im Allgemeinen in Kleinbetrieben und in Großbetrieben besser als in mittelgroßen Betrieben (10 bis 50 Angestellte). In Kleinbetrieben ist der häufige Kontakt mit der Lehrmeisterin oder dem Lehrmeister recht dicht, in mittelgroßen Betrieben sind ausgelernte Arbeiterinnen und Arbeiter die Hauptkontaktpersonen, und in großen Betrieben bestehen besondere Ausbildungsgänge und Lehrprogramme mit systematischer Betreuung.

Die Arbeit im Betrieb wird von den Lehrlingen meistens gerne ausgeübt. Ihr besonderer Reiz besteht darin, dass es – im Gegensatz zur Schule – «echte» Arbeit ist, die für den Betrieb auch ökonomisch von Belang ist und wofür ja auch ein Lehrlingslohn bezahlt wird. Da lauert aber auch eine gewisse Gefahr, nämlich dass die Betriebe vor allem Arbeit an die Lehrlinge delegieren, die sie mit geringer Qualifikation produktiv erbringen können. Ausgerechnet die erwünschte Einbettung in den konkreten ökonomischen Zusammenhang geht mit der Gefahr des Missbrauchs einher (Gonon, 1997, S. 169). Das ist dem direkten Ausbildungseffekt abträglich und unterminiert die Heranbildung von interessierten, flexiblen und kreativen Berufsleuten. Letztere Eigenschaften werden wesentlich gefördert durch die Zentralität (im Gegensatz zur Marginalität) der Arbeit, durch die hilfreiche und anregende Interaktion mit der Lehrmeisterin oder dem Lehrmeister und durch den Erhalt der intrinsischen Motivation für den gewählten Beruf (Feij, Whitely, Peiró & Taris, 1995).

Nicht ganz überraschend, aber doch bedenkenswert ist, dass im Allgemeinen anspruchsvolle resp. gut bezahlte Berufe wie Elektronik-Techniker bessere und angenehmere betriebliche Bedingungen anbieten als weniger gut bezahlte wie Köchin/Koch oder Verkäuferin/Verkäufer (Kälin et al., 2000). Diese betrieblichen Bedingungen wurden in der Studie von Kälin und Mitarbeitenden operationalisiert als objektive Stressoren, Freiheitsgrade in der persönlichen Arbeitsgestaltung, Schwierigkeiten mit Kolleginnen und Kollegen und erfahrener Respekt als Lehrling, der eben noch ein Anfänger ist.

---

[50] Wir wollen im gesetzten Rahmen dieses Buches auf die alte klassische Unterscheidung zwischen Ausbildung (pragmatisch auf Tätigkeitsziele orientiert) und Bildung (ganzheitliche Menschenbildung, Allgemeinbildung etc.) verzichten. Wir sprechen hier nach schweizerischem Sprachgebrauch von Ausbildung und von Berufsausbildung, gelegentlich verkürzt von Berufsbildung.

Tabelle 11–4: Schlüsselqualifikation im Verständnis moderner Berufspädagogik (nach Schelten, 1994, S. 147)

Materiale Kenntnisse und Fertigkeiten	Berufspraktische Kenntnisse und Fertigkeiten großer Breitenwirkung: Messtechnik, Arbeitsschutz, Maschinenwartung, Arbeitsanweisungen in Form von Zeichnungen auf Handlungspläne umsetzen können, Fehler und Störungsursachen suchen und erkennen können, ökonomisch und mit Überblick arbeiten können, Lesen, Anwenden und Erstellen von technischen Unterlagen, Planen und Steuern von Arbeits- und Bewegungsabläufen sowie Kontrollieren und Beurteilen der Ergebnisse.
	Allgemeinbildende Kenntnisse und Fertigkeiten berufsübergreifender Art: Kulturtechniken, Fremdsprachenkenntnisse, technische und wirtschaftliche Allgemeinbildung.
Formale Fähigkeiten	Selbständige Denk- und Lernbefähigung: Analytisches Denken, synthetisches Denken, Kreativität, technisches Verständnis, Transferfähigkeit, Problemlösungsfähigkeit, Beurteilungsvermögen, kritisches Denken.
	Allgemeine berufsmotorische Befähigung: Koordinationsfähigkeit, Konditionsfähigkeit, Reaktionsschnelligkeit, manuelle Geschicklichkeit, Konzentrationsfähigkeit, Gefühl für Material- und Werkzeugbehandlung.
Personale Fähigkeiten	Befähigung in Arbeitstugenden: Genauigkeit, Zuverlässigkeit, Streben nach Arbeitsqualität, Gewissenhaftigkeit, Verantwortungsbewusstsein, Pflichtbewusstsein.
	Befähigung mit einzelpersönlicher Betonung: Selbständigkeit, Kritikfähigkeit, Selbstvertrauen, Optimismus, Leistungsbereitschaft.
Soziale Fähigkeiten	Befähigung, in Arbeitsgemeinschaften gruppenorientiertes Verhalten zu zeigen: Kooperationsbereitschaft, Kontaktfähigkeit, Kommunikationsfähigkeit, Toleranz, Fairness, Aufrichtigkeit, Teamgeist.

11.4.2 Berufsschule

Der Lehrplan der Berufsschule umfasst allgemein bildende und staatsbürgerliche Fächer (z. B. Muttersprache, Fremdsprachen, Umgang mit Computern, Aufbau und Funktionieren des Staatswesens, rechtliche Fragen, Buchhaltung) sowie direkt berufsbezogene Fächer (z. B. Branchenkenntnisse und Materialkenntnisse). Heute wird die Ausbildung immer mehr polyvalent gestaltet, d. h. auf eine breite Palette künftiger Berufstätigkeit orientiert. Dadurch sollen auch die späteren Anpassungen an Neuerungen im Berufsfeld besser möglich werden. Man spricht von Schlüsselqualifikationen. Schlüsselqualifikationen stellen Einzelberuf-übergreifende Lehrziele dar (Arnold, 1994). Schelten (1994) hat dafür eine bemerkenswerte Liste zusammengestellt (Tab. 11–4). Dass der Schlüsselqualifikationen in dieser Liste so viele sind, spiegelt die Schwierigkeit ihrer Definition. Entweder fasst man mehr oder weniger alle in unserem Kulturkreis wünschbaren Eigenschaften und Fähigkeiten gebildeter Erwachsener zusammen, oder man begibt sich auf das Glatteis der Rechtfertigung einer Auswahl.[51]

Offensichtlich sticht die Berufsschule in wesentlichen Teilen von der vorher erlebten Schule

---

51 Angesichts dieser Schwierigkeit verzichten Geissler und Orthey (1998) auf eine Aufzählung und zitieren stattdessen Augustinus: «Wenn mich keiner fragt, weiß ich es; will ich es aber dem, der es mich fragt, erklären, so weiß ich es nicht» (S. 205).

ab, was vor allem für die damals schulmüden Jugendlichen wichtig ist. Die Berufsschule hat aber auch eine wichtige soziale Funktion, indem sie gleichaltrige Gleichinteressierte zusammenbringt. Vor allem im kleinen Betrieb stehen Lehrlinge mehr oder weniger als Einzelne lauter bereits ausgebildeten und älteren Mitarbeiterinnen und Mitarbeitern gegenüber und schätzen dann die Kontakte in der Berufsschule.

11.4.3 Persönlichkeitsentwicklung durch Berufsausbildung

Ohne Zweifel hat die Erfahrung der Berufsbildung auch Auswirkungen auf die jungen Persönlichkeiten. Von der Entwicklung der Identität war schon die Rede. Insbesondere die Berufsausbildung am Arbeitsplatz scheint sich auf Verantwortungsbereitschaft positiv auszuwirken, etwa im Unterschied zu vergleichbaren Jugendlichen, die noch in eine Vollzeitschule gehen; auch zeigen Lehrlinge eine differenziertere Zukunftsperspektive als die Jugendlichen in der Vollzeitschule (Häfeli et al., 1988; Hamilton, 1994; Hamilton, & Lempert, 1996).

Es ist allerdings nicht gleichgültig, was für eine Lehrstelle jemand findet resp. was für eine Lehrmeisterin oder was für einen Lehrmeister jemand hat. Die Entwicklung von Eigenschaften wie Selbstvertrauen, Selbständigkeit und Konfliktfähigkeit hängen offensichtlich stark von Erfolgserfahrungen in der Lehre und vom Umgang der Lehrmeisterin oder des Lehrmeisters ab (Lempert, 2000).

Häfeli und Mitarbeitende (1988) haben solche Zusammenhänge in einer großen Längsschnittstudie untersucht. Natürlich kann man von den Selbsteinschätzungen nicht erwarten, dass sie sich im Gruppenmittelwert im Lauf der Jahre wesentlich ändern; für die Einzelnen gilt meistens der Bezug zu Vergleichbaren, die unterdessen auch eine Berufslehre durchlaufen haben. Desto wichtiger sind differentielle Befunde, d. h. individuelle Veränderungen, die über die allgemeinen Veränderungen hinausgehen. So wurde in der genannten Untersuchung beispielsweise festgestellt, dass das Selbstwertgefühl 19-jähriger Lehrlinge nach Auspartialisierung des Selbstwertgefühls mit 15 Jahren, signifikant positiv von der in der Lehre erfahrenen Autonomie, von den erfahrenen Anforderungen und der zugeteilten Verantwortung abhängt. Ungünstig auf das Selbstwertgefühl wirkten sich erfahrene Arbeitsbelastung resp. Überbelastung aus. Das gleiche Prädiktionsmuster ließ sich für die subjektive Kompetenzeinschätzung finden. Für das positive subjektive Körperbild waren «subjektiv gute Arbeit und Ausbildung» (nur bei Männern), motivierende Arbeit (nur bei Frauen) günstige Voraussetzungen; negativ zu Buche schlug bei Frauen zeitliche Arbeitsbelastung («Hetze»). Für die Depressionsneigung ergaben sich außer der Erstmessung mit 15 Jahren nur wenige signifikante Prädiktoren. Signifikant mit späterer Depressionsneigung hingen aber mangelnde soziale Transparenz (bei jungen Männern) und schlechte subjektiv beurteilte Ausbildung und Arbeit (bei Frauen) zusammen. Natürlich sind solche Prädiktionen nicht ursächlich zu verstehen; oft kann die Wirkung sogar umgekehrt sein (Beispiel: Depression und subjektiv beurteilte Ausbildung und Arbeit), und oftmals sind es Selektionseffekte (Beispiel: wer einen sicheren Eindruck macht, bekommt auch mehr Verantwortung zugeteilt; vgl. auch Häfeli et al., 1988, S. 213).

Schließlich fanden Häfeli und Mitarbeitende (1988) berufsspezifische Auswirkungen auf die Intelligenzentwicklung. Gemessen an der Prädiktionsgleichung für alle untersuchten Personen zeigten die technischen Berufe eine positive Auswirkung auf das räumliche Vorstellen und das logische Denken, jedoch nicht auf verbale Fähigkeiten. Die entgegengesetzten Veränderungen fanden sich für kaufmännische Angestellte: Zuwachs an verbalen Leistungen und relative Abnahme in Leistungen des räumlichen Vorstellens und des logischen Denkens.[52]

---

[52] Zum Vergleich: Die Mittelschülerinnen und -schüler der gleichen Studie zeigten in allen drei hier angesprochenen Intelligenzbereichen eine überdurchschnittliche Zunahme.

11.5 Berufsausübung

Da die Berufsausübung jenseits der hier besprochenen Altersspanne liegt, wird sie hier nur kurz erwähnt.

Viele Lehrlinge nehmen nach Abschluss ihrer Lehre gleich eine Stelle beim bisherigen Arbeitgeber an. Von denen, die wechseln, tut es ein großer Teil freiwillig. Die Arbeitszufriedenheit weist über die Zeit vom letzten Lehrjahr zum ersten Facharbeitsjahr eine relativ geringe Stabilität auf. Nicht überraschend gewinnt sie im Durchschnitt bei jenen, welche die Stelle wechseln (Elfering, Semmer & Kälin, 2000).

Wie oben bereits angesprochen, wandelt sich die Berufswelt gegenwärtig sehr rasch. Niemand kann heute damit rechnen, ein Leben lang seinen gelernten Beruf ausüben zu können (Blossfeld, 1989). Der Beruf könnte plötzlich obsolet werden (Beispiele: Bleisetzer/in, Uhrmacher/in). Dazu kommt, dass die eigenen Lebensanschauungen sich rascher wandeln als früher, d. h. dass Berufseinsteigerinnen und -einsteiger damit rechnen müssen, in einigen Jahren andere Interessen entwickelt zu haben.

Das sollte aber nicht dazu verleiten, die Berufsausbildung und die aktuelle berufliche Tätigkeit nicht wichtig zu nehmen. Vorausgehende Berufstätigkeiten sind immer auch ein Fundament für allfällige andere spätere Berufstätigkeiten. Die aktuelle «Job»-Mentalität reduziert nicht nur die Qualität beruflicher Leistungen, sondern auch den Identitäts- und Selbstwertgewinn, der aus der Berufstätigkeit bezogen werden kann.

Im Übrigen bestehen in der Berufsausübung ähnliche Wechselwirkungen zwischen Arbeitsbedingungen und Persönlichkeit(sentwicklung) wie in der Berufsausbildung. Und diese Wechselwirkungen strahlen auf die Arbeitszufriedenheit aus. Ein Befund, der sich in den letzten Jahren immer wieder eingestellt hat, ist der, dass angemessene Freiheitsgrade bei der Berufsausübung die Arbeitszufriedenheit, aber auch die Motivation und die Persönlichkeitsentwicklung fördern (Hoff, 1995). Und natürlich gilt hier wieder, dass die Betroffenen selber auch einen gewissen Einfluss haben auf die Wahl und auf die Gestaltung ihres Arbeitsplatzes.

11.6 Jugendarbeitslosigkeit

Unfreiwillige Arbeitslosigkeit stellt eine schwere persönliche und soziale Belastung dar. Das gilt wahrscheinlich für Jugendliche noch mehr als für Erwachsene, weil sie ja erst einmal in der Arbeitswelt ankommen wollen. Es ist ihnen dann verwehrt, die berufliche Identität zu erwerben und zu pflegen, die sie – zu Recht – als normative Entwicklungsaufgabe wahrnehmen.

Die Jugendarbeitslosigkeit ist in Ländern mit dem Marktmodell der Berufsausbildung (vgl. 11.1.2) im Allgemeinen höher als in Ländern, die das duale Berufsbildungssystem pflegen (vgl. Behrens, Brown & Hurrelmann, 1992; Bertram, 1994b; Schelten, 1994). Das ist plausibel. Wer in eine Berufslehre eintritt, ist mindestens in dieser Zeit nicht arbeitslos (Peiró, Hontangas & Salanova, 1994). Und wenn der Staat sich darum kümmert, dass alle Lernwilligen eine Lehrstelle finden (z. B. durch Unterstützung der Lehrstellenanbieter in schwierigen Zeiten), ist Arbeitslosigkeit für sie keine große Gefahr. Nach Lehrabschluss schließlich haben die jungen Leute so gute berufliche Qualifikationen, dass sie nicht wie in manchen anderen Ländern zu den wenig privilegierten Arbeit Suchenden gehören.

Nach dem Abschluss der Berufslehre ist Arbeitslosigkeit leider dennoch für viele eine Realität, vor allem wenn sie einen Beruf erworben haben, der gerade im Augenblick schlechte Konjunktur hat oder für den in der Gegend wenig Stellen angeboten werden. Überhaupt gibt es starke regionale Unterschiede. Jugendliche wechseln ihren Wohnort meistens nicht über sehr große Distanzen, insbesondere jene aus sozial weniger privilegierten Familien nicht (Christe, 1989; Friebel, 1987).

Arbeitslose Jugendliche müssen erleben, dass man sie nicht braucht; ihre weitere berufliche Zukunft wird für sie diffus, Teile ihrer Identität bleiben schmerzhaft unbestimmt (Braun, 1986). Dies gilt umso mehr, als während der Arbeitslosigkeit die beruflichen und viele soziale Fähigkeiten ungepflegt bleiben und allenfalls verkümmern, wenn nicht besondere ausbildungs- oder weiterbildungsorientierte Programme besucht werden. Die Zeit der Arbeitslosigkeit ist ihrerseits alles andere als Freizeit im üblichen Sinn. Mit dem Zerfall der Zeitstrukturen (Tages- und Nachtzeiten, Wochentagfolge) geht auch die Verortung der freien Zeit verloren; Gefühle der Hilflosigkeit sogar in der Alltagsbewältigung sowie depressive Tendenzen können die Folge sein (Furnham, 1994). Aufgrund der aktuellen Befundlage kann man trotzdem nicht sagen, dass arbeitslose Jugendliche immer passiver werden und sich am Ende gar nicht mehr um Arbeit und eine Verbesserung ihrer Situation bemühen (Christe, 1989; Hahn, 1996). Auch isolieren sich nicht alle arbeitslosen Jugendlichen in sozialer Hinsicht; allerdings werden die Konflikte mit den Eltern bei arbeitslosen Jugendlichen häufiger. Sozialer Anschluss bei Gleichaltrigen scheint ihre psychische Lage denn auch zu verbessern (Bilden, 1986; Winter, 1982).

Nach Baethge, Schomburg und Voskamp (1983, S. 216-217, zit. nach Hurrelmann, 1989a, S. 12) hat der Anteil der 15- bis 20-Jährigen Westdeutschlands, die eine Erwerbsanstellung haben (inkl. Lehrlinge im Sinne der dualen Berufsausbildung), seit den 50er Jahren drastisch abgenommen, weil immer mehr junge Leute in die Mittelschule gingen (vgl. Kap. 11.1.2). In der gleichen Zeit stellten sie interessanterweise in den USA einen umgekehrten Trend fest. Das hat damit zu tun, dass (1) dort die Arbeitsmöglichkeiten für Teilzeitbeschäftigte (allerdings meist anspruchslose Tätigkeiten) zugenommen haben, aber auch damit, dass (2) die hohere Ausbildung für Eltern resp. Studierende in den USA eine wesentlich größere finanzielle Belastung darstellt als bei uns und dass (3) die sich mehr «modularisierten» und über eine Summe von sog. Credits zu absolvierenden Studiengänge besser für Teilzeitstudiengänge eignen. Dadurch gestatten sie einen relativ frühen (partiellen) Einstieg in die Arbeitswelt mit trotzdem intakter Perspektive, einmal ein Hochschulstudium abzuschließen.

11.7 Ausblick

Der Übertritt ins Berufsleben ist für die Jugendlichen in der späteren Adoleszenz der normale Weg der Sozialisation und der Selbstverwirklichung. Es kann nicht wünschbar sein, dass dieser Übertritt brüsk erfolgt. Darum erstaunt es aus der Sicht deutschsprachiger Länder, dass das sog. duale Berufsbildungssystem weltweit nicht weiter verbreitet ist. Indes ist es auch bei uns weder langfristig garantiert noch überhaupt für alle Jugendlichen der Normalfall.

Die Jugendlichen, die ihren Beruf auf der Hochschule erlernen, erleben den Übergang trotzdem relativ brüsk. Das wird allerdings in vielen Fällen abgefedert durch den Umstand, dass die Universitäten mit ihrem wissenschaftlichen Auftrag die eigentliche Berufsvorbereitung in vielen Fällen gar nicht leisten können, sondern an postgraduierte Zusatzausbildungen (z. B. für Psychotherapie) und Einstiegspraktika delegieren.

Aber auch der bisherige Normalfall der dualen Berufsausbildung für die nichtstudierende Jugend wird heute beispielsweise in der Bundesrepublik seltener. Das hat nicht nur damit zu tun, dass alle Jugendlichen wenn möglich auf die Hochschule wollen, sondern auch damit, dass die Berufsanforderungen derart gewachsen sind, dass sie eine gründlichere und theoretischere Ausbildung erfordern, als bisher üblich war. Es gibt auch Branchen, die die eigentliche Berufsausbildung immer mehr selber in die Hand nehmen und dafür mit Vorliebe Absolventinnen und Absolventen der Gymnasien einstellen. Mit dem Fachabitur resp. der Berufsmatura werden hier neue Wege beschritten, die bestimmt nicht nur im Dienst der Betriebe und des Handwerks sind, sondern auch sozialisationspsychologisch vorteilhaft sind.

Teil IV
Problemverhalten

12. Internalisierende Probleme: Depression und Essstörungen

In diesem und im nächsten Kapitel setzen wir uns mit internalisierenden und externalisierenden Formen von Problemverhalten auseinander. Verhalten ist allerdings nie an sich normal, abweichend oder problematisch. Nur mit Bezug auf Normen, Erwartungen und Auswirkungen kann man entscheiden, ob ein Verhalten Probleme aufwirft.

Abweichendes Verhalten (auch normbrechend oder deviant genannt) bezieht sich auf soziale Normen. Abweichendes Verhalten Einzelner ist für die Bezugsgruppe resp. die Gesellschaft störend. Der Bezug auf Normen und Erwartungen bedeutet, dass man Problemverhalten nur in Abhängigkeit von Kultur, sozialem Umfeld (Subkultur, Familie etc.), Geschlecht und Alter definieren kann. Diese Relativierung der Angemessenheit eines Verhaltens kann zu Verwirrung und Unsicherheit führen. Es ist zum Beispiel nicht immer klar, wann man als Erziehungsbeauftragte auf ein Verhalten Einfluss nehmen darf oder soll. Würden die allermeisten weiblichen Adoleszenten rauchen oder extrem harte Diäten durchführen, wäre es nahe liegend zu sagen, dass diese Verhaltensweisen bei Mädchen in einem gewissen Alter und in der gegebenen (Sub-) Kultur angemessen und somit auch nicht problematisch seien. Und trotzdem könnten diese Verhaltensweisen die weitere Entwicklung dieser Mädchen stark beeinträchtigen und *insofern* als problematisch betrachtet werden. Hier ist der Bezug zur Funktionalität des Verhaltens nötig. Aber da muss man unterscheiden: Dasselbe Verhalten kann in einem Entwicklungsbereich funktional und in einem anderen dysfunktional sein. In unserem Beispiel wäre die harte Diät körperlich dysfunktional, könnte aber in dieser Subkultur für die soziale Integration funktional sein. Im Bereich des Selbstkonzepts könnte dieses Verhalten sowohl positive Effekte haben («ich bin wie die anderen», «ich ziehe die harte Aufgabe durch», «ich entspreche dem ultra-schlanken Ideal meiner Kultur», etc.) als auch negative («ich genüge dem Körperideal meiner Kultur nicht», «mein Körper ist eine Belastung», etc.). Die Funktionalität eines Verhaltens muss auch unter dem Aspekt der Dichotomie «Ich-Andere» betrachtet werden. Was für eine Person funktional sein kann (z. B. Erreichen eines besonderen Ziels), kann für das Umfeld problematisch sein (z. B. wenn das Ziel auf Kosten anderer erreicht wird).

Wir definieren *Problemverhalten* als Verhalten, das eine Gefährdung für die eigene Entwicklung oder die Entwicklung anderer darstellt; *Risikoverhalten* definieren wir in diesem Rahmen mit Bezug auf die je persönlichen Ziele und auf die persönlichen Chancen langfristig befriedigender Entwicklung. Rauchen ist beispielsweise kein *abweichendes Verhalten* (weil die Raucher nicht eine kleine Minderheit der Bevölkerung darstellen), aber Rauchen ist ein *Entwicklungsrisiko*, weil es tatsächlich die Gesundheit und das Wohlergehen der Betroffenen und damit die Entwicklung gefährdet.

Problemverhalten wird traditionell in zwei Hauptkategorien unterteilt: internalisierendes und externalisierendes Problemverhalten. Letztere Kategorie zieht meistens größere Aufmerksamkeit auf sich als die erste. Externalisierendes Problemverhalten ist sichtbar abweichend, normbrechend und somit nicht nur für die betroffenen Personen problematisch, sondern auch für ihr Umfeld. Im Gegensatz dazu bezeichnet internalisierendes Problemverhalten eine Reihe von Problemen, die vor allem die betroffenen Personen in ihrer Entwicklung beeinträchtigen, die jedoch für das Umfeld nicht immer klar erkennbar sind.

Es wird gelegentlich diskutiert, inwiefern es sich um verschiedene Problemkomplexe oder um verschiedene Erscheinungsformen dahinter liegender Probleme handelt. Das relativ häufige gleichzeitige Auftreten verschiedener Probleme wie beispielsweise aggressives Verhalten und Depression könnte letztere Hypothese unterstützen. Allerdings gibt es deutliche empirische Ergebnisse, die zeigen, dass aggressives Verhalten und Depression verschiedene Ursachenzusammenhänge aufweisen können (McCord, 1990). Das gleichzeitige Auftreten verschiedener Problemverhaltenstypen oder Störungen ist allerdings eine Tatsache, man spricht dann von Komorbidität.

In diesem Kapitel widmen wir uns zwei Typen von internalisierendem Problemverhalten, und zwar der Depression und den Essstörungen.

12.1 Depression

Obwohl oft betont wird, dass Depression in der Kindheit und in der Adoleszenz vor 1960 keine eigene diagnostische Kategorie darstellte, findet man in der Fachliteratur Mitte des 18. Jahrhunderts die ersten Beschreibungen von Melancholie bei Kindern, d. h. eines der Depression ähnlichen Syndroms (Merikangas & Angst, 1995). Längere Zeit gingen Fachleute auch davon aus, dass affektive Störungen normale Übergangsphänomene der Pubertät und des Jugendalters darstellen, die nach Eintritt ins Erwachsenenalter von selber verschwinden. Erst nachdem die Forschungsliteratur auf die Tatsache hinwies, dass viele Jugendliche diesen Lebensabschnitt ohne größere Probleme durchlaufen (Douvan & Adelson, 1966; Offer, 1969), während tatsächlich depressive Jugendliche ein erhöhtes Risiko für eine Erwachsenendepression und andere schwerwiegende psychische Störungen im Erwachsenenalter aufweisen, wurde Depression im Jugendalter als eine psychische Störung mit eigener klinischer Relevanz betrachtet (Harrington, 1993; Merikangas & Angst, 1995; Rutter, 1986; Rutter, Graham, Chadwick & Yule, 1976; Weiner & DelGaudio, 1976). Es gibt auch Hinweise, dass die Prävalenz (= Gesamtzahl aller Krankheitsfälle, die in einer definierten Population zu einem bestimmten Zeitpunkt oder während einer Zeitperiode vorkommen) von Depressionen während der Adoleszenz in der letzten Zeit deutlich zugenommen hat (Fleming & Offord, 1990; Rutter, 1986).

12.1.1 Phänomenologie und diagnostische Klassifikation

In den letzten Jahrzehnten hat Depression das Interesse vieler Adoleszenzforscher und -forscherinnen geweckt, was zu Divergenzen in der Definition der Störung führte. Der Begriff Depression wird unter anderem nicht mehr nur als Bezeichnung der klinischen Störung, sondern auch für mildere Formen von Verstimmungen verwendet.

Man ist sich im Allgemeinen darüber einig, dass Depressionen im Jugendalter den Depressionen im Erwachsenenalter phänomenologisch ähnlich sind. Eine Depression kann unter anderem als «emotionale Leere» charakterisiert werden. Es ist ein Zustand der Kontur- und Farblosigkeit (engl. flatness; Harrington, 1993, S. 2), der einer «schwarzen Wolke» gleicht, die jede Wahrnehmung von sich selber und von der Außenwelt verdunkelt (Hamilton, 1982). Ein anderes zentrales Merkmal depressiver Störungen wird durch den Begriff «Anhedonie» ausgedrückt, nämlich eine Unfähigkeit, Freude zu empfinden. Dies betrifft sogar Tätigkeiten, die früher einmal als lustvoll erlebt wurden. Diese phänomenologischen Beschreibungen machen deutlich, dass Depression nicht identisch ist mit Traurigkeit oder dem Gefühl, unglücklich zu sein, obgleich depressive Menschen diese Begriffe verwenden, um ihren Gemütszustand zu beschreiben.

Neben diesen generellen Zustandsbeschreibungen gehört eine Vielzahl von heterogenen Symptomen zur Depression. Hautzinger (1998) teilt diese Symptome in fünf Kategorien ein: (1) verhaltensbezogene und motorische Symptome wie eine kraftlose, gebeugte Körperhaltung, einen traurigen und weinerlichen Gesichtsausdruck, leise und monotone Sprache oder allgemeine Aktivitätsverminderung; (2) emotionale Symptome wie Gefühle von Niedergeschlagenheit und Hilflosigkeit, innere Leere und Unzufriedenheit, Angst und Sorge; (3) physiologisch-vegetative Symptome wie innere Unruhe, Reizbarkeit, Schlafstörungen, Appetit- und Gewichtsverlust; (4) imaginativ-kognitive Symptome wie negative Einstellung gegenüber sich selbst, Pessimismus, permanente Selbstkritik, Hypochondrie, Konzentrationsprobleme oder Insuffizienzgefühle; (5) motivationale Symptome wie Misserfolgsorientierung, Rückzugs- und Vermeidungshaltung, Interessenverlust, Antriebslosigkeit oder Suizid.

In den letzten Jahrzehnten haben Forscher und Praktiker viel Gewicht auf die vierte Symptomkategorie – die kognitiven Aspekte der Depression – gelegt. Beck (1976) postulierte eine «kognitive Triade» bei depressiven Patienten, bestehend aus einer negativen Sichtweise ihrer selbst, der Umwelt und der Zukunft. Außerdem neigen solche Individuen dazu, negative Ereignisse auf sich selbst zu attribuieren, indem sie ihre Misserfolge als zeitlich stabil und für ihre ganze Persönlichkeit kennzeichnend betrachten (Seligman et al., 1984).

Depression kann als Konstrukt im Sinne eines Kontinuums von normalen Reaktionen auf negative Lebensereignisse bis hin zu extrem emotionalen Zuständen tiefer Melancholie, völliger Apathie oder suizidaler Gefährdung betrachtet werden. Ob eine Depression im Jugendalter klinisch relevant ist oder nicht, hängt somit von der Schwere der Symptome ab. Viele Forscher beschäftigen sich deshalb mit der Frage nach der Grenzziehung zwischen «normalen» depressiven Reaktionen und einer klinischen Depression (Angold, 1988).

Harrington (1993) unterscheidet eine *Depression als isoliertes Symptom*, das er als Teil der normalen Spannbreite menschlicher emotionaler Reaktionen betrachtet, wie sie viele Leute zu irgendeinem Zeitpunkt erleben, von einer *Depression als Syndrom*, das meist als eine Kombination von depressiver Stimmung mit bestimmten anderen, damit verbundenen Symptomen definiert wird. Petersen, Compas und Mitarbeitende (1993) unterscheiden zwischen drei Kategorien: (1) depressive Stimmung, (2) depressives Syndrom und (3) klinische Depression. Depressive Stimmung ist identisch mit Harringtons Definition von Depression als Symptom. Sie tritt oft zusammen mit anderen negativen Emotionen wie Furcht, Schuldgefühlen, Ärger, Verachtung oder Ekel auf, jedoch nie zusammen mit Freude (Watson & Kendall, 1989). Petersen, Compas und Mitarbeitende (1993) betrachten depressive Syndrome als eine Konstellation von Emotionen und Verhaltensweisen, die durchwegs gemeinsam miteinander auftreten. Beispielsweise fand Achenbach (1991, zit. nach Petersen, Compas et al., 1993), dass die folgenden Symptome eines gemischten depressiv-ängstlichen Syndroms in Berichten von Adoleszenten, ihren Eltern und Lehrern, zuverlässig identifiziert werden können: Gefühl der Einsamkeit, Weinen, Angst, schlechte Dinge zu tun, Gefühl, perfekt sein zu müssen, Gefühl, ungeliebt zu sein, Gefühl, dass andere einem ein Bein stellen wollen, Gefühl der Wertlosigkeit, der Angespanntheit, der Ängstlichkeit, der Schuld, der Selbstunsicherheit, des Misstrauens oder der Traurigkeit, Sorgen. Im Gegensatz zu Harrington (1993) sprechen Petersen, Compas und Mitarbeitende (1993) nur dann von einem depressiven Syndrom, wenn die diagnostischen Kriterien einer klinischen Depression (Major Depression) gemäss den Klassifikationssystemen psychischer Störungen der American Psychiatric Association (DSM-IV) oder der World Health Organization (ICD-10) nicht zutreffen.

Gemäss DSM-IV kann bei Jugendlichen eine «Major Depression», eine «dysthyme Störung» oder beides diagnostiziert werden. Eine *Major Depression* erfordert das Vorkommen von mindestens fünf der folgenden neun Symptome innerhalb eines Zeitraums von mindestens zwei Wochen: (1) depressive oder reizbare Verstimmung; (2) deutlich vermindertes Interesse oder verminderte Freude an fast allen Aktivitäten; (3) deutlicher Gewichtsverlust oder Gewichtszunahme oder verminderter oder gesteigerter Appetit; (4) Schlaflosigkeit oder vermehrter Schlaf; (5) psychomotorische Unruhe oder Verlangsamung; (6) Müdigkeit oder Energieverlust; (7) Gefühle von Wertlosigkeit oder übermässige bzw. unangemessene Schuldgefühle; (8) verminderte Fähigkeit zu denken oder sich zu konzentrieren oder verringerte Entscheidungsfähigkeit; (9) wiederkehrende Gedanken an den Tod oder wiederkehrende Suizidvorstellungen ohne genauen Plan oder tatsächlicher Suizidversuch oder genaue Planung eines Suizids. Entweder das erste oder das zweite Symptom muss anwesend sein, und die Symptome müssen eine Änderung gegenüber der vorher bestehenden Leistungsfähigkeit darstellen.

Eine *dysthyme Störung* wird diagnostiziert, wenn der oder die Jugendliche über einen Zeitraum von mindestens einem Jahr eine depressive oder reizbare Verstimmung aufweist. Während der depressiven Verstimmung bestehen mindestens zwei der folgenden sechs Symptome: (1) Appetitlosigkeit oder übermässiges Bedürfnis zu essen; (2) Schlaflosigkeit oder übermässiges Schlafbedürfnis; (3) Energiemangel oder Erschöpfung; (4) geringes Selbstwertgefühl; (5) Konzentrationsstörungen oder Entscheidungserschwernis; (6) Gefühl der Hoffnungslosigkeit.

Depressive Störungen, welche die oben aufgeführten Kriterien nicht erfüllen oder sich innerhalb von drei Monaten nach Anwesenheit eines identifizierbaren psychosozialen Stressors entwickeln, werden als *Anpassungsstörung mit depressiver Stimmung* klassifiziert.

12.1.2 Epidemiologie und Komorbidität

Leider gibt es bisher keine national oder international repräsentativen epidemiologischen Studien zur Depression bei Jugendlichen. Die Prävalenzraten müssen deshalb aus sehr unterschiedlichen Stichproben abgeleitet werden (Merikangas & Angst, 1995; Petersen, Compas et al., 1993). Des Weiteren werden sehr unterschiedliche Messinstrumente und Grenzwerte benutzt, und es wird nicht immer klar zwischen Depressivität, depressivem Syndrom und klinischer Depression differenziert. Darum variieren die Prävalenzraten stark.

In Normalpopulationen wird der Anteil Jugendlicher, die in den sechs Monaten vor der Untersuchung gemäß Auskunft ihrer Eltern an einer depressiven Verstimmung litten, auf 10 % bis 20 % für Jungen und auf 15 % bis 20 % für Mädchen geschätzt. Nach Auskunft der Jugendlichen selber weisen 20 % bis 35 % der Jungen und 25 % bis 40 % der Mädchen eine depressive Verstimmung auf (Petersen, Compas et al., 1993). Merikangas und Angst (1995) rechnen auf der Basis von acht verschiedenen epidemiologischen Erhebungen in Normalpopulationen mit Zahlen zwischen 23 % und 50 %. Sie berichten weiter von Punktprävalenzraten (= Vorkommen im Untersuchungsaugenblick) einer Major Depression zwischen 0.4 % und 5.7 %. Die durchschnittliche 6-Monats-Prävalenzrate (drei Studien) betrug 5.1 %. Die Lebenszeitprävalenz (= Vorkommen im Leben der Befragten bis zum Untersuchungszeitpunkt) einer Major Depression bei Jugendlichen reichte von 1.9 % bis 18.4 %.

Petersen, Compas und Mitarbeitende (1993) fanden bei durchschnittlich 7 % der Jugendlichen in 14 Studien an nichtklinischen Stichproben und bei durchschnittlich 42 % der Jugendlichen in sechs Studien an klinischen Stichproben eine klinisch relevante Depression.

Obwohl diese Daten etwas fragmentarisch sind, können mehrere Schlüsse daraus gezogen werden. Erstens scheint eine depressive Verstimmung bei Adoleszenten recht häufig vorzukommen; etwa jeder vierte Junge und jedes dritte Mädchen im Jugendalter berichten über eine depressive Verstimmung in den vergangenen sechs Monaten. Zweitens scheinen Eltern die depressive Verstimmung ihrer Kinder zu unterschätzen (oder die Kinder überschätzen sie). Drittens sind die verschiedenen Prävalenzraten von Depressionen im Jugendalter bei nichtklinischen Stichproben vergleichbar mit Angaben über die gesamte Lebensspanne hinweg, nämlich einer Punktprävalenz von ca. 5 % und einer Lebenszeitprävalenz von ca. 10 % (Hautzinger, 1998). Insgesamt stellt Depression bei klinischen Stichproben von Jugendlichen eine weit verbreitete Störung dar.

In mehreren epidemiologischen Studien wurde festgestellt, dass eine beträchtliche Anzahl Jugendlicher, die an einer depressiven Störung leiden, außerdem eine komorbide Störung aufweisen, und zwar zu einem Prozentsatz, der deutlich höher ist als bei Erwachsenen und als aufgrund der Prävalenz der einzelnen Störungen zu erwarten wäre (Essau, Karpinski, Petermann & Conradt, 1998, berichten von 57.6 %; Lewinsohn, Hops, Roberts, Seeley & Andrews, 1993, berichten von 42.8 %; Rohde, Lewinsohn & Seeley, 1991, berichten von 42 %). Die Komorbidität bei depressiven Jugendlichen ist am höchsten für Angststörungen, Störungen des Sozialverhaltens, Essstörungen und Substanzmissbrauch (Attie, Brooks-Gunn & Petersen, 1990; Katon, Kleinman & Rosen, 1982; Kovacs, 1990; Kovacs, Akiskal, Gatsonis & Parrone, 1994; Kovacs, Paulauskas, Gatsonis & Richards, 1988; Petersen, Compas et al., 1993; Rohde et al., 1991). Ein hoher Prozentsatz von Jugendlichen, die einen Suizidversuch unternehmen, weisen eine depressive Störung auf, nachgewiesen zumindest nach dem Suizidversuch (Rotheram-Borus & Trautman, 1988; Spirito, Overholser,

Ashworth, Morgan & Benedict-Drew, 1988). Bei depressiven und parasuizidalen Jugendlichen (siehe Kap. 14) wird außerdem über einen hohen Prozentsatz der Borderline-Persönlichkeitsstörung berichtet (Clarkin, Friedman, Hurt, Corn & Aronoff, 1984) sowie über Defizite in den zwischenmenschlichen Kompetenzen (Hammen, 1991).

Da die meisten dieser Daten durch retrospektive Studien oder Querschnittsstudien gewonnen wurden, wissen wir nur wenig über die Entwicklungsprozesse von depressiven Störungen und anderen psychischen Störungen in der Kindheit und Jugend. Es konnte jedoch nachgewiesen werden, dass Angststörungen und Störungen des Sozialverhaltens oftmals einer depressiven Störung vorausgehen (Last, Hansen & Franco, 1997; Kovacs, Gatsonis, Paulauskas & Richards, 1989; Reinherz et al., 1989; Rohde et al., 1991), während sich Substanzmissbrauch häufig nach einer Depression entwickelt (Anderson & McGee, 1994; Deykin, Buka & Zeena, 1992; Hammen, Burge, Burney & Adrian, 1990; McCauley et al., 1993).

12.1.3 Geschlechts- und Altersunterschiede

Wie oben bereits erwähnt, scheinen sowohl die klinischen Diagnosen einer Depression als auch depressive Verstimmungen von der Kindheit zur Jugendzeit zuzunehmen (Fleming & Offord, 1990; Rutter, 1986; Rutter et al. 1976). Studien, welche die DSM-III-Kriterien verwendeten, berichten von einer Punktprävalenz der Major Depression bei Kindern im Bereich von 0.5 % bis 2.5 % (Harrington, 1993), was beträchtlich tiefer liegt als die Raten, die für Adoleszente gefunden werden (siehe oben).

Harrington (1993) weist darauf hin, dass das häufigere Auftreten von Depressionen im Jugendalter gegenüber der Kindheit eher durch eine Abnahme protektiver Faktoren als durch eine Zunahme von Risikofaktoren bedingt sein könnte. Jugendliche verbringen weniger Zeit mit der Familie (Larson & Richards, 1991), und die allgemeine Distanzierung von den Eltern (Kap. 8) kann auch eine Abnahme der elterlichen Unterstützung mit sich bringen, was einige Jugendliche möglicherweise für Stress empfänglicher macht. Vielleicht werden jüngere Kinder auch durch ihre noch wenig entwickelten Fähigkeiten der Selbstreflexion vor Depressionen geschützt. Eine dritte Erklärung könnte auch damit verbunden sein, dass Kinder sich oft überschätzen. Sowohl die fehlende Selbstreflexion als auch die Überschätzung schützt sie mindestens vor negativen Kognitionen über sich selbst, welche vielen Theoretikern zufolge in der Ätiologie der Depression entscheidend sind.

Die Zunahme von depressiven Störungen und depressiver Verstimmung während der Adoleszenz scheint Mädchen stärker zu betreffen als Jungen (Kandel & Davies, 1982; Kashani et al., 1987). Während Jungen bis zum Alter von 12 Jahren höhere Depressionsraten aufweisen als Mädchen, tritt danach ein Wechsel im Geschlechterverhältnis ein (Harrington, 1993; McGee, Feehan, Williams & Anderson, 1992; Merikangas & Angst, 1995), was mit einem geringeren Selbstwert und einem negativeren Körperbild bei Mädchen zusammenzuhängen scheint (Allgood-Merton, Lewinsohn & Hops, 1990). Besonders körperlich früh entwickelte Mädchen weisen ein höheres Risiko zur Entwicklung depressiver und anderer internalisierender Störungen auf. Dies mag darauf zurückzuführen sein, dass sie mit ihrem Aussehen weniger zufrieden sind (Alsaker, 1992b, 1995b; Stattin & Magnusson, 1990; siehe auch Kap. 4 dieses Buches).

Außerdem sehen sich Mädchen möglicherweise mehr Herausforderungen während der Pubertät ausgesetzt als Jungen; so erleben Mädchen ihre Pubertät öfter gerade vor oder während des Übertritts in die Sekundarstufe als Jungen (Petersen, Sarigiani & Kennedy, 1991). Letzteres bedeutet, dass sie mehrere wichtige Entwicklungsaufgaben gleichzeitig bewältigen müssen, was ohnehin einen Stressfaktor darstellt (Alsaker, 1996a). Studien, in denen untersucht wurde, ob der Geschlechtsunterschied bei depressiven Störungen während der Adoleszenz auf Artefakte wie den Antwortstil oder die unterschiedliche Offenheit zurückzuführen sind, weisen darauf hin, dass der Geschlechtsunterschied ein realer Effekt ist (z. B. Nolen-Hoeksema, Girgus & Seligman, 1991; Weissman & Klerman, 1977). Nolen-Hoeksema (1987) fand, dass Männer und Frauen verschiedene Bewältigungsstile aufweisen: Während Frauen eher über ihre depressive Stimmung grübeln und sie auf diese Weise sogar noch verstärken, scheinen Männer sich eher abzulenken. Obwohl die Gründe für die Geschlechtsunterschiede bei Depression im Jugendalter noch immer sehr hypothetisch sind, ist festzuhalten, dass Mädchen ein höheres Risiko aufweisen als Jungen, während der Adoleszenz eine depressive Störung zu entwickeln, und dass früh entwickelte Mädchen besonders gefährdet sind.

12.1.4 Risikofaktoren

Um die Entwicklungsprozesse zu verstehen, die zu einer depressiven Störung im Jugendalter führen können, ist es notwendig, sich zunächst mit den empirisch ermittelten Risikofaktoren auseinander zu setzen. Man sollte dabei jedoch stets zwei Tatsachen bedenken: Erstens bedeutet eine Kovarianz noch keine Kausalität, obwohl es oftmals nahe liegend sein mag, eine kausale Verknüpfung einzelner Risikofaktoren mit einer depressiven Störung anzunehmen. Kovariierende Risikofaktoren können nämlich Ursachen, Folgen oder reine Nebenprodukte von Depressionen sein. Überdies können Risikofaktoren grundsätzlich sowohl die Entstehung einer Depression erklären als auch deren Aufrechterhaltung.

12.1.4.1 Biologische und genetische Faktoren

Biologische und genetische Faktoren scheinen eine gewisse Rolle in der Entwicklung von Depression in der Adoleszenz zu spielen. Während nachgewiesen werden konnte, dass affektive Störungen in einzelnen Familien gehäuft auftreten (Andreasen, Endicott, Spitzer & Winikur, 1977; Gershon et al. 1982; Weissman, Leaf, Holzer, Myers & Tischler, 1984) und dass eineiige Zwillinge eine vier- bis fünfmal höhere Konkordanz von Major Depression aufweisen als zweieiige (Kendler, Heath, Martin & Eaves, 1986; Wender et al., 1986), fehlen bislang klare Belege dafür, dass bei einer depressiven Episode eine biologische Fehlregulation der Hormone auftritt (Akiskal & McKinney, 1973; Dahl et al., 1991; Kutcher & Marton, 1989; Shelton, Hollon, Purdon & Loosen, 1991).

Goodwin, Schulsinger und Knop (1977) fanden in ihrer Studie an adoptierten und nichtadoptierten Töchtern von Alkoholikern, dass eine Depression der Töchter oft sowohl mit Alkoholismus bei den biologischen Eltern als auch mit Alkoholismus bei den Adoptiveltern einhergeht. Der genetische Faktor erwies sich als weit weniger wichtig bei unipolaren als bei bipolaren[53] affektiven Störungen (Merikangas & Angst, 1995). Weder der Beginn noch die Aufrechterhaltung depressiver Symptome können in einem wesentlichen Ausmaß durch die Vererbungshypothese erklärt werden.

12.1.4.2 Temperament

Längsschnittstudien mit normalen Populationen und Risikopopulationen weisen darauf hin, dass Temperamentseigenschaften eine psychopathologische Entwicklung vorhersagen können (Graham, Rutter & George, 1973; Prior, 1992; Thomas & Chess, 1982). Unter Kindern von psychisch auffälligen Eltern weisen solche mit schwierigen Temperamentseigenschaften eine doppelt so hohe Wahrscheinlichkeit zur Entwicklung einer psychischen Störung auf als Kinder mit einem unauffälligen Temperament (Rutter & Quinton, 1984). Bisher gibt es jedoch nur sehr wenig Untersuchungen zu Temperamentseigenschaften von Kindern und Jugendlichen mit depressiven Störungen. Eine genauere Analyse von sechs Depressionsfällen bei den 133 Versuchspersonen aus der «New York Longitudinal Study» (Chess, Thomas & Hassibi, 1983) zeigte keinen signifikanten Einfluss des kindlichen Temperaments auf die Entwicklung einer

---

53 Eine bipolare affektive Störung besteht in einem Schwanken zwischen negativen (depressiven) und überschwänglichen (manischen) Phasen (manisch-depressive Störung).

Major Depression (zwei Fälle), aber alle drei Fälle von dysthymer Störung sowie ein Fall einer Anpassungsstörung mit depressiver Stimmung wiesen extreme Charaktereigenschaften auf. Nachfolgende Analysen zeigten, dass ein schwieriges Temperament möglicherweise Verhaltensweisen verstärkt, welche die Wahrscheinlichkeit einer aversiven Reaktion bei anderen hervorrufen und ihrerseits zu einer erhöhten Depressionsgefährdung führen (vgl. unten Familie und Gleichaltrige).

12.1.4.3 Familie

Kinder von depressiven Eltern weisen ein deutlich höheres Risiko auf, selber eine depressive Störung zu entwickeln, als Kinder von Eltern, die nicht depressiv sind (Downey & Coyne, 1990). Das Risiko nimmt zu, wenn folgende Bedingungen vorliegen: (1) Beide Elternteile haben eine affektive Störung (Merikangas, Prusoff & Weissman, 1988); (2) die Depression des einen Elternteils weist einen frühen Beginn (Neumann, Geller, Rice & Todd, 1997; Weissman et al., 1987), (3) einen starken Schweregrad, (4) hohe Komorbidität mit anderen Störungen und (5) viele Rückfälle (Mufson, Weissman & Warner, 1992; Warner, Mufson & Weissman, 1995) auf. Bei Mädchen besteht eine größere Kovarianz mit den depressiven Symptomen der Eltern als bei Jungen (Boyle & Pickles, 1997; Davies & Windle, 1997). Eine Depression der Eltern weist jedoch eine noch stärkere Verbindung zu Angststörungen bei den Kindern auf als zu depressiven Störungen (Merikangas & Angst, 1995). Es stellt sich die Frage, weshalb depressive Eltern vermehrt depressive Kinder haben, wenn die genetischen Faktoren keine erhebliche Rolle spielen.

Verschiedene Faktoren werden für diese generationenübergreifende Weitergabe depressiver Störungen verantwortlich gemacht. Eine Hypothese unterstellt eine biologische Vulnerabilität. Die frühe Entwicklung von Angst bei Kindern depressiver Eltern könnte zum Beispiel ein Indikator einer zugrunde liegenden Verletzbarkeit sein (Merikangas & Angst, 1995). Diese Verletzbarkeit ist allerdings nicht unbedingt biologischer Art, sie kann auch durch die spezielle Familiensituation und die Eltern-Kind-Beziehung bedingt sein.

Eine zweite Erklärung ist die emotionale Unzugänglichkeit des depressiven Elternteils. Depressive Eltern haben meistens zu sehr mit sich selbst und ihren Problemen zu tun, als dass sie die Bedürfnisse des Kindes wahrnehmen könnten. Vernachlässigung und Abweisung kommen vermehrt vor, und die damit zusammenhängende geringe Befriedigung der Bedürfnisse der Kinder führt zu einer Beeinträchtigung der Bindung des Kindes an den Elternteil. Depressive Eltern haben auch eine depressive Mimik, die schon auf den Säugling einen negativen Einfluss hat (vgl. Trevarthen, 1985).

Auch geringe elterliche Erziehungskompetenzen und dysfunktionale Eltern-Kind-Interaktionen können hier eine zentrale Rolle spielen. Depressive Mütter wenden häufiger schwerere Bestrafungen gegenüber ihren Kindern an als unauffällige und sogar häufiger als alkoholisierte Mütter. Zudem weisen sie ein inkonsistenteres Interaktionsmuster auf (Cohen, Brook, Cohen, Velez & Garcia, 1990; Holmes & Robins, 1988; Parker, 1979).

Depressive Eltern weisen auch oft Beziehungskonflikte auf, was zu Spannungen in der Familie und anderen stressvollen Ereignissen innerhalb des Familiensystems wie Scheidung, Zurückweisung oder Missbrauch führt (Angold, 1988; Angst, Vollrath, Merikangas & Ernst, 1990; Downey & Coyne, 1990; Rutter, 1989).

12.1.4.4 Die Gleichaltrigen

Von den Eltern lieblos behandelt zu werden, gilt als wichtiger Risikofaktor für die Entwicklung einer Depression im Jugendalter; von den Gleichaltrigen abgelehnt zu werden, ist jedoch bisher kaum zum Gegenstand der ätiologischen Depressionsforschung geworden. Brown und Harris (1978) sehen jedoch eine dürftige soziale Einbettung als einen Risikofaktor bei erwachsenen Frauen. Sie meinen, dass eine gute Beziehung unter anderem das Gefühl vermittelt, dass man wertvoll ist. So kann man vermuten, dass dies in der Adoleszenz noch deutlicher ist, weil so klar erwartet wird, dass man Freunde hat und dass diese eine immer wichtigere Rolle spielen (siehe Kap. 9).

Jacobsen, Lahey und Strauss (1983) fanden in einer nichtklinischen Stichprobe, dass eine geringe Beliebtheit bei Gleichaltrigen mit depressiver Stimmung zusammenhängt. Schlechte soziale Beziehungen in der Adoleszenz gehören zu den stärksten Prädiktoren für Störungen im Erwachsenenalter (Sroufe & Rutter, 1984). Ferner konnte gezeigt werden, dass Ablehnung und Drangsalisierung durch Gleichaltrige mit Selbstabwertung und Depression korrelieren (Alsaker, 1997a; Alsaker & Olweus, im Druck). Depressive Jugendliche berichten häufiger als nicht-depressive darüber, von Gleichaltrigen zurückgewiesen und isoliert zu werden, sie machen öfter schlechte Erfahrungen mit Gleichaltrigen, glauben weniger an ihre Fähigkeiten zur Lösung von Konflikten mit Gleichaltrigen und fühlen sich allgemein unwohl in Gruppen von Gleichaltrigen (Alsaker & Flammer, 1996). Allerdings berichten sie genauso häufig wie nicht-depressive, dass sie einen engen Freund oder eine enge Freundin haben, und sie schätzen die Qualität ihrer Freundschaftsbeziehungen genauso hoch ein. Das legt den Schluss nahe, dass die berichteten negativen Erfahrungen depressiver Jugendlicher mit Gruppen von Gleichaltrigen nicht einfach das Ergebnis einer generellen kognitiven Verzerrung darstellen, denn dann müsste die Qualität der Freundschaftsbeziehung auch als wenig befriedigend eingeschätzt werden. Depressive Jugendliche scheinen somit normale dyadische Freundschaftsbeziehungen, aber Probleme in Gruppen von Gleichaltrigen zu haben. Übereinstimmend mit diesen Befunden zeigte sich, dass depressive Jugendliche signifikant weniger sozial aktiv sind, d. h. sie gehen weniger häufig aus, berichten öfter darüber, einfach herumzuhängen, verbringen am Wochenende mehr Zeit vor dem Fernseher und sind häufiger in Tagträumen absorbiert (Alsaker, 1999; Alsaker & Flammer, 1996). Dieser Befund ist gut zu vereinbaren mit Lewinsohns (1974) Depressionstheorie, wonach Depressive hauptsächlich deshalb ein geringes Ausmaß an sozialen Verstärkern erleben, weil sie sich nicht an Aktivitäten beteiligen, die zu angenehmen Konsequenzen führen, was möglicherweise auf einen Mangel an sozialen Fertigkeiten zurückzuführen ist, die für belohnende Erfahrungen erforderlich wären.

12.1.4.5 Kognitive Faktoren

Kognitive Faktoren können in der Entwicklung und Aufrechterhaltung depressiver Symptome eine wichtige Rolle spielen. Wie in verschiedenen kognitiven Theorien zur Depression im Erwachsenenalter postuliert wird (Beck, 1967; Nezu & Ronan, 1985; Seligman, Abramson, Semmel & von Baeyer, 1979), bestätigen viele Studien mit normalen und klinischen Stichproben auch bei Kindern und Jugendlichen das Vorhandensein spezifischer dysfunktionaler kognitiver Muster, welche internale, globale und stabile Attributionen, negative Selbstbewertungen, einen geringen Glauben an persönliche Kontrolle, einen Mangel an Problemlösefertigkeiten und negative Kognitionen in Bezug auf soziale Beziehungen beinhalten (Groen & Petermann, 1998). Einige Längsschnittstudien konnten zeigen, dass negative Kognitionen tatsächlich depressive Symptome oder eine depressive Episode in der Adoleszenz vorhersagen können (Cole, Martin & Powers, 1997; Hammen et al., 1995; Lewinsohn, Gotlib & Seeley, 1995; Nolen-Hoeksema, Girgus & Seligman, 1992; Robinson, Garber & Hilsman, 1995).

12.1.4.6 Frühe negative Erfahrungen und Lebensereignisse

Gemäß der Bindungstheorie von Bowlby (1980) erhöht eine unsichere Bindung zur Mutter während der Kindheit die Wahrscheinlichkeit einer depressiven Reaktion im späteren Leben, wenn stressvolle Lebensereignisse eintreten. Besonders eine frühe Trennung von der Mutter oder der Tod der Mutter in der Kindheit gelten als Risikofaktoren einer depressiven Störung in der Adoleszenz und im Erwachsenenalter. Trotz einer großen Anzahl von Studien, welche diese Beziehung zwischen frühem Verlust und späterer Depression untersuchten, sind die Befunde immer noch sehr widersprüchlich (Crook & Elliot,

1980; Paykel, 1982). Für Parker (1992) ist mangelnde Zuwendung («lack of care») die entscheidende Variable und nicht Trennung oder Verlust. Mehrere Studien bestätigten, dass der Einfluss des Verlustes der Mutter auf eine spätere Depression davon abhängt, ob die Familie nach dem Verlust der Mutter auseinander gebrochen und wie das Kind hernach unterstützt worden ist (Bifulco, Brown & Harris, 1987; Brown, Harris & Bifulco, 1986; Quinton, Rutter & Liddle, 1984; Rodgers, 1990). Demnach hängt das Depressionsrisiko nicht in erster Linie vom Verlust selbst ab, sondern von den psychosozialen Belastungen, die auf den Verlust folgen.

Viele weitere negative Erfahrungen in der Kindheit wurden auf ihre Bedeutung für die Entwicklung einer späteren Depression untersucht, zum Beispiel Scheidung der Eltern, Naturkatastrophen, schulische Probleme, körperlicher und sexueller Missbrauch. Es bestehen offensichtlich beträchtliche individuelle Differenzen in der Reaktion der Kinder auf solche Ereignisse, und die Mehrzahl der Kinder, welche diesen widrigen Erfahrungen ausgesetzt sind, entwickeln keine depressive Störung. Dies bedeutet jedoch nicht, dass negative Lebensereignisse nicht eine wichtige Rolle in der Entwicklung einer depressiven Störung spielen können, aber es besteht höchstwahrscheinlich eine geringe Spezifizität im Zusammenhang zwischen negativen Lebensereignissen und Depression (Harrington, 1993; Wilde, Kienhorst, Diekstra & Wolters, 1992). Tägliche Stressoren wie Konflikte mit Gleichaltrigen, elterliche Verbote usw. scheinen ebenfalls eine wichtige Rolle zu spielen (Compas, Howell, Phares, Williams & Ledoux, 1989; Wagner, Compas & Howell, 1988).

12.1.4.7 Erklärungsansätze zur Entstehung depressiver Störungen in der Adoleszenz

Obschon eine Vielzahl von Studien zu Risikofaktoren jugendlicher Depression existieren, besteht kein Konsens bei der Beantwortung der Frage, welche Zusammenhänge zwischen diesen einzelnen Risikofaktoren bestehen und wie sie in ein Entwicklungsmodell von Depression im Jugendalter integriert werden könnten. Und es ist immer noch unklar, weshalb gewisse Jugendliche eine depressive Störung entwickeln, während andere relativ gesund bleiben, selbst wenn sie schwerwiegenden Risikofaktoren ausgesetzt sind.

Eine konzeptuelle Unterscheidung ist zu treffen zwischen prädisponierenden Faktoren, welche ein Individuum für die Entwicklung einer psychischen Störung verletzbar machen, und auslösenden Faktoren, welche eine manifeste depressive Störung auslösen.

Seligman und Peterson (1986) schlugen vor, dass weder individuelle Charakteristika noch externe Ereignisse allein zu Depression führen können, sondern dass nur ihr Zusammentreffen in einer manifesten depressiven Störung resultiert. Gemäß dieser Ansicht erhöhen Risikofaktoren die Wahrscheinlichkeit der Manifestation einer Depression nur dann, wenn gleichzeitig andere Faktoren wie negative Lebensereignisse vorhanden sind.

Abgesehen von eher allgemeinen Modellen der Vulnerabilität und Resilienz, gibt es zwei Klassen von Modellen zur Erklärung depressiver Störungen bei Jugendlichen, nämlich kognitiv-behaviorale Modelle und Modelle der systemischen Familientheorie.

Die *kognitiv-behavioralen Modelle* umfassen Seligmans Attributionstheorie (Seligman, 1975; siehe auch Abramson, Seligman & Teasdale, 1978), Becks kognitive Theorie (Beck, 1976) und Lewinsohns Verstärkerverlust-Modell (Lewinsohn, 1974).

Gemäß Seligmans Theorie (Abramson et al., 1978) führt die subjektive Überzeugung, dass die Ursachen von schlechten Ereignissen internal, global und stabil sind, zu einem Gefühl der Hilflosigkeit und Hoffnungslosigkeit und schließlich zur Selbstabwertung. Der Attributionsstil ist zu einem großen Teil familiär bedingt. So weisen zum Beispiel selbstkritische Bemerkungen von Kindern einen starken Zusammenhang mit dem Ausmaß mütterlicher Kritik am Kind auf (Jaenicke et al., 1987; Seligman & Peterson, 1986).

In ähnlicher Weise haben zahlreiche Studien Becks Ansicht einer Verbindung zwischen negativen kognitiven Verzerrungen und Depression im Jugendalter bestätigt (Selbstbestrafungstendenz, geringerer Selbstwert, geringere Erinnerung an positive Erfahrungen, mehr negative Selbstbewertungen; Kaslow, Rehm & Siegel, 1984; Kazdin, French, Unis, Esveldt-Dawson & Sherick, 1983; Kendall, Stark & Adam, 1990; McCauley, Mitchell, Burke & Moss, 1988).

Möglicherweise entstehen kognitive Verzerrungen schon früh in der Entwicklung. Diese erhöhen dann das Risiko, eine Depression zu entwickeln, wenn negative Lebensumstände auftreten. Wenn die Jugendlichen negative soziale Ereignisse, Misserfolg oder akuten Stress erleben, werden dysfunktionale Schemata aktiviert. Diese können eine depressive Episode auslösen. Wenn ein depressiver Attributionsstil und die kognitiven Verzerrungen einmal aktiviert sind, können sie depressive Symptome aufrechterhalten.

Durch die Interaktion mit den Eltern, mit Gleichaltrigen und mit anderen Leuten baut das Kind mentale Repräsentationen von sich selbst und anderen auf, sog. innere Arbeitsmodelle (Bowlby, 1969) oder «Repräsentationen von generalisierten Interaktionen» (Stern, 1977). Wenn zum Beispiel ein Kind von der primären Bezugsperson zurückgewiesen wird, wird es höchstwahrscheinlich ein Arbeitsmodell von sich selbst entwickeln, das durch Wertlosigkeit gekennzeichnet ist (Bretherton, 1990; Bretherton & Munholland, 1999). Wenn aufgrund späterer Erfahrungen der selbstabwertende Aspekt dieses Arbeitsmodells aktiviert wird, wird das Individuum darauf höchstwahrscheinlich mit depressiven Gefühlen reagieren.

Adoleszente mit schlechten sozialen Fertigkeiten scheinen besonders gefährdet zu sein, solche depressiven emotional-kognitiven Schemata zu aktivieren, da sie häufiger negative Rückmeldungen und weniger Unterstützung von anderen erhalten (Adams & Adams, 1991; Cole, 1991; Lewinsohn, 1974; Patterson & Capaldi, 1990; Wilson & Cairns, 1988).

Aus der Perspektive der *Familiensystemtheorie* wird Depression als Ergebnis der Aufrechterhaltung eines dysfunktionalen Familiengleichgewichtes betrachtet. Das depressive Individuum stellt das schwächste Element des Familiensystems dar, das aufgrund von Regeln funktioniert, die wegen ihrer Rigidität keine angemessene und effiziente Entwicklung aller Familienmitglieder mehr ermöglichen. Beispielsweise wird es einem Adoleszenten innerhalb einer Familie mit diffusen Grenzen und geringer Differenzierung zwischen den Generationen nicht erlaubt, seine Autonomie zu entfalten, so dass er depressiv wird, um den Mythos einer einheitlichen Familie aufrechtzuerhalten (z. B. Oster & Caro, 1990). Empirische Studien, welche die familiären Umwelten von Kindern und Jugendlichen untersuchten, fanden, dass depressive Symptome und andere psychische Störungen mit Konflikten mit den Eltern, geringer elterlicher Unterstützung und diffusen Familiengrenzen verbunden waren (Forehand, Neighbors & Wierson, 1991; Stark, Humphrey, Crook & Lewis, 1990).

Es wurde bemängelt, dass die Systemtheorie nicht in der Lage ist, ein vollständiges Depressionsmodell zu liefern, da sie die emotionalen oder intrapsychischen Aspekte der Depression außer Acht lässt (Harrington, 1993). Auch hier könnte das theoretische Konstrukt der inneren Arbeitsmodelle das fehlende Verbindungsglied zwischen intrapsychischen Erfahrungen und einer systemischen Perspektive auf die Familie darstellen. Ein verstricktes Familiensystem zum Zeitpunkt der Manifestation einer depressiven Störung eines Jugendlichen weist möglicherweise auf frühere entsprechende emotionale Erfahrungen hin, die in die Repräsentationen des Selbst in Beziehung zu anderen (Stern, 1985) integriert wurden. Später, während der Adoleszenz, werden diese Repräsentationen aktiviert, wenn die Entwicklungsaufgabe der Autonomiegewinnung mit den rigiden Familiennormen kollidiert.

12.1.5 Verlauf und Stabilität

Harrington, Fudge, Rutter, Pickles und Hill (1990) schreiben, dass es sehr schwer vorherzusagen ist, wann eine depressive Person wieder völlig frei von Depression sein wird. Die Prognose einer depressiven Störung wird auch dadurch erschwert, dass depressive Jugendliche oft zusätzliche Probleme aufweisen. Klar ist allerdings, dass Jugendliche mit einer diagnostizierten Depression ein höheres Risiko als andere haben, wieder einmal eine depressive Episode zu erleben.

Merikangas und Angst (1995) konnten nachweisen, dass Individuen mit einer frühen Diagnose einer depressiven Störung ein erhöhtes Risiko für eine Chronifizierung aufwiesen, und zwar vor allem dann, wenn die Depression durch wiederkehrende Episoden gekennzeichnet ist oder zusammen mit anderen psychischen Störungen auftritt.

Neben den Risikofaktoren für die Entstehung einer depressiven Störung, die wir oben diskutiert haben, gibt es Prozesse, welche zur Aufrechterhaltung einer bestehenden depressiven Störung beitragen. Diese sind genauso wichtig wie jene, die sie verursachen. Beispielsweise werden depressive Menschen als wenig belohnend erlebt. Als Reaktion darauf neigen Mitmenschen dazu, sich von ihnen zurückzuziehen. Dadurch konsolidieren sie einen Teufelskreis. Depressive Jugendliche weisen ohnehin eine stärkere Neigung auf, sich unbeliebt und abgelehnt zu fühlen. Sie erklären sich die erlebte Zurückweisung oder fehlende Kontaktaufnahme anderer durch internale, stabile und globale Attributionen. Auf einer solchen Basis haben diese Jugendlichen keinen Grund zur Annahme, dass eine soziale Beziehung zu irgendeinem Zeitpunkt lohnend sein könnte, und sie zeigen deshalb wenig Motivation, sich um Beziehungen mit Gleichaltrigen zu bemühen. Der soziale Rückzug depressiver Jugendlicher kann so als Folge ihrer verzerrten Wahrnehmungen betrachtet werden, was die Annahme nahe legt, dass depressive Menschen ihr Verhalten eher nach dem Prinzip einer Schmerzminimierung als nach dem Prinzip der Lustmaximierung regulieren (Alsaker, 2000b).

12.1.6 Ein integratives Entwicklungsmodell der Depression

Unserer Ansicht nach soll ein Entwicklungsmodell der Depression im Jugendalter sowohl prädisponierende und auslösende Faktoren als auch Prozesse einschließen, die zur Aufrechterhaltung der Störung beitragen. Alsaker und Dick (im Druck) haben ein Modell vorgeschlagen, das sechs verschiedene Arten von Faktoren oder Prozessen enthält, die mehr oder weniger eng miteinander verbunden sind (Figur 12–1). Die Elemente dieses Modells sind die folgenden:

- Angeborene, für eine Depression möglicherweise prädisponierende Temperamentsfaktoren, die zum Teil dafür verantwortlich sind, wie die primäre Bezugsperson und andere wichtige Personen auf das Kind reagieren (und somit dessen Selbstrepräsentationen beeinflussen).
- Umweltfaktoren, insbesondere Beziehungen zu den Eltern und zu Gleichaltrigen (einschließlich Erfahrungen von Missbrauch und Ablehnung) sowie wichtige Lebensereignisse, frühe negative Erfahrungen und chronischer Stress, welche die Repräsentationen des Kindes von sich und anderen beeinflussen.
- Der ständige Einfluss dieser Repräsentationen auf das Verhalten, so dass sich ein Teufelskreis entwickelt, bestehend aus dysfunktionalen Schemata, problematischem Verhalten (z. B. sozialer Rückzug, Unterordnung unter andere), negativen Reaktionen anderer auf dieses Verhalten (z. B. Ablehnung und Isolierung) und dadurch erfolgender Bestätigung der negativen Selbst-Schemata.
- Spätere Lebensereignisse und akuter Stress, die als Auslöser von Depressionen und depressiver Verstimmung wirken.
- Aktivierung der kognitiven, emotionalen und motivationalen Schemata, die für die Manifestation der bekannten Depressionssymptome verantwortlich sind (indem gleichzeitig neurobiologische Prozesse im Gehirn aktiviert werden).
- Aufrechterhaltung der depressiven Symptome durch weiteren sozialen Rückzug und sich selbst erfüllende Prophezeiungen.

Dieses Modell erklärt, weshalb viele Jugendliche, die schwerwiegenden Risikofaktoren ausgesetzt sind, trotzdem keine Depression entwickeln: Entweder entwickelten sie im Verlauf der Kind-

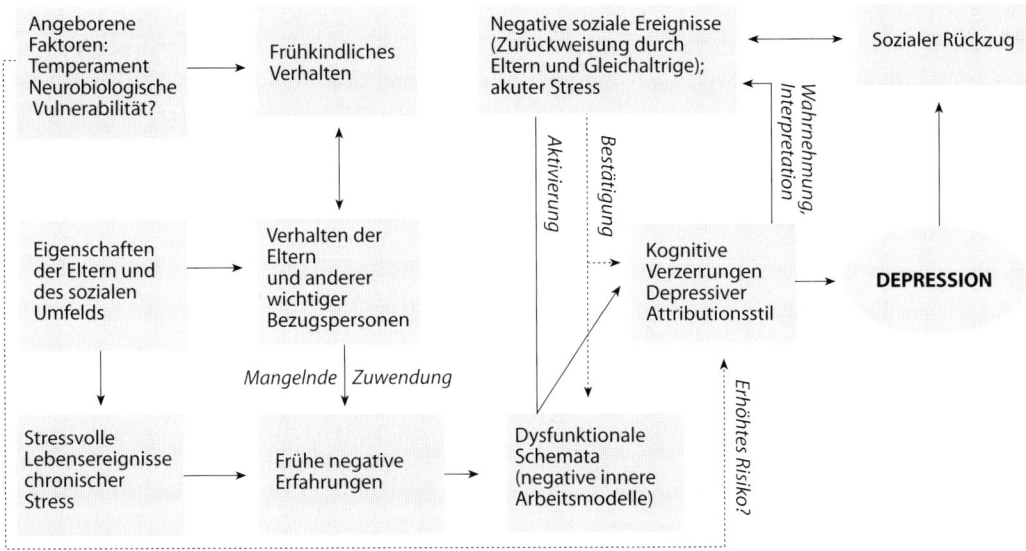

Figur 12–1: Ein integratives Entwicklungsmodell der Depression (nach Alsaker & Dick, im Druck)

heit keine negativen Selbstrepräsentationen, oder sie verfügen über genügend soziale Fertigkeiten oder soziale Unterstützung, um ihre Verletzbarkeit zu kompensieren, oder sie haben gelernt, der Aktivierung negativer Schemata einen hilfreichen Bewältigungsprozess entgegenzusetzen (siehe auch Garmezy, 1985). Das Modell könnte möglicherweise auch erklären, weshalb viele Risikofaktoren nicht für eine depressive Störung spezifisch sind: Lebensereignisse und akuter Stress aktivieren einfach zugrunde liegende Schemata. Jedoch dürfen wir annehmen, dass gewisse dieser Schemata tatsächlich für eine Depression spezifisch sind und darum gerade diese Störung auslösen (Epstein, 1987; Greenberg, Rice & Elliott, 1993; Lazarus, 1991).

Dieses allgemeine Modell kann als Rahmen für zahlreiche verschiedene individuelle Entwicklungspfade zu einer Depression in der Adoleszenz dienen und liefert eine Erklärung dafür, weshalb einige Jugendliche schwer depressiv werden bis hin zu einem Suizid oder Suizidversuch (siehe Kap. 14), während andere lediglich einen vorübergehenden Anflug depressiver Verstimmung erleben. Wir nehmen an, dass klinische Formen der Depression mit stabilen negativen inneren Arbeitsmodellen von sich selbst und anderen verbunden sind, während depressive Stimmung auf externale Einflüsse und nicht auf eine lange Geschichte negativer Selbstwahrnehmung und die Entwicklung dysfunktionaler Schemata zurückgeht. Eine kürzlich veröffentlichte Studie aus der Schweiz scheint diese Ansicht zu unterstützen (Steinhausen & Metzke, 2000).

12.2 Essprobleme und Essstörungen

Essprobleme und Essstörungen betreffen sowohl das Essverhalten als auch die Gewichtsregulation. Sie sind keinesfalls eine Neuerscheinung, auch wenn es Anzeichen dafür gibt, dass das Problem in den letzten Jahrzehnten zugenommen hat. Nahrungsverweigerung wurde im Mittelalter allerdings als ein Zeichen der Frömmigkeit angesehen. Erst im 19. Jahrhundert erkannte man darin eine Erkrankung (Brumberg, 1988). Inzwischen tauchen allerdings Zahlen in den Medien auf, die den Eindruck geben, gestörtes Essverhalten wäre für die weibliche Bevölkerung beinahe zur Norm geworden. Zu einem gestörten Essverhalten rechnet man oft auch Übergewichtsprobleme (Adipositas). Diese sind in den USA wirklich ein Problem geworden. Da

Übergewichtsprobleme in Europa ein weniger schwerwiegendes Problem in der Adoleszenz darstellen, werden wir sie in dieser Übersicht nicht thematisieren.

Diagnostisch unterscheidet man zwischen zwei Syndromen: Anorexia nervosa (Magersucht) und Bulimia nervosa (Ess-Brech-Sucht). Anorexia nervosa ist vor allem gekennzeichnet durch eingeschränkte Nahrungszufuhr und Angst vor dem Zunehmen, während ein Drang zum Verschlingen großer Nahrungsmengen (Ess-/Fressanfälle), ein Gefühl des Kontrollverlusts und extreme Formen der Gewichtsregulation die Bulimia nervosa charakterisieren (Hoffmann-Müller & Amstad, 1995).

Beide Typen von Essstörungen kommen eindeutig häufiger bei Frauen als bei Männern vor. Man rechnet damit, dass ungefähr 95 % der diagnostizierten Essstörungen Frauen betreffen (Krüger, Reich, Buchheim & Cierpka, 1997). Diese sind meistens zwischen 15 und 25 Jahre alt.

Neben diesen relativ seltenen klinischen Formen von Essstörungen lassen sich auch weniger extreme Formen von gestörtem Essverhalten wie ständige Beschäftigung mit dem Essen und dem Gewicht, strenge Diäten, häufiges Fasten, beinahe phobisches Meiden bestimmter Esswaren etc. erkennen. Die Aufmerksamkeit auf diese milderen Formen führte dazu, dass man heute vermehrt von einem Kontinuum spricht, das von einem normalen Essverhalten bis zu den klinischen Formen der Essstörungen reicht (Patton, 1988; Shisslak, Crago & Estes, 1995).

In den nächsten Abschnitten werden wir sowohl die klinischen Formen von Essstörungen (Anorexie und Bulimie) als auch die leichteren Formen eines gestörten Verhältnisses zur Gewichtsregulation besprechen.

12.2.1 Anorexia nervosa

12.2.1.1 Phänomenologie und diagnostische Klassifikation

Ein wichtiges Merkmal der Anorexia nervosa ist die Angst vor dem Zunehmen und das entsprechende Streben danach, dünner zu werden. Das sind auch die ersten Anzeichen dieser Störung. Allerdings sind diese Merkmale auf den ersten Blick kaum von der heutigen normativen Beschäftigung mit Gewichtsregulation und Diäthalten zu unterscheiden. In den nächsten Abschnitten beschreiben wir einen typischen Verlauf von Anorexie.

Was meistens mit einer geringeren Nahrungszufuhr oder dem Vermeiden von Fett und Zucker anfängt, entwickelt sich allmählich zu radikaleren Verhaltensweisen. Die Betroffenen bringen ihr Gewicht deutlich unter die altersentsprechende Norm und verwenden dazu sehr strenge Diäten (z. B. kalorienarme Ernährung oder Auslassen von Mahlzeiten) bis hin zum Gebrauch von Abführmitteln und medikamentösen Appetitzüglern, zum Erbrechen oder zur völligen Nahrungsverweigerung (Krüger et al., 1997). Das Hungergefühl wird ignoriert oder bekämpft (es wird z. B. extrem viel Wasser getrunken). Ab einem gewissen Punkt hat das restriktive Essverhalten gar nichts mehr gemeinsam mit einer normalen Diät.

Um schneller zum Ziel zu kommen, wird oft viel Sport getrieben und dies bevorzugt allein (Cuntz & Hillert, 1998; Yates, 1991). Der hohe gesellschaftliche Stellenwert von Fitness hilft diesen jungen Frauen, das Pathologische an ihren übertriebenen sportlichen Aktivitäten zu verstecken. Die körperliche Aktivität wird aber bald zu einem Zwang: Es *muss* zum Beispiel gejoggt werden.

Die Wahrnehmung vom und das Verhältnis zum eigenen Körper verändern sich auffällig. Die jungen Frauen können ihren Körper nicht mehr realistisch einschätzen (Gerlinghoff, Backmund & Mai, 1999). Allerdings unterscheiden sich die anorektischen Frauen nicht immer von anderen in der objektiven Genauigkeit ihrer Körperwahrnehmung, dafür sehr deutlich hinsichtlich Körperideal und Einstellung zum eigenen Körper (Fernandéz-Aranda, 1996). So konnte eine Studie mit Verzerrungen von Videoaufnahmen zeigen, dass die Hälfte einer Stichprobe anorektischer Frauen eine normale Körperwahrnehmung hatte: Die jungen Frauen wussten um ihr abgemagertes Aussehen, wollten jedoch nichts daran ändern (Probst, Vandereycken, van Coppenolle & Pieters, 1998). Nur

10 % dieser jungen Frauen nahmen sich als dicker wahr, als sie tatsächlich waren. Diese berichteten von einem entsprechend stärkeren Drang abzunehmen und waren viel unzufriedener mit ihrem Körper als die anderen anorektischen Frauen.

Die Angst davor, dick zu werden, lässt nicht nach und kann panikartige Ausmaße annehmen, selbst bei minimalen Gewichtszunahmen (z. B. 50g). Es entstehen Ritualisierungen um das Essen herum, bei der Zubereitung von Mahlzeiten oder beim Essen. Zum Beispiel wird die kleine Portion Nahrung auf dem Teller in äußerst kleine Stücke aufgeschnitten und sehr langsam gegessen (Kaplan & Woodside, 1987), so kommt das Gefühl der Sättigung auch nach geringerer Nahrungszufuhr. Das Hungern, das Zählen von Kalorien und der übertriebene Bewegungsdrang fordern Zeit und Energie und werden zum wichtigsten Lebensinhalt. Alles andere tritt in den Hintergrund.

Mit der Zeit reagiert das Umfeld negativ auf diese Verhaltensweisen, und Versteckspiele entwickeln sich. Es wird so getan, als ob gegessen würde, aber das Essen wird in Wirklichkeit zum Beispiel in die Tasche versteckt. Andere essen und erbrechen sich anschließend. Das Verhalten wird allmählich suchtähnlich, es ist nicht mehr mit normalem Willen zu verändern. Außerdem dient der starke Wille einzig dazu, das Essen weiterhin zu zügeln und den Körper in Schach zu halten.

Neben all diesen Anstrengungen steigern die meisten anorektischen Jugendlichen ihre schulischen Leistungen (Cuntz & Hillert, 1998). Schwäche und Müdigkeit treten zwar auf, diese werden aber verleugnet (Köhle, Simons & Jung, 1996). Die anorektischen Jugendlichen fühlen sich gezwungen, von morgens bis abends nur «Sinnvolles» zu tun. Jede Minute wird verplant, ein streng strukturierter Tagesablauf dient als Halt und Lebenshilfe (Gerlinghoff et al., 1999).

Die sozialen Kontakte nehmen ab. Oft bleibt nur noch die Familie als soziales Netz zurück (Cuntz & Hillert, 1998). Der soziale Rückzug hat verschiedene Gründe. Erstens ist soziales Zusammensein oft mit Essen verbunden, und zweitens ist die Beschäftigung mit Essen bei anorektischen Jugendlichen so umfassend, dass sie kaum mehr Gemeinsamkeiten mit Gleichaltrigen haben. Ihre Fähigkeit, intensive Kontakte und emotionalen Austausch zu pflegen, ist sehr eingeschränkt.

Oft besteht trotz all den beschriebenen Symptomen ein vermindertes Krankheitsgefühl oder sogar eine vollkommene Krankheitsverleugnung (Paul & Jacobi, 1989). Deshalb ist es auch schwierig, betroffene Jugendliche zu irgendeiner Verhaltensänderung oder einer Therapie zu motivieren.

Zur Diagnose der Anorexia nervosa sollen nach dem DSM-IV (Sass, Wittchen & Zaudig, 1996) vier Kriterien erfüllt sein. Das erste Kriterium ist, dass das Körpergewicht absichtlich nicht auf (oder über) dem für das Alter und die Größe normativen Körpergewicht gehalten wird. Das bedeutet normalerweise, dass das Gewicht mindestens 15 % unter dem zu erwartenden Gewicht liegt. Alternativ bleibt eine in einer Wachstumsperiode zu erwartende Gewichtszunahme aus. Das zweite Kriterium betrifft die intensive Angst vor einer Gewichtszunahme oder die Angst davor, dick zu werden, dies trotz Untergewicht. Das dritte Kriterium ist eine Störung der Wahrnehmung des eigenen Gewichts oder der eigenen Figur oder ein unangemessen starker Einfluss von Gewicht und Figur auf die Selbsteinschätzung. Das vierte Kriterium ist die Amenorrhö, d. h. das Aussetzen der Regelblutung während mindestens drei aufeinander folgenden Zyklen. Dieses Kriterium ist natürlich nur bei Frauen nach der Menarche anwendbar.

12.2.1.2 Begleiterscheinungen

Das Selbstwertgefühl der anorektischen jungen Frauen ist meistens sehr gering, und das Körpergewicht hat einen starken Einfluss auf die Selbst-Bewertung. Selbstdisziplin wird hoch bewertet, und der magere Körper wird zu einem Symbol der Leistungsfähigkeit und inneren Kraft (Karren, 1990). Die Stimmung dieser jungen Frauen ist vielfach niedergeschlagen, dysphorisch und depressiv. Bis zu 90 % der anorektischen Patientinnen zeigen Depressionssymptome (Cuntz & Hillert, 1998).

Als Folge des Gewichtsverlustes und der Fehlernährung kommt es zu einer Vielzahl von somatischen Symptomen. Die bekannteste Begleiterscheinung der Anorexia nervosa ist das Ausbleiben der Menstruation. Diese ist auf einen niedrigen Östrogenspiegel zurückzuführen (z. B. Fairburn, 1995). Anorexie ist überhaupt die häufigste Ursache von Amenorrhö: Etwa zwei Drittel aller jungen Frauen mit ausbleibender Regelblutung haben eine Anorexiediagnose (Gerlinghoff et al., 1999). Eine weitere Folge des tiefen Östrogenspiegels in der pubertären Wachstumsphase ist eine früh einsetzende Osteoporose, die durch den hohen Cortisolspiegel der Anorektikerinnen verstärkt wird (Pirke & Platte, 1995). Einen tiefen Östrogenspiegel findet man aber auch im Falle extrem hoher sportlicher Aktivität, die mit einer Abnahme des Unterhautfetts einhergeht (z. B. Ausdauersport). Das Unterhautfett dient bekanntlich der Produktion von Östrogen (vgl. Kap. 4).

Weitere Begleiterscheinungen sind ein sinkender Blutdruck (Hypotonie) mit Schwindel und Kreislaufstörungen, ein verlangsamter Ruhepuls (Bradykardie), Hauttrockenheit, eine reduzierte Verbrennung und eine fallende Körpertemperatur (Hypothermie) und häufig Duchblutungsstörungen mit Kältegefühlen in den Extremitäten (Fairburn, 1995; Jacobi, Thiel & Paul, 1996). Die starke Abmagerung führt auch zu einem Schwund des Herzmuskels mit entsprechenden möglichen Komplikationen (Goldbloom & Kennedy, 1995). Ein weiteres häufiges Symptom ist die sog. Lagunobehaarung, eine feine Behaarung am Körper und im Gesicht.

Wegen der geringen Nahrungszufuhr sind auch Probleme im Magen-Darm-Trakt sehr häufig. Es treten vor allem Verstopfung, Blähungen und Völlegefühl auf (Fairburn, 1995). Weiter scheint die reduzierte Nahrungsaufnahme zu einer verlangsamten Entleerung des Magens zu führen, dies hat auch ein erhöhtes und andauerndes Völlegefühl zur Folge (Robinson, Clarke & Barrett, 1988; Szmukler, Young, Lichtenstein & Andrews, 1990). Durch diese Begleitsymptome wird der gesamte Ernährungsvorgang zu einer möglicherweise noch unangenehmeren Angelegenheit. Besonders das Völlegefühl kann sogar das Bedürfnis nach einer noch strengeren Diät mit sich bringen (Lau & Alsaker, 2001).

12.2.1.3 Epidemiologie

Anorexia nervosa scheint in allen Ländern der westlichen Kultur vorzukommen. Zahlen variieren von Studie zu Studie, genau wie bei der Depression, aber die Prävalenzzahlen sind tiefer als diejenigen der Depression und liegen je nach Alter und Land zwischen 0.2 % und 2 % bei Frauen, und ungefähr 0.1 % bei Männern (Buddeberg-Fischer, 1996; Fichter, 1984). Die jährliche Erkrankungsinzidenz (= Häufigkeit des Neuauftretens von Krankheitsfällen innerhalb eines Jahres) beträgt zwischen 50 und 75 pro 100 000 Personen der Risikopopulation (Frauen im Alter von 15 bis 25 Jahren; Köhle et al., 1996).

Es scheint Einigkeit darüber zu herrschen, dass die Anzahl der anorektischen Frauen seit den 60er Jahren steigt. Sehr genaue Zahlen gibt es allerdings nicht. In Dänemark wird eine Zunahme der jährlichen Inzidenz von 0.42 pro 100 000 Einwohner im Jahre 1970 auf 1.36 1988 berichtet (Moller-Madsen & Nystrup, 1992). In Schottland wird von einer Zunahme der Inzidenz von ungefähr 5 % pro Jahr zwischen 1965 und 1991 gesprochen (Eagles, Johnston, Hunter, Lobban & Millar, 1995). Ob diese Zunahme real ist, oder ob sie sich durch eine erhöhte Aufmerksamkeit auf das Phänomen und demzufolge durch eine Verbesserung der Diagnosestellung erklären lässt, bleibt allerdings zu klären.

Auch wenn man nicht von einer Epidemie sprechen kann, sind diese Zahlen angesichts der Mortalität, die mit Anorexie verbunden ist (5 % bis 10 % sterben an einem Herzversagen; Patton, 1989) und der chronischen Formen, die Essstörungen annehmen können, sehr ernst zu nehmen.

12.2.1.4 Prognose und Langzeitverlauf

Die Verlaufsforschung bei Essstörungen ist durch viele methodische Probleme gekennzeichnet (zu kurze Zeitintervalle, Unsicherheiten bei der Diagnose, unterschiedliche Erfolgsbeurteilung der Therapie, kleine Stichproben, etc.). Trotzdem erlauben neuere Metaanalysen gewisse Schlussfolgerungen. Zum Beispiel analysierten Herzog, Rathner und Vandereycken (1992) Studien mit gleichen Erfolgskriterien für die Therapie (Körpergewicht während der vorausgehenden 12 Monate innerhalb des Normalgewichts, d. h. +/– 15 % und regelmäßige Menstruation) und berichteten, dass 36 % bis 58 % der Patientinnen innerhalb von fünf bis acht Jahren ein gutes Resultat erzielt hatten. Bei einem Zeitintervall von 30 Jahren lag die Therapieerfolgsquote bei 78 %.

12.2.2 Bulimia nervosa

Im Jahre 1979 begann Russell mit wissenschaftlichen Untersuchungen zur Bulimia nervosa. Kennzeichnend für die Bulimie sind Heißhungerattacken (auch Ess- oder Fressanfälle genannt), gefolgt von großem psychologischem Schmerz im Sinne von Reue, schlechtem Gewissen etc. Letzteres führt meistens dazu, dass die betroffene Person sich übergibt. Damit wird die Kalorienzufuhr unter Kontrolle gehalten. Diese Form der Essstörung ist für das soziale Umfeld oft schwieriger zu entdecken als die Anorexie, da viele der betroffenen Mädchen körperlich nicht auffällig sind. Einige Bulimikerinnen sind jedoch untergewichtig. Es ist im Übrigen auch nicht selten, dass beide Formen von Essstörungen (Anorexia und Bulimia nervosa) miteinander auftreten (z. B. indem eine magersüchtige Patientin unter Heißhungerattacken leidet und Erbrechen selbst induziert oder Abführmittel verwendet). Magersüchtige Patientinnen mit zusätzlich bulimischen Symptomen haben auch sonst viele Gesundheitsprobleme und eine schlechtere Prognose als Patientinnen, die ausschließlich fasten.

12.2.2.1 Phänomenologie und diagnostische Klassifikation

Die Bulimie äußert sich in vielen Verhaltensweisen, die denen der Anorexie ähnlich sind (Russell, 1989). Die krankhafte Angst vor dem Dicksein und das gestörte Verhältnis zum Körper stehen wie bei der Anorexie im Vordergrund, und sowohl das Essverhalten als auch die Kalorienzufuhr sind insgesamt beeinträchtigt. Wiederholte Heißhungerattacken und die darauf folgenden unterschiedlichen Methoden der Gewichtsregulierung werden als die zwei typischsten Symptome der Bulimie betrachtet (z. B. Dilling & Reimer, 1995), die sie von der Anorexie klar unterscheiden.

Die Heißhungerattacken treten periodisch auf. Die betroffene Person nimmt dabei anfallsartig sehr große Mengen Nahrung zu sich, und zwar insbesondere kalorienreiche Nahrung. Solches Verschlingen von Esswaren geschieht meistens, wenn die junge Frau allein und einsam ist (Russel, 1989). Außerhalb der Heißhungerattacken scheinen Bulimikerinnen mit Kohlenhydraten vorsichtig umzugehen, sie reduzieren sie oft auf ein Minimum. Während der Heißhungerattacken werden hingegen diese Schranken vergessen, und es werden riesige Mengen gerade solcher verbotenen Nahrungsmittel verzehrt (Russell, 1989). Die Essanfälle treten unterschiedlich häufig auf, von einmal pro Woche bis mehrmals täglich.

Allmählich empfinden Bulimikerinnen Hunger- oder Sättigungsgefühle nicht mehr. Sie können während eines Ess-/Fressanfalls nicht mit dem Essen aufhören. Sie verlieren die Selbstkontrolle. Die Essanfälle werden dementsprechend als Kontrollverlust empfunden und sind begleitet von einer Form von Ekel vor sich selbst (Burney & Irwin, 2000). So entstehen auch Gefühle von Scham und Schuld, die eng mit einer abgrundtiefen Enttäuschung über sich selbst verbunden sind.

Gleichzeitig intensivieren die Essanfälle die Angst vor einer Gewichtszunahme. Selbstinduziertes Erbrechen ist die häufigste Reaktion auf den Essanfall. Zunächst wird es provoziert, geschieht aber im Laufe der Zeit immer leichter und läuft schließlich fast wie ein Reflex ab (Möller, Laux & Deister, 1996). Auch Abführmittel werden benutzt. Anstelle der empfohlenen Tagesdosis nehmen Bulimikerinnen ein Vielfaches davon ein. Zudem gehören längeres Fasten zwischen den Essanfällen und übertriebene sportliche Aktivitäten zu den üblichen Methoden der Gewichtsregulierung.

Durch das an die große Nahrungsaufnahme anschließende Erbrechen weisen Bulimikerinnen oft ein für ihre Größe und ihr Alter normales Gewicht auf. Allerdings unterliegen sie sehr starken Gewichtsschwankungen (Remschmidt, 1997) und sind mit ihrem Gewicht und mit ihrem Körper generell sehr unzufrieden und werten diesen ab (Garfinkel et al., 1992). Sie versuchen verzweifelt, ein Idealgewicht zu erreichen und zu halten, das (wie bei den Anorektikerinnen) weit unter dem normativen Gewicht liegt. Im Gegensatz zu den Anorektikerinnen erleben sie aber bei der Gewichtsregulation nur Misserfolg.

Die sozialen Kompetenzen der bulimischen jungen Frauen sind meistens wie bei den Anorektikerinnen beeinträchtigt. Auch sie fühlen sich selbst nicht mehr wohl in sozialen Situationen und unternehmen wenig, um neue Beziehungen zu knüpfen. Sie weisen auch geringere Konfliktlösefähigkeiten auf. Offene Kommunikation wird oft vermieden, möglicherweise um negative Reaktionen auf ihr Verhalten zu vermeiden (Grisset & Norvell, 1992).

Die soeben erwähnten Symptome dienen auch als Kriterien für die Diagnostik der Bulimia nervosa (DSM-IV; Sass et al., 1996).

Das erste Kriterium betrifft die wiederkehrenden Episoden von Essanfällen. Eine solche Episode ist charakterisiert durch zwei spezielle Kriterien: (1) Die Essensaufnahme geschieht in einer kurzen Zeitspanne, die Nahrungsmenge ist definitiv größer, als was die meisten Menschen in einer vergleichbaren Zeitspanne unter ähnlichen Umständen essen. (2) Ein Gefühl des Kontrollverlustes während des Essanfalls (ein Gefühl, das Essen nicht stoppen oder kontrollieren zu können).

Das zweite Kriterium ist ein wiederkehrendes, unangemessenes Kompensationsverhalten, um eine Gewichtszunahme zu verhindern, wie selbstinduziertes Erbrechen, Gebrauch von Laxativen, Diuretika, Klistieren oder anderer Medikation, strenge Diäten oder Fastenkuren oder übermäßige körperliche Betätigung.

Das dritte Kriterium besteht darin, dass die Essanfälle durchschnittlich mindestens zweimal pro Woche über einen Mindestzeitraum von drei Monaten auftreten.

Das DSM-IV unterscheidet zwischen einer «purging»-Form und einer «non-purging»-Form der Bulimia nervosa. Letztere kennzeichnet Personen, die nicht erbrechen, sondern im Wechsel Essanfälle haben und strenge Diäten halten (inklusive Sport und Fasten).

12.2.2.2 Begleiterscheinungen

Depressive Symptome sind bei Bulimikerinnen sehr verbreitet. Diese treten nicht selten als Folge der Mangelernährung auf (Laessle, 1989). Wie bei der Anorexie kann man beobachten, dass die depressiven Symptome bei einer normalisierten Nahrungsaufnahme nachlassen.

Aufgrund der Fehl- bzw. Mangelernährung, des Erbrechens, des Laxativgebrauchs und anderer Maßnahmen zur Gewichtsreduktion können schwerwiegende und sogar lebensbedrohliche somatische Folgeerscheinungen auftreten. Das wiederholte Erbrechen führt zu einer Störung mehrerer wichtiger Elemente des gesamten physiologischen Haushalts. Dies bewirkt u. a. Herzrhythmusstörungen, Nierenprobleme und Blasenentzündungen. Der Missbrauch von Laxativen hat beim Entzug schwere Verstopfungen zur Folge. Auch Hautprobleme sind zu beobachten, die auf Dehydratation und Verlust von Fett zurückzuführen sind. Die Kopfbehaarung wird dünner und die Fingernägel werden brüchig (Zeichen von Vitaminmangel). Überdies führt das manuell herbeigeführte Erbrechen mit der Zeit zu Wunden an den Händen (Möller et al., 1996). Auch die Zähne werden durch die Magensäure beschädigt (Erosion der Zahnschmelzes und Dekalzifikation; Feiereis, 1996; Mitchell & Pomeroy, 1989), und es tritt vermehrt Karies auf.

12.2.2.3 Epidemiologie

Da Bulimikerinnen weniger auffallen und ihre Essprobleme besser verheimlichen können als Anorektikerinnen, stehen sie weniger unter dem Druck ihres sozialen Umfelds, sich einer Therapie zu unterziehen. Dies beeinflusst die Statistik über die Häufigkeit dieser Erkrankung. Trotzdem sind die Prävalenzzahlen etwas höher als diejenigen der Anorexie.

Das Alter der Ersterkrankung ist höher als bei der Anorexia nervosa und liegt im Durchschnitt zwischen 18 und 35 Jahren (Krüger et al., 1997). Man geht davon aus, dass 3 % bis 5 % der Frauen in dieser Altersgruppe an Bulimia nervosa erkranken (Dilling & Reimer, 1995). Buddeberg-Fischer (1996) berichtet, dass ungefähr 3 % der weiblichen und 0.1 % der männlichen Jugendlichen an dieser Störung leiden. Allerdings sind diese Zahlen stark abhängig von den Auswahlkriterien der verschiedenen Studien. Fairburn und Beglin (1990) analysierten die Ergebnisse von über 50 Studien, die im Hinblick auf Methode, Stichprobe etc. vergleichbar waren. Sie kamen zu einer Prävalenzrate von 1 %. Eine Zunahme der Bulimia nervosa in den zwei letzten Jahrzehnten scheint erwiesen und nicht nur auf die Diagnosestellung zurückzuführen zu sein (Krüger et al., 1997).

12.2.2.4 Prognose und Langzeitverlauf

Metaanalysen sind in diesem Bereich, ähnlich dem Bereich der Anorexie, dadurch erschwert, dass Langzeitstudien, wenn überhaupt vorhanden, sehr unterschiedlich durchgeführt wurden. Allgemein kann man feststellen, dass die Prognose der Bulimie recht gut ist. Je nach Studie kann man davon ausgehen, dass zwischen 50 % und 75 % der erkrankten Frauen, die eine Therapie durchführen, von ihren Symptomen geheilt werden können (Paravicini & Hartmann, 2000). Es gibt allerdings Anzeichen dafür, dass die Angst vor dem Dickwerden bei vielen dieser jungen Frauen weiter besteht. Remschmidt (1997) ist sogar der Meinung, dass die Symptomatik in mehr oder weniger ausgeprägter Form im späteren Leben weiter anhält, oder dass die Patientinnen andere Auffälligkeiten aufweisen. Auch Suizidalität ist bei Bulimie ein Thema, speziell wegen der Impulsivität vieler Bulimikerinnen. Es ist sogar die häufigste Todesursache bei diesen Patientinnen.

12.2.3 Risikofaktoren für Anorexie und Bulimie

Kein Modell zur Erklärung von Essstörungen kann zum jetzigen Zeitpunkt als eindeutig führend bezeichnet werden. Man ist sich aber relativ einig, dass Essstörungen multikausal zu erklären sind (Cuntz & Hillert, 1998; Jacobi et al., 1996). Essstörungen entstehen aus der Interaktion unterschiedlicher Faktoren. Am häufigsten genannt werden soziokulturelle, familiäre, entwicklungsbedingte und biologische Faktoren (Fichter & Warschburger, 1997). Dazu kommen Persönlichkeitsmerkmale.

12.2.3.1 Soziokulturelle Faktoren – Die Schönheitsideale der westlichen Kultur

Heute streben Mädchen in westlichen Kulturen nicht mehr danach, spirituelle Vollkommenheit durch Fasten zu erreichen. Dafür versuchen sie einem Schönheitsideal zu entsprechen, das für die meisten Mädchen und Frauen bei normaler Ernährung nicht erreichbar ist. Dies zeigt sich zum Beispiel in der verbreiteten Unzufriedenheit junger Frauen mit ihrem Körper. Ungefähr ein Drittel der adoleszenten Mädchen beschäftigt sich stark mit ihrem Gewicht, im Gegensatz zu etwa 10 % der Jungen (Huon, 1994; Wichstrøm, 1995). Ungefähr 15 % der 13- bis 18-jährigen Mädchen und 2 % bis 5 % der Jungen haben Angst davor, zuzunehmen (Steinhausen, Winkler & Meier, 1997). Auch das Gefühl, zu dick zu sein, ist sehr verbreitet. Järmann (2000) ist aufgrund ihrer Literaturrecherche zum Schluss gekommen, dass sich zwischen 50 % und 80 % der jugendlichen Mädchen (11 bis 19 Jahre) zu dick fühlen und dass ungefähr 60 % bis 80 % den Wunsch hegen, Gewicht zu verlieren. Nur 13 % bis 26 % der Jungen fühlen sich zu dick, und entsprechend geben auch nur 22 % bis 38 % der Jungen an, sie möchten weniger wiegen.

Der Studie von Hoffmann-Müller und Amstad (1995) kann man entnehmen, dass 66 % der 14- bis 19-jährigen Mädchen einer schweizerischen Stichprobe ein Gewicht anstreben, das 10 % bis 25 % unter dem Normalgewicht für ihre Größe liegt. Dem entgegen steht der Befund, dass die Mehrheit der Jungen (82 %) ein Normalgewicht anstrebt. Die Beschäftigung mit Essen und Gewicht scheint vor allem durch das vermeintliche Übergewicht und weniger durch das aktuelle Gewicht bedingt zu sein. Dies zeigen die Ergebnisse einer norwegischen Studie (Wichstrøm, 1995).

Der gewaltige öffentliche Schlankheitsdruck führt auch zu einer Aufsehen erregenden Verbreitung von Schlankheitskuren. Zahlen variieren auch da, aber sowohl europäische als auch amerikanische Studien berichten, dass jederzeit ungefähr 40 % der jugendlichen Mädchen (8. bis 10. Klasse, d. h. ca. 14 bis 17 Jahre alt) abzunehmen versuchen. Fragt man diese Mädchen, ob sie im Laufe des letzten Jahres eine solche Kur machten, steigt die Zahl auf 60 % (siehe z. B. Paxton et al., 1991). Eine Schlankheitskur allein genügt nicht, um eine Essstörung auszulösen. Wenn man aber weiß, dass sie sich unter gewissen Bedingungen zu Essstörungen entwickeln kann (Patton, 1988), sind solche Zahlen alarmierend. Dieses Thema wollen wir weiter hinten besprechen.

Wir haben im Kapitel 4 (Pubertät) schon erwähnt, dass Mädchen, die sich im Verhältnis zu den Gleichaltrigen körperlich früh entwickeln, für ess- und gewichtsbezogene Probleme etwas mehr gefährdet sind (Fabian & Thompson, 1989; Graber, Brooks-Gunn, Paikoff & Warren, 1994). Diese Mädchen spüren den Schlankheitsdruck wahrscheinlich am deutlichsten. In der Zeit, in der ihr Körper etwas mehr Fett anlegen sollte, befinden sie sich meistens unter gleichaltrigen Mädchen, die viel schlanker sind als sie. So erleben sie, dass sie beinahe die einzigen in ihrer Altersgruppe sind, die dem Schlankheitsideal der Medien (Werbung) nicht entsprechen.

12.2.3.2 Familiäre Faktoren

Familiäre Faktoren scheinen bei allen Essstörungen eine Rolle zu spielen. Welche familiären Variablen vor allem ins Gewicht fallen, ist wenig eindeutig. Es werden Faktoren wie negative soziale Interaktionen, Beschuldigungen, Verharmlosungen, fehlende Empathie und Fürsorge sowie ein Mangel an Gefühlsausdruck erwähnt (z. B. Connors, 1996). Paravicini und Hartmann (2000) kommen aber zum Schluss, dass Anorexiepatientinnen oft sehr behütet aufwachsen und gut umsorgt sind. Allerdings scheint die Fürsorglichkeit öfter den Charakter einer Überbehütung und Verstrickung gehabt zu haben. Im Vordergrund scheint ein rigides Bestreben zu bestehen, den familiären Status quo zu erhalten: Die Familie steht unter einem starken Harmoniegebot, und problematische Gefühle (Wut, Eifersucht, etc.) und Konflikte werden vermieden; die Spannung steigt an, wird aber nicht angesprochen. Cierpka und Reich (1997) warnen davor, eine Spezifität der Familien mit essgestörten Jugendlichen zu formulieren zu versuchen. Dazu sind die Familien zu heterogen.

Es ist auch oft schwierig zu sagen, ob das Familienklima als Ursache oder als Folge der Erkrankung des einen Familienmitglieds betrachtet werden soll. Bei Störungen wie Anorexie und Bulimie können beide Interpretationen richtig sein. Deswegen ist es interessant, Ergebnisse von Studien in Betracht zu ziehen, die Risikogruppen untersucht haben, d. h. Mädchen, die möglicherweise an Vorformen von Essstörungen leiden, die jedoch keine solche Diagnose haben und auch keine lange Erkrankungsgeschichte, welche die Familie beeinflusst haben könnte. Leon, Fulkerson, Perry und Cudeck (1993) liefern solche Ergebnisse. Die Forschergruppe hat 181 Jugendliche, die im Hinblick auf ihr Risiko, eine Essstörung zu entwickeln, ausgewählt worden waren, und ihre Familien befragt. Ein erstes interessantes Ergebnis war, dass sie keine Unterschiede in der Anpassungsfähigkeit (Rigidität, Struktur, Flexibilität, Chaos) der Familien von Jugendlichen mit hohem, mittlerem und tiefem Risiko fanden. Jugendliche Mädchen mit einem mittleren bis hohen Risiko schätzten aber den Zusammenhalt (Kohäsion) ihrer Familien und die Kommunikation mit den Eltern tiefer ein als andere. Die Eltern (Mütter und Väter) der Mädchen in den drei Untergruppen unterschieden sich aber nicht im Hinblick auf ihre Wahrnehmung der Kommunikation mit ihren Töchtern. Die Zufriedenheit mit dem Familienklima ergab ein genau gleiches Ergebnismuster. Dies wird als ein Indikator dafür interpretiert, dass die Eltern wenig Sensibilität gegenüber den Gefühlen ihrer Töchter hatten. Es könnte aber auch sein, dass die Mädchen in den Risikogruppen eine erhöhte allgemeine Unzufriedenheit erlebten, die auch ihre Familie betraf, dass dies aber noch nicht auf die anderen Familienmitglieder übertragen worden war. Dies wäre ein Zeichen dafür, dass die Essstörung mit der Zeit einen negativen Einfluss auf das Familienklima hat, und nicht nur umgekehrt. Die positive Wahrnehmung der Eltern könnte aber gleichzeitig ein Ausdruck ihres Strebens nach Harmonie sein. Keiner der Unterschiede zwischen den Risikogruppen konnte bei Jungen repliziert werden. Es ist eindeutig, dass wir Längsschnittstudien brauchen, um diese Fragen zu beantworten.

12.2.3.3 Persönlichkeitsmerkmale

Persönlichkeitszüge wie Perfektionismus oder das Bedürfnis Kontrolle zu haben, kombiniert mit hoher Leistungsfähigkeit, sind bei Mädchen mit Anorexie sehr oft zu finden. Diese Fähigkeit «ermöglicht» es ihnen auch, den extremen Nahrungsverzicht durchzuführen. Allerdings wird ihr starkes Bedürfnis nach Kontrolle gerade durch ihr anorektisches Verhalten befriedigt. Jede Gewichtsabnahme ist ein direkter Beweis ihrer vollen Kontrolle über den Körper in einer Entwicklungsperiode, die sonst so viele unkontrollierbare körperliche Änderungen mit sich bringt.

12.2.3.4 Genetische und physiologische Faktoren

Befunde sowohl bei Bulimie als auch bei Anorexie deuten darauf hin, dass genetische Faktoren eine nicht zu übersehende Rolle spielen. Wie spezifisch die genetischen Faktoren diese Störungen beeinflussen, ist allerdings noch zu klären. Man findet generell mehr Bulimia nervosa in Familien von Bulimikerinnen (Kassett et al., 1989), und auch Anorektikerinnen haben mehr nahe Verwandte mit Anorexia nervosa, als zu erwarten ist (Strober, Lampert, Morrell, Burroughs & Jacobs, 1990). Das Erkrankungsrisiko steigt bei biologisch Verwandten einer Anorektikerin um etwa das Dreifache an (Cuntz & Hillert, 1998).

Auch Zwillingsstudien zeigen eine viel höhere diagnostische Konkordanz bei eineiigen als bei zweieiigen Zwillingen (Cuntz & Hillert, 1998; Fichter & Noegel, 1990; Holland, Hall, Murray, Russell & Crisp, 1984; Jacobi et al., 1996). Eineiige Zwillinge können bis zu 90 % Konkordanz zeigen.

Auf der somatischen Seite sieht es so aus, dass ab einem gewissen Untergewicht physiologische Prozesse die Führung übernehmen. Der Körper scheint zwar mit allen Mitteln zu überleben zu versuchen (die Verbrennung geht z. B. viel langsamer), aber die Unterernährung geht mit so vielen Änderungen einher, dass die betroffene Person die Kontrolle verliert. Da ist der Punkt, an dem man von einer Sucht sprechen kann (deshalb auch der Begriff Magersucht).

Eine ältere, ethisch problematische Studie von Keys, Brozek, Henschel, Michelsen und Taylor (1950) liefert hier interessante Beobachtungen. Junge Personen, die keine Essstörung aufwiesen, die aber auf Hungerdiät gesetzt wurden, zeigten nach einiger Zeit Verhaltensweisen, die wir bei Anorektikerinnen kennen: Sie verbrachten zum Beispiel sehr viel Zeit damit, die knappe Nahrung einzuteilen, lasen und sammelten Rezepte, tranken übermäßig viel, um den Hunger zu vergessen, das Essen wurde überhaupt zum Hauptthema in ihrem Alltag.

12.2.3.5 Kritische Lebensereignisse

Sexueller Missbrauch kommt in der Lebensgeschichte bei ungefähr einem Drittel aller anorektischen Patientinnen vor; Prävalenzraten in der Normalpopulation bewegen sich zwischen 15 % und 30 % (De Silva, 1995; Eisler, 1995). Einige Studien, die eine etwas erweiterte Definition von sexuellem Missbrauch verwendeten, berichten von einem Vorkommnis unerwünschter oder unerfreulicher oder erzwungener sexueller Ereignisse bei zwei Dritteln der Patientinnen. Im Umgang mit diesen Zahlen ist große Vorsicht geboten.

Auch Trennungen, große neue Anforderungen und andere kritische Lebensereignisse können mit Essstörungen in Zusammenhang gebracht werden, sie wirken allerdings eher als auslösende Faktoren, wenn die betroffene Person diese Ereignisse nicht zu bewältigen vermag.

Sogar kritische Bemerkungen von Gleichaltrigen (meistens zur Figur) können eine strenge Diät auslösen (Jacobi et al., 1996).

12.2.3.6 Interaktion vieler Faktoren

Der Weg zum Symptombild einer Essstörung verläuft sehr unterschiedlich. Vieles deutet darauf hin, dass die meisten der oben genannten Risikofaktoren nur prädisponierend sind und miteinander interagieren müssen, um zu einer voll entwickelten Essstörung zu führen. Zentral ist dabei die Interaktion von psychologischen und sozialen Faktoren mit der Biologie.

Zum Beispiel können verschiedene Probleme bei einem Mädchen zu einer Grundfrustration oder -unzufriedenheit mit sich und der Welt führen. Mithilfe der als schwer erreichbar geltenden Körperideale für Frauen wird die Unzufriedenheit mit sich selbst und dem Umfeld als Unzufriedenheit mit dem Körper interpretiert. Der nächste Schritt kann eine Diät sein. Wenn diese Jugendliche einen starken Willen und viel Selbstdisziplin hat, wird ihr das auch gelingen. Da das Problem aber nicht primär ein Gewichtsproblem war, wird sie die Diät nicht abbrechen. Im Gegenteil kann es sein, dass das Hungergefühl als Belohnung wirkt, weil es ein Indikator dafür ist, dass sie es schafft, auf die nötigen Kalorien zu verzichten. Sie erlebt gerade dadurch persönliche Kompetenz und Befriedigung. Wenn es gelingt, das Gewicht rasch unter einen kritischen Punkt zu bringen, treten die physiologischen Reaktionen ein, die oben beschrieben wurden. Auf die Reduktion der Kalorieneinnahme folgen vielleicht depressive Symptome, die möglicherweise schon früher latent vorhanden waren; mit der Depression folgen ein gewisses Desinteresse und sozialer Rückzug. Die Unzufriedenheit mit anderen und der soziale Rückzug werden dadurch akzentuiert, dass die Jugendliche sich inzwischen so sehr mit Essen beschäftigt, dass es schwierig wird, mit anderen Jugendlichen zusammen zu sein. Gleichaltrige fangen an, sich zu fragen, was mit der Person los ist, und sie distanzieren sich. Alles zusammen unterstützt die Entstehung eines negativen Zirkels.

Mit Patientinnen umzugehen, die eine voll entwickelte Essstörung haben, ist Sache von Expertinnen und Experten. Dafür zu sorgen, dass alle Risikofaktoren aus dem Weg geräumt werden, ist aber kaum möglich. Frühe Information darüber, was für Konsequenzen extreme Schlankheitskuren haben können, ist ein möglicher Weg der Prävention, besonders wenn betont wird, dass eine Essstörung keinen Gewinn an Kontrolle, sondern im Gegensatz einen riesigen Verlust an Kontrolle bedeutet. Das heutige weibliche Körperideal macht den allermeisten Frauen zu schaffen. Information darüber, was es Modelle kostet (an Verzicht, an Krisen und auch an Operationen), ihren Körper so zu formen, wie die Modewelt es will, könnte viele Mädchen aufhorchen lassen.

12.2.4 Normative Essprobleme – Diäthalten

Zu allen Zeiten haben sich Menschen mit ihrem Aussehen befasst. In allen Kulturen sorgen Männer und Frauen dafür, attraktiv zu sein. Wenn die Norm besagt, dass eine Frau einen sehr schlanken Körper haben sollte, ist es in gewisser Weise angemessen, sich als Frau darum zu bemühen, schlank zu sein. Wenn aber die Attraktivitätsnorm mit einem ungesunden oder schwer erreichbaren Körperideal verbunden ist, muss man sich fragen, wo die Grenze zwischen Norm und Störung zu setzen ist. Dazu kann die Definition von Problemverhalten als «ein Verhalten, das die Entwicklung beeinträchtigt» (siehe Einleitung zu diesem Kapitel), nützlich sein. Diätverhalten und Gedanken rund ums Essen sind deswegen in eine graue Zone geraten, wo sie sowohl als Reaktionen auf die heutigen Ideale als auch als Zeichen einer beginnenden Störung aufgefasst werden können.

12.2.4.1 Prävalenz

Von Studien in den USA weiß man, dass die Punktprävalenz des Diäthaltens für junge Mädchen seit Jahrzehnten ungefähr 30 % bis 40 % beträgt (Huenemann, Shapiro, Hampton & Mitchell, 1966; Johnson-Sabine, Wood, Patton,

Figur 12-2: Diäthalten von deutschschweizerischen und norwegischen Mädchen und Jungen (nach Alsaker, 2000a)

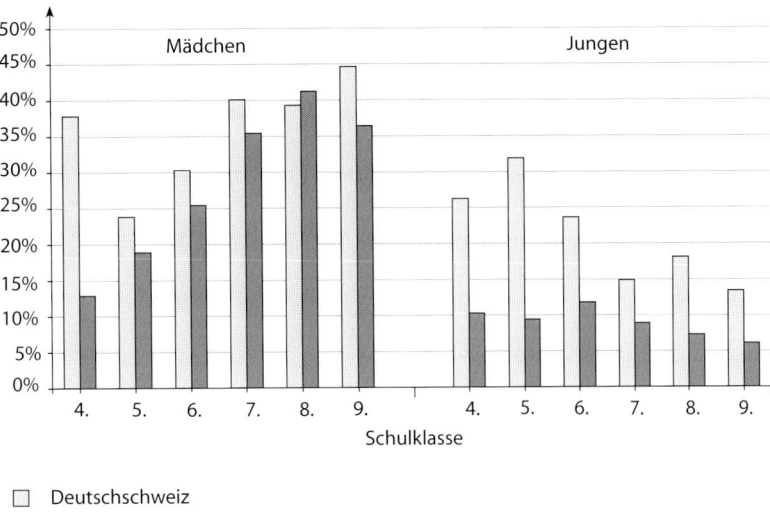

Mann & Wakeling, 1988; Nylander, 1971). Lebenszeitprävalenzraten sind natürlich höher, um die 60 % in der achten und zehnten Klasse. Für das gleiche Alter berichten Paxton und Mitarbeitende (1991) aus Australien, dass 54 % der Mädchen eine Diät durchgeführt hätten. Bei Jungen sind die entsprechenden Zahlen im Allgemeinen tiefer, aber auch bedenklich hoch (z. B. 28 % in Perry-Hunnicutt & Newman, 1993; 16 % in Paxton et al., 1991).

Diese Studien zeigen deutlich, dass das Diäthalten bei Mädchen deutlich ausgeprägter ist als bei Jungen. Dieser Unterschied entsteht in der Adoleszenz (Lau & Alsaker, 2001; Rolls, Fedoroff & Guthrie, 1991). Die hohen Prävalenzraten haben einige Autoren dazu bewegt, Diäthalten als normativ für Mädchen in westlichen Kulturen zu bezeichnen (Polivy & Herman, 1987; Strigel-Moore, Silberstein & Rodin, 1986).

In der Studie zur Belastung von Schülern und Schülerinnen in Norwegen und in der Schweiz wurden die Jugendlichen gebeten, zur folgenden Aussage Stellung zu nehmen: «Ich bin gerade daran zu versuchen abzunehmen». Die Ergebnisse zeigten in Norwegen ein klares Bild, das den oben präsentierten Resultaten entspricht: Das Diätverhalten der Mädchen stieg von 13 % in der vierten Klasse bis auf ungefähr 40 % in der siebten bis neunten Klasse. Die Prozentzahlen für die Jungen variierten zwischen 6 % und 12 % (Figur 12–2; Alsaker, 2000a; Lau & Alsaker, 2001). Die Prävalenzraten bei den schweizerischen Jugendlichen waren allgemein etwas höher als in Norwegen und lieferten einige Überraschungen. Besonders der Anteil Mädchen in der vierten Klasse, die angaben, daran zu sein abzunehmen, war erstaunlich hoch (38 %, und der Anteil war sogar noch höher in der französischen Schweiz). Analysen lassen vermuten, dass diese jungen Mädchen die Frage tatsächlich richtig verstanden und ehrlich beantwortet hatten (Alsaker, 1997b). Aber auch wenn sie nicht ernsthaft Diät halten sollten, zeigen ihre Antworten eindeutig, dass sie die Schlankheitsnorm internalisiert haben. Ein anderes unerwartetes Ergebnis betrifft die Jungen. Die jüngeren Schweizer (4. bis 6. Klasse) gaben in einem hohen Maß an, abzunehmen zu versuchen (25 bis 30 %), und auch bei den älteren lagen die Prozentwerte eindeutig höher als bei ihren norwegischen Gleichaltrigen. Diese Ergebnisse widerspiegeln höchstwahrscheinlich kulturelle Unterschiede im Stellenwert des Aussehens in beiden Ländern, ein Stellenwert, der kaum nur durch die Medien vermittelt werden kann, denn Jugendliche in den westlichen Gesellschaften werden fast überall mit den gleichen Botschaften konfrontiert.

12.2.4.2 Prädiktoren

Unmittelbare Prädiktoren des Diäthaltens wurden in der norwegischen Stichprobe der oben genannten Studie untersucht (Lau & Alsaker, 2001). Der logisch unmittelbarste Grund abnehmen zu wollen, nämlich das relative Gewicht im Verhältnis zur Größe (d. h. der Body Mass Index, BMI), erwies sich bei Mädchen als nicht speziell wertvoll. Der BMI konnte zwar ungefähr 10 % der Varianz im Diäthalten erklären, wenn das Alter konstant gehalten wurde. Er verlor aber jeden Prädiktionswert, wenn kognitive Variablen in das Modell aufgenommen wurden. Das «Gefühl im Verhältnis zu anderen zu dick» zu sein, erklärte zusätzlich zum BMI 20 % der Varianz, und ein hohes Maß an Gedanken rund um das Essen und das Gewicht erklärte weitere 15 %. Diese Resultate zeigen eindeutig, dass nicht das Gewicht an sich, sondern die Wahrnehmung des Gewichts im Verhältnis zu anderen oder einem Ideal die Hauptrolle spielt. Interessanterweise waren die Wahrnehmung des relativen Gewichts und die Gedanken über Essen und Gewicht weniger wichtig bei Jungen (12 % resp. 2 % erklärte Varianz) als der BMI, der ein starker Prädiktor des Diäthaltens blieb. Das heißt, dass die meisten Jungen erst Diät halten, wenn ihr Gewicht für ihre Größe und ihr Alter tatsächlich zu hoch wird. Dies kann Jungen auch vor einer übertriebenen Diät schützen. Wenn ihr Gewicht wieder auf ein normatives Niveau zurückgegangen ist, haben sie keinen Grund mehr, eine Diät durchzuführen, und können sie beenden.

Wir haben mehrfach auf die mögliche Rolle der Werbung und der Medien generell hingewiesen. Neben diesen Einflüssen spielt die Einstellung näherer Bezugspersonen eine zentrale Rolle (Järmann, 2000). Zum Beispiel erfahren auch Mütter jugendlicher Töchter den Druck, dem Schlankheitsideal zu entsprechen. Mütter sind im Allgemeinen aufgrund ihres Alters in einer noch schlechteren Lage als ihre Töchter, diesem Ideal zu entsprechen. Ihre Unsicherheit, ihre Unzufriedenheit und die Konflikte, die sie rund um das Essen und die Gewichtsregulation erleben, werden in irgendeiner Form den heranwachsenden Mädchen vermittelt (Attie et al., 1990). Ob die Mütter ihre Schlankheitswünsche sogar stellvertretend durch ihre Töchter zu erreichen versuchen, wäre noch zu untersuchen. Eine neuere Studie von Benedikt, Wertheim und Love (1997) zeigt, dass ungefähr die Hälfte der Mütter dünnere Töchter wünschten, wobei nur 10 % der Töchter im Vergleich zu ihrer Größe etwas zu viel wogen.

In der genannten Studie von Leon und Mitarbeitenden (1993) zu Mädchen mit unterschiedlichem Risiko für die Entwicklung einer Essstörung berichteten die Mütter der Mädchen mit einem hohen und einem moderaten Risiko öfter als die Mütter von Töchtern mit geringerem Risiko, dass ihre Töchter zu einem früheren Zeitpunkt übergewichtig gewesen waren (zu 67 % resp. 42 % resp. 18 %). Zu bemerken ist, dass keines der Mädchen zum Untersuchungszeitpunkt übergewichtig war und dass die Mütter sie zum aktuellen Zeitpunkt auch nicht als übergewichtig einschätzten. Ob diese Mädchen eindeutig Übergewicht gehabt hatten oder ob ihre Mütter auf ein Schlankheitsideal fixiert waren und ihren Töchtern zum richtigen Gewicht verholfen hatten, bleibt offen. Eine Studie von Pike und Rodin (1991) zeigte, dass Mütter von jungen Frauen mit einer Essstörung dem Aussehen und dem Essverhalten ihrer Töchter gegenüber kritischer eingestellt waren als Mütter einer Vergleichsgruppe und dass sie öfter der Meinung waren, ihre Töchter sollten abnehmen.

Es ist noch vieles unerforscht, das für die Prävention von gestörtem Essverhalten wichtig wäre. Unerforscht und wahrscheinlich von höchster Relevanz ist vor allem der Einfluss der Gleichaltrigen und der soziale Druck in Referenzgruppen im Allgemeinen.

12.2.4.3 Der Übergang zu Essstörungen

Es ist erwiesen, dass Diäten für die Mehrzahl von Mädchen keine weiteren Probleme nach sich ziehen. Aber wenn das Diätverhalten mit anderen Faktoren zusammentrifft, ist es ein sehr starker Prädiktor von Essstörungen (Huon, 1994; Patton, 1988; Sundgot-Borgen, 1994). Die prospektive Studie von Patton, Johnson-Sabine, Wood,

Mann und Wakeling (1990) hat beispielsweise gezeigt, dass Mädchen, die eine Diät machten (aber keine Essstörung hatten), im Vergleich zu Mädchen, die keine Diät machten, ein Jahr später achtmal häufiger eine Essstörung entwickelten. Nicht alle Mädchen, die eine Diät machten, entwickelten eine Essstörung, aber alle Mädchen, die eine Essstörung entwickelten, hatten ein Jahr früher angegeben, dass sie Diät hielten.

Man kann den Übergang zwischen Diäthalten und Essstörungen unterschiedlich erklären. Die meisten Erklärungsansätze betonen die Interaktion mehrerer Faktoren. Einige Autoren betonen die Rolle der kognitiven Komponenten (Garner & Bemis, 1982) und behaupten, dass die dysfunktionalen Repräsentationen bezüglich Körpergröße, Figur, Gewicht, Ernährung und Kontrolle über das Essen in Kombination mit der Diät zu Essstörungen führen.

Lau und Alsaker (2001) konnten zeigen, dass die Kombination einer Diät mit einem sehr hohen Maß an Gedanken um das Gewicht und das Essen ein Indikator für eine anfängliche Essstörung sein kann. Diese Mädchen zeigten bereits erste Zeichen einer reduzierten Nahrungszufuhr (Verstopfung und Essanfälle). Essanfälle waren überhaupt häufiger bei allen Mädchen, die eine Diät hielten, als bei den anderen. Letzteres entspricht anderen Befunden, wonach chronisches Diätverhalten zu Essanfällen führen kann (Hill, Rogers & Blundell, 1989).

Andere (Slade, 1982) meinen, dass das Bedürfnis nach Kontrolle, das man oft bei Mädchen mit Essstörungen beobachtet, in Kombination mit den Diäten eine zentrale Rolle spielt. Diese Mädchen möchten absoluten Erfolg haben. Wenn sie etwas tun, soll es auch perfekt sein. Das heißt, wenn sie eine Diät beginnen, soll sie auch zu Ende geführt werden, und sie möchten überhaupt in allem die Besten unter den Kameradinnen sein. Bei Mädchen, deren Selbstwert stark von Erfolgserlebnissen abhängig ist, kann die Diät ein wirklich gutes Erlebnis sein. Sie haben die absolute Kontrolle, und sie schaffen es. Sie können ihren Erfolg auch täglich auf der Waage feststellen. Dies wirkt gleichzeitig äußerst verstärkend. Und so kann eine harmlose Diät doch etwas schwerwiegendere Folgen haben.

12.3 Ausblick

Adoleszenz ist eine Lebensphase, in welcher Mädchen gefährdet sind, internalisierende Probleme zu entwickeln: Depressive Verstimmung und klinische Formen von Depression nehmen bei Mädchen in der Adoleszenz zu; generelle Essprobleme und Essstörungen entwickeln sich meistens in der Adoleszenz und betreffen vor allem Mädchen. Genaue Erklärungen für diese geschlechtsspezifische Verletzbarkeit liegen nicht vor. Die Erklärungsansätze, die in diesem Kapitel besprochen wurden, deuten darauf hin, dass eine Kumulation von Stressoren während der körperlichen Reifung besonders kritisch ist. Es wäre überdies wichtig zu erforschen, ob die Abnahme protektiver Faktoren (Harrington, 1993) Mädchen in einem höheren Maß als Jungen trifft. Das genauere Eruieren der Rolle der pubertären Reife und der Entwicklung von dysfunktionalen Schemata und Reaktionen in Problemsituationen (vor allem Ruminieren) verbleiben Aufgaben für künftige Studien.

Wenn ein bis zwei Drittel der weiblichen Jugendlichen angeben, dass sie Diät halten oder abzunehmen versuchen, können wir tatsächlich sagen, dass Diäthalten normativ geworden ist. Dies bedeutet nicht, dass wir dieses Verhalten als richtig oder wünschbar (übliche Konnotationen des Begriffs «normativ») betrachten. Wenn 8- bis 10-jährige Mädchen auf ihre Figur aufzupassen anfangen und ihre Gedanken vermehrt darum kreisen, was sie essen dürfen, sind wir als Entwicklungspsychologinnen und -psychologen in Anbetracht der Gefährlichkeit dieser Situation alarmiert.

Die kritische Aufmerksamkeit auf den jugendlichen Körper wird zu einer psychischen Belastung. Die Konfrontation eines beinahe vorpubertären Körperideals mit der pubertären Entwicklung muss in den meisten Fällen zu einer chronischen latenten Unzufriedenheit mit dem Körper führen. Es ist allen heranwachsenden Mädchen zu wünschen, dass sie ihren Körper bejahen, stärken und effizient nutzen, statt ihn derart einzuschränken. Moden sind allerdings zeitlich begrenzt, und man kann hoffen, dass das Pendel wieder einmal in eine körperbejahende Richtung schwingen wird.

13. Externalisierendes Problemverhalten

Im Gegensatz zur Internalisierung von Problemen bereitet die Externalisierung meistens auch Probleme für andere oder wird zumindest als problematisch wahrgenommen. Unter externalisierendem Problemverhalten versteht man eine Reihe von Handlungen, die vom Normbruch bis zur groben physischen Gewalt reichen. Die geläufigsten Begriffe in diesem Bereich sind zu einem großen Teil überlappend (Figur 13–1).

Normbrechendes Verhalten richtet sich gegen soziale, gesellschaftliche oder kulturelle Normen. Obwohl man den Begriff *Normbruch* auch bei Verstößen gegen eine Gruppennorm verwenden kann, wird er meistens dann verwendet, wenn Verhaltensnormen auf einem gesellschaftlichen Niveau gemeint sind. Mogeln ist zwar in Schülersubkulturen weit verbreitet; aus der Sicht des Schulsystems und der Gesellschaft ist es aber ein Normbruch. Der Normbruch ist ein sehr umfassender Begriff, der die meisten anderen Begriffe mit einschließt. Normbrechendes Verhalten ist allerdings nicht notwendigerweise entwicklungsgefährdend und somit auch nicht immer als Problemverhalten in unserem Sinne zu bezeichnen. Ein Verhalten wird als *delinquent* bezeichnet, wenn es nicht nur gegen die Norm, sondern auch gegen bestimmte Strafgesetze verstößt.

Antisoziales Verhalten ist enger definiert als Normbruch. Es wird für Verhalten gebraucht, das die Erhaltung der sozialen Ordnung oder das soziale Zusammenleben bedroht. Antisoziales Verhalten ist in einem hohen Maße mit aggressivem und delinquentem Verhalten überlappend. Loeber (1990) beispielsweise definiert Delinquenz als eine Subkategorie des antisozialen Verhaltens. Im weitesten Sinne kann man tatsächlich sagen, dass jeder Verstoß gegen geltende Strafgesetze die soziale Ordnung gefährdet. Andererseits gilt der private Gebrauch von Drogen in vielen Gesellschaften als delinquente Handlung, ohne dass dort eine antisoziale Motivation vorhanden ist. Stehlen in einem Geschäft im Alter von sechs Jahren stellt eine antisoziale Tat dar, kann jedoch formal nicht als delinquent bezeichnet werden, da ein Kind in diesem Alter in den meisten Ländern nicht schuldfähig ist.

Aggressives Verhalten stellt meistens einen Normbruch dar, kann aber in bestimmten Kulturen und in einem definierten Rahmen einer deklarierten Norm entsprechen. In einem solchen Fall bedroht es den sozialen Zusammenhalt nicht. Physisches aggressives Verhalten wird jedoch in den meisten Kulturen als antisozial betrachtet und kann, abhängig von der Art und der Intensität, auch delinquent sein. Es gibt auch verbale und indirekte Formen antisozialer Handlungen, welche aber nur selten gegen das Strafgesetz verstoßen (Ausnahme z. B. Aufhetzung gegen Ausländer).

Der Konsum legaler Drogen (z. B. Alkohol) ist unterhalb einer gewissen Altersgrenze ein Normbruch und klar auch ein Problemverhalten, da er zumindest die eigene Entwicklung gefährdet. Ab einem bestimmten Alter, und je nach Gesellschaft oder Kultur, gehört derselbe Konsum zur Norm. Der Missbrauch illegaler Drogen ist allerdings meistens als Normbruch zu bezeichnen. Welche Drogen als illegal kategorisiert werden, wird je nach Land unterschiedlich festgelegt. Der Konsum von illegalen Drogen ist per definitionem delinquent.

Externalisierendes Problemverhalten äußert sich je nach Alter, Entwicklungsstufe und Kontext unterschiedlich. Loeber (1990) nennt beispielsweise ein «schwieriges Temperament» als einen frühen Prädiktor von antisozialem oder störendem (engl. disruptive) Verhalten. Typische Formen antisozialen Verhaltens im Vorschulalter sind direktes aggressives Verhalten und entsprechend Probleme mit den Gleichaltrigen. Kleine Diebstähle (z. B. aus dem Portemonnaie der Mutter) und aggressive Akte gegen Gegenstände können früh auftreten. Aber Vandalieren ist zum Beispiel erst möglich, wenn ein Kind sich längere Zeit fern von elterlicher Aufsicht bewegen darf. Mit dem Zugang zu immer neuen Lebensbereichen in der Adoleszenz erweitern sich die Möglichkeiten und das antisoziale Repertoire.

Wegen der Überlappung der Begriffe und des oft gleichzeitigen Auftretens verschiedener Formen von externalisierendem Problemverhalten ist es schwierig, eine strenge Unterteilung durchzuhalten. Wir wollen jedoch zwischen drei Bereichen unterscheiden: dem aggressiven Verhalten gegen Personen, dem sonstigen antisozialen und delinquenten Verhalten und dem Drogenkonsum. Die ersten zwei Bereiche sind so nah miteinander verwandt, dass oft die gleichen Modelle zur Entstehung solcher Probleme in Frage kommen. Entwicklung und Risikofaktoren aller Formen antisozialen Verhaltens werden darum in einem gemeinsamen Unterkapitel diskutiert.

13.1 Aggressives Verhalten

Unter aggressivem Verhalten stellen sich vermutlich die meisten Leser und Leserinnen physische Angriffe vor. Sie machen jedoch nur einen Teil der aggressiven Handlungen aus. Verbale und sehr subtile indirekte Formen sind sogar im Allgemeinen häufiger.

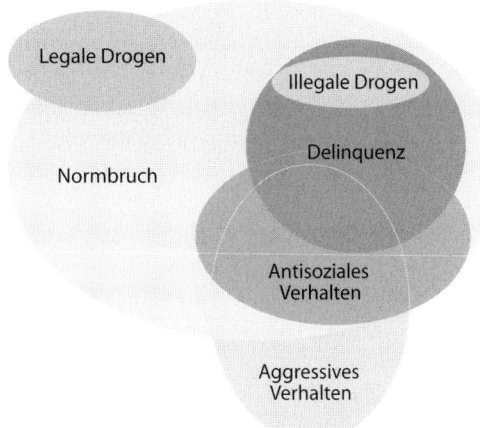

Figur 13-1: Externalisierendes Problemverhalten

Ungenügende Differenzierung in der Definition von Aggression führt gelegentlich zu fruchtlosen Diskussionen. Zu unterscheiden sind in jedem Fall die Abstraktionsniveaus, auf welchen man sich mit dem Begriff auseinander setzt. Aggression kann zum Beispiel als motivationales Konstrukt oder als beobachtbare Handlung verstanden werden (Olweus, 1973). So kann eine Person aggressive Impulse wahrnehmen und einen starken Wunsch haben, jemanden verbal oder physisch anzugreifen, ohne dies in Handlung umzusetzen. Auf der motivationalen (nicht-beobachtbaren) Ebene ist diese Person aggressiv. Auf der (beobachtbaren) Handlungsebene ist diese Person aber nicht aggressiv. Die Diskussion, ob diese Person allgemein aggressiv ist oder nicht, nützt nichts; sie ist, je nach Ebene, beides.

Kinder, die aggressive Impulse verspüren, drücken diese meistens unmittelbar aus, oft sogar physisch und mit viel Intensität. Mit der Sozialisation werden Selbstkontrolle und hemmende Mechanismen eingeübt, sodass man in der Adoleszenz weniger aggressives Verhalten erwarten sollte. Eine starke aggressive Motivation kann zum Beispiel vorhanden sein und dennoch nur zu einer milderen aggressiven Handlung führen, oder die Handlung kann vollständig gestoppt werden, oder die Wahrnehmung der aggressiven Impulse führt zu einer neuartigen Auseinandersetzung mit der Situation und zu einer angemessenen nicht-aggressiven Handlung (z. B. Klärung einer ambivalenten Situation, Regulation von Konflikten).

Eine weitere Differenzierung betrifft die Intention, die zur Handlung führt. Man kann sich folgende Situation vorstellen. Eine Jugendliche sagt im Affekt etwas Beleidigendes zu ihrer Freundin. Sie verletzt sie, obwohl sie diese Intention nicht hatte. Laut herkömmlicher Definition von Aggression (z. B. Parke & Slaby, 1983) wäre dies keine aggressive Handlung, obwohl auf der beobachtbaren Ebene ein deutlicher verbaler Angriff wahrzunehmen ist. Vielleicht hat diese junge Person wenig Selbstkontrolle oder ein mangelhaftes Einfühlungsvermögen. Ein kleines Kind weiß oft noch nicht genau, was sein Verhalten bewirkt. Adoleszente haben jedoch viele Möglichkeiten gehabt, dies zu lernen. Man kann deshalb davon ausgehen, dass sie sich der Konsequenzen ihrer Handlungen bewusst sind. Aufgrund dieser Überlegungen wollen wir aggressives Verhalten als ein Verhalten definieren, dessen Ziel die Verletzung einer anderen Person ist oder das wenigstens mit dem Bewusstsein der verletzenden Wirkung ausgeübt wird.

Diese Definition impliziert eine dritte Differenzierung, nämlich zwischen feindseliger (engl. hostile) und instrumenteller Aggression. Im letzteren Fall handelt es sich um aggressives Verhalten, das zu einem bestimmten Zweck eingesetzt wird, wie beispielsweise um einen bestimmten Status zu erreichen, oder um einer anderen Person ein Eigentum oder Privilegien wegzunehmen (Olweus, 1973; Parke & Slaby, 1983). Feindselige Aggression beinhaltet die klare Intention, einer anderen Person einen Schaden zuzufügen.

Eine Person, die über ein sehr aggressives Verhaltensrepertoire verfügt, hat nicht unbedingt jedes Mal die Absicht, jemanden zu schädigen; sie handelt einfach wie sie es gewohnt ist, ohne dem Wohlergehen der anderen Person viele Gedanken zu schenken. Eine solche Einstellung ist nicht notwendigerweise aggressiv, jedoch deutlich egozentrisch, asozial oder sogar antisozial.

13.1.1 Unterschiedliche Ausdrucksformen der Aggression in der Adoleszenz

Man unterscheidet zwischen direkten und indirekten Formen der Aggression (z. B. Björkqvist, Lagerspetz & Kaukiainen, 1992). Obwohl die direkten Formen am dramatischsten sind, nehmen die indirekten in der Adoleszenz zu. In den letzten Jahren haben einige Forscherinnen und Forscher ihre Aufmerksamkeit überdies besonders auf relationale Aggression gerichtet (Kap. 9). Anschließend an die Diskussion dieser allgemeinen Formen wollen wir zwei Spezialbereiche der Aggression in der Adoleszenz ansprechen, die über die individuelle Ebene hinausgehen und eher als soziale Phänomene zu bezeichnen sind: Mobbing unter Schülern und Schülerinnen und Hooliganismus.

13.1.1.1 Direkte, indirekte und relationale Aggression

Direkte Aggression kennzeichnet alle Formen von Aggression, die unmittelbar gegen eine Person – physische und verbale Äußerungen, inklusive Drohungen – oder deren Eigentum gerichtet sind, sodass Täter und Opfer miteinander konfrontiert sind.

Indirekte Aggression ist eine subtilere Form der Aggression. Hier geht es darum, den Anschein zu erwecken, dass gar keine Absicht bestand, jemanden zu verletzen. Nach Möglichkeit werden andere Schüler oder Schülerinnen als Werkzeuge für den Angriff auf die Zielperson gebraucht. Das Opfer wird verleumdet oder aus einer Gruppe ausgeschlossen, ohne dass es zu einer direkten Konfrontation kommt (z. B. Lagerspetz & Björkqvist, 1994).

Indirekte Aggression ist auch als soziale Manipulation definiert worden (z. B. Björkqvist, Österman & Lagerspetz, 1994). Darunter versteht man alle Handlungen, die dazu führen, dass die soziale Situation einer Person verschlechtert wird, insbesondere die Ausgrenzung aus der Peer-Gruppe. Gerüchte zu verbreiten, die dazu führen, dass eine Person isoliert wird, ist ein typisches Beispiel.

Die *relationale Aggression* haben wir bereits im Kapitel 9 besprochen. Wie bei anderen Formen der Aggression ist hier das Endziel des aggressiven Aktes, eine Person oder ihren Selbstwert durch Angriff auf etwas, das ihr wichtig ist, zu verletzen. Bei der relationalen Aggression werden Beziehungen beschädigt, die einer Person wichtig sind (Crick & Grotpeter, 1995). Es handelt sich meistens um indirekte Formen der Aggression, wobei auch die direkte Drohung mit dem Entzug einer bestehenden Beziehung als Mittel verwendet wird. Wir kommen auf diese unterschiedlichen Formen der Aggression in der Adoleszenz zurück, wenn wir Geschlechts- und Altersunterschiede diskutieren.

13.1.1.2 Mobbing

Das Phänomen des Mobbings haben wir im Kapitel 10 angesprochen, weil es typischerweise in der Schule vorkommt und dort einen gewichtigen Stressfaktor darstellt. Mobbing kommt aber in allen sozialen Situationen vor, in denen Menschen (von Kleinkindern bis zu Erwachsenen) regelmäßig zusammenkommen und in welchen Opfer aus unterschiedlichen Gründen den Aggressoren nicht entfliehen können (Smith et al., 1999). Mobbing ist per definitionem eine aggressive Handlung, unterscheidet sich allerdings von anderen aggressiven Handlungen dadurch, dass ein spezifisches Opfer ausgewählt wird, das auch von weiteren Mitgliedern der Gruppe

Figur 13–2: Unterscheidung zwischen einer Situation mit einem Jugendlichen mit einem Aggressionsproblem und einer Mobbingsituation

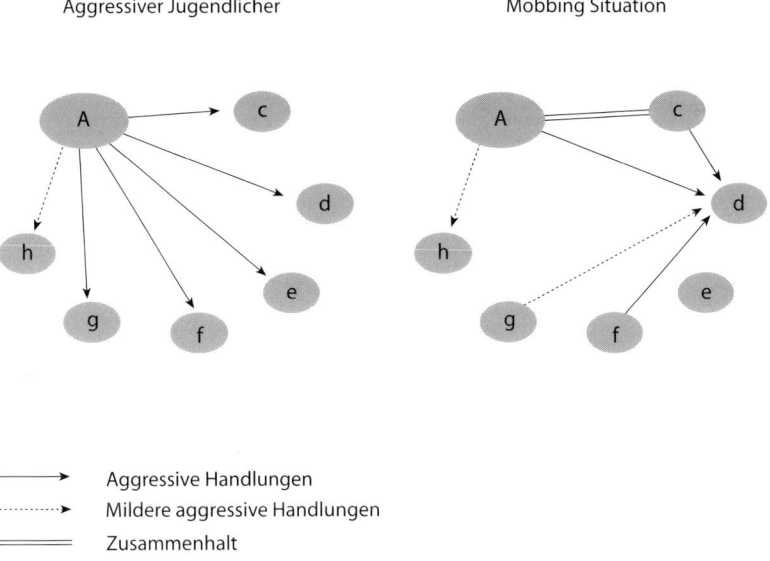

schikaniert wird, sodass man in vielen Fällen besser von Viktimisierung sprechen sollte. Figur 13–2 bietet eine Illustration des Unterschieds zwischen einer Situation, die von der Aggression eines einzelnen Jugendlichen geprägt ist, und einer Mobbingsituation.

In der ersten Situation geht ein Jugendlicher auf viele Personen los. Einige sind stärker betroffen als andere, und nur wenigen bleibt die Aggression erspart. In der Mobbingsituation aber verbündet sich eine besonders aggressive Person mit einer oder mehreren weiteren Personen, und diese schikanieren eine bestimmte andere Person. Nach und nach fangen auch andere an, dieses Opfer zu quälen. Meistens machen sie nur mit, wenn sie von den Mobbenden dazu aufgefordert werden, aber sie können auch mildere aggressive Handlungen selbst einsetzen oder das Opfer deutlich ausgrenzen. Mobbing setzt natürlich aggressive Jugendliche, aber auch Mitläufer voraus. Mobbing ist somit Problemverhalten einer ganzen Gruppe.

Mobbende Jugendliche (Täter oder Täterinnen genannt) sind ihren Opfern in der Zahl und auch sonst in der Mobbingsituation überlegen. Sie wollen nicht ihre Kräfte ausprobieren (sei es physisch oder verbal), sondern sie streben einen schnellen und sicheren Erfolg an. Sie suchen sich meistens Opfer, die sich nicht gut wehren können. Dadurch, dass sie andere Personen in Ruhe lassen, sind sie bei diesen genauso beliebt wie Jugendliche, die weder mobben noch gemobbt werden. Sie haben einen hohen Status in der Gruppe der Gleichaltrigen, denn Mobbing verleiht den Tätern und Täterinnen Macht und Respekt und somit Selbstbestätigung und ein Gefühl der eigenen Kompetenz. Der Zusammenhalt mit einigen anderen aggressiven Jugendlichen gewährt ihnen auch ein besonderes Gefühl der Gruppenzugehörigkeit.

Nicht zu vergessen sind allerdings die Jugendlichen, die sowohl Opfer von anderen sind als auch selbst andere mobben. Diese Jugendlichen nennt man Täter-Opfer (Alsaker & Valkanover, 2000) oder provokative Opfer (Olweus, 1995). Sie sind meistens sehr impulsiv und unkontrolliert. Im Gegensatz zu den Tätern sind sie unbeliebt (genauso unbeliebt wie die Opfer).

13.1.1.3 Hooliganismus

Mit dem Begriff Hooligan bezeichnet man in der Regel Jugendliche und junge Erwachsene, die im Zusammenhang mit Sportanlässen gewalttätig auftreten. Sie sind meistens Anhänger einer Fußballmannschaft und reisen dorthin, wo diese gerade spielt. In Europa wird dem Thema Hooliganismus seit den Tumulten im Heysel-Stadion in Brüssel im Jahr 1985 große Aufmerksamkeit geschenkt. Krawalle hat es in und um Stadien schon früher gegeben, aber das Phänomen scheint laut einer Übersicht von Dunand (1986) Anfang der 80er Jahre deutlich zugenommen zu haben.

Studien über Hooligans sind selten, da es schwierig ist, an diese aggressiven jungen Leute heran zu kommen. Einer holländischen (van der Brug, 1994) und einer italienischen Studie zu Fußballfans (Zani & Kirchler, 1991) kann man entnehmen, dass die fanatischsten Fans und die Hooligans allgemein nur ein tiefes Bildungsniveau erreicht haben, als junge Erwachsene häufiger arbeitslos oder unter den ungelernten Arbeitern zu finden sind.

Die aggressive Motivation der Hooligans ist, wenn man überhaupt einen solchen Vergleich machen kann, der Motivation der Schulmobber und -mobberinnen diametral entgegengesetzt. Sie suchen den Kampf und nicht die leichte Beute. Eine typische Aussage eines Hooligans: «Wir prügeln nicht auf irgendwelche Leute ein, die gar keine Lust haben, sondern nur mit anderen Hooligans, die das genauso wollen wie wir» (Farin & Seidel-Pielen, 1993, S. 181). Allerdings ist das Auftreten der Hooligans unter anderem durch den Einsatz verschiedener Waffen gewaltsamer geworden und nicht selten mit Vandalismus verbunden. Der gerade zitierte Hooligan war schon mit 15 ein Fan eines Fußballklubs und gehörte zum Zeitpunkt des Interviews, mit ungefähr 25 Jahren, zu den «Alten». Er beschreibt, wie man sich «damals» noch fair mit anderen geprügelt habe und wie das in den 90er Jahren schon viel krasser geworden sei: «(damals) … wenn einer hingefallen ist, dann hat der vielleicht noch zwei, drei Tritte in den Bauch bekommen und wurde schon wieder laufengelassen. Während die heute teilweise richtig arg zusammengetreten werden» (S. 180).

Laut Schulz (1986) kann man bei den Hooligans von einer gruppeninternen Norm der Aggression sprechen. Hooligans müssen ihre Gewaltbereitschaft durch konkrete Handlungen beweisen, wenn sie in der Gruppe bleiben oder wenn sie gruppenintern einen Aufstieg erreichen wollen. Ihre Gewaltbereitschaft wird zusätzlich dadurch erhöht, dass sie sich ihrer Verantwortung vor dem Gesetz oft entziehen können. Es geschieht alles in der Gruppe. Die Verantwortung wird zersplittert. Sie rechtfertigen ihre Gewalttätigkeiten auch oft mit einer gruppeneigenen Definition der Gerechtigkeit. Sie handeln nach Prinzipien der Vergeltung.

Auch wenn sie den Kampf suchen, sind die Hooligans nicht angstfrei: «… Angst haben wir auch, die Alten. Ich habe auch noch gut Muffensausen. Immer noch. Ich lass mir auch nicht gerne auf die Fresse hauen. Tut ja auch weh. Bloß, das ist es auch, was irgendwo den Reiz ausmacht: diese Angst zu überwinden» (Farin & Seidel-Pielen, S. 180). Der angesprochene Reiz wird allgemein als ein wichtiges Motiv des Verhaltens der Hooligans angesehen und entspricht dem englischen Begriff «Sensation-seeking» (Schulz, 1986).

Ein zweites zentrales Motiv ist das Bedürfnis nach Zugehörigkeit (engl. affiliation) vermischt mit Selbstwerterhöhung, denn das Streben nach Zugehörigkeit ist oft ein Streben nach sozialer Anerkennung. Auch die Zeichen, mit denen die Fans sich schmücken, haben eine Funktion innerhalb der Gruppe. Sie erzählen, «wer man ist» oder genauer gesagt, ob «man wer ist» (Farin & Seidel-Pielen, S. 176). Weitere Motive sind eng mit den bereits erwähnten Motiven verwandt. Es handelt sich oft um Erprobung der eigenen Stärke, um Macht und um Kompetenzerfahrung. Hooligan-Aggression ist in diesem Sinne eher instrumentell als feindselig, obwohl die Grenze nicht immer ganz offensichtlich ist. Möglicherweise ziehen die Fangruppen besonders jene jungen Leute an, die bereits ein hohes Niveau an feindlicher Aggression aufweisen.

13.1.2 Geschlechtsunterschiede

Die meisten Studien zeigen klare Unterschiede im aggressiven Verhalten von Mädchen und Jungen (z. B. Maccoby & Jacklin, 1980). Es wird berichtet, dass Jungen öfter als Mädchen unter den Aggressoren zu finden sind, und dass Mädchen am häufigsten von Jungen schikaniert und gemobbt werden (z. B. Olweus, 1995). Ein Problem dieser Ergebnisse ist allerdings, dass vor allem direkte physische Formen der Aggression erforscht wurden. Dies hat sich in den 90er Jahren stark geändert. So hat die Forschergruppe um Lagerspetz und Björkqvist (z. B. Björkqvist, Lagerspetz & Kaukiainen, 1992) gezeigt, dass sich Mädchen im Alter zwischen 11 und 15 in der Anwendung indirekter Aggressionsformen signifikant von ihren männlichen Gleichaltrigen unterscheiden (was mit 8 Jahren noch nicht der Fall war). Wenn 11-Jährige eine Wut auf ein gleichaltriges Mädchen haben, erzählen sie Unwahrheiten, suchen demonstrativ Beziehungen zu anderen, behandeln es, als ob es nicht existieren würde, etc. Jungen schlagen und fluchen. Auch sie verwenden indirekte Strategien, aber viel seltener als die Mädchen.

Crick (1997) fand bei 9 bis 12 Jahre alten amerikanischen Schülern und Schülerinnen ebenfalls einen signifikanten Geschlechtsunterschied. Sie verwendete Nennungen von Mitschülern und Mitschülerinnen, um die Aggressivität der Beteiligten zu messen. In den Augen der Peers zeigten die Jungen mehr offene Formen der Aggression, während Mädchen die Jungen in der Anwendung relational aggressiver Handlungen übertrafen.

Crick, Bigbee und Howes (1996) fanden auch, dass Mädchen, wenn sie eine Wut auf jemanden hatten, die indirekten relationalen Formen der Aggression bevorzugten. Diese Autoren interessierten sich weiter für gegengeschlechtliche versus gleichgeschlechtliche Interaktionen und fanden, dass in negativen Madchen-Mädchen-Interaktionen ungefähr die Hälfte der Mädchen und nur ein Drittel der Jungen relationale Aggression wahrnahmen. In negativen Jungen-Jungen-Interaktionen nahmen beide Geschlechter mehr physische und verbale Aggression wahr als in weiblichen Interaktionen. Interessant ist allerdings, dass Mädchen angaben, Jungen eher verbal beleidigend oder relational aggressiv zu behandeln, während diese eher physische Aggressionsformen vonseiten der Mädchen registrierten. Es könnte sein, dass Jungen die subtilen aggressiven Stiche ihrer weiblichen Gleichaltrigen nicht deutlich wahrnehmen, oder dass Mädchen unwillig sind, ihre physische Aggression zuzugeben.

Cairns und Cairns (1994) haben in den USA zwischen 1980 und 1990 eine Längsschnittstudie mit 695 Kindern und Jugendlichen, die zu Beginn im vierten und siebten Schuljahr waren, durchgeführt. In den Interviews wurden die Jugendlichen unter anderem nach Problemen mit Gleichaltrigen befragt, die sich neulich ereignet hatten («Has anybody caused you any trouble lately or bothered you», S. 54). Interessant ist, nebenbei bemerkt, dass fast alle (ca. 90 %) die Schuld für aggressive Auseinandersetzungen bei den anderen platzierten.

Bis zur fünften Klasse berichteten Mädchen und Knaben von sehr ähnlichen Problemen mit den Gleichaltrigen. Mit 12 Jahren fingen sie aber an, sich zu unterscheiden. Mädchen berichteten vermehrt von Vertrauensbrüchen und davon, aus Beziehungen ausgeschlossen zu werden. Eifersucht und Isolation waren dabei wichtige Komponenten. Probleme hatten bei Mädchen oft mit Verlust einer Beziehung (in irgendeiner Form) zu tun, während sie bei Jungen oft wegen Verlust einer dominanten Position entstanden. Hauptthema der Probleme, von denen die Jungen berichteten, war physische Aggression.

Interessant ist weiter der Unterschied zwischen den Aggressionsformen, wenn gleichgeschlechtliche und gegengeschlechtliche Antagonisten involviert sind. Jungen verwendeten durchaus weniger oft physische Aggression gegenüber Mädchen als gegenüber anderen Jungen (z. B. in ca. 10 % der Fälle mit Mädchen und in ca. 45 % der Fälle mit Jungen in der 10. Klasse). Mädchen waren öfter physisch aggressiv gegen Jungen (in ca. 25 % der Fälle in der 10. Klasse) als gegen Mädchen (in ca. 10 % der Fälle).

In der Pubertät wurden die physischen Formen der Aggression von Mädchen zu einem großen Teil durch indirekte Formen ersetzt. In ungefähr 45 % der aggressiven Auseinandersetzungen unter Mädchen der siebten Klasse wurde irgendeine Form der indirekten Aggression angewendet (die entsprechende Zahl in der 4. Klasse war 14 %). In der 10. Klasse stieg der Anteil sogar auf 56 %. Nur 10 % (7. Klasse) resp. 25 % (10. Klasse) der Auseinandersetzungen gegenüber Jungen waren indirekt aggressiv. Bei den Jungen machten diese indirekten Formen recht wenig aus (ca. 10 % bis knapp 20 % in allen Kombinationen).

Unter diesen Jugendlichen hatten Cairns und Cairns (1994) eine kleine Auswahl (n = 40) von Schülerinnen und Schülern identifiziert, die von den Lehrpersonen zu Beginn der Studie als extrem aggressiv bezeichnet worden waren. Diese konnten mit einer entsprechenden Gruppe von «nicht besonders aggressiven» Schülern und Schülerinnen verglichen werden (vergleichbar im Hinblick auf sozio-ökonomischen Status, Wohnort, Alter, Geschlecht, etc.). In dieser hoch aggressiven Gruppe fanden die Autoren generell keine signifikanten Geschlechtsunterschiede in der Häufigkeit oder Intensität der Aggressionsausbrüche. Das heißt, es gibt im Allgemeinen weniger Mädchen mit Aggressionsproblemen als Jungen, aber wenn Mädchen hoch aggressiv sind, gibt es nichts, was sie von den Jungen noch lernen könnten.

Die üblichen Geschlechtsunterschiede im Hinblick auf die Prävalenz von Gewaltproblemen bei Mädchen und Jungen sind allerdings in besonders gefährdeten Quartieren der amerikanischen Großstädte ab dem 10. Lebensjahr auch nicht mehr zu finden (Cairns & Cairns, 1994).

13.1.3 Altersunterschiede

Loeber (1982; Loeber & Hay, 1997) kam nach einer umfassenden Analyse der Forschungsliteratur zum Schluss, dass die allermeisten Längsschnittstudien eine Abnahme des direkten physischen aggressiven Verhaltens im Übergang zur Adoleszenz nachwiesen. In der Studie von Cairns und Cairns (1994) nahm das aggressive Verhalten laut Lehrerbefragung von der 4. bis zur 9. Klasse ab und blieb bis zur 12. Klasse tief, sowohl bei den Jungen als auch bei den Mädchen. Selbstberichte zum aggressiven Verhalten nahmen mit dem Alter beinahe linear ab (4. bis 12. Klasse).

Während mildere Formen der physischen Aggression mit dem Alter abnehmen, haben Loeber und Hay (1997) zeigen können, dass die Ernsthaftigkeit der aggressiven Taten mit dem Alter, und speziell in der Adoleszenz, zunimmt. Studien zum Phänomen des Mobbings konnten zeigen, dass die Ab- und Zunahme des aggressiven Verhaltens gegenüber Mitschülern und Mitschülerinnen vom Alterskontext abhängig ist (z. B. Olweus, 1995). Mobbingverhalten kam bei den Fünft- und Sechstklässlern etwas häufiger vor als in jüngeren Altersgruppen. Die Fünft- und Sechstklässler waren auch die Ältesten in der Primarschule. Die Siebtklässler übten wiederum weniger Mobbingverhalten aus als die Sechstklässler. Sie waren die Jüngsten in ihrer Schule (3-jährige «Jugendschule»). In der achten und neunten Klasse stieg das Mobbingverhalten wieder an.

13.1.4 Stabilität

Ergebnisse aus vielen Studien in der westlichen Kultur sprechen eine deutliche Sprache: Aggressives Verhalten ist sehr stabil. Dies bedeutet: In einer definierten Auswahl von Personen bieten die interindividuellen Unterschiede in Bezug auf die Aggression in der Kindheit zum Beispiel eine sehr gute Grundlage, um die entsprechenden interindividuellen Unterschiede in der Adoleszenz oder im jungen Erwachsenalter vorauszusagen. Unabhängig vom generellen Trend einer Abnahme des aggressiven Verhaltens von der Kindheit bis zur Adoleszenz, sind die aggressivsten Kinder später wieder unter den aggressivsten Jugendlichen zu finden.

Die interindividuelle Stabilität wird meistens mit Hilfe von Korrelationskoeffizienten ausgedrückt. Aufgrund der Stabilitätsergebnisse aus 16 früheren Studien demonstrierte Olweus (1979), dass Aggressivität bei Jungen und später bei Männern beinahe so stabil war wie Ergebnisse aus Intelligenztests. Es ist allerdings zu bemerken, dass die Stabilität mit der Länge des Zeitintervalls zwischen erster und zweiter Messung abnahm.

Neuere Untersuchungen liefern auch Daten zur Stabilität der Aggression bei Mädchen. Die Untersuchung von Cairns und Cairns (1994) ergab ähnliche Stabilitätskoeffizienten bei Mädchen und Jungen. Die Stabilitätskoeffizienten waren ungefähr 0.50 bei Zeitintervallen von ei-

Figur 13–3: Median-Stabilitätskoeffizienten für unterschiedliche Zeitintervalle bei 10- bis 18-Jährigen (nach Cairns & Cairns, 1994)

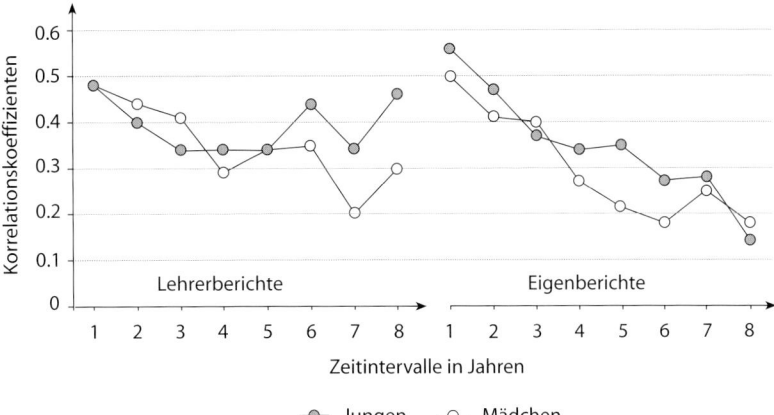

nem Jahr und 0.44 bei acht Jahren (immer Medianwerte), wenn die Lehreraussagen benutzt wurden. Die Koeffizienten der Eigenberichte waren bei Zeitintervallen von einem Jahr gleich stabil wie die der Lehreraussagen (0.53), jedoch viel weniger stabil bei einem Intervall von acht Jahren (0.16). Die Koeffizienten für Zeitintervalle zwischen einem Jahr und acht Jahren sind in Figur 13–3 dargestellt.

Auch Pulkkinen und Pitkänen (1993) fanden keine Geschlechtsunterschiede in der Stabilität der Aggression zwischen 8 und 14 Jahren, wenn Nennungen von Mitschülern und Mitschülerinnen benutzt wurden (0.37 für Mädchen und 0.35 für Jungen). Hingegen ergaben Lehreraussagen höhere Stabilitätskoeffizienten bei Jungen (0.37) als bei Mädchen (0.13). Die Nennungen der Gleichaltrigen im Alter von 8 Jahren konnten Eigenberichte zur Aggression im Alter von 26 Jahren nicht signifikant vorhersagen. Die Nennungen im Alter von 14 Jahren waren jedoch mit den späteren Aussagen signifikant korreliert. Die frühen Aussagen der Lehrpersonen zu den 14-Jährigen hatten einen gewissen Prädiktionswert bei Jungen, aber nicht bei Mädchen.

Trotz aller Ergebnisse, die für eine hohe interindividuelle Stabilität sprechen, warnen Loeber und Hay (1997) davor, rasche Schlussfolgerungen auf intraindividueller Ebene zu ziehen. Gestützt auf verschiedene Studien, vertreten sie die Ansicht, dass Aggressivität bei den am wenigsten aggressiven und den aggressivsten Kindern und Jugendlichen am stabilsten, dafür bei mittel aggressiven Kindern und Jugendlichen viel weniger stabil ist.

Aus diesen verschiedenen Ergebnissen wird klar, dass es schwierig ist, späteres gewalttätiges Verhalten aufgrund von Daten von Kindern oder jungen Adoleszenten genau vorauszusagen. Viele aggressive Kinder sind als Jugendliche und junge Erwachsene nicht mehr aggressiv. Auf der anderen Seite ist die Trefferquote bei rückblickender Erklärung von gewalttätigem Verhalten sehr hoch. Farrington (1978, zit. nach Loeber & Hay, 1997) zeigte, dass ungefähr 7 von 10 verurteilten gewalttätigen jungen Männern (21 Jahre alt) im Alter von 12 bis 14 Jahren als sehr aggressiv eingestuft worden waren.

13.2 Delinquentes Verhalten

Delinquente Handlungen sind antisoziale Handlungen, die gegen das Strafrecht verstoßen. Die Unterscheidung der beiden Begriffe ist ansonsten eher formell als inhaltlich. In einem ersten Abschnitt wollen wir deshalb kurz gewisse Merkmale und Implikationen des Strafrechts am Beispiel der Schweiz ansprechen. Danach werden wir delinquente und antisoziale Handlungen nicht mehr voneinander unterscheiden.

13.2.1 Strafrecht

Das aktuelle schweizerische Strafgesetzbuch sieht für die verschiedenen Altersbereiche von

Kindern und Jugendlichen sehr differenzierte Maßnahmen vor. Kinder vor dem siebten Geburtstag fallen nicht unter das Strafgesetz. Kinder von 7 bis 14 Jahren fallen unter eine entschärfte Fassung des Jugendstrafrechts, welches bei Bedarf Erziehungsmaßnahmen oder, beispielsweise bei einer Behinderung, besondere Behandlungen vorsieht. Kindern, die solcher Maßnahmen nicht bedürfen, können ein Verweis oder eine Disziplinarstrafe (Arbeitsleistung, Schularrest bis zu sechs Halbtagen) erteilt werden. Es bestehen zahlreiche Möglichkeiten, von einer Bestrafung abzusehen. Im Jahr 1998 wurden 3400 Gerichtsentscheide gegen Kinder dieser Altersgruppe getroffen. In 82 % der Fälle wurden Disziplinarstrafen erteilt (davon 67 % Arbeitsleistung und 32 % Verweis von der Schule). Nur in 7 % der Fälle wurde eine Erziehungsmaßnahme verfügt.

Jugendliche im Alter von 15 bis 17 Jahren unterstehen dem Jugendstrafrecht. Auch für sie sind Erziehungsmaßnahmen und besondere Behandlungen infolge von geistiger oder körperlicher Beeinträchtigung möglich. Ansonsten kann eine Bestrafung durch Verweis, Buße, Arbeitsleistung oder Einschließung bis zu einem Jahr (nicht in einem Gefängnis für Erwachsene) erteilt werden. Im Jahr 1998 wurden 5855 Disziplinarstrafen (d. h. in 86 % der Urteile) und 466 Maßnahmen (7 %) gegen Jugendliche ausgesprochen. Unter den Strafen machten Arbeitsleistung mit 35 % und Bußen mit 28 % den größten Anteil aus, gefolgt vom Verweis (19 %) und der Einschließung (18 %).

Junge Erwachsene von 18 bis 24 Jahren unterstehen den allgemeinen Bestimmungen des Erwachsenenstrafrechts, mit der Ausnahme, dass eine Einweisung in eine Arbeitserziehungsanstalt möglich ist (solche Anstalten werden getrennt von den übrigen Strafanstalten für Erwachsene geführt), sowie dass erleichterte Bestimmungen zur bedingten Entlassung und zur Aufhebung der Maßnahme bestehen.

13.2.2 Prävalenzraten

Geht man von Gerichtsurteilen oder von polizeilichen Statistiken aus, besteht die Gefahr einer Unterschätzung, da viele Delikte nicht angezeigt werden oder die Täterschaft unaufgeklärt bleibt. Auch die Alterstrends können dadurch verzerrt werden, dass delinquente Jugendliche mit der Zeit geschickter werden und sich nicht ertappen lassen (vgl. Rutter, Giller & Hagell, 1998). Die Gefahr der Unterschätzung ist auch bei Eigenberichten vorhanden, jedoch in geringerem Maße.

Oft werden zwei Typen von Statistiken miteinander vermischt, nämlich Statistiken zu den Taten (abhängig von Anzeigen) und Statistiken zu den Tätern oder Täterinnen (abhängig von Verurteilungen oder Eigenberichten). Statistiken zu den Taten sagen etwas zur Verbreitung der Delinquenz in einer Gesellschaft aus. Viele Taten werden von denselben Personen ausgeübt (Cairns & Cairns, 1994), und deswegen sagen diese Statistiken nichts zur Anzahl Delinquenter in einem bestimmten Zeitraum.

Ein weiteres Problem der öffentlichen Statistiken besteht darin, dass gesetzeswidrige Taten von Kindern oft nicht Gegenstand einer Anzeige werden. Je nach Gesetzgebung führen Gesetzesverstöße von Kindern nicht zu den gleichen Gerichtsurteilen wie die von Jugendlichen und werden daher auch nicht immer in denselben Statistiken registriert. Eigenberichte von Kindern und jüngeren Adoleszenten haben sich in diesem Zusammenhang aber als sehr aufschlussreich erwiesen (Loeber, Stouthamer-Loeber & van Kammen 1989).

Das Interesse an Prävalenzraten ist vielfach mit zweierlei Fragen verbunden, nämlich, ob Delinquenz historisch zugenommen hat und ob delinquentes Verhalten mit dem Alter ab- oder zunimmt.

Gemessen an den Gerichtsurteilen hat die Delinquenz im 20. Jahrhundert in allen industrialisierten Ländern außer Japan zugenommen. Besonders die Zunahme nach dem zweiten Weltkrieg war beträchtlich (Smith, 1995). In den letzten 30 bis 40 Jahren hat man auch eine rapide Zunahme der jugendlichen Delinquenz feststellen können (Loeber, 1990). Im Allgemeinen steigt die Anzahl Delikte in der jugendlichen Population bis zum jungen Erwachsenenalter und nimmt von da an wieder ab. Die meisten der re-

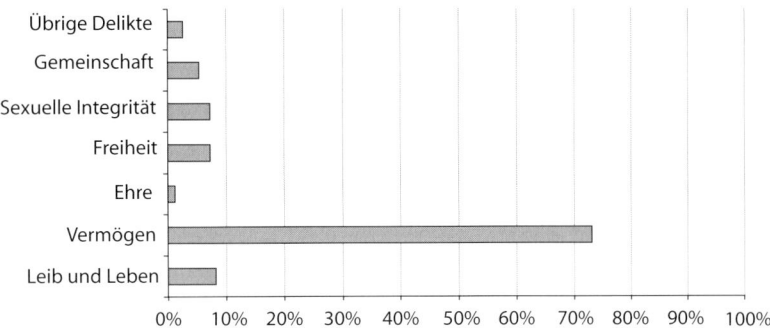

Figur 13–4: Verteilung der Straftaten gegen das Strafgesetz bei Kindern und Jugendlichen (7 bis 17 Jahre) in der Schweiz im Jahr 1998 nach Art des Delikts (nach Zahlen des Bundesamtes für Statistik, 2000)

gistrierten kriminellen Taten (Raub, Diebstahl, Angriffe gegen Personen und Zerstörung von Eigentum) werden zu einem hohen Ausmaß von Jugendlichen und jungen Erwachsenen um die 20 begangen. Als Beispiel nennt Smith (1995) Daten aus England und Wales: Die Anzahl Delikte pro 100 Jungen stieg dort im Jahre 1988 von 0.8 bei 10-Jährigen auf 2.5 bei 12-Jährigen und ungefähr 7.5 bei den 15- und 18-Jährigen.

Zur Frage nach Zu- und Abnahme der Delinquenz mit dem Alter liefert die Längsschnittstudie von Tremblay und Schaal (1996) in Kanada interessante Ergebnisse, die hier als Illustration wiedergegeben werden. Nicht-aggressives delinquentes Verhalten (Eigenbericht) nimmt signifikant zwischen dem 12. und dem 16. Lebensjahr zu. Aggressiv-delinquentes Verhalten (d.h. hier gegen Personen) bleibt in derselben Altersspanne auf dem gleichen Niveau. Jungen, die im Kindergartenalter als aggressiv oder aggressiv-ängstlich bezeichnet worden waren, gaben mit 12 und mit 16 an, in den letzten 12 Monaten zwei bis drei Taten (aus einer Liste von sieben Items) begangen zu haben.[54] Die früher nicht aggressiven Jungen hatten zu beiden Zeitpunkten durchschnittlich eine aggressiv delinquente Tat angegeben. Was die nicht-aggressiven delinquenten Taten (Diebstahl, Schwarzfahren, Vandalismus, Feuerschäden) anbelangt, war das Bild ganz anders. Die Anzahl begangener Taten in den vorausgegangenen 12 Monaten stieg bei allen Jugendlichen mit dem Alter an. Die früher nicht aggressiven Jugendlichen gaben mit 12 Jahren im Durchschnitt eine solche Tat (aus 20 möglichen) an. Mit 16 Jahren gaben sie im Durchschnitt vier dieser Taten an. Die früher aggressiven Jugendlichen gaben mit 12 Jahren schon ungefähr vier Taten an, und mit 16 Jahren im Durchschnitt neun Taten.

Von allen Jugendstrafurteilen, d. h. Urteilen die wegen Verbrechen oder Vergehen gegen Kinder und Jugendliche zwischen 7 und 17 Jahren in der Schweiz im Jahr 1998 ausgesprochen wurden, wurden 67 % gegen Jugendliche zwischen 15 und 17 Jahren ausgesprochen. 15 % dieser Urteile betrafen Mädchen. Von allen Straftaten entfielen 64 % auf das Strafgesetzbuch, 19 % auf das Straßenverkehrsgesetz, 12 % auf das Betäubungsmittelgesetz und 5 % auf andere Gesetze. Figur 13–4 zeigt, wie die Verstöße gegen das Strafgesetz verteilt waren. Taten gegen Leib und Leben beinhalten Tätlichkeiten, Körperverletzungen und Tötungsdelikte. Taten gegen die Freiheit sind als Nötigung, Freiheitsberaubung und Störung des Hausfriedens zu verstehen. Zwischen 1989 und 1998 sind die Urteile gegen Kinder und Jugendliche von 82 auf 110 pro 10 000 (berechnet aufgrund der ständigen Wohnbevölkerung in dieser Alterskategorie) angestiegen. Der Anstieg der Delikte im Bereich Leib und Leben betrug 5 %, der Anstieg der Taten gegen das Betäubungsmittelgesetz 8 %.

Nicht zu vergessen in der Diskussion zur Delinquenz Jugendlicher ist die Tatsache, dass die 12- bis 24-Jährigen das höchste Risiko tragen, selbst Opfer von Gewalt zu werden (Lowry, Sleet, Duncan, Powell & Kolbe, 1995).

---

54 Diese Zahlen sind aufgrund von Abbildungen im zitierten Kapitel und einer persönlichen Mitteilung von Richard Tremblay am 21. März 2001 zustande gekommen.

Obwohl alle Statistiken zum antisozialen Verhalten einen deutlichen Geschlechtsunterschied zu Ungunsten der Jungen zeigen, bemerkte Loeber (1990), dass dieser wegen einer dramatischen Zunahme bei den Mädchen der letzten Generationen geringer geworden ist.

13.2.3 Antisoziale Laufbahnen

Aggressives Verhalten ist stabil, die Prävalenzraten nehmen aber ab der Pubertät ab. Man könnte daraus entnehmen, dass die aggressivsten Kinder zwar später zu den aggressivsten Jugendlichen gehören, dass dies aber nur halb so schlimm sei, da sie doch alle etwas weniger aggressiv werden, es sei denn, das aggressive Verhalten nähme zwar ab, würde aber durch anderes antisoziales Verhalten ersetzt. Der genannte Rückgang in aggressivem Verhalten mag auch dadurch entstehen, dass einige Kinder deutlich weniger aggressiv werden, während andere konstant bleiben. Verschiedene Autoren und Autorinnen sind diesen Fragen von unterschiedlichen Perspektiven aus nachgegangen, und alle sind sich heute einig, dass schwierige und aggressive Kinder ein erhöhtes Risiko für späteres delinquentes (auch aggressiv delinquentes) Verhalten aufweisen.

Problematisches Verhalten kann in einer ersten Phase lediglich als «schwieriges Temperament» betrachtet werden. Mit der Entwicklung mag das Kind gewisse Anzeichen von Impulsivität oder Hyperaktivität zeigen, mit der Zeit wird es aggressiv, und man muss bereits von Verhaltensproblemen sprechen. In der Schule geht dies weiter. Zusätzliche schulspezifische Probleme treten auf, und das Kind sucht nach Gleichgesinnten; das antisoziale Verhalten wird klar delinquent (Loeber, 1990). Dies entspricht der kleinen Gruppe von chronisch antisozialen Jugendlichen, die Moffitt (1993a) «persistent delinquent» genannt hat.

Von der Typologie krimineller Erwachsener ausgehend, hat Loeber (1990) drei spezifische Kategorien von jugendlicher Delinquenz beschrieben: die aggressiv-polyvalente, die nicht-aggressive und die drogenbezogene Delinquenz.[55]

Charakteristisch für die *aggressiv-polyvalenten* Jugendlichen («aggressive/versatile path»; Loeber, 1990 S.22) ist die erhöhte Wahrscheinlichkeit einer polyvalenten kriminellen Aktivität im Erwachsenenalter. Dazu gehören Jugendliche, die sowohl Gewalt als auch Eigentumsdelikte ausführen. Drogenmissbrauch gehört oft zusätzlich zum Bild. Typischerweise treten Verhaltensprobleme bei diesen Jugendlichen sehr früh auf. Im Vorschulalter zeigen sie sowohl aggressives als auch nicht-aggressives verstecktes antisoziales Verhalten. Viele unter ihnen leiden an Hyperaktivität, Impulsivität und Aufmerksamkeitsproblemen. Ihre soziale Kompetenz ist häufig beeinträchtigt, sie weisen schlechte Schulleistungen auf und haben schlechte Beziehungen zu Gleichaltrigen. Speziell ist auch ihr sehr umfassendes Repertoire an Verhaltensproblemen. Sie sind zudem sehr innovativ, was antisoziale Taten angeht. In einer Studie (Stouthamer-Loeber & Loeber, 1988, zit. nach Loeber, 1990) wiesen sie im Vergleich zu Jugendlichen, die nur aggressiv waren oder nur stahlen, eine höhere Anzahl Strafurteile auf und gaben auch selbst viel mehr delinquente Taten zu. Sechzig Prozent der polyvalent delinquenten 10- bis 16-jährigen Jugendlichen hatten schon mindestens drei Kontakte mit der Polizei gehabt, während dies nur bei 3 % resp. 13 % der nur aggressiven und nur stehlenden Jugendlichen der Fall war.

Eine weitere Kategorie ist die *nicht aggressive* (Loeber, 1990, S. 23). Hierher gehören vor allem Eigentumsdelikte mit oder ohne Missbrauch von Drogen. Diese Jugendlichen sind als Kinder oder in der Frühadoleszenz nicht speziell aggressiv gewesen, aber sie stahlen, logen und schwänzten häufiger die Schule. Sie hatten auch eine normal gute Beziehung zu ihren Eltern (bis zum Zeitpunkt der ersten antisozialen Handlungen). Unter den Gleichaltrigen sind sie beliebt.

---

55 Loeber beschrieb diese Kategorien ursprünglich als Laufbahnen (engl. path), benutzte diesen Begriff aber später, um die Entwicklung von antisozialem Verhalten zu beschreiben. Um Begriffsverwirrung zu vermeiden, benutzen wir hier den Begriff «Kategorie», obwohl es nicht die korrekte Übersetzung von «path» ist.

Sie führen ihre delinquenten Taten meistens in Gruppen von Jugendlichen aus. Die Schulleistungen liegen mehrheitlich im Normalbereich. Bei schwachen Schulleistungen handelt es sich in der Regel eher um den Ausdruck einer oppositionellen Einstellung gegenüber der Schule als um Lernprobleme. Typischerweise nimmt die delinquente Aktivität dieser Jugendlichen in der Spätadoleszenz ab. Es wird allerdings vermutet, dass einige von ihnen als Erwachsene in der Wirtschaftskriminalität (engl. white-collar criminals) oder unter den perseverierenden Eigentumsverbrechern zu finden sind. Diese Jugendlichen haben auch ein erhöhtes Risiko für Drogenmissbrauch.

Die dritte Delinquenz-Kategorie nach Loeber (1990) ist mit Drogenmissbrauch verbunden und wird später in diesem Kapitel dargestellt (siehe 13.4).

Diese Zusammenstellung sowie Ergebnisse aus vielen Längsschnittstudien zeigen in dieselbe Richtung: Aggressives Verhalten in jungen Jahren ist ein starker Prädiktor von Delinquenz in der Adoleszenz. Die Längsschnittstudie von Tremblay (Tremblay & Schaal, 1996) hat zum Beispiel ergeben, dass sowohl aggressive als auch aggressiv-ängstliche Jungen (Kindergartenalter) auf allen Altersstufen zwischen 12 und 16 mehr delinquent nicht-aggressive und delinquent aggressive Taten begangen hatten als ihre nicht-aggressiven Vorschulkollegen.

Die Längsschnittsstudie von Pulkkinen und Pitkänen (1993) weist signifikante Korrelationen zwischen den Angaben der Lehrpersonen und der Mitschüler und Mitschülerinnen zum aggressiven Verhalten der 8- und 14-jährigen Jungen und der Anzahl Arreste und dem Alkoholmissbrauch im Alter von 26 auf. Die Korrelationskoeffizienten lagen zwischen 0.17 und 0.26 für den Zusammenhang 14 bis 26 Jahre und zwischen 0.33 und 0.35 für den Zusammenhang 8 bis 26 Jahre. Die frühe Aggression hatte klar einen höheren Prädiktionswert.

Mehrere Studien haben gezeigt, dass antisoziales Verhalten einer gewissen Sequenz von kleineren zu ernsthafteren Delikten folgt. Loeber und Hay (1997) haben sich in diesem Sinne für die Entwicklung verschiedener Laufbahnen (engl. pathway) interessiert. Es soll im Voraus gesagt sein, dass der Begriff Laufbahn nicht deterministisch zu verstehen ist, sondern nur auf durchschnittlichen Wahrscheinlichkeitsberechnungen basiert. Loeber und Hay unterscheiden zwischen drei Laufbahnen zur Kriminalität. Entsprechend der ersten Laufbahn ist das erste Stadium (Kindheit und frühe Adoleszenz) charakterisiert durch offene Aggression wie: andere stören, belästigen und mobben. Im zweiten Stadium (ca. mittlere Adoleszenz) treten Schlägereien und Kämpfe zwischen Gangs auf. Entwickelt sich das Verhalten weiter auf dieser Laufbahn, greifen die älteren Jugendlichen zu krimineller Gewalt (Angriffe mit und ohne Waffe, Vergewaltigungen etc.). Die zweite Entwicklungslaufbahn fängt mit versteckten antisozialen Taten an, wie Lügen und Diebstahl, setzt sich fort mit Angriffen auf fremdes Eigentum (Vandalismus) und endet in moderater bis ernsthafter Delinquenz, die vor allem eigentumsbezogen bleibt. Die dritte antisoziale Laufbahn betrifft eher Konflikte mit Autoritäten. Typische Stadien sind schwieriges, trotziges Verhalten in der Kindheit, Ungehorsam und schließlich Schule schwänzen, von zu Hause weglaufen, etc.

Zusammenfassend kann man sagen, dass ein frühes Einsetzen von antisozialem Problemverhalten, ein breites (polyvalentes) Repertoire von antisozialen Handlungen, die häufige Ausübung solchen Verhaltens in verschiedenen sozialen Settings (Heim, Schule, Freizeit, etc.) große Risiken für die Entwicklung von chronischen delinquenten Laufbahnen darstellen.

Allgemein sieht es so aus, als ob diese Verhaltensmuster klar konsolidiert werden, sodass sie nach und nach sehr stabil würden. Eine spontane Abnahme der Probleme ist vor der Adoleszenz möglich, nachher aber kaum noch zu erwarten (Loeber, 1990). Eine Intervention vor der Adoleszenz hat somit größere Chancen erfolgreich zu sein, als wenn bis zur Adoleszenz zugewartet wird.

13.2.4 Vorübergehendes Verhalten

Moffitt (1993a) plädiert für eine Unterscheidung zwischen Jugendlichen, die seit der Kindheit antisoziales Verhalten gezeigt haben («life-course persistent»; anhaltend-antisozial) und Jugendlichen, die solches Verhalten nur in der Adoleszenz («adolescence limited»; auf die Adoleszenz begrenzte Delinquenz) aufweisen. Die erste Gruppe wurde im vorigen Unterkapitel diskutiert. Sie spielt möglicherweise eine Rolle als Modell für andere Jugendliche. Die große Mehrheit der delinquenten Adoleszenten scheint jedoch eher nur vorübergehend Problemverhalten zu zeigen. Per definitionem stellen diese Jugendlichen ihr delinquentes Verhalten ein, wenn sie Familien- und Arbeitspflichten übernehmen, das heißt im frühen Erwachsenenleben. Die Tatsache, dass antisoziales Verhalten im jungen Erwachsenenalter besser aus den Aggressionswerten in der Kindheit (8 Jahre) als aus den Aggressionswerten in der Adoleszenz (14 Jahre) vorhergesagt werden kann (Pulkkinen & Pitkänen, 1993), illustriert die Unterscheidung von Moffitt.

Zur Erklärung der Adolezenz-begrenzten Delinquenz lancierte Moffitt (1993a) die sog. Maturity-Gap-Hypothese, die im Wesentlichen folgendes besagt: Das Menarchealter hat in den westlichen Industriegesellschaften in den letzten 150 Jahren abgenommen (Kap. 4), während die Schul- und Berufsbildungen länger geworden sind. Ein großer Graben ist entstanden zwischen dem Zeitpunkt der biologischen Reifung und dem Übergang zum Erwachsenenstatus. In dieser Zeit ist den Jugendlichen der Zugang zu Ressourcen und Statussymbolen der Erwachsenen verwehrt und damit hat sich die Wahrscheinlichkeit erhöht, dass sie sich mit anderen Mitteln zu einem Erwachsenenstatus verhelfen.

Verbotenes reizt viele Menschen und speziell Jugendliche in Zeiten, in denen sie sich von Autoritäten abzugrenzen versuchen. Delaney (1995) behauptet, dass Jugendliche in der westlichen Welt eine Art Initiation in Form von Rauchen, Trinken und frühem Sex suchen. Das müsse meist vor Erwachsenen versteckt ablaufen, weshalb die Initiation gegenüber sich selbst und den Gleichaltrigen gelte. Silbereisen und Noack (1988) betrachten externalisierendes Problemverhalten in gewissen Fällen als Versuch, den Übergang zum Erwachsenenalter demonstrativ zu beschleunigen, wenn keine anderen Möglichkeiten bestehen, zu Privilegien der Erwachsenen zu kommen.

Eine neuere Übersicht von Nagin, Farrington und Moffitt (1995) zeigt allerdings, dass die auf die Adoleszenz begrenzte Delinquenz vielleicht doch nicht so klar auf diesen Lebensabschnitt begrenzt ist. Ein Vergleich aufgrund von Eigenberichten zeigte, dass die Delinquenz sowohl bei den anhaltend Antisozialen als auch bei den auf die Adoleszenz begrenzten Delinquenten zwischen 14 und 18 Jahren nur minimal anstieg und zwischen 18 und 32 Jahren deutlich abnahm. Interessant ist, dass die auf die Adoleszenz begrenzten Delinquenten mit 32 Jahren im Gegensatz zu den anhaltend Antisozialen keine Strafurteile mehr aufwiesen, und meistens auch eine feste Anstellung hatten, jedoch im Eigenbericht immer noch delinquente Taten angaben (Diebstahl, Einbrüche und Fahren unter Einfluss von Alkohol) und sonst stark antisoziale Lebensgewohnheiten zeigten. Diese jungen Erwachsenen hatten ihre delinquenten Aktivitäten auf Gebiete eingeschränkt, die weder ihre Arbeit noch ihre Ehe zu sehr in Gefahr brachten, sowie auf Taten, die seltener entdeckt und gemeldet werden (z. B. Diebstahl am Arbeitsplatz). Möglicherweise sind diese Jugendlichen intelligenter und kompetenter in sozialen Interaktionen als die anhaltend-antisozialen Jugendlichen. Gewisse Anzeichen dafür gibt es (siehe unten).

13.3 Risikofaktoren

In der Psychologie hat man traditionellerweise nach Modellen gesucht, welche die delinquenten Akte auf individueller Basis erklären: Wie wird eine bestimmte Person delinquent? Diese Modelle sind für die Erklärung der individuellen Unterschiede hilfreich. Die rasche Zunahme der Delinquenz im letzten Jahrhundert kann allerdings nicht nur durch individuelle Faktoren erklärt werden (Smith, 1995). Andere Erklärungen betonen eher die Rolle der gesellschaftlichen Struktur oder beispielsweise den sozio-ökonomischen Status. Im Folgenden wollen wir auf verschiedene Risikofaktoren eingehen.

Hartup und van Lieshout (1995) kommen zum Schluss, dass wenig Evidenz für eine genetische Erklärung des aggressiven oder antisozialen Verhaltens zu finden ist, dass aber große Anteile der Stabilität dieses Problemverhaltens durch die Stabilität wichtiger Risikofaktoren im sozialen Kontext erklärt werden können: zum Beispiel Armut, öffentliche Gewalt, Probleme in der Familie (aggressiver Umgang und Nötigung). Antisoziales Verhalten ist im Übrigen ein Musterbeispiel für die reziproke Beeinflussung von Individuum und Umfeld.

13.3.1 Soziale Bedingungen

Abnehmende soziale Kontrolle. Soziale Kontrolltheorien gehen davon aus, dass Verbrechen generell durch soziale Kontrolle verhindert wird. Solche Erklärungen basieren auf dem einfachen Kosten-Nutzen-Prinzip. Wenn die Chancen groß sind, gesehen und bestraft zu werden, sind die Kosten meistens höher als der eventuelle Nutzen. Sowohl delinquente Jugendliche als auch verbrecherische Erwachsene vermeiden Situationen, in denen die Chancen, ertappt zu werden, hoch sind. Soziale Kontrolle hat möglicherweise einen zusätzlichen Effekt, der oft unbeachtet bleibt: Soziale Kontrolle besteht u. a. darin, dass man im positiven Sinn wahrgenommen wird. Auch wenn die hohe soziale Kontrolle der kleinen Ortschaften die einzelnen Jugendlichen oft irritieren kann, werden sie dort von den Erwachsenen begrüßt, angesprochen, sie sind nicht irgendeine unbekannte Person oder sogar «niemand». Es ist auch weniger wahrscheinlich, dass eine Person den Gartenzaun eines grüßenden und bekannten Nachbarn zerstört. Der Gartenzaun wird mit einer Person identifiziert.

«*Gelegenheit* macht Diebe» sagt ein Sprichwort. Das sagen vermehrt auch Wissenschaftlerinnen und Wissenschaftler. Der einfache Zugang zu Waffen in bestimmten Ländern führt nicht selten zu gravierenden Köperverletzungen oder Totschlag, die ohne den Zugang zu Waffen nie diesen tragischen Ausgang gehabt hätten (z. B. Cairns & Cairns, 1994). Interessanterweise werden Waffen nicht als Kompensation für eine schwächere Körperkonstitution getragen, Waffen bieten auch keinen guten Schutz gegen Gewalttaten. Es sind oft die kräftigsten Jugendlichen, die eine Waffe mit sich tragen, und bewaffnete Jugendliche scheinen auch öfter Opfer der Gewalt anderer zu sein (Killias & Rabasa, 1997).

Unübersichtliche und wenig überwachte Selbstbedienungsläden gehören zum Alltagsbild aller industrialisierten Länder. Sie sind aber für viele Jugendliche eine Einladung zum Mitnehmen ohne zu zahlen. Der leichte Zugang zu delinquenten Handlungen führt auch oft zu einer Unterschätzung der Bedeutung der begangenen Tat (Smith, 1995).

Bei Ansätzen, welche die *fehlende soziale Einbettung* betonen, steht der Grad der Zugehörigkeit zu einem sozialen Kontext im Zentrum: Je mehr ein Jugendlicher in formale Gruppen eingebettet ist (z. B. Sportgruppen und andere Vereine), desto weniger wird er delinquente Handlungen durchführen. Hier muss man allerdings sowohl Selektions- als auch Marginalisierungseffekte in Betracht ziehen. Jugendliche, die eine längere deviante Geschichte haben, suchen Gleichgesinnte. Sie sind von den Vereinsaktivitäten wenig angezogen. Gleichzeitig verlangen viele organisierte Freizeitaktivitäten, dass man eine gewisse Disziplin und die jeweiligen Normen einhält. Das ist für viele dieser Jugendlichen schon zuviel des Guten. Sie finden ihren Platz dort nicht. Somit haben sie weder in der Schule noch in formellen außerschulischen Bereichen eine reelle Chance.

Tiefer sozio-ökonomischer Status. Eine gewisse Überrepräsentation von delinquenten Jugendlichen in tieferen Sozialklassen, in Familien mit größerer finanzieller Not und speziell in ärmeren Wohnquartieren ist mehrfach geschildert worden (vgl. Hartup & van Lieshout, 1995). Die Mechanismen, die diesen Zusammenhang erklären können, sind vor allem das erhöhte Stressniveau in der Familie, das, kombiniert mit weniger oder keiner sozialen Unterstützung und einer gewissen Bereitschaft zur Aggression, viel Härte und wenig Sensibilität in der Erziehung der Kinder verspricht. Der Zusammenhang zwischen dem sozio-ökonomischen Status und der Delinquenz ist allerdings nicht in allen Gesellschaften vorhanden, und er scheint seit den 70er Jahren immer geringer zu werden (Smith, 1995).

Schwerwiegende Lebensereignisse und Stressfaktoren scheinen vermehrt mit antisozialen Problemen aufzutreten. Es wurde zum Beispiel gezeigt, dass Kinder, die mit 10 Jahren Verhaltensprobleme und emotionale Probleme aufwiesen, in ihren späten 20er Jahren mehr schwere negative Lebensereignisse verzeichneten. Interessant ist, dass einige dieser Ereignisse sichtbar selbst produziert waren, während andere ganz scheinbar unabhängig von ihrem Tun passierten. Diese jungen Erwachsenen hatten auch mehr psychische Schwierigkeiten und häufiger problematische und antisoziale Partner, was die Wahrscheinlichkeit weiterer negativer Erfahrungen erhöhte (Rutter, Champion, Quinton, Maughan & Pickles, 1995).

13.3.2 Frühe neuropsychologische Störungen

Aufmerksamkeitsdefizite und Hyperaktivität (engl. Attention Deficit/Hyperactivity Disorder; ADHD) sind durch die Verhaltensprobleme, welche sie mit sich bringen, klare Risikofaktoren für verschiedene antisoziale Störungen. Durch die oft mangelnde Impulskontrolle und die dadurch vermehrten kräftigen Wutanfälle werden diese Kinder sehr schnell als Störelemente in den meisten sozialen Zusammenhängen gekennzeichnet. Ihr Verhalten ist für andere unvorhersagbar. Durch ihr unkontrolliertes und oft als aggressiv erlebtes Verhalten machen sie sich bei den meisten unbeliebt. Sie werden auch selbst zur Zielscheibe der Aggression anderer. So entstehen Teufelskreise der Aggression und Unbeliebtheit. Diese Kinder findet man in der Adoleszenz wahrscheinlich unter den sog. provokativen oder aggressiven Opfern.

Neuropsychologische Störungen dürfen auf keinen Fall mit antisozialem Verhalten gleichgestellt werden. Neuropsychologische Störungen führen auch nicht immer zu weiteren Störungen. Sie sind lediglich ein wichtiger Risikofaktor, d. h., dass sie die Wahrscheinlichkeit von späteren antisozialen Störungen erhöhen. Und erst wenn diese neuropsychologischen Störungen mit Verhaltensproblemen in der Kindheit auftreten, darf man sagen, dass das Risiko für spätere Delinquenz hoch ist (Loeber, 1990).

Allerdings sind sich alle Autoren und Autorinnen darüber einig, dass Kinder und Jugendliche, die antisoziales Verhalten zeigen, unter fehlender Impulskontrolle leiden, und dass dies wiederum mit einem gewissen Ausmaß an Desorganisation, schlechter Planung und wenig effizienten Problemlösungsstrategien zusammenhängt. Dazu kommt, dass impulsive Jugendliche wenig von ihren Erfahrungen zu lernen scheinen und die Konsequenzen ihrer Handlungen in geringem Maß zu antizipieren vermögen (Loeber, 1990).

13.3.3 Genetische und biologische Faktoren

Hyperaktivität, Impulsivität und fehlende Aufmerksamkeit können sowohl biologisch als auch genetisch bedingt sein. Da diese Störungen mit Verhaltensproblemen einhergehen, ist die spezifische Kausalität schwer zu eruieren. Allerdings meinen Farrington, Loeber und van Kammen (1990), dass die erstgenannten Störungen eher biologisch bedingt sind und Verhaltensprobleme eher mit den Sozialisationsprozessen in der Familie zusammenhängen.

Kann antisoziales Verhalten in der Adoleszenz auch mit hormonalen Prozessen in Zusammenhang stehen? Die Ergebnisse dazu sind sehr inkonsistent und die Zusammenhänge meistens sehr schwach (Tremblay & Schaal, 1996). Wie wir im Kapitel 4 angesprochen haben, konnte man die kräftige Erhöhung des Testosteronspiegels bei Jungen in der Pubertät nicht mit entsprechenden Zunahmen des antisozialen Verhaltens in Verbindung bringen. Auf Gruppenniveau ist sowieso zu beachten, dass die Aggression mit der Pubertät abnimmt und nicht zunimmt. Abgesehen von den hormonalen Änderungen in der Pubertät, könnten individuelle Unterschiede in der Produktion von Testosteron mit Unterschieden im aggressiven Verhalten zusammenhängen. Bis jetzt konnte der Testosteronspiegel lediglich mit verschiedenen Formen von aggressiven Motiven, wie der eigenberichteten Bereitschaft, auf Provokationen aggressiv zu reagieren (Olweus, Mattson, Schalling & Low, 1980, 1988) und dem Streben nach Dominanz (Udry & Talbert, 1988) bei jungen Männern in Zusammenhang gebracht werden.

13.3.4 Schulversagen und Intelligenz

IQ-Werte im tieferen Bereich und Schulversagen, gekennzeichnet durch schlechte Leistungen, Wiederholung von Klassen und frühem Abbruch der Schullaufbahn, sind relativ starke Prädiktoren von jugendlicher Delinquenz. Es gibt jedoch noch keine definitive Erklärung dafür, wie der Zusammenhang zustande kommt.

Obwohl Problemverhalten weitgehend mit schwachen Schulleistungen korreliert, scheint der IQ ein stärkerer Prädiktor von antisozialem Verhalten zu sein als Schulversagen und soziale Probleme in der Familie (Rutter et al., 1998). Diese Zusammenhänge scheinen allerdings nur für diejenigen Jugendlichen zuzutreffen, die schon seit der Kindheit antisoziales Problemverhalten zeigten, nicht aber für diejenigen, die erst in der Adoleszenz delinquent wurden (Stattin & Magnusson, 1995).

Es gibt vermehrt Evidenz dafür, dass der Zusammenhang zwischen IQ und antisozialem Verhalten zum Teil durch Hyperaktivitäts- und Aufmerksamkeitsstörungen erklärt werden kann (Hinshaw, 1992; Maguin, Loeber & LeMahieu, 1993; Maughan, Pickles, Hagell, Rutter & Yule, 1996). Die kognitiven Defizite scheinen vor allem die verbalen Fertigkeiten und die Fähigkeit, zu planen und Konsequenzen der eigenen Handlungen vorherzusagen (engl. foresight), zu beeinträchtigen (Moffitt, 1993b).

Neben den Aufmerksamkeitsstörungen ist auch die fehlende Selbstkontrolle, die im Übrigen eng mit Aufmerksamkeitsproblemen verbunden ist, als ein Faktor lanciert worden, der sowohl Schulversagen als auch delinquentes Verhalten erklären könnte. Dennoch hat die Studie von Henry, Caspi, Moffitt, Harrington und Silva (1999) gezeigt, dass der Besuch einer Schule (vs. Schulabbruch) als Schutzfaktor gegen Delinquenz im jungen Erwachsenenalter auch dann betrachtet werden kann, wenn Selbstkontrolle und IQ kontrolliert wurden.

13.3.5 Familie

Über die Familien von Jugendlichen mit aggressivem oder sonstigem antisozialem Problemverhalten weiß man heute relativ viel. Der Metaanalyse von Loeber und Stouthamer-Loeber (1986) entnehmen wir, dass eine zu knappe oder sogar fehlende Aufsicht (engl. poor supervision) vonseiten der Eltern ein starker Prädiktor von Delinquenz ist. Konkret bedeutet dies, dass die Eltern wenig Kontrolle ausüben, vor allem aber, dass sie recht wenig darüber wissen, wo sich ihre jugendlichen Kinder aufhalten und wann sie nach Hause kommen, und dass sie sich auch nicht dafür interessieren, was ihre Kinder tun. Die Autoren berechneten für jede der einbezogenen Längsschnittstudien einen Index[56], der die prädiktive Größe verschiedener Faktoren in Prozent angab (Tab. 13–1). Der Index variiert zwischen 0 % und 100 %. Ein Wert von 0 % bedeutet, dass ein Faktor den anderen nicht voraussagen kann. Die schwache Aufsicht erreichte einen Wert von 21 % in einer Studie und 81 % in der anderen Studie zu diesem Thema (Medianwert: 51 %). Das Desinteresse der Eltern erreichte einen Wert von 31 % (eine Studie). Der andere starke Prädiktor besteht aus der Anhäufung von Problemen in der Familie (engl. family handicaps) mit einem Medianwert zwischen 56.4 % (Jungen) und 58.5 % (Mädchen und Jungen zusammen). Wenn man die gravierenden Delinquenzprobleme betrachtet, findet man in der Tabelle zwei Studien, die gezeigt haben, dass elterliche Abweisung eine relativ starke prädiktive Rolle spielt. Dafür spielt der sozio-ökonomische Status in diesen Studien nur eine geringe Rolle. Weitere Risikofaktoren und Werte sind in der Tabelle wiedergegeben.

Ein Problem dieser Metaanalyse ist, dass die Prädiktionswerte zum Teil aufgrund von sehr wenig Studien berechnet wurden. Der Trend ist allerdings klar: Multiple Belastungen der Familien und allgemeine Verwahrlosung, sei es in

---

56 Dieser Index ist auf der Basis der Anzahl korrekter Prädiktionen in einer 2x2-Tabelle berechnet, korrigiert für marginale Differenzen und Zufall (Loeber & Dishion, 1983, S. 71).

Tabelle 13-1: Prädiktive Stärke unterschiedlicher Risikofaktoren für jugendliche Delinquenz in Prozent (nach Loeber & Stouthamer-Loeber, 1986)

Prädiktoren	Geschlecht (m = männlich; w = weiblich)	Prädiktive Stärke[a] in % (Anzahl Studien)	
		Leichtere Delinquenz (≥ 1 Delikt)	Gravierende Delinquenz
Schwache Aufsicht	m	51.0 (2)	29.2 (1)
Desinteresse der Eltern	w	31.0 (1)	
Schwache Disziplin	m	22.6 (1)	17.6 (1)
Abweisendes Verhalten seitens der Eltern	m	–	38.7 (2)
Elterliche Kriminalität und Aggression	m	31 (2)	19.5 (5)
Eheprobleme	m	–	34.4 (2)
Abwesenheit der Eltern	m	20.8 (2)	8.5 (1)
	w	18.6 (3)	–
Elterliche Gesundheitsprobleme	m	14.2 (6)	
Multiple Familienprobleme	m	56.4 (5)	
	w	58.5 (3)	
Sozioökonomischer Status	m	17.7 (6)	
Deviante Peers	m	32.5 (1)	

[a] Bei mehreren Studien wurde der Median berechnet.

Form von fehlender Aufsicht, Desinteresse, Abweisung, sind starke Prädiktoren jugendlicher Delinquenz. Es bleibt zu erklären, wie der Zusammenhang zwischen den unterschiedlichen Risikofaktoren und antisozialem Verhalten in der Adoleszenz entsteht, das heißt, welche Prozesse und Mechanismen daran beteiligt sind.

Die Studien aus der Forschungsgruppe von Patterson seit Anfang der 70er Jahren haben vieles zum Verständnis der Entstehung, Aufrechterhaltung und Intensivierung von aggressivem und antisozialem Verhalten in Familien geleistet (Patterson, 1988, für eine Übersicht). Das wichtigste Schlüsselwort ist dort die *negative Verstärkung* (nicht mit Bestrafung zu verwechseln), d. h. Verstärkung durch Aufhebung von negativen Stimuli.[57] Der Kern der gegenseitigen negativen Verstärkung liegt darin, dass alle Beteiligten versuchen, unmittelbare (engl. short-term) Gewinne zu maximieren, aber übersehen, dass dies langzeitliche (engl. long-term) Effekte hat, welche die Problematik intensivieren. Als Beispiel können wir uns folgende Situation ausmalen: Das jugendliche Mädchen lässt – wie üblich – Schulsachen und Kleider herumliegen; die Mutter weiß nicht Besseres, als ihre Tochter anzuschreien; die Tochter antwortet mit einer gemeinen Aussage, welche die Mutter tief verletzt; die Mutter hört auf zu schimpfen und zieht sich zurück. Es ist wahrscheinlich, dass die Mutter in Zukunft weniger schimpfen wird, es ist aber auch wahrscheinlich, dass die Tochter noch schneller zu beleidigenden Bemerkungen greifen wird, wenn sie ein Verhalten der Mutter stoppen will. Nach und nach hört die Mutter auf, der Tochter soziale Kompetenzen beibringen zu wollen. Das aggressive Verhalten der Tochter wird verstärkt, aber nicht durch Belohnung, sondern dadurch, dass (1) sie ein für sie unangenehmes Verhalten der Mutter sehr effizient stoppt, und dass (2) die Mutter eine bestimmte für sie noch weniger erträgliche

---

[57] Das wird von Patterson (1988) auch «escape avoidant conditioning» genannt.

Reaktion der Tochter zu vermeiden versucht. Belohnung ist in beiden Fällen die Erfahrung, eine unangenehme Reaktion zu unterbrechen oder zu vermeiden. Allmählich entwickelt sich das, was Patterson ein Klima der Nötigung (engl. coercion) nennt.

Dieser Prozess ist wohl bekannt in Familien von Kindern und Jugendlichen mit antisozialem Problemverhalten. Patterson spricht sogar von einem «Training» in Nötigung. Wenn dieser Prozess ungestört bleibt, werden Eltern und ihre Kinder in Verhaltenskontingenzen verstärkt, aus denen sie kaum selbst herauskommen können. Meistens steigert sich die Aggressivität auf beiden Seiten. Mit der Zeit werden aggressive Handlungen ohne jeglichen Vorwand oder Auslöser ausgeübt. Da es darum geht, das Verhalten des anderen zu stoppen, werden immer intensivere Mittel benutzt. Die nötigenden Interaktionen steigern sich. Durch die Effizienz der scharfen und meistens aggressiven Handlung verlieren die Interaktionspartner die Möglichkeit im Langzeitverlauf, effizientere und angenehmere Lösungen zu finden (z. B. Vereinbarungen, die beide Partner zufrieden stellen).

Dieses Modell der gegenseitigen Nötigung erklärt aggressives Verhalten generell und aggressive delinquente Taten sehr gut, nicht-aggressive Delinquenz hingegen weniger gut. So brauchen Kinder und Jugendliche, die mit Stehlen beginnen, laut Patterson (1988) kein solches Nötigungstraining durchgemacht zu haben.

13.3.6 Beeinflussung durch die Gleichaltrigen

In Kapitel 9 haben wir die Frage der Selektion von gleichgesinnten Peers diskutiert. Diese ist im Hinblick auf externalisierendes Problemverhalten von großer Bedeutung. Antisoziale Jugendliche sind zwar manchmal wenig beliebt in ihrer Schulklasse, sie werden jedoch selten direkt ausgegrenzt. Sie assoziieren sich dann oft mit anderen antisozialen Jugendlichen (Cairns, Cairns, Neckerman, Gest & Gariepy, 1988). Durch diese Selektion verstärken sie ihr antisoziales Verhalten und berauben sich selbst der Möglichkeit anderer positiver Sozialisationserfahrungen. Der Selektionseffekt ist vor allem bei Jugendlichen, die bereits als Kinder antisoziales Verhalten zeigten (sog. Frühanfänger), nachweisbar (Patterson, Capaldi & Bank, 1991).

Die Mitläuferproblematik ist sowohl bei Frühanfängern als auch bei den anderen Jugendlichen aktuell. Die Frage, die sich oft stellt, ist, warum einige Jugendliche bei aggressiven und anderen antisozialen Handlungen mitmachen, obwohl solche Handlungen eigentlich nicht zu ihrem habituellen Repertoire gehören. Hier kann man nicht nur mit dem Druck der Gruppennormen argumentieren, da sie sich zuerst einer Gruppe, die solche Normen pflegt, anschließen müssten. Eine mögliche Erklärung für die Attraktivität der Gruppierungen von antisozialen Jugendlichen liegt darin, dass abweichendes antisoziales Verhalten zum Teil mit Privilegien von Erwachsenen verbunden ist (Alkohol, Zigaretten), und zum Teil ein klares Abstandnehmen gegenüber den Erwachsenen (als Autoritätsfiguren und Bevormunder) repräsentiert. Im Versuch einer negativen Identitätsdefinition (vgl. Kap. 4) können sich Jugendliche gerade an «Anti-Normen» orientieren wollen. Moffitt (1993a) erwähnt auch den Anreiz des ökonomischen Gewinns bei Diebstahl. Delinquente Jugendliche verfügen oft über mehr Geld, Kleider und andere gesuchte Gegenstände als ihre nicht-delinquenten Gleichaltrigen. Gerade in der Schule haben Jugendliche die Möglichkeit, «Gegenkulturen» zu entwickeln (Fend, 2000), in welchen die Erfolgskriterien ganz andere sind als Schulleistungen. Dies müssen nicht unbedingt Gruppierungen von devianten Jugendlichen sein, aber Gruppierungen von delinquenten Jugendlichen können sich zu solchen Gegenkulturen entwickeln. Wenn der erste Schritt in eine deviante Gruppe getan ist, vermittelt die Gruppe ein spezielles Zugehörigkeitsgefühl, das verstärkend wirkt.

Nicht alle Jugendlichen brauchen eine Gruppe als Rahmen für ihre delinquenten Taten. Jugendliche, die auch allein delinquente Handlungen durchführen, scheinen allerdings eher eine chronisch delinquente Laufbahn einzuschlagen, als die anderen (Loeber & Dishion, 1983).

13.3.7 Selbstverstärkung und falsche Attributionen

Ein spezieller Aspekt bei der Konsolidierung von antisozialen Handlungen ist die Selbstverstärkung (Parke & Slabby, 1983, S. 555). Das heißt, dass das Verhalten an sich eine Quelle der Selbstzufriedenheit wird. Gewisse antisoziale Handlungen erfordern viel Geschick. Es geht bei vielen Taten darum, etwas Verbotenes zu tun, ohne ertappt zu werden. Dies kann an sich ein Anreiz sein und einen gewissen Adrenalin-Kick geben, gefolgt von der Erfahrung eigener Kompetenz.

Nach Dodge (z. B. Dodge & Frame, 1982) besteht bei aggressiven Personen auch die Gefahr, dass zweideutige Situationen automatisch als Provokationen oder Angriff interpretiert werden. Im 5-Stufen-Modell von Dodge zur Verarbeitung von sozialen Interaktionen erliegen aggressive Kinder schon bei der Dekodierung und Interpretation der Situation (1. und 2. Stufe) vielen Fehlschlüssen. Die darauf folgenden Stufen der Suche nach Reaktionen (3. Stufe), der Entscheidung für eine Reaktion (4. Stufe) und der Ausführung der Handlung (5. Stufe) sind dementsprechend beeinträchtigt.

Wir haben hier einzelne Risikofaktoren diskutiert. Die Suche nach Prozessen und Mechanismen der Entstehung und der Kontinuität von Problemverhalten wird durch die Interaktion der unterschiedlichen Risikofaktoren erschwert. Ein Risikofaktor kann die Auftretenswahrscheinlichkeit eines weiteren Risikofaktors erhöhen oder dessen Einfluss verstärken. Stattin, Romelsjö und Stenbacka (1997) konnten zum Beispiel zeigen, dass Intelligenzwerte delinquentes Verhalten von 18-Jährigen nur schwach voraussagen konnten, wenn keine weiteren Risikofaktoren vorhanden waren, dass aber der prädiktive Effekt des IQ von anderen Faktoren verstärkt wurde. Des Weiteren kann ein Risikofaktor sowohl für die Entstehung antisozialen Verhaltens als auch für die Aufrechterhaltung oder die Verschlimmerung eines Zustands wichtig sein. In diesem Fall ist die Kontinuität des problematischen Verhaltens wahrscheinlich, und die Störung prägt die ganze Entwicklungslaufbahn der betroffenen Person.

13.3.8 Intergenerationale Einflüsse

Einige Forschungsteams konnten ihre Längsschnittstudien so lange durchführen, dass die ursprünglich befragten Jugendlichen inzwischen selbst Eltern wurden. Tremblay und Schaal (1996) konnten etwa zeigen, dass sowohl aggressive als auch aggressiv-ängstliche Jungen (Kindergartenalter) den ersten Geschlechtsverkehr früher als andere hatten und dadurch ein erhöhtes Risiko für sehr frühe Elternschaft hatten.

Die Frage, die in diesem Zusammenhang interessiert, ist, inwiefern Jugendliche mit antisozialen Problemen später selbst antisoziale Kinder erziehen. Man kann sich denken, dass diese Jugendlichen früher die Schule verlassen, früher Eltern werden, mehr Eheprobleme haben, weniger sensibel für die Bedürfnisse ihrer Kinder sind und natürlich auch antisoziale Modelle darstellen. Es gibt beispielsweise eine gewisse Evidenz dafür, dass Eltern, die ihre Kinder schlagen, selbst geschlagen wurden (vgl. Cairns, Cairns, Xie, Leung, & Hearne, 1998).

Es gibt aber auch Studien, nach denen diese Zusammenhänge sehr locker sind. Cairns und Mitarbeitende (1998) konnten 57 junge Mütter und ihre Kinder interviewen und beobachten. Die Mütter waren selbst als Jugendliche befragt worden. Ihre Kinder wurden bereits als Säuglinge getestet und später befragt und beobachtet, als sie das Alter erreicht hatten, in welchem die Mütter ursprünglich für das Projekt gewonnen worden waren. Das Durchschnittsalter der Mütter bei der Geburt des Kindes war 19.29 Jahre (74 % waren Teenager). Die Lehrpersonen wurden zu vielen Eigenschaften der Jugendlichen befragt, darunter zur Aggression. Die Analysen zum aggressiven Verhalten zeigten keine signifikanten Ergebnisse. Die Korrelation zwischen der Aggressivität der Mütter als Jugendliche und der Aggressivität ihrer Töchter war .23 und nicht signifikant. Die Mutter-Sohn-Korrelation war gleich null. Das Aggressionsniveau der Töchter war signifikant tiefer als dasjenige der Mütter im Jugendalter. Die früheren Schulleistungen der Mütter und ihrer Kinder korrelierten .27, der Zusammenhang war aber nicht signifikant. Ein signifikanter negativer Zusammenhang war zwischen dem Alter der Mutter in der vierten resp. siebten Klasse und den Schulleistungen der Kinder in der entsprechenden Klasse zu finden. Dies bedeutet, dass Mütter, die vor ihrem Eintritt ins Projekt eine Klasse (oder mehrere) hatten wiederholen müssen, Kinder hatten, die schwächere Leistungen zeigten, und umgekehrt, dass Mütter, die vielleicht einen vorzeitigen Schuleintritt hatten, Kinder hatten, die höhere Leistungen erbrachten. Die früheren Schulleistungen der Mütter wiesen keinen Zusammenhang mit ihrem Erziehungsstil auf. Der Erziehungsstil und die Qualität der Mutter-Kind-Beziehung (als das Kind ein Jahr bis zwei Jahre alt war) hingen aber signifikant mit dem aggressiven Verhalten des Kindes zusammen.

Aus diesen Analysen lernen wir, dass es einen schwachen und (wegen der kleinen Anzahl Personen) nicht signifikanten oder gar keinen Zusammenhang zwischen dem Niveau der Aggression der Mütter im Jugendalter und dem aggressiven Verhalten ihrer Kinder gab. Das, was wirklich zählte, war das Verhalten der Mutter ihrem Kind gegenüber, und dieses war auch nicht durch das frühere Verhalten der Mutter bedingt. Die Studie nahm leider keine Rücksicht auf die Differenzierung zwischen Müttern (als Jugendliche) mit einer langen resp. kurzen Geschichte von antisozialem Verhalten.

Eine kanadische Forschungsgruppe (Concordia Longitudinal Risk Project, z. B. Ledingham & Schwartzman, 1984; Serbin et al., 1998, für eine Übersicht), die entsprechende Daten zur Verfügung hatte (256 Mütter), konnte allerdings eine Reihe von Zusammenhängen zwischen dem früheren aggressiven Verhalten der Mütter (in der Kindheit) und dem Wohlergehen ihrer Kinder nachweisen. Alarmierend war die Tatsache, dass die Kinder der früher aggressiven Mütter signifikant öfter als andere den Notarzt brauchten; die Gründe waren akute Krankheiten, Verletzungen und Asthmaanfälle. Kinder von Müttern, die sowohl aggressiv als auch zurückgezogen gewesen waren, wurden sogar öfter notfallsmäßig ins Spital eingewiesen und hatten signifikant mehr chirurgische Eingriffe über sich ergehen lassen müssen als andere. Die ursprünglich aggressiven und aggressiv-zurückgezogenen jungen Mädchen hatten ein erhöhtes Risiko, als Teenager schwanger zu werden (17 %, verglichen mit 8 % in einer Kontrollgruppe mit durchschnittlichen Aggressionswerten). Vierzig Prozent der aggressiv-zurückgezogenen jungen Mädchen hatten schon mehrere Kinder, als sie 24 Jahre alt waren (32 % bei den aggressiven und 21 % in der Kontrollgruppe). Dazu kam, dass Komplikationen bei 33 % der ersten Geburten in der aggressiv-zurückgezogenen Gruppe auftraten (zum Vergleich dazu: 8 % bei den nur aggressiven Jugendlichen und 18 % in der Kontrollgruppe). Aggression in der Kindheit ging mit einer verkürzten Schulkarriere und diese wiederum mit frühen Schwangerschaften einher; die verkürzte Schulzeit war allerdings nicht durch Schwangerschaft bedingt.

Die Länge der Ausbildung korrelierte wiederum negativ mit einem aggressiven Interaktionsstil gegenüber den Kindern. Der Schulgang und die frühere Aggression der Mütter waren beide gute Prädiktoren der (fehlenden) Sensibilität für die Bedürfnisse der Kinder. Interessant ist aber, dass die frühere Aggression der Mutter die Aggression der Kinder nicht signifikant voraussagen konnte (.20). Der Korrelationskoeffizient war dem Koeffizienten aus der Studie von Cairns und Mitarbeitenden (1998) erstaunlich ähnlich.

Die Concordia-Studie wies mehr signifikante Ergebnisse auf, die der generellen Hypothese einer intergenerationalen Überlieferung von Problemen entsprechen, als die Studie von Cairns und Mitarbeitenden (1998). Dies kann teilweise dadurch erklärt werden, dass die Stichprobe beinahe fünfmal größer war als die von Cairns und Mitarbeitenden. Allerdings dürfen wir uns nicht von den Signifikanzwerten blenden lassen. Es wurden zum Beispiel nicht alle aggressiven Jugendlichen als Teenager schwanger; und trotz der viel größeren Stichprobe konnte die Aggression der Mutter in der Kindheit die Aggression ihrer Kinder nicht voraussagen.

Zusammenfassend kann festgehalten werden, dass ein gewisses Risiko der intergenerationalen Übertragung von Problemen besteht, dass dies allerdings nur einen sehr geringen Anteil der Varianz im entsprechenden Verhalten der Kinder erklären kann. Somit sind die Ergebnisse ein Beweis dafür, dass Entwicklung eher von vielen Freiheitsgraden als von Determinismus geprägt ist. Sie sind eine Ermunterung für alle, die präventiv arbeiten.

13.4 Konsum von legalen und illegalen Drogen

Niemand wird je gute Gründe haben, den Konsum illegaler Drogen prinzipiell zu empfehlen. Illegal sind sie meistens deshalb, weil starke negative Wirkungen auf den Konsumenten und sein Umfeld bekannt sind (z. B. Heroin), oder weil die Wirkungen noch nicht richtig abzuschätzen sind. Obwohl die schädlichen Wirkungen von Alkohol und Tabak sehr wohl dokumentiert sind, gehören sie zu den erlaubten Substanzen. Drogen sind ein klassisches Beispiel dafür, dass ein Verhalten je nach sozialem Kontext abweichend oder gar kriminell sein kann oder nicht. Rauschmittel wurden in allen Kulturen über Jahrtausende verwendet (biologische Substanzen wie Koka-Blätter oder giftige Dämpfe), teilweise wurden sie auch in religiösen Kontexten benutzt (Sieber, 1988; Völger & von Welck, 1982).

Der Konsum harter Drogen stellt auf jeden Fall ein Risiko für die Entwicklung dar, da Persönlichkeitsveränderungen und körperliche und psychische Abhängigkeit entstehen können. Auch der Konsum weicher Drogen muss als Risikoverhalten gewertet werden, weil in bestimmten Kontexten die Gefahr des Übergangs zu härteren Drogen nicht ausgeschlossen werden kann. Dieses Risiko könnte allerdings mit der Illegalität der weichen Drogen zusammenhängen (siehe unten).

Zusätzliche Risiken entstehen aufgrund der Illegalität vieler Drogen (ob weich oder hart). Illegalität impliziert eine erschwerte Beschaffung. Der Konsum tritt notwendigerweise in illegale Märkte ein und wird von kriminellen Gruppierungen und Organisationen abhängig, was zu anderen illegalen Handlungen und zu Konflikten mit der Polizei führen kann. Die Gefahr der Erpressung ist nahe liegend. Die Illegalität bringt auch zusätzliche gesundheitliche Risiken mit sich. Bei harten Drogen ist dieses Problem am besten bekannt (verunreinigte Stoffe oder verunreinigte Spritzen). In Ländern mit einer extrem restriktiven Alkoholpolitik produzieren Jugendliche selbst Alkohol und riskieren dabei Explosionen und schwere Brandschäden. Illegal produzierter Alkohol ist zudem oft so stark, dass eine unsachgemäße Verwendung an sich gefährlich ist (z. B. eine raschere Alkoholvergiftung).

13.4.1 Experimentieren mit weichen Drogen

Adoleszenz als Zeit des Ausprobierens auf allen erdenklichen Gebieten bedeutet auch ein mögliches Ausprobieren von illegalen und legalen Substanzen zu einem verfrühten Zeitpunkt. Dies kann generell im Dienste der Identitätssuche, der Erhöhung des Selbstwerts, der Findung einer Rolle in einem sozialen Kontext oder als Ausdruck genereller Neugierde und Freude am Unbekannten geschehen. Besonders bei den legalen Substanzen, die den Erwachsenen vorbehalten sind, kann der frühe Konsum eine Annäherung an die angestrebte Erwachsenenrolle darstellen.

Shedler und Block (1990) haben den Drogenkonsum unter Berücksichtigung solcher Mechanismen analysiert. Sie berichten über 101 amerikanische Jugendliche, die vom 3. bis zum 18. Lebensjahr beobachtet und befragt worden waren, und studierten unterschiedliche Wege zum allfälligen Drogengebrauch. Sie unterschieden zwischen (1) Jugendlichen, die keine illegalen Drogen zu sich genommen hatten (Abstinenten, ca. ein Drittel der Jugendlichen), (2) Jugendlichen, die bis zu einmal pro Monat Marihuana geraucht hatten (Experimentierer[58], ca. 35 %) und (3) Jugendlichen, die einmal pro Woche bis täglich Marihuana und gelegentlich eine andere Substanz nahmen (Vielverbraucher).

---

[58] Zu den Experimentierern wurden auch diejenigen gezählt, die nur einmal Marihuana ausprobiert hatten.

Mit 18 Jahren waren die Vielverbraucher, im Vergleich zu den Experimentierern, sozial unzuverlässig, launisch, aggressiv, opportunistisch und unbeliebt. Mit 7 und 11 Jahren waren sie auch emotional labil und isoliert gewesen, sie hatten Konzentrationsprobleme und waren offen für neue Erfahrungen. Ihre Eltern waren im Vergleich zu den Eltern der Experimentierer wenig sensibel und unterstützend, sie dramatisierten leicht, sie waren kritisch und leistungsorientiert, jedoch nicht stolz auf ihre Kinder.

Im Vergleich zu den Experimentierern waren die Abstinenten ängstlicher, weniger beliebt und öfter isoliert, überkontrolliert, moralistisch und konservativ. Als Kinder liebten sie Ordnung, waren gehorsam, etwas schüchtern und nicht offen für neue Erfahrungen.

Diese Ergebnisse wurden dahin gehend interpretiert, dass Experimentieren nicht schädlich sein muss und sogar ein Indikator einer gesunden Entwicklung sein kann. Es handelt sich jedoch eher um den Nachweis, dass sich unter jenen, die «nur» experimentieren, besonders starke Jugendliche befinden, die sozial (familiär und in die Peer-Gruppe) gut eingebettet sind. Allerdings ist auch zu bedenken, dass das Experimentieren mit weichen Drogen (wie mit Alkohol) den Einstieg in harte Drogen erleichtern könnte (Jessor, Donovan & Costa, 1991). Zudem ist zu bemerken, dass die Experimentierer im Vergleich zu den Vielverbrauchern wahrscheinlich später mit dem Marihuanakonsum angefangen hatten und dass eine nicht zu unterschätzende Anzahl unter ihnen es nur einmal oder ein paarmal probiert hat. Das heißt, unter den Experimentierern waren auch Jugendliche, die mit 18 Jahren keine weichen Drogen mehr konsumierten.

Andere Untersuchungen lassen vermuten, dass sich der vorübergehende Konsum weicher Drogen für einige Jugendliche sogar positiv ausgewirkt haben könnte (z. B. sozialer Mindestanschluss in schwierigen Zeiten, entsprechende Selbstwertsteigerung und Distanzierung von belastenden Familienverhältnissen; Silbereisen & Noack, 1988; Silbereisen, Noack & Eyferth, 1986). Nur sind gerade Jugendliche mit einem solchen Hintergrund, der eher dem Hintergrund der Vielverbraucher bei Shelder und Block entspricht, mehr gefährdet, den Konsum nicht einzustellen.

Zur Vorhersage des experimentellen Substanzgebrauchs fehlt es nicht an Hypothesen. Einstellungen und Wirksamkeitserwartungen der Jugendlichen bestimmten Substanzen gegenüber gehören zu den oft zitierten unmittelbaren Risikofaktoren. Jugendliche mit positiven Einstellungen (hohe Nutzen- und geringe Kostenerwartungen) und mit der Annahme, dass diese Substanzen auch von den meisten anderen Jugendlichen konsumiert würden, nehmen den Probierkonsum häufiger auf als Jugendliche mit weniger positiven Einstellungen (Ajzen, 1988). Wirksamkeitserwartungen (Ajzen, 1988; Bandura, 1986) drücken sich beispielsweise in der Erwartung aus, dem Gebrauch einer Substanz und dem damit verbundenen Gruppendruck widerstehen zu können (engl. refusal self-efficacy). Zentral scheint hier das Modelllernen. Besonders wirksame Modelle sind solche mit einem hohen Status oder Modelle, zu denen eine positive Beziehung besteht. Daraus folgt, dass sowohl Eltern, Gleichaltrige und besonders gute Freunde als auch Vorbilder (Idole) aus der Musik, dem Film oder der Sportszene, einen Einfluss auf die Einstellungen und den allfälligen Beginn des Experimentierkonsums Jugendlicher ausüben können (z. B. Huba, Wingard & Bentler, 1980; Newcomb & Bentler, 1986).

Wir dürfen allerdings nicht vergessen, dass die Kausalität in vielen Fällen auch umgekehrt abläuft. Wie oben und im Kapitel 9 diskutiert, wählen Jugendliche oft gleichgesinnte Jugendliche als ihre Freunde (vgl. auch Fisher & Bauman, 1988). Das heißt, dass Jugendliche mit einer positiven Einstellung zum Experimentieren mit illegalen Drogen oder zum Konsum von Alkohol einander finden. Es bleibt jedoch unklar, wie sie zu diesen Einstellungen und Erwartungen kommen, und es wirft auch die Frage auf, ob der Weg zum Konsum tatsächlich über Einstellungen und Erwartungen geht, oder ob nicht der Konsum durch solche Einstellungen gerechtfertigt wird (Strategie der Selbstwerterhöhung, Kap. 7).

13.4.2 Technodrogen – Life-Style-Drogen

Einen neuen Bereich innerhalb der Drogen bilden die Technodrogen, auch Designerdrogen oder Life-Style-Drogen genannt. Laut Schmiedbauer (1997) versteht man darunter eine Gruppe von Substanzen, die nicht aus natürlichen Grundsubstanzen hergestellt werden, sondern rein chemische Produkte sind, die vor allem aus der Klasse der Amphetamine zusammengestellt werden. Diese Drogen sind zum Teil auch deshalb attraktiv, weil sie jeweils im Inland hergestellt werden (teilweise mit wenig Aufwand) und somit das Schmuggeln entfällt.

Das Ausmaß des Konsums von Designer-Drogen und ihr Effekt sind noch nicht voll erforscht. Die Wirkung ist von den Ausgangssubstanzen und ihren jeweiligen Kombinationen abhängig. Einige verwenden diese Drogen auch gleichzeitig mit ganz anderen Substanzen, zum Beispiel Alkohol und Medikamenten, wodurch sich weitere Interaktionen ergeben. Allerdings scheinen Designer-Drogen schon bei kleineren Mengen eine starke Wirkung und eine Mischung von «Gedanken-Beschleunigung» und halluzinogenen Effekten zu haben (Schmiedbauer, 1997).

Im Laufe der letzten 30 Jahre sind verschiedene Designer-Drogen aufgekommen und wieder mehr oder weniger verschwunden. So waren Engelsstaub in den 70er Jahren, Ice in den 80er Jahren und Ecstasy in den 90er Jahren aktuell. Designer-Drogen werden meistens auf bestimmten Musik- oder Tanzanlässen konsumiert. Der Konsum von Ecstasy zum Beispiel ist in Verbindung mit Rave-Musik gesetzt worden (Forsyth, Barnard & McKeganey, 1997). Aus der psychiatrischen Praxis gibt es Anzeichen dafür, dass einige Konsumenten von Designerdrogen massive Angstsymptome entwickeln, wobei es derzeit noch keine ausreichenden Untersuchungen zur Häufigkeit und Verbreitung derartiger Störungen gibt, um etwas über die möglichen neurobiologischen Mechanismen sagen zu können (Nowak, 2000).

13.4.3 Der Übergang zu harten Drogen

Ähnlich wie beim antisozialen Verhalten folgt der Alkohol- und Drogenkonsum einer Entwicklung von wenig oder selten zu mehr und öfter und von leichteren zu schwereren Stoffen und von legalen zu illegalen Substanzen. Man fängt zum Beispiel selten mit harten Drogen an, ohne vorher andere Substanzen konsumiert zu haben. Die erste Substanz, mit welcher Jugendliche Erfahrungen machen, ist meistens Alkohol.

Die empirische Forschung auf diesem Gebiet ist leider nicht sehr umfangreich. Der Weg vom Experimentieren zur Abhängigkeit ist nicht geradlinig. In einer Längsschnittstudie (Wills, McNamara, Vaccaro & Hirky, 1996) konnte allerdings der Übergang zu härteren Substanzen durch erhöhten Stress, geringere Unterstützung durch die Eltern, erhöhten Substanzkonsum der Eltern, normabweichende Einstellungen, geringe Selbstkontrolle, Gereiztheit als Reaktion auf Probleme und Anschluss an Peer-Gruppen mit häufigem Substanzgebrauch vorhergesagt werden. Die meisten dieser Faktoren kennen wir allerdings schon aus den Studien zum anfänglichen Konsum. Neu ist vor allem die hohe Belastung.

Der Drogenkonsum gehört zur bereits erwähnten dritten Delinquenz-Kategorie nach Loeber (1990, S. 24). Zwar kann in den anderen Kategorien (aggressiv-polyvalente und nicht-aggressive Delinquenz) Drogenkonsum ebenfalls vorkommen. Die reine Drogendelinquenz ist aber dadurch gekennzeichnet, dass ein nicht vernachlässigbarer Anteil von substanzabhängigen Menschen (sei es von Alkohol oder von harten illegalen Drogen) im Voraus keine Anzeichen einer antisozialen Entwicklung aufgewiesen hatte. Ihr Konsum beginnt meistens etwas später als bei den aggressiv-polyvalenten Delinquenten, wahrscheinlich während der mittleren Adoleszenz.

Die Diskussion um die Risiken des Experimentierverhaltens für den weiteren Konsum und eine eventuelle Abhängigkeit ist nicht abgeschlossen. Für einige Experimentierer bleibt es tatsächlich dabei, während der Versuch für andere zu einem Anfang wird. Das Experimentieren kann in einem speziellen Kontext oder zu einer Zeit geschehen, in dem oder in der die Person speziell verwundbar ist (spezielle Belastung). Dort spielen alle erdenklichen Schutz- und Risikofaktoren im sozialen Umfeld eine wichtige Rolle. Die Ergebnisse einer Studie mit 15- bis 20-jährigen schweizerischen Jugendlichen zeigten, dass unter den Jugendlichen, die Marihuana konsumierten, diejenigen, die mit ihren Eltern gut kommunizieren konnten, seltener zusätzlich harte Drogen nahmen (Stronski, Ireland, Michaud, Narring & Resnick, 2000).

Es sieht auch so aus, dass das erste Experimentieren mit Drogen sozusagen wie ein Eisbrecher funktioniert. Jugendliche, die noch nie etwas konsumiert haben, sind laut eigenen Aussagen auch nicht bereit, ein Konsumangebot anzunehmen (90 % Ablehnung), während die Hälfte der Jugendlichen, die einmal etwas ausprobiert hat, und ungefähr 80 % derjenigen, die mehrmals konsumiert haben, das Angebot annehmen würden (Jacquat & François, 1999). Gestützt auf Studien zur Entwicklung von antisozialem Verhalten kann man erwarten, dass eine breitere Palette von Problemen in der Kindheit und der frühen Adoleszenz sowie frühes Experimentieren mit legalen und illegalen Substanzen ein sehr hohes Risiko für Missbrauch und Abhängigkeit repräsentieren.

Wenn der Drogenkonsum einmal in Gang gekommen ist, beobachtet man ähnliche Teufelskreise des Lebensstils wie bei anderen Störungen (z. B. Essstörungen, Kap. 12). Der Konsum wird für den Tagesablauf, den sozialen Kontakt und die eigene weitere Entwicklung zentral.

Eine Untersuchung der Schweizerischen Fachstelle für Alkohol- und andere Drogenprobleme (Jacquat & François, 1999) zum Drogenkonsum von 14- und 15-jährigen Schülerinnen und Schülern im Jahr 1998 liefert Lebenszeitprävalenzraten zum Konsum verschiedener Substanzen. Diese sind in Figur 13–5 wiedergegeben. Klar ist, dass die meistkonsumierte Substanz Haschisch ist. Haschisch wird jedoch nur von 17 % der 14-Jährigen und 27 % der 15-Jährigen konsumiert. Normativ ist der Ha-

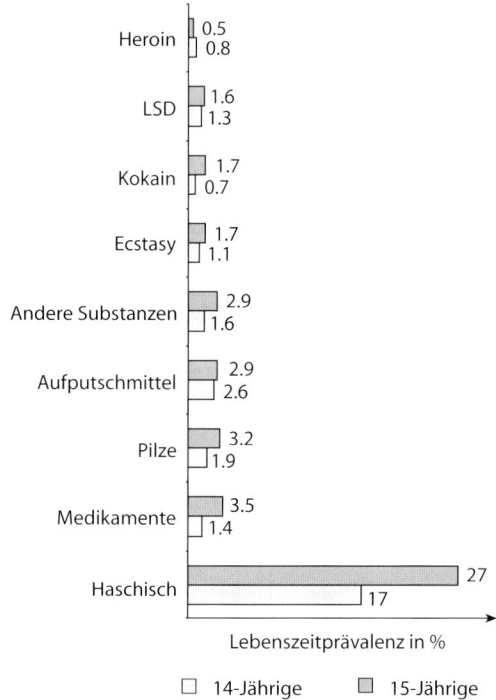

Figur 13–5: Lebenszeitprävalenz des Konsums illegaler Drogen bei 14- und 15-Jährigen in der Schweiz im Jahr 1998 (nach Jacquat & François, 1999, Abb. 11)

schischkonsum in diesen Altersgruppen auf keinen Fall. Abgesehen vom Haschisch haben rund die Hälfte substanzerfahrenen Jugendlichen solche Substanzen nur ein einziges Mal ausprobiert.

13.4.4 Alkoholkonsum

Denkt man an Drogen, so kommen einem unmittelbar die illegalen Substanzen in den Sinn, aber kaum der Alkohol. Der Genuss von Alkohol ist in den westlichen Kulturen nicht vom sozialen Leben wegzudenken und wird von den allermeisten nicht als Droge bezeichnet. Alkohol ist aber eine Droge und verursacht deutlich mehr Schäden bei einer großen Anzahl von Jugendlichen als die illegalen (weichen und harten) Drogen.

Weil Alkohol legal ist und weil der Alkoholkonsum sogar ab einem gewissen Alter normativ ist, ist es sehr schwierig zu entscheiden, ab welcher Quantität oder ab welchem Alter der Genuss von Alkohol als problematisch angesehen werden soll.

Man unterscheidet zwei Haupttypen von Alkoholmissbrauch. Der eine Typ ist durch einen späten Beginn (in der Spätadoleszenz oder im jungen Erwachsenenalter), wenig belastende Risikofaktoren in der Kindheit und geringe Impulsivität charakterisiert. Im Gegensatz dazu beginnt der andere Typ früh (frühe und mittlere Adoleszenz). Diese Jugendlichen weisen mehr Risikofaktoren in der Kindheit, stärkere soziale Abhängigkeit und mehr aggressive Impulsivität auf (Cloninger, Sigvardsson & Bohman, 1988). Diese Unterscheidung entspricht in etwa der Unterscheidung zwischen anhaltend-antisozialen Jugendlichen und den anderen, die dieses Problemverhalten erst spät aufweisen. Auch trinken viele Jugendliche, ohne dass ihr Konsum in Missbrauch übergeht (Hawkins, Catalano & Miller, 1992). Dennoch kann auch ihr Konsum problematisch sein, da Alkohol die Wahrscheinlichkeit von Unfällen erhöht (auch als Fahrradfahrer oder als Fußgänger im Verkehr).

Der Alkoholkonsum scheint in den Jahren 1986, 1994 und 1998 bei 11- bis 15-jährigen Schweizern und Schweizerinnen im Hinblick auf den täglichen, den wöchentlichen und den gelegentlichen Konsum relativ konstant geblieben zu sein. Der gelegentliche Gebrauch liegt zwischen 24 % und 26 %, der wöchentliche bei rund 10 % und der tägliche liegt zwischen 1 % und 2 % (Jacquat & François, 1999). Dass die Prävalenzrate mit dem Alter zunimmt, war zu erwarten, allerdings scheint der Konsumstil mit 15 oder 16 Jahren schon festgelegt zu sein. Große Altersvariationen waren danach (zwischen 15 und 20 Jahren) nicht mehr zu beobachten (Narring et al., 1994a). Letztere Forschergruppe stellte aber einen signifikanten Unterschied im Verbrauch zwischen Mädchen und Jungen und zwischen Schülern/Schülerinnen und Lehrlingen fest. Jungen in allen Alterskategorien konsumierten mehr als die Mädchen und die Lehrlinge mehr als die Schüler und Schülerinnen.

Eine Reihe von Forschungsteams hat den Effekt einer restriktiven Gesetzgebung im Hinblick auf Alkohol untersucht. Hawkins und Mitarbeitende (1992) ziehen daraus den Schluss, dass höhere Preise, höhere Altersgrenzen für den Kauf von Alkohol und ein erschwerter Zugang zu Alkohol den Konsum Jugendlicher und Unfälle unter Einfluss von Alkohol reduzieren. Unklar bleibt jedoch oft, ob dieser Effekt eine Folge der Gesetzgebung ist, oder ob die Gesetzgebung und der niedrigere Konsum eine Folge entsprechender kultureller Norm sind.

Die mehrfach schon erwähnte Schweiz-Norwegen-Studie stellt eine reiche Datenbasis zur Verfügung, welcher wir differenzierte Prävalenzdaten aus dem Jahr 1994 entnehmen konnten. Eine der vielen Fragen, die uns interessierten, war, inwieweit die sehr restriktive norwegische Alkoholpolitik sich im Konsum der Jugendlichen widerspiegeln würde. Die Jugendlichen (11 bis 16 Jahre alt) wurden gebeten, die Häufigkeit ihres Konsums von verschiedenen alkoholhaltigen Getränken in den «letzten 6 Monaten» anzugeben.

Hier werden nur die Daten zu Bier, Wein und Schnaps wiedergegeben. In einer ersten Analyse wurde eine Konsumvariable aufgrund der höchsten Angabe zu den drei Typen alkoholischer Getränke gebildet. Eine Varianzanalyse ergab drei Haupteffekte: (1) Geschlecht: die Jungen tranken mehr; (2) Alter: die älteren Jugendlichen tranken mehr; (3) Kultur: die schweizerischen Jugendlichen tranken mehr. In Figur 13–6 werden nur die Angaben zum mäßigen (1- bis 2-mal im Monat) und häufigen (mindestens 1-mal pro Woche) Alkoholkonsum dargestellt. Der Figur entnehmen wir, dass höhere Anteile der schweizerischen Stichprobe sowohl unter den mäßigen als auch unter den häufigen Konsumenten zu finden waren, dass der häufige Gebrauch bei den älteren Jungen jedoch in beiden Ländern gleich war.

In diesem Zusammenhang ist es auch interessant zu fragen, wie es sich mit den verschiedenen Getränken verhält. Es könnte nämlich sein, dass der häufigere Konsum in der Schweiz einen kulturellen Stilunterschied widerspiegelt, indem zum Beispiel mehr Wein, aber weniger Schnaps getrunken wird. Es zeigte sich jedoch, dass die schweizerischen Jugendlichen sowohl Bier als auch Wein häufiger konsumierten, dass aber der

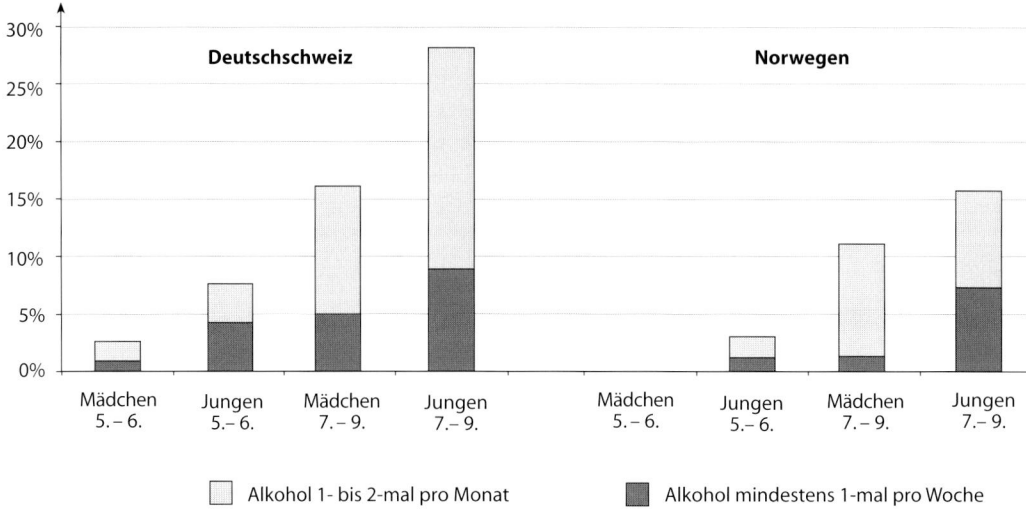

Figur 13–6: Angaben zum mäßigen (1- bis 2-mal pro Monat) und häufigen (mindestens 1-mal pro Woche) Alkoholkonsum bei norwegischen und deutschschweizerischen Jugendlichen (5. bis 9. Klasse) (unveröffentlichte Daten der Autoren)

Konsum von Schnaps in beiden Ländern ungefähr gleich war. Es wurde bei den jüngeren norwegischen Schülern und Schülerinnen so gut wie kein Schnaps konsumiert, während 5 % der jüngeren schweizerischen Mädchen und 10 % der jüngeren schweizerischen Jungen solche Getränke gelegentlich (seltener als 1-mal im Monat) konsumierten. Wenn man aber den häufigeren Konsum der älteren Jugendlichen studiert (1- bis 2-mal im Monat und mindestens 1-mal die Woche), verschwinden die Unterschiede zwischen den beiden Ländern zum größten Teil (Figur 13–7). Das heißt, dass die norwegische restriktive Alkoholpolitik einen Effekt auf den Zeitpunkt des Beginns des Alkoholkonsums zu haben scheint, dass Unterschiede aber mit zunehmendem Alter der Jugendlichen weniger deutlich werden.

Was die Studie leider nicht sagt, ist wie viel jedes Mal getrunken wurde. Der skandinavische Trinkstil ist von einem selteneren und dafür viel intensiveren Konsum geprägt, und es ist möglich, dass der Unterschied in der Häufigkeit des Wein- und Bierkonsums durch höhere Quantitäten aufgehoben wird. In der norwegischen Stichprobe waren Daten zur Häufigkeit des Betrunkenseins erhoben worden. Dies korrelierte tatsächlich sehr hoch (.70 bis .85) mit dem Konsum von verschiedenen alkoholischen Getränken. Das heißt, wer oft trank, trank auch oft so viel, dass er oder sie betrunken wurde. Da keine solchen Daten für die schweizerischen Jugendlichen vorliegen, darf man allerdings keine voreilige Schlussfolgerung ziehen.

13.4.5 Risikofaktoren

Wie bei anderen Formen des Problemverhaltens gilt bei allen Drogen, dass der Missbrauch auf die Interaktion vieler spezifischer Person- und Umweltfaktoren zurückzuführen ist. Bei Suchtverhalten kommen auch spezifische Eigenschaften der missbrauchten Substanz dazu. Risikofaktoren sind unter den verschiedenen Unterkapiteln behandelt worden. Hier wollen wir sie nur zusammenfassen.

Alle Ereignisse, die eine erfolgreiche Einbindung in Institutionen und Wertesysteme verhindern, erhöhen das Risiko für normbrechendes Handeln und antisoziales Verhalten. Der Zusammenhang zwischen Schulmisserfolg und antisozialem Verhalten oder Substanzgebrauch ist empirisch reichlich belegt worden (z. B. Cairns & Cairns, 1994; Shedler & Block, 1990; Tremblay &

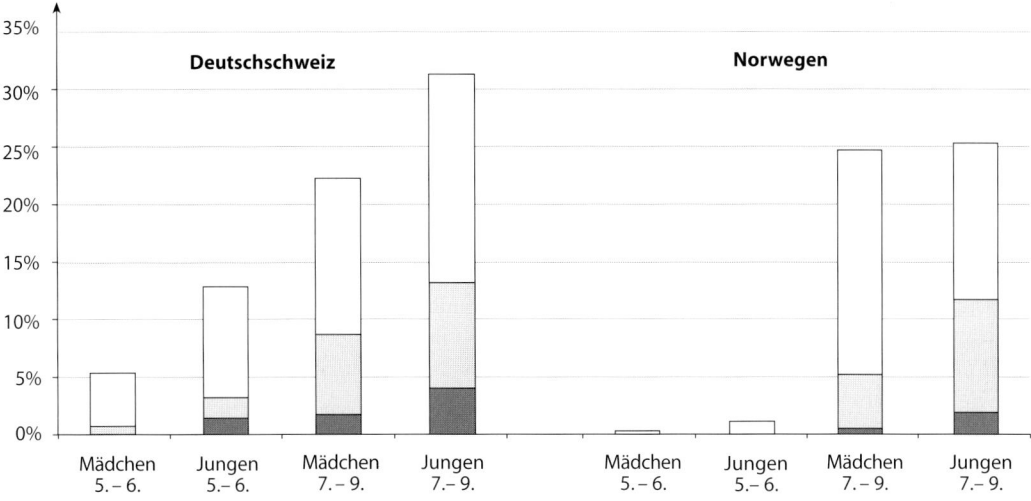

Figur 13-7: Angaben zum seltenen (weniger als 1-mal pro Monat), mäßigen (1- bis 2-mal pro Monat) und häufigen (mindestens 1-mal pro Woche) Schnapskonsum bei norwegischen und deutschschweizerischen Jugendlichen (5. bis 9. Klasse) (unveröffentlichte Daten der Autoren)

Schaal, 1996). Es sind somit nicht nur individuelle Selektionsprozesse im Spiel, sondern auch Marginalisierungsmechanismen vonseiten der Institutionen. Wer in einem System marginalisiert wird, wird sich höchstwahrscheinlich mit anderen devianten Jugendlichen assoziieren. Jeder braucht eine soziale Zugehörigkeit.

Die Studien zum Übergang von weichen zu harten Drogen und zum früh einsetzenden Alkoholmissbrauch lassen vermuten, dass viele der Risikofaktoren, die eine delinquente Laufbahn voraussagen können, auch für Missbrauch von Alkohol und illegalen Substanzen zentral sind, wobei man hier klar zwischen Experimentieren und Missbrauch unterscheiden muss.

Speziell beim Drogenkonsum ist jedoch die Rolle des erschwerten bzw. erleichterten Zugangs zu verschiedenen Substanzen. Je leichter der Zugang, desto höher der Konsum (Hawkins et al., 1992). Weiter scheinen ein hohes Bedürfnis nach starken Erlebnissen (engl. sensation-seeking), ein tiefes Motiv der Vermeidung von Schmerz und Verletzung und eine geringe Abhängigkeit von Belohnung eine wichtige Rolle beim frühen Konsum von Drogen zu spielen (Cloninger et al., 1988; Wills, Windle & Cleary, 1998).

13.4.6 Prävention

Der Umgang mit Drogenproblemen in einer Gesellschaft hängt damit zusammen, wie das Problem konzipiert wird. Zum Beispiel kann Drogenkonsum als Verletzung sozialer Normen oder als klarer Verstoß gegen das Strafgesetz angesehen werden. Eine solche Sicht führt vor allem zu Repressionsmaßnahmen.

Betrachtet man die Abhängigkeit als ein Problem der Substanz an sich, versucht man akzeptable Ersatzsubstanzen (z. B. Methadon) zu finden und zu verschreiben. Dies kann wenigstens zu einer Verminderung der Beschaffungskriminalität und Prostitution führen. Betrachtet man Drogenkonsum aber eher als ein gelerntes habituelles Verhalten, versucht man dieses Verhalten zu ändern, bessere Lebensmöglichkeiten zu schaffen und präventiv zu arbeiten.

Um Gewohnheiten zu ändern, muss man oft das soziale Umfeld ändern können, man muss neues Verhalten einüben, das selbstverstärkend sein kann, etc. Gute Resultate erzielt man nur mit umfangreichen Interventionen. Neuere Programme der Primärprävention arbeiten sowohl an der Verminderung von Risikofaktoren als auch an der Stärkung der Schutzfaktoren (z. B. Gager & Elias, 1997). Dies beinhaltet meistens die Implementierung längerfristiger, in den gegebenen Lebenskontexten abgestützter Programme und die Berücksichtigung individueller Entwicklungsschritte und -aufgaben der Kinder und Jugendlichen (vgl. Wicki, Alsaker, Hüsler, Michaud & Steffen, 1999).

Die Schule ist der am häufigsten gewählte Rahmen für die Durchführung von Suchtpräventionsprogrammen (Laaser, Hurrelmann & Wolters, 1993). Angesichts der in der Familie identifizierten Risiko- und Schutzfaktoren sollte allerdings diese im Zentrum präventiver Bemühungen stehen. Alles, was die Familien stärkt, was die Eltern in ihrem Erziehungsverhalten unterstützt und überhaupt zur Stärkung der Jugendlichen beiträgt, ist als präventiv zu betrachten (vgl. Simons, Whitbeck, Conger & Conger, 1991; Feldman, Rosenthal, Mont-Reynaud, Leung & Lau, 1991). Prävention setzt allerdings selten in den Familien ein (vgl. Springer, Wright & McCall, 1997; St. Pierre & Kaltreider, 1997).

Rogers und McCarthy (1999) untersuchten die Vorstellungen und Einstellungen von 12- und 13-Jährigen und ihrer Eltern zum eigenen Drogengebrauch, zum Konsum anderer, zu ihrem Wissen und zu Erwartungen an schulbasierte Programme in nord-amerikanischen Großstädten. 36 % der Jugendlichen kannten jemanden in ihrer Altersgruppe, der oder die Drogen nahm, aber nur 5 % sagten, sie hätten selbst Drogenerfahrung. Zwei Drittel der Jugendlichen meinten, die Schule wäre der beste Ort für Gesundheitsförderung (inklusive Drogenprävention). Die Eltern waren viel besser informiert über die verschiedenen Drogen als ihre Kinder, aber sie hatten das Gefühl, nicht genug zu wissen, um ihren Kindern die richtige Erziehung auf diesem Gebiet zu geben. Die Eltern verwendeten äußerst unterschiedliche Methoden, wie Schreckpropaganda, Verbot und Gespräche, um zu versuchen, ihre Kinder vor Drogenkonsum zu schützen. Gewisse Eltern teilten auch mit, sie hätten resigniert. Es ist wohl leider so, dass die Basis für Gespräche über heikle Themen vor der Adoleszenz gelegt werden sollte, und dass besseres Wissen über verschiedene Substanzen nicht hinreicht, um die Eltern zu effizienten Erziehern auszubilden. Oft merken Eltern auch zu spät, dass ihre Kinder Drogen nehmen. Ein gewisses Ausmaß an Aufsicht und Interesse für die Aktivitäten der eigenen jugendlichen Kinder könnte dazu beitragen, Probleme in einem frühen Stadium zu entdecken.

Eine generelle Kritik an der primären Prävention ist, dass sie alle Jugendlichen gleich behandelt, obwohl man inzwischen weiß, dass Jugendliche mit Problemverhalten sehr heterogene Gruppen darstellen. Es stellt sich deshalb die Frage, ob es sinnvoll ist, alle Schüler und Schülerinnen mit denselben Programmen zu bedienen. Oft geht es auch um Aufklärung über Zusammenhänge und Auswirkungen von Drogen. Dies hat als einzige Maßnahme jedoch wenig oder nur auf wenige eine Wirkung (Semmer et al., 1991). Strategien, die darauf abzielen, Jugendliche mit typischen Anstiftungs- und Einstiegssituationen vertraut zu machen, stellen eine weitere mögliche primäre Präventionsmethode dar. Allerdings sind nicht alle gleich gefährdet und nicht alle für den gleichen Typ von Information zugänglich.

Sekundäre Prävention unterscheidet sich von primärer Prävention in erster Linie im Hinblick auf die Zielgruppe. Sekundärpräventive Programme nehmen sich besonders gefährdeter Gruppen von Kindern oder Jugendlichen an: zum Beispiel Lehrabbrecher (Ferron et al., 1997), Kinder und Jugendliche, die in Heimen leben (Wicki, Krucker & Flammer, 1997), oder Jugendliche, die bereits Drogen konsumieren, aber noch nicht abhängig sind. Hier gilt es vor allem, den Jugendlichen alternative Verhaltensformen schmackhaft zu machen, ihr Verhaltensrepertoire in sozial anerkannten Bereichen zu erweitern, ihre Laufbahn umzuleiten und ihre Kompetenz generell zu stärken.

13.5 Ausblick

Der heutige Stand der Forschung erlaubt mehrere deutliche Aussagen zur Entwicklung von externalisierendem Problemverhalten: (1) Obwohl antisoziales Verhalten in der Adoleszenz zunimmt, ist es nicht normativ geworden. (2) Die Grundlage für eine gravierende und dauerhafte delinquente Laufbahn wird meistens in der Kindheit gelegt. Die Interaktion zwischen biologischen Faktoren (neuropsychologische Störungen und Temperament) und dem sozialen Umfeld ist zentral. (3) Eltern von antisozialen Kindern sind in den meisten Fällen von ihrer Erziehungsaufgabe überfordert. Lehrpersonen sind in den meisten Fällen gleichfalls überfordert. (4) Impulsiv-aggressive Kinder sind häufig unbeliebt und werden relativ früh marginalisiert. Andere aggressive und antisoziale Kinder und Jugendliche erleben häufig, dass ihr Verhalten ihnen zu Macht verhilft. In allen Fällen wirkt das antisoziale Verhalten selbstverstärkend, und Interventionen müssen deshalb so früh wie möglich eingeleitet werden. (5) Antisoziales Verhalten, das in der Adoleszenz anfängt, nimmt im Erwachsenenalter zwar meistens ab, ist jedoch nicht unproblematisch. Das Gleiche gilt für das Experimentieren mit verschiedenen Substanzen. Hier gilt es, weder zu dramatisieren noch zu bagatellisieren.

Angesichts der generellen historischen Zunahme von antisozialem Verhalten unter Jugendlichen (inklusive in der Schule) sind Interventions- und Präventionsmaßnahmen hoch aktuell. Prävention von Problemverhalten generell ist ein gesellschaftliches und politisches Anliegen. Durch punktuelle Interventionen und Repression wird nur an der Oberfläche geflickt. Antisoziales und somit entwicklungsgefährdendes Verhalten sollte an den Wurzeln gepackt werden. Unser Wissen über kausale Zusammenhänge ist heute genügend, um handeln zu können, es braucht nur noch politische Entscheidungen.

14. Suizid und Unfälle

Andreas Dick

Im Gegensatz zu den Anfängen des 20. Jahrhunderts sterben heute Kinder und Jugendliche nur noch selten an Krankheiten. Es haben jedoch andere Todesursachen an Bedeutung gewonnen, insbesondere Unfälle im Straßenverkehr, Drogen und Kriminalität, wobei Letztere vor allem in den USA ein gewaltiges Problem darstellt. Zwischen 1970 und 1990 konnte in den meisten westeuropäischen Ländern ein deutlicher Rückgang der Säuglings- und Kindersterbeziffer um etwa 50 % verzeichnet werden. Bei den 15- bis 19-Jährigen sank dagegen die Sterblichkeit nur sehr wenig. Diese Tatsache lässt sich durch den hohen Anteil an Sterbefällen durch Gewalteinwirkung in dieser Altersklasse erklären, in Europa insbesondere durch Unfälle und Suizid, in den USA zusätzlich durch Tötungsdelikte.

In den meisten Industrieländern sind heute zwischen dem 15. und dem 19. Lebensjahr Unfälle die häufigste Todesursache, gefolgt von Suizid. An dritter Stelle stehen die bösartigen Tumore, die jedoch nur ungefähr 4 % der Todesfälle im Jugendalter ausmachen gegenüber 65 % bis 75 % im Straßenverkehr, beim Sport oder durch Suizid (Michaud, 1993). Dabei ist das Risiko, zwischen dem 15. und dem 24. Lebensjahr zu sterben, für Jungen rund dreimal höher als für Mädchen (Choquet, Michaud & Frappier, 1997).

Im ersten Abschnitt dieses Kapitels beschäftigen wir uns mit dem Suizid im Jugendalter, insbesondere mit dessen epidemiologischer Verbreitung, mit den empirisch ermittelten Risikofaktoren suizidalen Verhaltens im Jugendalter sowie mit den Möglichkeiten zur Prävention und Intervention. Im zweiten Abschnitt untersuchen wir die wichtigsten Merkmale von Unfällen als Todesursache in der Adoleszenz, Risikofaktoren von Unfällen im Jugendalter und Möglichkeiten der Prävention.

14.1 Suizid

Suizid und suizidales Verhalten zielen per definitionem darauf ab, den eigenen Tod herbeizuführen. Viele Suizide und Suizidversuche während der Adoleszenz sind jedoch nicht durch einen Wunsch zu sterben motiviert, sondern vielmehr durch das Bedürfnis, anderen die eigenen Gefühle der Verzweiflung, der Hoffnungslosigkeit oder der Wut mitzuteilen. Suizidales Verhalten kann in drei Kategorien unterteilt werden: *Suizidgedanken*, die von Ideen, das eigene Leben sei nicht mehr lebenswert, über konkrete Selbstmordabsichten bis hin zu einer intensiven und wahnhaften Beschäftigung mit Selbstzerstörung reichen können. *Parasuizid* (oder Suizidversuch) bezieht sich auf willentliches, nicht-habituelles Verhalten ohne tödlichen Ausgang, das ohne die Intervention anderer zu Selbstverletzungen führt. *Suizid* bezieht sich auf einen Todesfall, der das direkte oder indirekte Ergebnis einer Handlung darstellt, die von einem Individuum mit dem Wissen oder dem Glauben ausgeübt wird, dass die Handlung zum eigenen Tod führt (Diekstra, 1995). Außerdem betrachten einige Autoren Risikoverhalten (z. B. im Straßenverkehr) als *indirekten Suizid*. Dieses ist in der Adoleszenz und im frühen Erwachsenenalter besonders verbreitet (Farberow, 1980). Die Forschungsergebnisse legen die Vorstellung eines Kontinuums zwischen Suizidgedanken, Parasuizid und Suizid im Jugendalter nahe (Brent et al., 1988).

14.1.1 Epidemiologie

Die Suizidraten in verschiedenen Ländern variieren beträchtlich. In Europa weist Finnland die höchste Suizidrate für Adoleszente und junge Erwachsene zwischen 15 und 24 Jahren auf, gefolgt von der Schweiz und von Österreich. In den Niederlanden, Großbritannien, Italien und Spanien sind die Suizidraten hingegen relativ niedrig (Platt, Bille-Brahe & Kerkhof, 1992). Die WHO/Euro-Multizenter-Studie über Parasuizid nennt für die Jahre 1989 bis 1992 eine Rate für Suizidversuche von 0.17 % für Jungen und 0.28 % für Mädchen im Alter zwischen 15 und 24 (Bille-Brahe & Schmidtke, 1995). In einer Schweizer Studie mit 332 Jugendlichen im Schulalter fanden Narring und Mitarbeitende (1994b), dass 3 % der jungen Männer und 4 % der jungen Frauen von einem Suizidversuch in den vergangenen 12 Monaten berichteten.

Es ist eine allgemein anerkannte Tatsache, dass die Suizidrate während der mittleren Adoleszenz zunimmt, und dass ein Suizid im Kindesalter unter 10 Jahren sehr selten ist. Das Verhältnis zwischen Parasuizid und Suizid unterscheidet sich beträchtlich von Studie zu Studie; die Schätzungen reichen von einem Verhältnis zwischen 10 zu 1 bis zu 220 zu 1 (Cairns & Cairns, 1994). Kosky (1982) fand eine deutliche differenzielle altersbezogene Zunahme der Suizidraten bei Jungen und Mädchen unter 15 Jahren, die zwischen 1969 und 1978 aufgrund eines Suizidversuches in die westaustralischen öffentlichen Spitäler eingewiesen wurden. Die Zahlen für Mädchen zeigen eine dramatische Zunahme nach dem 12. Altersjahr. Das Verhältnis zwischen Jungen und Mädchen bei der Anzahl Suizidversuche betrug 1 zu 3.6; bei vollbrachten Suiziden betrug das Verhältnis zwischen Jungen und Mädchen jedoch 3 zu 1. Dieser Geschlechterunterschied zwischen Suizidversuchen und vollbrachten Suiziden wird meist durch die Wahl von gewalttätigeren oder tödlicheren Suizidmethoden bei Jungen erklärt.

In den letzten beiden Jahrzehnten hat das Suizidrisiko bei Adoleszenten und jungen Erwachsenen aus der Population der weißen, städtischen Bevölkerung in Europa und Nordamerika zugenommen. Außerdem besteht ein signifikanter Unterschied zwischen den Geschlechtern in der Veränderung des Suizidrisikos über die Zeit zwischen 1970 und 1986. Suizide haben in den meisten Ländern in allen Altersgruppen der männlichen Bevölkerung zugenommen, am stärksten bei Jugendlichen und jungen Erwachsenen (mit einer durchschnittlichen Zunahme von 70 %), während die weibliche Bevölkerung in den meisten Ländern eine etwas geringere Zunahme aufweist (durchschnittlich um 40 %) (Diekstra, 1995).

Wie kann die Zunahme von Suizid und Parasuizid in der Adoleszenz gegenüber dem Kindesalter erklärt werden? Und was mögen die Gründe für die Zunahme der Suizidrate bei Jugendlichen während der letzten 20 Jahre sein? Einige der Antworten auf diese Fragen werden klarer werden, wenn wir uns mit den Risikofaktoren für einen Suizid oder Suizidversuch auseinander setzen.

14.1.2 Risikofaktoren

14.1.2.1 Depression

Depression gilt als einer der Risikofaktoren für Suizid im Jugendalter. Verschiedene Studien aus den letzten Jahren zeigen eine signifikant erhöhte Depressionsrate bei suizidalen im Vergleich mit nichtsuizidalen Adoleszenten (Brent et al., 1993; Brent et al., 1994; Laederach, Fischer, Bowen & Ladame, 1999). Allerdings reichen affektive Störungen alleine nicht aus, um die Unterschiede zwischen suizidalen und nichtsuizidalen Jugendlichen zu erklären: Das gemeinsame Auftreten mehrerer verschiedener psychischer Störungen (Komorbidität; vgl. Kap. 12 und 13) scheint ein wichtiger Risikofaktor für Suizidversuche zu sein. Pawlak, Pascual-Sanchez, Raë, Fischer und Ladame (1999) fanden in ihrer Studie zu Angststörungen, dass Adoleszente mit einer klinischen Angststörung, die zusätzlich eine Major Depression entwickelten, ein hohes Risiko für einen Suizidversuch aufwiesen. Von den 24 Patienten zwischen 15 und 20 Jahren, die an einer Angststörung litten und einen Suizidversuch begangen hatten, erfüllten 21 (95 %) die Kriterien für eine Major Depression verglichen mit nur 5 von 21 (24 %) Patienten mit einer Angststörung, die keinen Suizidversuch begangen hatten. In einer Studie von Lewinsohn, Rohde und Seeley (1995) zeigten kombinierte Diagnosen einer depressiven Störung zusammen mit Substanzmissbrauch, Störungen des Sozialverhaltens und Angststörungen den stärksten Zusammenhang mit Suizidversuchen. Ein weiterer starker Zusammenhang besteht zwischen affektiven Störungen, Suizidversuchen und einer Borderline-Persönlichkeitsstörung (Clarkin, Friedman, Hurt, Corn & Aronoff, 1984; Crumley, 1979).

14.1.2.2 Verhaltensprobleme, Aggression und Impulsivität

Obschon Suizid im Jugendalter oftmals mit Depression in Verbindung gebracht werden kann, wird das Stereotyp des zurückgezogenen und nach innen gerichteten Adoleszenten den meisten Jugendlichen, die einen Suizidversuch begehen, nicht gerecht. Shaffer (1974, 1985) stellte fest, dass zwei Drittel aller Jugendlichen unter 16 Jahren, die einen Suizidversuch unternommen hatten, eine Tendenz zum Ausagieren ihrer Probleme aufwiesen. Dieser Befund verweist auf eine wichtige Gruppe von Risikofaktoren für Suizid im Jugendalter: Verhaltensprobleme, insbesondere aggressives Verhalten, eine niedrige Toleranz für Stress und Frustrationen sowie eine erhöhte Impulsivität.

Kashden, Fremouw, Callahan und Franzen (1993), die nichtsuizidale und suizidale Adoleszente in stationärer psychiatrischer Behandlung mit unauffälligen High-School-Schülern verglichen, fanden, dass sich suizidale Adoleszente in der stationären Psychiatrie durch größere Impulsivität, stärkere Hoffnungslosigkeit und Depressivität sowohl von den nichtsuizidalen Adoleszenten in psychiatrischer Behandlung wie auch von den High-School-Schülern unterschieden. Cairns und Cairns (1994) beobachteten bei vielen Adoleszenten mit Suizidgedanken eine Anamnese von vorausgehendem Ausagieren und impulsivem und aggressivem Verhalten. Der Entwicklungsweg für diese Jugendlichen führt häufig von ausagierendem Verhalten über Substanzmissbrauch zu suizidalem Verhalten. In einer Studie mit 800 extrem aggressiven Jugendlichen unter 18 Jahren fanden Cairns, Peterson und Neckerman (1988), dass 13.2 % der Probanden über Suizidversuche berichteten. Der Prozentsatz von Jungen und Mädchen, bei denen anamnestisch suizidales Verhalten festgestellt wurde, nahm in Abhängigkeit vom Lebensalter zu. Bestimmte Untergruppen wurden von Cairns und Mitarbeitenden als besonders anfällig für einen Suizidversuch eingeschätzt: Unter den weißen Mädchen im Alter von 14 bis 15 Jahren hatten 39 % einen Suizidversuch unternommen.

Weshalb besteht zwischen externalisierenden Problemen und Suizid im Jugendalter eine Verbindung? Cairns und Cairns (1994) nennen drei mögliche Gründe: (1) Suizid und Aggressionen sind beides Manifestationen einer geringen Impulskontrolle. Eine geringe Impulskontrolle und eine niedrige Frustrationstoleranz können dazu führen, dass die Aggression entweder gegen andere oder gegen sich selbst (Suizid) gerichtet wird, abhängig vom jeweiligen sozialen Kontext. (2) Aggressive Jugendliche und Jugendliche mit Störungen des Sozialverhaltens weisen vor allem dann eine höhere Wahrscheinlichkeit auf, ihre Impulse auszuagieren, wenn sie depressiv, frustriert oder ängstlich sind. Anders als ihre weniger aggressiven Altersgenossen weisen diese Jugendlichen geringere Hemmungen auf, mit selbstdestruktivem Verhalten zu reagieren. (3) Aggressives Verhalten ist möglicherweise Ausdruck einer Irritierbarkeit als Folge einer agitierten Depression. Vielleicht werden die depressiven Symptome bei aggressiven Jugendlichen durch die Fachleute nicht richtig erkannt, wenn die aggressive Komponente mehr hervorsticht.

14.1.2.3 Psychoaktive Substanzen

Die Veränderung der Suizidraten in ausgewählten europäischen Ländern im Zeitraum von 1960 bis 1985 hängt am stärksten mit Veränderungen im Konsum von Alkohol zusammen (Diekstra, 1995). Dieser Befund weist auf das zunehmende Auftreten eines Verhaltensmusters in der Adoleszenz hin, das durch den Gebrauch oder Missbrauch von psychoaktiven Substanzen zur Bewältigung von Lebensproblemen und depressiven Reaktionen gekennzeichnet ist. Generell erweist sich die Inzidenz von Suizid als besonders hoch unter Personen, die psychoaktive Substanzen missbrauchen (Kirkpatrick-Smith, Rich, Bonner & Jans, 1992; Miles, 1978; Rich, Sherman & Fowler, 1990). Die Bedeutung von Substanzmissbrauch für die Zunahme suizidalen Verhaltens ist jedoch möglicherweise auf junge Männer beschränkt. Gould, Shaffer und Davies (1991) fanden in einer kontrollierten Vergleichsstudie von Suiziden im Jugendalter, dass 37 % der Jungen, die einen Suizid begangen hatten, Substanzmissbrauch aufwiesen, während dies lediglich bei 7 % der nichtsuizidalen Jungen der Fall war. Bei den Mädchen konnten keine Unterschiede festgestellt werden.

14.1.2.4 Problematische Beziehungen in Familie und Partnerschaft

Verschiedene Studien zeigen, dass Jugendliche, die einen Suizidversuch begehen, durchschnittlich vermehrt beeinträchtigte Beziehungen mit ihren Eltern und eine schwierige Familiengeschichte mit emotionaler Vernachlässigung und physischem oder sexuellem Missbrauch aufweisen verglichen mit nichtsuizidalen Jugendlichen. Man muss dabei jedoch bedenken, dass dies nicht für alle suizidalen Jugendlichen gilt, obschon die Wahrscheinlichkeit solcher Probleme bei suizidalen Jugendlichen höher liegt. Pfeffer (1981b) fand folgende Eigenschaften in vielen Familien von suizidalen Adoleszenten: ein Fehlen von Grenzen zwischen der Generation der Eltern der suizidalen Jugendlichen und deren eigenen Eltern; Abhängigkeitskonflikte in Ehebeziehungen, die dazu führen, dass der Ärger der Eltern auf die Kinder fehlgeleitet wird; Entmutigung oder Verhinderung der Bemühungen der Kinder nach mehr Unabhängigkeit, so dass zwischen den Eltern und ihren Kindern die gleiche symbiotische Verbindung entsteht, die zwischen den Eltern und ihren eigenen Eltern bestand. Obgleich ein solches Familiensystem zunächst den Eindruck großer Nähe der Familienmitglieder untereinander erweckt, sind Eltern und Kinder oftmals emotional voneinander losgelöst, so dass sich die meisten dieser Jugendlichen ungeliebt und ungewollt fühlen (vgl. auch Dundas, 1999: «dysfunktionale Nähe»). Allerdings stellt die emotionale Loslösung auch ein Symptom einer Depression dar, und es ist oftmals schwierig festzustellen, ob familiäre Probleme Depressionen hervorrufen oder ob die depressive Störung zu familiären Konflikten führt.

Zahlreiche Studien haben jedoch bestätigt, dass ein Fehlen elterlicher Liebe und Unterstützung zu einem erhöhten Suizidrisiko bei Jugendlichen führt (Allen, 1987; Asarnow, Carlson & Guthrie, 1987; Cohen-Sandler, Berman & King, 1982; Paluzny, Davenport & Kim, 1991; Paykel, 1989; Pfeffer, 1989; Tishler, McKenry & Morgan, 1981). Gemäß einigen Forschern kann die elterliche Ablehnung sogar so weit gehen, dass die Eltern ihre Kinder ermutigen, Suizid zu begehen (Molin, 1986; Pfeffer, 1981a; Rosenkrantz, 1978). Stanley und Barter (1970) berichteten, dass hospitalisierte suizidale Jugendliche im Durchschnitt häufiger einen Elternteil vor dem 12. Lebensjahr verloren hatten als die Patienten in der nichtsuizidalen Kontrollgruppe. Wer in der Adoleszenz einen Elternteil hat, der eine affektive Störung, Alkoholmissbrauch oder suizidale Neigungen aufweist, ist vier- bis fünfmal gefährdeter, einen Suizidversuch zu begehen (Pfeffer, 1989). Jugendliche mit einer Anamnese körperlichen Missbrauchs weisen eine viermal höhere Wahrscheinlichkeit auf, einen Suizidversuch zu begehen, als Jugendliche ohne Missbrauchserfahrungen (Deykin, Alpert & McNamarra, 1985). Silverman, Reinherz und Giaconia (1996) fanden in einer Längsschnittstudie, in welcher sie die längerfristigen Folgen von sexuellem Missbrauch während der Kindheit und der Adoleszenz untersuchten, ein stark erhöhtes Suizidrisiko bei Mädchen: ein Viertel der sexuell missbrauchten Mädchen hatte vor dem 21. Altersjahr einen Suizidversuch unternommen.

Jugendliche mit einer Familiengeschichte, die durch mangelnde elterliche Unterstützung und emotionale Vernachlässigung geprägt war, suchen möglicherweise in einer Liebesbeziehung die emotionale Wärme, die sie bei ihren Eltern vermissen. Wenn diese Liebesbeziehung einen besonders hohen Stellenwert in ihrem Leben einnimmt, kann es dazu führen, dass sich diese Jugendlichen von anderen Freunden oder von der Schule distanzieren. Dadurch werden sie sehr verletzlich, wenn diese neue Liebesbeziehung in die Brüche geht. Angesichts ihrer sozialen Isolation und Einsamkeit sowie ihrer traurigen Beziehungsgeschichte kann es sein, dass sie sich in ihrer Verzweiflung dazu entschließen, ihrem Leben ein Ende zu setzen (Davidson, Rosenberg, Mercy, Franklin & Simmons, 1989; Teicher & Jacobs, 1966). Von den 695 Jugendlichen einer Längsschnittstudie von Cairns und Cairns (1994), die von sich aus über einen Suizidversuch oder über Suizidgedanken berichteten, wurde oftmals das Auseinanderbrechen einer engen Beziehung als Auslöser genannt. Gemäß einer Studie von Diekstra und Kerkhof (1989) sind Adoleszente vulnerabler gegenüber widrigen sozialen und interpersonellen Bedingungen als Erwachsene. Erwachsene und Jugendliche unterschieden sich in der geschätzten Wahrscheinlichkeit eines Suizidversuchs unter widrigen sozialen Bedingungen wie Verlust des Arbeitsplatzes, Abbruch einer Liebesbeziehung, ungewollte Schwangerschaft usw. Jugendliche und junge Erwachsene schätzten die Wahrscheinlichkeit, dass sie selbst oder andere unter solchen Bedingungen einen Suizidversuch verüben würden, viel höher ein als die älteren Altersgruppen.

14.1.2.5 Sozialer Wandel und Isolation

Die Ergebnisse einiger Studien lassen vermuten, dass widrige soziale Bedingungen wie Arbeitslosigkeit und finanzielle Schwierigkeiten, zwischenmenschliche Probleme und Verluste, psychische Störungen der Eltern sowie körperlicher und sexueller Missbrauch in der Zeit zwischen 1950 und 1980 zugenommen haben (Coleman & Husen, 1985; Preston, 1984). Es wurde die Ansicht geäußert, dass der Zusammenbruch von traditionellen Familienstrukturen, religiösen Überzeugungen und sozialen Normen für die Zunahme der Verfügbarkeit und Akzeptanz von Drogen in industrialisierten Ländern sowie für andere negative soziale Veränderungen verantwortlich ist. Insbesondere die zunehmende soziale Isolierung führt zu einer höheren Suizidrate (Diekstra, 1995).

Für die meisten Menschen ist soziale Isolation an sich unangenehm. In einem Lebensalter, in dem der Kontakt zu Gleichaltrigen und Freunden für die Entwicklung sozialer Kompetenzen und eines gesunden Selbstwerts entscheidend ist, oder in Zeiten, in denen eine Person soziale Unterstützung benötigt, um negative Ereignisse besser verarbeiten zu können, kann sich soziale Isolation äußerst schädlich auswirken. Soziale Isolierung kann außerdem als sehr wirkungsvolle Strategie benutzt werden, jemanden zu drangsalieren und zu mobben (Alsaker, 1997a; Alsaker & Brunner, 1999). In Kapitel 12 wurde darauf hingewiesen, dass Opfer einer Drangsalierung ein höheres Risiko für Selbstwertprobleme und Depressivität aufweisen (vgl. auch Alsaker & Olweus, im Druck). Gelegentlich ist die Mobbing-Situation mit einer derartigen Erfahrung der Hoffnungslosigkeit verbunden, dass das Opfer einen Suizidversuch begeht. Eine Häufung von Suiziden im Anschluss an anhaltende Drangsalierung war denn auch der Grund, weshalb die norwegische Regierung in den 80er Jahren die Lancierung einer nationalen Kampagne gegen Bullying in Schulen beschloss (Olweus, 1993).

14.1.2.6 Suizidversuche von Angehörigen und Bekannten

Es bleibt kontrovers, inwiefern suizidales Verhalten von Familienangehörigen und von Bekannten als Risikofaktor für Jugendsuizid betrachtet werden kann. Brent, Moritz, Bridge, Perper und Canobbio (1996) sowie Pfeffer und Mitarbeitende (1997) gelangen zur Schlussfolgerung, dass trotz eines erhöhten Risikos für die Entwicklung einer Depression und einer Angststörung, insbesondere einer posttraumatischen Belastungsstörung, das Erleben eines Suizids bei Freunden oder Verwandten nicht zu einem erhöhten Risiko für eigenes suizidales Verhalten führt. Demgegenüber fanden kürzlich Laederach und Mitarbeitende (1999) in einer Studie (ohne Kontrollgruppe) mit 148 Jugendlichen, die nach einem Suizidversuch hospitalisiert worden waren, dass mehr als ein Drittel der Patienten eine Person in der Familie oder im Freundeskreis kannte, die einen Suizidversuch begangen hatte. Einer von sieben Jugendlichen war sogar mit einem vollzogenen Suizid eines Familienmitgliedes oder eines Freundes konfrontiert worden. Ein Nachahmungseffekt wurde auch bei Modellen gefunden, die nicht zur Familie oder zum unmittelbaren sozialen Netzwerk gehörten, wie zum Beispiel bei berühmten Jugendlichen aus Fiktion oder Realität, deren Suizid durch die Medien übermittelt worden war (Diekstra, 1995). Die Frage, ob Suizidversuche von Familienangehörigen oder Freunden das Risiko für einen eigenen Suizidversuch erhöhen, kann somit aufgrund der Forschungslage zum gegenwärtigen Zeitpunkt noch nicht beantwortet werden.

14.1.2.7 Verfügbarkeit von Schusswaffen

Cairns und Cairns (1994) stellten fest, dass die Verfügbarkeit und der Besitz von Schusswaffen bei männlichen Jugendlichen in den USA erstaunlich hoch ist, was zumindest teilweise die höhere Inzidenz von Verletzungen und Todesfällen bei männlichen verglichen mit weiblichen Adoleszenten erklärte.

14.1.2.8 Vorangehende Suizidversuche

Jugendliche, die in ihrem Leben bereits einmal einen Suizidversuch begangen haben, weisen ein deutlich erhöhtes Risiko für weitere suizidale Handlungen auf (Corbitt, Malone, Haas & Mann, 1996; Lewinsohn, Rohde & Seeley, 1994). Granboulan, Rabain und Basquin (1995) untersuchten den Langzeitverlauf bei Jugendlichen, die einen Suizidversuch verübt hatten: Nach einer Zeitdauer von durchschnittlich 11.5 Jahren nach der ersten Hospitalisierung war der Zustand von mindestens der Hälfte der untersuchten Jugendlichen unverändert oder sogar schlechter; 15 der 127 Probanden waren gestorben, nur einer davon an einer natürlichen Ursache, und 31 % der Probanden hatten mindestens einen weiteren Suizidversuch unternommen. Diese Zahlen zeigen die Bedeutung von Suizidversuchen im Jugendalter für die weitere Entwicklung dieser Individuen und die Notwendigkeit von wirksamen präventiven und therapeutischen Maßnahmen.

Im Hinblick auf die Entwicklungsprozesse hin zu Suizid und Suizidversuchen im Jugendalter sollte unterschieden werden zwischen Auslösern von suizidalen Handlungen, wie zum Beispiel das Auseinanderbrechen einer Freundschaft, und zugrunde liegenden Ursachen, die meist sehr viel komplexer sind. Auch in Bezug auf die zugrunde liegenden Ursachen sollte deutlicher unterschieden werden zwischen einer psychopathologischen Sichtweise, welche nach Zusammenhängen zwischen suizidalem Verhalten und psychischen Störungen sucht, und einer psychosozialen Sichtweise, welche wichtige Kindheitserfahrungen, die Familienumwelt, interpersonelle Beziehungen oder andere negative Ereignisse mit Suizidalität im Jugendalter zu verbinden versucht. Wünschbar sind mehr prospektive Studien, die prototypische Entwicklungslinien zu einem Suizid, einem Suizidversuch oder zu Suizidgedanken betrachten.

Auch wenn in den letzten 150 Jahren die Volksgesundheit durchschnittlich zugenommen hat, stimmen wir mit Diekstra (1995) überein, der feststellt:

Trotz einer allgemeinen Verbesserung des Lebensstandards und der körperlichen Gesundheit muss bezweifelt werden, ob sich das psychische und das soziale Wohlbefinden Jugendlicher verbessert hat. Es muss ebenfalls bezweifelt werden, ob es Jugendlichen, die sich am unteren Ende der sozialen Stufenleiter befinden, heutzutage wirklich besser geht als ihren Altersgenossen vor fünfzig oder hundert Jahren. (S. 238, Übers. A. D.).

14.1.3 Therapie und Prävention

Jeder und jede Jugendliche, der oder die einen Suizidversuch begangen hat, sollte ein Therapieangebot erhalten. Gemäß Retterstøl (1990) sollten die primäre Gesundheitsversorgung und die Sozialdienste gefährdete Jugendliche identifizieren, damit sie in einer Klinik oder in einer psychologischen oder psychiatrischen Praxis behandelt werden können. Im Idealfall willigt der Patient zu einer Behandlung in einem Kriseninterventionszentrum ein, wo ihn eine Spezialistin untersucht und beurteilt, welche Behandlung notwendig ist. Es ist außerordentlich wichtig, dass Patienten niemals abgewiesen werden und niemals den Eindruck erhalten, dass sie stören, zum Beispiel wenn sie plötzlich und unangemeldet am Empfang einer psychiatrischen Klinik auftauchen. In einer therapeutischen Einrichtung oder einer Privatpraxis sollte jemand mindestens einige Minuten mit dem Patienten sprechen, um ihm dann einen Sprechstundentermin innerhalb der nächsten Tage zu geben. Adoleszente mit schweren Suizidgedanken sind besonders gefährdet, einen Suizidversuch zu begehen, wenn sie den Eindruck erhalten, dass niemand Zeit für sie hat.

Oftmals ist es notwendig, Patienten mitsamt ihrer Familien zu einer psychiatrischen oder psychologischen Untersuchung und Behandlung zu motivieren. Falls die Patienten unmittelbar nach einem Suizidversuch in die gleiche soziale Situation zurückgeschickt werden, ist die Wahrscheinlichkeit eines weiteren Suizidversuchs ziemlich hoch. Die Zeit nach einem Suizidversuch eignet sich sehr gut dazu, die Lebenssituation des Patienten oder der Patientin zu überdenken. Retterstøl (1990) weist auf den Umstand hin, dass meist ein beträchtliches Ungleichgewicht besteht zwischen den technischen Apparaten, die zur Rettung des Lebens eines Patienten angewandt werden, und dem «Apparat», der dazu aufgewendet wird, um den psychischen Hintergrund des Patienten zu verstehen, um ihm mit seinen Problemen weiterzuhelfen und um eine Wiederholung des Suizidversuchs zu vermeiden.

Bedrosian und Epstein (1984), die kognitive Therapieverfahren in der Behandlung von depressiven und suizidalen Jugendlichen anwenden, betonen, dass das kognitive Modell mit seiner Direktheit und seiner strukturierenden Kraft dem adoleszenten Patienten auf sehr wirksame Weise die Gelegenheit bietet, den Selbstwert zu festigen, bessere Problemlösestrategien und einen realistischen Optimismus zu entwickeln. Nach Freeman und Reinecke (1993) besteht eine hauptsächliche Aufgabe von Psychotherapie mit suizidalen Jugendlichen im Versuch, ihnen dazu zu verhelfen, die gegenwärtigen Einschränkungen zu akzeptieren, die mit ihrem jugendlichen Alter verbunden sind, wie zum Beispiel Einschränkungen in der Bewegungsfreiheit oder mögliche rechtliche Restriktionen. Dieser Ansatz ist höchstwahrscheinlich besonders bedeutsam bei jenen suizidalen Jugendlichen, die in erster Linie Verhaltensprobleme, aggressive Verhaltensweisen und geringe Stress- und Frustrationstoleranz zeigen.

Shaffer und Piacentini (1994) schlagen vier mögliche Arten der Suizidprävention vor: (1) die direkte und indirekte Identifizierung von gefährdeten Individuen, (2) Krisenberatung, (3) Präventionsprogramme an Schulen und (4) die Beschränkung des Zugangs zu potentiellen Suizidmethoden. Im Folgenden werden wir auf diese vier unterschiedlichen Ansätze näher eingehen.

(1) Um einzelne besonders suizidgefährdete Individuen indirekt identifizieren zu können, werden in einigen schulischen Ausbildungsprogrammen Schüler, Lehrer und Eltern darin trainiert, Warnzeichen eines Suizids bei ihren Freunden, Schülern und Kindern rechtzeitig zu erkennen. Solche Warnzeichen basieren meist auf dem sog. präsuizidalen Syndrom, das erstmals von Ringel (1969) beschrieben wurde. Nach Ringel zeichnet sich das präsuizidale Syndrom durch eine zunehmende Einengung der zwischenmenschlichen Beziehungen, der subjektiven Werte, der Affekte, Verhaltensmuster und aufgesuchten Situationen, durch Aggressionsanstauung und Wendung der Aggression gegen die eigene Person sowie durch anfangs aktiv intendierte, später sich passiv aufdrängende Suizidphantasien aus. Löchel (1984) untersuchte 40 Jugendliche nach einem Suizidversuch und fand bei ihnen ein parasuizidales Syndrom vor, das durch ähnliche Merkmale wie bei Ringel (1969) charakterisiert ist (Tab. 14–1). Es fanden sich konkrete Vorstellungen über die Durchführung eines Suizidversuches sowie Suizidgedanken in der Anamnese. Im Vorfeld der Suizidhandlung bestanden oft dysphorische Verstimmungen und, als zusätzliches Symptom im Vergleich zu den Erwachsenen, psychosomatische Symptome, welche zu Beschwerden wie Schlafstörungen, Veränderungen des Essverhaltens, Müdigkeit sowie Konzentrationsstörungen hinzukamen. Außerdem fand Löchel verschiedene charakteristische Nebenmerkmale wie das Gefühl, nicht mehr geliebt zu sein, Gefühle der Ausweglosigkeit, schulischen Leistungsabfall oder Weglaufen von zu Hause.

Untersuchungen zur indirekten Identifizierung von suizidalen Jugendlichen zeigten allerdings, dass Jugendliche, die eine solche systematische Schulung erhalten hatten, ihren Not leidenden Freunden nicht häufiger eine Behandlung empfohlen als Jugendliche, die keine Schulung erhalten hatten (Vieland, Whittle, Garland, Hicks & Shaffer, 1991).

Durch eine direkte Identifizierung von gefährdeten Individuen wird versucht, eine mögliche Suizidgefährdung von den Betroffenen selbst zu erheben, bevor sie akut suizidgefährdet sind. Es wurden verschiedene Formen der Selbstidentifizierung präsuizidaler Zustände bei Adoleszenten entwickelt. Ihre Bedeutung in der Vorhersage einer Suizidgefährdung bei Jugendlichen muss jedoch erst noch nachgewiesen werden.

(2) Anlaufstellen für Krisensituationen zielen auf die Ambivalenz zwischen dem Wunsch zu sterben und der vielleicht noch bestehenden Hoffnung auf eine Verbesserung der Lebenssituation ab, die im Zuge der psychischen Verwirrung vorgängig zu einem Suizidversuch aufkommt. Sie werden meist von telefonischen Beratungsdiensten («Hotlines», «Sorgentelefonen», etc.) angeboten (Litman, Farberow, Shneidman, Heilig & Kramer, 1965). Empirische Studien weisen darauf hin, dass solche telefonischen Krisenberatungsdienste keinen oder einen nur sehr geringen Einfluss auf die Suizidrate ausüben (Barraclough et al., 1977; Bridge, Potkin, Zung & Soldo, 1977; Jennings, Barraclough & Moss, 1978; Miller, Coombs, Leeper & Barton, 1984), wahrscheinlich weil die meisten Anrufenden Frauen sind, die ohnehin ein niedrigeres Suizidrisiko aufweisen, weil die Qualität der erteilten Ratschläge eher mittelmäßig ist, und weil eine beträchtliche Anzahl von Suiziden in einem Zustand erfolgt, in dem das Individuum sehr agitiert und somit kaum fähig ist, einen entsprechenden Telefonanruf zu tätigen (Shaffer & Piacentini, 1994).

(3) Suizidpräventionsprogramme an Schulen versuchen das Bewusstsein des Problems zu erhöhen, indem sie Informationen über Suizid und Parasuizid erteilen, die direkte und indirekte Identifizierung gefährdeter Individuen einüben (siehe oben), und Schüler und Lehrer mit Informationen über entsprechende medizinische und psychosoziale Einrichtungen versorgen. Allerdings weist die überwältigende Zahl von Jugendlichen, die solchen Programmen an Schulen ausgesetzt sind, kein Suizidrisiko auf. Außerdem können all diese schulischen Bemühungen zur Senkung der Suizidraten unter Umständen die Situation für betroffene Jugendliche sogar noch verschlimmern und Nachahmungseffekte hervorrufen. Siegel, Mesago und Christ (1990) schlagen vor, dass Hochrisikogruppen

Tabelle 14-1: Präsuizidales Syndrom bei Kindern und Jugendlichen (nach Löchel, 1984, zit. nach Frey, 1990)

Hauptmerkmale
• Suizidgedanken, welche zunehmend vertrauter werden
• Schon früh konkrete Vorstellungen über die Durchführung eines Suizidversuches
• Dysphorische Verstimmung
• Psychosomatische Symptome
Nebenmerkmale
• Gefühle, nicht geliebt zu sein
• Gefühle der Einsamkeit
• Gefühle der Ausweglosigkeit
• Ängste
• Grübelzwänge
• Lustlosigkeit
• «Ausschlafen wollen»
• Leistungsabfall in der Schule
• Weglaufen
• Denken über das «Danach»

wie Kinder depressiver Eltern oder Kinder, die kürzlich ein negatives Lebensereignis wie einen Todesfall in der Familie erlitten haben oder in Kürze höchstwahrscheinlich ein solches negatives Ereignis erleben werden, gezielt für präventive Maßnahmen ausgewählt werden sollten.

(4) Schließlich kann eine Beschränkung des Zugangs zu Suizidmethoden einen Suizid in einigen Fällen verhindern, führt jedoch oft nur zu einem vorübergehenden Effekt.

Es scheint, dass bisher nicht genug unternommen wurde, um die tatsächlichen Ursachen von suizidalen Handlungen anzugehen. Dies ist wahrscheinlich auf das immer noch unbefriedigende Wissen über die Entwicklungswege zu Suizid zurückzuführen. Suizidprävention zielt oftmals darauf ab, Depressivität und Hoffnungslosigkeit zu vermindern. Besonders bei Jugendlichen sollte auch den Verbesserungsmöglichkeiten in der sozialen Situation und den interpersonellen Problemlösefähigkeiten genügend Aufmerksamkeit geschenkt werden. Ein interessanter Ansatz zur Suizidprävention, der auf die Stärkung der unterschiedlichen Ressourcenlage von männlichen und weiblichen

Jugendlichen ausgerichtet ist, stammt von Schröer (1999). Anhand einer Studie mit 603 männlichen und 732 weiblichen 16-jährigen Jugendlichen, bei denen zur Erhebung der Suizidgedanken die Kurzform des Beck-Depressionsinventars eingesetzt wurde, konnten bei den Suizidalen geschlechtsspezifische Profile der eigenen aktuellen Ressourcenwahrnehmung erstellt werden. Suizidale männliche Jugendliche zeichneten sich vor allem durch Aggressivität, externale Kontrollüberzeugungen, Selbstüberschätzung und Gefühlsabwehr aus. Weibliche suizidale Jugendliche berichteten typischerweise über Angst, Tagträume, Abhängigkeit von Idealbildern, einen geringen Glauben an Chancen beim anderen Geschlecht, einen geringen Selbstwert und hohe Zukunftsangst. Sowohl für männliche wie für weibliche suizidale Jugendliche zeigte sich ein subjektiv wahrgenommenes Übermaß an familiärer Überbehütung. Männliche Jugendliche berichteten zudem über eine hohe elterliche Strafintensität und schulisches Anonymitätserleben, während weibliche suizidale Jugendliche in Bezug auf die interpersonale Ressourcensituation über mangelnde elterliche Wertschätzung berichteten.

14.2 Unfälle

Wie bereits erwähnt, kann es sich bei Unfällen im Jugendalter auch um einen indirekten Suizid handeln, wobei das eigene Leben leichtsinnig aufs Spiel gesetzt wird, da man ohnehin nicht mehr viel vom Leben erwartet. Von einigen Jugendlichen wird außerdem ein geplanter Suizid möglicherweise bewusst als Unfall getarnt, um ihren Tod für Angehörige weniger schlimm zu machen. Wann ist ein Unfall ein Unfall, und wann ist ein Unfall ein Suizid? Wenn ein 19-jähriger depressiver Jugendlicher mit Kollegen in einer Felswand klettert und dabei tödlich abstürzt, handelt es sich dann um einen Unfall oder um einen Suizid? Diese schmerzliche Frage stellen sich vielleicht auch die Hinterbliebenen. Möglicherweise sprechen die Umstände für einen Unfall, doch vielleicht war der Jugendliche in seinem niedergeschlagenen Zustand weniger gut in der Lage, sich vor einem Unfall zu schützen, oder vielleicht kümmerte er sich wenig um seine Sicherheit, da der eigene Tod ihm vielleicht erlösend erschien. Auch beim bewussten Eingehen von Gefahren (sog. Risikoverhalten) kann nachträglich oft nicht festgestellt werden, ob die Gefahr unterschätzt wurde und es sich somit um einen tragischen Unfall handelt, oder ob das Leben nicht besonders lebenswert erschien und somit weniger Hemmungen bestanden, den eigenen Tod zu riskieren.

14.2.1 Epidemiologie

Im Vergleich mit Kindern und Erwachsenen zahlen Jugendliche einen besonders hohen Tribut an Unfälle verschiedenster Art. Generell kann man unterscheiden zwischen Unfällen im Straßenverkehr, Berufsunfällen, Sport- und Freizeitunfällen und Unfällen im Haushalt. Unfälle sind nicht nur die Todesursache Nummer eins bei Jugendlichen, sondern auch mit Abstand die häufigste Ursache einer Hospitalisation: Etwa jeder zweite Jugendliche zwischen 12 und 18 Jahren erlebt einen Spitalaufenthalt als Folge eines Verkehrs- oder Sportunfalls (Choquet & Ledoux, 1994). Unfälle von Adoleszenten im Straßenverkehr enden glücklicherweise oft nicht tödlich, sondern führen ungefähr 100-mal häufiger zu Verletzungen als zu Todesfällen (Patel, Greydanus & Rowlett, 2000). Allerdings stellen jugendliche Autofahrer oder Autofahrerinnen mit einem risikoreichen Fahrstil auch eine gravierende Gefährdung für viele andere Verkehrsteilnehmer und Verkehrsteilnehmerinnen dar.

Die vier häufigsten tödlichen Unfallursachen im Kindes- und Jugendalter sind Straßenverkehrsunfälle mit einem motorisierten Fahrzeug, Ertrinken, Tod durch Feuer und Tod durch Stürze (vor allem beim Sport). In Europa machen Unfälle zwei Drittel aller Todesfälle in der Altersgruppe der 15- bis 24-Jährigen aus (Morrison & Stone, 1999, 2000). In den USA sind rund drei Viertel der Todesfälle der Jugendlichen und jungen Erwachsenen (10 bis 24 Jahre) auf nur vier Ursachen zurückzuführen: Verkehrsunfälle, andere unbeabsichtigte Verletzungen, Mord/Totschlag sowie Suizid. Dreißig Prozent

Tabelle 14–2: Sterbeziffern für Verkehrsunfälle in verschiedenen Ländern nach Altersgruppen und Geschlecht (pro 100 000) (nach Michaud, 1993; www.statistik-bund.de; www.statistik.at)

	10 bis 14 Jahre		15 bis 19 Jahre	
	Jungen	Mädchen	Jungen	Mädchen
Schweiz	9.5	4.7	44.5	17.3
Deutschland	4.2	2.8	21.0	9.5
Österreich	3.3	3.5	35.1	14.8
Kanada	7.9	4.9	44.1	15.2
USA	9.7	5.6	54.2	22.9
Norwegen	6.7	3.7	41.6	13.1
Niederlande	6.6	4.3	22.8	8.4

dieser Todesfälle gehen auf Verkehrsunfälle zurück, welche auch in den USA an erster Stelle der Todesursachen Jugendlicher stehen. Tödlich verlaufende Verkehrsunfälle Jugendlicher weisen einige Besonderheiten gegenüber jenen von Erwachsenen auf: Wesentlich mehr Jugendliche als Erwachsene sind selbst für den Unfall verantwortlich. Außerdem geht ein höherer Prozentsatz von tödlichen Verkehrsunfällen Jugendlicher im Vergleich zu Erwachsenen auf Unfälle, an denen nur ein einziges Fahrzeug beteiligt ist, zurück. Bei solchen Unfällen gerät das Auto meist von der Straße, überschlägt sich und schlägt auf einen Gegenstand neben der Straße auf wie beispielsweise auf einen Baum oder einen Pfosten.[59] Alle Studien weisen auf einen deutlichen Geschlechtsunterschied hin: Die Verkehrsunfallzahlen für Jungen in der Adoleszenz sind deutlich höher als für Mädchen (siehe Tab. 14–2; vgl. auch Gallagher, Finison, Guyer & Goodenough, 1984; Nathorst Wesfelt, 1982; Tursz, Crost, Guyot & Pivault, 1985). In der Altersgruppe der 10- bis 14-Jährigen sterben Jungen rund 1.5- bis 2-mal häufiger an Verkehrsunfällen als Mädchen; bei den 15- bis 19-Jährigen sterben Jungen sogar rund 2.5- bis 3-mal häufiger an Verkehrsunfällen als Mädchen.

Dieser Geschlechtsunterschied ist tendenziell auch bei den Sportunfällen zu beobachten. Unfälle bei Spiel und Sport sind zwar sehr zahlreich im Jugendalter, jedoch verlaufen sie im Gegensatz zu den Verkehrsunfällen nur sehr selten tödlich. In der Schweiz ereignen sich Unfälle im Jugendalter mit Abstand am häufigsten beim Fußballspielen, beim Snowboarden und beim Skifahren (Schweizerische Beratungsstelle für Unfallverhütung, 2000). Schwere Unfälle mit Todesfolge kommen an erster Stelle beim Baden und beim Wassersport, an zweiter Stelle beim Bergsport und an dritter Stelle beim Skifahren und Snowboarden vor.

Bei Unfällen im Haushalt und am Arbeitsplatz (inkl. Schule) sind Jugendliche im Vergleich zu den anderen Altersklassen deutlich untervertreten, doch auch hier zeigt sich ein Übergewicht der Jungen gegenüber den Mädchen etwa im Verhältnis von 2.5 zu 1 (Spuhler, Hehlen & Thoma, 1993).

Gründe für den deutlichen Geschlechtsunterschied weisen auf mögliche Risikofaktoren hin (siehe 14.2.2): So sind Jungen wahrscheinlich leichtsinniger als Mädchen, sie sind weniger vorsichtig und testen gerne ihre Grenzen (Cairns & Cairns, 1994). Die höhere Unfallquote der Jungen bei Sportunfällen ist teilweise darauf zurückzuführen, dass Jungen häufiger als Mädchen Sportarten ausüben, bei denen die Verletzungsgefahr größer ist (Fußball, Eishockey, Bergsport, Wassersport), was auch auf die höhere Risikobereitschaft von Jungen zurückgeführt werden kann. Beim Skisport und bei Mannschaftsballspielen zeigen sich hingegen

---

[59] National Highway Traffic Safety Administration (NHTSA), United States Department of Transportation: www.nhtsa.gov.

keine Geschlechterunterschiede (Schweizerische Beratungsstelle für Unfallverhütung, 1994). Viele Straßenverkehrs- und Sportunfälle sind mit aggressiven Verhaltensweisen verbunden. Diesbezüglich weisen zahlreiche empirische Befunde auf eine höhere Aggressionsneigung und eine vermehrte Bereitschaft zu «acting-out»-Verhalten bei Jungen als bei Mädchen hin (vgl. Kap. 13). Im Folgenden sollen nun die Risikofaktoren, die mit Unfällen im Jugendalter zusammenhängen, näher untersucht werden.

14.2.2 Risikofaktoren

Michaud und Tursz (1997) erklären die Entstehung von Unfällen mit unmittelbar auslösenden und mittelbar begünstigenden Faktoren (siehe Figur 14–1). Beide Arten von Faktoren können von ihrem Ursprung her entweder eher umweltbezogen oder eher psychosozial sein. Faktoren, welche die Auftretenswahrscheinlichkeit eines Unfalls erhöhen, jedoch nicht unmittelbar einen Unfall auslösen, sind zum Beispiel die Anzahl der momentan auf der Straße zirkulierenden Fahrzeuge, schlechtes Ausrüstungsmaterial beim Sport (= umweltbezogen) oder der Wissensstand über mögliche Gefahren, das eigene Verhalten oder Persönlichkeitsmerkmale (= psychosozial). Bei unmittelbar auslösenden Faktoren eines Unfalls handelt es sich beispielsweise um Alkohol oder Drogen, schwierige Verkehrssituationen und um das Eingehen von Gefahren oder das Ausagieren von Spannung durch Rasen auf der Autobahn (= psychosozial). Einige Faktoren können außerdem die Verletzungsgefahr beim Unfall vergrößern oder verkleinern (z. B. Tragen eines Fahrradhelms oder Tragen von Sicherheitsgurten).

Wie wir weiter unten bei der Diskussion der Unfallprävention noch genauer ausführen werden (vgl. 14.2.3), können sich die Präventionsbemühungen auf alle diese verschiedenen Faktoren beziehen; generell kann unterschieden werden zwischen passiver/kollektiver Prävention auf der Seite der umweltbezogenen Faktoren und aktiver/individueller Prävention auf der Seite der psychosozialen Faktoren. Dabei sollten die Begriffe «umweltbezogen» und «psychosozial» mit Vorsicht verwendet werden, da auch sog. umweltbezogene Faktoren wie Alkohol und Drogen starke psychosoziale Einflussfaktoren aufweisen.

Diesem Modell entsprechend werden wir uns im Folgenden zunächst den umweltbezogenen Risikofaktoren und anschließend den psychosozialen Risikofaktoren zuwenden.

14.2.2.1 Zugang zu Fahrzeugen

Die Unfallzahlen für jugendliche Autolenker und Autolenkerinnen in den USA sind vor allem deshalb höher als in Europa, weil das Mindestalter zum Lenken eines Fahrzeugs dort rund zwei Jahre tiefer liegt als in Europa und weil für den Erwerb des Führerscheins wesentlich geringere Anforderungen bestehen. Es ist deshalb auch nicht verwunderlich, dass die mit Unfallprävention beschäftigten Behörden in den USA zum Erwerb des Führerscheins als hauptsächliche Strategie eine vorangehende Probezeit fordern (siehe 14.2.3), was in den meisten europäischen Ländern mehr oder weniger verwirklicht ist.

14.2.2.2 Risikoreiches Fahrverhalten, Missachtung von Sicherheitsmaßnahmen

Fahren mit überhöhter Geschwindigkeit ist ein nicht seltenes Phänomen bei Straßenverkehrsunfällen mit jugendlichen Autolenkerinnen und Autolenkern in den USA: 37 % aller männlichen Autofahrer zwischen 15 und 20 Jahren, die einen tödlichen Autounfall erlitten, fuhren zum Zeitpunkt des Unfalls mit überhöhter Geschwindigkeit (Patel et al., 2000). Verglichen mit älteren Fahrzeuglenkern betonen Jugendliche häufiger und stärker die positiven Aspekte von schnellem Fahren und gefährlichen Überholmanövern (Parker, Manstead & Stradling, 1992). Jugendliche sind oftmals in der Nacht mit dem Auto unterwegs, zum Beispiel wenn sie von einem Fest nach Hause fahren, und nicht selten sind auch noch andere Jugendliche im Fahrzeug, was das Risiko eines Unfalls durch Ablenkung des Fahrers erhöht. Etwa zwei von drei Jugendlichen, die als Mitfahrer tödlich verunfallen, waren bei einem jugendlichen Lenker im Auto.

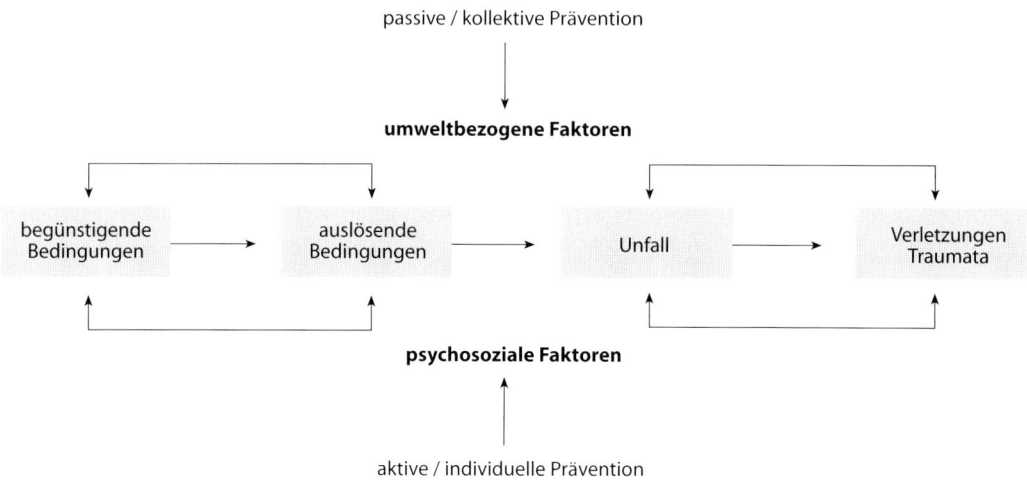

Figur 14–1: Unfallrelevante Faktoren und Prävention (nach Michaud & Tursz, 1997)

Auch der Verzicht auf das Tragen von Sicherheitsgurten oder eines Mofa- oder Fahrradhelms erhöht das Risiko eines schweren Unfalls, was bei Jugendlichen häufiger vorkommt als bei Erwachsenen.[60] Bezogen auf die USA stellte Donahue (1988) fest, dass Jugendliche sich nicht vorschreiben lassen wollen, einen Sicherheitsgurt tragen zu müssen. Wenn sie Sicherheitsgurten tragen, benötigen sie die Bestätigung der Gleichaltrigen.

14.2.2.3 Alkohol

Ein weiterer Risikofaktor ist der Konsum von Alkohol vor dem Autofahren. Alkohol erhöht nachweisbar das Risiko von tödlichen Unfällen (Berkelman et al., 1985; Hain, Ryan & Spitz, 1989; Smith et al., 1989). Bei 21 % der jugendlichen Autofahrerinnen und Autofahrer, die in den USA tödlich verunfallten, konnte eine erhöhte Blutalkoholkonzentration nachgewiesen werden, obwohl das Mindestalter zum Konsum von Alkohol in den meisten US-Staaten bei 21 Jahren liegt. Männer fahren häufiger in angetrunkenem Zustand als Frauen. Außerdem tragen angetrunkene Jugendliche auch seltener einen Sicherheitsgurt im Auto. Rund 70 % der jugendlichen Autolenkerinnen und Autolenker, die in angetrunkenem Zustand einen Unfall verursachten, waren nicht angegurtet.[61]

Man muss hier allerdings einschränkend bemerken, dass das Fahren im angetrunkenen Zustand nicht ein Problem ist, das Jugendliche grundsätzlich stärker betrifft als Erwachsene. Einer Studie von Wyss und Mitarbeitenden (1990) zufolge ist der Anteil der Unfälle, die auf Alkoholkonsum zurückgehen, bei Jugendlichen geringer als bei Erwachsenen. Hingegen weisen Jugendliche eine höhere Sensibilität gegenüber den Wirkungen von Alkohol auf und somit größere Schwierigkeiten, die beim Autofahren erforderlichen Koordinationsfunktionen zu leisten. Jugendliche fahren seltener in angetrunkenem Zustand als Erwachsene, sie sind jedoch gefährdeter, wenn sie unter Alkoholeinfluss fahren.

In einer schweizerischen Studie zu alkoholbedingten Straßenverkehrsunfällen mit 18- bis 25-jährigen Fahrzeuglenkern (Fahrenkrug & Rehm, 1995) wurden 105 Unfallfahrer mit 203 unfallfreien gleichaltrigen Autofahrern verglichen. In mehr als 50 % aller Alkoholunfälle hat der Getränkekonsum in zwei und mehr verschiedenen Trinkkontexten stattgefunden. Die letzte Fahrt

---

60 National Highway Traffic Safety Administration (NHTSA), United States Department of Transportation: www.nhtsa.gov.

61 National Highway Traffic Safety Administration (NHTSA), United States Department of Transportation: www.nhtsa.gov.

vor dem Unfallereignis war in 57 % aller Fälle eine Heimfahrt von einem öffentlichen Trinkort. Die Ergebnisse bestätigen einen Zusammenhang zwischen alkohol-permissiven Freizeitstilen und erhöhtem Unfallrisiko. Das relative Risiko, in einen Straßenverkehrsunfall zu geraten, lag für junge männliche Fahrzeuglenker mit einem sensationssuchenden Freizeitstil sowie einem hohen Alkoholkonsum oder häufigen Gaststättenbesuchen drei- bis sechsmal höher als für die Kontrollpersonen.

14.2.2.4 Erfahrung und kognitiver Entwicklungsstand

Eine nahe liegende Erklärung für die höheren Unfallzahlen im Jugendalter gegenüber dem Erwachsenenalter (mit Ausnahme des hohen Erwachsenenalters) ist die geringere Fahrerfahrung von Jugendlichen. Einige Forscher vermuten, dass jüngeren Adoleszenten von ihrem kognitiven Entwicklungsstand her die benötigten Fertigkeiten für die Identifizierung, die Apperzeption und die Vermeidung von Gefahren, die allen Fahrern begegnen, noch fehlen (DeJoy, 1992; Dekker, Kotwal & Lerner, 1994; Jonah, 1986; Lerner, Williams & Seedey, 1988). Im Vergleich mit erfahreren Autofahrern zeigen Jugendliche geringere Leistungen bei der Kontrolle des Fahrzeugs und der sicheren Abstimmung der Geschwindigkeit. Die allgemeine Gefahreneinschätzung und die Entscheidungsfindungsfähigkeit sind möglicherweise noch nicht vollständig entwickelt (Hofmann, 1990; Irwin, 1990). Doch viele Jugendliche, die noch über wenig Erfahrung am Steuer verfügen, fahren trotzdem unfallfrei. Es muss deshalb noch andere Gründe geben, welche die Risikobereitschaft bei Jugendlichen entscheidend erhöhen.

14.2.2.5 Persönlichkeit und Einstellungen

Zahlreiche Studien fanden besonders bei männlichen jugendlichen Autofahrern einen mangelnden Gefahrensinn bzw. ein Gefühl der Unverletzbarkeit (engl. optimism bias) am Steuer (DeJoy, 1989, 1992; Finn & Bragg, 1986; Groeger & Brown, 1989; Matthews & Moran, 1986; Mayhew & Simpson, 1990; Soliday, 1974). Sie fürchten und respektieren nicht ausreichend potentiell gefährliche Unfallauslöser wie hohe Geschwindigkeit, Schnee und Eis auf der Straße, Fahren im angetrunkenen Zustand, starken Verkehr, Nachtfahren, Ablenkungen oder Fußgänger (Cairney, 1982). Die Bereitschaft zu risikoreichem Verhalten erhöht natürlich die Wahrscheinlichkeit eines gefährlichen Autofahrverhaltens und damit eines Unfalls.

In zwei Studien von Deery und Fildes (1999) wurde versucht, Subtypen in der Population der jungen Autofahrer und Autofahrerinnen zu identifizieren, die erst vor kurzem ihren Führerschein erhalten hatten. In der ersten der beiden Studien mit 198 Teilnehmenden (davon 55 % Männer) im Alter von 16 bis 19 Jahren konnten anhand eines extensiven Selbstbeurteilungsfragebogens fünf Subtypen (statistisch «Cluster») von Persönlichkeitsvariablen und auf den Fahrstil bezogenen Merkmalen identifiziert werden. Zwei der fünf Cluster waren durch einen risikoreichen Fahrstil gekennzeichnet mit einem hohen Ausmaß an Aggression am Lenkrad, schnellem, kompetitivem Fahren, Bestreben, durch schnelles Fahren Spannung zu reduzieren, Suche nach Nervenkitzel (engl. sensation seeking), Angriffslust und Feindseligkeit (= deviante Subtypen). In einem dieser beiden Cluster wiesen die Individuen außerdem geringe Werte für emotionale Anpassung und hohe Depressionswerte, Empfindlichkeit und Reizbarkeit auf. Die drei übrigen Cluster zeigten Eigenschaften, die für das Autofahren keine Risiken darstellten. In der zweiten Studie von Deery und Fildes (1999) wurden einige der Teilnehmer und Teilnehmerinnen aus jedem der fünf Subtypen gebeten, verschiedene Szenarios im Fahrsimulator zu bewältigen. Die Subtypen unterschieden sich in ihrer Reaktion auf eine Notfallsituation und auf verschiedene mögliche Unfallgefahren. Die meisten signifikanten Unterschiede waren mit einer schlechteren Fahrfähigkeit bei den beiden devianten Subtypen verbunden. Somit bestehen Hinweise darauf, dass risikoreiches Fahrverhalten bei jungen Autofahrerinnen und Autofahrern mit Aggression am Lenkrad und «sensation seeking» verbunden ist, wobei bei einigen dieser

Jugendlichen zusätzlich eine damit verbundene erhöhte Reizbarkeit und Depressivität nachgewiesen werden konnte.

Hubacher und Ewert (1994) untersuchten Fahreinstellungen und Fahrverhalten jugendlicher Fahrrad- und Mofa-Fahrer. Mofa-Fahrer hatten häufiger Unfälle als Fahrradfahrer, männliche Lenker beider Fahrzeuge häufiger als weibliche. Es ergaben sich Hinweise auf Zusammenhänge zwischen Einstellungen und Verkehrsverhalten: So wiesen beispielsweise Mofa-Fahrer, die angaben, häufig Verkehrsregeln zu missachten und Risiken einzugehen, ein erhöhtes Unfallrisiko auf. Bei Fahrradfahrern war dies nicht der Fall.

14.2.2.6 Der Einfluss der Gleichaltrigen

Druck von Gleichaltrigen ermutigt Jugendliche oft zu risikoreichem Verhalten. Junge Autofahrer berichten häufiger als ältere über sozialen Druck zu und soziale Billigung von schnellem Fahren (Evans & Wasielewski, 1983; Farrow, 1987). Auch die weiter oben erwähnte Studie von Fahrenkrug und Rehm (1995) zu den Zusammenhängen zwischen alkohol-permissiven Freizeitstilen und erhöhtem Unfallrisiko im Straßenverkehr weist auf die Notwendigkeit hin, bei der Prävention von Straßenverkehrsunfällen Jugendlicher die Normen der Jugendlichen zu berücksichtigen und insbesondere die Gleichaltrigen anzusprechen, da viele risikoreiche Verhaltensweisen unter den Gleichaltrigen nicht nur gebilligt, sondern besonders hoch geschätzt werden.

14.2.2.7 Psychische Störungen und Parasuizid

Choquet, Ledoux und Menke (1988) fanden in ihrer Studie, dass männliche Jugendliche, die in Unfälle verwickelt waren, gehäuft Verhaltensprobleme und depressive Verstimmungen zeigten. Außerdem stellten sie fest, dass gewisse Jugendliche eine gehäufte Unfallneigung aufwiesen: 28 % der Jugendlichen, die einen Unfall erlitten hatten, erlebten im nächsten Jahr erneut einen Unfall, während in der Kontrollgruppe der Unfalllosen nur 8 % im Folgejahr einen Unfall erlitten. Unter jenen Jugendlichen, die bereits mehrere Unfälle erlebt hatten, betrug die Rückfallrate sogar 62 %. Marcelli und Mezange (1999) stellten deshalb die Hypothese auf, dass eine andauernde Unfallneigung bei Jugendlichen Ausdruck eines risikoreichen Verhaltens mit einer damit verbundenen selbstdestruktiven Tendenz ist und dass dem Unfall deshalb häufig Angststörungen, depressive Störungen und Verhaltensprobleme vorausgehen. Sie suchten deshalb nach einem psychologischen Profil bei Jugendlichen, die wiederholt in mittelschwere bis schwere Unfälle verwickelt waren. Dazu verglichen sie 12 Jugendliche (10 Jungen, 2 Mädchen), die aufgrund eines Unfalls hospitalisiert waren und die in den vorangehenden 18 Monaten bereits mindestens einen Unfall erlitten hatten, mit 16 unfallfreien, nichthospitalisierten Jugendlichen aus der gleichen Region. Die Jugendlichen mit hohem Unfallrisiko unterschieden sich von der Kontrollgruppe durch eine stark erhöhte Ängstlichkeit und ein häufigeres Auftreten von depressiven Störungen. Keine signifikanten Unterschiede zeigten sich im Ausmaß des «sensation seeking». Die Ergebnisse dieser Studie können allerdings aufgrund der sehr kleinen Stichprobe kaum generalisiert werden, und es stellt sich natürlich die Frage, ob die ängstlichen und depressiven Symptome als Folge des vorangehenden Unfalls oder als Ursache der wiederholten Unfälle angesehen werden sollen. Die Befundlage zu psychischen Störungen als Unfallursache ist somit noch sehr dürftig.

14.2.3 Unfallprävention im Jugendalter

In den meisten Ländern der Welt haben Todesfälle aufgrund von motorisierten Verkehrsunfällen gegenüber früher abgenommen (Vulcan, 1995). Faktoren, die dazu beigetragen haben, sind der zunehmende Gebrauch von Sicherheitsgurten und anderer Sicherheitsausrüstung, eine Abnahme von Fahren in angetrunkenem Zustand, eine Abnahme von besonders verletzbaren Straßenverkehrsteilnehmern wie Fußgänger und Fahrradfahrer, besserer Straßenzustand und eine Verbesserung der Unfallsicherheit von Fahrzeugen. Trotzdem stellen Straßenverkehrsunfälle für viele Jugendliche auch heute noch eine ernste Gefahr dar, und die an Jugendliche gerichteten Unfallpräventionsprogramme zielen denn auch entsprechend vor allem auf die Prävention von Straßenverkehrsunfällen ab.

Entsprechend dem in der Figur 14–1 dargestellten Modell kann zwischen aktiver oder individueller Prävention einerseits und passiver oder kollektiver Prävention andererseits unterschieden werden. Aktive Präventionsprogramme wollen durch Informationsvermittlung und Aufklärungskampagnen eine Verhaltensänderung jugendlicher Autofahrer bewirken. Es soll erreicht werden, den besonders bei männlichen Jugendlichen oft reduzierten Gefahrensinn zu wecken und auf die Gefährlichkeit leichtsinniger Fahrweisen wie Fahren in angetrunkenem Zustand, Rasen, tollkühne Überholmanöver usw. aufmerksam zu machen. Dabei zeigt sich, dass Programme, die auf Verbote abzielen oder an die Angst der Jugendlichen appellieren, wenig bewirken, sondern dass freiwillige Schulungen mit Einbezug der Gleichaltrigen, Analysen von konkreten Gefahrensituationen und gemeinsame Übungen zu deren erfolgreicher Bewältigung die besten Ergebnisse erzielen (Halperin, Bass, Mehta & Betts, 1983). Obligatorische Kurse zur Gefahrensensibilisierung an amerikanischen Schulen wiesen sogar einen negativen Effekt auf, indem sie nicht nur keine unfallpräventive Wirkung zeigten, sondern dazu führten, dass viele Jugendliche sich bemühten, bereits vor den obligatorischen Kursen den Führerschein zu erwerben, was zur Folge hatte, dass noch unerfahrenere Jugendliche am Steuer saßen und somit das Unfallrisiko noch höher war (Robertson, 1980; Robertson & Zador, 1978).

Sogenannte passive Präventionsmaßnahmen zielen auf eine Modifikation der Gefahren in der Umwelt des Jugendlichen ab, zum Beispiel das Tragen von Sicherheitsgurten im Auto, das Tragen von Fahrradhelmen, die Einrichtung von Fahrradwegen, die Verbesserung der Sicherheitsausrüstung der Autos oder ein generelles Nachtfahrverbot für Jugendliche. Die Bezeichnung «passiv» ist für einige dieser Präventionsmaßnahmen etwas verwirrlich, da auch diese Maßnahmen von den aktiven individuellen Verhaltensänderungen der einzelnen Verkehrsteilnehmer abhängig sind. Einige dieser Maßnahmen werden auf gesetzlichem Weg umgesetzt, bei anderen baut man auf Freiwilligkeit. Ob eine unfallpräventive Maßnahme gesetzlich verankert wird, hängt immer davon ab, wie sehr sie von der Gesellschaft als wirkungsvolle Methode zur Verhütung von schweren Unfällen anerkannt wird. Gerade bei Jugendlichen tritt jedoch das Problem auf, dass sie sich häufig nicht an die gesetzlichen Vorschriften halten und zum Beispiel eine relativ geringe Bereitschaft zeigen, im Auto Sicherheitsgurte zu tragen (Preusser, Williams & Lund, 1987).

Ein weiterer wichtiger präventiver Ansatz zur Reduktion von Autounfällen Jugendlicher zielt auf die Reduktion des Alkoholkonsums ab. Dazu gehören Gesetze zum Mindestalter für Alkoholkonsum sowie zur Promillegrenze beim Autofahren. Bisherige Studien weisen darauf hin, dass sich bei geringerer Promillegrenze die Anzahl nächtlicher Autounfälle Jugendlicher, an denen nur ein einziges Fahrzeug beteiligt ist, entsprechend reduziert.[62] Einen speziellen Ansatz zur Prävention von Fahren in angetrunkenem Zustand bei amerikanischen College-Studierenden stellt das «designated driver concept» dar, bei dem eine Gruppe Jugendlicher einen Fahrer auswählt, der ausdrücklich keinen Alkohol konsumiert. Allerdings führt dies nicht selten zu einer erhöhten Trinkmenge bei den anderen Jugendlichen dieser Fahrgemeinschaft (DeJong & Winsten, 1999). Cohen und Larkin (1999) untersuchten die Wirkung von technischen Vorrichtungen am Auto, die zur Zündung des Fahrzeuges eine Atemprobe des Fahrers erfordern. Falls der Fahrer eine Blutalkoholkonzentration aufweist, die höher liegt als die festgesetzte Grenze, wird die Zündung des Fahrzeuges verhindert. In fünf der sechs von Cohen und Larkin untersuchten Studien konnte so die Anzahl Fälle von Fahren in angetrunkenem Zu-

---

[62] National Highway Traffic Safety Administration (NHTSA), United States Department of Transportation: www.nhtsa.gov.

stand signifikant reduziert werden. Im Sinne der aktiven oder individuellen Prävention propagieren einige Autoren Sensibilisierungsprogramme an Schulen, die auf die Gefahren des Trinkens und Autofahrens aufmerksam machen sollen (Mann, Vingilis & Leich, 1986; Maréchal & Choquet, 1990). Auch hier gilt jedoch, dass diejenigen Programme, welche auf die Kooperation der Gleichaltrigen bedacht sind, erfolgreicher sind, als Verbote oder Angstmache.

Insgesamt zeigt sich ein deutlicher Mangel an präventiven Maßnahmen zur Verhinderung von Unfällen Jugendlicher im Bereich der individuellen Prävention, die eine Veränderung der Einstellung zu risikoreichem Verhalten bewirken will. Die deutlichen Geschlechtsunterschiede zwischen Mädchen und Jungen weisen darauf hin, dass gezielter daran gearbeitet werden sollte, wie die potentiell unfallgefährdenden Einstellungen vieler männlicher Jugendlicher verändert werden könnten. Da Verbote und Appelle an die Vernunft oder an die Angst erfahrungsgemäß wenig bewirken, könnte möglicherweise durch ein stärkeres Bewusstmachen der Zusammenhänge zwischen der Suche nach Nervenkitzel, emotionaler Erregbarkeit und den Gruppennormen der Gleichaltrigen einerseits und tödlichen Unfällen im Straßenverkehr und im Sport andererseits die Gefahrensensibilität und die Eigenverantwortung der Jugendlichen erhöht werden.

14.3 Ausblick

Wir haben in Kapitel 12 festgestellt, dass Mädchen ein erhöhtes Risiko aufweisen, depressiv zu werden und verschiedene Typen von Essproblemen zu entwickeln. In Kapitel 13 konstatierten wir, dass Jungen mehr aggressiv und delinquent waren als Mädchen. In diesem letzten Kapitel stellte sich heraus, dass Mädchen, ihrer depressiver Stimmung entsprechend, zwar öfter als Jungen versuchen, ihrem Leben ein Ende zu machen, aber dass Suizidhandlungen bei Jungen öfter als bei Mädchen zum Tod führen. Dieser Zustand wird unter anderem damit erklärt, dass Jungen gewaltsamere Methoden verwenden. Letzteres entspricht der höheren Aggressivität und Impulsivität der Jungen.

Es wurde angedeutet, dass es eine Selbstverständlichkeit sei, dass Jugendliche, die einen Suizidversuch begangen haben, ein Therapieangebot erhalten. Dies mag mindestens für Mädchen eine gute sekundäre Prävention von Suizid sein. Schwieriger scheint die primäre Prävention zu sein. Auf diesem Gebiet fehlt es eindeutig noch an genauem Wissen über sichere präsuizidale Indikatoren und auslösende Erlebnisse. Zum jetzigen Zeitpunkt kann man jedoch sagen, dass alle Formen von chronischem Stress in sozialen Beziehungen (in der Familie oder unter Gleichaltrigen) ein erhöhtes Risiko darstellen.

Auch angesichts der Unfallhäufigkeit scheinen die Risikobereitschaft und die Aggressivität der Jungen fatal zu sein. Die deutlichen Geschlechtsunterschiede erfordern verschiedene Vorgangsweisen in der Unfallprävention. Viele Unfälle geschehen, weil man die eigenen Begrenzungen missachtet, um einen Nervenkitzel zu erleben, anderen (oder sich selber) zu imponieren oder aus Angst, sonst als Schwächling abgestempelt zu werden. Auch wenn es in den meisten Fällen trotzdem nicht zu Unfällen kommt, bleibt als wichtige Aufgabe die Erarbeitung von effizienten Methoden der Prävention in der Adoleszenz.

Wir beschließen dieses Buch mit drei Kapiteln über Probleme. Problemverhalten ist aber bei Jugendlichen nicht der Normalfall. Die meisten Jugendlichen haben Freude und bereiten anderen Freude.

Literaturverzeichnis

Abele, A., & Becker, P. (Hrsg.). (1991). *Wohlbefinden*. München: Juventa.

Abramson, L. Y., Seligman, M. E. P., & Teasdale, J. D. (1978). Learned helplessness in humans: Critique and reformulation. *Journal of Abnormal Psychology, 87*, 49-74.

Achenbach, T. M. (1991). *Integrative guide for the 1991 CBCL/4-18, YSR, and TRF Profiles*. Burlington: University of Vermont, Department of Psychiatry.

Adams, G. R., Abraham, K. G., & Markstrom, C. A. (1987). The relations among identity development, self-consciousness, and self-focusing during middle and late adolescence. *Developmental Psychology, 23*, 292-297.

Adams, G. R., Gullotta, T. P., & Markstrom-Adams, C. (1994). *Adolescent life experiences* (3rd ed.). San Francisco: Brooks/Cole.

Adams, M., & Adams, J. (1991). Life events, depression, and perceived problem solving alternatives in adolescents. *Journal of Child Psychology and Psychiatry, 32*, 811-820.

Addad, M., & Leslau, A. (1990). Immoral judgement, extraversion, neuroticism, and criminal behaviour. *International Journal of Offender Therapy and Comparative Criminology, 34*, 1-13.

Ajzen, I. (1988). *Attitudes, personality, and behavior*. Homewood, IL: Dorsey Press.

Akiskal, H. S., & McKinney, W. T., Jr. (1973). Depressive disorders: Toward a unified hypothesis. *Science, 182*, 20-29.

Alexander, J. (1973). Devensive and supportive communications in normal and deviant families. *Journal of Consulting and Clinical Psychology, 40*, 223-231.

Allen, B. P. (1987). Youth suicide. *Adolescence, 22*, 271-290.

Allgood-Merton, B., Lewinsohn, P. M., & Hops, H. (1990). Sex differences and adolescent depression. *Journal of Abnormal Psychology, 99*, 55-63.

Allison, P. D., & Furstenberg, F. F. (1989). How marital dissolution affects children: Variations by age and sex. *Developmental Psychology, 25*, 540-549.

Almeida, D. M., & Galambos, N. L. (1991). Examining father involvment and the quality of father-adolescent relations. *Journal of Research on Adolescence, 1*, 155-172.

Alsaker, F. D. (1989). School achievement, perceived competence and global self-esteem. *School Psychology International, 10*, 147-158.

Alsaker, F. D. (1990). *Global negative self-evaluations in early adolescence*. Unpublished doctoral dissertation, University of Bergen, Norway.

Alsaker, F. D. (1991). Utvikling av selvbilde hos barn og ungdom [On the development of self-concept in middle childhood and early adolescence]. In K. I. Klepp & L. E. Aaro (Eds.), *Ungdom, livsstil og helse* (pp. 41-52). Oslo: Universitetsforlaget.

Alsaker, F. D. (1992a). *Parents' and their children's reports on their mutual relationship as related to psychosocial adjustment in adolescence*. Paper presented at the Vth European Conference on Developmental Psychology, Sevilla.

Alsaker, F. D. (1992b). Pubertal timing, overweight, and psychosocial adjustment. *Journal of Early Adolescence, 12*, 396-419.

Alsaker, F. D. (1995a). Is puberty a critical period for socialization? *Journal of Adolescence, 18*, 1-18.

Alsaker, F. D. (1995b). Timing of puberty and reactions to pubertal changes. In M. Rutter (Ed.), *Psychosocial disturbances in young people: Challenges for prevention* (pp. 39-82). New York: Cambridge University Press.

Alsaker, F. D. (1996a). Annotation: the impact of Puberty. *Journal of Psychology & Psychiatry, 37*, 249-258.

Alsaker, F. D. (1996b). The impact of puberty. *Journal of Child Psychology and Psychiatry, 37*, 249-258.

Alsaker, F. D. (1997a). *Isolation as a powerful victimization technique*. Paper presented at the biennial meeting of the Society for Research in Child Development, Washington, DC, USA.

Alsaker, F. D. (1997b). Pubertät als Belastung. In A. Grob (Hrsg.), *Kinder und Jugendliche heute: Belastet – überlastet?* (S. 129-148). Zürich: Ruegger Verlag.

Alsaker, F. D. (1999). *Television and video consumption in adolescents with problem behavior in Norway and in Switzerland*. Paper presented at the Biennial Meetings of the European Society for Developmental Psychology, Spetses, Greece.

Alsaker, F. D. (2000a). *Pubertal development as a challenge*. Keynote address at the Millenium Conference on Adolescent Psychology, University of Oslo.

Alsaker, F. D. (2000b). The development of a depressive personality orientation: The role of the individual. In W. J. Perrig & A. Grob (Eds.), *Control of human behaviour, mental processes and conciousness* (pp. 345-359). Hillsdale, NJ: Erlbaum.

Alsaker, F. D. (in Bearbeitung). *Kleine Quälgeister und ihre Opfer. Umgang mit Gewalt im Kindergarten*. Bern: Huber.

Alsaker, F. D., & Brunner, A. (1999). Switzerland. In P. K. Smith, Y. Morita, J. Junger-Tas, D. Olweus, R. Catalano, & P. T. Slee (Eds.), *The nature of school bullying: A cross-national perspective* (pp. 250-263). London: Routledge.

Alsaker, F. D., & Dick, A. (in press). Depression and suicide. In L. Goosen & S. Jackson (Eds.), *Handbook of adolescent development: European perspectives*. Hove, UK: Psychology Press.

Alsaker, F. D., & Flammer, A. (1996). *Social relationships and depression in adolescents: Social causation and social selection*. Paper presented at the biennial meeting of the Society for Research in Adolescence, Boston, USA.

Alsaker, F. D., & Flammer, A. (1999a). Time-use by adolescents in an international perspective. II. The case of necessary activities. In F. D. Alsaker & A. Flammer (Eds.), *The adolescent experience: European and American adolescents in the 1990s* (pp. 61-84). Hillsdale, NJ: Erlbaum.

Alsaker, F. D., & Flammer, A. (Eds.). (1999b). *The adolescent experience: European and American adolescents in the 1990s*. Hillsdale, NJ: Erlbaum.

Alsaker, F. D., & Kroger, J. (in press). Self and identity. In L. Goosens & S. Jackson (Eds.), *Handbook of adolescent development: European perspectives*. Hove, UK: Psychology Press.

Alsaker, F. D., & Olweus, D. (1986). Assessment of global negative self-evaluations and perceived stability of self in Norwegian preadolescents and adolescents. *Journal of Early Adolescence, 6*, 269-278.

Alsaker, F. D., & Olweus, D. (1992). Stability of self-evaluations in early adolescence. A cohort longitudinal study. *Journal of Research on Adolescence, 2*, 123-145.

Alsaker, F. D., & Olweus, D. (in press). Stability and change in global self-esteem and self-related affect. In T. M. Brinthaupt & R. P. Lipka (Eds.), *Understanding the self of the early adolescent*. New York: State University of New York Press.

Alsaker, F. D., & Perren, S. (1999, April). Victims and bullies in kindergarten. Do they have any relationship to one another? In W. Hartup (Ed.), «Enmity, conflict, aggression, and victimization: Dark sides of dyadic relationships». Symposium at the biennial meetings of the Society for Research in Developmental Psychology, Albuquerque, USA.

Alsaker, F. D., & Valkanover, S. (2000). *Das Plagen im Kindergarten – Formen und Präventionsmöglichkeiten* (Wissenschaftlicher Schlussbericht). Schweiz: Universität Bern, Institut für Psychologie.

Amato, P. R., & Keith, B. (1991). Parental divorce and the well-being of children: A meta-analysis. *Psychological Bulletin, 110*, 26-46.

Amato, P. R., & Rezac, S. J. (1994). Contact with nonresident parents, interparental conflict, and children's behavior. *Journal of Family Issues, 15*, 191-207.

Anderson, J. C., & McGee, R. (1994). Comorbidity of depression in children and adolescents. In W. M. Reynolds & H. F. Johnston (Eds.), *Handbook of depression in children and adolescents* (pp. 581-601). New York: Plenum Press.

Anderson, S. A. (1990). Changes in parental adjustment and communication during the leaving-home transition. *Journal of Social and Personal Relationships, 7*, 47-68.

Anderson, T., & Magnusson, D. (1990). Biological maturation and the development of drinking habits and alcohol abuse among young males: A prospective longitudinal study. *Journal of Youth and Adolescence, 19*, 33-41.

Andersson, B. E. (1990). Are adolescents given a relevant preparation for the adult role? *European Journal of Psychologoy of Education, 5*, 45-57.

Andreasen, N. C., Endicott, J., Spitzer, R. L., & Winikur, G. (1977). Family history method using diagnostic criteria. *Archives of General Psychiatry, 34*, 1223-1229.

Angold, A. (1988). Childhood and adolescent depression: 1. Epidemiological and aetiological aspects. *British Journal of Psychiatry, 152*, 601-617.

Angst, J., Vollrath, M., Merikangas, K. R., & Ernst, C. (1990). Comorbidity of anxiety and depression in the Zurich cohort study of young adults. J. D. Maser & C. R. Cloninger (Eds.), *Comorbidity of mood and anxiety disorders* (pp. 123-138). Washington, DC: American Psychiatric Press.

Appel, L. F., Cooper, R. G., McCarrell, N., Sims-Knight, J., Yussen, S. R., & Flavell, J. H. (1972). The development of the distinction between perceiving and memorizing. *Child Development, 43*, 1365-1381.

Ariès, P. (1960). *L'enfant et la vie familiale sous l'ancien régime* (dt. *Geschichte der Kindheit*. München: dtv, 1992).

Aristoteles (o. J.). *Rhetorik* (übersetzt von F. G. Sieveke). München: utb, 1980.

Armsden, G. C., & Greenberg, M. T. (1987). The inventory of parent and peer attachment: Individual differences and their relationship to psychological well-being in adolescence. *Journal of Youth and Adolescence, 16*, 427-454.

Arnett, J. J. (1994). Are college students adults? Their conceptions of transition to adulthood. *Journal of Adult Development, 1*, 213-224.

Arnett, J. J. (1996, March). *Subjective conceptions of adult status*. Paper presented at the biennial meetings of the Society of Research on Adolescence, Boston.

Arnett, J. J. (1999). Adolescent storm and stress, reconsidered. *American Psychologist, 54*, 317-326.

Arnett, J. J. (2000a). *Adolescents in Western countries on the threshold of the 21st century*. Unpublished manuscript.

Arnett, J. J. (2000b). Emerging adulthood. *American Psychologist, 55*, 469-480.

Arnett, J. J., & Taber, S. (1994). Adolescence terminable and interminable: When does adolescence end? *Journal of Youth and Adolescence, 23*, 517-537.

Arnold, R. (1994). *Berufsbildung*. Hohengehren: Schneider.

Aro, H., & Taipale, V. (1987). The impact of timing of puberty on psychosomatic symptoms among fourteen- to sixteen-year-old Finnish girls. *Child Development, 58*, 261-268.

Arquint, R. (1991). Jugend und Gesellschaft – Anmerkungen zu einem Dauerdilemma. In H. C. Steinhausen (Hrsg.), *Das Jugendalter* (S. 15-22). Bern: Huber.

Asarnow, J. R., Carlson, G., & Guthrie, D. (1987). Coping strategies, self-perceptions, hopelessness, and perceived family environments in depressed and suicidal children. *Journal of Consulting and Clinical Psychology, 55*, 361-366.

Ascher, E. (1984). The case of Piaget's group INRC. *Journal of Mathematical Psychology, 28*, 282-316.

Aseltine, R. H., & Gore, S. (1993). Mental health and social adaptation following the transition from high school. *Journal of Research on Adolescence, 3*, 247-270.

Asendorpf, J. B., & van Aken, M. A. G. (1991). Correlates of the temporal consistency of personality patterns in childhood. *Journal of Personality, 59*, 689-703.

Attie, I., Brooks-Gunn, J., & Petersen, A. C. (1990). A developmental perspective on eating disorders and eating problems. In M. Lewis & M. Miller (Eds.), *Handbook of developmental psychpathology* (pp. 409-420). New York: Plenum Press.

Austin, J. T., & Hanisch, K. A. (1990). Occupational attainment as a function of abilities and interests. *Journal of Applied Psychology, 75*, 77-86.

Ausubel, D. (1954). *Theory and problems of adolescent development*. New York: Grune & Stratton (dt. *Das Jugendalter*. München: Juventa, 1968).

Avila, S. (2000). *Familienklima und Belastung von Kindern und Jugendlichen in der Schweiz und in Norwegen*. Unveröffentlichte Lizentiatsarbeit, Universität Bern, Institut für Psychologie, Schweiz.

Bachman, J., Bare, D., & Frankie, E. (1986). *Correlates of employment among high school seniors*. Unpublished manuscript, University of Michigan at Ann Arbor.

Bachman, J. G., Green, S., & Wirtanen, I. D. (1971). *Youth in transition, Vol. 3: Dropping out – Problem or symptom*. Ann Arbor, MI: Institute for Social Research.

Bachman, J. G., & Schulenberg, J. (1993). How part-time work intensity relates to drug use, problem behavior, time use, and satisfaction among high school seniors: Are these consequences or merely correlates? *Developmental Psychology, 29*, 220-235.

Backes, H., & Stiksrud, A. (1985). ‹Gestreckte› versus ‹verkürzte› Adoleszenz in Abhängigkeit vom Bildungsstatus: Normative Entwicklungsvorstellungen von Jugendlichen. In D. Liepman & A. Stiksrud (Hrsg.), *Entwicklungsaufgaben und Bewältigungsprobleme in der Adoleszenz. Sozial- und entwicklungspsychologische Perspektiven* (S. 190-200). Göttingen: Hogrefe.

Baddeley, A. D. (1990). *Human memory*. London: Erlbaum.

Badertscher, H., & Grunder, H. U. (1997/1998). *Geschichte der Erziehung und Schule in der Schweiz im 19. und 20. Jahrhundert* (2 Bände). Bern: Haupt.

Baethge, M., Schomburg , U., & Voskamp, U. (1983). *Jugend und Krise – Krise aktueller Jugendforschung*. Frankfurt am Main: Campus.

Bailyn, R. V., & Krulee, G. K. (1983). Organizing factors in remembering and comprehending: A deve-

lopmental analysis. *Journal of Psycholinguistic Research, 12,* 171-198.
Baldwin, J. M. (1995). *Social and ethical interpretations in mental development.* London: Routledge [Nachdruck der Ausgabe von 1897].
Baltes, M. M. (1995). Verlust der Selbständigkeit im Alter: Theoretische Überlegungen und Befunde. *Psychologische Rundschau, 46,* 159-170.
Baltes, M. M., & Silverberg, S. B. (1994). The dynamics between dependency and autonomy: Illustrations across the life span. In D. L. Featherman, R. M. Lerner, & M. Perlmutter (Eds.), *Life-span development and behavior* (pp. 41-90). Hillsdale, NJ: Erlbaum.
Baltes, P. B. (1993). The aging mind: Potential and limits. *Gerontologist, 33,* 580-594.
Bamber, J. H. (1973). Adolescent marginality – A further study. *Genetic Psychology Monographs, 88,* 3-21.
Bamert, Y., Eichenberger, A., & Gubler, H. (1992). *Feminismus aus motivationspsychologischer Sicht.* Beitrag zum 38. Kongress der Deutschen Gesellschaft für Psychologie, Trier.
Bandura, A. (1964). The stormy decade: Fact or fiction? *Psychology in the Schools, 1,* 224-231 [Nachdruck in Rogers, D., Ed., *Issues in adolescent psychology.* New York: Appleton, 1972].
Bandura, A. (1986). *Social foundations of thought and action: A social cognitive theory.* Englewood Cliffs, NA: Prentice Hall.
Bandura, A., & Walters, R. (1959). *Adolescent aggression.* New York: Ronald.
Bannert, M., & Arbinger, P. R. (1996). Gender-related differences in exposure to and use of computers: Results of a survey of secondary school students. *European Journal of Psychogy of Education, 11,* 269-282.
Barber, B. L., & Eccles, J. S. (1992). Long-term influence of divorce and single parenting on adolescent family- and work-related values, behaviors, and aspirations. *Psychological Bulletin, 111,* 108-126.
Barber, B. L., & Lyons, J. M. (1994). Family processes and adolescent adjustment in intact and remarried families. *Journal of Youth and Adolescence, 23,* 421-436.
Barnett, R. C. (1975). Sex differences and age trends in occupational preference and occupational prestige. *Journal of Counseling Psychology, 22,* 35-38.
Barraclough, B. M., Jennings, C., Moss, J. R., Hawton, K., Cole, D., O'Grady, J., & Osborne, M. (1977). Suicide prevention by the Samaritans. *Lancet, 2,* 237-238.
Bartek, S. E., Krebs, D. L., & Taylor, M. C. (1993). Coping, defending, and the relations between moral judgment and moral behavior in prostitutes and other female juvenile delinquents. *Journal of Abnormal Psychology, 102,* 66-73.
Bartsch, K. (1993). Adolescents' theoretical thinking. In R. M. Lerner (Ed.), *Early adolescence* (pp. 143-157). Hillsdale, NJ: Erlbaum.
Bäuerle, S., & Kury, H. (1980). Stress in der Schule. Eine experimentelle Untersuchung an 13- bis 16-jährigen Schülern. *Praxis der Kinderpsychologie und Kinderpsychiatrie, 29,* 70-76.
Baumeister, R. F. (1986). *Identity: Cultural change and the struggle for self.* New York: Oxford University Press.
Baumrind, D. (1978). Parental disciplinary patterns and social competence in children. *Youth and Society, 9,* 239-276.
Baumrind, D. (1991). Parenting styles and adolescent development. In R. M. Lerner, A. C. Petersen, & J. Brooks-Gunn (Eds.), *Encyclopedia of adolescence* (pp. 746-758). New York: Garland.
Beane, J. A., & Lipka, R. P. (1980). Self-concept and self-esteem: A construct differentiation. *Child Study Journal, 10,* 1-6.
Beck, A. T. (1967). *Depression: Clinical, experimental, and theoretical aspects.* New York: Hoeber.
Beck, A. T. (1976). *Cognitive therapy and the emotional disorders.* New York: International Universities Press.
Bedrosian, R., & Epstein, N. (1984). Cognitive therapy of depressed and suicidal adolescents. In H. Sudak, A. Ford, & N. Rushforth (Eds.), *Suicide in the young.* Littleton, MA: John Wright.
Behrens, M., Brown, A., & Hurrelmann, K. (1992). Regional and subcultural determinants of adolescents' routes into occupational life. An English-German comparison. In W. Meeus, M. de Goede, W. Kox, & K. Hurrelmann (Eds.), *Adolescence, careers, and cultures* (pp. 279-295). Berlin: de Gruyter.
Behrman, R. E., Kliegman, R. M., Nelson, W. E., & Vaughan, V. C. (1992). *Nelson textbook of pediatrics.* Philadelphia: W. B. Saunders.
Beinke, L. (1991). Schule – Berufsberatung – Betrieb – ein kombinierter Berufswahlunterricht. *Berufsberatung und Berufsbildung, 76* (5), 49-54.
Beinke, L. (1993). Berufsberatung in der Schule. *Pädagogik, 45* (4), 18-21.
Bell, A., Weinberg, M., & Hammersmith, S. (1981). *Sexual preference: Its development in men and women.* Bloomington, IN: Indiana University Press.
Benedict, R. (1938). Continuities and discontinuities in cultural conditioning. *Psychiatry, 1,* 161-167 [Nachdruck in R. E. Muuss (Ed.). (1980), *Adolescent behavior and society* (pp. 13-21). New York: Random House].

Benedikt, R., Wertheim, E. H., & Love, A. (1997). Eating attitudes and weight-loss attempts in female adolescents and their mothers. *Journal of Youth and Adolescence, 27*, 43-57.

Berger, R. P., Grob, A., & Flammer, A. (1999). Gender-role orientation and social expectations regarding female adolescents' coping with developmental tasks. *Swiss Journal of Psychology, 58*, 273-286.

Bergius, R. (1959). Entwicklung als Stufenfolge. In H. Thomae (Hrsg.), *Handbuch der Psychologie: Entwicklungspsychologie* (Bd. 3, S. 104-195). Göttingen: Hogrefe.

Berk, L. E. (1991). *Child development* (2nd ed.). Needham Heights, MA: Allyn and Bacon.

Berkelman, R. L., Herdon, J. L., Callaway, J. L., Stivers, R., Howard, L. B., Bezjak, A., & Sikes, R. K. (1985). Fatal injuries and alcohol. *American Journal of Preventive Medicine, 1* (6), 21-28.

Berlin, F. S., Bergey, G. K., & Money, K. (1985). Periodic psychosis at puberty. *Medical Aspects of Human Sexuality, 19*, 194.

Berndt, J. (1982). Schule aus der Sicht der Schüler: Lernort oder Arbeitsplatz? In J. Berndt, D. W. Busch, & H. G. Schönwälder (Hrsg.), *Schul-Arbeit. Belastung und Beanspruchung von Schülern* (S. 12-29). Braunschweig: Westermann.

Berndt, T. J. (1981). Effects of friendship on prosocial intentions and behavior. *Child Development, 52*, 636-643.

Bernfeld, W. (1923). Über eine typische Form der männlichen Pubertät. *Imago*, 167-188.

Bertram, H. (1994a). Wertwandel und Werttradierung. In W. Bien (Hrsg.), *Eigeninteresse oder Solidarität. Beziehungen in modernen Mehrgenerationenfamilien* (S. 113-135). Opladen: Leske + Budrich.

Bertram, H. (1994b). Youth: Work and unemployment – A European perspective for research. In A. C. Petersen & J. T. Mortimer (Eds.), *Youth unemployment and society* (pp. 273-294). Cambridge: University Press.

Besevegis, E., Giannitsas, G., & Georgouleas, G. (1992). *Adolescents' view of parental behavior.* Paper presented at the Vth European Conference on Developmental Psychology, Sevilla.

Betz, N. E., & Hackett, G. (1981). The relationship of career-related self-efficacy expectations to perceived career options in college women and men. *Journal of Counseling Psychology, 28*, 399-410.

Bianchi, S. M. (1987). *Living at home: Young adults' living arrangement in the 1980s.* Paper presented at the annual meeting of the American Sociological Association, Chicago, USA.

Biehal, N., & Wade, J. (1999). Taking a chance? Risks associated with going missing from substitute care. *Child abuse Review, 8*, 366-376.

Bifulco, A., Brown, G. W., & Harris, T. O. (1987). Childhood loss of parent, lack of adequate parental care and adult depression: a replication. *Journal of Affective Disorders, 12*, 115-118.

Bilden, H. (1986). Arbeitslose weibliche Jugendliche: Soziales Netzwerk und Partnerbeziehungen. *Sexualpädagogik und Familienplanung, 12*, 4-6.

Bille-Brahe, U., & Schmidtke, A. (1995). Conduites suicidaires des adolescents: la situation en Europe. In F. Ladame (Ed.), *Adolescents et suicide* (pp. 18-38). Paris: Masson.

Biller, H. (1981). Father absence, divorce and personality development. In M. Lamb (Ed.), *The role of the father in child development* (2nd ed). New York: Wiley.

Biller, H. (1987). Father absence, divorce and personality development. In M. Lamb (Ed.), *The role of the father in child development* (3nd ed.). New York: Wiley.

Birket-Smith, K. (1941). *Kulturens veje.* Kopenhagen: Jespersen og Pios Forlag (dt. *Geschichte der Kultur.* Zürich: Orell Füssli, 1946).

Bitti, P. E. R. (1993). *New trends in adolescents' future time perspective.* VI European Conference on Developmental Psychology, Bonn.

Bizarro, L. G. (1990). *Adolescence and stressful situations: A comparison between early and middle adolescents.* Paper presented to the IVth European Conference on Developmental Psychology, Stirling, UK.

Bjorklund, D. F., & deMarchena, M. R. (1984). Developmental shifts in the basis of organization in memory: The role of associative versus categorical relatedness in children's free recall. *Child Development, 55*, 952-962.

Björkqvist, K., Lagerspetz, K. M. J., & Kaukiainen, A. (1992). Do girls manipulate and boys fight? Developmental trends in regard to direct and indirect aggression. *Aggressive Behavior, 18*, 117-127.

Björkqvist, K., Österman, K., & Lagerspetz, K. M. J. (1994). Sex differences in covert aggression among adults. *Aggressive Behavior, 20*, 27-33.

Bjornsen, C. A. (1998). *The blessings as a rite of passage in adolescence.* Contribution the XVth meetings of the International Society for the Study of Behavioral Development, Berne, Switzerland.

Blasi, A. (1988). Identity and the development of the self. In D. K. Lapsley & F. C. Power (Eds.), *Self, ego, and identity. Integrative approaches* (pp. 226-242). New York: Springer-Verlag.

Bloch, E. (1977). *Vorlesungen zur Philosophie der Renaissance.* Frankfurt: Suhrkamp.

Block, J. H. (Ed.). (1971). *Mastery learning. Theory and practice.* New York: Holt, Rinehart, and Winston.

Block, J. H., & Block, J. (1980). The role of ego-control and ego-resiliency in the organization of behavior. In W. A. Collins (Ed.), *Development of cognition, affect, and social relations* (pp. 39-101). Mahwah, NJ: Erlbaum.

Blood, L., & D'Angelo, R. (1974). A progress research report on value issues in conflict between runaways and their parents. *Journal of Marriage and the Family, 36*, 486-491.

Blos, P. (1941). *The adolescent personality.* New York: Appleton-Century-Crofts.

Blos, P. (1962). *On adolescence.* New York: Free Press (dt. *Adoleszenz.* Stuttgart: Klett-Cotta, 1983).

Blos, P. (1979). *The adolescent passage.* New York: International Universities Press.

Blossfeld, H. P. (1989). *Kohortendifferenzierung und Karriereprozess. Eine Längsschnittstudie über die Veränderung der Bildungs- und Berufschancen im Lebenslauf.* Frankfurt: Campus.

Blossfeld, H. P. (1992). Is the German dual system a model for a modern vocational training system? A cross-national comparison of how different systems of vocational training deal with the changing occupational structure. *International Journal of Comparative Sociology, 33* (3-4), 168-181.

Blumberger, W., Tabernig, A., Birke, W., & Kohler, A. (1996). Finding new strategies to improve the attractiveness of post-16 vocational training in Austria. In J. Lasonen (Ed.), *Reforming upper secondary education in Europe* (pp. 33-52). Jyväskylä, Finland: University Institute for Educational Research.

Blustein, D. L., & Phillips, S. D. (1990). Relation between ego identity statuses and decision-making styles. *Journal of Counseling Psychology, 37*, 160-168.

Blustein, D. L., Walbridge, H. M., Friedlander, M. L., & Palladino, D. E. (1991). Contributions of psychological separation and parental attachment to the career development process. *Journal of Counseling Psychology, 38*, 39-50.

Blyth, D. A., Simmons, R. G., Bulcroft, R., Felt, D., van Cleave, E., & Bush, D. M. (1981). The effects of physical development on self-image and satisfaction with body-image for early adolescent males. In R. G. Simmons (Ed.), *Research in community and mental health* (pp. 43-73). Greenwich, CT: JAI Press.

Blyth, D. A., Simmons, R. G., & Zakin, D. F. (1985). Satisfaction with body image for early adolescent females: The impact of pubertal timing within different school environments. *Journal of Youth and Adolescence, 14*, 207-225.

Bodmer, N. M. (2001.) *Psychosoziales Befinden und Ressourcen-Nutzung Jugendlicher verschiedener Familientypen.* Unveröffentlichte Dissertation, Universität Bern, Schweiz.

Borland, R., Flammer, A., & Wearing, A. J. (1987). Text memory: Recalling twice, using different perspectives. *European Journal of Psychology of Education, 2*, 209-217.

Bowes, J. M., Flanagan, C., & Taylor, A. J. (2001). Adolescents' ideas about individual and social responsibility in relation to children's household work: Some international comparisons. *International Journal of Behavioral Development, 25*, 60-68.

Bowlby, J. (1969). *Attachment and loss: Vol. 1. Attachment.* New York: Basic Books.

Bowlby, J. (1980). *Attachment and loss: Vol. 3. Loss, sadness and depression.* New York: Basic Books.

Boyle, M. H., & Pickles, A. (1997). Maternal depressive symptoms and ratings of emotional disorder symptoms in children and adolescents. *Journal of Child Psychology and Psychiatry, 38*, 981-992.

Braun, H. (1986). Zwischen Selbstorganisation und Selbstzerstörung. Identitätsprobleme jugendlicher Arbeitsloser. *Kölner Zeitschrift für Soziologie und Sozialpsychologie, 38*, 178-179.

Braungart, R. G., & Braungart, M. M. (1989). Youth status and national development: A global assessment in the 1980s. *Journal of Youth and Adolescence, 18*, 107-130.

Brauns, H. (1998-1999). Vocational education in Germany and France. *International Journal of Sociology, 28*, 57-98.

Brent, D. A., Johnson, B., Bartle, S., Bridge, J., Rather, C., Matta, J., Connolly, J., & Constantine, D. (1993). Personality disorder, tendency to impulsive violence, and suicidal behavior in adolescents. *Journal of the American Academy of Child and Adolescent Psychiatry, 32*, 69-75.

Brent, D. A., Moritz, G., Bridge, J., Perper, J., & Canobbio, R. (1996). Long-term impact of exposure to suicide: A three-year controlled follow-up. *Journal of the American Academy of Child and Adolescent Psychiatry, 35*, 646-653.

Brent, D. A., Perper, J. A., Goldstein, C. E., Kolko, D. J., Allan, M. J., Allman, C. J., & Zelenak, J. P. (1988). Risk factors for adolescent suicide: a comparison of adolescent suicide victims with suicidal inpatients. *Archives of General Psychiatry, 45*, 581-588.

Brent, D. A., Perper, J. A., Moritz, G., Baugher, M., Schweers, J., & Roth, C. (1994). Suicide in affectively ill adolescents: A case-control study. *Journal of Affective Disorders, 31*, 193-202.

Bretherton, I. (1990). Open communication and internal working models: Their role in the development of attachment relationships. In R. A. Thompson (Ed.), *Socioemotional development: The Nebraska Symposium on Motivation* (pp. 57-113). Lincoln: University of Nebraska Press.

Bretherton, I., & Munholland, K. A. (1999). Internal working models in attachment relationships: A construct revisited. In J. Cassidy & P. R. Shaver (Eds.), *Handbook of attachment. Theory, research, and clinical applications* (pp. 89-111). New York: Guilford.

Bretscher, G., Krebs, H., & Padrutt, C. (1976). *Gespräch und Information. Zum Kommunikationsverhalten junger Schweizer.* Aarau: Sauerländer.

Brewin, C. R. (1988). *Cognitive foundations of clinical psychology.* Hillsdale, NJ: Erlbaum.

Bridge, T. P., Potkin, S. G., Zung, W. W., & Soldo, B. J. (1977). Suicide prevention centers: ecological study of effectiveness. *Journal of Nervous and Mental Disease, 164,* 18-24.

Brim, O. G., Jr. & Ryff, C. D. (1980). On the properties of life events. In P. B. Baltes & O. G. Brim, Jr. (Eds.), *Life-span development and behavior* (Vol. 3, pp. 368-388). New York: Academic Press.

Brisset, D. (1972). Toward a classification of self-esteem. *Psychiatry, 35,* 255-263.

Brittain, C. V. (1977). Adolescent choices and parent-peer cross-pressures. In T. J. Cottle (Ed.), *Readings in adolescent psychology* (pp. 163-170). New York: Harper & Row.

Bronfenbrenner, U. (1979). *The ecology of human development. Experiments by nature and design.* Cambridge, MA: Harvard University Press (dt. *Die Ökologie der menschlichen Entwicklung.* Stuttgart: Klett, 1981).

Brooks-Gunn, J., Attie, H., Burrow, C., Rosso J. T., & Warren, M. P. (1989). The impact of puberty on body and eating concerns in athletic and nonathletic contexts. *Journal of Early Adolescence, 9,* 269-290.

Brooks-Gunn, J., & Paikoff, R. L. (1993). «Sex is a gamble, kissing is a game»: Adolescent sexuality and health promotion. In S. G. Millstein, A. C. Petersen, & E. O. Nightingale (Eds.), *Promoting the health of adolescents* (pp. 180-208). New York: Oxford University Press.

Brooks-Gunn, J., & Ruble, D. N. (1982). The development of menstrual-related beliefs and behaviors during early adolescence. *Child Development, 53,* 1567-1577.

Brooks-Gunn, J., & Ruble, D. N. (1983). The experience of menarche from a developmental perspective. In J. Brooks-Gunn & A. C. Petersen (Eds.), *Girls at puberty. Biological and psychosocial perspectives* (pp. 155-177). New York: Plenum Press.

Brooks-Gunn, J., & Warren, M. P. (1985a). Measuring physical status and timing in early adolescence: A developmental perspective. *Journal of Youth and Adolescence, 14,* 163-189.

Brooks-Gunn, J., & Warren, M. P. (1985b). The effects of delayed menarche in different contexts: Dance and nondance students. *Journal of Youth and Adolescence, 14,* 285-300.

Brooks-Gunn, J., & Warren, M. P. (1989). Biological and social contributions to negative affect in young adolescent girls. *Child Development, 60,* 40-55.

Brooks-Gunn, J., Warren, M. P., Rosso, J. T., & Gargiulo, J. (1987). Validity of self-report measures of girls' pubertal status. *Child Development, 58,* 829-841.

Broughton, J. M. (1981). The divided self in adolescence. *Human Development, 24,* 13-32.

Brown, A. L., & Campione, J. C. (1978). The effects of knowledge and experience on the formation of retrieval plans for studying from texts. In M. M. Gruneberg, P. E. Morris, & R. N. Sykes (Eds.), *Practical aspects of memory* (pp. 378-384). London: Academic.

Brown, G. W., & Harris, T. O. (1978). *Social origins of depression.* London: Tavistock.

Brown, G. W., Harris, T. O., & Bifulco, A. (1986). Long-term effects of early loss of parent. In M. Rutter, C. E. Izard, & P. B. Read (Eds.), *Depression in young people: clinical and developmental perspectives* (pp. 251-296). New York: Guilford.

Brumberg, J. J. (1988). *Todeshunger. Die Geschichte der Anorexia nervosa vom Mittelalter bis heute.* Frankfurt: Campus Verlag.

Brumberg, J. J. (2000, Spring). Girl history: Social change and female sexuality in the twentieth century. *Newsletter of the Society for Research and Adolescence.*

Brundtland, G. H., & Walløe, L. (1976). Menarcheal age in Norway in the 19th century: A re-evaluation of the historical sources. *Annals of Human Biology, 3,* 363-374.

Buchanan, C. M. (1991). Pubertal development, assessment of. In R. M. Lerner, A. C. Petersen, & J. Brooks-Gunn (Eds.), *Encyclopedia of adolescence* (pp. 875-883). New York: Garland Publishing.

Buchanan, C. M., Eccles, J. S., & Becker, J. B. (1992). Are adolescents the victims of raging hormones: Evidence for activational effects of hormones on moods and behavior at adolescence. *Psychological Bulletin, 111,* 62-107.

Buchanan, C. M., Eccles, J. S., Flanagan, C., Midgley, C., Feldlaufer, H., & Harold, R. D. (1990). Parents' and teachers' beliefs about adolescents: Effects of sex and experience. *Journal of Youth and Adolescence, 19,* 363-394.

Buchanan, C. M., Maccoby, E. E., & Dornbusch, S. M. (1991). Caught between parents: Adolescents' experience in divorced homes. *Child Development, 62,* 1008-1029.

Buchanan, C. M., Maccoby, E. E., & Dornbusch, S. M. (1992). Adolescents and their families after div-

orce: three residential arrangements compared. *Journal of Research on Adolescence, 2,* 261-291.
Buchhofer, B., Friedrichs, J., & Lüdtke, H. (1970). Alter, Generationsdynamik und soziale Differenzierung. *Kölner Zeitschrift für Soziologie und Sozialpsychologie, 22,* 300-334.
Buchmann, M. (1989). *The script of life in modern society.* Chicago: The University of Chicago Press.
Buddeberg-Fischer, B. (1996). *Zürcher Adoleszentenstudie 1993-1996. Ernährungsgewohnheiten und Gesundheit von Jugendlichen des Kantons Zürich* (Forschungsbericht Nr. 2.). Psychiatrische Poliklinik des Universitätsspitals Zürich.
Buggle, F. (1985). *Die Entwicklungspsychologie Jean Piagets.* Stuttgart: Kohlhammer.
Buhrmester, D., & Furman, W. (1987). The development of companionship and intimacy. *Child Development, 58,* 1101-1113.
Bundesamt für Statistik. (1981). *Statistisches Jahrbuch der Schweiz 1982.* Zürich: NZZ Verlag.
Bundesamt für Statistik. (1991). *Statistisches Jahrbuch der Schweiz 1992.* Zürich: NZZ Verlag.
Bundesamt für Statistik. (1998). *Statistisches Jahrbuch der Schweiz 1999.* Zürich: NZZ Verlag.
Bundesamt für Statistik. (1999). *Statistisches Jahrbuch der Schweiz 2000.* Zürich: NZZ Verlag.
Bundesamt für Statistik. (2000). *Jugendstrafurteile 1998* (Nr. 19, Rechtspflege). Neuchâtel, Schweiz.
Burbules, N. C., & Linn, M. C. (1988). Response contradiction: Scientific reasoning during adolescence. *Journal of Educational Psychology, 80,* 67-75.
Burgess, B., & Garbarino, J. (1983). Doing what comes naturally? An evolutionary perspective on child abuse. In D. Finkelhor, R. Gelles, G. Hataling, & M. Straus (Eds.), *The dark side of families* (pp. 88-101). London: Sage.
Burney, J., & Irwin, H. J. (2000). Shame and guilt in women with eating-disorder symptomatology. *Journal of Clinical Psychology, 56,* 51-61.
Burns, R. B. (1979). *The self-concept. Theory, measurement, development and behavior.* London: Longman
Busshoff, L. (1998). Berufsberatung als Unterstützung von Übergängen in der beruflichen Entwicklung. In R. Zihlmann (Hrsg.), *Berufswahl in Theorie und Praxis* (S. 9-86). Zürich: Verlagsinstitut für Lehrmittel.
Cairney, P. T. (1982). An exploratory study of risk estimates of driving situations. *Proceedings of the ARRP Conference, 11,* 233-240.
Cairns, R. B., & Cairns, B. D. (1988). The sociogenesis of self-concepts. In N. Bolger, A. Caspi, G. Downey, & M. Moorehouse (Eds.), *Persons in context. Developmental processes* (pp. 181-202). Cambridge, NY: Cambridge University Press.

Cairns, R. B., & Cairns, B. D. (1994). *Lifelines and risks. Pathways of youth in our time.* Cambridge, NY: Cambridge University Press.
Cairns, R. B., Cairns, B. D., Neckerman, H. J., Gest, S. D., & Gariépy, J. (1988). Social networks and aggressive behavior: Peer support or peer rejection? *Developmental Psychology, 24,* 815-823.
Cairns, R. B., Cairns, B. D., Xie, H., Leung, M.-C., & Hearne, S. (1998). Paths across generations: Academic competence and aggressive behaviors in young mothers and their children. *Developmental Psychology, 34,* 1162-1174.
Cairns, R. B., Peterson, G., & Neckerman, J. J. (1988). Suicidal behavior in aggressive adolescents. *Journal of Clinical Child Psychology, 17,* 298-309.
Callan, V. J., & Noller, P. (1986). Perceptions of communicative relationships in families with adolescents. *Journal of Marriage and the Family, 48,* 813-820.
Campbell, B. C., & Udry, J. R. (1992). *Mother's age at menarche, not stress, accounts for daughter's age at menarche.* Paper presented at the biennial meeting of the Society for Research on Adolescence, Washington, DC.
Caplow, T., Bahr, H. M., Chadwick, B. A., Hill, R., & Williamson, M. H. (1982). *Middletown families.* Minneapolis: University of Minnesota Press.
Case, R. (1985). *Intellectual development. Birth to adulthood.* New York: Academic.
Case, R., Kurland, D. M., & Goldberg, J. (1982). Validation of a Neo-Piagetian mental capacity construct. *Journal of Experimental Child Psychology, 33,* 386-404.
Caspi, A., & Moffitt, T. E. (1991). Individual differences are accentuated during periods of social change: The sample case of girls at puberty. *Journal of Personality and Social Psychology, 61,* 157-168.
Caspi, A., Lynam, D., Moffitt, T. E., & Silva, P. A. (1993). Unraveling girls' delinquency: Biological, dispositional, and contextual contributions to adolescent misbehavior. *Developmental Psychology, 29,* 19-30.
Cavior, N., & Lombardi, D. A. (1973). Developmental aspects of judgment of physical attractiveness in children. *Developmental Psychology, 8,* 67-71.
Chamberlain, C. (1986). Young adults: Developmental and clinical considerations. *Journal of Child Care, Special Issue,* 37-41.
Chen, C., & Stevenson, H. W. (1995). Motivation and mathematics achievement: A comparative study of Asian-American, Caucasian-American, and East Asian high school students. *Child Development, 66,* 1215-1234.
Cherlin, A., Furstenberg, F., Chase-Lansdale, P., Kiernan, K., Robins, P., Morison, D., & Teitler, J.

(1991). Longitudinal studies of effects of divorce on children in Great Britain and the United States. *Sciences, 252,* 1386-1389.

Chess, S., Thomas, A., & Hassibi, M. (1983). Depression in childhood and adolescence: prospective study of six cases. *Journal of Nervous and Mental Disease, 171,* 411-420.

Chi, M. T. H. (1976). Short-term memory limitations in children: Capacity or processing deficits. *Memory & Cognition, 4,* 559-572.

Chi, M. T. H. (1978). *Knowledge structures and memory development.* In R. Siegler (Ed.), *Children's thinking: What develops?* (pp. 73-96). Hillsdale, NJ: Erlbaum.

Chi, M. T. H. (1983a). Interactive roles of knowledge and strategies in the development of organized sorting and recall. In R. Chipman, J. Segal, & R. Glaser (Eds.), *Thinking and learning skills: Current research and open questions* (Vol. 2, pp. 457-483). Hillsdale, NJ: Erlbaum.

Chi, M. T. H. (1983b). *Trends in memory development research.* Basel: Karger.

Chi, M. T. H., & Koeske, R. D. (1983). Network representation of a child's dinosaur knowledge. *Developmental Psychology, 19,* 29-39.

Chisholm, L., & Hurrelmann, K. (1995). Adolescence in modern Europe: Pluralized transition patterns and their implications for personal and social risks. *Journal of Adolescence, 18,* 129-158.

Choquet, M., & Ledoux, S. (1994). *Adolescents. Enquête nationale. Analyses et prospective.* Paris: INSERM.

Choquet, M., Ledoux, S., & Menke, H. (1988). *La santé des adolescents.* Paris: INSERM.

Choquet, M., Michaud, P.-A., & Frappier, J.-Y. (1997). Les adolescents et leur santé: repères épidémiologiques. In P.-A. Michaud, P. Alvin, J.-P. Deschamps, J.-Y. Frappier, D. Marcelli, & A. Tursz (Eds.), *La santé des adolescents. Approches, soins, prévention* (pp. 65-80). Lausanne: Payot.

Christe, G. (1989). Aspekte der Lebenswelt arbeitsloser Jugendlicher in einer ländlichen Region. *Zeitschrift für Sozialisationsforschung und Erziehungssoziologie, 9,* 41-58.

Cierpka, M., & Reich, G. (1997). Die familientherapeutische Behandlung von Patientinnen mit Essstörungen. In G. Reich & M. Cierpka (Hrsg.), *Psychotherapie der Essstörungen. Krankheitsmodelle und Therapiepraxis – störungsspezifisch und schulenübergreifend* (S. 127-150). Stuttgart: Georg Thieme Verlag.

Cinetel Production. (1987). *Margaret Mead and Samoa* [Film]. Evanston, Ill: Wombat Film & Video.

Clarkin, J. F., Friedman, R. C., Hurt, S. W., Corn, R., & Aronoff, M. (1984). Affective and character pathology of suicidal adolescent and young adult inpatients. *Journal of Clinical Psychiatry, 45,* 19-22.

Clausen, J. A. (1975). The social meaning of differential physical and sexual maturation. In S. E. Dragastin & G. H. Elder (Eds.), *Adolescence in the life cycle: Psychological change and the social context* (pp. 25-47). New York: Halsted.

Cloninger, C. R., Sigvardsson, S., & Bohman, M. (1988). Childhood personality predicts alcohol abuse in young adults. *Alcoholism, 12,* 494-503.

Cohen, J. H., & Larkin, G. L. (1999). Effectiveness of ignition interlock devices in reducing drunk driving recidivism. *American Journal of Preventive Medicine, 16,* 81-87.

Cohen, P., Brook, J. S., Cohen, J., Velez, N., & Garcia, M. (1990). Common and uncommon pathways to adolescent psychopathology and problem behavior. L. N. Robins & M. Rutter (Eds.), *Straight and devious pathways from childhood to adulthood* (pp. 242-258). London: Cambridge University Press.

Cohen-Sandler, R., Berman, A. L., & King, R. A. (1982). A follow-up study of hospitalized suicidal children. *Journal of the American Academy of Child Psychiatry, 21,* 398-403.

Cohn, L. D., Adler, N. E., Irwin, C. E., Jr., Millstein, S. G., Kegeles, S. M., & Stone, G. (1987). Body-figure preferences in male and female adolescents. *Journal of Abnormal Psychology, 96,* 276-279.

Çok, F. (1990). Body image satisfaction in Turkish adolescents. *Adolescence, 25,* 409-413.

Colby, A., & Kohlberg, L. (1987). A longitudinal study of moral judgment in U. S. males. In A. Colby & L. Kohlberg (Eds.), *The measurement of moral judgment. Vol. 1: Theoretical foundations and research validation* (pp. 77-117). New York: Cambridge University Press.

Cole, D. A. (1991). Preliminary support for a competency-based model of depression in children. *Journal of Abnormal Psychology, 100,* 181-190.

Cole, D. A., Martin, J. M., & Powers, B. (1997). A competency-based model of child depression: A longitudinal study of peer, parent, teacher, and self-evaluations. *Journal of Child Psychology and Psychiatry, 38,* 505-514.

Coleman, E. A., & Husen, T. (1985). *Becoming an adult in a changing society.* Paris: OECD.

Coleman, J. C. (1980). *The nature of adolescence.* London: Methuen.

Coleman, J. C., & Coleman, E. Z. (1984). Adolescent attitudes to authority. *Journal of Adolescence, 7,* 131-141.

Coleman, J. C., & Hendry, L. (1990). *The nature of adolescence* (2nd ed.). London: Routledge.

Coleman, J. S. (1994). Social capital, human capital, and investment in youth. In A. C. Petersen & J. T. Mortimer (Eds.), *Youth unemployment and society* (pp. 34-50). New York: Cambridge University Press.

Collins, W. A. (1990). Parent-child relationship in the transition to adolescence: Continuity and change in interaction, affect, and cognition. In R. Montemayor, G. Adams, & T. Gullotta (Eds.), *From childhood to adolescence: A transitional period? Advances in adolescent development: Vol. 2. The transition from childhood to adolescence* (pp. 85-106). Beverly Hills, CA: Sage.

Colvin, C. R., & Block, J. (1994). Do positive illusions foster mental health? An examination of the Taylor and Brown formulation. *Psychological Bulletin, 116,* 3-20.

Comenius, J. A. (1657). *Opera didactica omnia, ab anno 1627 ad 1657* (dt. *Grosse Didaktik.* Übersetzt von A. Flitner. Düsseldorf: Küpper, 1954).

Compas, B. E., Howell, D. C., Phares, V., Williams, R. A., & Ledoux, N. (1989). Parent and child stress and symptoms: An integrative analysis. *Developmental Psychology, 25,* 550-559.

Conger, J. (1991). *Adolescence and youth* (4th ed.). New York: Harper & Row.

Connors, E. (1996). Developmental vulnerabilities for eating disorders. In L. Smolak, M. P. Levine, & R. Striegel-Moore (Eds.), *The developmental psychopathology of eating disorders: Implications for research, prevention, and treatment* (pp. 285-310). Mahwah, NJ: Erlbaum.

Cooley, C. H. (1902). *Human nature and the social order.* New York: Charles Scribner's Sons [Teilnachdruck in Cooley, C. H. (1968). The social self: On the meanings of ‹I›. In C. Gordon & K. Gergen (Eds.), *The self in social interaction* (Vol. 1, pp. 87-91). New York: Wiley].

Cooney, T. M., & Mortimer, J. T. (1999). Family structure differences in the timing of leaving home: Exploring mediating factors. *Journal of Research on Adolescence, 9,* 367-393.

Coopersmith, S. (1967). *The antecedents of self-esteem.* San Francisco: W. H. Freeman and Co.

Copeland, A. P., Hwang, M. S., & Brody, L. R. (1996). *Asian-American adolescents: Caught between cultures?* Paper presented at the Society for Research on Adolescence, Boston, MA.

Corbitt, E. M., Malone, K. M., Haas, G. L., & Mann, J. J. (1996). Suicidal behavior in patients with major depression and comorbid personality disorders. *Journal of Affective Disorders, 39,* 61-72.

Côté, J. E. (1992). Was Mead wrong about Coming of Age in Samoa? An analaysis of the Mead/Freeman controversy for scholars of adolescence and human development. *Journal of Youth and Adolescence, 21,* 499-427.

Côté, J. E. (1994). *Adolescent storm and stress: An evaluation of the Mead-Freeman controversy.* Hillsdale, NJ: Erlbaum.

Côté, J. E. (2000). The Mead–Freeman controversy in review. *Journal of Youth and Adolescence, Special Issue, 29,* 5.

Cotterell, J. (1996). *Social networks and social influences in adolescence.* London: Routledge.

Coupey, S. M., & Ahlstrom, P. (1989). Common menstrual disorders. *Pediatric Clinics of North America, 36,* 551-571.

Cramer, P. (1988). Freshman to senior year: A follow-up study of identity, narcissism, and defense mechanisms. *Journal of Research in Personality, 32,* 156-172.

Criblez, L., Jenzer, C., Hofstetter, R., & Magnin, C. (Hrsg.). (1999). *Eine Schule für die Demokratie: zur Entwicklung der Volksschule in der Schweiz im 19. Jahrhundert.* Bern: Lang.

Crick, N. R. (1997). Engagement in gender normative versus nonnormative forms of aggression: links to social-psychological adjustment. *Developmental Psychology, 33,* 610-617.

Crick, N. R., Bigbee, M. A., & Howes, C. (1996). Gender differences in children's normative beliefs about aggression: how do i hurt thee? Let me count the ways. *Child Development, 67,* 1003-1014.

Crick, N. R., Casas, J. F., & Ku, H. (1999). Relational and physical forms of peer victimization in preschool. *Developmental Psychology, 35,* 376-385.

Crick, N. R., & Grotpeter, J. K. (1995). Relational aggression, gender, and social-psychological adjustment. *Child Development, 66,* 710-722.

Crick, N. R., Werner, N. E., Casas, J. F., O'Brien, K. M., Nelson, D. A., Grotpeter, J. K., & Markon, K. (1999). Childhood aggression and gender: A new look at an old problem. In D. Bernstein (Ed.), *Gender and motivation. Nebraska Symposium on Motivation* (Vol. 45, pp. 75-141). Lincoln, NE: University of Nebraska Press.

Crockett, L. J., & Petersen, A. C. (1987). Pubertal status and psychosocial development: Findings from the early adolescence study. In R. M. Lerner & T. T. Foch (Eds.), *Biological-psychosocial interactions in early adolescence* (pp. 173-188). Hillsdale, NJ: Erlbaum.

Crockett, L. J., Petersen, A. C., Graber, J. A., Schulenberg, J. E., & Ebata, A. (1989). School transitions and adjustment during early adolescence. *Journal of Early Adolescence, 9,* 181-210.

Crook, T., & Elliot, J. (1980). Parental death during childhood and adult depression: a critical review of the literature. *Psychology Bulletin, 87,* 252-259.

Crumley, F. E. (1979). Adolescent suicide attempts. *Journal of the American Medical Association, 241,* 2404-2407.

Csikszentmihalyi, M., & Larson, R. W. (1984). *Being adolescent: Conflict and growth in the teenage years.* New York: Basic Books.

Cuntz, U., & Hillert, A. (1998). *Essstörungen: Ursachen, Symptome, Therapien.* München: Beck-Verlag.

D'Amico, P. (1984). Does working in high school impair academic progress? *Sociology of Education, 57,* 157-164.

Dahl, R. E., Ryan, N. D., Puig-Antich, J., Nguyen, N. A., Al-Shabbout, M., Meyer, V. A., & Perel, J. (1991). 24-hour cortisol measures in adolescents with major depression: A controlled study. *Biological Psychiatry, 30,* 25-36.

Daly, M., & Wilson, M. (1981). Child maltreatment from sociobiological perspective. *New Directions for Child Development, 11,* 93-112.

Darwin, C. (1859). *Origin of species.* London: John Murray.

Datan, N., & Ginsberg, L. H. (Eds.). (1975). *Life-span developmental psychology. Normative life-crises.* New York: Academic.

Davidson, L. E., Rosenberg, M. L., Mercy, J. A., Franklin, J., & Simmons, J. T. (1989). An epidemiologic study of risk factors in two teenage suicide clusters. *Journal of the American Medical Association, 262,* 2687-2692.

Davies, P. T., & Windle, M. (1997). Gender-specific pathways between maternal depressive symptoms, family discord, and adolescent adjustment. *Developmental Psychology, 33,* 657-668.

De Silva, P. (1995). Cognitive-behavioural models of eating disorders. In G. I. Szmukler, C. Dare, & J. Treasure (Eds.), *Handbook of eating disorders: Theory, treatment and research* (pp. 141-153). New York: Wiley.

Deeds, O., Stewart, S. M., Bond, M. H., & Westrick, J. (1998). Adolescents between cultures. Values and autonomy expectations in an international school setting. *School Psychology International, 19,* 61-77.

Deery, H. A., & Fildes, B. N. (1999). Young novice driver subtypes: relationship to high-risk behavior, traffic accident record, and simulator driving performance. *Human Factors, 41,* 628-643.

Deffenbacher, J. L. (1980). Worry and emotionality in test anxiety. In I. G. Sarason (Ed.), *Test anxiety: theory, research, and applications* (pp. 111-128). Hillsdale, NJ: Erlbaum.

Degenhardt, A. (1971). Zur Veränderung des Selbstbildes bei jungen Mädchen beim Übertritt in die Reifezeit. *Zeitschrift für Entwicklungspsychologie und Pädagogische Psychologie, 3,* 1-13.

Deimann, P., & Kastner-Koller, U. (1994). Wozu Berufsinteressentests? Eine teststatistische Untersuchung zweier gängiger Verfahren zur Erfassung beruflicher Interessen. *Psychologie in Erziehung und Unterricht, 41,* 49-58.

Deissinger, T. (1997). The German dual system – a model for Europe? *Education and Training, 39,* 297-302.

DeJong, W., & Winsten, J. A. (1999). The use of designated drivers by U.S. college students: A national study. *Journal of American College Health, 47,* 151-156.

DeJoy, D. M. (1989). The optimism bias and traffic accident risk perception. *Accident Analysis and Prevention, 21,* 333-340.

DeJoy, D. M. (1992). An examination of gender differences in traffic accident risk perception. *Accident Analysis and Prevention, 24,* 237-246.

Dekker, D. K., Kotwal, B. M., & Lerner, N. D. (1994). *Understanding driver performance variability and perception of risk* (Technical Report for Federal Highway Administration).

Dekovic, M. (1999a). Parent-adolescent conflict: possible determinants and consequences. *International Journal of Behavioral Development, 23,* 977-1000.

Dekovic, M. (1999b). Risk and protective factors in the development of problem behavior during adolescence. *Journal of Youth and Adolescence, 28,* 667-689.

Delaney, C. H. (1995). Rites of passage in adolescence. *Adolescence, 30,* 891-897.

Dell, P., & Jurkovic, G. J. (1978). Moral structure and moral content: Their relationship to personality. *Journal of Youth and Adolescence, 7,* 63-72.

DeMan, A., Dolan, D., Pelletier, R., & Reid, C. (1993). Adolescent runaways: Familial and personal correlates. *Social Behavior and Personality, 21,* 163-167.

DeMause, L. (1977). *Hört ihr die Kinder weinen? Eine psychogenetische Geschichte der Kindheit.* Frankfurt: Suhrkampp.

Demo, D. H., & Acock, A. C. (1996). Family structure, family process, and adolescent well-being. *Journal of Research on Adolescence, 6,* 457-488.

DeMoura-Castro, C., & Alfthan, T. (1992). *Five training models. Training occasional paper No. 9.* Geneva: International Labour Office.

Dempster, F. N. (1981). Memory span: Sources of individual and developmental differences. *Psychological Bulletin, 89,* 63-100.

Dempster, F. N. (1993). Resistence to interference: Developmental changes in a basic processing mechanism. In M. Pasnak & R. Pasnak Howe (Eds.), *Emerging themes in cognitive development* (Vol. 1, pp. 1-27). New York: Springer.

Dempster, F. N., & Rohwer, W. D. (1983). Age differences and modality effects in immediate and final free recall. *Child Development, 54,* 30-41.

Deykin, E. Y., Alpert, J. J., & McNamarra, J. J. (1985). A pilot study of the effect of exposure to child abuse or neglect on adolescent suicidal behavior. *American Journal of Psychiatry, 142,* 1299-1303.

Deykin, E. Y., Buka, S. L., & Zeena, T. H. (1992). Depressive illness among chemically dependent adolescents. *American Journal of Psychiatry, 149,* 1341-1347.

Diekstra, R. F. W. (1995). Depression and suicidal behaviors in adolescence: Sociocultural and time trends. In M. Rutter (Ed.), *Psychosocial disturbances in young people. Challenges for prevention* (pp. 212-43). New York: Cambridge University Press.

Diekstra, R. F. W., & Kerkhof, A. J. F. M. (1989). Attitudes toward suicide: The development of a suicide attitude questionnaire (SUIATT). In R. F. W. Diekstra, R. Maris, S. Platt, A. Schmidtke, & G. Sonneck (Eds.), *Suicide and its prevention: the role of attitude and imitation* (WHO copublication, pp. 91-107). Canberra: Leinde.

Dilling, H., & Reimer, C. (1995). *Psychiatrie und Psychotherapie.* Berlin: Springer-Verlag.

Dimant, R. J., & Bearison, D. J. (1991). Development of formal reasoning during successive peer interactions. *Developmental Psychology, 27,* 277-284.

Döbert, R. (1973). *Systemtheorie und die Entwicklung religiöser Deutungssysteme.* Frankfurt: Suhrkamp.

Döbert, R., & Nunner-Winkler, G. (1975). *Adoleszenzkrise und Identitätsbildung.* Frankfurt: Suhrkamp.

Dodge, K. A., & Frame, C. L. (1982). Social cognitive biases and deficits in aggressive boys. *Child Development, 53,* 620-635.

Doherty, W. J., & Needle, R. H. (1991). Psychological adjustment and substance use among adolescents before and after a parental divorce. *Child Development, 62,* 328-337.

Donahue, W. A. (1988). Issues of risk in adult and teen safety belt use. *Alcohol Drugs and Driving, 4,* 297.

Donavan, J. M. (1975). Identity status and interpersonal style. *Journal of Youth and Adolescence, 4,* 37-55.

Dornbusch, S. M., Carlsmith, J. M., Bushwall, S. J., Ritter, P. L., Leiderman, H., Hastorf, A. H., & Gross, R. T. (1985). Single parents, extended households and the control of adolescents. *Child Development, 56,* 326-341.

Dornbusch, S. M., Ritter, P. L., Chen, Z., & Mont-Reynaud, R. (1989). *Ethnic differences in family decision-making among adolescents.* Paper presented at the meeting of the Society for Research in Child Development, Kansas City, MO.

Douvan, E. A., & Adelson, J. (1966). *The adolescent experience.* New York: Wiley.

Downey, G., & Coyne, J. C. (1990). Children of depressed parents: An integrative review. *Psychological Bulletin, 108,* 50-76.

Drapela, V. J., & Browder, C. (1987). Bildungs- und Berufsberatung in Jugoslawien, Österreich und der Schweiz. *Psychologie in Erziehung und Unterricht, 34,* 48-61.

Dreher, E., & Dreher, M. (1985a). ‹Entwicklungsaufgabe› – Theoretisches Konzept und Forschungsprogramm. In R. Oerter (Hrsg.), *Lebensbewältigung im Jugendalter* (S. 30-61). Weinheim: Edition Psychologie.

Dreher, E., & Dreher, M. (1985b). Entwicklungsaufgaben im Jugendalter: Bedeutsamkeit und Bewältigungskonzepte. In D. Liepman & A. Stiksrud (Hrsg.), *Entwicklungsaufgaben und Bewältigungsprobleme in der Adoleszenz* (S. 56-70). Göttingen: Hogrefe.

Dreher, E., & Dreher, M. (1985c). Wahrnehmung und Bewältigung von Entwicklungsaufgaben im Jugendalter. In R. Oerter (Hrsg.), *Lebensbewältigung im Jugendalter* (S. 30-61). Weinheim: Edition Psychologie.

Dreher, E., & Dreher, M. (1991). Entwicklungsrelevante Ereignisse aus der Sicht von Jugendlichen. *Schweizerische Zeitschrift für Psychologie, 50,* 24-33.

Dubas, J. S., & Petersen, A. C. (1996). Geographical distance from parents and adjustment during adolescence and young adulthood. *New Directions for Child Development, 71,* 3-20.

Dubbé, M. C. (1965). What parents are not told may hurt: a study of communication between teenagers and parents. *Family Life Coordinator,* 51-118.

Duke-Duncan, P., Ritter, P. L., Dornbusch, S. M., Gross, R. T., & Carlsmith, J. M. (1985). The effects of pubertal timing on body image, school behavior, and deviance. *Journal of Youth and Adolescence, 14,* 227-235.

Dunand, M. A. (1986). Violence et panique dans le stade de football de Bruxelles en 1985: Approche psychosociale des événements. *Cahiers De Psychologie Cognitive, 37,* 221-244.

Dundas, I. (1999). *Functional and dysfunctional closeness. Family interactions and children's adjustment.* Unpublished doctoral dissertation, University of Bergen, Department of Psychosocial Science, Faculty of Psychology, Norway.

Dunn, J. (1993). *Young children's close relationships.* Newbury Park: Sage.

Dusek, J. B. (1991). *Adolescent development and behavior* (2nd ed.). Englewood Cliffs: Prentice-Hall.

Dusek, J. B., & Flaherty, J. F. (1981). The development of the self-concept during the adolescent years. *Monographs of the Society for Research in Child Development, 46,* 67.

Dybowski, H., & Hartwig, J. (1996). Freizeitinteressen und -aktivitäten von Jugendlichen. Ergebnisse einer Befragung von 14 - 18jährigen Braunschweiger Jugendlichen. *Soziale Arbeit, 45,* 372-377.

Eagles, J. M., Johnston, M. I., Hunter, D., Lobban, M., & Millar, H. R. (1995). Increasing incidence of anorexia nervosa in female population of Northeast

Scotland. *American Journal of Psychiatry, 152,* 1266-1271.
Eccles, J. S., Lord, S. E., & Buchanan, C. M. (1996). School transition in early adolescence: What are we doing to our young people? In J. A. Graber, J. Brooks-Gunn, & A. C. Petersen (Eds.), *Transitions through adolescence* (pp. 251-284). Hillsdale, NJ: Erlbaum.
Eccles, J. S., Lord, S. E., Roeser, R. W., Barber, B. L., & Hernandez Jozefowicz, D. M. (1997). The association of school transitions in early adolescence with developmental trajectories through high school. In J. Schulenberg, J. L. Maggs, & K. Hurrelmann (Eds.), *Health risks and developmental transitions during adolescence* (pp. 283-320). New York: Cambridge University Press.
Eccles, J. S., & Midgley, C. (1989). Stage environment fit: Developmentally appropriate classrooms for young adolescents. In R. E. Ames & C. Ames (Eds.), *Research in motivation and education* (Vol. 3, pp. 139-186). New York: Academic Press.
Eccles, J. S., Midgley, C., & Adler, T. F. (1984). Grade-related changes in the school environment: Effects on achievement motivation. In J. Nicholls & M. L. Maehr (Eds.), *Advances in motivation and achievement* (Vol. 3, pp. 283-332). London: JAI Press.
Eckerle, G. A., & Kraak, B. (1993). *Selbst- und Weltbilder von Schülern und Lehrern. Rekonstruktion aus einer Befragung an hessischen Gesamtschulen.* Göttingen: Hogrefe.
Education Writers Association. (1990). *Training for Work: What the U.S. can learn from Europe.* Washington, DC: Education Writers Association.
Egloff, E. (1998). Das Kooperationsmodell der Berufswahlvorbereitung. In R. Zihlmann (Hrsg.), *Berufswahl in Theorie und Praxis* (S. 87-102). Zürich: Verlagsinstitut für Lehrmittel.
Ehrhardt, A. A., Meyer-Bahlburg, H. F. L., Bell, J. J., Susan, S. F., Healey, J. M., Stiel, R., Feldman, J. F., Morishima, A., & New, M. I. (1984). Idiopathic precocious puberty in girls: Psychiatric follow-up in adolescence. *Journal of the American Academy of Child Psychiatry, 23,* 23-33.
Eichhorn, D. H. (1966). *The middle school.* New York: Center for Applied Research in Education.
Eichorn, D. H. (1975). Asynchronizations in adolescent development. In S. E. Dragastin & G. H. Elder, Jr. (Eds.), *Adolescence in the life cycle: Psychological change and social context* (pp. 81-96). Washington, DC: Hemisphere.
Eisenstadt, S. N. (1956). *From generation to generation.* Glencoe, IL: The Free Press (dt. *Von Generation zu Generation.* München: Juventa, 1966).
Eisler, I. (1995). Family models of eating disorders. In G. Szmukler, C. Dare, & J. Treasure (Eds.), *Handbook of eating disorders. Theory, treatment and research* . New York: Wiley.
Ekholm, M. (1976). *Social utveckling i skolan. Studier och diskussion* (Research Report). Göteborg Studies in Educational Sciences.
Ekholm, M. (1980). Jämställdhet i skolan. *Att undervisa, 6,* 10-12.
Ekholm, M., Lander, R., & Wernersson, I. (1977). *Socialisation i skolan. Resultat fran en enkät* (Research Report). Göteborg Studies in Educational Sciences.
Elfering, A., Semmer, N. K., & Kälin, W. (2000). Stability and change in job satisfaction at the transition from vocational training into «real work». *Swiss Journal of Psychology, 59,* 256-271.
Elkind, D. (1967). Egocentrism in adolescence. *Child Development, 38,* 1025-1034 (dt. Egozentrismus in der Adoleszenz. In R. Döbert et al., Hrsg., *Entwicklung des Ichs,* S. 170-172. Meisenheim: Hain, 1980).
Elkind, D. (1985). Egocentrism redux. *Developmental Review, 5,* 218-226.
Elliott, D. S., & Morse, B. J. (1989). Delinquency and drug use as risk factors in teenage sexual activity. *Youth & Society, 21* (1), 32-60.
Elliott, G. R., & Feldman, S. S. (1990). Capturing the adolescent experience. In S. S. Feldman & G. R. Elliott (Eds.), *At the treshold. The developing adolescent* (pp. 1-13). Cambridge: Harvard University Press.
Emery, R. E., & Forehand, R. (1994). Parental divorce and children's well-being: A focus on resilience. In R. J. Haggerty, L. R. Sherrod, N. Garmezy, & M. Rutter (Eds.), *Stress, risk, and resilience in children and adolescents* (pp. 64-99). New York: Cambridge University Press.
Emnid. (1995). Was erwartet die Jugend vom Leben? Lebensträume, Werte und Wünsche der Jugendlichen in Ost- und West-Deutschland. Emnid-Umfrage im Auftrag von Das Beste. *Marketing Journal, 28,* 318-320.
Endepohls, M. (1995). Die Jugendphase aus der Sicht von Kindern und Jugendlichen: Krise oder Vergnügen? *Praxis der Kinderpsychologie und der Kinderpsychiatrie, 44,* 377-382.
Engel, U., & Hurrelmann, K. (1989). *Psychosoziale Belastung im Jugendalter. Empirische Befunde zum Einfluss von Familie, Schule und Gleichaltrigengruppe.* Berlin: de Gruyter.
Engelkamp, J., Crott, H., & Hellkamp, J. (1982). Sprachliche Kommunikation in Konfliktsituationen. *Zeitschrift für experimentelle und angewandte Psychologie, 29,* 24-45.
Enright, R. D., Lapsley, D. K., Drivas, A. E., & Fehr, L. A. (1980). Parental influences on the development of adolescent autonomy and identity. *Journal of Youth and Adolescence, 9,* 529-545.

Enright, R. D., Levy, V. M., Harris, D., & Lapsley, D. K. (1987). Do economic conditions influence how theorists view adolescents? *Journal of Youth and Adolescence, 16*, 541-559.

Ensign, J., Scherman, A., & Clark, J. J. (1998). The relationship of family structure and conflict to levels of intimacy and parental attachment in college students. *Adolescence, 33*, 575-582.

Epstein, H. T. (1974). Phrenoblysis: Special brain and mind growth periods. *Developmental Psychology, 7*, 207-216.

Epstein, S. (1973). The self-concept revisited: Or a theory of a theory. *American Psychologist, 5*, 404-416.

Epstein, S. (1985). The implications of cognitive-experiential self-theory for research in social psychology and personality. *Journal for the Theory of Social Behavior, 15*, 283-310.

Epstein, S. (1987). Implications of cognitive self-theory for psychopathology and psychotherapy. In N. Cheshire & H. Thomae (Eds.), *Self, symptoms, and psychotherapy* (pp. 43-58). New York: Wiley.

Erikson, E. H. (1950a). *Childhood and society.* New York: Norton (dt. *Kindheit und Gesellschaft.* Stuttgart: Klett-Cotta, 9. Aufl., 1984).

Erikson, E. H. (1950b). Growth and crises of the ‹healthy personality›. In M. J. E. Senn (Ed.), *Symposium on the healthy personality.* New York: Macy.

Erikson, E. H. (1959). *Identity and the life cycle* (dt. *Identität und Lebenszyklus.* Frankfurt am Main: Suhrkamp, 1977).

Erikson, E. H. (1968). *Identity. Youth and crisis.* New York: Norton (dt. *Jugend und Krise.* Weinheim: Klett-Cotta, 1981).

Erikson, E. H. (1982). *The life cycle completed. A review.* New York: Norton (dt. *Der vollständige Lebenszyklus.* Frankfurt am Main: Suhrkamp, 1988).

Essau, C. A., Karpinski, N. A., Petermann, F., & Conradt, J. (1998). Häufigkeit und Komorbidität psychischer Störungen bei Jugendlichen: Ergebnisse der Bremer Jugendstudie. *Zeitschrift für Klinische Psychologie, Psychiatrie und Psychotherapie, 46*, 105-124.

Evans, L., & Wasielewski, P. (1983). Risky driving related to driver and vehicle characteristics. *Accident Analysis and Prevention, 15*, 121-136.

Eveleth, P., & Tanner, J. M. (1976). *Worldwide variation in human growth.* New York: Cambridge University Press.

Ewert, O. M. (1983). *Entwicklungspsychologie des Jugendalters.* Stuttgart: Kohlhammer.

Ewert, O. M. (1984). Psychische Begleiterscheinungen des puberalen Wachstumsschubs bei männlichen Jugendlichen – eine retrospektive Untersuchung. *Zeitschrift für Entwicklungspsychologie und Pädagogische Psychologie, 16*, 1-11.

Fabian, L. J., & Thompson, J. K. (1989). Body image and eating disturbance in young females. *International Journal of Eating Disorders, 8*, 63-74.

Fahrenberg, B. (1986). Die Bewältigung der «empty nest situation» als Entwicklungsaufgabe der älterwerdenden Frau – eine Literaturanalyse. *Zeitschrift für Gerontologie, 19*, 323-335.

Fahrenkrug, H., & Rehm, J. (1995). Trinkkontexte und Freizeitaktivitäten in der Vorphase alkoholbezogener Strassenverkehrsunfälle junger Fahrerinnen und Fahrer in der Schweiz. *Sucht, 41*, 169-180.

Fairburn, C. G. (1995). Physiology of anorexia nervosa. In K. D. Brownell & C. G. Fairburn (Eds.), *Eating disorders and obesity. A comprehensive handbook* (pp. 251-254). New York: Guilford press.

Fairburn, C. G., & Beglin, S. J. (1990). Studies of the epidemiology of bulimia nervosa. *American Journal of Psychiatry, 147*, 401-408.

Falmagne, R. J., & Gonsalves, J. (1995). Deductive inference. *Annual Review of Psychology, 46*, 525-559.

Farberow, N. L. (Ed.). (1980). *The many faces of suicide: Indirect self-destructive behaviour.* New York: McGraw-Hill.

Farin, K., & Seidel-Pielen, E. (1993). Hooligan ist ein Versuch, die Jugend hinauszuzögern. In K. Farin & E. Seidel-Pielen (Hrsg.), *Ohne Gewalt läuft nichts, Jugend und Gewalt in Deutschland* (S. 175-188). Köln: Bund-Verlag.

Farrington, D. P. (1978). The family background of aggressive youths. In L. A. Hersov, M. Berger, & D. Schaffer (Eds.), *Aggression and antisocial behavior in childhood and adolescence* (pp. 73-93). Oxford: Pergamon.

Farrington, D. P., Loeber, R., van Kammen, W. B. (1990). Long-term criminal outcomes of hyperactivity-impulsivity-attention deficit and conduct problems in childhood. In L. N. Robins & M. Rutter (Eds.), *Straight and devious pathways from childhood to adulthood* (pp. 62-81). New York: Cambridge University Press.

Farrow, J. A. (1987). Young driver risk taking: A description of dangerous driving situations among 16- to 19-year old drivers. *International Journal of Addiction, 22*, 1255-1267.

Faust, M. S. (1960). Developmental maturity as a determinant in prestige of adolescent girls. *Child Development, 31*, 173-184.

Faust, M. S. (1983). Alternative constructions of adolescent growth. In J. Brooks Gunn & A. C. Petersen (Eds.), *Girls at puberty. Biological and psychosocial perspectives* (pp. 105-125). New York: Plenum Press.

Feagans, L. V., & Bartsch, K. (1993). A framework for

examining the role of schooling during early adolescence. In R. M. Lerner (Ed.), *Early adolescence* (pp. 129-142). Hillsdale, NJ: Erlbaum.

Federal Bureau of Investigation. (1976). *Uniform crime reports for the United States, 1975*. Federal Bureau of Investigation, Washington, DC: U. S. Government Printing Office.

Feiereis, H. (1996). Bulimia nervosa. In R. H. Adler, J. M. Herrmann, K. Köhle, O. W. Schönecke, & T. von Uexeküll (Hrsg.), *Psychosomatische Medizin* (S. 616-636). Schwarzenberg: Urban Verlag.

Feij, J. A., Whitely, W. T., Peiró, J. M., & Taris, T. W. (1995). The development of career-enhancing strategies and content innovation: A longitudinal study of new workers. *Journal of Vocational Behavior, 46*, 231-256.

Felder, W. (1989). Die Meinung von Scheidungskindern zur Kindszuteilung, Anhörung vor Gericht und Besuchsrechtsregelung – Befragung in Zürich. *Zeitschrift der Kinder- und Jugendpsychiatrie, 17*, 55-62.

Feldman, S. S., Gowen, L. K., & Fisher, L. (1998). Family relationships and gender as predictors of romantic intimacy in young adults: A longitudinal study. *Journal of Research on Adolescence, 8*, 263-286.

Feldman, S. S., Rosenthal, D. A., Mont-Reynaud, R., Leung, K., & Lau, S. (1991). Ain't misbehavin': Adolescent values and family environments as correlates of misconduct in Australia, Hong Kong and the United States. *Journal of Research on Adolescence, 1*, 109-134.

Feldman, S. S., Rubenstein, J. L., & Rubin, C. (1988). Depressive affect and restraint in early adolescents: Relationships with family structure, family process and friendship support. *Journal of Early Adolescence, 8*, 279-296.

Feldman, S. S., & Wood, D. N. (1994). Parents' expectations for preadolescent sons' behavioral autonomy: A longitudinal study of correlates and outcomes. *Journal of Research on Adolescence, 4*, 45-70.

Fend, H. (1990). *Vom Kind zum Jugendlichen. Der Übergang und seine Risiken* (Bd. I). Bern: Huber.

Fend, H. (1991a). *Identitätsentwicklung in der Adoleszenz*. Bern: Huber.

Fend, H. (1991b). *Zum Übergang von der Kindheit zur Adoleszenz*. Vortragsmanuskript vom 7.2.1991.

Fend, H. (1994). *Die Entdeckung des Selbst und die Verarbeitung der Pubertät*. Bern: Huber.

Fend, H. (1997). *Der Umgang mit Schule in der Adoleszenz. Aufbau und Verlust von Lernmotivation, Selbstachtung und Empathie*. Bern: Huber.

Fend, H. (1998). *Eltern und Freunde. Soziale Entwicklung im Jugendalter*. Bern: Huber.

Fend, H. (2000). *Entwicklungspsychologie des Jugendalters. Ein Lehrbuch für pädagogische und psychologische Berufe*. Opladen: Leske + Budrich.

Fenzel, L. M., Blyth, D. A., & Simmons, R. G. (1991). Secondary school transitions. In R. M. Lerner, A. C. Petersen, & J. Brooks-Gunn (Eds.), *Encyclopedia of adolescence* (pp. 970-973). New York: Galand.

Fergusson, D. M., & Lynskey, M. T. (1996). Adolescent resiliency to family adversity. *Journal of Psychology and Psychiatry, 37*, 281-292.

Fernández-Aranda, F. E. (1996). *Körperwahrnehmung und -zufriedenheit bei Bulimia und Anorexia nervosa: Eine empirische Vergleichsstudie vor und nach stationärer Psychotherapie*. Unveröffentlichte Dissertation, Universität Hamburg.

Ferron, C., Cordonier, D., Schalbetter, P., Delbos-Piot, I., & Michaud, P.-A. (1997). *La santé des jeunes en rupture d'apprentissage: une recherche-action sur les modalités de soutien, les déterminants de la santé et les facteurs favorisant une réinsertion socio-professionnelle*. Lausanne: IUMSP.

Fichter, M. M. (1984). Epidemiologie der Anorexia nervosa und Bulimia. *Aktuelle Ernährungsmedizin, 9*, 8-13.

Fichter, M. M., & Noegel, R. (1990). Concordance for bulimia nervosa in twins. *International Journal of Eating Disorders, 9*, 255-263.

Fichter, M., M., & Warschburger, P. (1997). Essstörungen. In F. Petermann (Hrsg.), *Lehrbuch der Klinischen Kinderpsychologie: Erklärungsansätze und Interventionsverfahren* (S. 455-483). Göttingen: Hogrefe Verlag.

Filipp, S. H. (1982). Kritische Lebensereignisse als Brennpunkte einer Angewandten Entwicklungspsychologie des mittleren und höheren Erwachsenenalters. In R. Oerter & L. Montada (Hrsg.), *Entwicklungspsychologie* (S. 769-790). München: Urban & Schwarzenberg.

Filipp, S. H. (Hrsg.). (1981). *Kritische Lebensereignisse*. München: Urban & Schwarzenberg.

Finkelstein, J. W. (1980). The endocrinology of adolescence. *Pediatric Clinics of North-America, 27*, 53-69.

Finn, P., & Bragg, W. E. (1986). Perception of the risk of an accident by young and older drivers. *Accident Analysis and Prevention, 18*, 289-298.

Fischer, A. (1992). Zum Tabellenteil. In Jugendwerk der Deutschen Shell (Hrsg.), *Jugend `92. Lebenslagen, Orientierungen und Entwicklungsperspektiven* (Bd. 4, Methodenberichte – Tabellen – Fragebogen, S. 119-220). Opladen: Leske + Budrich.

Fischer, A. (1997). Engagement und Politik. In Jugendwerk der Deutschen Shell (Hrsg.), *Jugend `97. Zukunftsperspektiven, Gesellschaftliches Engagement, Politische Orientierungen* (S. 303-341). Opladen: Leske + Budrich.

Fischer, A., & Stein, H. H. (1985). Zum Tabellenteil. In

Jugendwerk der Deutschen Shell (Hrsg.), *Jugendliche + Erwachsene `85. Generationen im Vergleich* (Bd. 5, Arbeitsbericht und Dokumentation, S. 137-324). Opladen: Leske + Budrich.

Fisher, L. A., & Bauman, K. E. (1988). Influence and selection in the friend-adolescent relationship: Findings from studies of adolescent smoking and drinking. *Journal of Applied Social Psychology, 18*, 289-314.

Fitch, G. (1970). Effects of self-esteem, perceived performance, and choice on causal attributions. *Journal of Personality and Social Psychology, 16*, 311-315.

Fitzgerald, J. M. (1991). Memory. In R. M. Lerner, A. C. Petersen, & J. Brooks-Gunn (Eds.), *Encyclopedia of adolescence* (Vol. II, pp. 627-630). New York: Garland.

Fitzgerald, M., Joseph, A. P., Hayes, M., & O'Regan, M. (1995). Leisure activities of adolescent schoolchildren. *Journal of Adolescence, 18*, 349-358.

Flammer, A. (1970). *Transfer und Korrelation.* Weinheim: Beltz.

Flammer, A. (1972). Zur Generalisierbarkeit von Leistungstests innerhalb des deutschen Sprachraums. *Vierteljahrsschrift für Heilpädagogik und ihre Nachbargebiete, 41*, 235-241.

Flammer, A. (1973). Individuelle Differenzen im Lernen nach der «Mastery Learning»-Strategie. *Zeitschrift für Experimentelle und Angewandte Psychologie, 20*, 529-546.

Flammer, A. (1975a). *Individuelle Unterschiede im Lernen.* Weinheim: Beltz.

Flammer, A. (1975b). Zur Geschichte der experimentellen Lernforschung – Erkenntnisgewinn oder Suche nach dem Ansatz? *Zeitschrift für Erziehungswissenschaftliche Forschung, 9*, 127-142.

Flammer, A. (1977). Der Mensch: Natur, Kultur. In A. Flammer, R. Friedli, G. Gaudard, R. Lucchini, E. Nickel, & F. Wubbe (Eds.), *Où va la culture?* (pp. 53-72). Freiburg/Schweiz: Universitätsverlag.

Flammer, A. (1987). Discourse processing and instruction. In E. DeCorte, H. Lodewijks, R. Parmentier, & P. Span (Eds.), *Learning and instruction* (pp. 391-396). New York: Pergamon.

Flammer, A. (1990). *Erfahrung der eigenen Wirksamkeit. Einführung in die Psychologie der Kontrollmeinung.* Bern: Huber.

Flammer, A. (1991). Entwicklungsaufgaben als Rituale? Entwicklungsaufgaben anstelle von Ritualen? In G. Klosinski (Hrsg.), *Pubertätsriten – Äquivalente und Defizite in unserer Gesellschaft* (S. 89-101). Bern: Huber.

Flammer, A. (1992). Entwicklungsaufgaben als gesellschaftliche Eintrittskarten. In H. Mandl, M. Dreher, & H. J. Kornadt (Hrsg.), *Entwicklung und Denken* (S. 119-128). Göttingen: Hogrefe.

Flammer, A. (1996). *Entwicklungstheorien. Psychologische Theorien der menschlichen Entwicklung* (2. Aufl.). Bern: Huber.

Flammer, A. (1999). Unabhängigkeit, Selbständigkeit und abhängige Selbständigkeit. *Vierteljahrsschrift für Heilpädagogik und ihre Nachbarwissenschaften, 68*, 130-147.

Flammer, A., & Alsaker, F. D. (in press). Adolescents in school. In L. Goossens & S. Jackson (Eds.), *Handbook of adolescent development: European perspectives.* Hove, UK: Psychology Press.

Flammer, A., Alsaker, F. D., & Neuenschwander, A. (1999, April). Children's and adolescents' causal attributions to friendship events. In B. Schneider & F. D. Alsaker, *«The cognitive substratum of children's friendships».* Symposium at the biennial meetings of the Society for Research in Developmental Psychology, Albuquerque, USA.

Flammer, A., Alsaker, F. D., & Noack, P. (1999). Time-use by adolescents in an international perspective. I: The case of leisure activities. In F. D. Alsaker & A. Flammer (Eds.), *The adolescent experience. European and American adolescents in the 1990s* (pp. 33-60). Hillsdale, NJ: Erlbaum.

Flammer, A., App, U., & de Pretto, J. (1977). Zur Äquivalenz von Intelligenztests bei zwölfjährigen Schweizer Kindern. *Vierteljahrsschrift für Heilpädagogik und ihre Nachbargebiete, 46*, 29-36.

Flammer, A., & Avramakis, J. (1992). Developmental tasks – Where do they come from? In M. von Cranach, G. Mugny, & W. Doise (Eds.), *Social representations and the social bases of knowledge* (pp. 56-63). Bern: Huber.

Flammer, A., Grob, A., Lüthi, R., & Kaiser, F. G. (1989). *Kontrollattributionen und Wohlbefinden von Schweizer Jugendlichen II* (Forschungsbericht Nr. 1989-4). Schweiz: Universität Bern, Institut für Psychologie.

Flammer, A., & Kintsch, W. (Eds.). (1982). *Discourse Processing.* Amsterdam: North-Holland.

Flammer, A., Neuenschwander, M. P., & Grob, A. (1995). *Sekundäre Kontrolle. Ein Vergleich mit verwandten Konzepten* (Forschungsbericht Nr. 1995-1). Schweiz: Universität Bern, Institut für Psychologie.

Flammer, A., & Tschanz, U. (1997). Ein typischer Schülertag. In A. Grob (Hrsg.), *Kinder und Jugendliche heute: belastet – überlastet?* (S. 53-68). Zürich: Rüegger.

Flanagan, C. A. (1986). *Early adolescent needs and family decision-making environments: A study of person-environment fit.* Paper presented to the annual meeting of the American Educational Research Association, San Francisco.

Flanagan, C. A., Schulenberg, J., & Fuligni, A. (1991). Parent-adolescent relationships during the college *years.* Unpublished manuscript, University of Michigan.

Flannery, D. J., Montemayor, R., Eberly, M., & Torquati, J. (1993). Unraveling the ties that bind: affective expression and perceived conflict in parent-adolescent interactions. *Journal of Social and Interpersonal Relationships, 10,* 495-509.

Flavell, J. H., & Wellman, H. M. (1977). Metamemory. In R. V. Kail & J. W. Hagen (Eds.), *Perspectives on the development of memory and cognition* (pp. 3-34). Hillsdale, NJ: Erlbaum.

Fleiner-Gerster, T., Gilliand, P., & Lüscher, K. (Hrsg.). (1991). *Familien in der Schweiz.* Freiburg/Schweiz: Universitätsverlag.

Fleming, J. E., & Offord, D. R. (1990). Epidemiology of childhood depressive disorders: a critical review. *Journal of the American Academy of Child Psychiatry, 29,* 571-580.

Flynn, J. R. (1987). Massive IQ gains in 14 nations: What IQ tests really measure. *Psychological Bulletin, 101,* 171-191.

Fogelman, K. (1976). *Britain's 16-year-olds.* London: National Children's Bureau.

Foligni, A. J. (1991). *Parent-adolescent conflict in Japan, Taiwan, Hungary and the United States.* Paper presented at the biennial meetings of the ISSBD in Minneapolis, USA.

Forehand, R. (1992). Parental divorce and adolescent maladjustment: scientific inquiry vs. public information. Invited Essay. *Journal of Research Therapy, 30,* 319-327.

Forehand, R., Neighbors, B., & Wierson, M. (1991). The transition to adolescence: the role of gender and stress in problem behavior and competence. *Journal of Child Psychology and Psychiatry, 32,* 929-937.

Forsyth, A. J. M., Barnard, M., & McKeganey, N. P. (1997). Musical preference as an indicator of adolescent drug use. *Addiction, 92,* 1317-1325.

Frank, L. (1944). Introduction: Adolescence as a period of transition. *Forty-third yearbook of the national society for the study of education* (Part I, Ch. 1). Chicago: University of Chicago Press.

Franklin, J., & Blacklock, A. (1987). Special Report: Vocational youth education and training in Europe. *Journal of European Industrial Training, 11* (3), 26-32.

Freeman, A., & Reinecke, M. A. (1993). *Cognitive therapy of suicidal behavior. A manual for treatment.* New York: Springer.

Freeman, D. (1983). *Margaret Mead and Samoa. The making and unmaking of an anthropological myth.* Boston: Harvard University Press.

Freeman, R., & Wise, D. (Eds.). (1982). *The youth labor market problem: Its nature, causes, and consequences.* Chicago: University of Chicago Press.

Freud, A. (1936). *The Ego and the mechanisms of defence.* New York: International Universities Press (dt. *Das Ich und die Abwehrmechanismen.* Wien: Psychoanalytischer Verlag, 1936).

Freud, A. (1958). Adolescence. *Psychoanalytic Study of the Child, 13,* 255-278.

Freud, A. (1969). Adolescence as a developmental disturbance. In G. Caplan & S. Lebovici (Eds.), *Adolescence* (pp. 52-56). New York: Basic.

Freud, S. (1904/5). *Drei Abhandlungen zur Sexualtheorie* [Nachdruck. Frankfurt: Fischer, 1964].

Freud, S. (1917). *Vorlesungen zur Einführung in die Psychoanalyse* [Nachdruck. Frankfurt: Fischer, 1981].

Freud, S. (1938). *Abriss der Psychoanalyse* [Nachdruck. Frankfurt: Fischer, 1964].

Frey, C. (1990). Suizidalität in der Adoleszenz. *Schweizerische Ärztezeitung, 41,* 1696-1701.

Friebel, H. (1987). Wunschberuf, Berufsstart und Arbeitslosigkeit. Objektive Setzung und subjektiver Sinn im Prozess der Jugend. *Soziale Welt, 38,* 350-364

Frischknecht, E. (1985). *Die Berufsberater, ihre Tätigkeit und Arbeitssituation: Eine repräsentative Untersuchung über die allgemeine, öffentliche Berufsberatung in der deutschsprachigen Schweiz.* Zürich: Schweizerischer Verband für Berufsberatung.

Fritzsche, Y. (1997). Jugendkulturen und Freizeitpräferenzen: Rückzug vom Politischen? In Jugendwerk der Deutschen Shell (Hrsg.), *Jugend '97. Zukunftsperspektiven, Gesellschaftliches Engagement, Politische Orientierungen* (S. 343-377). Opladen: Leske + Budrich.

Fritzsche, Y. (2000). Modernes Leben: gewandelt, vernetzt und verkabelt. In Deutsche Shell (Hrsg.), *Jugend 2000* (S. 181-220). Opladen: Leske + Budrich.

Frydenberg, E., & Lewis, R. (1991). Adolescent coping: The different ways in which boys and girls cope. *Journal of Adolescence, 14,* 119-133.

Fthenakis, W. E. (2000). Kommentar zu Ulrich Schmidt-Denters «Entwicklung von Trennungs- und Scheidungsfamilien». In K. A. Schneewind (Hrsg.), *Familienpsychologie im Aufwind* (S. 222-229). Göttingen: Hogrefe.

Fuchs-Heinritz, W. (2000). Zukunftsorientierung und Verhältnis zu den Eltern. In Deutsche Shell (Hrsg.), *Jugend 2000* (S. 23-92). Opladen: Leske + Budrich.

Fuhrmann, T., & Holmbeck, G. N. (1995). A contextual moderator analysis of emotional autonomy adjustment in adolescence. *Child Development, 66,* 793-811.

Furman, W., & Buhrmester, D. (1985). Children's perceptions of the personal relationships in their soci-

al networks. *Developmental Psychology, 21,* 1016-1024.
Furman, W., & Robbins, P. (1985). What's the point? Issues in the selection of treatment objectives. In B. H. Schneider, K. H. Rudin, & J. E. Ledingham (Eds.), *Children's peer relations: Issues in assessment and intervention* (pp. 41-54). New York: Springer.
Furman, W., & Wehner, E. A. (1994). Romantic views: Toward a theory of adolescent romantic relationships. In R. Montemayor, G. R. Adams, & T. P. Gullotta (Eds.), *Personal relationships during adolescence* (pp. 168-195). Thousand Oak: Sage.
Furman, W., & Wehner, E. A. (1997). Adolescent romantic relationships: A developmental perspective. In S. Shulman & W. A. Collins (Eds.), *Romantic relationships in adolescence: Developmental perspectives* (pp. 21-36). San Francisco: Jossey Bass.
Furnham, A. (1994). The psychosocial consequences of youth unemployment. In A. C. Petersen & J. T. Mortimer (Eds.), *Youth unemployment and society* (pp. 199-223). Cambridge: University Press.
Furstenberg, F. E., Peterson, J. L., Nord, C. W., & Zill, N. (1983). The life course of children of divorce: Marital disruption and parental contact. *American Sociological Review, 48,* 656-668.
Gaddis, A., & Brooks-Gunn, J. (1985). The male experience of pubertal change. *Journal of Youth and Adolescence, 14,* 61-70.
Gager, P. J., & Elias, M. J. (1997). Implementing prevention programs in high-risk environments: Application of the resiliency paradigm. *American Journal of Orthopsychiatry, 67,* 363-373.
Gallagher, S. S., Finison, K., Guyer, B., & Goodenough, S. (1984). The incidence of injuries among 87 000 Massachusetts children and adolescents: Results of the 1980-1981 statewide childhood injuries prevention program surveillance system. *American Journal of Public Health, 74,* 1340-1347.
Garbarino, J. (1979). Entwicklung im Jugendalter: eine ökologische Perspektive. In L. Montada (Hrsg.), *Brennpunkte der Entwicklungspsychologie* (S. 300-312). Stuttgart: Kohlhammer.
Garbarino, J., Sebes, J., & Schellenbach, C. (1984). Families at risk for destructive parent-child relations in adolescence. *Child Development, 55,* 174-183.
Garfinkel, P. E., Goldbloom, D., Davis, R., Olmsted, M. P., Garner, D. M., & Halmi, K. A. (1992). Body dissatisfaction in bulimia nervosa: Relationship to weight and shape concerns and psychological functioning. *International Journal of Eating Disorders, 11,* 151-161.
Garmezy, N. (1985). Stress resistant children: The search for protective factors. In J. Stevenson (Ed.), *Recent research in developmental psychopathology.* Oxford: Pergamon Press.
Garmezy, N. (1991). Resilience in children's adaptation to negative life events and stressed environments. *Pediatric Annals, 20,* 456-466.
Garn, S. M., & Clark, D. C. (1976). Trends in fatness and the origins of obesity. *Pediatrics, 57,* 443-456.
Garner, D. M., & Bemis, K. M. (1982). A cognitive-behavioral approach to anorexia nervosa. *Cognitive Therapy and Research, 6,* 123-150.
Garrett, H. E., Bryan, A. I., & Perl, R. E. (1935). The age factor in mental organization. *Archives of Psychology, 26,* 1-32.
Garwood, S. G., & Allen, L. (1979). Self-concept and identified problem differences between pre- and postmenarcheal adolescents. *Journal of Clinical Psychology, 35,* 528-537.
Geissler, K. A., & Orthey, F. M. (1998). *Der grosse Zwang zur kleinen Freiheit. Berufliche Bildung im Modernisierungsprozeß.* Stuttgart: Hirzel.
Gergen, K. (1979). Selbstkonzept und Sozialisation des aleatorischen Menschen. In L. Montada (Hrsg.), *Brennpunkte der Entwicklungspsychologie* (S. 358-373). Stuttgart: Kohlhammer.
Gerlinghoff, M., Backmund, H., & Mai, N. (1999). *Magersucht und Bulimie. Verstehen und bewältigen.* Weinheim: Beltz Psychologie Verlags Union.
Gershon, E. S., Hamovit, J., Guroff, J. J., Dibble, E., Leckman, J., Sceery, W., Targum, S., Nurnberger, J., Goldin, L., & Bunney, N. (1982). A family study of schizoaffective, bipolar I, bipolar II, unipolar, and normal control probands. *Archives of General Psychiatry, 39,* 1157-1167.
Gestrich, A. (1999). *Geschichte der Familie im 19. und 20. Jahrhundert.* München: Oldenbourg.
Gibbons, J. L., Stiles, D. A., Lynn, M., Collins, H., & Phylaktou, P. (1993). Matching future careers to possible selves. Adolescent girls' occupational alternatives in cross-national perspective. *Comenius, 52,* 390-409.
Giesecke, H. (1981). *Vom Wandervogel bis zur Hitlerjugend.* München: Juventa.
Gilges, M. (1992). *Lesewelten. Geschlechtsspezifische Nutzung von Büchern bei Kindern und Erwachsenen.* Bochum: Brockmeyer.
Gille, M. (1995). Werteorientierungen und Geschlechtsrollenorientierungen im Wandel. In U. Hoffmann-Lange (Hrsg.), *Jugend und Demokratie in Deutschland. DJI-Jugendsurvey I* (S. 109-158). Opladen: Leske + Budrich.
Gillis, J. R. (1974). *Youth and history.* New York: Academic (dt. *Geschichte der Jugend.* Weinheim: Beltz, 1980).
Ginzberg, E. et al. (1951). *Occupational choice.* New York: Columbia.
Girod, R., Dupont, J. B., & Weiss, P. (1987). L'éventail des connaissances – Rekrutenprüfungen 1984. Päda-

gogische Rekrutenprüfungen (Bd. 9). Aarau: Sauerländer.

Gjerde, P. F. (1986). The interpersonal structure of family interaction settings: Parent-adolescent relations in dyads and triads. *Developmental Psychology, 22,* 297-304.

Glodis, K. A., & Blasi, A. (1993). The sense of self and identity among adolescents and adults. *Journal of Adolescent Research, 8,* 356-380.

Goldbloom, D. S., & Kennedy, S. H. (1995). Medical complications of anorexia nervosa. In K. D. Brownell & C. G. Fairburn (Eds.), *Eating disorders and obesity. A comprehensive handbook* (pp. 266-270). New York: Guilford press.

Goldscheider, F. K., & DaVanzo, J. (1989). Pathways to independent living in early adulthood: Marriage, semiautonomy, and premarital residential independence. *Demography, 26,* 597-614.

Goldscheider, F. K., & Goldscheider, C. (1989). Family structure and conflict: Nest-leaving expectations of young adults and their parents. *Journal of Marriage and the Family, 51,* 87-97.

Goldscheider, F. K., & Goldscheider, C. (1999). *The changing transition to adulthood: Leaving and returning home.* Thousand Oaks, CA: Sage.

Gonon, P. (1997). Berufsbildung. *Zeitschrift für Pädagogik, 36* (Beiheft), 151-184.

Goodwin, D. W., Schulsinger, F., & Knop, J. (1977). Psychopathology in adopted and non-adopted daughters of alcoholics. *Archives of General Psychiatry, 34,* 1005-1009.

Gottfredson, D. (1985). Youth employment, crime, and schooling: A longitudinal study of a national sample. *Developmental Psychology, 21,* 419-432.

Gottfried, A. E., & Gottfried, A. W. (1996). A longitudinal study of academic intrinsic motivation in intellectually gifted children: childhood through early adolescence. *Gifted Child Quarterly, 40,* 179-183.

Gottlieb, D., & Chafetz, J. S. (1977). Dynamics of familial generational conflict and reconciliation. *Youth and Society, 9,* 213-224.

Gould, M. S., Shaffer, D., & Davies, M. (1991). Truncated pathways from childhood into adulthood: Attrition in follow-up studies due to death. In L. N. Robins & M. Rutter (Eds.), *Straught and devious pathways from childhood into adulthood* (pp. 3-9). New York: Cambridge University Press.

Graber, J. A., & Archibald, A. B. (2001). Psychological change at puberty and beyond: Understanding adolescent sexuality and sexual orientation. In A. R. D'Augelli & C. J. Patterson (Eds.), *Lesbian, gay, and bisexual identities and youth* (pp. 1-26). New York: Oxford University Press.

Graber, J. A., Brooks-Gunn, J., Paikoff, R. L., & Warren, M. P. (1994). Prediction of eating problems: An 8-year study of adolescent girls. *Developmental Psychology, 30,* 823-834.

Graham, P., Rutter, M., & George, S. (1973). Temperamental characteristics as predictors of behavior disorders in children. *American Journal of Orthopsychiatry, 43,* 328-339.

Granboulan, V., Rabain, D., & Basquin, M. (1995). The outcome of adolescent suicide attempts. *Acta Psychiatrica Scandinavica, 91,* 265-270.

Gray, M. R., & Steinberg, L. (1999). Unpacking authoritative parenting: Reassessing a multidimensional construct. *Journal of Marriage and the Family, 61,* 574-587.

Greenberg, L. S., Rice, L., & Elliott, R. (1993). *Facilitating emotional change: The moment to moment processes.* New York: Guilford.

Greenberger, E., & Steinberg, L. (1981). The workplace as a context for the socialization of youth. *Journal of Youth and Adolescence, 10,* 185-210.

Greenberger, E., & Steinberg, L. (1986). *When teenagers work: The psychological and social costs of adolescent employment.* New York: Basic Books.

Greenberger, E., Steinberg, L., & Ruggiero, M. (1982). A job is a job is a job . . . Or is it? Behavioral observations in the adolescent workplace. *Work & Occupations, 9,* 79-96.

Greenberger, E., Steinberg, L., & Vaux, A. (1981). Adolescents who work: Health and behavioral consequences of job stress. *Developmental Psychology, 17,* 691-703.

Greene, A. L., & Adams-Price, C. (1990). Adolescents' secondary attachments to celebrity figures. *Sex Roles, 23,* 335-347.

Greene, A. L., & Boxer, A. M. (1986). Daugthers and sons as young adults: Restructuring the ties that bind. In N. Datan, A. L. Greene, & H. W. Reese (Eds.), *Life-span developmental psychology: Intergenerational relations* (pp. 125-148). Hillsdale, NJ: Erlbaum.

Greene, A. L., & Grimsley, M. D. (1990). Age and gender differences in adolescents' preferences for parental advice: Mum's the word. *Journal of Adolescent Research, 5,* 396-413.

Greene, A. L., & Wheatley, S. M. (1992). «I've got a lot to do and I don't think I'll have the time»: Gender differences in late adolescents' narratives of the future. *Journal of Youth and Adolescence, 6,* 667-686.

Greenwald, A. G. (1982). Is anyone in charge? Personalysis versus the principle of personality unity. In J. Suls (Ed.), *Psychological perspectives on the self* (Vol. 1). Hillsdale, NJ: Erlbaum.

Greif, E. B., & Ulman, K. J. (1982). The psychological impact of menarche on early adolescent females: A review of the literature. *Child Development, 53*, 1413-1430.

Griese, H. M. (1982). *Sozialwissenschaftliche Jugendtheorien* (2. Aufl.). Weinheim: Beltz.

Grisset, N. I., & Norvell, N. K. (1992). Perceived social support, social skills, and quality of relationships in bulimic women. *Journal of Consulting and Clinical Psychology, 2*, 293-299.

Grob, A. (1991). Der Einfluss bedeutsamer Lebensereignisse auf das Wohlbefinden und die bereichsspezifischen Kontrollmeinungen von Jugendlichen. *Schweizerische Zeitschrift für Psychologie, 50*, 48-63.

Grob, A., & Bodmer, N. (1992). *Personal control, daily hassles, coping strategies and well-being in Swiss adolescents.* Paper presented at the Vth European Conference on Developmental Psychology, Sevilla.

Grob, A., Bodmer, N., & Flammer, A. (1993). *Living conditions and the development of adolescents in Europe: The case of Switzerland* (Research Report Nr. 1993/5). Berne, Switzerland: University of Berne, Department of Psychology.

Grob, A., & Flammer, A. (1997). Der Berner Jugendlängsschnitt: Design und ausgewählte Ergebnisse [The Berne longitudinal study: Design and selected findings]. *Zeitschrift für Sozialisationsforschung und Erziehungssoziologie, 17*, 244-255.

Grob, A., Flammer, A., & Neuenschwander, M. P. (1992). *Kontrollattributionen und Wohlbefinden von Schweizer Jugendlichen III. Dokumentation der Quer-Längsschnitt-Sequenz; Erhebungszeitpunkte 1986, 1988, 1990* (Forschungsbericht Nr. 1992-4). Schweiz: Universität Bern, Institut für Psychologie.

Grob, A., Flammer, A., & Rhyn, H. (1995). Entwicklungsaufgaben als soziale Normsetzung: Reaktionen Erwachsener auf Lösungsmodi von Entwicklungsaufgaben Jugendlicher. *Zeitschrift für Sozialisationsforschung und Erziehungssoziologie, 15*, 45-62.

Grob, A., Stetsenko, A., Sabatier, C., & Botcheva, L. (1999). A cross-national model of subjective well-being in adolescence. In F. D. Alsaker & A. Flammer (Eds.), *The adolescent experience. European and American adolescents in the 1990s* (pp. 115-130). Hillsdale, NJ: Erlbaum.

Groeger, J. A., & Brown, I. D. (1989). Assessing one's own and others' driving ability: Influences of sex, age, and experience. *Accident Analysis and Prevention, 21*, 155-168.

Groen, G., & Petermann, F. (1998). Depression. In F. Petermann, M. Kusch, & K. Niebank (Hrsg.), *Entwicklungspsychopathologie* (S. 327-361). Weinheim: Beltz.

Grotevant, H. D. (1987). Toward a process of identity formation. *Journal of Adolescent Research, 2*, 203-222.

Grotevant, H. D., & Cooper, C. R. (1985). Patterns of interaction in family relationships and the development of identity exploration in adolescence. *Child Development, 56*, 415-428.

Grotevant, H. D., & Cooper, C. R. (1986). Individuation in family relationships. *Human Development, 29*, 82-100.

Grotpeter, J. K., & Crick, N. R. (1996). Relational aggression, overt aggression, and friendship. *Child Development, 67*, 2328-2338.

Grundmann, M. (1996). Historical context of father absence: Some consequences for the family formation of German men. *International Journal of Behavioral Development, 19*, 415-431.

Grygielski, M. (1993). Parental communication patterns and adolescents' identification with parents. *Polish Psychological Bulletin, 24*, 231-241.

Haan, N. (1974). The adolescent's ego model of coping and defense and comparisons with Q-sorted ideal personalities. *Genetic Psychology Monographs, 89*, 273-306.

Haan, N. (1977). *Coping and defending. Processes of self-environment organization.* New York: Academic.

Hackett, G. (1993). Self-efficacy in career choice and development. In A. Bandura (Ed.), *Self-efficacy in changing societies* (pp. 232-258). New York: Cambridge University Press.

Haeckel, E. (1866). *Generelle Morphologie der Organismen.* Berlin: Reimer.

Häfeli, K., Frischknecht, E., & Stoll, F. (1981). *Schweizer Lehrlinge zwischen Bildung und Produktion.* Muri: Cosmos-Verlag.

Häfeli, K., Kraft, U., & Schallberger, U. (1988). *Berufsausbildung und Persönlichkeitsentwicklung.* Bern: Huber.

Häfeli, R. (1992). Der personenzentrierte Ansatz als Beratungsmodell in der Berufsberatung. *Berufsberatung und Berufsbildung, 77*, 38-43.

Hagestad, G. O. (1979). *Patterns of communication and influence between grandparents and grandchildren in a changing society.* Paper presented at the World Congress of Sociology, Uppsala, Sweden.

Hahn, T. (1996). Jugendliche Arbeitslose. Zwischen sozialer Ausgrenzung und individuellen Integrationsbemühungen. In J. Mansel & A. Klocke (Hrsg.), *Die Jugend von heute. Selbstanspruch, Stigma und Wirklichkeit* (S. 174-192). Weinheim: Juventa.

Hain, J. R., Ryan, D. M., & Spitz, W. U. (1989). Fatal accidents and blood levels in adolescents and adults. *American Journal of Forensic Medical Pathology, 10*, 187-192.

Hakim-Larson, J., & Hobart, C. J. (1987). Maternal regulation and adolescent autonomy: Mother-daughter resolution of story conflicts. *Journal of Youth and Adolescence, 16*, 153-166.

Hale, S. (1990). A global developmental trend in cognitive processing speed. *Child development, 61,* 653-663.

Haley, J. (1980). *Leaving home.* New York: McGraw-Hill (dt. *Ablösungsprobleme Jugendlicher.* München: Pfeiffer, 1981).

Hall, G. S. (1904). *Adolescence.* New York: Appleton.

Hallinan, M. T. (1994). School differences in tracking: Effects on achievement. *Social Forces, 72,* 799-820.

Halperin, S. F., Bass, J. L., Mehta, K. A., & Betts, K. D. (1983). Unintentional injuries among adolescents and young adults: A review and analysis. *Journal of Adolescent Health Care, 4,* 275-281.

Halpern, C. T., & Udry, J. R. (1992). Variations in adolescent hormones measures and implications for behavioral research. *Journal of Research on Adolescence, 2,* 103-122.

Halpern, H. (1976). *Cutting loose* (dt. *Abschied von den Eltern. Eine Anleitung für Erwachsene, die Beziehungen zu den Eltern zu normalisieren.* Hamburg: ISKO, 1978).

Hamilton, M. (1982). Symptoms and assessment of depression. In E. Paykel (Ed.), *Handbook of affective disorders* (pp. 3-11). Edinburgh: Churchill Livingstone.

Hamilton, S. F. (1994). Employment prospects as motivation for school achievement: Links and gaps between school and work in seven countries. In R. K. Silbereisen & E. Todt (Eds.), *Adolescence in context: The interplay of family, school, peers, and work in adjustment* (pp. 267-283). Berlin: Springer.

Hamilton, S. F., & Lempert, W. (1996). The impact of apprenticeship on youth: A prospective analysis. *Journal of Research on Adolescence, 6,* 427-456.

Hammen, C. (1991, April). *Mother-child interactions in families of depressed women.* Paper presented at the biennial meetings of the Society for Research in Child Development, Seattle, WA, USA.

Hammen, C. (2000). Interpersonal factors in an emerging developmental model of depression. In S. L. Johnson, A. M. Hayes, T. M. Field, N. Schneiderman, & P. M. McCabe (Eds.), *Stress, coping, and depression* (pp. 71-88). Mahwah, NJ: Erlbaum.

Hammen, C., Burge, D., Burney, E., & Adrian, C. (1990). Longitudinal study of diagnoses in children of women with unipolar and bipolar affective disorders. *Archives of General Psychiatry, 47,* 465-474.

Hammen, C. L., Burge, D., Daley, S. E., Davila, J., Paley, B., & Rudolph, K. D. (1995). Interpersonal attachment cognitions and prediction of symptomatic responses to interpersonal stress. *Journal of Abnormal Psychology, 104,* 436-443.

Harkins, E. (1978). Effects of empty nest transition on self report of psychological and physical well-being. *Journal of Marriage and the Family, 40,* 549-558.

Harrington, R. (1993). *Depressive disorder in childhood and adolescence.* Chichester: John Wiley & Sons.

Harrington, R., Fudge, H., Rutter, M., Pickles, A., & Hill, J. (1990). Adult outcomes of childhood and adolescent depression. *Archives of General Psychiatry, 47,* 465-473.

Harris, S. M., Gold, S. R., & Henderson, B. B. (1991). Relationship between achievement and affiliation needs and sex-role-identity. *Perceptual and Motor Skills, 72,* 1307-1315.

Hart, D. (1988). The adolescent self-concept in social context. In D. K. Lapsley & F. C. Power (Eds.), *Self, ego, and identity* (pp. 71-90). New York: Springer.

Harter, S. (1982). The perceived competence scale for children. *Child Development, 53,* 87-97.

Harter, S. (1983). Developmental perspectives on the self-system. In E. M. Hetherington (Ed.), *Handbook of child psychology: Socialization, personality, and social development* (Vol. 4, pp. 275-385). New York: Wiley.

Harter, S. (1986). Processes underlying the construction, maintenance and enhancement of the self-concept in children. In J. Suls & A. G. Greenwald (Eds.), *Psychological perspectives on the self* (Vol. 3, pp. 137-181). Hillsdale, NJ: Erlbaum.

Harter, S. (1990). Causes, correlates, and the functional role of self-worth: A life-span perspective. In R. J. Sternberg & J. Kollogoan, Jr. (Eds.), *Competence considered* (pp. 67-97). New Haven, CT: Yale University Press.

Harter, S. (1998). The development of self-representations. In W. Damon (Ed.), *Handbook of child psychology: Vol. 3. Social, emotional and personality development* (pp. 553-617). New York: John Wiley & Sons.

Harter, S. (1999). *The construction of the self. A developmental perspective.* New York: The Guilford Press.

Harter, S., Whitesell, N. R., & Kowalski, P. S. (1992). Individual differences in the effects of educational transitions on young adolescents' perceptions of competence and motivational orientation. *American Educational Research Journal, 29,* 777-807.

Hartup, W. W. (1983). Peer relations. In P. H. Mussen (Ed.), *Handbook of child psychology* (4th ed., pp. 103-196). New York: Wiley.

Hartup, W. W. (1992). Friendships and their developmental significance. In H. McGurk (Ed.), *Childhood social development: Contemporary perspectives* (pp. 175-205). Hove, UK: Erlbaum.

Hartup, W. W., & van Lieshout, C. F. (1995). Personality development in social context. *Annual Review of Psychology, 46,* 655-687.

Hasebrook, J., & Gremm, M. (1996). Berufliche Interessen bei Jugendlichen. *Zeitschrift für Pädagogische Psychologie, 10,* 85-97.

Hauser, S., Powers, S. M., Noam, G. G., Jacobson, A., Weiss, B., & Follansbee, D. (1984). Family contexts of adolescent ego development. *Child Development, 55,* 195-213.

Hautzinger, M. (1984). Die Beziehung kritischer Lebensereignisse zur Depression. *Schweizerische Zeitschrift für Psychologie, 43,* 317-330.

Hautzinger, M. (1998). *Depression* (Fortschritte der Psychotherapie. Manuale für die Praxis, Bd. 4). Göttingen: Hogrefe.

Havighurst, R. J. (1948). *Developmental tasks and education.* Chigago: University of Chicago Press.

Havighurst, R. J. (1952). *Developmental tasks and education* (2nd ed.). New York: Longmans, Green and Co.

Havighurst, R. J. (1956). Research on the developmental-task concept. *The School Review, 64,* 215-223.

Havighurst, R. J. (1972). *Developmental tasks and education* (3rd ed.). New York: McKay.

Hawkins, J. D., Catalono, R. F., & Miller, J. Y. (1992). Risk and protective factors for alcohol and other drug problems in adolescence and early adulthood: Implications for substance abuse prevention. *Psychological Bulletin, 112,* 64-105.

Heinz, W. R., Kelle, U., Witzel, A., & Zinn, J. (1998). Vocational training and career development in Germany: Results from a longitudinal study. *International Journal of Behavioral Development, 22,* 77-101.

Helsen, M., Vollebergh, W., & Meeus, W. (2000). Social support from parents and friends and emotional problems in adolescence. *Journal of Youth and Adolescence, 29,* 319-335.

Henneberger, A., & Deister, B. (1996). Jugendliche wählen ihre Umwelt. Die Bedeutung von Entwicklungsaufgaben im Lebenskontext. In R. Schumann-Hengsteler & H. M. Trautner (Hrsg.), *Entwicklung im Jugendalter* (S. 19-40). Göttingen: Hogrefe.

Henry, B., Caspi, A., Moffitt, T. E., Harrington, H., & Silva, P. A. (1999). Staying in school protects boys with poor self-regulation in childhood from later crime: A longitudinal study. *International Journal of Behavioral Development, 23,* 1049-1073.

Herbert, M. (1987). *Living with teenagers.* New York: Blackwell (dt. *Ich bin kein Kind mehr!* Bern: Huber, 1989).

Hersh, R. H., Paolito, D. P., & Reimer, J. (1983). *Promoting moral growth* (2nd ed.). New York: Longman.

Herzog, W. (1991). Der «Coping Man» – ein Menschenbild für die Entwicklungspsychologie. *Schweizerische Zeitschrift für Psychologie, 50,* 9-23.

Herzog, W. (1993). Plädoyer für die Entkoppelung von Jugend und Schule. *Spektrum der Wissenschaft, 11,* 114-115.

Herzog, W., Rathner, G., & Vandereycken, W. (1992). Long-term course of anorexia nervosa: a review of the literature. In W. Herzog, H. C. Deter, & W. Vandereycken (Eds.), *The course of eating disorders. Long-term follow-up studies of anorexia and bulimia nervosa* (pp. 15-29). Berlin: Springer Verlag.

Hetherington, E. M. (1981). Children and divorce. In R. Henderson (Ed.), *Parent-child interaction: Theory, research and prospects* (pp. 33-58). New York: Academic.

Hetherington, E. M. (1990, March). *Studying family transitions: Families, lies and videotapes.* Presidential address to the biennial meeting of the Society for Research on Adolescence, Atlanta, GA.

Hetherington, E. M., & Camara, K. (1984). Families in transition: The process of dissolution and reconstitution. In R. Parke (Ed.), *Review of child development research, Vol. 7: The family* (pp. 398-439). Chicago: The University of Chicago Press.

Hetherington, E. M., Cox, M., & Cox, R. (1978). The aftermath of divorce. In J. Stevens & M. Mathews (Eds.), *Mother-child, father-child relations* (pp. 149-176). Washington, DC: National Association for the the Education of Young Children.

Hetzer, H. (1927). Systematische Dauerbeobachtungen an Jugendlichen über den Verlauf der negativen Phase. *Zeitschrift für Pädagogische Psychologie, 28,* 80-96.

Hill, A. J., Rogers, P. J., & Blundell, J. E. (1989). Dietary restraint in young adolescent girls: A functional analysis. *British Journal of Clinical Psychology, 28,* 165-176.

Hill, J. (1980). The family. In M. Johnson (Ed.), *Toward adolescence: The middle school years.* Chicago: The University of Chicago Press.

Hill, J. P., Holmbeck, G. N., Marlow, L., Green, T. M., & Lynch, M. E. (1985a). Menarcheal status and parent-child relations in families of seventh-grade girls. *Journal of Youth and Adolescence, 14,* 301-316.

Hill, J. P., Holmbeck, G. N., Marlow, L., Green, T. M., & Lynch, M. E. (1985b). Pubertal status and parent-child relations in families of seventh-grade boys. *Journal of Early Adolescence, 5,* 31-44.

Hill, S. (1961). *A study of the logical abilities of children.* Dissertation, Stanford University. (University Microfilms No. 61-1229).

Hinde, R. A. (1976). On describing relationships. *Journal of Child Psychology & Psychiatry, 17,* 1-19.

Hinde, R. A. (1993). Auf dem Wege zu einer Wissenschaft zwischenmenschlicher Beziehungen. In A. E. Auhagen & M. von Salish (Hrsg.), *Zwischenmenschliche Beziehungen* (S. 7-36). Göttingen: Hogrefe.

Hinde, R. A., & Stevenson-Hinde, J. (1987). Interpersonal relationships and child development. *Developmental Review, 7*, 1-21.

Hinshaw, S. P. (1992). Externalizing behavior problems and academic underachievement in childhood and adolescence: Causal relationships and underlying mechanisms. *Psychological Bulletin, 111*, 127-155.

Hirano, K. (1992). *Bullying and victimization in Japanese classrooms*. Paper presented at the Vth European Conference on Developmental Psychology, Sevilla.

Hirsch, B. J., & DuBois, D. L. (1991). Self-esteem in early adolescence: The identification and prediction of contrasting longitudinal trajectories. *Journal of Youth and Adolescence, 20*, 53-72.

Hofer, M., & Pikowsky, B. (1993). Partnerintentionen und die Produktion von Argumenten in konfliktären Diskussionen. *Zeitschrift für Entwicklungspsychologie und Pädagogische Psychologie, 25*, 281-296.

Hofer, M., Sassenberg, K., & Pikowsky, B. (1999). Discourse asymmetries in adolescent daughters' disputes with mothers. *International Journal of Behavioral Development, 23*, 1001-1002.

Hoff, E. H. (1995). Arbeitsbiographie und Persönlichkeitsentwicklung. In R. Oerter & L. Montada (Hrsg.), *Entwicklungspsychologie* (3. Aufl., S. 423-438). Weinheim: Psychologie Verlags Union.

Hoffman, J. A. (1984). Psychological separation of late adolescents from their parents. *Counseling Psychology, 31*, 170-178.

Hoffman, L. (1974). Effects of maternal employment on the child: A review of research. *Developmental Psychology, 10*, 204-228.

Hoffman, M. A., Levy-Shiff, R., Sohlberg, S. C., & Zarizki, J. (1992). The impact of stress and coping: Developmental changes in the transition to adolescence. *Journal of Youth and Adolescence, 4*, 451-469.

Hoffmann-Müller, B., & Amstad, H. (1995). Körperbild, Gewicht und Essverhalten bei Jugendlichen. *Drogenmagazin, 2*, 8-14.

Hofmann, A. D. (1990). Clinical assessment and management of health risk behaviors in adolescents. *Adolescent Medicine, 1*, 33-44.

Hogan, D. P., & Astone, N. M. (1986). The transition to adulthood. *Annual Review of Sociology, 12*, 109-130.

Holland, A. J., Hall, A., Murray, R., Russell, G. F., & Crisp, A. H. (1984). Anorexia nervosa: A study of 34 twin pairs and one set of triplets; A genetic and psychological explanation. *British Journal of Psychiatry, 145*, 414-419.

Holland, J. L. (1996). Exploring careers with a typology. *American Psychologist, 51*, 397-406.

Holmbeck, G. N. (1996). A model of family relational transformations during the transition to adolescence: Parent-adolescent conflict and adaptation. In J. A. Graber, J. Brooks-Gunn, & A. C. Petersen (Eds.), *Transitions trough adolescence* (pp. 251-284). Hillsdale, NJ: Erlbaum.

Holmbeck, G. N., & Hill, J. P. (1991). Conflictive engagement, positive affect, and menarche in families with seventh-grade girls. *Child Development, 62*, 1030-1048.

Holmes, S. J., & Robins, L. N. (1988). The role of parental disciplinary practices in the development of depression and alcoholism. *Psychiatry, 51*, 24-36.

Hornstein, W. (1966). *Jugend in ihrer Zeit*. Hamburg.

Hossiep, R. (1995). *Berufseignungsdiagnostische Entscheidungen. Zur Bewährung eignungsdiagnostischer Ansätze*. Göttingen: Hogrefe.

Howe, M. J. A., & Ceci, S. J. (1978). Why older children remember more. In M. M. Gruneberg, P. E. Morris, & R. N. Sykes (Eds.), *Practical aspects of memory* (pp. 393-400). London: Academic.

Huba, G. J., Wingard, J. A., & Bentler, P. M. (1980). Longitudinal analysis of the role of peer support, adult models, and peer subcultures in beginning of adolescent substance use: An application of setwise canonical correlation method. *Multivariate Behavioral Research, 15*, 259-279.

Hubacher, M., & Ewert, U. (1994). *Einstellungen und Merkmale der Fahrzeugbenützung jugendlicher Velo- und Mofafahrer* (Bericht der Schweizerischen Beratungsstelle für Unfallverhütung bfu Nr. 26). Saarbrücken: Sondersammelgebiet Psychologie an der Universitätsbibliothek Saarbrücken.

Hübner-Funk, S. (1983). Transition into occupational life. Environmental and sex differences regarding the status passage from school to work. *Adolescence, 18*, 709-723.

Hudgins, W., & Prentice, N. M. (1973). Moral judgment in delinquent and nondelinquent adolescents and their mothers. *Journal of Abnormal Psychology, 82*, 145-152.

Huenemann, R. L., Shapiro, L. R., Hampton, M. C., & Mitchell, B. W. (1966). A longitudinal study of gross body conformation and the association with food and activity in a teenage population. *American Journal of Clinical Nutrition, 18*, 325-338.

Humphreys, L. G., Lubinski, D., & Yao, G. (1993). Utility of predicting group membership and the role of spatial visualization in becoming an engineer, physical scientist, or artist. *Journal of Applied Psychology, 78*, 250-261.

Hunt, D. (1970). *Parents and children in history. Psychology of family life in early modern France*. New York.

Huon, G. F. (1994). Dieting, binge eating, and some of their correlates among secondary school girls.

International Journal of Eating Disorders, 15, 159-164.
Hurni, F. (1986). *Von den Schulen in den Dörfferen. Die Entwicklung der bernischen Landschulen von den Anfängen bis zum Beginn des 20. Jahrhunderts. Dargestellt am Beispiel der Gemeinde Köniz.* Bern: Historischer Verein des Kantons Bern.
Hurrelmann, K. (1989a). *Lebensphase Jugend. Eine Einführung in die sozialwissenschaftliche Jugendforschung.* Weinheim: Juventa.
Hurrelmann, K. (1989b). The social world of adolescents: A sociological perspective. In K. Hurrelmann & U. Engel (Eds.), *The social world of adolescents. International perspectives* (pp. 3-26). Berlin: De Gruyter.
Inhelder, B., & Piaget, J. (1955). *De la logique de l'enfant à la logique de l'adolescent.* Paris: PUF (dt. Piaget, J., & Inhelder, B. *Von der Logik des Kindes zur Logik des Heranwachsenden.* Olten: Walter, 1977).
Inoff-Germain, G., Arnold, G. S., Nottelmann, E. D., Susman, E. J., Crutler, G. B., & Chrousos, G. P. (1988). Relations between hormonal levels and observational measures of aggressive behavior of young adolescents in family interactions. *Developmental Psychology, 24,* 129-139.
Institut für empirische Psychologie. (1995). *«Wir sind o.k!» Stimmungen, Einstellungen, Orientierungen der Jugend in den 90er Jahren. Die IBM-Jugendstudie.* Köln: Bund-Verlag.
Irwin, C. E., & Vaughan, E. (1988). Psychosocial context of adolescent development. Study group report. *Journal of Adolescent Health Care, 9,* 11-19.
Irwin, C. E., Jr. (1990). The theoretical concept of at-risk adolescents. *Adolescent Medicine, 1,* 1-14.
Jackson, S. (1992). Awkward social situations in adolescence: Variability and change in response strategies. Paper presented at the Vth European Conference on Developmental Psychology, Sevilla.
Jacob, T. (1974). Patterns of family conflict and dominance as a function of child age and social class. *Developmental Psychology, 10,* 1-12.
Jacobi, C., Thiel, A., & Paul, T. (1996). *Kognitive Verhaltenstherapie bei Anorexia und Bulimia nervosa.* Weinheim: Beltz Psychologie Verlags Union.
Jacobs, J. (1971). *Adolescent suicide.* New York: Wiley.
Jacobsen, R. H., Lahey, B. B., & Strauss, C. C. (1983). Correlates of depressed mood in normal children. *Journal of Abnormal Child Psychology, 11,* 29-39.
Jacquat, J. B., & François, Y. (1999). Konsum psychoaktiver Substanzen bei Schüler/innen in der Schweiz. Nationale Ergebnisse einer Umfrage zum Gesundheitsverhalten von Schülerinnen und Schülern im Alter von 11 bis 15 Jahren. *Abhängigkeiten, 5* (1), 5-23.

Jaenicke, C., Hammen, C., Zupan, B., Hiroto, D., Gordon, D., Adrian, C., & Burge, D. (1987). Cognitive vulnerability in children at risk for depression. *Journal of Abnormal Child Psychology, 15,* 559-572.
Jahnke, H. C., & Blanchard-Fields, F. (1993). A test of two models of adolescent egocentrism. *Journal of Youth and Adolescence, 22,* 313-326.
Jakobsen, R. (1997). Stages of progression in noncoital sexual interactions among young adolescents: an application of the Mokken Scale Analysis. *International Journal of Behavioral Development, 21,* 537-553.
Jakobsen, R., Rise, J., Aas, H., & Anderssen, N. (1997). Noncoital sexual interactions and problem behaviour among young adolescents: the Norwegian longitudinal health behaviour study. *Journal of Adolescence, 20,* 71-83.
James, W. (1950). *The principles of psychology.* New York: Holt (1st ed. 1890).
Janus, M. D., Archambault, F. X., Brown, S. W., & Welsh, L. A. (1995). Physical abuse in Canadian runaway adolescents. *Child Abuse and Neglect, 19,* 433-447.
Janus, M. D., McCormack, A., Burgess, A. W., & Hartman, C. (1987). *Adolescent runaways: Causes and consequences.* Lexington, MA: Lexington Books.
Järmann, L. (2000). *Essprobleme als Belastungsfaktor bei Kindern und Jugendlichen in der Schweiz und in Norwegen.* Unveröffentlichte Lizentiatsarbeit, Universität Bern, Institut für Psychologie.
Jennings, C., Barraclough, B. M., & Moss, J. R. (1978). Have the Samaritans lowered the suicide rate? A controlled study. *Psychological Medicine, 8,* 413-422.
Jessor, R., Donovan, J. E., & Costa, F. M. (1991). *Beyond adolescence: Problem behavior and young adult development.* New York: Cambridge University Press.
Jessor, R., & Jessor, S. L. (1977). *Problem behaviors and psychosocial development. A longitudinal study of youth.* New York: Academic Press.
Jessor, R., VandenBos, J., Vanderryn, J., Costa, F. M., & Turbin, M. S. (1995). Protective factors in adolescent problem behavior: Moderator effects and developmental change. *Developmental Psychology, 31,* 923-933.
Johnson-Sabine, E., Wood, K., Patton, G., Mann, A., & Wakeling, A. (1988). Abnormal eating attitudes in London schoolgirls. *Psychological Medicine, 18,* 615-622.
Jonah, B. (1986). Accident risk and risk-taking behavior among young drivers. *Accident Analysis and Prevention, 18,* 255-271.
Jones, M. C. (1957). The later careers of boys who were early- or late-maturing. *Child Development, 28,* 113-128.

Jones, M. C. (1965). Psychological correlates of somatic development. *Child Development, 65,* 899-911.

Jones, M. C., & Bayley, N. (1950). Physical maturing among boys as related to behavior. *Journal of Educational Psychology, 41,* 129-148.

Jones, M. C., & Mussen, P. H. (1958). Self-conceptions, motivations, and interpersonal attitudes of early- and late-maturing girls. *Child Development, 29,* 491-501.

Juang, L. P., Lerner, J. V., McKinney, J. P., & von Eye, A. (1999). The Goodness of fit in autonomy timetable expectations between Asian-American late adolescents and their parents. *International Journal of Behavioral Development, 23,* 1023-1048.

Jurkovic, G. J. (1980). The juvenile delinquent as a moral philosopher: A structural-developmental perspective. *Psychological Bulletin, 88,* 709-727.

Kablaoui, B. N., & Pautler, A. J. (1991). The effects of part-time work experience on high school students. *Journal of Career Development, 17,* 195-211.

Kacerguis, M. A., & Adams, G. R. (1980). Erikson stage resolution: the relationship between identity and intimacy. *Journal of Youth and Adolescence, 5,* 117-126.

Kail, R. (1989). *The development of memory in children.* San Francisco: Freeman (dt. *Gedächtnisentwicklung bei Kindern.* Heidelberg: Spektrum, 1992).

Kail, R. (1991a). Processing time declines exponentially during childhood and adolescence. *Developmental Psychology, 27,* 259-266.

Kail, R. (1991b). Developmental change in speed of processing during childhood and adolescence. *Psychological Bulletin, 109,* 490-501.

Kail, R., & Hagen, J. W. (1977). *Perspectives on the development of memory and cognition.* Hillsdale, NJ: LEA.

Kail, R., & Nippold, M. A. (1984). Unconstrained retrieval from semantic memory. *Child development, 55,* 944-951.

Kail, R., & Park, Y.-S. (1994). Processing time, articulation time, and memory span. *Journal of Experimental Child Psychology, 57,* 281-291.

Kälin, W., Semmer, N. K., Elfering, A., Tschan, F., Dauwalder, J. P., Heunert, S. & von Rotten, F. C. (2000). Work characteristics and well-being of Swiss apprentices entering the labor market. *Swiss Journal of Psychology, 59,* 272-290.

Kalter, N. (1973). Children of divorce in an outpatient psychiatric population. *American Journal of Orthopsychiatry, 47,* 40-51.

Kandel, D. B., & Davies, M. (1982). Epidemiology of depressive mood in adolescents. *Archives of General Psychiatry, 39,* 1205-1212.

Kandel, D. B., & Lesser, G. S. (1969). Parental and peer influences on educational plans of adolescents. *American Sociological Review, 34,* 213-223.

Kandel, D. B., & Lesser, G. S. (1972). *Youth in two worlds.* San Francisco: Jossey-Bass.

Kandel, D. B., Kessler, R., & Margulies, R. (1978). Adolescent initiation into stages of drug use: a developmental analysis. In D. Kandel (Ed.), *Longitudinal research on drug use: Empirical findings and methodological issues* (pp. 73-99). Washington, DC: Hemisphere-Wiley.

Kandel, D. B., Raveis, V. H., & Davies, M. (1991). Suicidal ideation in adolescence: Depression, substance use and other risk factors. *Journal of Youth and Adolescence, 20,* 289-308.

Kantas, A. (1994). Work values and attitudes of young people in Greece. In R. A. Roe & V. Russinova (Eds.), *Psychosocial aspects of employment: European perspectives* (pp. 65-77). Tilburg University Press.

Kaplan, A. S., & Woodside, D. B. (1987). Biological aspects of anorexia nervosa and bulimia nervosa. *Journal of Consulting and Clinical Psychology, 55,* 645-653.

Karren, U. (1990). *Die Psychologie der Magersucht. Erklärung und Behandlung von Anorexia nervosa.* Bern: Huber.

Kashani, J. H., Carlson, G. A., Beck, N. C., Hoeper, E. W., Corcoran, C. M., McAllister, J. A., Fallahi, C., Rosenberg, T. K., & Reid, J. C. (1987). Depression, depressive symptoms, and depressed mood among a community sample of adolescents. *American Journal of Psychiatry, 147,* 313-318.

Kashden, J., Fremouw, W. J., Callahan, T. S., & Franzen, M. D. (1993). Impulsivity in suicidal and nonsuicidal adolescents. *Journal of Abnormal Child Psychology, 21,* 339-353.

Kaslow, N. J., Rehm, L. P., & Siegel, A. W. (1984). Social-cognitive and cognitive correlates of depression in children. *Journal of Abnormal Child Psychology, 12,* 605-620.

Kassett, J. A., Gershon, E. S., Maxwell, M. E., Guroff, J. J., Kazuba, D. M., Smith, A. L., Brandt, H. A., & Jimerson, D. C. (1989). Psychiatric disorders in the first-degree relatives of probands with bulimia nervosa. *American Journal of Psychiatry, 146,* 1468-1471.

Katon, W., Kleinman, A., & Rosen, G. (1982). Depression and somatization: A review: Part 1. *American Journal of Medicine, 72,* 127-135.

Kaufman, J. G., & Widom, C. S. (1999). Childhood victimization, running away, and delinquency. *Journal of Research in Crime and Delinquency, 36,* 347-370.

Kavsek, M. J. (1992). *Alltagsbewältigung im Jugendalter.* Hamburg: Kovac.

Kazdin, A. E., French, N. H., Unis, A. S., Esveldt-Dawson, K., & Sherick, R. B. (1983). Hopelessness, depression and suicidal intent among psychiatrically disturbed children. *Journal of Consulting and Clinical Psychology, 53*, 201-210.

Keating, D. P. (1990). Adolescent thinking. In S. S. Feldman & G. R. Elliott (Eds.), *At the threshold. The developing adolescent* (pp. 54-89). Cambridge, MA: Harvard University Press.

Keating, D. P., & Clark, L. V. (1980). Development of physical and social reasoning in adolescence. *Developmental Psychology, 16*, 23-30.

Kegan, R. (1982). *The evolving self. Problem and process in human development.* Cambridge, MA: Harvard University Press.

Kendall, P. C., Stark, K. D., & Adam, T. (1990). Cognitive deficit or cognitive distortion in childhood depression. *Journal of Abnormal Child Psychology, 18*, 255-270.

Kendler, K. S., Heath, A., Martin, N. G., & Eaves, L. J. (1986). Symptoms of anxiety and depression in a volunteer twin population. *Archives of General Psychiatry, 43*, 213-221.

Kesselring, T. (1999). *Jean Piaget* (2. Aufl.). München: Beck.

Kestler, M. (1978). *Feminismus und Psychotherapie.* Basel: Reinhardt.

Keys, A., Brozek, J., Henschel, A., Michelsen, O., & Taylor, H. L. (1950). *The biology of human starvation.* Minneapolis: University of Minnesota Press.

Kidwell, J., Fischer, J. L., Dunham, R. M., & Baranowski, M. (1983). Parents and adolescents: Push and pull of change. In H. I. McCubbin & C. R. Figley (Eds.), *Stress in the family: Coping with normative transitions* (pp. 74-89). New York: Bruner/Mazel.

Killias, M., & Rabasa, J. (1997). Weapons and athletic constitution as factors linked to violence among male juveniles. *The British Journal of Criminology, Delinquency and Deviant Social Behaviour, 37*, 446-457.

Kindermann, T. A. (1993). Natural peer groups as contexts for individual development: The case of children's motivation in school. *Developmental Psychology, 29*, 970-977.

Kirby, J. R. (1982). Age, reading ability, and semantic integration. In A. Flammer & W. Kintsch (Eds.), *Discourse Processing* (pp. 251-262). Amsterdam: North-Holland.

Kirkpatrick-Smith, J., Rich, A., Bonner, R., & Jans, F. (1992). Psychological vulnerability and substance abuse as predictors of suicide ideation among adolescents. *Omega: Journal of Death and Dying, 24*, 21-33.

Kirsch, J. L., & Manning, S. (1998). Comparisons of vocational education and training systems: Results of the intequal project. *Training and Employment, 31*, 2-5.

Klosinski, G. (1985). *Warum Bhagwan?* München: Kösel.

Klosinski, G. (Hrsg.). (1991). *Pubertätsriten – Äquivalente und Defizite in unserer Gesellschaft.* Bern: Huber.

Knepler, A. E. (1969). Adolescence: An anthropological approach. In G. D. Winter & E. M. Nuss (Eds.), *The young adult* (pp. 200-219). New York: Scott, Forssman.

Kobasigawa, A. (1977). Retrieval strategies in the development of memory. In R. V. Kail & J. W. Hagen (Eds.), *Perspectives on the development of memory and cognition* (pp. 177-202). Hillsdale, NJ: Erlbaum.

Kohen-Raz, R. (1974). Physiological maturation and mental growth at pre-adolescence and puberty. *Journal of Child Psychology and Psychiatry, 15*, 199-213.

Kohlberg, L. (1985). The just community approach to moral education in theory and practice. In M. W. Berkowitz & F. Oser (Eds.), *Moral education: Theory and application* (pp. 27-87). Hillsdale, NJ: Erlbaum.

Kohlberg, L. (1986). Der «Just Community»-Ansatz der Moralerziehung in Theorie und Praxis. In F. Oser, R. Fatke, & O. Höffe (Hrsg.), *Transformation und Entwicklung. Grundlagen der Moralerziehung* (S. 21–55). Frankfurt am Main: Suhrkamp.

Kohlberg, L. (1998). *Die Psychologie der Moralentwicklung.* Frankfurt: Suhrkamp.

Kohlberg, L., Levine, C., & Hewer, A. (1983). *Moral stages: A current formulation and a response to critics.* Basel: Karger.

Köhle, K., Simons, C., & Jung, K. (1996). Anorexia nervosa. In R. H. Adler, J. M. Hermann, K. Köhle, O. W. Schonecke, T. von Uexeküll, & W. Wesiack (Hrsg.), *Psychosomatische Medizin* (S. 599-615). München: Urban und Schwarzenberg.

Kohli, M. (1985). Die Institutionalisierung des Lebenslaufes. *Kölner Zeitschrift für Soziologie und Sozialpsychologie, 37*, 1-29.

Kohli, M. (1986). Gesellschaftszeit und Lebenszeit. In J. Berger (Hrsg.), *Die Moderne – Kontinuitäten und Zäsuren* (S. 183-208). Göttingen: Schwartz.

Kokotailo, P. K., & Stephenson, J. N. (1993). Sexuality and reproductive health behavior. In M. I. Singer, L. T. Singer, & T. M. Anglin (Eds.), *Handbook for screening adolescents at psychosocial risk* (pp. 249-292). New York: Lexington Books/Macmillan.

Kosky, R. (1982). Suicide and attempted suicide among Australian children. *Medical Journal of Australia, 1*, 124-126.

Kovacs, M. (1990). Comorbid anxiety disorders in childhodd-onset depressions. In J. D. Maser & C.

R. Cloniger (Eds.), *Comorbidity of mood and anxiety disorders* (pp. 272-281). Washington, DC: American Psychiatric Press.

Kovacs, M., Akiskal, H. S., Gatsonis, C., & Parrone, P. (1994). Childhood-onset dysthymic disorder: Clinical features and prospective naturalistic outcome. *Archives of General Psychiatry, 51*, 365-374.

Kovacs, M., Gatsonis, C., Paulauskas, S. L., & Richards, C. (1989). Depressive disorders in childhood. IV. A longitudinal study of comorbidity with and risk for anxiety disorders. *Archives of General Psychiatry, 46*, 776-782.

Kovacs, M., Paulauskas, S., Gatsonis, C., & Richards, C. (1988). Depressive disorder in childhood: 3. A longitudinal study of comorbidity with and risk for conduct disorders. *Journal of Affective Disorders, 15*, 205-217.

Kracke, B. (1993). *Pubertät und Problemverhalten bei Jungen.* Weinheim: Beltz.

Kramer, J. (1959). *Intelligenztest.* Solothurn: Antonius.

Krappmann, L. (1993). Die Entwicklung vielfältiger sozialer Beziehungen unter Kindern. In A. E. Auhagen & M. von Salish (Hrsg.), *Zwischenmenschliche Beziehungen* (S. 37-58). Göttingen: Hogrefe.

Kreppner, K. (1991). Sozialisation in der Familie. In K. Hurrelmann & D. Ulich (Hrsg.), *Neues Handbuch der Sozialisationsforschung* (4. Aufl., S. 321-334). Weinheim: Beltz.

Kreppner, K. (1993). Eltern-Kind Beziehungen: Kindes- und Jugendalter. In A. E. Auhagen & M. von Salisch (Hrsg.), *Zwischenmenschliche Beziehungen* (S. 81-104). Göttingen: Hogrefe.

Kreppner, K., & Ullrich, M. (1998). Talk to Mom and Dad and listen to what is in between: A differential approach to family communication and its impact on adolescent development. In M. Hofer, J. Youniss, & P. Noack (Eds.), *Verbal interaction and development in families with adolescents* (pp. 83-108). Stamford: Ablex.

Kreppner, K., & Ullrich, M. (1999). Ablöseprozesse in Trennungs- und Nicht Trennungsfamilien. Eine Betrachtung von Kommunikationsverhalten in Familien mit Kindern im frühen bis mittleren Jugendalter. In S. Walper & B. Schwarz (Hrsg.). *Was wird aus den Kindern? Chancen und Risiken für die Entwicklung von Kindern aus Trennungs- und Stieffamilien* (S. 91-120). Weinheim: Juventa.

Krieger, R. (1985). Jugendliche im Übergang Schule – Beruf: Arbeitszufriedenheit – Selbstakzeptierung – Politische Orientierungen. *Psychologie in Erziehung und Unterricht, 32*, 190-200.

Kroger, J. (1988). A longitudinal study of ego identity status interview domains. *Journal of Adolescence, 11*, 49-64.

Krüger, C., Reich, G., Buchheim, P., & Cierpka, M. (1997). Essstörungen: Diagnostik – Epidemiologie – Verläufe. In G. Reich & M. Cierpka (Hrsg.), *Psychotherapie der Essstörungen. Krankheitsmodelle und Therapiepraxis – störungsspezifisch und schulenübergreifend* (S. 26-43). Stuttgart: Georg Thieme Verlag.

Kübler, C. (1994). Apprenticeship – The features of the Swiss dual system. In Centre d'Etudes et de Recherches sur les Qualifications, Marseilles (Ed.), *Apprenticeship: which way forward?* (pp. 139-148). Washington, DC: OECD Publications and Information Center.

Künzli-Hämmerli, S. (1995). *Körperbezogene Kognitionen und Handlungen in der Pubertät.* Unveröffentlichte Lizentiatsarbeit, Universität Bern, Institut für Psychologie, Schweiz.

Kutcher, S. P., & Marton, P. (1989). Parameters of adolescent depression: A review. *Psychiatric Clinic of North America, 12*, 895-918.

Kutter, P. (1989). *Moderne Psychoanalyse.* München: Verlag Internationale Psychoanalyse.

La Voie, J. C. (1992). Special interest group on identity research. *Newsletter of the Society for Research on Adolescence.*

Laaser, U., Hurrelmann, K., & Wolters, P. (1993). Prävention, Gesundheitsförderung und Gesundheitserziehung. In K. Hurrelmann & U. Laaser (Hrsg.), *Gesundheitswissenschaften* (S. 176-203). Basel: Beltz.

Laederach, J., Fischer, W., Bowen, P., & Ladame, F. (1999). Common risk factors in adolescent suicide attempters revisited. *Crisis, 20*, 15-22.

Laessle, R. G. (1989). Affektive Störungen und bulimische Syndrome. In M. Fichter (Hrsg.), *Bulimia nervosa* (S. 87-98). Stuttgart: Ferdinand Enke Verlag.

Lagerspetz, K. M. J., & Björkqvist, K. (1994). Indirect aggression in boys and girls. In L. R. Huesmann (Ed.), *Aggressive behavior. Current perspectives* (pp. 131-150). New York: Plenum Press.

Lamb, M. F., Pleck, J. H., Charnov, E., & Levine, J. A. (1987). A biosocial perspective on parental behavior and involvment. In J. Lancaster, J. Altman, & A. Rossi (Eds.), *Parenting across the lifespan: Biosocial perspectives* (pp. 111-142). New York: Academic.

Lamborn, S. D., Mounts, N. S., Steinberg, L., & Dornbusch, S. M. (1991). Patterns of competence and adjustment among adolescents from authoritative, authoritarian, indulgent, and neglectful families. *Child Development, 62*, 1049-1065.

Lamm, H., Schmidt, R. W., & Trommsdorff, G. (1976). Sex and social class as determinants of future orientation (time perspective) in adolescents. *Journal of Personality and Social Psychology, 34*, 317-326.

Lange, E. (1997). *Jugendkonsum im Wandel. Konsummuster, Freizeitverhalten, soziale Milieus und Kaufsucht 1990 und 1996.* Opladen: Leske + Budrich.

Lange, T. (1994). Training for Europe – should Britain follow the German model? *Journal of European Industrial Training, 18,* 4-11.

Lanz, M. (2000). From adolescence to young adulthood: A family transition. In C. Violato, E. Oddone-Paolucci, & M. Genius (Eds.), *The changing family and child development* (pp. 132-146). Aldershot, UK: Ashgate.

Lanz, M., Iafrate, R., Rosnati, R., & Scabini, E. (1999). Parent-child communication and adolescent self-esteem in separated, intercountry adoptive and intact non-adoptive families. *Journal of Adolescence, 22,* 785-794.

Lapsley, D. K. (1985). Elkind on egocentrism. *Developmental Review, 5,* 227-236.

Lapsley, D. K., & Murphy, M. N. (1985). Another look at the theoretical assumptions on adolescent egocentrism. *Developmental Review, 5,* 201-217.

Lapsley, D. K., & Quintana, S. M. (1985). Integrative themes in social and developmental theories of self. In J. Pryor & J. Day (Eds.), *The development of social cognition* (pp. 153-176). New York: Springer Verlag.

Larson, L. E. (1972). The influence of parents and peers during adolescence: The situation hypothesis revisited. *Journal of Marriage and the Family, 34,* 67-69.

Larson, R. W., & Richards, M. H. (1991). Daily companionship in late childhood and early adolescence: Changing developmental contexts. *Child Development, 62,* 284-300.

Last, C. G., Hansen, C., & Franco, N. (1997). Anxious children in adulthood: A prospective study. *Journal of the American Academy of Child and Adolescent Psychiatry, 36,* 645-652.

Lau, B., & Alsaker, F. D. (2001). Dieting behavior and weight and eating concerns in young adolescents. *Scandinavian Journal of Psychology.*

Laursen, B., Coy, K. C., & Collins, W. A. (1998). Reconsidering changes in parent-child conflict across adolescence: A meta-analysis. *Child Development, 69,* 817-832.

Lazarsfeld, P. F. (1931a). Die Ergebnisse und die Aussichten der Untersuchungen über Jugend und Beruf. *Quellen und Studien zur Jugendkunde, 8,* 1-87.

Lazarsfeld, P. F. (1931b). *Jugend und Beruf.* Jena: Fischer.

Lazarus, R. S. (1991). *Emotion and adaptation.* New York: Oxford University Press.

Lazarus, R. S., & Folkman, S. (1984). *Stress, appraisal, and coping.* New York: Springer.

Leahy, R. L., & Shirk, S. R. (1985). Social cognition and the development of the self. In R. L. Leahy (Ed.), *The development of the self* (pp. 123-150). Orlando: Academic Press.

Leal, L. (1987). Investigation of the relation between metamemory and university students' examination performance. *Journal of Educational Psychology, 79,* 35-40.

Lecky, P. (1945). *Self-onsistency: A theory of personality.* New York: Island Press.

Ledingham, J. E., & Schwartzman, A. E. (1984). A 3-year follow-up of aggressive and withdrawn behavior in children: Preliminary findings. *Journal of Abnormal Child Psychology, 12,* 157-168.

Lefkowitz, E. S., Kahlbaugh, P. E., & Sigman, M. D. (1996). Turn-taking in mother-adolescent conversations about sexuality and conflict. *Journal of Youth and Adolescence, 25,* 307-321.

Lempers, J. D., & Clark-Lempers, D. S. (1993). A functional comparison of same-sex and opposite-sex friendships during adolescence. *Journal of Adolescent Research, 8,* 89-108.

Lempert, W. (2000). Sozialökologische Reflexion betrieblicher Ausbildungserfahrungen als Komponente des berufspädagogischen Grundstudiums. In M. Grundmann & K. Lüscher (Hrsg.), *Sozialökologische Sozialisationsforschung* (S. 243-262). Konstanz: Universitätsverlag.

Lempp, R. (1982). Probleme der Reifung und Ablösung. In E. E. Meyer (Hrsg.), *Kinder und Jugendliche in seelischer Not* (S. 80-95). Braunschweig: Pedersen.

Leon, G. R., Fulkerson, J. A., Perry, C. L., & Cudeck, R. (1993). Personality and behavioral vulnerabilities associated with risk status for eating disorders in adolescent girls. *Journal of Abnormal Psychology, 102,* 438-444.

Leontjew, A. N. (1959, dt. 1980). *Probleme der Entwicklung des Psychischen.* Königstein/Ts: Athenäum.

Lerner, N., Williams, A., & Seedey, C. (1988). *Risk perception in highway driving* (Contract No. DTFH61-85-C-00143). Washington, DC: U. S. Department of Transportation, Federal Highway Administration.

Lerner, R. M. (1982). Children and adolescents as producers of their own development. *Developmental Review, 2,* 342-370.

Lerner, R. M. (1985). Adolescent maturational changes and psychosocial development: A dynamic interactional perspective. *Journal of Youth and Adolescence, 14,* 355-372.

Lerner, R. M., & Spanier, G. B. (1980). *Adolescent development.* New York: McGraw-Hill.

Lerner, R. M., Sparks, E. E., & McCubbin, L. D. (2000). *Family diversity and family policy.* New York: Oxford University Press.

Lewin, K. (1963). *Feldtheorie in den Sozialwissenschaften.* Bern: Huber.

Lewin, K., Lippitt, R., & White, R. K. (1939). Patterns of aggressive behavior in experimentally created ‹social climates›. *Journal of Social Psychology, 10,* 271-299.

Lewin-Epstein, N. (1981). *Youth employment during high school.* Washington, DC: National Center for Education Statistics.

Lewinsohn, P. H. (1974). A behavioral approach to depression. In R. J. Friedman & M. M. Katz (Eds.), *The psychology of depression: Contemporary theory and research.* Washington, DC: Wiley.

Lewinsohn, P. M., Gotlib, I. H., & Seeley, J. R. (1995). Adolescent Psychopathology: IV. Specifity of psychosocial risk factors for depression and substance abuse in older adolescents. *Journal of the American Academy of Child and Adolescent Psychiatry, 34,* 1221-1229.

Lewinsohn, P. M., Hops, H., Roberts, R. E., Seeley, J. R., & Andrews, J. A. (1993). Adolescent psychopathology. I: Prevalence and incidence of depression and other DSM-III-R disorders in high school students. *Journal of Abnormal Psychology, 102,* 133-144.

Lewinsohn, P. M., Rohde, P., & Seeley, J. R. (1994). Psychosocial risk factors for future adolescent suicide attempts. *Journal of Consulting and Clinical Psychology, 62,* 297-305.

Lewinsohn, P. M., Rohde, P., & Seeley, J. R. (1995). Adolescent psychopathology: III. The clinical consequences of comorbidity. *Journal of the American Academy of Child and Adolescent Psychiatry, 34,* 510-519.

Lewis, C. C. (1981a). How adolescents approach decisions: Changes over grades seven to twelve and policy implications. *Child Development, 2,* 538-554.

Lewis, C. C. (1981b). The effects of parental firm control. *Psychological Bulletin, 90,* 547-563.

Lewis, J., Bentley, C., & Sawyer, A. (1980). The Relationship between selected personality traits and self-esteem among female nursing students. *Educational and Psychological Measurement, 40,* 259-260.

Lewis, M., & Feiring, C. (1989). Early predictors of childhood friendships. In T. J. Berndt & G. W. Ladd (Eds.), *Peer relationships in child development* (pp. 246-273). New York: Wiley.

Liebert, R. M., & Morris, L. W. (1967). Cognitive and emotional components of test anxiety: A distinction and some initial data. *Psychological reports, 20,* 975-978.

Lippitt, R., & White, R. K. (1947). Eine experimentelle Untersuchung über Führungsstil und Gruppenverhalten [Übersetzung in C. F. Graumann & H. Heckhausen (Hrsg.), *Pädagogische Psychogie 1. Entwicklung und Sozialisation* (S. 324-347). Frankfurt am Main: Fischer, 1973].

Lipps Birch, L. (1978). Baseline differences, attention, and age differences in time-sharing performance. *Journal of Experimental Child Psychology, 25,* 505-513.

Litman, R., Farberow, N., Shneidman, E., Heilig, S., & Kramer, J. (1965). Suicide prevention telephone service. *Journal of the American Medical Association, 192,* 107-111.

Livesley, W. J., & Bromley, D. B. (1973). *Person perception in childhood and adolescence.* New York: John Wiley and Sons.

Livson, N., & Peskin, H. (1980). Perspectives on adolescence from longitudinal research. In J. Adelson (Ed.), *Handbook of adolescent psychology* (pp. 47-98). New York: Wiley.

Loch, W. (1987). Probleme der Ablösung aus psychoanalytischer Sicht. In R. Lempp (Hrsg.), *Reifung und Ablösung* (S. 31-43). Bern: Huber.

Löchel, M. (1984). Das präsuizidale Syndrom bei Kindern und Jugendlichen. *Praxis der Kinderpsychologie und Kinderpsychiatrie, 33,* 214-221.

Loeber, R. (1982). The stability of antisocial and delinquent child behavior: A review. *Child Development, 53,* 1431-1446.

Loeber, R. (1990). Development and risk factors of juvenile antisocial behavior and delinquency. *Clinical Psychology Review, 10,* 1-41.

Loeber, R., & Dishion, T. (1983). Early predictors of male delinquency: A review. *Psychological Bulletin, 94,* 68-99.

Loeber, R., & Hay, D. (1997). Key issues in the development of aggression and violence from childhood to early adulthood. *Annual Review of Psychology, 48,* 371-410.

Loeber, R., & Stouthamer-Loeber, M. (1986). Family factors as correlates and predictors of juvenile conduct problems and delinquency. In N. Morris & M. Tonry (Eds.), *Crime and justice: An annual review of research* (Vol. 7, pp. 29-149). Chicago: Chicago University Press.

Loeber, R., Stouthamer-Loeber, M., & van Kammen, W. B. (1989). Development of a new measure of self-reported antisocial behavior for young children: Prevalence and reliability. *Cross-National Research in Self-Reported Crime and Delinquency,* 203-225.

Lohse, B. (1992). *Geschichtsinteresse von Jugendlichen.* Hamburg: Kovac.

Lord, S. E., Eccles, J. S., & McCarthy, K. A. (1994). Surviving the junior high school transition: Family processes and self-perceptions as protective and risk factors. *Journal of Early Adolescence, 14,* 162-199.

Lowry, R., Sleet, D., Duncan, C., Powell, K., & Kolbe, L. (1995). Adolescents at risk for violence. *Educational Psychology Review, 7*, 7-39.

Lubinski, D. (2000). Scientific and social significance of assessing individual differences: «Sinking shafts at a few critical points». *Annual Review of Psychology, 51*, 405-444.

Lüscher, K. (1988). Familie und Familienpolitik im Übergang zur Postmoderne. In K. Lüscher, F. Schultheis, & M. Wehrspaun (Hrsg.), *Die ‹postmoderne› Familie* (S. 15-36). Konstanz: Universitätsverlag.

Lüscher, K. (1997). Postmoderne Herausforderungen an die Generationenbeziehungen. In L. Krappmann & A. Lepenies (Hrsg.), *Alt und jung. Spannung und Solidarität zwischen den Generationen* (S. 32-48). Frankfurt: Campus.

Lüscher, K. (1998). Überlegungen zu Begriff und Bedeutung von Familie unter «postmodernen» Verhältnissen. In EDK für Ehe und Familie (Hrsg.), *Gottes Gabe und persönliche Verantwortung* (S. 125-141). Gütersloh: Gütersloher Verlagshaus.

Lüscher, K., Schultheis, F., & Wehrspaun, M. (Hrsg.). (1988). *Die ‹postmoderne› Familie*. Konstanz: Universitätsverlag.

Lutte, G., Mönks, F., & Sarti, S. (1969). Das Bild der Eltern und der Familienwerte im jugendlichen Idealerleben. *Zeitschrift für Entwicklungspsychologie und Pädagogische Psychologie, 1*, 18-31.

Maccoby, E. E. (1990). Gender and relationships: A developmental account. *American Psychologist, 45*, 513-520.

Maccoby, E. E., & Jacklin, C. N. (1974). *The psychology of sex differences*. Stanford: Stanford University Press.

Maccoby, E. E., & Jacklin, C. N. (1980). Sex differences in aggression. *Child Development, 51*, 964-980.

Maccoby, E. E., & Martin, J. A. (1983). Socialization in the context of the family: Parent-child interaction. In E. M. Hetherington (Ed.), *Handbook of child psychology: Socialization, personality, and social development* (Vol. 4, pp. 1-101). New York: Wiley.

MacLean, M. G., Embry, L. E., & Cauce, A. M. (1999). Homeless adolescents' paths to separation from family: Comparison of family characteristics, psychological adjustment», and victimation. *Journal of Community Psychology, 27*, 179-187.

Magnusson, D., Stattin, H., & Allen, V. L. (1985). Biological maturation and social development: A longitudinal study of some adjustment processes from mid-adolescence to adulthood. *Journal of Youth and Adolescence, 14*, 267-283.

Magnusson, D., Stattin, H., & Allen, V. L. (1986). Differential maturation among girls and its relation to social adjustment in a longitudinal perspective. In D. Baltes, D. Featherman, & R. Lerner (Eds.), *Life-span development and behavior* (Vol. 7, pp. 135-172). Hillsdale, NJ: Erlbaum.

Maguin, E., Loeber, R., & LeMahieu, P. G. (1993). Does the relationship between poor reading and delinquency hold for males of different ages and ethnic groups. *Journal of Emotional and Behavioral Disorders, 1* (2), 88-100.

Mahler, C. (1969). *The assessment and evaluation of the coping styles of two ego identity status groups: moratorium and forclosure, two identity conflict-arousing stimuli*. Unpublished master's thesis, SUNY at B.

Maier, H. W. (1969). *Three theories of child development* (2nd ed). New York: Harper & Row.

Mandl, H., & Zimmermann, A. (1976). *Intelligenzdifferenzierung*. Stuttgart: Kohlhammer.

Mann, J. W. (1965). Adolescent marginality. *Journal of Genetic Psychology, 106*, 221-235.

Mann, R. E., Vingilis, E. R., & Leich, G. (1986). School-based programmes for the prevention of drinking and driving: Issues and results. *Accident Analysis and Prevention, 18*, 325-337.

Mannheim, K. (1928). Das Problem der Generationen. *Kölner Vierteljahreshefte für Soziologie, 7*, 157-185 und 329-330 [Teilnachdruck in L. von Friedeburg (Hrsg.). (1965), *Jugend in der modernen Gesellschaft* (S. 23-48). Köln: Kiepenheuer & Witsch].

Marcelli, D., & Mezange, F. (1999). Les accidents à répétition chez l'adolescent. Traits anxieux, dépressifs et conduites de risque associés. *Revue de chirurgie orthopédique, 85*, 555-562.

Marcia, J. E. (1966). Development and validation of ego-identity status. *Journal of Personality and Social Psychology, 35*, 118-133.

Marcia, J. E. (1967). Ego identity status: relationship to change in self-esteem, ‹general maladjustment›, and authoritarianism. *Journal of Personality, 35*, 119-133.

Marcia, J. E. (1976). Identity six years after: a follow-up study. *Journal of Youth and Adolescence, 5*, 145-160.

Marcia, J. E. (1980). Identity in adolescence. In J. Adelson (Ed.), *Handbook of adolescent psychology* (pp. 159-187). New York: Wiley.

Marcia, J. E., & Friedman, M. F. (1970). Ego-identity status in college women. *Journal of Personality, 38*, 149-263.

Maréchal, C., & Choquet, M. (1990). Alcohol prevention among adolescents: A French experiment. *Drug and Alcohol Dependence, 26*, 227-233.

Marini, M. M. (1984a). Age and sequencing norms in the transition to adulthood. *Social Forces, 63*, 229-244.

Marini, M. M. (1984b). The order of events in the transition to adulthood. *Sociology of Education, 57,* 63-84.

Markus, H., & Wurf, E. (1987). The dynamic self-concept: a social psychological perspective. *Annual Review of Psychology, 38,* 299-337.

Marques, G. (1991). Die Jugend und die Politik. In A. Melich (Hrsg.), *Die Werte der Schweizer* (S. 275-325). Bern: Lang.

Marsh, H. W. (1986). Global self-esteem: Its relation to specific facets of self-concept and their importance. *Journal of Personality and Social Psychology, 51,* 1224-1236.

Marshall, W. (1978). Puberty. In F. Falkner & J. Tanner (Eds.), *Human growth* (2nd Vol., pp. 141-181). New York: Plenum.

Martorano, S. C. (1977). A developmental analysis of performance on Piaget's formal operations tasks. *Developmental Psychology, 13,* 666-672.

Matthews, M., & Moran, A. (1986). Age differences in male drivers' perception of accident risk: The role of perceived driving ability. *Accident Analysis and Prevention, 18,* 229-313.

Maughan, B., Pickles, A., Hagell, A., Rutter, M., & Yule, W. (1996). Reading problems and antisocial behaviour: Developmental trends in comorbidity. *Journal of Child Psychology and Psychiatry and Allied Disciplines, 37,* 405-418.

Mayhew, D. R., & Simpson, H. M. (1990). *Young drivers and novice drivers: New to the road: Similar problems and solutions?* Ottawa, Ontario: Traffic Injury Research Foundation of Canada.

Mayseless, O., & Hai, I. (1998). Leaving home transition in Israel: Changes in parent-adolescent relationships and adolescents' adaptation to military service. *International Journal of Behavioral Development, 22,* 589-609.

McCabe, M. P., & Collins, J. K. (1984). Measurement of depth of desired and experienced sexual involvement at different stages of dating. *Journal of Sex Research, 20,* 377-390.

McCabe, M. P., & Cummins, R. A. (1996). The sexual knowledge, experience, feelings and needs of people with mild intellectual disability. *Education and Training in Mental Retardation and Developmental Disabilities, 31,* 13-21.

McCauley, E., Mitchell, J. R., Burke, P., & Moss, S. (1988). Cognitive attributes of depression in children and adolescents. *Journal of Consulting and Clinical Psychology, 56,* 903-908.

McCauley, E., Myers, K., Mitchell, J., Calderon, R., Schloredt, K., & Treder, R. (1993). Depression in young people: Initial presentation and clinical course. *Journal of the American Academy of Child and Adolescent Psychiatry, 32,* 714-722.

McCord, J. (1990). Problem behaviors. In S. S. Feldman & G. R. Elliott (Eds.), *At the threshold: The developing adolescent* (pp. 414-430). Cambridge: Harvard University Press.

McCord, J. (1992). Problem behaviors. In S. S. Feldman & G. R. Elliott (Eds.), *At the threshold. The developing adolescent* (pp. 414-430). Cambridge, MA: Harvard University Press.

McCubbin, H. I., Needle, R. H., & Wilson, M. (1985). Adolescent health risk behavior: Family stress and adolescent coping as critical factors. *Family Relations, 34,* 51-62.

McGee, E. R., Feehan, M., Williams, S., & Anderson, J. (1992). DSM-III disorders from age 11 to age 15. *Journal of the American Academy of Child and Adolescent Psychiatry, 31,* 50-59.

McGrory, A. (1990). Menarche: Responses of early adolescent females. *Adolescence, 25,* 265-270.

McKenry, P. C., Walters, L. H., & Johnson, C. (1979). Adolescent pregnancy: A review of the literature. *Family Coordinator, 28,* 16-28.

McLoughlin, D., & Whitfield, R. (1984). Adolescents and their experience of parental divorce. *Journal of Adolescence, 7,* 155-170.

McNelles, L. R., & Connolly, J. A. (1999). Intimacy between adolescent friends: Age and gender differences in intimate behaviors. *Journal of Research on Adolescence, 9,* 143-159.

Mead, G. H. (1934). *Mind, self, and society.* Chicago: University of Chicago (dt. Geist, Identität und Gesellschaft. Frankfurt: Suhrkamp, 1973).

Mead, M. (1928). *Coming of age in Samoa.* New York: Morrow (dt. Kindheit und Jugend in Samoa. München: dtv, 1970).

Mead, M. (1930). *Growing up in New Guinea.* New York: Morrow (dt. Kindheit und Jugend in Neuguinea. München: dtv, 1970).

Mead, M. (1970). *Culture and commitment.* New York: Doubleday (dt. Der Konflikt der Generationen. Jugend ohne Vorbild. Olten: Walter, 1971).

Merikangas, K. R., & Angst, J. (1995). The challenge of depressive disorders in adolescence. In M. Rutter (Ed.), *Psychosocial disturbances in young people: Challenges for prevention* (pp. 131-165). New York: Cambridge University Press.

Merikangas, K. R., Prusoff, B. A., & Weissman, M. M. (1988). Parental concordance for affective disorders: Psychopathology in offspring. *Journal of Affective Disorders, 15,* 279-290.

Merten, R. (1994). Haben Kinder und Jugendliche keine Werte mehr? Zur moralischen Sozialisation. *Neue Sammlung, 34,* 233-246.

Merz, F., & Kalveram, D. T. (1965). Kritik der Differenzierungshypothese der Intelligenz. *Archiv für die gesamte Psychologie, 117,* 287-295.

Meyer-Bahlburg, H. F. L., Ehrhardt, A. A., Bell, J. J., Cohen, S. F., Healey, J. M., Feldman, J. F., Morishima, A., Baker, S. W., & New, M. I. (1985). Idiopathic precocious puberty in girls: Psychosexual development. *Journal of Youth and Adolescence, 14*, 339-353.

Michaud, P.-A. (1993). Jugendalter. In W. Weiss (Hrsg.), *Gesundheit in der Schweiz* (S. 123-133). Zürich: Seismo.

Michaud, P.-A., & Narring, F. (1997). *Adolescents and their sexuality* [Brochure]. Institut universitaire de médecine sociale et préventive, Lausanne, Switzerland.

Michaud, P.-A., & Tursz, A. (1997). La prévention des accidents. In P.-A. Michaud, P. Alvin, J.-P. Deschamps, J.-Y. Frappier, D. Marcelli, & A. Tursz (Eds.), *La santé des adolescents. Approches, soins, prévention* (pp. 441-450). Lausanne: Editions Payot.

Midgley, C., Feldlaufer, H., & Eccles, J. S. (1989). Change in teacher efficacy and student self- and task-related beliefs during the transition to junior high school. *Journal of Educational Psychology, 81*, 247-258 .

Miles, C. P. (1978). Conditions predisposing to suicide: A review. *Journal of Nervous and Mental Disease, 164*, 231-246.

Miller, H. L., Coombs, D. W., Leeper, J. D., & Barton, S. (1984). An analysis of the effects of suicide prevention facilities on suicide rates in the United States. *American Journal of Public Health, 74*, 340-343.

Minuchin, S. (1976). *Families and family therapy.* Cambridge, MA: Harvard University Press (dt. *Familie und Familientherapie.* Freiburg im Breisgau: Lambertus, 1977).

Mitchell, B. A., Wister, A. V., & Burch, T. K. (1989). The family environment and leaving the parental home. *Journal of Marriage and the Family, 51*, 605-613.

Mitchell, J., & Pomeroy, C. (1989). Medizinische Komplikationen der Bulimia nervosa. In M. Fichter (Hrsg.), *Bulimia nervosa* (S. 51-61). Stuttgart: Ferdinand Enke Verlag.

Mitterauer, M. (1988). *Sozialgeschichte der Jugend.* Hamburg: Rowohlt.

Mittmann, H. (1981). *Leseinteressen der Schüler an berufsbildenden Schulen – Ergebnisse einer Befragung und literaturdidaktische Folgerungen.* Frankfurt am Main: Haag + Herchen.

Moffitt, T. E. (1993a). Adolescence-limited and life-course-persistent antisocial behavior: A developmental taxonomy. *Psychological Review, 100*, 674-701.

Moffitt, T. E. (1993b). The neuropsychology of conduct disorder. *Development and Psychopathology, 5*, 135-151.

Molin, R. S. (1986). Covert suicide and families of adolescents. *Adolescence, 21*, 177-184.

Möller, H. J., Laux, G., & Deister, A. (1996). *Psychiatrie.* Stuttgart: Hippokrates Verlag.

Moller-Madsen, S., & Nystrup, J. (1992). Incidence of anorexia nervosa in Denmark. *Acta Psychiatrica Scandinavica, 86*, 197-200.

Montada, L. (1995). Die geistige Entwicklung aus der Sicht Jean Piagets. In R. Oerter & L. Montada (Hrsg.), *Entwicklungspsychologie* (3. Aufl., S. 518-560). München: Urban & Schwarzenberg.

Montemayor, R. (1982). The relationship between parent-adolescent conflict and the amount of time adolescents spend alone and with parents and peers. *Child Development, 53*, 1512-1519.

Montemayor, R. (1983). Parents and adolescents in conflict: All families some of the time and some families most of the time. *Journal of Early Adolescence, 3*, 83-103.

Montemayor, R. (1984). Maternal employment and adolescents' relations with parents, siblings, and peers. *Journal of Youth and Adolescence, 13*, 543-557.

Montemayor, R. (1986). Family variation in parent-adolescent storm and stress. *Journal of Adolescent Research, 1*, 15-31.

Moore, D. (1987). Parent-adolescent separation: The construction of adulthood by late adolescents. *Developmental Psychology, 23*, 298-307.

Moore, S. M., & Rosenthal, D. A. (1993). *Sexuality in adolescence.* London: Routledge.

Morrison, A., & Stone, D. H. (1999). Unintentional childhood injury mortality in Europe 1984-93: a report from the EURORISC working group. *Injury Prevention, 5*, 171-176.

Morrison, A., & Stone, D. H. (2000). Trends in injury mortality among young people in the European Union: a report from the EURORISC working group. *Journal of Adolescent Health, 27*, 130-135.

Morse, S. R., & Gergen, K. (1970). Social comparison, self-consistency, and the presentation of self. *Journal of Personality and Social Psychology, 16*, 148-156.

Mortimer, J. T., & Finch, M. (1986). The effects of part-time work on adolescent self-concept and achievement. In P. Borman & J. Reisman (Eds.), *Becoming a worker* (pp. 66-89). Norwood, NJ: Ablex.

Muchow, H. H. (1963). *Flegeljahre. Beiträge zur Psychologie und Pädagogik der Vorpubertät.* Ravensburg: Maier.

Mufson, I., Weissman, M. M., & Warner, V. (1992). Depression and anxiety in parents and children: A direct interview study. *Journal of Anxious Disorders, 6*, 1-13.

Mühlmann, W. E. (1975). Kindheit und Jugend in traditionalen und progressiven Gesellschaften. In *Jugend in der Gesellschaft.* München: dtv.

Muir-Broaddus, J. E., & Bjorklund, D. F. (1990). Developmental and individual differences in children's memory strategies: The role of knowledge. In W. Schneider & F. E. Weinert (Eds.), *Interactions among aptitudes, strategies and knowledge in cognitive performance* (pp. 99-116). New York: Springer.

Munch, J. (1995). *Vocational education and training in the federal republic of Germany. Report for the FORCE programme* (1st ed.). Berlin: European centre for the development of vocational training.

Münchmeier, R. (1997). Die Lebenslage junger Menschen. In Jugendwerk der Deutschen Shell (Hrsg.), *Jugend `97. Zukunftsperspektiven, Gesellschaftliches Engagement, Politische Orientierungen* (S. 277-301). Opladen: Leske + Budrich.

Munro, G., & Adams, G. R. (1977). Ego-identity formation in college students and working youth. *Developmental Psychology, 13*, 523-524.

Murray, C., & Thompson, F. (1985). The representation of authority: An adolescent viewpoint. *Journal of Adolescence, 8*, 217-229.

Musa, K. E., & Roach, M. E. (1973). Adolescent appearance and self concept. *Adolescence, 8*, 385-394,

Musgrove, F. (1963). Inter-generation attitudes. *British Journal of Social and Clinical Psychology, 2*, 209-223.

Mussen, P. H., & Jones, M. C. (1957). Self-conceptions, motivations, and interpersonal attitudes of late- and early-maturing boys. *Child Development, 28*, 243-256.

Muuss, R. E. (1968). *Theories of adolescence* (2nd ed.). (dt. *Adoleszenz*. Stuttgart: Klett, 1971).

Muuss, R. E. (1980). Puberty rites in primitive and modern societies. In R. E. Muuss (Ed.), *Adolescent behavior and society* (3rd ed., pp. 501-512). New York: Random.

Muuss, R. E. (1988). *Theories of adolescence* (5th ed.). New York: Random House.

Muuss, R. E. (1996). *Theories of adolescence* (6th ed.). New York: MacGraw-Hill.

Mwamwenda, T. S. (1992). Moral development and behavior. *Psychological Reports, 71*, 499-502.

Nadler, R. D., Wallis, J., Roth-Meyer, C., Cooper, R. W., & Baulieu, E. E. (1987). Hormones and behavior of prepubertal and peripubertal chimpanzees. *Hormones and Behavior, 21*, 118-131.

Nagin, D. S., Farrington, D. P., & Moffitt, T. E. (1995). Life-course trajectories of different types of offenders. *Criminology, 33*, 111-139.

Narring, F., Michaud, P.-A., Wydler, H., Davatz, F., & Villaret, M. (1997). *Sexualité des adolescents et sida: processus et négociation autour des relations sexuelles et du choix de la contraception*. Lausanne: IUMSP.

Narring, F., Tschumper, A., Michaud, P.-A., Vanetta, F., Meyer, R., Wydler, H., Vuille, J.-C., Paccaud, F., & Gutzwiller, F. (1994a). *Die Gesundheit Jugendlicher in der Schweiz*. Lausanne: IUMSP.

Narring, F., Tschumper, A., Michaud, P.-A., Vanetta, F., Meyer, R., Wydler, H., Vuille, J.-C., Paccaud, F., & Gutzwiller, F. (1994b). *La santé des adolescents en Suisse. Rapport d'une enquête nationale sur la santé et les styles de vie des 15-20 ans* (No. 113a). Lausanne: IUMSP.

Nathorst Wesfelt, J. A. R. (1982). Environmental factors in childhood accidents. A prospective study in Göteborg, Sweden. *Acta Paediatrica Scandinavica, Suppl. 291*, 75.

Nauck, B. (1991). Familien- und Betreuungssituationen im Lebenslauf von Kindern. In H. Bertram (Hrsg.), *Die Familie in Westdeutschland* (S. 389-428). Opladen: Leske & Budrich.

Neuenschwander, M. P. (1996). *Entwicklung und Identität im Jugendalter*. Bern: Haupt.

Neumann, R. J., Geller, B., Rice, J. P., & Todd, R. D. (1997). Increased prevalence and earlier onset of mood disorders among relatives of prepubertal versus adult probands. *Journal of the American Academy of Child and Adolescent Psychiatry, 36*, 466-473.

Neury, J.-E. (1985). Geburtenzahlen und Fruchtbarkeit. In Schweizerische Gesellschaft für Statistik und Volkswirtschaft – Studiengruppe für Demographie (Hrsg.), *Sterben die Schweizer aus?* (S. 23-34). Bern: Haupt.

Newcomb, M. D., & Bentler, P. M. (1986). Frequency and sequence of drug use: A longitudinal study from early adolescence to young adulthood. *Journal of Drug Education, 16*, 101-120.

Newell, A., & Simon, H. A. (1972). *Human problem solving*. Englewood Cliffs, NJ: Prentice-Hall.

Nezu, A. M., & Ronan, G. F. (1985). Life stress, current problems, problem solving, and depressive symptoms: an integrative model. *Journal of Consulting and Clinical Psychology, 53*, 693-697.

Nigsch, J., Gunz, D., Jenny, C., & Jehle, K. (1997). *Berufliche Bildung im Fürstentum Liechtenstein*. Schaan: Liechtensteinisches Amt für Berufsbildung.

Noack, P., & Fingerle, M. (1994). Gespräche Jugendlicher mit Eltern und gleichaltrigen Freunden. *Zeitschrift für Entwicklungspsychologie und Pädagogische Psychologie, 26*, 331-349.

Noack, P., & Kracke, B. (1995). Jugendliche, Ausländer und Europa: Einstellungen in Abhängigkeit von globalen Werthaltungen und Schultyp. *Psychologie in Erziehung und Unterricht, 42*, 89-98.

Nolen-Hoeksema, S. (1987). Sex differences in unipolar depression: Evidence and theory. *Psychological Bulletin, 101*, 259-282.

Nolen-Hoeksema, S., Girgus, J. S., & Seligman, M. E. P. (1991). Sex differences in depression and explanatory style in children. *Journal of Youth and Adolescence, 20,* 233-246.

Nolen-Hoeksema, S., Girgus, J. S., & Seligman, M. E. P. (1992). Predictors and consequences of childhood depressive symptoms: A 5-year longitudinal study. *Journal of Abnormal Psychology, 101,* 405-422.

Noller, P., & Bagi, S. (1985). Parent-adolescent communication. *Journal of Youth and Adolescence, 8,* 125-144.

Noller, P., & Callan, V. J. (1990). Adolescents' perceptions of the nature of their communication with parents. *Journal of Youth and Adolescence, 19,* 349-362.

Nottelmann, E. D., Susman, E. J., Dorn, L. D., Inoff-Germain, G., Loriaux, D. L., Cutler, G. B., & Chrousos, G. P. (1987). Developmental processes in early adolescence. *Journal of Adolescent Health Care, 8,* 246-260.

Nowak, M. (2000). Angststörungen nach Einnahme von Designerdrogen. Ein aktueller Praxisbericht. *Praxis Klinische Verhaltensmedizin und Rehabilitation, 13,* 49, 33-35.

Nurmi, J. E. (1984). *Future orientation of adolescents of different ages.* Paper presented to the 23rd International Congress of Psychology, Acapulco.

Nurmi, J. E. (1991). How do adolescents see their future? A review of the development of future orientation and planning. *Developmental Review, 11,* 1-59.

Nurmi, J. E., Liiceanu, A., & Liberska, H. (1999). Future-oriented interests. In F. D. Alsaker & A. Flammer (Eds.), *The adolescent experience: European and American adolescents in the 1990s* (pp. 85-98). Hillsdale, NJ: Erlbaum.

Nurmi, J. E., & Pulliainen, H. (1991). The changing parent-child relationship, self-esteem, and intelligence as determinants of orientation to the future during early adolescence. *Journal of Adolescence, 14,* 35-51.

Nylander, I. (1971). The feeling of being fat and dieting in a school population. An epidemiologic interview investigation. *Acta Socio-Medica Scandinavica, 3,* 17-26.

O'Brian, T., & Shapiro, B. (1968). The development of logical thinking in children. *American Educational Research Journal, 5,* 531-543.

O'Mahony, J. F. (1986). Development of person description over adolescence. *Journal of Youth and Adolescence, 15,* 389-403.

O'Malley, P., & Bachman, J. (1979). Self-esteem and education. *Journal of Personality and Social Psychology, 37,* 1153-1159.

O'Malley, P., & Bachman, J. (1983). Self-esteem: Change and stability between ages 13 and 23. *Developmental Psycholgogy, 19,* 257-268.

O'Sullivan, L. F., & Byers, E. S. (1995). Gender differences in responses to discrepancies in desired level of sexual intimacy. *Journal of Psychology and Human Sexuality, 8,* 49-67.

Oden, S. (1988). Alternative perspectives on children's peer relationships. In T. D. Yawkey & J. E. Johnson (Eds.), *Integrative processes and socialization: Early to middle childhood* (pp. 139-166). Hillsdale, NJ: Erlbaum.

OECD. (2000). *From initial education to working life.* Paris: OECD Publications.

Oelkers, J. (1991). Jugendbewegung als Erziehungsform. In G. Klosinski (Hrsg.), *Pubertätsriten – Äquivalente und Defizite in unserer Gesellschaft* (S. 64-78). Bern: Huber.

Oerter, R. (1982). Zur Entwicklung der Motivation und Handlungssteuerung. In R. Oerter & L. Montada (Hrsg.), *Entwicklungspsychologie* (1. Aufl., S. 567-632). München: Urban & Schwarzenberg.

Oerter, R. (1985). Die Anpassung von Jugendlichen an die Struktur von Arbeit und Beruf. In R. Oerter (Hrsg.), *Lebensbewältigung im Jugendalter* (S. 69-110). Weinheim: Edition Psychologie.

Oerter, R. (1987). Jugendalter. In R. Oerter & L. Montada (Hrsg.), *Entwicklungspsychologie* (2. Aufl., S. 263-338). München: Urban & Schwarzenberg.

Oerter, R., & Dreher, E. (1995). Jugendalter. In R. Oerter & L. Montada (Hrsg.), *Entwicklungspsychologie* (3. Aufl., S. 310-395). Weinheim: Psychologie Verlags Union.

Oerter, R., & Schuster, M. (1982). Zur Entwicklung des Gedächtnisses. In R. Oerter & L. Montada (Hrsg.), *Entwicklungspsychologie* (1. Aufl., S. 475-497). München: Urban & Schwarzenberg.

Offer, D. (1969). *The psychological world of the teenager.* New York: Basic Books.

Offer, D., Ostrov, E., & Howard, K. I. (1984). The self-image of normal adolescents. *New Directions for Mental Health Services, 22,* 5-17.

Offer, D., Rostov, E., & Howard, K. I. (1981). *The adolescent: A psychological self-portrait.* New York: Basic Books.

Olver, R. R., & Hornsby, J. R. (1971). Über Äquivalenz. In J. S. Bruner, R. R. Olver, & P. M. Greenfield (Hrsg.), *Studien zur kognitiven Entwicklung* (S. 55-96). Stuttgart: Klett (orig. 1966).

Olweus, D. (1973). Personality and aggression. In J. K. Cole & D. D. Jensen (Eds.), *Nebraska Symposium on Motivation 1972* (Vol. 20, pp. 261-321). Lincoln: University Press.

Olweus, D. (1978). *Aggression in the schools: Bullies and whipping boys.* Washington, DC: Hemisphere.

Olweus, D. (1979). Stability of aggressive reaction patterns in males: A review. *Psychological Bulletin, 86,* 852-875.

Olweus, D. (1991). Bully/victim problems among school children: Basic facts and effects of a school based intervention program. In D. Pepler & K. Rubin (Eds.), *The development and treatment of childhood aggression* (pp. 411-448). Hillsdale, NJ: Erlbaum.

Olweus, D. (1993). *Bullying at school. What we know and what we can do.* Oxford: Blackwell.

Olweus, D. (1994). Annotation: Bullying at school: Basic facts and effects of a school based intervention program. *Journal of Child Psychology and Psychiatry, 35,* 1171-1190.

Olweus, D. (1995). *Gewalt in der Schule: Was Lehrer und Eltern wissen sollten und tun können.* Bern: Huber.

Olweus, D., Mattson, A., Schalling, D., & Low, H. (1980). Testosterone, aggression, physical, and personality dimensions in normal adolescent males. *Psychosomatic Medicine, 42,* 253-269.

Olweus, D., Mattson, A., Schalling, D., & Low, H. (1988). Circulating testosterone levels and aggression in adolescent males: A causal analysis. *Psychosomatic Medicine, 50,* 261-272.

Ortleb, R. (1991). *Grund- und Strukturdaten 1991/92.* Bonn: Bundesministerium für Bildung und Wissenschaft.

Oser, F. (1981). *Moralisches Urteil in Gruppen.* Frankfurt: Suhrkamp.

Oser, F. (1988). Die gerechte Gemeinschaft und die Demokratisierung der Schulwelt. *Vierteljahresschrift für die wissenschaftliche Pädagogik, 64,* 59-79.

Oster, G. D., & Caro, J. E. (1990). *Understanding and treating depressed adolescents and their families.* New York: Wiley.

Paikoff, R. L., & Brooks-Gunn, J. (1991). Do parent-child relationships change during puberty? *Psychological Bulletin, 110,* 47-66.

Paikoff, R. L., Brooks-Gunn, J., & Warren, M. P. (1991). Effects of girls' hormonal status on depressive and aggressive symptoms over the course of one year. *Journal of Youth and Adolescence, 20,* 191-215.

Paikoff, R. L., Carlton-Ford, S., & Brooks-Gunn, J. (1993). Mother-daughter dyads view the family: Associations betweeen divergent perceptions and daughter well-being. *Journal of Youth and Adolescence, 22,* 473-492.

Palmonari, A. (Hrsg.). (1993). *Psicologia dell'adolescenza.* Bologna: Mulino.

Palmonari, A., Kirchler, E., & Pombeni, M. L. (1991). Differential effects of identification with family and peers on coping with developmental tasks in adolescence. *European Journal of Social Psychology, 21,* 381-402.

Palmonari, A., Pombeni, M. L., & Kirchler, E. (1992). Evolution of the self concept in adolescence and social categorization processes. In W. Stroebe & M. Hewstone (Eds.), *European review of social psychology* (Vol. 3, pp. 285-308). New York: Wiley.

Palmonari, A., & Rubini, M. (1993). *School experience, orientation toward formal authorities, and political participation of young people.* Paper presented to the meetings of the European Association of Experimental Social Psychology, Lisbon.

Paluzny, M., Davenport, C., & Kim, W. J. (1991). Suicide attempts and ideation: Adolescents evaluated on a pediatric ward. *Adolescence, 26,* 208-215.

Papastefanou, C. (1992). Junge Erwachsene und ihre Eltern: Ablösung oder Neudefinition der Beziehung? In M. Hofer, E. Klein-Allemann, & P. Noack (Hrsg.), *Familienbeziehungen. Eltern und Kinder in der Entwicklung* (S. 217-237). Göttingen: Hogrefe.

Papini, D. R., & Clark, S. (1989). Grade, pubertal status, and gender-related variations in conflictual issues among adolescents. *Adolescence, 24,* 977-987.

Papini, D. R., Datan, N., & McCluskey-Fawcett, K. A. (1988). An observational study of affective and assertive family interactions during adolescence. *Journal of Youth and Adolescence, 17,* 477-492.

Papini, D. R., & Sebby, R. A. (1987). Adolescent pubertal status and affective family relationships: A multivariate assessment. *Journal of Youth and Adolescence, 16,* 1-15.

Paravicini, A., & Hartmann, M. (2000). *Evaluation einer psychotherapeutischen Wohngemeinschaft für junge Frauen mit schweren Essstörungen.* Unveröffentlichte Lizentiatsarbeit, Universität Bern, Institut für Psychologie.

Parke, R. D., & Slaby, R. G. (1983). The development of aggression. In P. H. Mussen (Ed.), *Handbook of child psychology* (pp. 548-641). New York: John Wiley & Sons.

Parker, D., Manstead, A. S. R., & Stradling, S. G. (1992). Determinants of intention to commit driving violations. *Accident Analysis and Prevention, 24,* 117-131.

Parker, G. (1979). Parental characteristics in relation to depressive disorders. *British Journal of Psychiatry, 134,* 138-147.

Parker, G. (1992). Early environment. In E. S. Paykel (Ed.), *Handbook of affective disorders* (2nd ed., pp. 171-183). Edinburgh: Churchill Livingstone.

Parry, B. L. (1989). Reproductive factors affecting the course of affective illness in women. *Psychiatric Clinics of North America, 12,* 207-220.

Patel, D. R., Greydanus, D. E., & Rowlett, J. D. (2000). Romance with the automobile in the 20th century: Implications for adolescents in a new millenium. *Adolescent Medicine, 11,* 127-137.

Patterson, G. R. (1988). Family process: loops, levels, and linkages. In N. Bolger, A. Caspi, G. Downey, &

M. Moorehouse (Eds.), *Persons in context* (pp. 114-151). Cambridge: Cambridge University Press.

Patterson, G. R., & Capaldi, D. M. (1990). A mediational model for boys' depressed mood. In J. E. Rolf, A. Masten, D. Cicchetti, K. Neucherterlein, & S. Weintraub (Eds.), *Risk and protective factors in the development of psychopathology* (pp. 141-163). Cambridge: Cambridge University Press.

Patterson, G. R., Capaldi, D. M., & Bank, L. (1991). An early starter model for predicting delinquency. In D. J. Pepler & K. H. Rubin (Eds.), *The development and treatment of childhood aggression* (pp. 139-168). Hillsdale, NJ: Erlbaum.

Patton, G. C. (1988). The spectrum of eating disorders in adolescence. 31st Annual Conference of the Society for Psychosomatic Research (1987, London, England). *Journal of Psychosomatic Research, 32*, 579-584.

Patton, G. C. (1989). The course of anorexia nervosa. *British Journal of Psychiatry, 152*, 367-371.

Patton, G. C., Johnson-Sabine, E., Wood, K., Mann, A. H., & Wakeling, A. (1990). Abnormal eating attitudes in London schoolgirls – a prospective epidemiological study: Outcome at twelve month follow-up. *Psychological Medicine, 20*, 383-394.

Paul, T., & Jacobi, C. (1989). Verhaltenstherapeutische Massnahmen bei Essstörungen. In I. Hand & H. U. Wittchen (Hrsg.), *Verhaltenstherapie in der Medizin* (S. 327-347). Berlin: Springer.

Pauling, M. (2000). *Entwicklung der Argumentationsstrukturen bei Kindern anhand von Kausalattributionen im Bereich der Freundschaft.* Unveröffentlichte Lizentiatsarbeit, Universität Bern, Institut für Psychologie, Schweiz.

Pawlak, C., Pascual-Sanchez, T., Raë, P., Fischer, W., & Ladame, F. (1999). Anxiety disorders, comorbidity, and suicide attempts in adolescence: a preliminary investigation. *European Psychiatry, 14*, 132-136.

Paxton, S. J., Wertheim, E. H., Gibbons, K., Szmukler, G. I., Hillier, L., & Petrovich, J. L. (1991). Body image satisfaction, dieting beliefs, and weight loss behaviors in adolescent girls and boys. *Journal of Youth and Adolescence, 20*, 361-379.

Paykel, E. S. (1982). Life events and early environment. In E. S. Paykel (Ed.), *Handbook of affective disorders* (pp. 146-161). Edinburgh: Churchill Livingstone.

Paykel, E. S. (1989). Stress and life events. In ADAMHA (Ed.), *Report of the secretary's task force on youth suicide. Vol. 2: Risk factors for youth suicide* (DHHS Publication No. ADM 89-1622). Washington, DC: Government Printing Office.

Pearl, A. (1981). A phenomenological cost-benefit analysis approach to adolescence. In R. W. Henderson (Ed.), *Parent-child interaction* (pp. 293-335). New York: Academic.

Peiró, J. M., Hontangas, P., & Salanova, M. (1994). Propensity to leave school and transtions from school to the labour market after compulsory eduction in Spain: A causal model. In R. A. Roe & V. Russinova (Eds.), *Psychosocial aspects of employment: European perspectives* (pp. 41-63). Tilburg University Press.

Pekrun, R. (1985). Schulischer Unterricht, schulische Bewertungsprozesse und Selbstkonzeptentwicklung. *Unterrichtswissenschaft, 13*, 220-248.

Perret-Clermont, A. N., & Schubauer-Leoni, M. L. (Eds.). (1989). Social factors in learning and instruction. *International Journal of Educational Research. Special edition, 13*, 573-684.

Perrez, M., & Wilhelm, P. (2000). Control psychology under the control of questionnaires? The search for an alternative assessment procedure. In W. J. Perrig & A. Grob (Eds.), *Control of human behavior, mental processes, and consciousness – Essays in honour of the 60th birthday of August Flammer* (pp. 245-261). Mahwah, NJ: Erlbaum.

Perrig, W. J. (1990). Implizites Wissen: Eine Herausforderung für die Kognitionspsychologie. *Schweizerische Zeitschrift für Psychologie, 49*, 234-249.

Perry-Hunnicutt, C., & Newman, I. M. (1993). Adolescent dieting practices and nutrition knowledge. Health Values. *The Journal of Health Behavior, Education and Promotion, 17*, 35-40.

Peskin, H. (1963, April). Possible relations of growth and maturity to early psychic experiences. In H. Boutourline Young (Chair), *Biological Time.* Symposium presented at the meeting of the Society for Research in Child Development, Berkeley, CA.

Peskin, H. (1967). Pubertal onset and ego functioning: A psychoanalytic approach. *Journal of Abnormal Psychology, 72*, 1-15.

Peskin, H. (1973). Influence of the developmental schedule of puberty on learning and ego functioning. *Journal of Youth and Adolescence, 2*, 273-290.

Petersen, A. C. (1983). Pubertal change and cognition. In J. Brooks-Gunn & A. C. Petersen (Eds.), *Girls at puberty: Biological and psychosocial perspectives* (pp. 179-198). New York: Plenum.

Petersen, A. C. (1985). Pubertal development as a cause of disturbance: Myths, realities, and unanswered questions. *Genetic, Social, and General Psychology Monographs, 111*, 205-232.

Petersen, A. C. (1988). Adolescent development. *Annual Review of Psychology, 39*, 583-607.

Petersen, A. C., Compas, B. E., Brooks-Gunn, J., Stemmler, M., Ey, S., & Grant, K. E. (1993). Depression in adolescence. *American Psychologist, 48*, 155-168.

Petersen, A. C., & Crockett, L. (1985). Pubertal timing and grade effects on adjustment. *Journal of Youth and Adolescence, 14,* 191-206.

Petersen, A. C., & Crockett, L. (1986). Pubertal development and its relation to cognitive and psychosocial development in adolescent girls: Implications for parenting. In J. B. Lancaster & B. A. Hamburg (Eds.), *School-age pregnancy and parenthood. Biosocial dimensions* (pp. 147-175). New York: Adline De Gruyter.

Petersen, A. C., Crockett, L., Richards, M. H., & Boxer, A. M. (1988). A self-report measure of pubertal status: Reliability, validity, and initial norms. *Journal of Youth and Adolescence, 17,* 117-133.

Petersen, A. C., Leffert, N., & Hurrelmann, K. (1993). Adolescence and schooling in Germany and the United States: A comparison of peer socialization to adulthood. *Teachers College Record, 94,* 611-628.

Petersen, A. C., Sarigiani, P. A., & Kennedy, R. E. (1991). Adolescent depression: Why more girls? *Journal of Youth and Adolescence, 20,* 247-271.

Petersen, A. C., & Taylor, B. (1980). The biological approach to adolescence: Biological change and psychological adaptation. In J. Adelson (Ed.), *Handbook of adolescent psychology* (pp. 117-155). New York: Wiley.

Peterson, J., & Zill, N. (1986). Marital disruption, parent-child relationships, and behavior problems in children. *Journal for Marriage and the Family, 48,* 295-307.

Pfeffer, C. R. (1981a). Suicidal behavior of children: A review in the implications for research and practice. *American Journal of Psychiatry, 138,* 154-159.

Pfeffer, C. R. (1981b). The family system of suicidal children. *American Journal of Psychotherapy, 35,* 330-341.

Pfeffer, C. R. (1989). Family characteristics and support systems as risk factors for youth suicidal behavior. In ADAMHA (Ed.), *Report of the secretary's task force on youth suicide. Vol. 2: Risk factors for youth suicide* (DHHS Publication No. ADM 89-1622). Washington, DC: Government Printing Office.

Pfeffer, C. R., Martins, P., Mann, J., Sunkenberg, M., Ice, A., Damore, J. P., Gallo, C., Karpenos, I., & Jiang, H. (1997). Child survivors of suicide: psychosocial characteristics. *Journal of the American Academy of Child and Adolescent Psychiatry, 36,* 65-74.

Phares, V., & Compas, B. E. (1992). The role of fathers in child and adolescent psychopathology: Make room for daddy. *Psychological Bulletin, 111,* 387-412.

Piaget, J. (1947). *Psychologie de l'intelligence.* Paris: Colin (dt. *Psychologie der Intelligenz.* Zürich: Rascher, 1948).

Piaget, J. (1964). *Six études de psychologie.* Genève: Gonthier (dt. *Theorien und Methoden der modernen Erziehung, Kapitel II: Sechs psychologische Studien.* Frankfurt: Fischer, 1972, S. 153-278).

Piaget, J. (1973). *Psychologie de l'enfant.* Paris: PUF.

Piaget, J. (1975). *L'équilibration des structures cognitives.* Paris: Presses Universitaires de France.

Pickel, G. (1996). Politisch verdrossen oder nur nicht aktiviert. In R. K. Silbereisen, L. A. Vaskovic, & J. Zinnecker (Hrsg.), *Jungsein in Deutschland. Jugendliche und junge Erwachsene 1991 und 1996* (S. 85-98). Opladen: Leske + Budrich.

Pike, K. M., & Rodin, J. (1991). Mothers, daughters and disordered eating. *Journal of Abnormal Psychology, 100,* 198-204.

Pipp, S., Shaver, P., Jennings, S., Lamborn, S. D., & Fischer, K. W. (1985). Adolescents' theories about the development of their relationships with parents. *Journal of Personality and Social Psychology, 48,* 991-1001.

Pirke, K. M., & Platte, P. (1995). Neurobiology of eating disorders in adolescence. In H. C. Steinhausen (Ed.), *Eating disorders in adolescence: Anorexia and bulimia nervosa* (pp. 171-190). Berlin: Walter de Gruyter.

Platt, S., Bille-Brahe, U., & Kerkhof, A. J. F. M. (1992). Parasuicide in Europe: The WHO/Euro multicentre study on parasuicide I. Introduction and preliminary analysis for 1989. *Acta Psychiatrica Scandinavica, 85,* 97-104.

Polivy, J., & Herman, C. P. (1987). Diagnosis and treatment of normal eating. *Journal of Consulting and Clinical Psychology, 5,* 635-644.

Pollock, L. (1983). *Forgotten children.* Cambridge: University Press.

Pombeni, M. L., Kirchler, E., & Palmonari, A. (1990). Identification with peers as a strategy to muddle through the troubles of the adolescent years. *Journal of Adolescence, 13,* 351-369.

Post-Kammer, P., & Smith, P. L. (1985). Sex differences in career self-efficacy, consideration, and interests of eigth and ninth graders. *Journal of Counseling Psychology, 32,* 551-559.

Power, C., & Reimer, J. (1979). Moral atmosphere. In W. Damon (Ed.), *New directions for child development* (No. 2). San Francisco: Jossey-Bass.

Powers, S., Beardslee, W., Jacobson, A. M., & Noam, G. G. (1987). *Family influences on the development of adolescent coping processes.* Paper presented at the biennial meeting of the Society for Research in Child Development, Baltimore.

Preston, S. H. (1984). Children and elderly in the U. S. *Scientific American, 251* (6), 36-41.

Preusser, D. F., Williams, A. F., & Lund, A. K. (1987). The effect of the New York's seat belt use law on teenage drivers. *Accident Analysis and Prevention, 19,* 73-80.

Price, J. M., & Ladd, G. W. (1986). Assessment of children's friendships: Implications for social competence and social adjustment. In R. J. Prinz (Ed.), *Advances in behavioral assessment of children and families* (Vol. 2, pp. 121-149). JAI Press.

Prideaux, L. A., Creed, P. A., Muller, J., & Patton, W. (2000). A review of career interventions from an educational perspective: Have investigations shed any light? *Swiss Journal of Psychology, 59,* 227-239.

Priester, H. J. (1958). *Die Standardisierung des Hamburg-Wechsler-Intelligenztests für Kinder (HAWIK).* Bern: Huber.

Prior, M. (1992). Childhood temperament. *Journal of Child Psychology and Psychiatry, 33,* 249-279.

Probst, C., & Sidler, N. (2000). *Beziehungen innerhalb der Familie und Wohlbefinden bei Jugendlichen aus Scheidungsfamilien und Zweielternfamilien.* Unveröffentlichte Lizentiatsarbeit, Universität Bern, Institut für Psychologie, Schweiz.

Probst, M., Vandereycken, W., van Coppenolle, H., & Pieters, G. (1998). Body size estimation in anorexia nervosa patients: The significance of overestimation. *Journal of Psychosomatic Research, 44,* 451-456.

Proulx, J., & Koulack, D. (1987). The effect of parental divorce on parent-adolescent separation. *Journal of Youth and Adolescence, 16,* 473-480.

Pulkkinen, L., & Pitkänen, T. (1993). Continuities in aggressive behavior from childhood to adulthood. *Aggressive Behavior, 19,* 249-263.

Quinton, D., Rutter, M., & Liddle, C. (1984). Institutional rearing, parenting difficulties and marital support. *Psychological Medicine, 14,* 107-124.

Raja, S. N., McGee, R., & Stanton, W. R. (1992). Perceived attachment to parents and peers and psychological well-being in adolescence. *Journal of Youth and Adolescence, 21,* 471-485.

Randel, B., Stevenson, H. W., & Witruk, E. (2000). Attitudes, beliefs, and mathematics achievement of German and Japanese high school students. *International Journal of Behavioral Development, 24,* 190-198.

Reinherz, H. Z., Stewart-Berghauer, G., Pakiz, B., Frost, A. K., Moeykens, B. A, & Holmes, W. M. (1989). The relationship of early risk and current mediators to depressive symptomatology in adolescence. *Journal of the American Academy of Child and Adolescent Psychiatry, 28,* 942-947.

Reitzle, M., & Silbereisen, R. K. (2000). The timing of adolescents' school-to-work transition in the course of social change: The example of German unification. *Swiss Journal of Psychology, 59,* 240-255.

Reitzle, M., Vondracek, F. W., & Silbereisen, R. K. (1998). Timing of school-to-work transitions: A developmental-contextual perspective. *International Journal of Behavioral Development, 22,* 7-28.

Remplein, H. (1963). *Die seelische Entwicklung des Menschen im Kindes- und Jugendalter* (11. Aufl.). Basel: Reinhardt.

Remschmidt, H. (1997). *Kinder- und Jugendpsychiatry.* Stuttgart: Georg Thieme Verlag.

Resnick, G. (1989). *Individual differences in adolescent attachment and its relationship to family cohesion and adaptability: An exploratory study.* Unpublished doctoral dissertation, Tufts University.

Retterstøl, N. (1990). *Suicide. A European perspective.* Cambridge: University Press.

Reubens, B., Harrison, J., & Rupp, K. (1981). *The youth labor force: A cross-national analysis.* Totwa, NJ: Allanshel & Osmun.

Reuter, F. (1995). *Die Hemmung irrelevanter Information bei komplexen Planungs- und Problemlöseaktivitäten.* Unveröffentlichte Dissertation, Main.

Rich, C. L., Sherman, M., & Fowler, R. C. (1990). San Diego suicide study: The adolescents. *Adolescence, 25,* 855-865.

Richards, M. H., & Duckett, E. (1994). The relationship of maternal employment to early adolescent daily experience with and without parents. *Child Development, 65,* 225-236.

Richards, M. H., & Larson, R. W. (1993). Pubertal development and the daily subjective states of young adolescents. *Journal of Research on Adolescence, 3,* 145-169.

Riegel, K. (1975). Adult life crises: A dialectic interpretation of development. In N. Datan & L. H. Ginsberg (Eds.), *Life-span developmental psychology. Normative life-crises* (pp. 99-128). New York: Academic.

Rierdan, J., & Koff, E. (1985). Timing of menarche and initial menstrual experience. *Journal of Youth and Adolescence, 14,* 237-244.

Ringel, E. (1969). *Selbstmordverhütung.* Bern: Huber.

Robertson, E. B., Burchinal, M., & Martin, S. L. (1992). *Reproductive and social status consequences of early menarcheal timing.* Poster presented at the biennial meetings of the Society for Research on Adolescence, Washington, DC.

Robertson, L. S. (1980). Crash involvement of teenaged drivers when driver education is eliminated from high school. *American Journal of Public Health, 70,* 599-603.

Robertson, L. S., & Zador, P. L. (1978). Driver education and fatal crash involvement of teenaged drivers. *American Journal of Public Health, 68,* 959-965.

Robins, L. N. (1992, November). *Sociocultural trends affecting the prevalence of adolescent problems.* Paper presented to the Johann Jacobs Conference on Adolescence, Marbach, Germany.

Robinson, N. S., Garber, J., & Hilsman, R. (1995). Cognitions and stress: Direct and moderating effects on depressive versus externalising symptoms during the junior high school transition. *Journal of Abnormal Psychology, 104,* 453-463.

Robinson, P. H., Clarke, M., & Barrett, J. (1988). Determinants of gastric emptying in anorexia nervosa and bulimia nervosa. *Gut, 29,* 458-464.

Rodgers, B. (1990). Influences of early-life and recent factors on affective disorder in women: an exploration of vulnerability models. In L. N. Robins & M. Rutter (Eds.), *Straight and devious pathways from childhood to adulthood* (pp. 314-327). Cambridge: Cambridge University Press.

Rodriguez-Tomé, H., & Bariaud, F. (1991). Anxiety in adolescence: Sources and reactions. In H. Bosma & S. Jackson (Eds.), *Coping and self-concept in adolescence* (pp. 167-186). Berlin: Springer.

Rogers, A., & McCarthy, M. (1999). Drugs and drugs education in the inner city: The views of 12-year-olds and their parents. *Drugs: Education, Prevention and Policy,* 6 (1), 51-59.

Rohde, P., Lewinsohn, P. M., & Seeley, J. R. (1991). Comorbidity of unipolar depression. II: Comorbidity with other mental disorders in adolescents and adults. *Journal of Abnormal Psychology, 100,* 214-222.

Röhrs, H. (1989). Die Zukunft der Berufsberatung. *Pädagogische Rundschau, 43,* 161-176.

Rolls, B. J., Fedoroff, I. C., & Guthrie, J. F. (1991). Gender differences in eating behavior and body weight regulation. Special Issue: Gender and health. *Health Psychology, 10,* 133-142.

Rosenbaum, J. E. (1991). Are adolescent problems caused by school or society? *Journal of Research on Adolescence, 1,* 301-322.

Rosenberg, M. (1965). *Society and the adolescent self-image.* Princeton: Princeton University Press.

Rosenberg, M. (1975). The dissonant context and the adolescent self-concept. In S. E. Dragastin & G. H. Elder, Jr. (Eds.), *Adolescence and the life cycle* (pp. 97-116). New York: Wiley.

Rosenberg, M. (1979). *Conceiving the self.* New York: Basic Books.

Rosenberg, M. (1986). Self-concept from middle childhood through adolescence. In J. Suls & A. G. Greenwald (Eds.), *Psychological perspectives on the self* (Vol. 3, pp. 107-136). Hillsdale, NJ: Erlbaum.

Rosenkrantz, A. L. (1978). A note on adolescent suicide: Incidence, dynamics, and some suggestions for treatment. *Adolescence, 13,* 209-213.

Rosenmayr, L. (1971). Zur theoretischen Neuorientierung der Jugendsoziologie. In K. R. Allerbeck & L. Rosenmayr (Hrsg.), *Aufstand der Jugend* (S. 229-268). München: Juventa.

Rosenmayr, L. (1972a). Jugend als Faktor sozialen Wandels. Versuch einer theoretischen Exploration der Jugendrevolten. In F. Neidhardt, R. Bergius, T. Brocher, D. Eckensberger, W. Hornstan, L. Rosenmayr, & W. Loch (Hrsg.), *Jugend im Spektrum der Wissenschaften* (S. 203-228). München: Juventa.

Rosenmayr, L. (1972b). New theoretical approaches to the sociological study of young people. *International Sociological Science Journal,* 24 [Nachdruck in H. V. Kraemer (n. d.) (Ed.), *Youth and culture* (pp. 342-387). San Francisco: Brooks and Cole].

Rosenmayr, L., & Kreutz, H. (1968). Eltern und Gleichaltrige als Faktoren sozialen Einflusses bei Jugendlichen und «jungen Erwachsenen». In G. Würzbacher (Hrsg.), *Die Familie als Sozialisationsfaktor.* Stuttgart: Enke.

Rosenthal, D. A., Mitchell, A., & Peast, P. (1996). *«Just say no»: Coercion and consent in young people's sexual encounters.* Unpublished manuscript.

Rosenthal, D. A., & Smith, A. M. A. (1997). Adolescent sexual time tables. *Journal of Youth and Adolescence, 26,* 619-636.

Roth, L. (1983). *Die Erfindung des Jugendlichen.* München: Juventa.

Rotheram-Borus, M. J., & Langabeer, K. A. (2001). Developmental trajectories of gay, lesbian, and bisexual youths. In A. R. D'Augelli & C. J. Patterson (Eds.), *Lesbian, gay, and bisexual identities and youth* (pp. 97-128). New York: Oxford University Press.

Rotheram-Borus, M. J., & Trautman, P. D. (1988). Hopelessness, depression, and suicidal intent among adolescent suicide attempters. *Journal of the American Academy of Child and Adolescent Psychiatry, 27,* 700-704.

Rousseau, J. J. (1762, dt. 1975). *Emil oder Über die Erziehung.* München: utb.

Rowe, I., & Marcia, J. E. (1980). Ego identity status, formal operations, and moral development. *Journal of Youth and Adolescence, 9,* 87-99.

Ruble, D. N., Boggiano, A. K., Feldman, N. S., & Loebl, J. H. (1980). Developmental analysis of the role of social comparison in self-evaluation. *Developmental Psychology, 6,* 105-115.

Ruble, D. N., & Brooks-Gunn, J. (1982). The experience of menarche. *Child Development, 53,* 1557-1566.

Ruggiero, M., Greenberger, E., & Steinberg, L. (1982). Occupational deviance among first-time workers. *Youth and Society, 13,* 423-448.

Russell, G. (1983). *The changing role of fathers?* St. Lucia, Queensland, Australia: University of Queensland Press.

Russell, G., & Russell, A. (1987). Mother-child and father-child relationships in middle childhood. *Child Development, 58,* 1573-1585.

Russell, G. F. M. (1989). Diagnostik und klinische Messverfahren bei Bulimia nervosa. In M. Fichter (Hrsg.), *Bulimia nervosa* (S. 12-29). Stuttgart: Ferdinand Enke Verlag.

Rutter, M. (1978). Protective factors in children's responses to stress and disadvantage. In M. Kent & J. Rolf (Eds.), *Primary prevention of psychopathology, Vol. 3: Promoting social competence and coping in children.* Hanover, NJ: University Press of New England.

Rutter, M. (1986). The developmental psychopathology of depression: Issues and perspectives. In M. Rutter, C. E. Izard, & P. B. Read (Eds.), *Depression in young people. Developmental and clinical perspectives* (pp. 3-30). New York: The Guilford Press.

Rutter, M. (1989). Isle of Wight revisited: Twenty-five years of child psychiatric epidemiology. *Journal of the American Academy of Child and Adolescent Psychiatry, 28,* 633-653.

Rutter, M. (1991). *Concepts of causation and implications for intervention.* Paper presented to the Johann Jacobs Foundation Youth Unemployment and Society Conference, Marbach.

Rutter, M., Champion, L., Quinton, D., Maughan, B., & Pickles, A. (1995). Understanding individual differences in environmental-risk exposure. In P. Moen, G. H. Elder, & K. Lüscher (Eds.), *Examining lives in context* (pp. 61-93). Washington, DC: American Psychological Association.

Rutter, M., Giller, H., & Hagell, A. (1998). *Antisocial behavior by young people.* Cambridge: Cambridge University Press.

Rutter, M., Graham, P., Chadwick, F., & Yule, W. (1976). Adolescent turmoil: Fact or fiction? *Journal of Child Psychology and Psychiatry 17,* 35-56.

Rutter, M., Maughan, B., Mortimore, P., & Ouston, J. (1979). *Fifteen thousand hours: Secondary schools and their effects on children.* Cambridge, MA: Harvard University Press.

Rutter, M., & Quinton, D. (1984). Parental psychiatric disorder: effects on children. *Psychological Medicine, 14,* 853-880.

Saadi-Varchmin, B., & Varchmin, J. (1984). *Kinderarbeit ist verboten!* Dortmund: Burckhardthaus.

Sahli, K. (2000). *Entwicklung der Argumentationsstruktur zur Kontingenzmeinung: Der Fall Helfen in der Freundschaft.* Unveröffentlichte Lizentiatsarbeit, Universität Bern, Institut für Psychologie, Schweiz.

Sander, E., Jesse, A., & Ermert, C. (1997). Mütterliche Einstellungen: Eine Untersuchung an alleinerziehenden Müttern und ihren Kindern. *Psychologie in Erziehung und Unterricht, 44,* 135-142.

Sass, H., Wittchen, H. U., & Zaudig, M. (1996). *Diagnostisches und Statistisches Manual Psychischer Störungen DSM-IV.* Göttingen: Hogrefe Verlag.

Savin-Williams, R. C. (1979). Dominance hierarchies in groups of early adolescents. *Child Development, 50,* 923-935.

Savin-Williams, R. C. (1994). Dating those you can't love, and loving those you can't date. In R. Montemayor, G. R. Adams, & T. P. Gullotta (Eds.), *Personal relationships during adolescence* (pp. 196-215). Thousand Oaks, CA: Sage.

Savin-Williams, R. C., & Small, S. A. (1986). The timing of puberty and its relationship to adolescent and parent perceptions of family interactions. *Developmental Psychology, 22,* 342-347.

Schäfers, B. (1998). *Soziologie des Jugendalters* (6. Aufl.). Opladen: Leske + Budrich.

Schaffer, H. R., & Liddell, C. (1984). Adult-child interaction under dyadic and polyadic conditions. *British Journal of Developmental Psychology, 2,* 33-42.

Schaffner, L. (1998). Searching for connection: A new look at teenaged runaways. *Adolescence, 31,* 619-627.

Schaie, K. W., & Labouvie-Vief, G. (1974). Generational versus ontogenetic components of change in adult cognitive behavior: A fourteen-year cross sequential study. *Developmental Psychology, 10,* 305-320.

Schallberger, U. (1985). *HAWIK und HAWIK-R: Ein empirischer Vergleich* (Forschungsbericht). Schweiz: Universität Zürich, Psychologisches Institut.

Schallberger, U. (1991). *Das Ausmass des «IQ-Gewinns» im deutschen Sprachraum von ca. 1956 bis ca. 1983. Zur Diskussion um die HAWIK-R-Normen* (Bericht Nr. 27). Schweiz: Universität Zürich, Psychologisches Institut.

Scheller, R. (1976). *Psychologie der Berufswahl und der beruflichen Entwicklung.* Stuttgart: Kohlhammer.

Schelsky, H. (1963). *Die skeptische Generation.* Düsseldorf: Eugen Diederichs.

Schelten, A. (1994). *Einführung in die Berufspädagogik.* Stuttgart: Steiner.

Schiamberg, L. (1969). Some socio-cultural factors in adolescent-parent conflict: A cross-cultural comparison of selected cultures. *Adolescence, 4,* 333-360.

Schick, M. T., Schär, A., Albetro, Y. J., & Minder, C. (1991). *Epidemiologische Analyse der Drogentodesfälle in der Schweiz 1987-1991* (Forschungsbericht). Schweiz: Universität Bern, Institut für Sozial- und Präventivmedizin.

Schleicher, R. (1973). Die Intelligenzleistung Erwachsener in Abhängigkeit vom Niveau der beruflichen Tätigkeit. *Probleme und Ergebnisse der Psychologie, 44,* 25-55.

Schleyer-Lindenmann, A. (1997). *Influence du context culturel et familial sur les tâches de developpement et l'investissement de l'espace urbain à l'adolescence.* Thèse de Doctorat Nouveau Régime en Psychologie, Université de Provence, Aix-Marseille 1, France.

Schlicht, M. (1994). The development of vocational training in Central and Eastern Europe. German experience in demand. *Education and Science, 1,* 3-8.

Schmale, H., & Schmidtke, H. (1967). *Berufseignungstest.* Bern: Huber.

Schmidt, C. (1995). Fernsehverhalten und politische Interessen Jugendlicher und junger Erwachsener. Ergebnisse einer bundesweiten Repräsentativbefragung. *Media Perspektiven, 5,* 220-227.

Schmidt-Denter, U. (2000). Entwicklung von Trennungs- und Scheidungsfamilien. In K. A. Schneewind (Hrsg.), *Familienpsychologie im Aufwind* (S. 203-221). Göttingen: Hogrefe.

Schmiedbauer, W. (1997). *Handbuch der Rauschdrogen.* München: Nymphenburger.

Schneewind, K. A. (1999). *Familienpsychologie* (2. Aufl.). Stuttgart: Kohlhammer.

Schneewind, K. A., & Braun, M. (1988). Jugendliche Ablösungsaktivitäten und Familienklima. *System Familie, 1,* 49-61.

Schneider, M. S. (2001). Toward a reconceptualization of the coming-out process for adolescent females. In A. R. D'Augelli & C. J. Patterson (Eds.), *Lesbian, gay, and bisexual identities and youth* (pp. 71-96). New York: Oxford University Press.

Schneider, W. (1989). *Zur Entwicklung des Meta-Gedächtnisses bei Kindern.* Bern: Huber.

Schoffler, H., & Winkeler, R. (1991). *Tausend Jahre Schule. Eine Kulturgeschichte des Lernens in Bildern.* Stuttgart: Belser.

Schölmerich, A. (1996). Frühe Kindheitserfahrungen und Eintritt in die Reifezeit. In R. Schumann-Hengsteler & H. M. Trautner (Hrsg.), *Entwicklung im Jugendalter* (S. 41-56). Göttingen: Hogrefe.

Schonert-Reichl, K. A. (1999). Relations of peer-acceptance, friendship adjustment, and social behavior to moral reasoning during early adolescence. *Journal of Early Adolescence, 19,* 249-279.

Schröer, S. (1999). Das Anregen der Selbstorganisation komplexer Systeme: Ressourcenstärkung bei jugendlicher Suizidalität. In R. Oerter, C. von Hagen, G. Röper, & G. Noam (Hrsg.), *Klinische Entwicklungspsychologie. Ein Lehrbuch* (S. 437-458). Weinheim: Psychologie Verlags Union.

Schuhmann, W. (1992). Ein Ritual als Hilfe zur Ablösung. *System Familie, 5,* 70-75.

Schuler, H. (1988). Berufseignungsdiagnostik. *Zeitschrift für Differentielle und Diagnostische Psychologie, 9,* 201-213.

Schuler, H. (1996). *Psychologische Personalauswahl. Einführung in die Berufseignungsdiagnostik.* Göttingen: Verlag für Angewandte Psychologie.

Schuler, H., & Funke, U. (1989). Berufseignungsdiagnostik. In E. Roth, H. Schuler, & A. B. Weinert (Hrsg.), *Organisationspsychologie* (S. 281-320). Göttingen: Hogrefe.

Schulz, H. J. (1986). *Aggressive Handlungen von Fussballfans.* Schondorf: Karl Hoffmann.

Schumann-Hengsteler, R. (1996). Kognitive Entwicklung im Jugendalter: Gedächtnisprozesse als Stiefkinder der Forschung? In R. Schumann-Hengsteler & H. M. Trautner (Hrsg.), *Entwicklung im Jugendalter* (S. 77-98). Göttingen: Hogrefe.

Schwager, U. (1992). *Ehescheidung: Psychologische Konsequenzen für Eltern und Kinder.* Unveröffentlichte Lizentiatsarbeit, Universität Bern, Institut für Psychologie, Schweiz.

Schwaiger, B. (1991). Merkmale des Zukunftsoptimismus. Eine Untersuchung an Gymnasiasten und Studierenden. *Schweizerische Zeitschrift für Psychologie, 50,* 283-294.

Schwaller, C. (1991). *Entwicklungsaufgaben in der Wahrnehmung Jugendlicher. Eine empirische Untersuchung im freiburgischen Sensebezirk.* Unveröffentlichte Dissertation, Universität Bern, Institut für Psychologie, Schweiz.

Schweizerische Beratungsstelle für Unfallverhütung. (1994). *Unfallgeschehen in der Schweiz.* Liebefeld: Ackermanndruck AG.

Schweizerische Beratungsstelle für Unfallverhütung. (2000). *Unfallgeschehen in der Schweiz. Statistik 2000.* Liebefeld: Ackermanndruck AG. (Internet: www.bfu.ch)

Schwyter, R. (2001). *Entwicklung der Kausalattribution zu Freundschaftsprozessen unter spezieller Berücksichtigung der Argumentationsstruktur.* Unveröffentlichte Lizentiatsarbeit, Universität Bern, Institut für Psychologie, Schweiz.

Secord, P. F., & Jourard, S. M. (1953). The appraisal of body-cathexis: Body-cathexis and the self. *Journal of Consulting Psychology, 17,* 343-347.

Sedlak, M. W., Wheeler, C. W., Pullin, D. C., & Cusick, P. A. (1986). *Selling students short.* New York: Teachers College Press.

Seiffge-Krenke, I. (1989). Bewältigung alltäglicher Problemsituationen: Ein Coping-Fragebogen für Jugendliche. *Zeitschrift für Differentielle und Diagnostische Psychologie, 18,* 122-152.

Seiffge-Krenke, I., & Tauber, M. (1997). Die Idealisierung des Vaters: Eine notwendige Konsequenz in Scheidungsfamilien? *Praxis der Kinderpsychologie und Kinderpsychiatrie, 4,* 338-353.

Seligman, M. E. P. (1975). *Helplessness. On depression, development and death.* San Fransisco: W. H. Freeman & Co.

Seligman, M. E. P., Abramson, L. Y., Semmel, A., & von Baeyer, C. (1979). Depressive attributional style. *Journal of Abnormal Psychology, 88,* 242-247.

Seligman, M. E. P., & Peterson, C. (1986). A learned helplessness perspective on childhood depression: theory and research. In M. Rutter, C. E. Izard, & P. B. Read (Eds.), *Depression in young people: Developmental and clinical perspectives* (pp. 223-250). New York: Guilford.

Seligman, M. E. P., Peterson, C., Kaslow, N. J., Tannenbaum, R. L., Alloy, L. B., & Abramson, L. Y. (1984). Explanatory style and depressive symptoms among children. *Journal of Abnormal Psychology, 93,* 235-238.

Selles, T., Markstrom-Adams, C., & Adams, G. R. (1994, February). *Identity formation and risk for suicide among older adolescents.* Paper presented at the biennial meetings for the Society for Research in Adolescence, San Diego.

Selvini, M., Bosculo, L., Cecchin, G., & Prata, G. (1975). *Paradosso e controparadosso.* Milano: Feltrinelli (dt. *Paradoxon und Gegenparadoxon.* Stuttgart: Klett, 1978).

Semmer, N. K., Lippert, P., Fuchs, P. D., Rieger-Ndakorerwa, G., Dwyer, J. H, & Knoke, E. A. (1991). *Gesundheitsverhalten im Kindes- und Jugendalter.* Baden-Baden: Nomos.

Serbin, L. A., Cooperman, J. M., Peters, P. L., Lehoux, P. M., Stack, D. M., & Schwartzman, A. E. (1998). Intergenerational transfer of psychosocial risk in women with childhood histories of aggression, withdrawal, or aggression and withdrawal. *Developmental Psychology, 34,* 1246-1262.

Sessa, M., & Steinberg, L. (1991). Family structure and the development of autonomy during adolescence. *Journal of Early Adolescence, 11,* 38-55.

Shaffer, D. (1974). Suicide in childhood and early adolescence. *Journal of Child Psychology and Psychiatry, 15,* 275-291.

Shaffer, D. (1985). Depression, mania and suicidal acts. In M. Rutter & L. Hersov (Eds.), *Child and adolescent psychiatry* (2nd ed., pp. 698-719). London: Blackwell.

Shaffer, D., & Piacentini, J. (1994). Suicide and attempted suicide. In M. Rutter, E. Taylor, & L. Hersov (Eds.), *Child and adolescent psychiatry. Modern approaches* (pp. 407-424). London: Blackwell.

Shamai, S. (1996). Elementary school students' attitudes toward science and their course of studies in high school. *Adolescence, 31* (123), 677-689.

Shanan, J., & Kedar, H. S. (1980). Phenomenological structuring of the adult lifespan as a function of age and sex. *International Journal of Aging and Human Development, 10,* 343-357.

Shaughnessy, M. F., & Shakesby, P. (1992). Adolescent sexual and emotional intimacy. *Adolescence, 27,* 475-480.

Shavelson, R. J., & Bolus, R. (1982). Self-concept: The interplay of theory and methods. *Journal of Educational Psychology, 74,* 3-17.

Shavelson, R. J., & Marsh, H. W. (1986). On the structure of self-concept. In R. Schwarzer (Ed.), *Self-related cognitions in anxiety and motivation* (pp. 305-329). Hillsdale, NJ: Erlbaum.

Shavelson, R. J., Hubner, J. J., & Stanton, G. C. (1976). Self-concept: Validation of construct interpretation. *Review of Educational Psychology, 46,* 407-441.

Shaver, P. R., & Hazan, C. (1988). A biased overview of the study of love. *Journal of Social and Personal Relationships, 5,* 473-501.

Shedler, J., & Block, J. (1990). Adolescent drug use and psychological health. *American Psychologist, 45,* 612-630.

Shellow, R., Schamp, J., Liebow E., & Unger, E. (1967). Suburban runaways of the 1960s. *Monograph of the Society for Research in Child Development, 32, Serial number 111,* 1-51.

Shelton, R. C., Hollon, S. D., Purdon, S. E., & Loosen, P. T. (1991). Biological and psychological aspects of depression. *Behavior Therapy, 22,* 201-228.

Shisslak, C. M., Crago, M., & Estes, L. S. (1995). The spectrum of eating disturbances. *International Journal of Eating Disorders, 18,* 209-219.

Shulman, S., Laursen, B., Kalman, Z., & Karpovsky, S. (1997). Adolescent intimacy revisited. *Journal of Youth and Adolescence, 26,* 597-617.

Siddique, C. M., & D'Arcy, C. (1984). Adolescence, stress, and psychological well-being. *Journal of Youth and Adolescence, 13,* 459-473.

Sieber, M. (1988). *Zwölf Jahre Drogen.* Bern: Huber.

Siegel, K., Mesago, F. P., & Christ, G. (1990). A prevention program for bereaved children. *American Journal of Orthopsychiatry, 60,* 168-175.

Siegfried, G. (1987). *Entwicklungsaufgaben in der frühen Adoleszenz: Ein regionaler Vergleich bei 14- bis 16jährigen Sekundarschülern.* Unveröffentlichte Lizentiatsarbeit, Universität Bern, Institut für Psychologie, Schweiz.

Silbereisen, R. K., & Noack, P. (1988). On the constructive role of problem behavior in adolescence. In G. Downey, A. Caspi, & N. Bolger (Eds.), *Interacting systems in human development* (pp. 152-180). New York: Cambridge University Press.

Silbereisen, R. K., Noack, P. , Eyferth, K. (1986). Place for development: Adolescents, leisure settings, and developmental tasks. In R. K. Silbereisen, K. Eyferth, & G. Rudinger (Eds.), *Development as action in context* (pp. 87-107). Berlin: Springer.

Silbereisen, R. K., Petersen, A. C., Albrecht, H. T., & Kracke, B. (1989). Maturational timing and the development of problem behavior: Longitudinal studies in adolescence. *Journal of Early Adolescence, 9,* 247-268.

Silverberg, S. B. (1996). Parent's well-being at their children's transition to adolescence. In C. D. Ryff & M. M. Seltzer (Eds.), *The parental experience in midlife.* (pp. 215-254). Chicago, IL: The University of Chicago Press.

Silverberg, S. B., & Steinberg, L. (1987). Adolescent autonomy, parent-adolescent conflict, and parental well-being. *Journal of Youth and Adolescence, 16,* 293-312.

Silverberg, S. B., & Steinberg, L. (1990). Psychological well-being of parents with early adolescent children. *Developmental Psychology, 26,* 658-666.

Silverman, A. B., Reinherz, H. Z., & Giaconia, R. M. (1996). The long-term sequelae of child and adolescent abuse: A longitudinal community study. *Child Abuse and Neglect, 20,* 709-723.

Simmons, R. G., & Blyth, D. A. (1987). *Moving into adolescence. The impact of pubertal change and school context.* New York: Aldine de Gruyter.

Simmons, R., Blyth, D., & McKinney, K. (1983). The social and psychological effects of puberty on white females. In J. Brooks-Gunn & A. C. Petersen (Eds.), *Girls at puberty* (pp. 229-272). New York: Plenum.

Simmons, R., Blyth, D., van Cleave, E., & Bush, E. (1979). Entry into early adolescence: The impact of school structure, puberty, and early dating on self-esteem. *American Sociological Review, 44,* 948-967.

Simmons, R., Rosenberg, F., & Rosenberg, M. (1973). Disturbance in the self-image at adolescence. *American Sociological Review, 38,* 553-568.

Simons, R. L., Robertson, J. F., & Downs, W. R. (1989). The nature of the association between parental rejection and delinquent behavior. *Journal of Youth and Adolescence, 18,* 297-310.

Simons, R. L., Whitbeck, L. B., Conger, R. D., & Conger, K. J. (1991). Parenting factors, social skills, and value commitments as precursors to school failure, involvement with deviant peers, and delinquent behavior. *Journal of Youth and Adolescence, 20,* 645-664.

Skoe, E. E., & Marcia, J. E. (1991). A measure of care-based morality and its relation to ego identity. *Merrill-Palmer Quarterly, 37,* 289-304.

Slade, P. D. (1982). Towards a functional analysis of anorexia nervosa and bulimia nervosa. *British Journal of Psychology, 21,* 167-179.

Slomkowski, C. L., & Killen, M. (1992). Young children's conceptions of transgressions with friends and nonfriends. *International Journal of Behavioral Development, 15,* 247-258.

Small, S. A., & Luster, T. (1994). Adolescent sexual activity: An ecological, risk-factor approach. *Journal of Marriage and Family, 56,* 181-192.

Smetana, J. G. (1987). Adolescent-parent conflict: Reasoning about hypothetical and actual family conflict. In M. R. Gunnar (Ed.), *21st Minnesota Symposium on Child Psychology.* Hillsdale, NJ: Erlbaum.

Smetana, J. G. (1988). Concepts of self and social convention: Adolescents' and parents' reasoning about hypothetical and actual family conflicts. In M. R. Gunnar & W. A. Collins (Eds.), *Development during the transition to adolescence. Minnesota Symposia on Child Psychology* (Vol. 21, pp. 79-122). Hillsdale, NJ: Erlbaum.

Smetana, J. G. (1995). Conflict and coordination in adolescent-parent relationships. In S. Shulman (Ed.), *Close relationship and socioemotional development* (pp. 155-184). Norwood, NJ: Ablex Publishing Corporation.

Smetana, J. G., Yau, J., & Hanson, S. (1991). Conflict resolution in families with adolescents. *Journal of Research on Adolescence, 1,* 189-206.

Smetana, J. G., Yau, J., Restrepo, A., & Braeges, J. L. (1991). Adolescent-parent conflict in married and divorced families. *Developmental Psychology, 27,* 1000-1010.

Smith, D. J. (1995). Towards explaining patterns and trends in youth crime. In M. Rutter (Ed.), *Psychosocial disturbances in young people: Challenges for prevention* (pp. 166-211). New York: Cambridge University Press.

Smith, H. W. (1973). Some developmental interpersonal dynamics through childhood. *American Sociological Review, 38,* 343-352.

Smith, P. K., Morita, K., Junger-Tas, J., Olweus, D., Catalano, R., & Slee, P. T. (Eds.). (1999). *The nature of school bullying: A cross-national perspective.* London: Routledge.

Smith, P. K., Whitney, I., & Sharp, S. (1992). *Bullying in UK schools: The Sheffield project.* Paper presented at the Vth European Conference on Developmental Psychology, Sevilla.

Smith, S. M., Goodman, R. A., Thacker, S. B., Burton, A. H., Parsons, J. E., & Hudson, P. (1989). Alcohol and fatal injuries: temporal patterns. *American Journal of Preventive Medicine, 5,* 296-302.

Sodian, B. (1995). Entwicklung bereichsspezifischen Wissens. In R. Oerter & L. Montada (Hrsg.), *Entwicklungspsychologie* (3. Aufl., S. 622-653). Weinheim: Psychologie Verlags Union.

Soliday, S. M. (1974). Relationship between age and hazard perception in automobile drivers. *Perception and Motor Skills, 39,* 335-338.

Speltini, G. (1988). Les représentations du changement de soi en période adolescente. *Enfance, 41,* 111-119.

Speltini, G. (1996, August). *Boys and girls at puberty: Their representation of physical and psychosocial development.* Paper presented at the XIVth biennial beetings of the International Society for the Study of Behavioural Development, Québec City, Canada.

Spiel, C. (1992). *Adolescents and parents perceive each other: Do match and mismatch indicate the quality of relationships?* Paper presented at the Vth European Conference on Developmental Psychology, Sevilla.

Spiel, C., & Kreppner, K. (1991). *Separation-individuation during adolescence in intact and divorced families.* Paper presented at the biennial meetings of the ISSBD, Minneapolis, USA.

Spirito, A., Overholser, J., Ashworth, S., Morgan, J., & Benedict-Drew, C. (1988). Evaluation of a suicide awareness curriculum for high school students. *Journal of the American Academy of Child and Adolescent Psychiatry, 27,* 705-711.

Spittler, G. (1990). Lebensalter und Lebenslauf bei den Tuareg. In G. Elwert, M. Kohli, & H. K. Müller (Hrsg.), *Im Lauf der Zeit* (S. 107-123). Saarbrücken: Breitenbach.

Spranger, E. (1924). *Psychologie des Jugendalters.* Heidelberg: Quelle & Meyer.

Springer, J. F., Wright, L. S., & McCall, G. J. (1997). Family interventions and adolescent resiliency: The Southwest Texas State High-Risk Youth Program. *Journal of Community Psychology, 25,* 435-452.

Spuhler, T., Hehlen, P., & Thoma, J. (1993). Unfälle. In W. Weiss (Hrsg.), *Gesundheit in der Schweiz* (S. 347-354). Zürich: Seismo.

Sroufe, A. L., & Rutter, M. (1984). The domain of developmental psychopathology. *Child Development, 55,* 17-29.

St. Pierre, T. L., & Kaltreider, D. L. (1997). Strategies for involving parents of high-risk youth in drug prevention: A three-year longitudinal study in boys and girls clubs. *Journal of Community Psychology, 25,* 473-485.

Stanley, E. J., & Barter, J. T. (1970). Adolescent suicidal behavior. *American Journal of Orthopsychiatry, 40,* 87-96.

Stapf, K. H. (1975). Elterlicher Erziehungsstil und seine empirische Erfassung. In K. J. Klauer (Hrsg.), *Handbuch der pädagogischen Diagnostik* (Bd. 1, S. 527-548). Düsseldorf: Schwann.

Stark, K. D., Humphrey, L. L., Crook, K., & Lewis, K. (1990). Perceived family environments of depressed and anxious children: child's and maternal figure's perspectives. *Journal of Abnormal Child Psychology, 18,* 527-547.

Stark-Von der Haar, E., & Von der Haar, H. (1980). *Kinderarbeit in der Bundesrepublik und im Deutschen Reich.* Berlin: Die Arbeitswelt.

Stattin, H., & Klackenberg, G. (1992). Family discord in adolescence in the light of family discord in childhood: The maternal perspective. In W. Meeus, M. De Goede, W. Kox, & K. Hurrelmann (Eds.), *Adolescence, careers, and cultures* (pp. 131-141). Berlin: De Gruyter.

Stattin, H., & Magnusson, D. (1990). *Pubertal maturation in female development.* Hillsdale, NJ: Erlbaum.

Stattin, H., & Magnusson, D. (1995). Onset of official delinquency: Its co-occurence in time with educational, behavioural, and interpersonal problems. *British Journal of Criminology, 35,* 417-449.

Stattin, H., & Magnusson, D. (1996). Leaving home at early age among females: Antecedents, adolescent adjustment and future life implications. In J. A. Graber & J. S. Dubas (Eds.), *Leaving home: Understanding the transition to adulthood* (pp. 53-69). New Directions for Child Development, 71, San Francisco: Jossey-Bass.

Stattin, H., Romelsjö, A., & Stenbacka, M. (1997). Personal resources as modifiers of the risk for future criminality: An analysis of protective factors in relation to 18-year-old boys. *British Journal of Criminology, 37,* 198-223.

Staub, L. (1997). *Das begleitete Besuchsrecht für Väter.* Unveröffentlichte Lizentiatsarbeit, Universität Bern, Institut für Psychologie, Schweiz.

Staub Utiger, L. (2001). *Die Vater-Kind-Beziehung unter besonderer Berücksichtigung der Bedeutung des nichtsorgeberechtigten Vaters und des Stiefvaters nach der Scheidung der Eltern.* Unveröffentlichte Dissertation, Universität Bern, Institut für Psychologie, Schweiz.

Stauffer, E., & Meir, E. J. (1980). Strukturelle Messung der Berufsinteressen. *Diagnostica, 26,* 85-92.

Steinberg, L. (1978). *Transformations in family relations over the male pubertal cycle.* Unpublished manuscript, Cornell University.

Steinberg, L. (1981). Transformations in family relations at puberty. *Developmental Psychology, 17,* 833-840.

Steinberg, L. (1987a). Impact of puberty on family relations: Effects of pubertal status and pubertal timing. *Developmental Psychology, 23,* 451-460.

Steinberg, L. (1987b). Single parents, step-parents, and the susceptibility of adolescents to antisocial peer pressure. *Child Development, 58,* 269-275.

Steinberg, L. (1988). Reciprocal relation between parent-child distance and pubertal maturation. *Developmental Psychology, 24*, 122-128.

Steinberg, L. (1989). *Adolescence* (2nd ed). New York: McGraw-Hill.

Steinberg, L. (1990). Autonomy, conflict, and harmony. In S. Feldman & G. Elliot (Eds.), *At the threshold: The developing adolescent* (pp. 255-276). Cambridge, MA: Harvard University Press.

Steinberg, L., Darling, N. E., & Fletcher, A. C. (1995). Authoritative parenting and adolescent adjustment: An ecological journey. In P. Moen, G.H. Elder, & K. Lüscher (Eds.), *Examining lives in context* (pp. 423-466). Washington, CD: American Psychological Association.

Steinberg, L., & Dornbusch, S. M. (1991). Negative correlates of part-time employment during adolescence: Replication and elaboration. *Developmental Psychology, 27*, 304-313.

Steinberg, L., Fegley, S., & Dornbusch, S. M. (1993). Negative impact of part-time work on adolescent adjustment: Evidence from a longitudinal study. *Developmental Psychology, 29*, 171-180.

Steinberg, L., Greenberger, E., Garduque, L., & McAuliffe, S. (1982). Adolescents in the labor force: Some costs and benefits to schooling and learning. *Educational Evaluation and Policy Analysis, 4*, 363-372.

Steinberg, L., Greenberger, E., Garduque, L., Ruggiero, M., & Vaux, A. (1982). Effects of working on adolescent development. *Developmental Psychology, 57*, 385-395.

Steinberg, L., Mounts, N. S., Lamborn, S. D., & Dornbusch, S. M. (1991). Authoritative parenting and adolescent adjustment across varied ecological niches. *Journal of Research on Adolescence, 1*, 19-36.

Steinberg, L., & Silverberg, S. B. (1986). The vicissitudes of autonomy in early adolescence. *Child Development, 57*, 841-851.

Steinberg, L. D., & Hill, J. (1978). Patterns of family interaction as a function of age, the onset of puberty and formal thinking. *Developmental Psychology, 14*, 683-684.

Steiner, G., & Stöcklin, M. (1991). *More transformativity and generativity for fostering the development of mathematical thinking*. Poster presented to the ISSBD Meetings in Minneapolis, Minnesota.

Steinhausen, H.-C., & Metzke, C. W. (2000). Adolescent self-rated depressive symptoms in a Swiss epidemiological study. *Journal of Youth and Adolescence, 29*, 427-440.

Steinhausen, H.-C., Winkler, C., & Meier, M. (1997). Eating disorders in adolescence in a Swiss epidemiological study. *International Journal of Eating Disorders, 22*, 147-151.

Stephen, J., Fraser, E., & Marcia, J. E. (1992). Moratorium-achievement (Mama) cycles in lifespan identity development: value orientations and reasoning system correlates. *Journal of Adolescence, 15*, 283-300.

Stern, D. (1977). *The first relationship: Infant and mother*. Cambridge: Harvard University Press.

Stern, D. N. (1985). *The interpersonal world of the infant. A view from psychoanalysis and developmental psychology*. New York: Basic Books.

Stevenson, H. W., & Lee, S. Y. (1997). American student achievement from an international perspective. In D. Ravitch (Ed.), *The state of student performance in American schools* (pp. 7-22). Washington, DC: The Brookings Institution.

Stevenson, H. W., Chen, C., & Lee, S. Y. (1993). Mathematic achievement of Chinese, Japanese, and American children: Ten years later. *Science, 259*, 53-58.

Stierlin, H. (1974). *Separating parents and adolescents*. New York: Quadrangel (dt. *Eltern und Kinder*. Frankfurt am Main: Suhrkamp, 1975).

Stierlin, H. (1982). Der liebevolle Kampf zum Festhalten und Loslassen. *Psychologie heute, 4*, 22-27.

Stoll, F., & Schallberger, U. (1992). Auch Schweizer Jugendliche lösen Intelligenztest-Aufgaben immer besser. In U. Gerhard (Hrsg.), *Psychologische Erkenntnisse zwischen Philosophie und Empirie* (S. 194-205). Bern: Huber.

Storch, M. (1994). *Das Eltern-Kind-Verhältnis im Jugendalter. Eine empirische Längsschnittstudie*. München: Juventa.

Stouthamer-Loeber, M., & Loeber, R. (1988). *The utility of different classification of childhood behaviors for the prediction of later delinquency*. Unpublished manuscript, Western Psychiatric Institute and Clinic, University of Pittsburgh, Pittsburgh, PA.

Strigel-Moore, R. H., Silberstein, L. R., & Rodin, J. (1986). Toward an understanding of risk factors for bulimia. *American Psychologist, 41*, 246-263.

Strittmatter, P. (1993). *Schulangstreduktion*. Neuwied: Luchterhand.

Strober, M., Lampert, C., Morrell, W., Burroughs, J., & Jacobs, C. (1990). A controlled family study of anorexia nervosa: Evidence of familial aggregation and lack of shared transmission with affective disorders. *International Journal of Eating Disorders, 9*, 225-228.

Stronski, S. M., Ireland, M., Michaud, P. A., Narring, F., & Resnick, M. D. (2000). Protective correlates of stages in adolescent substance use: A Swiss national study. *Journal of Adolescent Health, 26*, 420-427.

Struss, M., & Pfeiffer, C. (1998). *Die Erfahrungen und Meinungen von Jugendlichen zu Fragen der Schei-*

dung. Unveröffentlichte Lizentiatsarbeit, Universität Bern, Institut für Psychologie, Schweiz.

Strzoda, C. (1996). Freizeitverhalten und Freizeitmuster. In R. K. Silbereisen, L. A. Vaskovic, & J. Zinnecker (Hrsg.), *Jungsein in Deutschland. Jugendliche und junge Erwachsene 1991 und 1996* (S. 261-279). Opladen: Leske + Budrich.

Strzoda, C., & Zinnecker, J. (1996). Interessen, Hobbies und deren institutioneller Kontext. In J. Zinnecker & R. K. Silbereisen (Hrsg.), *Kindheit in Deutschland. Aktueller Survey über Kinder und ihre Eltern* (S. 41-79). Weinheim: Juventa.

Suarez, A. (1977). *Formales Denken und Funktionsbegriff bei Jugendlichen. Funktionale Begriffsbildung und Strukturierung des Kontinuums als Alternative zum formallogischen Strukturalismus von Jean Piaget*. Bern: Huber.

Sudek, R., Hennen, M., Schmidt, S., & Buck, H. (1988). *Berufswahlmotive der Jugendlichen und Berufsberatung. Eine empirische Untersuchung*. Saarbrücken: Landesarbeitsamt Rheinland-Pfalz-Saarland.

Sue, D. W., & Sue, D. (1990). *Counseling the culturally different* (2nd ed.). New York: Wiley.

Sullivan, H. S. (1953). *The interpersonal theory of psychiatry*. New York: Norton.

Sullivan, K., & Sullivan, A. (1980). Adolescent-parent separation. *Developmental Psychology, 16*, 93-99.

Sundgot-Borgen, J. (1994). Risk and trigger factors for the development of eating disorders in female elite athletes. *Medicine and Science in Sports and Exercise, 26*, 414-419.

Super, D. E. (1953). A theory of vocational development. *American Psychologist, 8*, 185-190.

Susman, E. J., Dorn, L. D., & Chrousos, G. P. (1991). Negative affect and hormone levels in young adolescents: Concurrent and predictive perspectives. *Journal of Youth and Adolescence, 20*, 167-190.

Susman, E. J., Inhoff-Germain, G. E., Nottelmann, E. D., Loriaux, D. L., Cutler, G. B., Jr. & Chrousos, G. P. (1987). Hormones, emotional dispositions, and aggressive attributes in young adolescents. *Child Development, 58*, 1114-1134.

Susman, E. J., Nottelmann, E. D., Inoff-Germain, G. E., Dorn, L. D., Cutler, G. B., Jr., Loriaux, D. L., & Chrousos, G. P. (1985). The relation of relative hormonal levels and physical development and socio-emotional behavior in young adolescents. *Journal of Youth and Adolescence, 14*, 245-264.

Süss, D., Neuenschwander, M. P., & Dumont, J. (1996). *Lehrabbruch, Gesundheitsprobleme und deviantes Verhalten im Jugendalter* (Forschungsbericht 1996–4). Schweiz: Universität Bern, Institut für Psychologie.

Swann, W. B., Griffin, J. J., Predmore, S. C., & Gaines, B. (1999). The cognitive-affective crossfire: When self-consistency confronts self-enhancement. In R. F. Baumeister (Ed.), *The self in social psychology* (pp. 391-401). Philadelphia: Psychology Press.

Sweet, R. W. (1990). *Missing children: Found facts*. U. S. Department of Justice NO. NCJ 130916. Washington, DC: U. S. Government Printing Office.

Szmukler, G. I., Young, G. P., Lichtenstein, M., & Andrews, J. T. (1990). A serial study of gastric emptying in anorexia nervosa and bulimia. *Australian and New Zealand Journal of Medicine, 20*, 220-225.

Tanner, J. M. (1962). *Growth and adolescence*. London: Blackwell (dt. *Wachstum und Reifung des Menschen*. Stuttgart: Thieme, 1962).

Tanner, J. M. (1972). Sequence, tempo, and individual variation in growth and development of boys and girls aged twelve to sixteen. In J. Kagan & R. Coles (Eds.), *Twelve to sixteen: Early adolescence* (pp. 1-24). New York: Norton.

Tanner, J. M. (1989). *Foetus into man: Physical growth from conception to maturity* (2nd ed.). Wale: Castlemead Publications.

Tausch, R., & Tausch, A. M. (1973). *Erziehungspsychologie* (7. Aufl.). Göttingen: Hogrefe.

Taylor, S. E. (1989). *Positive illusions: Creative self-deception and the healthy mind*. New York: Basic Books.

Taylor, S. E., & Brown, J. D. (1988). Illusion and well-being: A social psychological perspective on mental health. *Psychological Bulletin, 103*, 193-210.

Teicher, J. D., & Jacobs, J. (1966). Adolescents who attempt suicide: preliminary findings. *American Journal of Psychiatry, 122*, 1248-1257.

Tenbruck, F. H. (1965a). *Jugend und Gesellschaft*. Freiburg: Rombach.

Tenbruck, F. H. (1965b). Moderne Jugend als soziale Gruppe. In L. von Friedeburg (Hrsg.), *Jugend in der modernen Gesellschaft* (S. 87-98). Köln: Kiepenheuer & Witsch.

Teo, T., Becker, G., & Edelstein, W. (1995). Variability in structured wholeness: Context factors in L. Kohlberg's data on the development of moral judgment. *Merril-Palmer Quarterly, 41*, 381-393.

Tesch, S. A., & Cameron, K. A., (1987). Openness to experience and development of adult identity. *Journal of Personality, 5*, 615-630.

Tesser, A., & Campbell, J. (1983). Self-definition and self-evaluation maintenance. In J. Suls & A. Greenwald (Eds.), *Psychological perspectives on the self* (Vol. 2, pp. 34-53). Hillsdale, NJ: Erlbaum.

Tewes, U. (1983). *HAWIK-R. Hamburg-Wechsler Intelligenztest für Kinder* (Revision 1983). Bern: Huber.

Thatcher, R. W., Walker, R. A., & Giudice, S. (1987). Human cerebral hemispheres develop at different rates and ages. *Science, 236*, 1110-1113.

Zill, N. (1984). *Happy, healthy, and insecure.* New York: Doubleday.

Zimbardo, P. G., & Gerrig, R. J. (1996). *Psychology and Life* (14th ed.). New York: Harper & Collins (dt. *Psychologie,* 7. Aufl. Berlin: Springer, 1999).

Zumbühl, N. (2000). *Strukturen von Kontingenzmeinungen im Bericht Intimität in der Freundschaft.* Unveröffentlichte Lizentiatsarbeit, Universität Bern, Institut für Psychologie, Schweiz.

Personenverzeichnis

Aas, H. 215
Abele, A. 63
Abma, R. 172
Abraham, K. G. 162
Abramson, L. Y. 275, 276
Achenbach, T. M. 270
Acock, A. C. 188
Adam, T. 277
Adams, G. R. 77, 152, 162, 175, 189, 194, 198, 207, 210-211, 216, 218
Adams, J. 277
Adams, M. 277
Adams-Price, C. 146
Addad, M. 136
Adelson, J. 172, 174, 269
Adler, T. F. 228
Adrian, C. 272
Ahlstrom, P. 84
Ajzen, I. 315
Akiskal, H. S. 271, 273
Alberto, Y. J. 246
Albrecht, H. T. 83
Alexander, J. 104
Alfthan, T. 245
Allen, B. P. 329
Allen, L. 151
Allen, V. L. 89
Allgood-Merton, B. 272
Allison, P. D. 187
Almeida, D. M. 182
Alpert, J. J. 329
Alsaker, F. D. 77, 79, 80-89, 137, 148, 150-151, 153-156, 161,
163, 166, 172, 178, 191, 194, 196, 198-201, 205-206, 210, 224, 230-232, 240, 247, 249-250, 272, 275, 278-279, 282, 289, 291, 292, 297, 321, 330
Amato, P. R. 187, 189, 191
Amstad, H. 280, 285
Anderson, J. C. 272
Anderson, S. A. 111
Anderson, T. 89
Anderssen, N. 215
Andersson, B. E. 228-229
Andreasen, N. C. 273
Andrews, J. T. 282
Angold, A. 270, 274
Angst, J. 269, 271-274, 278
App, U. 119
Appel, L. F. 130
Arbinger, P. R. 133
Archambault, F. X. 175
Archibald, A. B. 210
Ariès, P. 27
Aristoteles 26
Armsden, G. C. 109
Arnett, J. J. 20-22, 172-173
Arnold, R. 245, 260
Aro, H. 87, 89, 211, 216
Aronoff, M. 272, 327
Arquint, R. 246
Asarnow, J. R. 329
Ascher, E. 126
Aseltine, R. H. 111
Asendorpf, J. B. 56

Ashworth, S. 272
Astone, N. M. 20
Attie, H. 85
Attie, I. 271, 291
Austin, J. T. 258
Ausubel, D. 99-100
Avila, S. 175, 184
Avramakis, J. 65, 82

Bachman, J. 150, 154, 251
Bachman, J. G. 175, 249
Backes, H. 225
Backmund, H. 280
Baddeley, A. D. 127-128
Badertscher, H. 224
Baethge, M. 263
Bagi, S. 181-182
Bahr, H. M. 174
Bailey, N. 90
Bailyn, R. V. 130
Baldwin, J. M. 143
Baltes, M. M. 94-95
Baltes, P. B. 118
Bamber, J. H. 20
Bamert, Y. 178
Bandura, A. 172, 174, 315
Bank, L. 311
Bannert, M. 133
Barber, B. L. 188-189, 238
Bare, D. 251
Bariaud, F. 235
Barnett, R. C. 254
Barraclough, B. M. 333
Barrett, J. 282

Bartek, S.E. 136
Barter, J. T. 329
Barton, S. 333
Bartsch, K. 126, 225
Basquin, M. 331
Bass, J. L. 341
Bäuerle, S. 233, 235
Baulieu, E. E. 75
Bauman, K. E. 315
Baumeister, R. F. 156
Baumrind, D. 184
Bayley, N. 84, 88
Beane, J. A. 143
Beardslee, W. 181
Bearison, D. J. 126
Beavin, J. H. 103
Beck, A. T. 269, 275-276
Becker, G. 136
Becker, J. B. 75
Becker, P. 63
Bedrosian, R. 332
Beglin, S. J. 285
Behrens, M. 262
Behrman, R. E. 79
Beinke, L. 258
Bell, A. 209
Bemis, K. M. 292
Benedict, R. 42
Benedict-Drew, C. 272
Bengston, V. L. 109
Bentler, P. M. 315
Bentley, C. 143
Berger, R. P. 67
Bergey, G. K. 75
Bergius, R. 22
Berk, L. E. 195
Berkelman, R. L. 338
Berlin, F. S. 75
Berman, A. 329
Bernard, M. 317
Berndt, J. 247
Berndt, T. J. 200, 202, 204
Bernfeld, W. 225
Bertram, H. 136, 262
Besevegis, E. 172
Betts, K. D. 341
Betz, N.E. 254
Bianchi, S. M. 107
Biehal, N. 176
Bifulco, A. 276
Bigbee, M. A. 299
Bilden, H. 263
Bille-Brahe, U. 326
Biller, H. 187-188
Billy, J. O. G. 75, 211, 213

Birke, W. 247
Birket-Smith, K. 68
Bitti, P. E. R. 137
Bizarro, L. G. 173
Bjorklund, D. F. 132
Björkqvist, K. 296, 299
Bjornsen, C. A. 26
Blacklock, A. 245
Blakeslee, S. 187
Blanchard-Fields, F. 126
Blasi, A. 164-165
Bloch, E. 27
Block, J. 63, 149, 187, 314-315, 320
Block, J. H. 63, 187, 239
Blood, L. 175
Blos, P. 56, 102-104
Blossfeld, H. P. 245, 256, 262
Blumberger, W. 247
Blundell, J. E. 292
Blustein, D. L. 95, 161
Blyth, D. A. 77, 79, 81-84, 88, 145, 150-151, 156, 211, 229, 239
Bodmer, N. M. 64, 187, 231
Boggiano, A. K. 144
Bohman, M. 319
Bolus, R. 147
Bond, M. H. 110
Bonner, R. 328
Borland, R. 130
Bosculo, L. 104
Bossy, R. 245
Botcheva, L. 63
Bowen, P. 327
Bowes, J. M. 248
Bowlby, J. 209, 275, 277
Boxer, A. M. 80, 84, 87, 94, 100, 110
Boyle, M. H. 274
Braeges, J. L. 188
Bragg, W. E. 339
Braun, H. 262
Braun, M. 95, 111-113
Braungart, M. M. 29-30
Braungart, R. G. 29-30
Brauns, H. 245
Brent, D. A. 326-327, 330
Bretherton, I. 277
Bretscher, G. 134
Brewin, C. R. 149
Bridge, J. 330
Bridge, T. P. 333
Brim, O. G., Jr. 81
Brisset, D. 143
Brittain, C. V. 176

Brody, L. R. 67
Bromley, D. B. 154
Bronfenbrenner, U. 170
Brook, J. S. 274
Brooks-Gunn, J. 73, 75, 79-81, 83, 85, 88, 101, 151, 172, 174, 191, 217, 271, 286
Broughton, J. M. 165
Browder, C. 257
Brown, A. 262
Brown, A. L. 130-131
Brown, G. W. 274, 276
Brown, I. D. 339
Brown, J. D. 149
Brown, S. W. 175
Brozek, J. 287
Brumberg, J. J. 208, 279
Brundtland, G. H. 78
Brunner, A. 196, 198, 240, 330
Bryan, A. I. 119
Buchanan, C. M. 75, 77, 80, 88, 181, 188
Buchheim, P. 280
Buchhofer, B. 44
Buchmann, M. 21
Buck, H. 254
Buddeberg-Fischer, B. 282, 285
Buggle, F. 120
Buhrmester, D. 173, 197, 203-204, 208
Buka, S. L. 272
Bundesamt für Statistik 33, 111, 171, 186, 191, 303
Burbules, N. C. 126
Burch, T. K. 106
Burchinal, M. 211
Burge, D. 272
Burgess, A. W. 175
Burgess, B. 189
Burke, P. 277
Burney, E. 272
Burney, J. 283
Burns, R. B. 143, 149
Burroughs, J. 287
Burrow, C. 85
Bush, D. M. 77
Busshoff, L. 257
Byers, E. S. 217

Cairney, P. T. 339
Cairns, B. D. 82, 149, 165, 176, 198, 200, 202, 299-302, 307, 311-312, 320, 327-329, 331, 336
Cairns, E. 277
Cairns, R. B. 82, 149, 165, 176,

198, 200, 202, 299-302, 307, 311-313, 320, 327-329, 331, 336
Callahan, T. S. 328
Callan, V. J. 179, 182-183
Camara, K. 188
Cameron, K. A. 161-162
Campbell, B. C. 211
Campbell, J. 151
Campell, S. B. 119
Campione, J. C. 130-131
Canobbio, R. 330
Capaldi, D. M. 277, 311
Caplow, T. 174
Carlsmith, J. M. 80, 149
Carlson, G. 329
Carlton-Ford, S. 191
Caro, J. E. 277
Casas, J. F. 206
Case, R. 127-128
Caspi, A. 82, 89, 309
Cauce, A. M. 175
Cavior, N. 149
Cecchin, G. 104
Ceci, S. J. 130
Chadwick, B. A. 174
Chadwick, F. 172, 269
Chafetz, J. S. 175
Chamberlain, C. 22
Champion, L. 308
Charnov, E. 182
Chen, C. 110, 233
Cherlin, A. 187-188
Chess, S. T. 273
Chi, M. T. H. 128, 132
Chisholm, L. 21, 29, 31, 111-112
Choquet, M. 326, 335, 340, 342
Christ, G. 333
Christe, G. 262-263
Chrousos, G. P. 74
Cierpka, M. 280, 286
Cinetel Production 51
Clark, D. C. 73
Clark, J. J. 205
Clark, L. V. 118
Clark, S. 79, 83
Clarke, M. 282
Clarkin, J. F. 272, 327
Clark-Lempers, D. S. 203
Clausen, J. A. 83, 90
Cleary, S. D. 321
Clingempeel, W. G. 189
Cloninger, C. R. 319, 321
Cohen, J. 274
Cohen, J. H. 341

Cohen, P. 274
Cohen-Sandler, R. 329
Cohn, L. D. 150
Çok, F. 83-84
Colby, A. 136
Coleman, E. A. 330
Coleman, E. Z. 174, 177, 185-187
Coleman, J. C. 163, 172-174, 177, 185-187
Coleman, J. S. 51-53
Collins, H. 254
Collins, J. K. 217
Collins, W. A. 173, 181
Colvin, C. R. 149
Comenius, J. A. 27
Compas, B. E. 51, 181, 189, 270-271, 276
Conger, J. 175
Conger, K. J. 321
Conger, R. D. 321
Connolly, J. A. 205
Connors, E. 286
Conradt, J. 271
Cooley, C. H. 144
Coombs, D. W. 333
Cooney, T. M. 107
Cooper, C. R. 106, 179
Cooper, R. W. 75
Coopersmith, S. 149
Copeland, A. P. 67
Corbitt, E. M. 331
Corn, R. 272, 327
Costa, F. M. 239, 315
Côté, J. E. 51
Cotterell, J. 195, 197, 199-200, 210
Coupey, S. M. 84
Cox, M. 188
Cox, R. 188
Coyne, J. C. 274
Crago, M. 280
Cramer, P. 163
Creed, P. A. 257
Criblez, L. 224
Crick, N. R. 206, 208, 296, 299
Crisp, A. H. 287
Crockett, L. 78, 80
Crockett, L. J. 80, 83-84, 88-89, 211, 238
Crook, K. 277
Crook, T. 275
Crost, M. 336
Crott, H. 109
Crumley, F. E. 327
Csikszentmihalyi, M. 27, 174
Cudeck, R. 286

Cummins, R. A. 218
Cuntz, U. 280-281, 285, 287
Cusick, P. A. 235, 248

D'Angelo, R. 175
D'Arcy, C. 63
D'Amico, P. 249
Dahl, R. E. 273
Daly, M. 189
Darling, N. E. 184
Darwin, C. 172
Datan, N. 59, 180
DaVanzo, J. 107
Davenport, C. 329
Davidson, L. E. 329
Davies, M. 175, 272, 328
Davies, P. T. 274
Dawson, S. 237
de Pretto, J. 119
De Silva, P. 287
Deeds, O. 110
Deery, H. A. 339
Deffenbacher, J. L. 239
Degenhardt, A. 176, 178
Deimann, P. 257
Deissinger, T. 245
Deister, A. 283
Deister, B. 59, 89
DeJong, W. 341
DeJoy, D. M. 339
Dekker, D. K. 339
Dekovic, M. 174, 239
Delaney, C. H. 41, 306
DelGaudio, A. 269
Dell, P. 136
DeMan, A. 175
deMarchena, M. R. 132
DeMause, L. 27
Demo, D. H. 188
DeMoura-Castro, C. 245
Dempster, F. N. 127-128
Deykin, E. Y. 272, 329
Dick, A. 278-279
Diekstra, R. F. W. 276, 326-331
Dilling, H. 283, 285
Dimant, R. J. 126
Dishion, T. 309, 311
Döbert, R. 39, 41, 48-50
Dodge, K. A. 312
Doherty, W. J. 188
Dolan, D. 175
Dommann, F. 245
Donahue, W. A. 338
Donavan, J. M. 161-162
Donovan, J. E. 315

Dorn, L. D. 74
Dornbusch, S. M. 80, 106, 110, 149, 184-185, 188-189, 250-251
Douvan, E. A. 172, 174, 269
Downey, G. 274
Downs, W. R. 175
Drapela, V. J. 257
Dreher, E. 56-57, 61, 63, 108, 195, 215
Dreher, M. 56-57, 61, 63, 108, 195
Drewes, R. 237
Drivas, A. E. 184
Dubas, J. S. 111
Dubbé, M. C. 174
DuBois, D. L. 238
Duckett, E. 191
Duke-Duncan, P. 80, 83-84, 89, 149
Dumont, J. 246
Dunand, M. A. 298
Duncan, C. 303
Dundas, I. 329
Dunn, J. 200-201, 204
Dupont, J. B. 119
Dusek, J. B. 154, 217
Dybowski, H. 133

Eagles, J. M. 282
Ebata, A. 238
Eberly, M. 174
Eccles, J. S. 75, 77, 188, 228, 233, 238
Edelstein, W. 136
Education Writers Association 245
Egloff, E. 257
Ehrhardt, A. A. 89
Eichenberger, A. 178
Eichhorn, D. H. 22
Eichorn, D. H. 81
Eisenstadt, S. N. 25, 34, 39, 40-42, 45-46, 171
Eisler, I. 287
Ekholm, M. 228
Elfering, A. 262
Elias, M. J. 321
Elkind, D. 125-126
Elliot, D. S. 215
Elliot, J. 275
Elliott, R. 22, 279
Embry, L. E. 175
Emery, R. E. 187
Emnid 135
Endepohls, M. 23

Endicott, J. 273
Engel, U. 172
Engelkamp, J. 109
Enright, R. D. 38-39, 184
Ensign, J. 205
Epstein, H. T. 126
Epstein, N. 332
Epstein, S. 144, 149, 153, 279
Erikson, E. H. 49, 94-95, 102, 156-157, 159-160, 162, 164-165
Ermert, C. 188
Ernst, C. 274
Essau, C. A. 271
Estes, L. S. 280
Esveldt-Dawson, K. 277
Evans, L. 340
Eveleth, P. 78
Ewert, O. M. 22, 27, 78, 90, 120, 122, 124, 126, 142
Ewert, U. 340
Eyferth, K. 315

Fabian, L. J. 286
Fahrenberg, B. 107
Fahrenkrug, H. 338, 340
Fairburn, C. G. 282, 285
Falmagne, R. J. 133
Farberow, N. 333
Farberow, N. L. 326
Farin, K. 298
Farrington, D. P. 301, 306, 308
Farrow, J. A. 340
Faust, M. S. 83, 149
Feagans, L. V. 225
Federal Bureau of Investigation 175
Fedoroff, I. C. 289
Feehan, M. 272
Fegley, S. 251
Fehr, L. A. 184
Feiereis, H. 284
Feij, J. A. 254, 259
Feiring, C. 201, 204
Felder, W. 188
Feldlaufer, H. 238
Feldman, N. S. 144
Feldman, S. S. 22, 110, 112, 115, 175, 184, 205, 321
Fend, H. 30, 61, 133, 157, 160, 165, 170, 173-174, 176-177, 179, 187, 195, 213-216, 219, 233, 236-237, 253-256, 311
Fenzel, L. M. 229, 238
Fergusson, D. M. 187
Fernandéz-Aranda, F. E. 280

Ferron, C. 322
Fichter, M. M. 282, 285, 287
Fildes, B. N. 339
Filipp, S. H. 59
Finch, M. 249
Fingerle, M. 179
Finison, K. 336
Finkelstein, J. W. 73
Finn, P. 339
Fischer, A. 133-135
Fischer, J. L. 108
Fischer, K. W. 111
Fischer, W. 327
Fisher, L. 205
Fisher, L. A. 315
Fitch, G. 148-149
Fitzgerald, J. M. 127
Fitzgerald, M. 133
Flaherty, J. F. 154
Flammer, A. 26, 49, 59, 62-63, 65-67, 82, 94-97, 100, 104, 118-120, 126, 128, 130, 133, 136, 170, 191, 200-201, 210, 224, 230-232, 235, 239, 247, 249-250, 275, 322
Flanagan, C. 248
Flanagan, C. A. 111, 188
Flannery, D. J. 174
Flavell, J. H. 131
Fleiner-Gerster, T. 170-171
Fleming, J. E. 269, 272
Fletcher, A. C. 184
Flynn, J. R. 119-120
Fogelman, K. 172
Foligni, A. J. 173
Folkman, S. 63
Forehand, R. 187-188, 277
Forsyth, A. J. M. 317
Fowler, R. C. 328
Frame, C. L. 312
Franco, N. 272
François, Y. 318-319
Frank, L. 56
Frankie, E. 251
Franklin, J. 245, 329
Franzen, M. D. 328
Frappier, J.-Y. 326
Fraser, E. 162
Freeman, A. 332
Freeman, D. 51
Freeman, R. 251
Fremouw, W. J. 328
French, N. H. 277
Freud, A. 100-101
Freud, S. 61, 100-101

Frey, C. 333
Friebel, H. 262
Friedman, M. F. 161-162
Friedman, R. C. 272, 327
Friedrichs, J. 44
Frischknecht, E. 247, 253, 256, 258
Fritzsche, Y. 133, 254
Frydenberg, E. 64
Fthenakis, W. E. 187
Fuchs-Heinritz, W. 109
Fudge, H. 277
Fuhrmann, T. 110
Fuligni, A. 111
Fulkerson, J. A. 286
Funke, U. 253
Furman, W. 173, 197, 201, 203-204, 207-209
Furnham, A. 263
Furstenberg, F. F. 187-188

Gaddis, A. 81
Gager, P. J. 321
Gaines, B. 153
Galambos, N. L. 182
Gallagher, S. S. 336
Garbarino, J. 189, 229
Garber, J. 275
Garcia, M. 274
Garduque, L. 249
Garfinkel, P. E. 284
Gargiulo, J. 79
Gariepy, J. 311
Garland, A. 332
Garmezy, N. 187, 279
Garn, S. M. 73
Garner, D. M. 292
Garrett, H. E. 119
Garwood, S. G. 151
Gatsonis, C. 271-272
Geary, P. S. 162
Geissler, K. A. 260
Geller, B. 274
George, S. 273
Georgouleas, G. 172
Gergen, K. 153
Gerhard, A. K. 187
Gerlinghoff, M. 280-282
Gerrig, R. J. 101
Gershon, E. S. 273
Gest, S. D. 311
Gestrich, A. 172
Giaconia, R. M. 329
Giannitsas, G. 172
Giarusso, R. 216

Gibbons, J. L. 254
Giesecke, H. 28
Gilges, M. 133
Gille, M. 134-136
Giller, H. 302
Gilliand, P. 170
Gillis, J. R. 27-29
Ginsberg, L. H. 59
Ginzberg, E. 253
Girgus, J. S. 273, 275
Girod, R. 119
Giudice, S. 126
Gjerde, P. F. 182
Glodis, K. A. 165
Gold, S. R. 189
Goldberg, J. 127
Goldbloom, D. S. 282
Goldscheider, C. 106, 111
Goldscheider, F. K. 106-107, 111
Gonon, P. 245, 259
Gonsalves, J. 133
Goodchilds, J. D. 216
Goodenough, S. 336
Goodwin, D. W. 273
Gore, S. 111
Gotlib, I. H. 275
Gottfredson, D. 251
Gottfried, A. E. 236
Gottfried, A. W. 236
Gottlieb, D. 175
Gould, M. S. 328
Gowen, L. K. 205
Graber, J. A. 210, 238, 286
Graham, P. 172, 269, 273
Granboulan, V. 331
Gray, M. R. 184
Green, S. 175
Green, T. M. 83, 181
Greenberg, L. S. 279
Greenberg, M. T. 109
Greenberger, E. 248-251
Greene, A. L. 94, 100, 110, 137, 146, 172, 183
Greenwald, A. G. 142
Greif, E. B. 81, 83
Gremm, M. 257
Greydanus, D. E. 335
Griese, H. M. 40, 43-44, 48
Griffin, J. J. 153
Grimsley, M. D. 172, 183
Grisset, N. I. 284
Grob, A. 59, 62-65, 67, 97, 231
Groeger, J. A. 339
Groen, G. 275
Groff, T. R. 75, 211

Gross, R. T. 80, 149
Grotevant, H. D. 106, 157, 163-164, 179
Grotpeter, J. K. 206, 296
Grunder, H. U. 224
Grundmann, M. 189
Grygielski, M. 184
Gubler, H. 178
Gullotta, T. P. 175
Gunz, D. 245
Guthrie, D. 329
Guthrie, J. F. 289
Guyer, B. 336
Guyot, M. M. 336

Haan, N. 63
Haas, G. L. 331
Hackett, G. 254-255
Haeckel, E. 172
Häfeli, K. 245, 247, 258, 261
Häfeli, R. 259
Hagell, A. 302, 309
Hagen, J. W. 130
Hagestad, G. O. 100
Hahn, T. 263
Hai, I. 111
Hain, J. R. 338
Hakim-Larson, J. 181
Hale, S. 128
Haley, J. 104-105
Hall, A. 287
Hall, G. S. 172
Hallinan, M. T. 238
Halperin, S. F. 341
Halpern, C. T. 76
Halpern, H. 95
Hamilton, M. 269
Hamilton, S. F. 237, 261
Hammen, C. 208, 272, 275
Hammersmith, S. 209
Hampton, M. C. 288
Hanisch, K. A. 258
Hansen, C. 272
Hanson, S. 179, 181
Harkins, E. 107
Harrington, H. 309
Harrington, R. 88, 269-270, 272, 276-277, 292
Harris, D. 38
Harris, S. M. 189
Harris, T. O. 274, 276
Harrison, J. 248
Hart, D. 144
Harter, S. 142-143, 147-148, 150-154, 156, 165, 233, 238

Hartman, C. 175
Hartmann, M. 285-286
Hartup, W. W. 194, 196, 200-202, 306-307
Hartwig, J. 133
Hasebrook, J. 257
Hassibi, M. 273
Hauser, S. 162, 184
Hautzinger, M. 59, 269, 271
Havighurst, R. J. 56-57, 65, 82, 195
Hay, D. 300-301, 305
Hayes, M. 133
Hazan, C. 208
Hearne, S. 312
Heath, A. 273
Hehlen, P. 336
Heilig, S. 333
Heils, S. 237
Heinz, W. R. 254
Hellkamp, J. 109
Helsen, M. 172
Henderson, B. B. 189
Hendry, L. 172-173
Henneberger, A. 59, 89
Hennen, M. 254
Henry, B. 309
Henschel, A. 287
Herbert, M. 34
Herman, C. P. 289
Hersh, R. H. 240
Herzog, W. 53, 229, 283
Hetherington, E. M. 107, 186, 188-189
Hetzer, H. 22
Hicks, R. 332
Hill, A. J. 292
Hill, J. 180, 184, 277
Hill, J. P. 83, 101, 174, 181
Hill, R. 174
Hill, S. 124
Hillert, A. 280-281, 285, 287
Hilsman, R. 275
Hinde, R. A. 194, 200, 206
Hinshaw, S. P. 309
Hirano, K. 241
Hirky, A. E. 317
Hirsch, B. J. 238
Hobart, C. J. 181
Hofer, M. 179-180
Hoff, E. H. 262
Hoffman, J. A. 111
Hoffman, L. 187
Hoffman, M. A. 64
Hoffmann-Müller, B. 280, 285

Hofmann, A. D. 339
Hofstetter, R. 224
Hogan, D. P. 20
Holland, A. J. 287
Holland, J. L. 257
Hollon, S. D. 273
Holmbeck, G. N. 83, 101, 110, 172, 174, 181
Holmes, S. J. 274
Holzer, C. E. 273
Hontangas, P. 262
Hops, H. 271-272
Hornsby, J. R. 132
Hornstein, W. 27
Hossiep, R. 253
Howard, K. I. 143, 173
Howe, M. J. A. 130
Howell, D. C. 51, 181, 276
Howes, C. 299
Hoyt, D. R. 176
Huba, G. J. 315
Hubacher, M. 340
Hubner, J. J. 147
Hübner-Funk, S. 258
Hudgins, W. 136
Huenemann, R. L. 288
Humphrey, L. L. 277
Humphreys, L. G. 258
Hunt, D. 28
Hunter, D. 282
Huon, G. F. 285, 291
Hurni, F. 224
Hurrelmann, K. 21, 31, 29, 111-112, 172, 245, 262-263, 321
Hurt, S. W. 272, 327
Husen, T. 330
Hüsler, G. 321
Hwang, M. S. 67

Iafrate, R. 188
Inhelder, B. 120, 124
Inoff-Germain, G. 75
Institut für empirische Psychologie 135
Ireland, M. 318
Irwin, C. E., Jr. 110, 339
Irwin, H. J. 283
Jacklin, C. N. 150, 202, 298
Jackson, D. D. 103
Jackson, S. 174
Jacob, T. 179
Jacobi, C. 281-282, 285, 287-288
Jacobs, C. 287
Jacobs, J. 175, 329
Jacobsen, R. H. 275

Jacobson, A. M. 181
Jacquat, J. B. 318-319
Jaenicke, C. 276
Jahnke, H. C. 126
Jakobsen, R. 213-216, 218
James, W. 142-143
Jans, F. 328
Janus, M. D. 175
Järmann, L. 285, 291
Jehle, K. 245
Jennings, C. 333
Jennings, S. 111
Jenny, C. 245
Jenzer, C. 224
Jesse, A. 188
Jessor, R. 215, 239, 315
Jessor, S. L. 215
Johnson, C. 175
Johnson, P. B. 216
Johnson-Sabine, E. 288, 291
Johnston, M. I. 282
Jonah, B. 339
Jones, M. C. 83-84, 88, 90
Joseph, A. P. 133
Jourard, S. M. 87, 150
Juang, L. P. 67, 114
Jung, K. 281
Jurkovic, G. J. 136-137

Kablaoui, B. N. 251
Kacerguis, M. A. 162
Kahlbaugh, P. E. 180
Kail, R. 128-129, 130, 132
Kaiser, F. G. 62
Kälin, W. 259, 262
Kalman, Z. 205
Kalter, N. 189
Kaltreider, D. L. 321
Kalveram, D. T. 119
Kandel, D. B. 174-176, 272
Kantas, A. 254
Kaplan, A. S. 281
Karpinski, N. A. 271
Karpovsky, S. 205
Karren, U. 281
Kashani, J. H. 272
Kashden, J. 328
Kaslow, N. J. 277
Kassett, J. A. 287
Kastner-Koller, U. 257
Katon, W. 271
Kaufman, J. G. 175-176
Kaukiainen, A. 296, 299
Kavsek, M. J. 63
Kazdin, A. E. 277

Keating, D. P. 118, 126, 131
Kedar, H. S. 137
Kegan, R. 142
Keith, B. 187, 189, 191
Kelle, U. 254
Kelley, J. 187-188
Kendall, P. C. 270, 277
Kendler, K. S. 273
Kennedy, R. E. 77, 272
Kennedy, S. H. 282
Kerkhof, A. J. F. M. 326, 329
Kesselring, T. 126
Kessler, R. 175
Kestler, M. 102
Ketterlinus, R. 182
Keys, A. 287
Kidwell, J. 108
Kienhorst, I. C. W. M. 276
Killen, M. 204
Killias, M. 307
Kim, W. J. 329
Kindermann, T. A. 198
King, R. A. 329
Kintsch, W. 128
Kirby, J. R. 128
Kirchler, E. 143, 175-176, 194, 298
Kirkpatrick-Smith, J. 328
Kirsch, J. L. 245
Kleinman, A. 271
Klerman, G. L. 273
Kliegman, R. M. 79
Klosinski, G. 41, 175
Knepler, A. E. 25
Knop, J. 273
Kobasigawa, A. 130
Koeske, R. D. 128
Koff, E. 81
Kohen-Raz, R. 78
Kohlberg, L. 49, 136, 240
Köhler, K. 281-282
Kohler, A. 247
Kohli, M. 68, 115
Kokotailo, P. K. 218
Kolbe, L. 303
Kosky, R. 327
Kotwal, B. M. 339
Koulack, D. 106
Kovacs, M. 271-272
Kowalski, P. S. 233
Kracke, B. 83, 88-89, 135
Kraft, U. 245
Kramer, J. 118, 333
Krebs, D. L. 136
Krebs, H. 134

Kreppner, K. 174, 180-181, 184, 188-189
Kreutz, H. 176
Krieger, R. 246
Kroger, J. 161, 163
Krucker, S. 322
Krüger, C. 280, 285
Krulee, G. K. 130
Ku, H. 206
Kübler, C. 245
Künzli-Hämmerli, S. 85
Kurland, D. M. 127
Kury, H. 233, 235
Kutcher, S. P. 273
Kutter, P. 100

La Voie, J. C. 163
Laaser, U. 321
Labouvie-Vief, G. 118
Ladame, F. 327
Ladd, G. W. 200-201
Laederach, J. 327, 330
Laessle, R. G. 284
Lagerspetz, K M. J. 296, 299
Lahey, B. B. 275
Lamb, M. E. 182
Lamborn, S. D. 111, 184-185
Lamm, H. 139
Lampert, C. 287
Lander, R. 228
Langabeer, K. A. 207, 210
Lange, E. 133-135
Lange, T. 245
Lanz, M. 22, 188
Lapsley, D. K. 38, 126, 184
Larkin, G. L. 341
Larson, L. E. 176
Larson, R. W. 27, 75, 83-84, 109, 174, 179, 272
Last, C. G. 272
Lau, B. 282, 289, 291-292
Lau, S. 321
Laursen, B. 173, 181, 205
Laux, G. 283
Lazarsfeld, P. F. 27, 225
Lazarus, R. S. 63, 279
Leaf, P. J. 273
Leahy, R. L. 144
Leal, L. 128, 131
Lecky, P. 149
Ledingham, J. E. 313
Ledoux, N. 51, 181, 276
Ledoux, S. 335, 340
Lee, S. Y. 233
Leeper, J. D. 333

Leffert, N. 245
Lefkowitz, E. S. 180
Leich, G. 342
LeMahieu, P. G. 309
Lempers, J. D. 203
Lempert, W. 261
Lempp, R. 106
Leon, G. R. 286, 291
Leontjew, A. N. 22
Lerner, J. V. 67, 114
Lerner, N. 339
Lerner, N. D. 339
Lerner, R. M. 81, 151, 171, 175-176
Leslau, A. 136
Lesser, G. S. 174, 176
Leung, K. 321
Leung, M.-C. 312
Levine, J. A. 182
Levy, V. M. 38
Levy-Shiff, R. 64
Lewin, B. 219
Lewin, K. 23-25, 29, 183
Lewin-Epstein, N. 248-249
Lewinsohn, P. H. 275-277
Lewinsohn, P. M. 271-272, 275, 327, 331
Lewis, C. C. 119, 184
Lewis, J. 143
Lewis, K. 277
Lewis, M. 201, 204
Lewis, R. 64
Liberska, H. 139
Lichtenstein, M. 282
Liddell, C. 182
Liddle, C. 276
Liebert, R. M. 239
Liebow, E. 175
Liiceanu, A. 139
Linn, M. C. 126
Linssen, H. 172
Lipka, R. P. 143
Lippitt, R. 183
Lipps Birch, L. 127
Litman, R. 333
Livesley, W. J. 154
Livson, N. 90, 103
Lobban, M. 282
Loch, W. 100
Löchel, M. 332-333
Loeber, R. 294, 300-302, 304-305, 308-311, 317
Loebl, J. H. 144
Lohse, B. 240
Lombardi, D. A. 149

Loosen, P. T. 273
Lord, S. E. 77, 238
Love, A. 291
Low, H. 75, 308
Lowry, R. 303
Lubinski, D. 258
Lüdtke, H. 44
Lund, A. K. 341
Lüscher, K. 46, 170-172
Luster, T. 239
Lüthi, R. 62
Lutte, G. 176
Lynam, D. 82
Lynch, M. E. 83, 181
Lynn, M. 254
Lynskey, M. T. 187
Lyons, J. M. 189

Mac Iver, D. 238
Maccoby, E. E. 150, 183-185, 188, 202-203, 298
MacLean, M. G. 175
Magnin, C. 224
Magnusson, D. 80, 82-84, 87, 88-91, 110, 199, 211, 272, 309
Maguin, E. 309
Mahler, C. 162
Mai, N. 280
Maier, H. W. 159
Maier-Lesch, B. 133-134, 240
Malone, K. M. 331
Mandl, H. 119
Mann, A. 289
Mann, A. H. 292
Mann, J. J. 331
Mann, J. W. 20
Mann, R. E. 342
Mannheim, K. 39, 43
Manning, S. 245
Manstead, A. S. R. 337
Marcelli, D. 340
Marcia, J. E. 157, 160-163, 254-255
Maréchal, C. 342
Margulies, R. 175
Marini, M. M. 18, 21
Markstrom, C. A. 162
Markstrom-Adams, C. 77, 152, 162, 175, 194
Markus, H. 154
Marlow, L. 83, 181
Marques, G. 133-134
Marsh, H. W. 147, 151
Marshall, W. 76

Martin, J. A. 183-185
Martin, J. M. 275
Martin, N. G. 273
Martin, S. L. 211
Marton, P. 273
Martorano, S. C. 118, 125
Matthews, M. 339
Mattson, A. 75, 308
Maughan, B. 229, 308-309
Mayhew, D. R. 339
Mayseless, O. 111
McAuliffe, S. 249
McCabe, M. P. 217-218
McCall, G. J. 321
McCarthy, K. A. 238
McCarthy, M. 321
McCauley, E. 272, 277
McCluskey-Fawcett, K. A. 180
McCord, J. 239, 268
McCormack, A. 175
McCubbin, H. I. 175
McCubbin, L. D. 171
McEwen, A. 237
McGee, R. 175, 272
McGrory, A. 85, 151
McKeganey, N. P. 317
McKenry, P. C. 175, 329
McKinney, J. P. 67, 114
McKinney, K. 83
McKinney, W. T., Jr. 273
McLoughlin, D. 188
McNamara, G. 239, 317
McNamarra, J. J. 329
McNelles, L. R. 205
Mead, G. H. 144, 152
Mead, M. 39, 42, 45, 50-51
Meeus, W. 172
Mehta, K. A. 341
Meier, M. 285
Meir, E. J. 257
Menke, H. 340
Mercy, J. A. 329
Merikangas, K. R. 269, 271-274, 278
Merten, R. 136
Merz, F. 119
Mesago, F. P. 333
Metzke, C. W. 279
Meyer-Bahlburg, H. F. L. 211
Mezange, F. 340
Michaud, P.-A. 207, 214-216, 218-219, 318, 321, 326, 336-338
Michelsen, O. 287
Midgley, C. 228, 238

Miles, C. P. 328
Millar, H. R. 282
Miller, H. L. 333
Minder, C. 246
Minuchin, S. 104
Mitchell, A. 215
Mitchell, B. A. 106
Mitchell, B. W. 288
Mitchell, J. R. 277
Mitchell, J. 284
Mitterauer, M. 68
Mittmann, H. 133
Moffitt, T. E. 77, 82, 89, 304-306, 309, 311
Molin, R. S. 329
Möller, H. J. 283-284
Moller-Madsen, S. 282
Money, K. 75
Mönks, F. 176
Montada, L. 120
Montemayor, R. 95, 109, 172, 174-175, 187, 191
Mont-Reynaud, R. 321
Moore, D. 110
Moore, S. M. 217
Moran, A. 339
Morgan, J. 272
Morgan, K. C. 329
Moritz, G. 330
Morrell, W. 287
Morris, L. W. 239
Morris, N. M. 75, 211
Morrison, A. 335
Morse, B. J. 215
Morse, S. R. 153
Mortimer, J. T. 107, 249
Mortimore, P. 229
Moss, J. R. 333
Moss, S. 277
Mounts, N. S. 184-185
Muchow, H. H. 22
Mufson, L. 274
Mühlmann, W. E. 27
Muir-Broaddus, J. E. 132
Muller, J. 257
Munch, J. 245
Münchmeier, R. 134
Munholland, K. A. 277
Munro, G. 162
Murphy, M. N. 126
Murray, C. 172
Murray, R. 287
Musa, K. E. 150
Musgrove, F. 174, 176
Mussen, P. H. 83, 90

Muuss, R. E. 26-27, 29, 41, 51, 68
Mwamwenda, T. S. 137
Myers, J. K. 273

Nadler, R. D. 75
Nagin, D. S. 306
Narring, F. 207, 214-216, 218-219, 318-319, 326
Nathorst Wesfelt, J. A. R. 336
Nauck, B. 186
Neckerman, H. J. 311
Neckerman, J. J. 328
Needle, R. H. 175, 188
Neighbors, B. 277
Nelson, W. E. 79
Neuenschwander, A. 200
Neuenschwander, M. P. 63, 97, 163, 201, 246
Neumann, R. J. 274
Neury, J.-E. 31
Newcomb, M. D. 315
Newell, A. 127
Newman, I. M. 289
Nezu, A. M. 275
Nigsch, J. 245
Nippold, M. A. 132
Noack, P. 135, 179, 249-250, 306, 315
Noam, G. G. 181
Noegel, R. 287
Nolen-Hoeksema, S. 273, 275
Noller, P. 179, 181-183
Nord, C. 188
Norvell, N. K. 284
Nottelmann, E. D. 74
Nowak, M. 317
Nunner-Winkler, G. 39, 41, 48-49, 50
Nurmi, J. E. 137-139, 184
Nylander, I. 289
Nystrup, J. 282

O'Regan, M. 133
O'Brian, T. 124
O'Mahony, J. F. 154
O'Malley, P. 150, 154
O'Sullivan, L. F. 217
Oden, S. 200-201
OECD 246
Oelkers, J. 28
Oerter, R. 24, 128, 215, 253
Offer, D. 143, 173, 269
Offord, D. R. 269, 272
Olver, R. R. 132

Olweus, D. 75, 150, 153, 155-156, 198, 204, 240, 275, 295-297, 299, 300, 308, 330
Orthey, F. M. 260
Ortleb, R. 225-226, 247
Oser, F. 240
Oster, G. D. 277
Ostrov, E. 143
Ouston, J. 229
Overholser, J. 271

Padrutt, C. 134
Paikoff, R. L. 83, 101, 172, 174, 191, 217, 286
Palmonari, A. 133, 143, 174, 176, 194, 240
Paluzny, M. 329
Paolito, D. P. 240
Papastefanou, C. 107, 109, 111
Papini, D. R. 79, 83, 180-181
Paravicini, A. 285-286
Park, Y.-S. 128
Parke, R. D. 295-296, 312
Parker, D. 337
Parker, G. 274, 276
Parrone, P. 271
Parry, B. L. 75
Pascual-Sanchez, T. 327
Patel, D. R. 335, 337
Patterson, G. R. 277, 310-311
Patton, G. C. 85, 280, 282, 286, 288, 291
Patton, W. 257
Paul, T. 281-282
Paulauskas, S. L. 271-272
Pauling, M. 201
Pautler, A. J. 251
Pawlak, C. 327
Paxton, S. J. 80, 149, 286, 289
Paykel, E. S. 276, 329
Pearl, A. 39 40
Peast, P. 215
Peiró, J. M. 259, 262
Pekrun, R. 238
Pelletier, R. 175
Perl, R. E. 119
Perper, J. 330
Perren, S. 194, 206
Perret-Clermont, A. N. 126
Perrez, M. 179
Perrig, W. J. 124
Perry, C. L. 286
Perry-Hunnicutt, C. 289
Peskin, H. 83, 90, 103
Petermann, F. 271, 275

Petersen, A. C. 21, 59, 77-78, 80-84, 88-89, 111, 118, 143, 175, 211, 238, 245, 270-272
Peterson, C. 276
Peterson, G. 328
Peterson, J. 188-189
Pfeffer, C. R. 329-330
Pfeiffer, C. 188
Phares, V. 51, 181, 189, 276
Phylaktou, P. 254
Piacentini, J. 332-333
Piaget, J. 49, 94, 118, 120-127, 133, 235
Pickel, G. 134
Pickles, A. 274, 277, 308-309
Pieters, G. 280
Pike, K. M. 291
Pikowsky, B. 179-180
Pipp, S. 111
Pirke, K. M. 282
Pitkänen, T. 301, 305-306
Pivault, M. 336
Platt, S. 326
Platte, P. 282
Pleck, J. H. 182
Polivy, J. 289
Pollock, L. 27
Pombeni, M. L. 143, 175-176, 194
Pomeroy, C. 284
Post-Kammer, P. 255
Potkin, S. G. 333
Powell, K. 303
Power, C. 240
Powers, B. 275
Powers, S. 181
Prata, G. 104
Predmore, S. C. 153
Prentice, N. M. 136
Preston, S. H. 330
Preusser, D. F. 341
Price, J. M. 200-201
Prideaux, L. A. 257
Priester, H. J. 120
Prior, M. 273
Probst, C. 188
Probst, M. 280
Proulx, J. 106
Prusoff, B. A. 274
Pulkkinen, L. 301, 305-306
Pulliainen, H. 184
Pullin, D. C. 235, 248
Purdon, S. E. 273

Quintana, S. M. 143
Quinton, D. 273, 276, 308

Rabain, D. 331
Rabasa, J. 307
Raë, P. 327
Raj, M. H. 75, 211
Raja, S. N. 175
Randel, B. 233
Rathner, G. 283
Raveis, V. H. 175
Rehm, J. 338, 340
Rehm, L. P. 277
Reich, G. 280, 286
Reid, C. 175
Reimer, C. 283, 285
Reimer, J. 240
Reinecke, M. A. 332
Reinherz, H. Z. 272, 329
Reitzle, M. 245, 255
Remplein, H. 21-22
Remschmidt, H. 284-285
Resnick, G. 181
Resnick, M. D. 318
Restrepo, A. 188
Retterstøl, N. 331-332
Reubens, B. 248-249
Reuman, D. A. 238
Reuter, F. 128
Rezac, S. J. 189
Rhyn, H. 59
Rice, J. P. 274
Rice, L. 279
Rich, A. 328
Rich, C. L. 328
Richards, C. 271-272
Richards, M. H. 75, 80, 83-84, 109, 179, 191, 272
Riegel, K. 59
Rierdan, J. 81
Ringel, E. 332
Rise, J. 215
Ritter, P. L. 80, 149
Roach, M. E. 150
Robbins, P. 201
Roberts, R. E. 271
Robertson, E. B. 211
Robertson, J. F. 175
Robertson, L. S. 341
Robins, L. N. 23, 274
Robinson, N. S. 275
Robinson, P. H. 282
Rodgers, B. 276
Rodin, J. 289, 291
Rodriguez-Tomé, H. 235
Roeser, R. W. 238
Rogers, A. 321
Rogers, P. J. 292

Rohde, P. 271-272, 327, 331
Röhrs, H. 253
Rohwer, W. D. 128
Rolls, B. J. 289
Romelsjö, A. 312
Ronan, G. F. 275
Rosen, G. 271
Rosenbaum, J. E. 235
Rosenberg, F. 154
Rosenberg, M. 142-147, 149, 152, 154-156, 165-166
Rosenberg, M. L. 329
Rosenkrantz, A. L. 329
Rosenmayr, L. 39, 48, 176
Rosenthal, D. A. 215, 217, 321
Rosnati, R. 188
Rosso, J. T 79, 85
Rostov, E. 173
Roth, L. 28
Rotheram-Borus, M. J. 207, 210, 271
Roth-Meyer, C. 75
Rousseau, J. J. 28
Rowe, I. 162
Rowlett, J. D. 335
Rubenstein, J. L. 175
Rubin, C. 175
Rubini, M. 133, 240
Ruble, D. 81
Ruble, D. N. 80-81, 144, 151
Ruggiero, M. 250-251
Rupp, K. 248
Russell, A. 181
Russell, G. 181-182
Russell, G. F. 287
Russell, G. F. M. 283
Rutter, M. 21, 88, 172, 174-176, 187, 229, 269, 272-277, 302, 308-309
Ryan, D. M. 338
Ryff, C. D. 81
Ryj, M. H. 75

Saadi-Varchmin, B. 248
Sabatier, C. 63
Sahli, K. 201
Salanova, M. 262
Sander, E. 188
Sarigiani, P. A. 77, 272
Sarti, S. 176
Sass, H. 281, 284
Sassenberg, K. 180
Savin-Williams, R. C. 83-84, 88, 205, 210
Sawyer, A. 143

Scabini, E. 188
Schaal, B. 303, 305, 308, 312, 321
Schäfers, B. 22, 26, 41
Schaffer, H. R. 182
Schaffner, L. 175
Schaie, K. W. 118
Schallberger, U. 119-120, 245
Schalling, D. 75, 308
Schamp, J. 175
Schär, A. 246
Schellenbach, C. 189
Scheller, R. 253, 255, 258
Schelsky, H. 39, 45
Schelten, A. 245, 260, 262
Scherman, A. 205
Schiamberg, L. 102
Schick, M. T. 246
Schleicher, R. 118
Schleyer-Lindenmann, A. 59
Schlicht, M. 245
Schmale, H. 253
Schmidt, C. 133-134, 240
Schmidt, R. W. 139
Schmidt, S. 254
Schmidt-Denter, U. 171
Schmidtke, A. 326
Schmidtke, H. 253
Schmiedbauer, W. 317
Schneewind, K. A. 95, 111-113, 187
Schneider, M. S. 207
Schneider, W. 131
Schoffler, H. 224
Schölmerich, A. 73
Schomburg, U. 263
Schonert-Reichl, K. A. 137
Schröer, S. 335
Schubauer-Leoni, M. L. 126
Schuhmann, W. 110
Schulenberg, J. 111, 249
Schulenberg, J. E. 238
Schuler, H. 253
Schulsinger, F. 273
Schultheis, F. 170
Schulz, H. J. 298
Schumann-Hengsteler, R. 127-128
Schuster, M. 128
Schwager, U. 187
Schwaiger, B. 139
Schwaller, C. 58-59, 63
Schwartzman, A. E. 313
Schwarz, J. C. 184
Schweizerische Beratungsstelle für Unfallverhütung 336-337
Schwyter, R. 201

Sebby, R. A. 181
Sebes, J. 189
Secord, P. F. 87, 150
Sedlak, M. W. 235, 248
Seedey, C. 339
Seeley, J. R. 271, 275, 327, 331
Seidel-Pielen, E. 298
Seiffge-Krenke, I. 63, 189
Seligman, M. E. P. 270, 273, 275-276
Selles, T. 162
Selvini, M. 104
Semmel, A. 275
Semmer, N. K. 262, 322
Serbin, L. A. 313
Sessa, M. 107
Shaffer, D. 328, 332-333
Shakesby, P. 206-207
Shamai, S. 237
Shanan, J. 137
Shapiro, B. 124
Shapiro, L. R. 288
Sharp, S. 230
Shaughnessy, M. F. 206-207
Shavelson, R. J. 147
Shaver, P. 111
Shaver, P. R. 208
Shelder, J. 315
Shellow, R. 175-176
Shelton, R. C. 273
Sherick, R. B. 277
Sherman, M. 328
Shirk, S. R. 144
Shisslak, C. M. 280
Shneidman, E. 333
Shulman, S. 205
Siddique, C. M. 63
Sidler, N. 188
Sieber, M. 314
Siegel, A. W. 277
Siegel, K. 333
Siegfried, G. 58
Sigman, M. D. 180
Sigvardsson, S. 319
Silbereisen, R. K. 83, 89, 245, 255, 306, 315
Silberstein, L. R. 289
Silva, P. A. 82, 309
Silverberg, S. B. 94-95, 108
Silverman, A. B. 329
Simmons, J. T. 329
Simmons, R. G. 77, 79, 81-84, 88, 145, 150-151, 154, 156, 211, 229, 239
Simon, H. A. 127

Simons, C. 281
Simons, R. L. 175, 321
Simpson, H. M. 339
Skoe, E. E. 162
Slabby, R. G. 312
Slaby, R. G. 295-296
Slade, P. D. 292
Sleet, D. 303
Slomkowski, C. L. 204
Small, S. A. 83, 239
Smetana, J. G. 109, 172-174, 179, 181, 188
Smith, A. M. A. 215
Smith, D. J. 302-303, 306-307
Smith, H. W. 195
Smith, P. K. 198, 230, 240-241, 296
Smith, P. L. 255
Smith, S. M. 338
Smollar, J. 181, 196, 201-203
Sodian, B. 126
Sohlberg, S. C. 64
Soldo, B. J. 333
Soliday, S. M. 339
Spanier, G. B. 175-176
Sparks, E. E. 171
Speltini, G. 20, 85
Spiel, C. 177, 189
Spirito, A. 271
Spittler, G. 65
Spitz, W. U. 338
Spitzer, R. L. 273
Spranger, E. 225
Springer, J. F. 321
Spuhler, T. 336
Sroufe, A. L. 275
St. Pierre, T. L. 321
Stanley, E. J. 329
Stanton, G. C. 147
Stanton, W. R. 175
Stapf, K. H. 183
Stark, K. D. 277
Stark-Von der Haar, E. 175, 248, 251
Stattin, H. 79-80, 82-84, 87-91, 110, 175, 199, 211, 272, 309, 312
Staub (Utiger), L. 187, 189
Stauffer, E. 257
Steffen, T. 321
Stein, H. H. 133-134
Steinberg, L. 22, 73, 79, 83, 95, 103, 107-109, 152, 154, 184-186, 189, 248-251
Steinberg, L. D. 180

Steiner, G. 124
Steinhausen, H.-C. 279, 285
Stenbacka, M. 312
Stephen, J. 162
Stephenson, J. N. 218
Stern, D. 277
Stern, D. N. 194, 209, 277
Stetsenko, A. 63
Stevenson, H. W. 233
Stevenson-Hinde, J. 194
Stewart, S. M. 110
Stierlin, H. 104-106, 108
Stiksrud, A. 225
Stiles, D. A. 254
Stöcklin, M. 124
Stoll, F. 119-120, 247
Stone, D. H. 335
Storch, M. 95
Stouthamer-Loeber, M. 302, 304, 309-310
Stradling, S. G. 337
Strauss, C. C. 275
Strigel-Moore, R. H. 289
Strittmatter, P. 235
Strober, M. 287
Stronski, S. M. 318
Struss, M. 188
Strzoda, C. 133-134
Suarez, A. 125
Sudek, R. 254-255
Sue, D. 67
Sue, D. W. 67
Sullivan, A. 111
Sullivan, H. S. 204
Sullivan, K. 111
Sundgot-Borgen, J. 291
Super, D. E. 258
Susman, E. J. 74-75, 79, 83, 88, 211
Süss, D. 246
Swann, W. B. 153
Sweet, R. W. 175
Szmukler, G. I. 282

Tabernig, A. 247
Taipale, V. 87, 89, 211, 216
Talbert, L. M. 75, 211, 309
Tanner, J. M. 76, 78, 84
Taris, T. W. 259
Tauber, M. 189
Tausch, A. M. 183
Tausch, R. 183
Taylor, A. J. 248
Taylor, B. 81
Taylor, H. L. 287

Taylor, M. C. 136
Taylor, S. E. 96, 149
Teasdale, J. D. 276
Teicher, J. D. 329
Tenbruck, F.H. 39, 46, 47
Teo, T. 136
Tesch, S. A. 161-162
Tesser, A. 151
Tewes, U. 120
Thatcher, R. W. 126
Thiel, A. 282
Thoma, J. 336
Thomas, A. 273
Thomas, J. 133
Thompson, F. 172
Thompson, J. K. 286
Tischler, G. L. 273
Tishler, C. L. 329
Tobin-Richards, M. H. 80, 84, 87
Todd, R. D. 274
Toder, N. L. 162
Todt, E. 133, 237, 254
Toepfer, C. F., Jr. 237
Tolstaja, S. A. 94
Torquati, J. 174
Traeen, B. 219
Trauernicht, G. 175
Trautman, P. D. 271
Trautner, H. M. 101, 184
Tremblay, R. E. 303, 305, 308, 312, 320
Trevarthen, C. 274
Troll, L. E. 109
Trommsdorff, G. 137, 139
Tryon, C. M. 56
Tschanz, U. 232, 247
Turbin, M. S. 239
Tursz, A. 336-338
Tyszkowa, M. 235

Udry, J. R. 75-76, 211, 213, 309
Ulich, D. 133
Ullman, C. 175
Ullrich, M. 108, 174, 179-180, 187-188
Ulman, K. J. 81, 83
Unger, E. 175
Unis, A. S. 277
United Nations 31

Vaccaro, D. 239, 317
Valentin, P. 27
Valkanover, S. 297
van Aken, M. A. G. 56
van Cleave, E. 77

van Coppenolle, H. 280
van der Brug, H. H. 298
Van der Velde, M. E. G. 254
van Eimeren, B. 133-134, 240
van Emmerik, H. 254
van Gennep, A. 25
van Kammen, W. B. 302, 308
van Lieshout, C. F. 306-307
van Snippenburg, L. B. 135
VandenBos, J. 239
Vandereycken, W. 280, 283
Vanderryn, J. 239
VanWel, F. 172
Varchmin, J. 248
Vaskovics, A. 115
Vaughan, E. 110
Vaughan, V. C. 79
Vaux, A. 251
Velez, N. 274
Vettehen, P. G. J. H. 135
Vieland, V. 332
Villiger, D. 245
Vingilis, E. R. 342
Völger, G. 314
Vollebergh, W. 172
Vollrath, M. 274
von Baeyer, C. 275
Von der Haar, H. 175, 248, 251
von Eye, A. 67, 114
von Welck, K. 314
Vondracek, F. W. 255
Voskamp, U. 263
Vuchinich, R. A. 189
Vuchinich, S. 189
Vulcan, J. 340

Wade, J. 176
Wagner, B. M. 276
Wakeling, A. 289, 292
Walker, C. 108
Walker, R. A. 126
Wallerstein, J. 187-188
Wallis, J. 75
Walløe, L. 78
Walper, S. 187-189
Walters, L. H. 175
Walters, R. 172
Wark, G. R. 136
Warner, V. 274
Warren, M. P. 73, 75, 79, 81, 83, 85, 88, 286
Warschburger, P. 285
Wasielewski, P. 340
Waterman, A. S. 157, 162, 164-165

Waterman, C. K. 162
Waters, H. S. 128
Watson, D. 270
Watson, J. 237
Watzlawick, P. 103
Wearing, A. J. 130
Wechsler, D. 118
Wehner, E. A. 207-209
Wehrspaun, M. 170
Weinberg, M. 209
Weiner, I. B. 269
Weiss, L. H. 184
Weiss, P. 119
Weissman, M. M. 273-274
Weithorn, L. A. 119
Wellman, H. M. 131
Welsh, L. A. 175
Wender, P. H. 273
Werner, H. 119
Werner, N. E. 208
Wernersson, I. 228
Wertheim, E. H. 291
Westphalen, K. 235
Westrick, J. 110
Wettstein, E. 245
Wheatley, S. M. 137
Wheeler, C. W. 235, 248
Whitbeck, L. B. 176, 321
White, R. K. 183
White, S. H. 28
Whitely, W. T. 259
Whitesell, N. R. 233
Whitfield, R. 188
Whitney, I. 230
Whittle, B. 332
Wichstrøm, L. 285-286
Wicki, W. 187, 189, 321-322
Widom, C. S. 175-176
Wierson, M. 277
Wigfield, A. 238
Wilde, E. J. 276
Wilen, J. 110
Wilhelm, P. 179
Wilks, J. 176
Willi, J. 105, 109
Williams, A. 339
Williams, A. F. 341
Williams, R. A. 51, 181, 276
Williams, S. 272
Williamson, M. H. 174
Wills, T. A. 239, 317, 321
Wilson, M. 175, 189
Wilson, R. 277
Windle, M. 274, 321
Wine, J. D. 239

Wingard, J. A. 315
Winikur, G. 273
Winkeler, R. 224
Winkler, C. 285
Winsten, J. A. 341
Winter, G. 263
Winterhager-Schmid, L. 236
Wirtanen, I. D. 175
Wise, D. 251
Wister, A. V. 106
Witruk, E. 233
Wittchen, H. U. 281
Witzel, A. 254
Wolters, P. 321
Wolters, W. H. G. 276
Wong, M. H. 240
Wood, D. N. 110, 112, 115, 184

Wood, K. 288, 291
Woodside, D. B. 281
Wright, L. S. 321
Wurf, E. 154
Wylie, R. C. 148, 150-151, 154
Wyss, D. 338

Xie, H. 198, 312

Yao, G. 258
Yates, A. 280
Yau, J. 179, 181, 188
Yesmont, G. A. 218
Young, G. P. 282
Youniss, J. 29, 181-182, 196, 200-203
Yule, W. 172, 269, 309

Zachry, C. B. 56
Zador, P. L. 341
Zajonc, R. B. 143
Zakin, D. F. 81
Zani, B. 298
Zarizki, J. 64
Zaudig, M. 281
Zeena, T. H. 272
Zellman, G. 216
Ziehe, T. 108
Zill, N. 188-189
Zimbardo, P. G. 101
Zimmermann, A. 119
Zinn, J. 254
Zinnecker, J. 133-134
Zumbühl, N. 201
Zung, W. W. 333

Sachwortverzeichnis

abhängig 21, 27, 42, 94, 95, 103, 139, 144, 184, 189, 206-209, 244, 317, 319, 321, 329, 335
Ablösung 23, 39, 47, 50, 57-59, 66, 94-116, 160, 178
Abort siehe Schwangerschaftsabbruch
Abstraktion 26, 118, 121, 126, 142, 146, 154, 202, 235, 236, 295
abweichen 82, 197, 199, 268, 311, 314
ADHD 308
Adipositas 279
Affekt 24-25, 41, 83, 161-162, 180, 200, 205, 269, 273-274, 295, 327, 329, 332
Aggression 24, 25, 75, 100, 102, 108, 153, 162, 172, 196-198, 204, 206, 240, 268, 293-301, 303-305, 307-319, 323, 327, 328, 332, 335, 337, 339, 342
AIDS 214, 226
Akzeleration 6-78, 90, 206
Alkohol 89, 91, 111, 112, 175, 215, 216, 219, 273, 294, 305, 306, 311, 314-321, 328-329, 337-338, 341
allein erziehend 100, 116, 188, 189, 191
Alltag 22, 43, 46, 61, 120, 130, 153, 191, 258, 263, 287
Amenorrhö 281, 282
Angst 29, 67, 72, 80, 84, 102, 105, 108, 109, 137, 157, 203, 205, 206, 210, 225, 235, 237, 269, 270-272, 273, 274, 278, 280, 281, 283, 285, 298, 303, 328, 335, 341, 342
Anorexie 101, 280-292
antisozial 91, 137, 197, 215, 229, 294-296, 301, 304-313, 317, 319, 320, 323
Arbeitslosigkeit 38, 58, 67, 116, 133, 227, 251, 262, 263, 298, 330
Attraktivität 83, 84, 91, 108, 149, 150-151, 173, 208, 211, 216, 288, 311
Attribution 65, 154, 275-278, 312
Aufmerksamkeit 87, 108, 304, 208, 308-309

Aussehen 59, 68, 80, 83-84, 87, 102-103, 147, 150-151, 154, 254, 272, 280, 288-289, 291
Auto 26, 42, 96, 335-342
Autonomie 23, 34, 50, 59, 66-67, 94-117, 136, 165, 170, 177, 183-184, 188, 194, 215, 229, 261, 277
Autorität 34, 59, 97, 99-102, 109, 136, 161-162, 176, 178, 183-186, 188, 305-306, 311

Belohnung 199, 275, 278, 288, 310-311, 321
Beruf/Arbeit 18, 20-21, 23-29, 34-35, 40, 42-44, 46, 48, 50-51, 53, 56-59, 63, 66-68, 77, 83, 90, 100, 104, 106, 108, 114-115, 118, 132, 135, 137, 139, 143, 159, 160-164, 170, 171, 176, 179, 181, 184, 187, 191, 200, 219, 224-225, 229, 235, 237, 241, 244-263, 306, 335-336
Berufsberatung 254-258
Beschwerden 85, 87, 91, 232, 332
Beziehung, romantische 204, 208-210
Beziehung, soziale 20-21, 23, 27, 41, 57, 61, 73, 83, 88, 95-96, 100-102, 104-110, 116, 128, 139, 143-144, 146, 148, 152, 156-157, 160, 164, 172, 175, 178-179, 182, 188-189, 192, 194-209, 216-219, 221, 274-275, 278, 284, 296, 299, 304, 313, 315, 329, 331-332, 342
Bier 112, 319-320
Bindung 41, 99-101, 105, 109, 194, 200, 204, 208-209, 217, 219, 274-275
biologisch 21, 29, 34, 41, 43, 45, 57, 68, 72-73, 76, 82, 91, 94, 101-102, 127-128, 163, 171, 189, 211, 213, 225, 235-236, 273-274, 278, 285, 287-288, 306, 308, 314, 317, 323
bisexuell 205, 207
Bulimie 280, 283-287

Clique 197-200, 213
Computer 40, 45-46, 127, 133-134, 226, 260
Coping 63

Delinquenz 40, 53, 77, 102, 175, 184, 187, 198, 239, 251, 294-295, 301-312, 317, 321, 323, 342
demokratisch 28-29, 50, 183, 186, 224, 228-229, 240
Depression 38, 63, 75, 77, 88, 91, 107, 114, 149, 175, 178, 185, 191, 198, 205, 208, 239-240, 261, 263, 268-279, 281-282, 284, 288, 292, 327-330, 332-333, 335, 339-340, 342
Desinteresse 51, 53, 162, 288, 309-310
Devianz 81, 89, 173, 215-216, 268, 307, 311, 321, 339
Diät 85, 91, 268, 280, 282, 284, 287, 288-289, 291-292
Diebstahl 89, 240, 251, 303, 305-306, 311
Disco 18-19, 40, 95, 99, 109, 133, 174, 197, 210
Disposition 41, 76, 146, 148, 154
Dominanz 75, 103, 135, 180, 196, 309
Drogen 23, 40, 53, 58, 78, 89, 95, 110-111, 133, 137, 139, 174-175, 214-223, 226, 239, 246, 251, 294-295, 304-305, 314-315, 317-318, 320-322, 326, 330, 337
duales Berufsbildungssystem 225, 244-245, 247, 259, 262-263
dyadische Beziehung 182-183, 194, 199, 204, 275
Dysmenorrhoe 84

Egozentrismus 125-127, 296
Eignung (Berufs-) 184, 253-254, 256
Einbettung, soziale 195, 197-198, 218, 274, 307
Eineltern 106-107, 171, 186-187, 189
Einstellung 43, 63-64, 85, 90, 94, 103, 135, 143, 146, 150, 152-153, 156, 164, 166, 173, 184, 189, 201, 204, 207-208, 218, 269, 280, 291, 296, 305, 315, 317, 321, 339-340, 342
Ejakulation 81
Eltern 18, 20-21, 23, 26-27, 33-34, 44-45, 53, 56-59, 61, 63-64, 66-67, 72, 79-80, 83, 90-91, 94-116, 137, 139, 152-153, 155, 160-162, 170-192, 194-200, 207-210, 216, 218-219, 221, 225, 227, 241, 245, 247-248, 250-251, 254, 256-258, 263, 270-274, 276-278, 286-287, 304, 309, 311-312, 315, 317-318, 321-323, 329-330, 332-333
Emotion 21, 34, 41, 47, 57, 63, 65, 67, 75-77, 95, 101, 103, 106, 108-110, 114, 116, 133, 173, 175, 179, 180-184, 194, 200, 204-208, 217, 269-270, 274, 277-278, 281, 308, 315, 329, 339, 342
Empathie 257, 286
Engagement 48, 58-59, 63, 108, 135, 161-162, 180, 185, 218, 229
Entwicklungsaufgabe 23, 56-59, 61, 63-68, 81-82, 107-108, 195, 199, 209, 238, 262, 272, 277
Erinnern 43, 101, 108, 112, 128, 130, 132, 277
Ernährung 76-77, 280, 282, 284-285, 287, 292

Erziehung 26, 30, 49, 56, 59, 61, 100, 105, 108-110, 116, 171-172, 175, 183-189, 191, 196, 207, 225, 228, 240, 268, 274, 302, 307, 312-313, 321-323
Essprobleme 85, 91, 268, 271, 279, 280, 282-288, 291-292, 318, 342
Estradiol 74
ethisch 57, 136, 163, 176, 225, 287
ethnisch 146, 152, 163
Externalisierung 82, 88, 187, 204, 268, 293-324, 328

Familie 27, 40-41, 43, 45, 48, 50-51, 53, 57-59, 61, 67, 78-79, 83, 94-96, 103-110, 114, 135-136, 139, 146, 170-192, 195, 203, 205, 208-209, 235, 238, 255-256, 268, 272-274, 276-277, 281, 285-287, 306-311, 315, 321, 329-331, 333, 335, 342
Fernseher 96, 112, 114, 176, 191, 275
formale Operationen 23, 120-126, 131, 139, 236
Freiheit 18, 23, 26, 47, 49, 61, 95, 111-112, 114, 144, 159, 173, 255, 303, 332
Freundschaft 21, 23, 26, 34, 59, 61, 81-83, 89-90, 94-95, 99, 103-104, 106-107, 109-110, 112, 122, 133, 135, 137, 144, 152-153, 161-163, 172, 174, 176, 187-189, 191, 194-221, 235, 237-238, 240, 255, 258, 275, 295, 315, 329-332
Frühentwicklung 78, 80-85, 87-91, 151, 166, 199, 211
funktional 29, 39-40, 53, 142, 148-149, 165, 170, 268

Geborgenheit 170, 172, 192
Gedächtnis 27-28, 118, 127-128, 130-133, 139, 194
Gehirn 126, 278
Geld 24, 42, 50, 53, 95-96, 109-111, 114, 139, 174, 228, 247-248, 254, 257, 311
Generation 23, 25, 27, 34, 39, 43-48, 51, 53, 76, 94, 100, 106, 116, 136, 171-173, 178, 192, 274, 277, 304, 312-313, 329
Genetik 28, 38, 78, 160, 273, 274, 287, 306, 308
genital 100-103, 213, 215
Genitalien 73, 213
Geschichte 25-27, 29, 38-39, 42, 45-47, 51, 53, 76, 133, 170, 172, 225, 228
Geschlechtsmerkmale 21, 61, 72-76, 79, 180
Geschlechtsrolle 57, 67, 106, 137, 142, 149, 163, 189, 217
Geschlechtsunterschied 57, 61, 73-74, 76, 112, 133, 149-150, 181, 183, 202-203, 205, 217, 224, 229, 237, 254, 258, 272-273, 298-301, 304, 319, 327, 333, 336-337, 342
Gesellschaft 21, 23-25, 27-29, 34, 38-57, 65, 67-68, 84, 97, 105, 108-109, 134-137, 143, 146, 149, 151-152, 159-160, 165, 170-171, 182, 200, 202, 208-209, 219, 224, 226-229, 237, 241, 245, 253-254, 258, 268, 280, 289, 294, 302, 306-307, 321, 323, 341

Gesetz 76, 89, 100, 108, 137, 174, 248, 294, 298, 301-303, 319, 321, 341
Gewalt 18, 44, 153, 175, 196, 204, 206, 229, 251, 294, 297-298, 300-301, 303-305, 307, 326-327, 342
Gewicht 75, 77, 79, 84-85, 91, 149-150, 269-270, 279-288, 291-292, 336
Gleichaltrige/Peers 23, 40-41, 43, 57-59, 63, 72-73, 82-83, 88, 95-97, 99, 101-102, 105, 108, 110, 137, 143-144, 151-152, 172-173, 176, 178, 188, 194-221, 224, 229, 238, 240, 246, 254, 261, 263, 274-275, 277-278, 281, 286, 288, 291, 294, 297, 299, 301, 304, 306, 311, 315, 330, 338, 340-342
Grenzen 20, 124, 173-174, 183-184, 196, 221, 277, 306, 329, 336
Gruppe 24-26, 34, 41-42, 44, 46, 48-49, 53, 56, 65, 96, 101-102, 104, 107, 132, 134-136, 143, 152-153, 159-160, 171, 173, 175, 194-221, 240, 268, 275, 294, 296-298, 300, 304-305, 307-308, 311, 313, 315, 317, 322, 333, 342
Gymnasium 20, 26, 122, 139, 224, 229-230, 233, 237, 240, 244, 246-247, 263

Haschisch 89, 318
Hausaufgaben 95, 112, 186, 191, 230-233, 238, 247, 249, 251
heterosexuell 23, 102-103, 112, 207-209, 213, 217
Hilflosigkeit 96, 263, 269, 276
historisch 21, 23, 25, 27, 29, 34, 39, 43, 45, 56-57, 67-68, 76, 111-112, 133-134, 149, 159-160, 189, 245, 254, 256, 258, 302, 323
HIV 207, 217, 219
homosexuell 51, 102, 205, 207, 209, 210
Hooligan 296-298
Hormone 72-76, 79, 101, 211, 213, 273, 308
Hyperaktivität 304, 308-309

Ideal 81, 84, 100-101, 103, 108, 149-151, 164-165, 176-177, 179, 268, 280, 284-286, 288, 291-292, 335
Idealselbst 146
Identität 23, 43, 57-59, 96, 104, 106, 114-116, 126, 134, 142-167, 184, 194-195, 197-199, 207, 210, 245, 254-255, 259, 261-262, 311, 314
Ideologie 25, 50, 163
illegal 40, 174, 246, 294, 314-315, 317-318, 321
Impulsivität 174, 285, 297, 304, 308, 319, 323, 327, 328, 342
Integration, soziale 40-42, 46, 59, 134-135, 152, 226, 257, 268
Intelligenz/Intellekt 49, 57, 78, 99, 101, 118-120, 139, 162, 187, 218, 225, 253, 261, 300, 306, 309, 312
Interaktion, soziale 41, 49, 106, 126, 144, 148, 157, 174, 178-182, 194, 196-200, 204-205, 209, 213, 259, 274, 277, 285-286, 299, 306, 312-313

Interesse 83, 90, 133-135 139, 154, 161, 165, 197, 198-200, 211, 235-237, 253-258, 262
internalisiert 87, 88, 239, 268-272, 289, 292, 294
Intimität 41, 57-59, 63, 79, 94, 95, 106, 159, 162, 194-221
Isolation 83, 94, 95, 107, 198, 199, 240, 263, 296, 299, 315, 329-330

Job 248, 262

Kampf 172, 298
Kindheit 19-20, 23-24, 27-29, 39-40, 51, 73, 77, 88, 99, 107, 127-128, 157, 170, 179, 182, 187, 195-196, 199, 204, 269, 272, 275-276, 300, 305, 308-309, 313, 318-319, 323, 329
Kleider 18, 34, 42, 95, 112, 150, 159, 173, 174, 176, 197, 216, 311
Kognition 23-25, 41, 49, 63-64, 78, 82, 94, 99, 118-140, 142, 144, 154, 157, 162-163, 194-195, 236, 253, 269, 272, 275-278, 291-292, 309, 332, 339
Kohorte 43, 111, 118, 134, 213, 256
Kombinatorik 122-123, 126
Kommunikation 35, 46-47, 49, 170, 180, 183-184, 187, 218, 221, 284, 286, 318
Konflikt 23, 25, 39, 42, 44-45, 48-49, 67, 83, 89, 96, 103, 110, 114, 137, 165, 172-175, 180-181, 185-186, 188-189, 196-197, 199, 204, 205-206, 233, 263, 275-277, 284-286, 291, 295, 305, 314, 329
Konfliktlösung 57, 137, 173, 185, 196, 204, 206, 275, 284
konform 67, 90, 149, 159, 197, 254
Konfrontation 35, 82, 96, 106, 136-137, 173, 182, 189, 195, 289, 292, 296, 330
Konsum 21, 25, 45, 47, 51, 53, 78, 89, 95, 110, 112, 114, 172, 199, 294, 338, 341
Kontakt 59, 83, 89, 172, 187-189, 200, 211, 216-217, 245, 250, 257, 259, 261, 278, 281, 318, 330
Kontrolle 57-58, 96-97, 108, 139, 142, 153, 172, 177, 183, 184, 185, 205, 211, 213, 228, 275, 280, 283-284, 287, 292, 295, 307, 309, 317
Konzentration/Konzentrationsprobleme 103, 195, 269-271, 315, 332
Körper 21, 23-25, 56-59, 72-75, 79, 81-85, 87-88, 91, 142, 146, 148-149, 150-151, 174, 202, 211, 213, 215-216, 218, 261, 268, 272, 280-288, 292
Körpergrösse 72, 79, 83-84, 281, 284-285, 291-292
Kraft 72-73, 281
Krankheit 49, 76, 104-105, 172, 217-219, 232, 249, 279, 281-282
Kreativität 39, 44, 53, 90, 122, 255, 259
Kriminalität 47, 58, 89, 175, 303-305, 314, 321, 326
Kritik 26, 54, 57, 109, 118, 142, 146, 183, 201, 236, 269, 276, 288, 291, 315

Kultur/kulturell 20, 23-25, 29, 34, 40-43, 45-48, 50, 54, 56-57, 59, 65, 67-68, 72, 78, 81-82, 84, 91, 94-96, 105, 110-112, 114, 126, 133-137, 144, 146, 148-150, 157, 161, 163, 165, 172-173, 191, 194, 200, 206, 209-211, 213, 217, 224-225, 233, 236, 254, 257, 260, 268, 282, 285, 288-289, 294, 300-311, 314, 318-319

labil 47, 103, 315
Laissez-faire 183-185
Land vs. Stadt 48, 51, 58, 78, 105
Lebensereignis 59, 61, 64, 270, 275-276, 278-279, 287, 308, 333
Lehrer/Lehrerin 34, 72, 91, 95, 121, 123, 154, 176-177, 186, 204, 221, 226, 228-229, 235-239, 241, 244, 249, 254, 257-258, 270, 300-301, 305, 312, 323, 332-333
Lehrling 18, 27, 49, 162, 214, 245-247, 256, 259, 261-263, 319
Lehrstelle 251, 256-258, 261-262
Leistung 27, 34, 38, 49, 53, 59, 61, 77-78, 91, 110-111, 118-122, 124, 126-128, 130-132, 139, 143-144, 149, 151-152, 154-155, 162-163, 175, 180, 184-185, 195, 216, 224, 233, 235-236, 238-239, 241, 244, 249-250, 253-255, 261-262, 270, 281, 287, 302, 304-305, 309, 311-313, 315, 332, 339
Lektüre 35, 76, 133
Lernen 23, 25, 27, 38, 41-46, 51, 90, 94-96, 99, 102-103, 106, 128, 131, 142, 151-152, 171, 173, 179, 196, 204, 206, 208, 217, 224, 228-230, 233, 235-237, 240-241, 244, 246, 263, 295, 300, 308, 313
Lesen 28, 99, 128, 130, 133-134, 225, 235
Liebe 18, 51, 94, 100, 103, 108, 133, 135, 177, 207, 209-210, 217, 221, 329
Liebesbeziehung 194, 199, 200, 203, 206, 208-210, 216, 329-330

Marihuana 314-315, 318
Mathematik 26-27, 121, 126, 148, 225, 233, 235-236, 254
Medien, 63, 96, 99, 120, 133, 159, 221, 279, 286, 289, 291, 330
Menarche 21, 73, 76-80, 85, 174, 206, 238, 281, 306
Menstruation 73, 75, 77, 80, 84-85, 181, 218, 282-283
Minderwertigkeitsgefühl 23, 94
Minorität 25, 151-152
Missbrauch 259, 274, 278, 329
Missbrauch (Alkohol) 305, 319, 321, 329
Missbrauch (Drogen) 175, 239, 251, 294, 304-305, 320, 328
Missbrauch (Laxantien) 284
Missbrauch (sexueller) 175, 189, 276, 287, 329, 330
Mitläufer 297, 311

Mobbing 196, 198, 240-241, 296-297, 300, 330
Mode 171, 174, 197, 288, 292
Moral 45, 47, 49, 90, 99-100, 136-137, 146, 162, 204, 240, 315
Moratorium 49, 159-163
Motiv 43, 75, 196, 298, 308, 321
Motivation 46, 53, 75-76, 91, 120, 194, 197, 199, 211, 213, 217, 227, 236-241, 259, 262, 269, 278, 281, 294-295, 298, 326, 332
Motorik 27-28, 120, 269-270
Mündigkeit 18, 61
Musik 26, 96, 99, 133-134, 174, 197, 230, 237, 315, 317
Mutter 27, 41, 61, 79-81, 83, 94-116, 170-192, 173-174, 176-178, 180-183, 187-189, 191, 205, 211, 233, 254, 274-276, 286, 291, 294, 310, 312-313

Netz (soziales) 187, 219, 281, 330
neuropsychologisch 308, 323
Norm, normativ 34, 40-42, 58-59, 61, 67-68, 76, 81-88, 91, 100, 103, 111, 115, 139, 143, 149, 154-155, 157, 159, 170, 192, 199, 209, 213, 215-216, 262, 268, 281, 284, 288-289, 291-292, 294, 311, 318-319, 323
Normbruch 89, 268, 294, 320

ödipal 23, 100-103
Onanie 75-76, 81, 211, 218
Opfer 29, 153, 175, 178, 198, 204, 240, 296-297, 303, 307-308, 330
Optimismus 45, 96, 184, 332
Östrogen 73, 75, 282

Partner 22-24, 29, 34, 53, 58-59, 61, 95-96, 100, 104-105, 107, 112, 114, 135, 137, 139, 163, 176, 183, 187-189, 191-192, 195, 200, 202, 204-206, 208-211, 216-219, 221, 255, 308, 311, 329
pathologisch 149, 189, 195, 206, 280
Peer, siehe Gleichaltrige
permissiv 184, 186, 339-340
Persönlichkeit 24-25, 50, 57, 78, 91, 110, 144, 152, 154, 156, 163-164, 225-226, 250, 257, 261-262, 270, 272, 285, 287, 314, 327, 337, 339
Politik 18, 21, 24, 44-46, 57, 96-97, 106, 133-135, 159-161, 163-164, 173, 176, 181, 225, 227, 240, 246, 314, 323
postmodern 170
Prävention 199, 214, 241, 288, 291, 321-323, 326, 331-333, 337, 340-342
Privatsphäre 18, 40, 50, 72, 80, 96, 125, 165, 200, 204-205, 294
Privilegien 24, 28, 50, 110-112, 114, 201, 262, 296, 306, 311
prosozial 137, 204, 229
psychoanalytisch 61, 100, 102, 108, 182

Psychose 75
psychosomatisch 87, 232-233, 332
Pubertät 21-23, 27, 29, 34, 51, 65, 68, 72-92, 100-103, 150-151, 166, 172, 179, 180, 199, 211, 225, 229, 239, 269, 272, 286, 299, 304, 308

Randalierer 18
Rebellion 23
Reifung (pubertäre, körperliche) 23-24, 34, 45, 72, 74-79, 81-82, 83-85, 87-91, 101, 127-128, 142, 149, 151, 166, 209, 211, 213, 292, 306
Religion 18, 24, 27, 45, 50, 99, 106, 146, 160, 163-164, 175-176, 198, 236, 314, 330
Resilienz 61, 187, 276
Risiko 67, 88, 99, 107, 110, 188, 206, 217-219, 238, 269, 272-274, 277-278, 286, 291, 303-305, 308, 312-314, 318, 320, 321, 326-327, 330-331, 335, 337-339, 342
Rolle 23, 40-42, 45-47, 49, 53, 57, 59, 67, 83, 88, 94, 100-102, 104-107, 137, 142, 146, 149, 153-154, 159-160, 163-164, 170, 173, 187, 189, 192, 194, 217, 221, 226, 229, 314
Rückzug 183, 240, 269, 278, 281, 288

Samenerguss 21, 72, 85
Scheidung 23, 107, 137, 171, 186-189, 191, 205, 238, 274, 276
Schlaf 95, 228, 249, 269-270, 332
Schlankheitsdruck 286
Schlankheitsideal 81, 84, 149-150, 286, 291
Schlankheitskur 286, 288
Schönheit 80, 173, 176, 285
schüchtern 25, 154, 189, 229, 315
Schulaufgaben 174, 195, 197
Schule 18, 20-24, 27-30, 38, 40, 43, 46, 48, 51, 53, 59, 61, 68, 76-77, 80, 83-84, 88-91, 94-97, 104, 110-112, 118-121, 124, 126, 130, 133, 135-137, 139, 143, 147-148, 151-152, 154-156, 170, 173, 175-176, 179-180, 184-186, 191, 195-196, 198-201, 204-208, 210, 216, 219, 221, 224-251, 253-255, 257, 259-261, 276, 281, 294, 296, 298, 299-300, 302, 304-307, 309-313, 320-321, 323, 329-330, 332-333, 335-336, 341-342
Schulverleider 240, 246, 249
Schulversagen 48, 309
Schulwechsel 77, 82, 156, 238
Schwangerschaft 206-207, 218-219, 226, 313, 330
Schwangerschaftsabbruch 211
Selbstaufmerksamkeit 87, 103, 142, 292
Selbstkonzept 72, 90, 142-157, 165-166, 176, 195, 199, 238, 268
selbstständig 47, 184
Selbstverstärkung 198, 312, 321, 323

Selbstwert 26, 40, 63, 87-88, 99, 102, 110, 114, 142-143, 149-157, 161-162, 166, 191, 196, 198, 201, 204, 216, 218, 229, 238, 240, 251, 261, 262, 270, 272, 277, 281, 292, 296, 298, 314-315, 330, 332, 335
Sexualität 21, 23-24, 42, 51, 59, 75-76, 78, 95, 99, 100, 102, 114, 142, 159-160, 173-175, 181, 189, 194, 199, 206-211, 213-214, 216-219, 221, 239, 276, 287, 329-330
Sicherheit 39-40, 57, 94-95, 99, 135, 137, 170, 199, 249, 254, 335, 337-338, 340-341
Sohn 102, 105, 109-111, 173-174, 180-183, 188, 191, 194, 256, 312
Solidarität, solidarisch 41, 50, 96, 134, 180
somatisch 72, 87, 91, 217, 232, 250, 282, 284, 287
sozialer Vergleich 144, 149
Sozialisation 40-44, 46, 68, 170, 172, 194, 196, 213, 217, 241, 263, 295, 308, 311
Sozialkompetenz 58-59, 152, 195, 225
soziologisch 22, 38-39, 43, 53, 254
sozio-ökonomisch 27, 300, 306-307, 309
Spannung 20, 23, 41-42, 48, 58, 67, 77, 94-95, 105, 108-109, 114, 116, 133, 159, 172, 180, 187-188, 274, 286, 337, 339
Spätentwicklung 80, 82-83, 89-90
spätreif 81-85, 87-88, 90-91, 151, 166
Sport 28, 40, 61, 64, 73, 76-77, 84, 95, 99, 102, 133, 147, 152, 154, 174, 176, 191, 197, 202, 226, 230, 235-237, 248-250, 253, 280, 282-284, 297, 307, 315, 326, 335-337, 342
Staat 21, 28, 31, 134-135, 225, 238, 240, 245, 256-257, 259-260, 262
Stabilität 25, 146, 153, 155-156, 162-163, 202, 219, 253, 262, 277, 300-301, 307
Stadt 105
Stadt vs. Land 48, 51, 58, 78, 105
sterben 43, 116, 282, 326, 333, 336
Sterblichkeit 30- 31, 33, 326
Stereotyp 68, 112, 142, 149, 165, 173, 203, 226, 328
Stimmung 29, 63, 75, 77, 88, 101, 104, 179, 191, 240, 269- 275, 278-279, 281, 292, 332, 340, 342
Stipendien 21, 246
Strafe 136, 184, 204, 274, 277, 302-303, 307, 310, 335
Strafgesetz 294, 302-303, 321
Strafrecht 18, 25, 95, 301-302
Stress 76, 82, 110, 146, 161-162, 185, 233, 235, 250, 259, 271-272, 274-279, 292, 296, 307-308, 317, 328, 332, 342
Sturm (-und-Drang) 29, 51, 101, 172
Substanzmissbrauch 215, 271-272, 314-315, 317-318, 320-323, 327-328
Suizid 269-272, 279, 285, 326-333, 335, 340, 342

Tagesablauf 230, 281, 318
Taschengeld 18, 174
Technodrogen 317
Technologie 38, 42-43, 45-46, 48, 165, 229, 246
Temperament 27, 174, 273-274, 278, 294, 304, 323
Testosteron 73-76, 211, 308
Timing 80-85, 87, 151
Tochter 18, 79, 83, 100, 103, 109-110, 122, 173-174, 180-183, 188, 191, 194, 211, 256, 273, 286, 291, 310, 312
Tod 40, 49, 51, 61, 94, 105, 172, 270, 275, 285, 326, 331, 333, 335-336, 340, 342
Toleranz 26, 57, 328, 332
Traum 23, 75, 103-104, 211, 253, 275, 335
Traurigkeit 75, 88, 269-270, 329
TV, siehe Fernseher

Übergang 20, 24, 34, 39-41, 43, 45, 50, 89, 103, 139, 154, 160, 194, 196, 213, 244-247, 256, 263, 269, 291-292, 300, 306, 314, 317, 321
Übergewicht 150, 279-280, 285, 291, 336
Unabhängigkeit 20, 21, 34, 42, 57, 67, 90, 95-96, 102, 109, 111, 115, 172, 244, 246, 251, 329

Vandalismus 47, 53, 111, 229, 251, 294, 298, 303, 305
Vater 94, 100-103, 107, 110-112, 114, 171, 173, 176-178, 180-183, 187, 189, 191, 228, 254, 286
Verantwortung 20, 24-26, 28, 34, 38, 42, 51, 53, 57, 59, 90, 106, 110, 112, 139, 159, 165, 170, 179, 184, 196, 208, 225, 229, 246, 254, 261, 298, 336, 342
verliebt 23, 99, 150, 159, 207, 217, 237

Verlust 31, 64, 95, 170, 181, 198, 259, 275-276, 283-284, 288, 299, 330
Verlust (der Eltern) 61, 276
Vernachlässigung 49, 100, 103, 127, 133, 152, 175, 184, 189, 251, 274, 329
Versagen 42, 61, 105, 235, 239
Verstärkung 106, 199, 206, 274-276, 282, 292, 310-311
Vertrauen 99, 105, 109, 176, 182, 184, 201, 204-205, 217-218, 251, 261, 299
Viktimisierung 297

Wachstum 31, 72-73, 75, 77, 79, 85, 87, 89, 118, 126, 139, 281-282
Wegläufer, weglaufen 175-176, 305, 332
Werte 20, 23-25, 39-40, 43-44, 49-50, 53, 56-57, 59, 106, 109-111, 133-136, 146, 152, 157, 160-163, 165, 171-172, 176, 199, 201, 208, 229, 253-255, 320, 332
Wertlosigkeit 206, 270, 277
Wirtschaft 18, 27, 31, 44, 57, 120, 134-135, 172, 226, 245, 305
Wissen 25, 40, 44-46, 61, 91, 99, 122, 130-132, 134, 139, 205, 207, 218, 221, 321-323, 326, 337

Zufriedenheit 63, 79-81, 83-84, 88, 108, 150, 181, 203, 205, 236, 258, 262, 272, 286, 311-312
Zugehörigkeit 18, 24, 39-40, 143, 151, 174, 197, 297, 298, 307, 311, 321
Zukunft 23, 34, 45-48, 51, 53, 57-59, 63, 66-68, 94, 104, 107, 112, 118-119, 137, 139, 161, 184, 192, 241, 254, 257-258, 261-262, 269, 310, 335
zurückgezogen 183, 313, 328

Helmut Fend

Eltern und Freunde

Soziale Entwicklung im Jugendalter

Entwicklungspsychologie der Adoleszenz in der Moderne, Band V
1998. 400 Seiten, 52 Abb., 53 Tab., Kt
DM 59.– / Fr. 51.– / öS 431.– / ab 1.1.2002 € 32.95 [D]
(ISBN 3-456-82935-3)

Welche Wege Jugendliche nach dem Ende der Kindheit einschlagen, hängt wesentlich von der Familie und den Gleichaltrigen ab. Welche Entwicklungswege produktiv sind, wird auf der Grundlage der umfassendsten entwicklungspsychologischen Projekte zur Adoleszenz im deutschen Sprachraum untersucht.

Helmut Fend

Der Umgang mit Schule in der Adoleszenz

Aufbau und Verlust von Lernmotivation, Selbstachtung und Empathie

Entwicklungspsychologie der Adoleszenz in der Moderne, Band 4
1997. 399 Seiten, 51 Abb., 39 Tab., Kt DM 59.– / Fr. 51.– / öS 431.– / ab 1.1.2002 € 32.95 [D] (ISBN 3-456-82874-8)

Die Arbeit untersucht, wie sich der Habitus der Aufgabenbewältigung im Laufe der Schulzeit entwickelt und wie Kinder und Jugendliche mit Erfolg und Misserfolg umgehen. Tausendfach machen sie in der Schule solche Erfahrungen, die ihren Charakter prägen. Die Wege durch die Schule erweisen sich als sehr vielfältig. Die einen lernen durchzuhalten, andere werden minimalistisch; die einen entdecken ihre Fähigkeiten und entwickeln Interessen, andere verlieren jeden Mut. Die Basis für die Analysen bilden Längsschnittstudien in Deutschland und in der Schweiz.

Die Preisangaben in öS gelten für Österreich als «unverbindliche Preisempfehlung».

Verlag Hans Huber
Bern Göttingen Toronto Seattle

August Flammer

Entwicklungstheorien

Psychologische Theorien der menschlichen Entwicklung

Nachdruck 1999, der 2., vollständig überarbeitete Auflage 1996. 326 Seiten, Kt DM 49.80 / Fr. 44.80 / öS 364.– / ab 1.1.2002 € 26.95 [D] (ISBN 3-456-82804-7)

Systematisch und historisch geordnet werden 16 Theorien und Theoriegruppen behandelt, ihre Hauptaussagen, ihre Entstehungsbedingungen und zentralen Anliegen, ergänzt durch die Biographien und Photos ausgewählter Theoretiker/innen.

August Flammer

Einführung in die Gesprächspsychologie

1997. 272 Seiten, 29 Abb., 3 Tab., Kt
DM 44.80 / Fr. 40.30 / öS 327.– / ab 1.1.2002 € 22.95 [D]
(ISBN 3-456-82863-2)

Der erste Teil des Buches behandelt Grundkonzepte wie Information, Erwartungen, Verstehen und nonverbale Kommunikation. Der zweite Teil ist dem Umgang mit Schwierigkeiten im Gespräch gewidmet, zum Beispiel mit belastenden Generalisierungen, mit störenden «Denkfehlern» oder mit untergründigen Konflikten im Gespräch. Der dritte Teil führt in ausgewählte spezielle Gesprächstypen ein, nämlich in die geplante Rückmeldung, das Prüfungsgespräch, das Bewerbungsgespräch und in das Überbringen einer schlechten Nachricht. Alle diese Gesprächstypen werden anhand von Beispielen besprochen.

Die Preisangaben in öS gelten für Österreich als «unverbindliche Preisempfehlung».

**Verlag Hans Huber
Bern Göttingen Toronto Seattle**

http://Verlag.HansHuber.com